U0553710

中国古代语言学史

（第4版）

何九盈 著

商务印书馆

图书在版编目(CIP)数据

中国古代语言学史/何九盈著.—4版.—北京:商务印书馆,2013(2023.9重印)
ISBN 978-7-100-08325-6

Ⅰ.①中… Ⅱ.①何… Ⅲ.①汉语史—古代 Ⅳ.①H1-09

中国版本图书馆CIP数据核字(2011)第071809号

权利保留,侵权必究。

ZHŌNGGUÓ GǓDÀI YǓYÁNXUÉSHǏ
中国古代语言学史
(第4版)

何九盈 著

商 务 印 书 馆 出 版
(北京王府井大街36号 邮政编码100710)
商 务 印 书 馆 发 行
北京通州皇家印刷厂印刷
ISBN 978-7-100-08325-6

2013年11月第1版　　开本 850×1168 1/32
2023年9月北京第4次印刷　印张 20¼ 插页 3
定价:88.00元

大学毕业时的何九盈,1961 年于北京

题辞三首

——为拙著两《史》商务版而作

一

欧风美雨动根基

偏爱洋鸡厌家鸡

抱冰不抱元和脚

长忆孤灯庾征西[*]

二

学术原为生命灯

传灯人似风雨僧

韩陵片石真经在

歪嘴和尚正喧腾

三

双剑磨成三十年

寒光直射密云天

人间谁是解牛手

俟解何家姊妹篇

---

[*] 柳宗元《河东先生集》宋人韩醇注引南朝刘宋王僧虔《论书》云:"庾征西翼书,少时与(王)右军齐名,右军后进,庾犹不分(忿)。在荆州,与都下人

书曰:小儿辈贱家鸡(庾翼以"家鸡"喻自己的书法),皆学逸少书,须吾还,叱之。"(第五册四十二卷132页,商务印书馆国学基本丛书)韩注所引《论书》与《南史·王僧虔传》所载,文字略有出入,末句作:"须吾下当比之。"

柳宗元《殷贤戏批书后寄刘连州并示孟崙二童》云:"书成欲寄庾安西,纸背应劳手自题。闻道近来诸子弟,临池寻已厌家鸡。"

刘禹锡《酬柳柳州家鸡之赠》云:"日日临池弄小雏,还思写论付官奴。柳家新样元和脚,且尽姜芽敛手徒。"(《刘禹锡集》第552页,又收入《河东先生集》第五册四十二卷132页)

韩注柳《殷贤戏批……》诗又引后山用此事作诗云:"不解征西诸子弟,却怜野鹜厌家鸡。"

《题辞》活用此典,以"家鸡"喻中国传统文化。

何九盈
于北京西郊蓝旗营抱冰庐
2011年10月5日

目 录

1985 年河南版自序 …………………………………… i
1995 年广东增订版自序 ………………………………… xi
2006 年北大新增订版自序 ……………………………… xv
2013 年第 4 版自序 …………………………………… xxiv

第一章　绪论…………………………………………… 1
　第一节　学术史观问题………………………………… 1
　第二节　处理好五种关系…………………………… 12
　第三节　中西古代语言学的异同…………………… 32

第二章　先秦的语言研究…………………………… 42
　概况…………………………………………………… 42
　第四节　先秦诸子的语言理论……………………… 45
　第五节　先秦时代的名物释义……………………… 57
　　　　　附录：对"附表"的几点说明……………… 74
　第六节　先秦时代的文字研究……………………… 79

第三章　两汉语言学………………………………… 87
　概况…………………………………………………… 87
　第七节　汉代方言学………………………………… 89

第八节　汉代文字学…………………………………… 105
　　第九节　汉代词源学…………………………………… 121
第四章　魏晋南北朝语言学………………………………… 135
　　概况……………………………………………………… 135
　　第 十 节　反切的起源………………………………… 139
　　第十一节　五音与四声………………………………… 148
　　第十二节　韵书的产生………………………………… 213
　　第十三节　辞书的发展………………………………… 219
第五章　隋唐宋语言学……………………………………… 229
　　概况……………………………………………………… 229
　　第十四节　《切韵》系韵书…………………………… 232
　　第十五节　字母之学…………………………………… 254
　　第十六节　等韵学的兴起……………………………… 262
　　第十七节　古音学的萌芽……………………………… 288
　　第十八节　唐宋文字学………………………………… 298
　　第十九节　唐宋辞书…………………………………… 313
第六章　元明语言学………………………………………… 328
　　概况……………………………………………………… 328
　　第 二十 节　《中原音韵》系韵书…………………… 330
　　第二十一节　元明等韵学……………………………… 348
　　第二十二节　明代古音学……………………………… 388
　　第二十三节　元明文字学……………………………… 394
　　第二十四节　明代辞书………………………………… 406
　　第二十五节　元代语法研究…………………………… 420
第七章　清代语言学………………………………………… 429

概况 …………………………………………………… 429

第二十六节　清代古音学 …………………………… 437

第二十七节　清代今音学 …………………………… 468

第二十八节　清代等韵学 …………………………… 483

第二十九节　清代韵书 ……………………………… 506

第 三 十 节　清代词源学 …………………………… 518

第三十一节　清代语义学 …………………………… 526

第三十二节　清代文字学 …………………………… 541

第三十三节　清代辞书 ……………………………… 557

第三十四节　清代语法研究 ………………………… 574

全书结语 ………………………………………………… 583

人名索引 ………………………………………………… 587

参考文献 ………………………………………………… 602

2006年北大新增订版后记 …………………………… 613

2013年第4版后记 …………………………………… 615

1985年河南版自序[*]

"linguistics"和"philology",二者来源不同,涵义有别,使用范围也应该有别,这是人所共知的。但是,多年来我们对这两个词的实际使用,区分不是那么严格。"目前在外国语言学界对于这几个同义词的使用,也并不规范,常常在同一篇文章或著作里兼用而不加区别的情形是有的。'linguistics'的涵义已经扩大,'philology'的涵义倾向缩小。""在一般情况下,翻译时把两者都叫'语言学',也无可非议,因为我们对于'语言学'的研究内容的理解并不排斥历史范畴。"(劳宁《关于"语言学"和"语史学"的译名》,《中国语文》1956年12月号)本书就是在"涵义已经扩大"的意义上使用linguistics这个词的。

语言学是人类社会一门很古老的学科。我们中国人自觉地对语言进行研究,起码也有两千多年的历史了。我国古代没有语言学(linguistics)这个名称,只有所谓"小学"。"小学"的内容与我们现在所说的广义语言学大致上相当。

古人为什么要把语言文字之学称之为"小学"呢?这也有一个历史发展的过程。"小学"原本是指八岁至十四岁的幼童读书的学校。《大戴礼记·保傅》:"及太子少长,知妃(pèi)色(《汉书·贾谊

---

[*] 本文原为河南版前言,现改为自序,内容也稍有增加。

传》亦有此语。颜师古注:"妃色,妃匹之色。"即女色),则入于小学。小者所学之宫也。"卢辩注:"古者太子八岁入小学,十五入太学也。"汉崔寔《四民月令》说:"农事未起,命成童以上入太学,学五经;命幼童入小学,学篇章。""篇章"是指《苍颉篇》之类的识字课本。因《苍颉篇》"断六十字以为一章,凡五十五章"①,故以"篇章"指代这类字书。

在《汉书·艺文志》中,"小学"这个概念产生了新的意义,已由"学校"引申出"学科"的意思。《艺文志》说:"凡小学十家,三十五篇。""小学"已成为一"家"之言,其内容全都是蒙童识字课本[②]。《尔雅》、《小尔雅》这些书不算在"小学"家之类,其理由就是后来《隋书·经籍志》说的,"《尔雅》诸书,解古今之意",故附经籍之后。可见,汉代所说的"小学"实际上只限于文字学,它的具体内容包括解释文字的形体结构(六书,六体)、"通知古今文字",以及"正读"字音等[③]。这些内容,在六艺中都属于书学。张政烺说:"六艺本有小大之别。古代小学学小艺,书数是也。大学学大艺,礼乐射御是也。书数为生民日用所需,不可或缺,故至汉代礼乐射御虽微,而书数不废。自刘歆撰《七略》始专以书学为小学(《艺文志》小学十家四十五篇,无一非字书),屏算术于不顾。"(《张政烺文史论集》,中华书局,2004年,第213页)

在《隋书·经籍志》中,"小学"这个概念又进一步扩大。其内容除字书之外,还包括训诂(如《说文》、《字林》等)[④]、音韵等方面的著作,而《尔雅》、《小尔雅》、《方言》、《释名》等仍列入"经义"一类,不入"小学"之林。直到《旧唐书·经籍志》,才把《尔雅》等书列进"小学"一类。从此,"小学"的基本内容才确立下来。只不过在宋代,又有人把"小学"称之为"文字之学"。如晁公武(高宗绍兴二年进士)《郡斋读书志》卷一说：

> 文字之学凡有三：其一体制，谓点画有衡纵曲直之殊；其二训诂，谓称谓有古今雅俗之异；其三音韵，谓呼吸有清浊高下之不同。论体制之书，《说文》之类是也；论训诂之书，《尔雅》《方言》之类是也；论音韵之书，沈约《四声谱》及西域反切之学是也。三者虽各一家，其实皆小学之类。
>
> （王应麟《小学绀珠》卷之四沿用此说）

晁公武把"小学"称之为"文字之学"，这说明古代的"小学"家并不把语言看作是自己研究的对象，即使在事实上研究的是语言问题，他们也是从文字的角度来看待这种研究的。晁公武所说的三个方面的内容，就是指的字形（体制）、字义（训诂）、字音（音韵），即通常所说的文字学、训诂学、音韵学。

由于古人认为"小学"就是"文字之学"，而且总是把"小学类"放在"经部"之中，因此，后人就产生了两种不正确的看法：

一、19世纪以前，中国还没有语言学；

二、"小学"是"经学"的附庸。古代的语言学不能算是一门独立的学科。

第一种看法是受西方的影响产生的，第二种看法是古已有之。这两种看法都有一定的道理，但并不全对。

关于中国古代有无语言学，这里有个标准问题。我们不应拿现代语言学的标准去衡量古代语言学，更不应该拿西方语言学的标准来硬套。我们应该从事实本身出发。我们的古人在东汉末年就已经能用二分法分析汉语的音节，从魏晋以后，就能很好地对汉语的声、韵、调进行分析,并在此基础上,产生了反映汉语实际语音系统的韵书(如六朝韵书以及《中原音韵》等),宋元时代又产生了声韵调相配合的等韵图,明清时代还产生了历史语音学。有的人已明确认识到:"今音不同唐音","唐音不同古音","音韵之不同必论其世。约而言之,唐虞夏商周秦汉初为一时,汉武帝后洎汉末为一时,魏晋宋齐梁陈隋为一时"⑤。汉语音韵学的发展,从总的趋势来说,是和汉语语音的实际发展情况相符合的。在词汇研究方面,公元1世纪就产生了《方言》,2世纪末又产生了《释名》,这些著作基本上是以当时的口头词汇作为研究对象的。可见,我们的古人无论是对汉语语音的研究,还是对汉语词汇的研究,都有相当一部分内容是属于语言学性质的。就是在今天,我们仍然把这种性质的研究划在语言学的范围之内。

　　古代语言学是否算是一门独立的学科呢?回答这个问题时,我们应当确立这样一些原则:当我们衡量一门学科是否具有独立的资格时,首先要看它有无独特的研究对象,其次要看它有无独特的研究方法,其次要看它有无独特的科学体系,其次要看它有无独特的研究成果。用这些原则来衡量一下,我们可以说,从汉代开始,语言学已经算是一门独立的学科了。《方言》、《说文》、《释名》这三大名著的产生,就是语言学独立成为一门学科的标志。我们说扬雄、许慎、刘熙是语言学家,大概多数人是会赞同的吧。汉以后,各个历史时期都有人从事语言学的研究工作,也可以说得上是"江山代有才人出"。像李登、张揖、郭璞、沈约、刘勰、颜之推、陆法言、陆德明、颜师古、徐铉、徐锴、吴棫、韩道昭、周德清、陈第、方以智、顾炎武、江永、戴震、段玉裁、王念孙、王引之、江有诰、陈澧、俞樾、孙诒让等人,都是重要的语言学家。他们在汉语、汉字研究方面，积累了不少宝贵的经验，创造了一套完整的研究方法，形成了优良的传统。当然，他们在观点上、方法上，也有不少缺点和错误，在本书的有关章节中将会具体论述。另外，我们也应看到，古代的语言文字学和经学的关系的确非常密切，但古代哲学与经学的关系不是更为密切吗？就是史学、文学与经学的关系在先秦时代也不是那么分明。《诗经》是道道地地的"经"，但它也是不折不扣的文学作品；《书经》是道道地地的"经"，但又是不折不扣的历史著作。如果我们还跟古人一样，只在"经学"这个概念中兜圈子，不唯看不到语言学的独立存在，就连文史哲的独立存在也成问题了。就语言学的三个部门而言，也不可一概而论。训诂学与经学的关系最为密切，文字学次之，音韵学的研究成果可以用于"经学"，但音韵学的产生和发展跟经学并没有绝对的关系，如《切韵》系韵书和《中原音韵》系韵书的存在，难道不是独立的吗，能说这些著作都是经学的附庸吗？

有的人之所以不承认中国古代有语言学，不承认语言学的独立存在，一方面是受了"洋教条"或"土教条"的束缚；另一方面，也是更主要的方面，是对中国古代语言学没有做深入的研究。所以，我们要加强对语言学史的研究工作，要造就一批既懂得辩证法、唯物主义，又能贯通古今的语言学史工作者，要写出多种不同风格、不同流派的"中国古代语言学史"来。围绕着这个任务，我们有下面一些工作要做：

用先进的理论作指导，对中国古代一些语言学名著重新进行整理；

要把古代语言学著作的系统、流派清理出来，从理论上建立起历史的联系，弄清中国语言学史的一些基本规律；

要开展断代语言学史的研究,如"明代语言学史"、"清代语言学史"这样的题目,还从来没有人做过,做好这些题目,有利于对整个中国古代语言学史进行深透的研究;

对古代语言学著作中的一些常见的名词术语要进行一番彻底的研究,基本名词术语搞不清,我们就难以对古人的学术成果做出准确的评价;

要写好古代语言学家的评传。

我的意思并不是说要等这些工作全都做好了之后,才能动手去写一部《中国语言学史》。而是认为:这些工作是研究中国语言学史的人应当做的。有一定数量的人来从事这种研究工作,中国语言学史的研究水平才会有一个很大的提高。

有人问:研究中国语言学史究竟有什么意义呢?在这里,我谈点不成熟的意见:

世界上每一个民族都有自己的文化传统,每一个民族在发展过程中都应尊重自己的文化传统,继承并发扬自己优秀的文化传统。语言学史是整个文化史的一个部分,不仅研究汉语的人应了解汉语研究的历史,就是研究哲学史、文学艺术史的人,也应该对汉语研究的历史有一个起码的了解。汉语是世界上历史最悠久、使用人数最多的一种语言,不仅中国人在研究汉语,国外也有不少人在研究汉语。在这个全球化时代对汉语研究史的研究无疑具有国际意义。

传统语言学和现代语言学虽然观点、方法都很不一样,但历史的经验还是非常值得我们注意的,至少也应该把它放在跟介绍外来经验一样的位置上来对待。拿汉语史的研究来说,在很多方面就要利用古代语言学的成果,如果撇开这些成果,我们对汉语史的研究就会碰到很大的困难。

研究语言学史还要解决一个分期的问题。本师王力先生在《中国语言学史》(山西人民出版社,1981年)中将整个中国语言学史划分为两个大阶段:第一阶段是从汉代到清代末年;第二阶段是从1899年到1949年。台湾省有位语言学家认为第二阶段(西学东渐的时期)的上限应提到明末。我个人认为这个意见不可取。明末到清代,某些西洋传教士和外交家,虽然也写了一些研究汉语的著作,中国个别语言学家也接受了一些西方语言学的影响,但这并非主流,不应作为分期的根据。王力先生以《马氏文通》(1898)作为两大阶段的分水岭是很正确的。因为《马氏文通》是一部具有划时代意义的著作,它的出现,意味着古代语言学的终结,标志着现代语言学的开端。不过,我认为:古代语言学史和现代语言学史应该分开来写,各自独立成篇。本书名为《中国古代语言学史》,就整个中国语言学史(古代的,现代的)而言,它只写了第一个大阶段的内容。在这一阶段中,我又分为六个时期,即:

先秦时期(?—公元前3世纪);

两汉时期(公元前2世纪—公元3世纪初);

魏晋南北朝时期(公元3世纪—公元6世纪);

隋唐宋时期(公元6世纪末—公元13世纪);

元明时期(公元13世纪中叶—公元17世纪初);

清代(公元17世纪中叶—公元19世纪)。

拿朝代分期不很理想,而朝代不同,往往学术风气、研究对象、重点也会有所不同。故此,人们在汉语研究中就会造成阶段性的特点,这是我们进行分期的主要依据。

先秦时代以研究事物名称为特色;两汉以研究文字、词汇为特色;魏晋南北朝是汉语语音研究的开始阶段,是词义研究进一步发展的阶段;隋唐宋是汉语语音研究趋向稳固、统一的阶段,在文字学、语义学方面没有取得什么像样的成就;元明时代的语音研究以面向实际为主要特色;清代以研究古音古义为根本特色,这是古代语言学进行大总结的时期。

阶段的划分只能以反映某一时期的本质特征为原则,不可能照顾到各个方面,如拿等韵学的发展来说,应该是宋元算一个阶段,明清算一个阶段。而从全盘考虑,清代语言学不同于以往各代,特点很突出,应自成一段。我以为不必用绝对的观点来看待分期的问题,期与期之间不可能是一刀两断的,中间有继承,有过渡,有联系,不一致,这都是很自然的事,只要大致上合理,就不必斤斤计较了。而且用朝代分期,固然能反映各个朝代有自己的学术特色,但也不是十全十美的办法。

一本中国古代语言学史究竟应当怎么个写法才好呢? 这个问题我也仔细琢磨过。首先,我以为跟哲学史、文学史的写法应有所不同,如在语言学史中就无须用很多的篇幅去讲作者的世界观,去分析作品的思想性,也不必费很多的笔墨去谈社会背景,但语言学又跟文学、哲学、佛学、经学等有密切的联系,把这些联系恰如其分地揭示出来,对研究古代文化史也不无裨益。其次,怎么写跟为谁而写是分不开的,本书是为大学生和具有同等水平的语文工作者而写的,这些同志一般都学过"音韵学"、"汉语史"这样一些课,所以我要力避重复,凡是在这些课程中已经解决得很透的问题,本书就少谈或不谈,如《广韵》是古代语言学史中第一流的名著,本书只用不多的篇幅就交代过去了,就是基于以上的考虑。第三,我以为不论怎么个写法,似乎都应当把各个时期的语言文字学原著放在中心地位来评说,离开了原著,还有什么"史"可言呢? 对广大读者来说，把原著放在一定的历史背景下来分析评论，这是很有意义的一件事情，因为这样得到的"史"的知识，是具体的而不是空洞的，是连贯的而不是孤立的，何况有的原著一般读者已经很难看到了，不做必要的介绍就会"不知所云"。第四，作为一本"史"来说，应该综合当前研究的最高水平，应该是一个时代的智慧的结晶，不可能每一条材料都由著者发掘出来，也不可能每一个正确的论点都是著者的独创，著者有责任吸收各家之长。"天下无粹白之狐，而有粹白之裘，取之众白也。"⑥遗憾的是我有"取众白"的愿望，却缺乏精辨"黑""白"的能力。且何者为"黑"，何者为"白"，也容许个人持不同的看法，至于这些看法是否正确，诚不敢自以为是。我之所以要把这部不成熟的书稿交给河南人民出版社出版，一是应教学之急需，另外也是希望得到广大读者和专家们的指正。

本书的写作始于1981年7月，1982年9月我为本科生、研究生、进修教师讲授"中国古代语言学史"。在讲义的基础上，改写成为这本小书。严格说我写这本小书的条件并不是很成熟的，虽然1982年我已进入知天命之年，而此前十余年的运动、劳动，致使学业严重荒疏。书中留下的种种不足甚至谬误，可证此乃急就之章。我说"希望得到广大读者和专家们的指正"乃实话实说，非故作谦虚之态也。

本书的出版，得到河南人民出版社的支持，刘义质、林金保二先生为责任编辑；李学敏同志利用业余时间为我誊清了部分原稿。在此一并表示感谢。

何九盈
于北京西郊蔚秀园
1983年5月

注：

① 《汉书·艺文志》。
② 这些蒙童识字课本是：《史籀》十五篇，《八体六技》一篇，《苍颉》一篇，《凡将》一篇，《急就》一篇，《元尚》一篇，《训纂》一篇，《苍颉传》一篇，另有《别字》十三篇，合计三十五篇。其中《别字》一书，钱大昕认为就是扬雄《方言》(见《迩言》，第 27 页)。不可信。
③ 六书：指象形、象事、象意、象声、转注、假借。六体：指古文、奇字、篆书、隶书、缪篆、虫书。见《汉书·艺文志》。
④ 《汉书·艺文志》的小学十家也包括几种训诂书，如扬雄《苍颉训纂》、杜林《苍颉训纂》、杜林《苍颉故》。全是《苍颉》一书的训诂，注释经典史籍的训诂书不包括在内。
⑤ 段玉裁：《六书音均表》一，见《说文解字注》，上海古籍出版社，1981 年，第 816 页。
⑥ 陈奇猷：《吕氏春秋校释·用众》，学林出版社，1984 年。

1995年广东增订版自序

"千古多文人而少良史"①,章学诚这话颇有几分道理。它说明历史著作很难写,也说明社会对史学家的要求是非常高的。

学术史当然不能与社会史相提并论,但要把学术史写好,并非易事;要把中国语言学史写好,尤非易事。

中国最早的、独具规模的学术史专著是黄宗羲的《明儒学案》。"五四"以后,单科学术史如雨后春笋,应时而生,唯独语言学没有系统的、完整的发展史问世。直到王力先生的《中国语言学史》出版,才算填补了这个空白。王著有导夫先路之功,是这种研究工作的开始,而不是这种研究工作的终结,所以有步后尘之作。我写的《中国古代语言学史》就属于这种性质的著作。

"学然后知不足,教然后知困"②,写然后知难。青年时代,我听过王先生讲《中国语言学史》,"知不足"矣;壮年时代,我教过几遍《中国语言学史》,"知困"矣;后来,写了《中国古代语言学史》,知个中之难矣。

"知不足,然后能自反也;知困,然后能自强也"③;知难而进也。自反而思,一部语言学史,要范围千古,牢笼百家,戛戛乎其难哉!

第一难通古人之书。以钱大昕之博学多才,犹感叹:"史之难读久矣!"④而况古代的语言文字学著作,多系专门绝学。啃一部著作比啃一个苦涩的干果还苦涩。义例纷纠,概念混乱。转注假借,如何定义?内转外转,怎么区分?"其间轻重清浊,犹未可晓;加以内言外言急言徐言读若之类,益使人疑。"⑤至于《尔雅》产生于哪代,《韵镜》产生于哪朝,三十六字母何人所作,《中州》与《中原》是什么关系,众说纷纭,莫衷一是。

第二难通古今之变。荀子说:"善言古者必有节于今。"⑥王充说:"知古不知今,谓之陆沉……知今不知古,谓之盲瞽。"⑦研究学术发展史,宜贯通古今,其理至确,不用多说。所难者在于明变。"变"就是发展规律。不明变,其弊也有二:一是拔高古人,二是苛求古人。拔高古人的结果,就认为《切韵》音系是洛阳音,是长安音,是活音系;苛求古人的结果,就大骂许慎不通⑧,痛斥"明朝人的胡闹"(《钱玄同文集》第六卷,第174页),乃至于中国古代根本无语言学可言。王国维的方法是"取外来之观念与固有之材料互相参证"⑨。他主张"不屈旧以从新,亦不屈新以从旧,然后能得古人之实"⑩。我们现在所说的语言学,其理论框架实际上是以"外来之观念"为基础建立起来的,这当然是一个进步。值得我们警惕的,就是"屈旧从新"、"屈新从旧"这两种偏向。一代人有一代人的时势,一代人有一代人的学术。章学诚说:"岂可以秦汉之衣冠绘明人之图像耶?"⑪以西洋之衣冠绘中国古人之图像就更是不可以的了。

第三难于别裁识断。学术史不是谱牒,也不是流水账,更不能依样画葫芦。何九盈写的语言学史就应该体现何九盈的别裁识断。详人之所略,异人之所同;取人之所长,补己之所短。这都是理所当然的。如果硬要用普罗克鲁斯特床来衡量,那就是另一种性质的短长了。但别裁难免入主出奴,囿于成说;识断难免自以为是,轻议古人。所谓"公论久而自定",往往也只有相对的意义,"公论"之中就不乏传统偏见和常识性的错误。《四库总目提要》是钦定的"公论",它对历代小学著作的评价,不公之处甚多。至于钱大昕斥责的"空疏措大,辄以褒贬自任,强作聪明,妄生疻痏……陈义甚高,居心过刻"⑫,这样的别裁识断更当引以为戒。

《中国古代语言学史》完稿于1983年,出版于1985年。七八年来,本学科出现了不少新的研究成果,个人对某些问题也有新的看法。再看原书,取舍不当,见解不精,往往而有。这次增订,采纳了某些新的结论,补充了不少材料。第一章增加了一节《先秦时代的文字研究》。其他章节,大框架未变,具体内容多有补充、修改。限于精力,加之学问没有多少长进,无力另起炉灶,结构新篇。书中某些具体作品的评价,犹未敢视为定论。

本书1985年问世后,曾受到海内外同行及学人的关注与肯定,并发表过多种评介文字。言多溢美,其实难副。但我十分感谢他们的鼓励与支持。我与他们,素昧平生,盖因学术乃社会之公器,他们原本没想到什么"感谢"的。而且著作一经发表,褒贬随之而来。褒,固然可喜;贬,亦不足忧。"况乎萤光自照,蚁封自高,得其所得,聊为怡悦,讵谓与斯世竞短长哉!"⑬王筠这种态度,是否也有几分哲理在其中呢!

现如今,出书难,出语言学的书尤难。盖此类著作实在与孔方兄缘分太薄。广东教育出版社的同志却另有不同时俗的考虑,他们愿出《中国古代语言学史》的增订版,并愿意出版我的《中国现代语言学史》,在此我向他们表示诚挚的谢意。

增订完毕,意犹未尽,就写了上面这些话作为序言。

何九盈

于北京西郊中关园

1992年元月

注：

① 章学诚:《文史通义·内篇三·史德》卷三,民国甲子(1924)东陆书局出版,第1页。
②③ 《礼记·学记》。《十三经注疏》,中华书局,1982年,第1521页。
④ 《廿二史考异序》。《潜研堂文集》(三),商务印书馆万有文库本,民国二十四年,第361页。《廿二史考异》(上),上海古籍出版社,2006年,第1页。
⑤ 颜之推:《颜氏家训·音辞》,商务印书馆国学基本丛书本,第172页。
⑥ 王先谦:《荀子集解·性恶》,中华书局,诸子集成本,第293页。
⑦ 王充:《论衡·谢短篇》。
⑧ 钱玄同:《论〈说文〉及壁中古文经书》。《古史辨》第一册下编,上海古籍出版社,1982年,第231—243页。
⑨ 陈寅恪:《王静安先生遗书序》。《金明馆丛稿二编》,三联书店,2001年,第247页。
⑩ 王国维:《殷虚文字类编序》。
⑪ 章学诚:《文史通义·内篇五·古文公式》卷五,第7页。
⑫ 钱大昕:《廿二史考异序》。《潜研堂文集》(三),第362页。
⑬ 王筠:《说文释例》卷二十,商务印书馆万有文库本,民国二十六年,第2008页。又见屈万里、郑时辑校《清诒堂文集·〈说文释例〉后序》,齐鲁书社,1987年,第60页。

2006年北大新增订版自序

从1982年到1992年,十年间,我写了两部中国语言学史,一部是古代的,一部是现代的。其中最主要的经验有五条。

第一条是将古代与现代分开,各自独立成篇。现在看来,将二者"分开"写,的确是成功的。继我的《中国古代语言学史》之后,国内不乏步后尘者,可证这种"各自独立成篇"的主张已得到学术界的广泛认可。因为只有这样"分开",才能真实地反映"古""今"有别的汉语研究大势,有利于这两门学科的进一步发展。吴辛丑说:"何九盈先生的《中国古代语言学史》一书的出版有着特别的意义,它标志着中国古代语言学史从中国语言学史中分立出来,成为相对独立的学科。……他的新著《中国现代语言学史》也是中国第一部现代语言学史专著。"[①]吴先生从学科发展的高度来看"分立出来"的意义,正是何九盈的初衷。

第二条是将现代性与民族性紧紧融合在一起,而不是把两者对立起来,这是我一贯坚守的理论原则。在《中国古代语言学史》增订版序言中,在《中国现代语言学史》的"绪论"中,我对这一理论都有所发挥。我想,在目前这种西风劲吹甚至使人晕头转向的关口,我有必要把自己的原则概括为:我写的是"中国语言学",而不是"语言学在中国"。

第三条是把历史看作是活的有生命的历程,而不是看成是死的发霉的故纸堆。古人的著作就是古人的血脉所在、精神所在、灵魂所在。

写学术史,实际上就是与古代学人对话。我们与荀子对话,与扬雄对话,与颜之推对话,与江永对话,与钱大昕对话,是因为他们还活在历史中。他们还能告诉后人:他们那个时代的语言情况。这情况或是一个系统,或是一段至今还闪光的高见,或是一条价值千金的语言资料。古人也是人,而不是神,我们跟他们是平等的,他们也有可能说走样了,这不要紧。既然是与古人对话,你就要尽到"对话"者的责任呀。钱大昕《答王西庄书》[2]谈到了对待"前人"讹误应取何种态度。他说:

> 愚以为学问乃千秋事,订讹规过,非以訾毁前人,实以嘉惠后学。但议论须平允,词气须谦和。一事之失,无妨全体之善。不可效宋儒所云,一有差失,则余无足观矣。……言之不足传者,其得失固不足辨;自命为立言矣,千虑容有一失,后人或因其言而信之,其贻累于古人者不少,去其一非,成其百是,古人可作,当乐有诤友,不乐有佞臣也。且其言而诚误耶,吾虽不言,后必有言之者;虽欲掩之,恶得而掩之!所虑者,古人本不误,而吾从而误驳之,此则无损于古人,而适以成吾之妄。王介甫、郑渔仲辈(盈按:关于王、郑在学术上的是非,钱说非定论,在此不加评说),皆坐此病,而后来宜引以为戒者也。
>
> (《潜研堂文集》(五)卷三十五,商务印书馆万有文库本,民国二十四年,第 554 页)

第四条是忠实地传达原著的意思,并给以同情性的理解。章太炎说:"稽古之道,略如写真,修短黑白,期于肖形而止。使妍者媸,则失矣;使媸者妍,亦未得也。"③妍媸逼真、毫厘不爽的前提是读懂原著,理解原著的精神实质。英国哲学家、历史学家柯林武德(Robin Collingwood,1889—1943)谈自己讲授亚里士多德的经验时说:

> 我把讲授集中在这一问题上:"亚里士多德说了些什么?他这样说的意思是什么?"而放弃了一个更进一步的问题:"它是正确的吗?"尽管这个问题很诱人。我希望训练我的听众以学者的态度去看待一部哲学著作,而把其他教师充分强调的批判任务搁置一旁。
>
> (〔英〕柯林武德著,陈静译《柯林武德自传》,北京大学出版社,2005年,第28页)

"学者的态度"是研究的态度,是理解的态度,是虚怀若谷倾听原作意见的态度,是洞彻原委寻根究底的态度。

说了些什么?
意思是什么?

这两条至关重要,是学习研究古代语言学史时所必须遵循的原则。

第五条是诚实地对待前人时贤的研究成果,这本是中国学术史的优秀传统。不掠人之美,乃著述第一原则。顾炎武著《日知录》,"或古人先我而有者,则遂削之"④。钱大昕著《廿二史考异》,"间与前人暗合者,削而去之。或得于同学启示,亦必标其姓名,郭象、何法盛之事,盖深耻之也"⑤。在《虞东学诗序》中他赞扬该书作者"又尝病世人诂经,多剿袭成说,以为己有。故虽一字一句,必标其本书,盖不以一己之意为是,而必求诸古今之公论"⑥。康熙年间,徐釚编著《词苑丛谈》,"所抄撮群书,不下数百种"。但未一一注明出处。"同年友……竹垞始谓余:揩摭书目,必须旁注于下,方不似世儒剿取前人说以为己出者。余韪其言。"⑦旧调重弹,大有新意。上世纪 90 年代以来,学界、出版界有"攒书"之说,自己"攒",请人"攒",利用学生"攒"。网络如此发达,电脑写作又如此方便,资料的攒凑不费吹灰之力。于是,掠人之美,种种不诚实的违规行为大行其道。钱大昕以为"深耻"的事,对某些人而言,不复以为耻矣。

十多年来,今人关于古代语言学研究成果甚多,这类著作应在当代语言学史中介绍。如阑入本书,则自乱体例,古今不分。故只在十分必要时才不得不涉及,读者当能理解。

《中国古代语言学史》河南版的写作,始于 1981 年 7 月,完稿于 1983 年 5 月 14 日,出版于 1985 年 9 月。作此稿时已年届半百,本应为著述佳期,可学殖荒疏长达十余年之久,完全靠年轻时的那点底子和拨乱反正后的刻苦补习,才勉强完成这部 20 余万字的小书。此书出版之后,《中国语文天地》1987 年第 3 期、《语文研究》1988 年第 3 期分别发表了洪成玉、杨荣祥两位先生的《读〈中国古代语言学史〉》(两文题目一样)。王英明先生编著、张志毅先生审订的《古汉语书目指南》列出专题,将拙著与王力先生的《中国语言学史》对比研究。指出"这本书在许多方面接受了王力《中国语言学史》一书的长处。它和王本的主要不同之处有三个方面"。"何本与王本可互为补充。""这本书除在语言学史的研究上有其特点和独到见解外,还由于该书以介绍和评论古代语言学专著为写作线索,因此书中集中了一大批资料,内中介绍的论著有一部分为现在一般人所难见到。"⑧1982年距离"文革"结束不过五六年,许多古代语言学著作尘封在图书馆,长期无人问津,更不要说整理重印了。由于拙著的评介、鼓吹,也由于整个文化风气的转变,这类著作慢慢受到重视,甚至争相再版重印了(如清代《说文》四大家的著作,陈第、陈澧的著作,还有《音学五书》《音学十书》乃至邵雍的音学著作等等)。我在这里还要提到韩慧言先生的《读〈中国古代语言学史〉》。韩先生认为拙著的问世,"是对中国语言学界的一大贡献,值得我们从事汉语史研究的同志一读"。韩文指出"本书有如下两点值得称道"。"一、重点突出。作者在写每个阶段的语言学史时,并没有面面俱到,而是从实际情况出发,抓住一个阶段具有开创意义的问题加以阐述。如第一章只安排了两个题目:先秦诸子的语言理论、先秦时代的名物释义。这样的安排是颇具匠心的。在'百家争鸣'的繁荣的文化形势下,先秦诸子曾展开了'正名''辨名实'为中心的语言理论的探讨,很多人发表了相当成熟的意见;与此相联系,在实践上则出现了对'名物释义'的研究。这两个问题可以说明先秦时代最具特色的语言研究内容,当然也值得大树一笔。"⑨18年过去了,我一直不知韩先生为何许人,但对韩先生的这个评说念念难忘,印象如新。他深刻地理解了我对先秦语言学的独到见解。把《尔雅》放在先秦时代来处理,最重要的原因就是揭示了"正名"与"名物释义"之间的内在联系。我写的《〈尔雅〉的年代和性质》,发表于《语文研究》1984年第2期。文中指出:"(《尔雅》)从本质上看它是一部名书,是春秋时期开始的一直持续到战国时期的名实之争的产物。离开了这一时代背景,我们就很难找到更适合于它得以产生的历史条件了。"20多年来,学界不少先生赞同此说。尽管有人很不以为然,可我原本无意要别人也"以为然"。真理只看重是与非,不在乎别人的"然"与"不然"。

韩文"称道"拙著的第二点是:"书中对一些有争议的问题提出了不少独到的见解。"举的例子就有《尔雅》问题。

我在这里列举了有限的几种评说,并非借他人之口以抬高自己。一则无此必要,再则作为一个年过70的学术老人来说,早已将"名""利"二字置诸度外。目的在于检验,在于求其友声,在于通过回应以示感激。我独学无友,孤陋寡闻。或褒或贬,无以一一回应。且学术知音,或异地,或异时,著者岂能一一悉知。清末广东学者陈澧(1810—1882)先生说:"欲知人之性情,则后世之人不如同时之人;欲知人之学术,则同时之人反不如后世之人。盖人之学术见于所著之书,而著书必俟老而后成,或至死而后出,同时之人乌能尽知之哉?故并世难得知己,转欲望之后世也。后世必有知己,不必望也,但不知其姓名耳。"⑩又说:"人世茫茫,性情相合学问议论相契者,千万中无一二人。"⑪语言学本是"冷门",古代语言学几乎是"绝学",研究者少,"知己"、"议论相契者"则更少。现在是信息时代,人们又勇于著书立说,往往是一挥而就,倚马可待,一夜成名。但这样的著作,其兴也忽焉,其亡也亦忽焉,可以不论。也有并非"老而后成""死而后出"的精品,由于评价系统不公,舆论导向不正,难于为世人所知,这就只能寄希望于"后世"了。不过,无论如何,著书立说,应心存"后世",目的不在于等待"知己",而在于要经得起时间老人的考验。著作寿命如何,时间说了算。褒贬是否得当,也是时间说了算。

时间对待《中国古代语言学史》还算不错,从问世至今已整整

20年了,可这20年的寿命是经过一次"大手术"而获得的。

1993年1月10日,国家教委社会科学研究与艺术教育司通知(教社科司[1993]2号),我申请的《中国语言学通史》课题经高校"八五"人文、社会科学研究规划项目科学专家评审会评审并经社科司审核,正式立项。我奉献的成果是两项:《中国古代语言学史》增订本,《中国现代语言学史》。这两部书于1995年9月由广东教育出版社同时出版。2000年6月两书广东版第2次印刷。今年4月第3次印刷。

感谢评审专家的谬爱,《中国古代语言学史》被评为"九五"、"十五"国家级规划教材。我现在对此书所进行的修改,就是为了适应"十五"国家级规划教材的需要。《中国现代语言学史》于1996年12月获北京市第四届哲学社会科学优秀成果一等奖,获教育部普通高等学校第二届人文社会科学研究成果二等奖。《中国语文》1996年第4期发表了董琨先生及孙玉文先生的评论文章。董文认为这是"作者奉献给学术界和全社会的又一部力作"。孙文指出"全书都是以中国语言学逐步走向现代化为主线来进行总结的"。这部专著得到学术界的肯定,我对自己的艰苦劳动也就不以为憾了。如果说有憾,就是两《史》均有缺点,错误,尤其是校对方面,《中国现代语言学史》的"人名索引"一再印错,简直不能容忍。学术界不乏正讹匡谬之士。2004年7月15日陈广忠先生寄来《中国古代语言学史》勘误表,2005年1月26日汪维辉先生寄来"1995年印本《中国古代语言学史》勘误"。我与汪陈二君素未谋面,亦从无文字往来。高情雅意,甚感于心。这次修订,除了改正一些技术上、印刷上的错误之外,最为重要的是增补了"绪论"这一章;还增补了一节长达数万字的"五音与四声",这是我个人新的研究成果,对古代文学批评史也有意义。我所提出的"清浊律"、"声响律"、"双叠律"、"四声律",也是言人之所未言。

韶华易逝,桑榆景迫,虽已退休多年,但学殖无成,岂可言休!

子贡曰:"君子亦有休乎?"

孔子曰:"阖棺兮乃止……此之谓君子所休也。"[12]

子贡曰:"大哉乎死也,君子息焉,小人休焉,大哉乎死也!"[13]

古来以学术为性命之士,莫不鞠躬尽瘁,死而后已。此中自有乐趣在,与功名富贵无关也!

何九盈
于北京西郊蓝旗营
2005 年 8 月 1 日
时年七十有三

注:

① 吴辛丑:《先秦两汉语言学史略》,广东高等教育出版社,2005 年,第 21、22 页。

② 王西庄(1722—1797),乃王鸣盛之号。江苏嘉定人。乾隆甲戌科(1754)榜眼。累官内阁学士、兼礼部侍郎。居苏州 30 年。著有《十七史商榷》。

③ 章太炎:《与人论朴学报书》。原载《国粹学报》丙午年(1906)第 11 号。收入刘梦溪主编《中国现代学术经典·章太炎卷》,河北教育出版社,1996 年,第 638 页。

④ 顾炎武:《日知录》序,商务印书馆国学基本丛书本,民国二十四年四月四版。

⑤ 《潜研堂文集》(三)卷二十四,商务印书馆万有文库本,第361页。郭象,晋人。《世说新语·文学》:"郭象者,为人薄行,有俊才。见(向)秀义《庄子注》不传于世,遂窃以为己注。"《南史·郗绍》第三册,卷三十三,第859页:"时有高平郗绍亦作《晋中兴书》,数以示何法盛。法盛有意图之。谓绍曰:'卿名位贵达,不复俟此延誉。我寒土,无闻于时,如袁宏、干宝之徒,赖有著述,流声于后,宜以为惠。'绍不与。至书成,在斋内厨中。法盛诣绍,绍不在,直入窃书。"(中华书局,1975年)

⑥ 同上书,第342页。

⑦ 徐釚(1636—1708),江苏吴江人。康熙十八年(1679)"召试博学鸿才",徐与朱彝尊(号竹垞)等50人应试,"俱入翰林",为检讨。时人"呼为野翰林"。(《在园杂志》,中华书局,2005年,第37页)此处引文见徐氏《词苑丛谈·自序》。可阅王百里《词苑丛谈校笺》,人民文学出版社,1998年,第5页。

⑧ 《古汉语书目指南》,齐鲁书社,1988年,第215、216页。

⑨ 《研究生信息》总第12期第四版,1987年11月20日,江西师范大学主办。

⑩ 《陈兰甫先生遗稿·学思自记》,《岭南学报》第2卷第2期,民国二十年。又见《陈澧集》(贰),上海古籍出版社,2008年,第760页。

⑪ 陈澧:《亡儿期年祭文》。《东塾集》卷六。《陈澧集》(壹),上海古籍出版社,2008年,第257页。

⑫ 《韩诗外传》八,四部丛刊本,第13页。

⑬ 《孔子家语·困誓》,上海古籍出版社,1990年,第60页。

2013年第4版自序

早在20多年前,也就是上世纪八十年代末,本人就与商务有约,《中国现代语言学史》、《中国古代语言学史》增订本,均由商务出版。后来,由于某种非学术的原因而爽约。其时,恰好广东有友人来京招亲,于是两"姊妹"就高高兴兴结伴南下远嫁广东了。广东当然是个好地方,但毕竟帝里风光更好,何况他们的主人翁又在北方。年来商务新起的大方之士再度招手,两"姊妹"又高高兴兴先后来此落户,喜续前缘,此亦书林一佳话也。唉!书的命运也真难料!还是时间说了算,读者说了算。至于某些个人的咬牙切齿,"笑而不答","犯而不校",可也。梦中日月穷通浅,"老去人间毁誉轻"(陆游诗)。

《中国古代语言学史》此前已印刷了七次。河南版一次,广东增订版三次,北大新增订版三次。商务版属于第三次修订了。钱穆先生曾对人说:"至今始知朱子为书鲜不经十年、二十年以上之不断改定。"①《朱子年谱》载:"先生病已甚",临终前还在"改《大学·诚意章》"。②朱熹之所以成为永远的朱熹,当年的咬牙切齿者、诬之为"伪学""逆党""上书乞斩熹"者,当然是根本无法理解的。如今"不断改定"精神已成为优秀传统,老朽我就是照此精神来著书立说的。

作为学术史,"改定"的基本原则就是要不断博采众说,创建或充实前所未有的篇章布局，组织结构，理论维度，话语体系，以成一家之言。这中间的创意就是：对众说"如有不同，即下己意"。问题在于何谓"己意"？陈澧说："所谓下己意，非必尽出己说，但以己意引众家之说，即是己意。"③说来容易，一个"引"字便见功力。众说在哪里？如何理解、综合、排比、发挥众说？如何是其所当是，非其所当非？高下抑扬、进退取舍之间，"己说"即在其中矣，学问精神即在其中矣。这是一个极为艰难的、也可以说是费尽心血的过程，要以"己意"与众多古今高手对话、博弈，谈何容易！岂能掉以轻心？

如果我所知甚少，或知之不深不透，古今学人有何高见我就根本下不了"己意"来判断；或者自以为如何如何高明，乃至胸无古人，目无今人，当然也就用不着"不断改定"了。

写学术史免不了引用众说。如何引用众说？陈垣先生曾有如下总结：

> 凡引书声明引自古人者，可略而不可改，裴松之之《三国注》是也。未声明引自古人而用其语者，可隐括成一家言，范蔚宗之《后汉书》是也。温公之《通鉴》，盖范书之类，亦即班《书》用《史记》之类。
>
> （《通鉴胡注表微·书法篇第二》，辽宁教育出版社，1997年，17页）

他的学生牟润孙先生说："这一引书义例，为中国史学家传统习用。"④陈垣还说过："史学家竟不敢删省前人之文，如何能自成一家之言！"说白了，所谓"一家之言"，"非必尽出己说"，必然包含前人的智慧心血在其中。人们常说的"白手起家"，"从零开始"，都不是绝对的。

所以,继承传统,尊重古人,不薄今人,这都是学术自身发展的需要。清人王鸣盛说:"大凡人学问精实者必谦退,虚伪者必骄矜。生古人后,但当为古人考误订疑,若凿空翻案,动思掩盖古人以自为功,其情最为可恶。"⑤所有现在活着的学人,三五百年之后也是"古人",如有"可恶"之徒,妄思"掩盖以自为功",你若地下有知,又将如何?

19世纪末以来,中国学术受西潮推动,发生了性质上的变化,进步巨大,有目共睹。今后仍然要虚心、认真对待世界各国的先进文化学术,而近几十年来,由于种种原因,传统已呈断裂之势。"世上悠悠不识真,姜芽尽是捧心人。"⑥健康的中国人,为什么要学西施那种病态呢!以病态为"美",我们的价值取向,评价体系,就真的有"病"了。1996年4月7日,张琨先生从伯克莱给我的一封信说:"中国学问还是要中国人在中国做。"这是一位海外华人老学者的由衷之言。所以,在北大新增订版自序中说:"我写的是'中国语言学',而不是'语言学在中国'。"第三次修订,还是遵循这一原则。

这次修订,幅度不如新增订本大,但增删也有二百多处。七八年来的点滴心得,大体上纳入其中了。

以往的学术史多为平面的、甚至是纯技术性的叙述;我的两史力求立体化、人性化,力求与特定的大文化相沟通。不喧宾以夺主,而索然寡味的无宾之主,亦吾所不取也。

第三次修订完毕之日,不觉已是八十之老,书感怀三首以明枥骥之志也。

一

雨恶风狂八十秋　　独采藕花好自由⑦
人说书生无一用　　书生无愧孺子牛

二

我本书山一愚公　　补天无力学雕龙
萧斋急鼓催云雨　　命驾飞龙过河东⑧

三

磵诸攻玉玉益精　　精光化作启蒙星
魂游故国千年后　　心系大同十字经

何九盈
于北京西郊蓝旗营抱冰庐
2012年11月25日
时年八十

注：

① 钱穆1968年11月20日致杨联陞书。《素书楼余瀋》，九州出版社，2011年，第232页。
② 王懋竑：《朱熹年谱》卷四，中华书局，1998年，第265页。
③ 陈澧：《与徐子远（灏）书》之二。《陈澧集·东塾集外文》卷五，上海古籍出版社，2008年，第456页。
④ 牟润孙：《从〈通鉴胡注表微〉论陈援庵先师的史学》。《海遗丛稿》（二编），中华书局，2009年，第97页。
⑤ 王鸣盛：《十七史商榷》卷一百，凤凰出版社，2008年，第731页。
⑥ 柳宗元：《重赠二首》之二。《河东先生集》第五册，第四十二卷，第133页。
⑦ 柳宗元诗："欲采蘋花不自由。"陈寅恪诗："不采蘋花即自由。"余大别于柳陈二先贤，有自家情景在焉。
⑧ "河东"在哪里？"三十年河东"之谓也。

第一章 绪论

第一节 学术史观问题

语言学从来都不是显学,可从来都是根底之学,而语言学史又是根底之根底。是学术根底,也是文化根底。

"根底"之说,是否有意夸张言过其实呢? 不,这是由研究对象决定的。语言学的对象是语言,"语言"是什么?

语言是人类的主要建制。①

它(语言)在人类心灵的所有方面都深深地扎下了根;它有可能囊括宇宙的一切领域,覆盖一切既存的物象。②

任何存在者的存在寓居于词语之中。所以才有下述命题——语言是存在之家。③(又译为"语言是存在的家园")

语言和人的关系、语言和物的关系是如此密不可分。所以,布伯说:"并非语言寓于人,而是人栖居于语言,人站在语言当中向外言说。"④人不仅"言说"语言,还研究语言,于是有了语言学;有了语言学,继而产生一门研究语言学历史的学科——语言学史。

语言学史属于学术史,而不是语言史。研究学术史,应建立明确的、正确的学术史观。**我们说,语言学是根底之学,又说语言学史是语言学的根底,这就是学术史观问题,也就是我们如何看待语言学、语言学史的地位和价值问题。**

根底就是基础。参天大树,其根在泥土之中;万丈高楼,其基础也在泥土之中。语言学、语言学史,作为根基之学,也处于学术底层,所以从来都不是显学,与前沿学科、尖端学科、热门学科,大不相同。可是,尖端,是从根底生长出来的;前沿,是从基础延伸过来的;热门,是从冷门爆发出来的。世界上没有无根底的尖端,没有无基础的前沿,也没有不是来自冷门的热门。尖端、前沿如何,取决于根基。

学无根基,这是当前人文学科的通病。说什么儒学、国学,连语言文字之学都不过关,读不懂古书,不认识字形、字音、字义,"学"从何来?哲学、历史、文学,也都要以语言文字之学作为根基。当我们说语言学、语言学史是根基之学时,当然就要回答:是谁的根基呀?窄而言之,是人文学科的根基;广而言之,是一切学科的根基。凡有所学,都得言说,都得用文字表述,都得发表、交流;文字不通,语言不顺,表述混乱,学问再大,有什么用!数学家苏步青是很懂得这个道理的。据记载:

> 苏步青担任复旦大学校长时说:"如果允许复旦大学单独招生,我的意见是第一堂先考语文,考后就判卷子。不合格的,以下的功课就不要考了。语文你都不行,别的是学不通的。"
>
> (盛巽昌、朱守芬编撰《学林散叶》,上海人民出版社,1997年,第250页)

语文不行,别的为什么学不通?前引赵元任、海德格尔、洪堡特的话已有回答。语言关乎逻辑、思维方式、世界观等等。一个人思维混乱,能有什么出息呢!这里说的是语文的一般意义。从专业来要求,语言学史(这里专指中国古代语言学史)对于语言工作者,甚至于对一般人文研究工作者,都应该认真学习,接受基础训练。不只是学习有关的历史知识,最重要的是读原著。中国古代语言学史有十部名著,不论是研究现代汉语还是古代汉语还是研究语言理论的人,甚或是研究非汉语的人,都应该根据自己的实际情况,或全读、通读,或选读。这十部著作是:《尔雅》、《方言》、《释名》、《说文解字》、《切韵》(或《广韵》)、《韵镜》、《中原音韵》、《音学五书》、《读书杂志》、《说文解字注》。这十部著作是中国古代音韵、文字、训诂的代表作,如果我们能在青年时代、学生时代或研究生时代,真正把这些著作读完了,读懂了(全懂是不可能的),或者能熟练地利用这些著作,我们就可以称得上是学有根基了。你的基础越广,你的前沿阵地就越牢固;你的根子越深,你就越能拔尖,那尖端直指学术高空,俯视群伦。我们看那些真正的大师(现在"大师"可以随意封,所以要加上"真正的"),有哪一个不是以语言文字作为立足根基的?上世纪20年代清华国学研究院的四导师就是范例。王国维文史哲全能,终以语言文字学而臻入大师行列;梁启超、陈寅恪都是史学大师,而梁、陈二人都有语言学著作问世,梁启超首创新文体,陈寅恪的《四声三问》、《从史实论切韵》、《东晋南朝之吴语》至今还常被引用;赵元任多才多艺,人称为中国现代语言学之父。研究一下四导师的学术基础训练、治学历程,对确立语言文字之学在人文学科中的地位问题,大有好处。现在高等学校的文科各系,分工过细,课程繁多,作为基础的语言文字之学,或浮光掠影，或走马观花，或干脆付之阙如。于是，搞文学的不通音韵，搞哲学的不知道什么叫大篆、小篆，搞历史的不通训诂，搞外语的不知道《说文解字》。如此基础，指望产生文学巨人、哲学大师、史学巨子，岂非白日做梦！

在中国语言学史领域，要建立明确的、正确的学术史观，还应从理论上解决一个问题：是用学术进化论来看待中国语言学史的发展呢，还是用学术相对论来看待中国语言学史的发展呢？具体而言有两点：按进化论的观点"把语言学史分为科学前和科学的两个时期"⑤。从古代到19世纪为科学前时期，自19世纪起为科学时期，这是第一点。与此相应的第二点是关于"语文学"和"语言学"的划分。有人认为中国古代只有语文学而没有语言学。"语文学就其严格的概念定义而言是以古文献为对象，而语言学则是针对语言本身。""语文学不应僭取语言学的地位，不能跨出自身的界限跑到语言学里指手画脚。"⑥这两点均来自欧洲，在中国已深入人心，影响深远。我个人以为应进一步斟酌，应以分析的理性的眼光审视一切。

先说第一点。将语言学史分为"科学前"和"科学"两大段，这种分法本身就不科学。用科学的观点来看，只能说近代语言学、现代语言学的科学化程度高于古代，而不能说整部古代语言学史都与科学无缘，都不能纳入科学领域。任何一门学科都有一个发展过程，但只要这门学科在事实上已经独立，它必然就会有自己的发展规律和内在系统。一门已有发展规模和内在系统的学科，它本身就足以证明它是科学的。中国古代的音韵、文字、训诂之学，它本身就是一个完整的系统，尽管它在理论上不如近现代发达，对语言的描写手段和研究方法不如近现代进步，但那是历史条件的限制,而且某些问题有纯技术层面的原因。中国古代有无科学,在自然科学领域这是一个有争议的问题。中国古代有无科学的语言学,这不应该有争议。语言学不同于自然科学。本书认为:"从汉代开始,语言学已经是一门独立的学科了。"我们有什么理由判定这门"独立的学科"是不科学的呢? 那种认为语言学由"科学前"发展为"科学"的观点,完全是受进化论的影响。我们认为古今语言学在科学化程度上的确有巨大差别,但这种差别只有相对的意义,并非二元对立。其实,在自然科学领域,也不可把古今绝然对立起来。英国核物理学家欧内斯特·卢瑟福(Ernest Rutherford, 1871—1937)说:"任何一个人都不可能突然做出重大发现,因为这不合乎事物发展的规律。科学是一步一步前进的,每一个人都要依靠前辈的工作。"[7] 美国自然科学家莫里斯·戈兰(Morris Goran)指出:

> 许多科学编史学家都从培根或伽利略开始写起,这个事实形成了科学起源于他们的神话。这样一种错误观点不仅忽略了先人们的成就,也忽略了古代世界闻名和不闻名的天才的成就。古代最伟大的物理学家和数学家阿基米德做的工作可以与牛顿和爱因斯坦相比。亚里士多德对生物学作了很大贡献,以致查理·达尔文不得不承认他从这位希腊哲学家那里学到了很多东西。
>
> ([美]莫里斯·戈兰著,王德禄、王鲁平等译《科学与反科学》,中国国际广播出版社,1988年,第67—68页)

我们可以不赞同戈兰的具体类比,我们也可以说,牛顿超越了阿基米德,爱因斯坦超越了牛顿,达尔文超越了亚里士多德,但不能在他们之间划出一条科学与非科学的鸿沟。戈兰戳穿"科学起源于"培根或伽利略的"神话",至少可以告诉我们,对西方某些民族主义者有意"抬高"他们的"科学英雄"⑧的行为,请勿迷信。

现在谈第二点,洪堡特区分"语文学"和"语言学"这两个概念是完全以西方语言学史的材料为依据的,用于中国语言学史,大体上也是行得通的。不过,我要强调的是,拿这种区分作为分期的根据也只有相对的意义,二者之间不存在进化关系。我这样讲,理由有二:一是古今都有语文学的研究,也都有语言学的研究,二者可以并存。扬雄搞的是方言调查,刘熙研究的是"百姓日称"之"名","反切"、"四声"是从实际语言总结出来的,《切韵》"因论南北是非","论"的是南音与北音,等韵是要验诸唇吻的,邵雍的《唱和图》几乎是实际语音的描写,《中原音韵》为什么"平分阴阳,入派三声",不就是据实际语音得出来的结论吗?凡此种种,不都是语言学性质的研究吗?我们有什么理由说中国古代没有语言学只有语文学?如果我们说,在中国古代还没有普通语言学,语言理论很不发达,古代的语言研究以实用为目的,这些说法都是对的。由此进而论断,古今语言学的性质、规模、方法,差别甚大,这也是对的。理由之二,还是洪堡特说的:"语文学研究所产生的有益影响超出了语言学的领地,但对语言学本身来说,语文学是必要的先期训练,我绝不打算建议人们把语文学研究仅仅视为语言学的一部分。"⑨洪堡特讲到了"语文学"和"语言学"之间的关系,二者并非毫无联系。至于洪堡特说的"不应僭取……","……指手画脚",还说"也不可以傲气十足地鄙视自己所不了解的其他领域"。⑩这完全是学风问题,当具体有所指,与学理无关。从中国语言学的情况而言,"语文学"与"语言学"始终紧密结合在一起。当代有两种影响很大的语言学刊物就以"语文"命名(《中国语文》、《语文研究》),很能说明问题。研究者个人的研究成果,有的属"语言学"性质,有的属"语文学"性质,你说他到底是语言学家呢还是语文学家呢?就研究者个人的语言修养、学术修养而言,"语文学"的训练都是必不可少的。《说文》、《尔雅》、《广韵》等都是古文献。按洪堡特的定义,"以古文献为对象"就属于"语文学",古音研究也离不开古文献,训诂学就更不用说了。作为一个现代的中国语言学家,几乎谁都离不开古文献,谁都要具有阅读古文献的能力。看来,从概念上区分"语文学"、"语言学"是容易的,在实际研究中,过分强调这种区别,甚至有意无意贬低"语文学",只会造成副作用。轻则不利于语言学工作者个人的修养和发展,重则使语言学这门学科脱离传统脱离古文献。我们也要注意另外一种倾向,认为语言学的研究要以文献资料为主,这是错误的。个别人的研究采取了以文献资料为主的研究目标,这当然是可以的,但不能拿个人的经验"跑到语言学里指手画脚","傲气十足地鄙视自己所不了解的其他领域"。在这里,我们不要忘了洪堡特的教诲。

在中国语言学史领域,要建立明确的、正确的学术史观,还应解决第三个问题:中国语言学有无自己的民族特性。

这本来是一个基本常识问题,用不着郑重其事地提出来讨论一番。可是在海外有人对"建立中国(这里当然主要指汉语研究)特色语言学"的提法有意见,公开提出指责,我们不能不有所回应。

早在1823年(相当于清道光三年),德国语言学家威廉·冯·洪堡特就写过《论语言的民族特性》,其中有这样一些重要论点:

各个民族和时代的特点与语言的特点极为密切地交织在一起。

一种语言完全是由它所隶属的那个民族构造起来的。

倘若人们忽视了民族特性在语言中留下的印痕,就会导致否认各种语言至为深在的本质以及意义重大的语言多样性。

语言的差异——就我们在这里所描述的语言对心灵的影响和心灵为其所制约的作用而言——具有世界史的意义。

因此,我们必须把语言及其差异视为一种控制着人类史的强大力量。

(姚小平译《洪堡特语言哲学文集》,第66、67、68、71页)

人类语言既有共性,也有特性(民族性),正因为有特性,才形成语言的多样性。洪堡特从一般意义上论证了民族特点、时代特点和语言特点的关系,并指出"语言的差异具有世界史的意义"(第70页)。一百多年过去了,这些论断不仅没有过时,而且仍然具有指导意义。

就汉语而言,是否有自己的民族特性呢?1956年,王力先生发表《语法的民族特点和时代特点》。文章开头就表明,这"是不成问题的问题",为什么要谈这个"不成问题的问题?不难理解:这在中国语法学界中,并不是完全解决了的"。半个世纪过去了,当年王先生已经解决了的问题,如今又成了问题。可见,有些问题的产生,并不是前人没有解决,而是后人不读书,不认真对待前人研究成果,在不成问题的地方又生出了问题。当然,也有可能是王先生的结论过时了,但事实并非如此。王先生说:

就一种具体语言的语法来说,世界语言的共同性是次要的,而特点是主要的。没有这种特点,就会丧失其独立语言的资格,和另一种语言同化了。

语法构造既然是语言的本质特征之一,自然也就是构成民族特征的主要因素。

世界语言的形态学分类,正是靠着语法的特点把世界语言分为若干语系和语族的。从共同的特点上把许多语言归为一类,以别于其他各类语言。假使语法没有特点,那么形态学的分类就成为不可能。

(《王力文集》第十六卷,山东教育出版社,1990年,第286—289页)

王先生这些结论过时了吗?没有。他的这些论断完全符合一般哲学原理。毛泽东说:

科学研究的区分,就是根据科学对象所具有的特殊的矛盾性。因此,对于某一现象的领域所特有的某一种矛盾的研究,就构成某一门科学的对象。

为要暴露事物发展过程中的矛盾在其总体上、在其相互联结上的特殊性,就是说暴露事物发展过程的本质,就必须暴露过程中矛盾各方面的特殊性,否则暴露过程的本质成为不可能,这也是我们作研究工作时必须十分注意的。

然而这种共性,即包含于一切个性之中,无个性即无共性。

(毛泽东《矛盾论》,见《毛泽东选集》第二卷,人民出版社,1952年,

第 775、778、786 页)

冯友兰说,毛泽东讲的是"真正哲学问题,是一般和特殊、共相和殊相的问题"[11]。建立正确的学术史观,需要有正确的哲学思想基础。毛泽东关于共性和个性(特殊性)的论述,对于我们认识语言的共性和个性同样具有指导意义。根本不学习哲学,或哲学水平低下,缺乏起码的哲学训练,就会把"不成问题的问题"弄成大问题。甚至到处嚷嚷,故作高明,对正确意见进行无理指责。兴风作浪,败坏学风。

事实上,19世纪的西方人对汉语特性问题已经有颇为深刻的认识。1826年洪堡特发表了《论汉语的语法结构》,认识到"汉语的语法结构是极为独特的,从所有语言的语法差异来看,汉语可以说自成一类"。"汉语语法最根本的特性我认为在于这样一点,即,汉语不是根据语法范畴来确定词与词的关系,其语法并非基于词的分类。"[12]洪堡特在致阿贝尔·雷慕萨先生的信中也讨论了汉语的特性问题。这篇题为《论语法形式的理性以及汉语的特性》也由姚小平先生翻译,收在《洪堡特语言哲学文集》中。洪堡特在此文中说:"这种语言不同于几乎所有已知的语言。""在汉语里,所有的词都用来直接表达概念,而不指明语法关系。""由于汉语不具屈折变化,在理解汉语的句子时往往只能依靠词序。"[13]

另一位德国人郭士立(Karl Friedrich August Gutzlaff,英文名写作 Charles Gutzlaff,1803—1851。他的中文译名甚多,如郭实腊、古特拉富、居茨拉夫、德忌笠等),本是一名传教士,会中国官话、广州话、福建话。1839年,他发表《论中国的语言》(*Remarks on the Chinese Language*)。

文中他批评一些传教士不顾中国的语言体系,结果写出的作品"使用的字确实是汉字,但这些汉字以及措辞风格则是英语式的"。他还认为第一批《圣经》的翻译者的中文"杰作"也犯了这样的错误,其表达方式有很多缺陷,模糊不清,不符合中国人语言习惯和思维方式。"这些作品尽管对刚到中国的传教士来说显得通俗易懂,但中国人却难明其义,就像盎格鲁裔美国人看不懂用拉丁文的形式和结构写的英语书一样"。"欧洲学者的一个重大缺点在于,他们总是给中文披上西方的外衣……谈论什么单数、复数,现在、过去和将来时态,好像天朝的人研究过亚里士多德和昆体良(盈按:Quintilian,又译为昆提利安,公元1世纪古罗马修辞学家、教师。约35—96)一样","而正确的方法应该是向他们(中国人)和他们的文化学习,用他们的语言来表达我们的思想……"

(雷雨田主编、张琳副主编《近代来粤传教士评传》,百家出版社,2004年,第144页)

郭士立批评的是早期来华新教传教士的汉语语法著作,批评他们不顾汉语特色,"总是给中文披上西方的外衣"。现在某些反对建立有中国特色语言学的先生们,还是要给中文披上西方的外衣。西方出一种什么新理论,国内就有人赶紧拿过来给汉语披上,以为这就是跟国际接轨,就是"标新",就是"前沿"。汉语语法研究已有重大进步,但尚无根本性的突破,原因就在于此,至少是重要原因之一。我丝毫不否定借鉴的必要性,我只是不赞同生搬硬套,不赞同唯洋人马首是瞻,而是要求从汉语的实际出发。

注：

① 赵元任：《什么是正确的汉语》。《赵元任语言学论文集》，商务印书馆，2002年，第836页。
② 〔德〕威廉·冯·洪堡特著，姚小平译：《洪堡特语言哲学文集》，湖南教育出版社，2001年，第347页。
③ 〔德〕马丁·海德格尔著，孙周兴译：《在通向语言的途中》，商务印书馆，2004年，第154页。
④ 〔德〕马丁·布伯著，陈维刚译：《我与你》，三联书店，2002年，第33页。
⑤ 〔苏〕契科巴瓦等著，高名凯译：《语言学中的历史主义问题》，五十年代出版社，1954年，第1页。岑麒祥：《语言学史概要》，北京大学出版社，1988年，第5页。
⑥ 〔德〕威廉·冯·洪堡特：《洪堡特语言哲学文集》，第247页。
⑦ 转引自〔美〕莫里斯·戈兰著，王德禄、王鲁平等译：《科学与反科学》，中国国际广播出版社，1988年，第1页。
⑧ 〔美〕莫里斯·戈兰：《科学与反科学》，第36页。
⑨ 〔德〕威廉·冯·洪堡特：《洪堡特语言哲学文集》，第246页。
⑩ 同上书，第247页。
⑪ 冯友兰：《中国现代哲学史》，广东人民出版社，1999年，第153页。
⑫ 〔德〕威廉·冯·洪堡特：《洪堡特语言哲学文集》，第105页。
⑬ 同上书，第123、132、147页。

第二节　处理好五种关系

上一节讲的三条都是学术史观问题。学术史观是根本，根本问题解决了，不等于所有问题都解决了，还要解决方法论的问题。对于中国古代语言学史的研究来说，具有方法论意义的问题是如何处理好五种关系。

第一种关系：汉语史和汉语研究史

汉语史研究的是汉语本身发展的历史，如汉语语音史、汉语语法史、汉语词汇史。汉语研究史是研究汉语被研究的历史。中国古代语言学史，是研究中国古人研究汉语的历史；中国现代语言学史，是研究中国现代人研究汉语的历史。古人只能研究他们那个"当时"的汉语或比他们更古的时代的汉语。所以，中国古代语言学史中既有共时的研究也有历时的研究。既有对汉语本身的直接研究也有对研究者的研究。《中原音韵》是对元代大都汉语语音的直接研究，是共时性的，而清代人研究上古音则是历时性的。戴震疏证《方言》，段玉裁注《说文解字》，王念孙疏证《广雅》，这都是对古人研究成果的研究，我们今天评价戴、段、王的这类研究成果，又是对研究者的成果进行研究。许慎的《说文》是一度研究，段《注》已是二度研究，清人对段《注》的批评则是三度研究，到我来评说段《注》已是四度研究了。从这个意义来说，汉语研究史的研究比汉语史的研究要复杂得多，它所观照的对象不只是语言本身，还尽量要把一代又一代的研究成果网罗在一起，做到充分占有前人的研究成果，然后做出自己独立的评判。这里还不包括对近人和今人的相关研究做出评判。因为今人和近人的研究应该在当代语言学史和现代语言学史中论述，尽量不要阑入古代语言学史，以免自乱体系，把古代语言学史的内容搞得很庞杂。只有某些今人有争议的问题，才可适当地涉及今人。这只是说对研究内容的处理要有明确的历史观念和严格的时代断限，至于语言学史的研究者，即使只研究古代语言学史，也应该胸怀全局，对今人的相关研究应有深度了解，这是个人知识结构、学术修养问题，不可等闲视之。另外，汉语史本体研究的知识,对语言学史的研究尤为重要。汉语史研究和汉语史研究的研究,二者关系极为密切,可以互相促进。对研究者个人来说,只有侧重点不同,分工不同,而两方面的修养,必须要兼备。

第二种关系:过去与现在

所有的过去都是历史,所有的历史都联系到现在。因此,过去与现在具有统一性。

立足于现在,如何把握统一性?如何接触历史?理解历史?为什么要研究历史?接触与理解的基本途径靠历史资料。两千多年的中国语言学史有丰富的历史资料。资料有显性的,有隐性的;有完整的,有不完整的;有背景明确的,有背景不明确的。显性的,完整的,背景明确的,人人可以利用;隐性的,不完整的,背景不明确的,这就需要考证。经过考证,可以发掘出新史料,而新史料毕竟有限,能改变史料局面的新史料则更为有限。所以,"基本功仍然要放在研究旧的普通史料上。……真正高明的研究者,是要能从人人能看得到、人人已阅读过的旧的普通史料中研究出新的成果"。所谓"看人人所能看得到的书,说人人所未说过的话"[①]。这才见学力,这才见功底,这才见水平。"看人人能看得到的书",为什么见解会有高下之别呢?见识低的原因固然很多,基本原因还是看书少,不认真,甚至连原始资料都不太懂,或不愿意通读原著。顾炎武批评明"万历间人,看书不看首尾,只看中间两三行"[②]的情形,现在也到处都有。不认真看书就要写书,就只能靠东拼西凑,据别人的研究成果为己有。既不注明材料来源,也不列出参考书,还要在某个地方将原创者莫名其妙地批评一通,以显示自己高明。这样做学问就太不老实了。

所谓史料不完整、背景不明确,主要有5个问题:

作者不明确

年代不明确(一个时代的整体语言面貌不明确)

性质不明确(基础方言不明确)

概念粗疏,不完整

原著在流传过程中出现差错

这些问题是研究古代语言学史的人最为关注的,也往往容易出现分歧,出现争议,甚至很难得出统一的结论,只能各是其是,各非其非。这就要求研究者取互相尊重的态度,有兼容并包的胸怀。有人主观武断,以轻薄的口气随意贬斥别人的结论,只能证明其人浅薄无知。

对原始资料的多方搜寻,反复研究,细细咀嚼,字字推敲,是接触历史、理解历史的唯一途径,是写好中国古代语言学史的不二法门。即使如此,由于史料的缺失,由于"不完整"不可能如实恢复,也由于研究者的种种主观条件限制,我们所接近的"过去",所理解的"过去",与真正的"过去"可能还会有差距,有时甚至相差很远。所以,过去与现在的统一性,只能看作是一个不断重建的过程。后人究竟在多大程度上理解了陆法言,从李涪到李荣,已有一千多年了,是距离陆法言越来越远还是越来越近?也许李荣比李涪更了解陆法言[3]。周德清那个人派三声,绞尽了多少人的脑汁,现在有了公认的定论了吗?颜之推说的"南染吴越,北杂夷虏",他本人当然心中有数。而这"染"、"杂"二字就留下了千古难解之谜。解决难题的唯一途径,是要重建当时的南音、北音、吴音音系(哪怕只掌握其主要特点)。只有这样,才有可能知道"染"了什么,"杂"了什么。而这样的条件眼下并不具备。

数十年来,我对中国语言学史的学习与研究,采取的是六字方针:**求真知,致实用**。重建"过去"的"本来面貌"是求真知;用现代语言学的体系来对接、阐释"过去"是致实用。

"求真知"是现在与过去的统一。
"致实用"是过去与现在的统一。

第三种关系:本学科与相关学科

中国古代语言学史的发展是与整个古代学术发展大趋势相一致的,它是在相关学科的影响推动下逐渐形成发展起来的。

所谓相关学科,主要是指儒学、诸子学、乐律学、文学、佛学等。

先秦时代,诸子的名理辨析、逻辑推理,儒家对古代经典的解释,促进了语言理论、名物训诂的产生。两汉时代,中国的学术主流集中于儒家。书面语言的研究、文字的研究,其地位渐渐高于口语的研究。《说文解字》是字形、字音、字义研究集大成之作。经学的发展是早期古代语义学得以发展的强大外因,而语义学的发展又促进中国语言学走上独立的道路,成为专门之学。汉代语义学的对象以书面语为主,书面语必然会面临字形、字音问题,"六书"之学乃应运而生,且长盛不衰,成为中国古代语言学的重要组成部分。经学的力量,儒家的力量,不可忽视。语义研究、名物训诂的研究、字形字音的研究,又使汉代经学具有朴学、实事求是之学的特点,影响及于后代。

音韵学的产生有文学的原因也有佛学的原因,还有音乐方面的原因。

从东汉末年到北宋,佛经翻译持续了近千年,佛学全面输入,给中国的语言、文化注进了新鲜血液,为中国的学术发展带来了新的理论和方法。用梵文写成的佛经,其语言属于印欧语系,古代印度的语音分析知识已相当精细。佛经翻译家不是来华的梵僧胡僧,就是赴西域赴印度"留学"的华僧,这两类人碰到的第一大难题都是语言。学习研究华、梵两种语言,进行对比研究,将印度的语音分析知识(悉昙之学)介绍到中土来,从而使汉语语音研究者从中受到启发。音韵之学就这样一步一步向前推进,最后成为中国古代语言学最光辉灿烂的篇章。

音韵学的发生发展,梵僧、胡僧、华僧应得首功,他们的功劳主要在介绍,当然也有创造,而创造之功应首归中国文士。没有一代又一代文士的参与,音韵学不可能有如此辉煌的大发展,悉昙之学也只能停留在知识传播阶段,只能为少数佛教界人士所掌握。要把一种与汉语、汉字根本不同的语音分析方法运用到汉语语音分析,其难点在:如何结合汉语语音的实际。脱离实际,必然失败。从汉末的"反切"到南朝的"四声",从李登的《声类》到陆法言的《切韵》,都是文士们的研究成果。文士们积极参与音韵活动,原因有三:一是文学发展的需要。魏晋南北朝是一个文学观念大解放、文学唯美主义大发展的时代。语音分析知识为汉语韵文的格律美创造了条件。文学,玩的是语言艺术,精通语音的内部结构,自觉地从中总结规律,发挥语音的节奏美、韵律美、形式美,这是文士们所一心追求的艺术目标。原因之二是注解古书的需要。反切、四声、发音部位、发音方法的分析,双声、叠韵的知识,协(叶 xié)音的知识,对于说明古书中的某些语音现象都是有用的。原因之三是文士们对佛学的深度关注,与僧人们的密切交往。曹植④、谢灵运、王融、周颙、沈约……都有参与佛学活动的记录。他们生活在那个三教合一、佛学新风劲吹的时代,人生观既不同于孔孟,也不同于许郑。人都是时代的产物,刘勰文学功底如此深厚,念念不忘"征圣""宗经","尝夜梦执丹漆之礼器,随仲尼而南行"⑤,结果不也是当了和尚吗。

相关学科对语言学的影响并不都是正面的、有意义的。也有负面的、无意义的。如《周易》的阴阳象数之学,本是古人的一种宇宙模式,与等韵学毫无关系,但从北宋开始就有人利用象数来证明音理,给音韵学蒙上了一层神秘的云雾。我把这类等韵学著作称之为"象数等韵学"。"象数等韵学"的音素描写也许有极为重要的学术史价值,而它的象数内容完全是牵强附会。

"象数等韵学"的开创者及代表著作是北宋邵雍的《皇极经世书·声音唱和》(盈按:《四库全书总目》提要有"书"字,今流行的本子,有的有"书"字,有的无。"唱和"后一般有"图"字,原书无)。邵雍是理学大家,其学术思想杂有儒、释、道。"象""数"来自儒家,后为道家所用,故《四库全书总目·术数类》第915页云:"盖其术本自道家而来。"等韵图表这种形式显然受佛家悉昙之学的影响。

声音唱和图把音理建立在"象"与"数"的基础之上。"原夫声音之道,根于四象,四象之立,本于极数。极分阴阳,阳数天一,一衍而十,数起十干。阴数地二,二衍十二,数起十二支。"⑥韵摄部分为天声,声为律,律为唱;声纽部分为地音,音为吕,吕为和。声与音相配,律与吕相配,唱与和相配,均来自于天与地相配。天干为十,故韵摄有十图;地支为十二,故声纽为十二图;天象四,为"日月星辰","平上去入"与之配;地象四,为"水火土石","开发收闭"

与之配。下面是《经世天地四象图》⑦：

太	太	少	少	少	少	太	太
阳	阴	阳	阴	刚	柔	刚	柔
乾	兑	离	震	巽	坎	艮	坤
日	月	星	辰	石	土	火	水

"象""数"之学既与等韵无关，自可不必深究，但从中也可了解古人对音韵的神秘感和力图要把语音的发展也纳入他们的宇宙模式之中，力图用"象"与"数"来解释天地间的一切。而且，象数等韵学，自邵雍以后，代有其人，影响及于明清。深入了解，或许有助于解决某些悬而未决的疑难杂症。我们要懂得无用之为用。

象数等韵学也有不同的流派。鲁国尧先生对《卢宗迈切韵法》的发现与研究，其意义之重大，我在该书序文中已有论述。这里要补充两点：

一点是鲁先生将《切韵法》中的理数（盈按：前人用"术数"称之，不确。"术数"与"理数"不同。邵雍研究的是"理数"，非"术数"）与邵雍的"象数易学"联系起来研究，这是对的。但邵、卢二人又有不同。邵雍的理数推衍乃加一倍法，"以四起数，叠叠推去"⑧。其"四象体数"、"四象全数"、"四象用数"、"四象通数"⑨，自成体系。因为篇幅关系，不能详论，读者也不必深究。而卢宗迈的理数完全与易数相合。《易·系辞上》："二篇之策，万有一千五百二十，当万物之数也。"《切韵法》的"声数"也是一万一千五百二十。我在序文谈到，《切韵指掌图》的"声数"也如此。这又使我想到《指掌图》的作者问题。司马光难道跟《指掌图》毫无关系吗？现在诸家的考证只能说明:《指掌图》一书有多人插手其间,是一个矛盾体。从声数而言,司马光是能沾上边的。下面提供一段文字,供考证家作进一步考证的线索:

  邵雍的学术思路与司马光有很多的相似之处。司马光也把太极归结为数,认为太极即一,为数之元也,掊而聚之归诸一,析而散之万有一千五百二十,而未始有极,天地万物皆由此而来,故"义出于数"。
  (余敦康《内圣外王的贯通——北宋易学的现代阐释》,学林出版社,1997年,第182页)

这个"万有一千五百二十"很重要,通读司马光所有相关的著作,能否搞一个水落石出?可眼前我实在没有这时间与精力,只能抛出一个求证的疑点。

第二点是卢宗迈引了"麻衣道者"的话,鲁兄未作任何考证。这是个关键人物。我要提出的问题是:这是个真"麻衣道者"呢还是个假"麻衣道者"?他跟《切韵指掌图》有关吗?

真"麻衣,五代时人"[⑩]。邵雍的儿子邵伯温《邵氏闻见录》卷第七说:"麻衣道者其异人乎?"[⑪]此麻衣道者与赵普颇熟,也是个预言家。"相传陈抟得《周易》象数学秘旨于麻衣道者,宗《河图》、《洛书》,倡'先天易学',撰有《正易心法·注》,并将《周易》数理系统结合内丹术修炼步骤作进一步的整合和抽象,传有《太极图》、《无极图》等。"[⑫]卢宗迈提到的麻衣道者是否就是这个麻衣道者呢?如果是,两人相距约二百年,卢宗迈只能从书本上得知麻衣道者讲的那些话。而麻衣道者的著作是什么?这位道者所开创的学派(陈抟、穆修、李之才、邵雍)是否也有"切韵"这个内容呢?邵雍的象数宇宙模式中之所以有"声音唱和"这个内容,是突发奇想还是有某种传承呢?"司马光兄事雍"(《宋史·邵雍传》),二人关系极密,他是否也研究过韵图?人们把《切韵指掌图》加在他的名下,而不加在欧阳修、王安石、苏轼名下,能否推断为"事出有因"?古代有多少著作在当时就已失传,有多少作者其名不彰,我们于古人的事未知数实在太多了,岂可轻言"定谳"!

如果卢宗迈引的那些话并非五代那个麻衣道者所言,岂不是有个假麻衣道者?所谓假麻衣道者就是依托麻衣道者的名义造了一本假书。这在古代也是常见的。我这样说,也是"事出有因"。

前文提到的《正易心法》,就有作假的问题。我先抄录一段《四库全书总目》的话:

> 《正易心法》一卷
> 　旧本题宋麻衣道者撰。……又题希夷先生受并消息。《文献通考》载李潜《序》云:得之庐山异人。马端临注曰:"或云许坚。"又载张栻《跋》,亦信为陈抟所传。惟《朱子语录》曰:此书词意凡近,不类一二百年文字……观此二则,则是书之伪妄审矣。

(《四库全书总目·术数类存目》,中华书局,1983年,第932页)

查《朱子语类·易三·论后世易象》有如下辨证:

> 关子明《易》、《麻衣易》皆是伪书。《麻衣易》是南康士人作。今不必问其理,但看其言语,自非希夷作。

《麻衣易》是南康戴某所作。太平州刊本第二跋,即其人也。

《麻衣易》,南康戴主簿撰。麻衣,五代时人。五代时文字多繁絮。此《易说》只是今人文字,南轩《跋》不曾辩得,其书甚谬。

《麻衣易》,南康戴主簿作。某亲见其人,甚称此《易》得之隐者,问之,不肯言其人。……及戴主簿死,子弟将所作《易图》来看,乃知真戴公所作也。(盈按:可参阅毛奇龄《太极图说遗议》、王弘撰《山志》卷五)

(宋黎靖德编,王星贤点校《朱子语类》(五),第1680页)

南宋时的南康在今江西星子、九江、都昌、彭泽一带。朱熹于宋孝宗淳熙六年(1179)至八年(1181)春,知南康军,他亲见那位打着麻衣道者旗号贩卖私货的戴主簿当在此时。据国尧考证:"卢宗迈当生于徽宗宣和(1119—1125)后期。"《切韵法》的跋文落款为淳熙丙午(十三年,1186)。即使以1125年为生年,丙午年的卢宗迈也是60多岁的老人了。卢宗迈大于朱熹,是否小于"麻衣道者"(戴主簿)不得而知,他们先后同时又同为江西人(卢宗迈为南安府大庾县人,其地为今之赣州大余县)。《切韵法》中所说的麻衣道者是否也为戴主簿呢?这位戴主簿能伪造《麻衣易》,当然也有条件伪造卢宗迈所引述的那些文字,甚至于《切韵指掌图》是否也有此人插手其间,实未可知。不过,这位麻衣道者将"纳音"与"切脚"相提并论以及他对"纳音"的解释均不可取。关于"纳音",隋代萧吉《五行大义》有专章论述,江永、钱大昕也有讨论,可参阅。我在这里提出的疑点主要是伪托"麻衣道者"(也可能就是"庐山异人")的戴主簿与象数等韵学有无关系?

象数等韵学的理论基础源于《河图》《洛书》。江永说:"一切声音数理,用律法度,及干支纳音,无一不出于此。"⑬故江永也制作了《五十音应大衍之数图》。⑭其图有五十个音位,有效音位为三十六字母,有十四个音位为虚设,完全是为了凑足"五十大衍之数"。在我们今天看来,纯属牵强;而在象数等韵学家的思想观念中,"无一不出于此"。

在学术史研究中,本学科与相关学科关系的研究是一种综合性、横向性的研究,极为重要。我在这方面做了一些工作,但发掘还不够深入,视野还欠开阔,如"五音"与韵学的关系,音乐与音韵的关系,这次修改本书时才引起高度注意,故专门补写了长达数万字的"五音与四声"这一节。

第四种关系:主体研究与客体研究

主体研究指汉人对汉语的研究,客体研究指非汉人(主要指外国人)对汉语的研究。关于客体研究,按研究者的文化背景和身份可以分为:西方早期来华耶稣会士的汉语研究、西方19世纪来华新教传教士的汉语研究、西方汉学家的汉语研究、东方(日本、朝鲜)汉学家的汉语研究。

早期来华耶稣会士出现于明末清初。他们在汉语音韵、语法和编撰双语字典等方面都有不朽的贡献。

意大利神父利玛窦(Ricci, Matteo, 1552—1610)用罗马拼音字母给汉字注音;

郭居静(Cattaneo (Cataneo), Lazzaro, 1560—1640),也是意大利神父,"1594年(明万历二十二年)用罗马字母拼写汉文的五种声调"⑮。

在利玛窦、郭居静等人研究的基础上、在中国文士的协助下,金尼阁(Trigault，Nicolas，1577 年诞生于比利时的杜埃，1628 年卒于杭州[16])神父著《西儒耳目资》，这部著作的详细内容本书将作重点介绍。

语法方面的著作有意大利人或日耳曼人卫匡国(Martini，Martino，原名译为马尔蒂尼·马尔蒂诺，字济泰，1614—1661)的《中国文法》。"这是他 1653 年至 1657 年在欧洲各国游历时，在德国科隆留下的著作。这本文法书对于欧洲学者深入研究中国，成为必不可少的参考书籍。但《中国文法》传本甚少，不易窥探。"[17]

法国学者贝罗贝认为:"称得上最早的汉语语法著作应该是由弗朗西斯科·瓦罗(Francisco Varo)神父编写的《国语语言文法》(Arte de la lengua mandarina)。该书曾在广州由木板制版印刷出版。是在 1703 年出版的。此书用西班牙文写成，没有包含任何汉字。作者是一位多米尼加的传教士，他仅对当时的白话语言提出了一些规则，没有分析古代汉语(文言文)。"[18]瓦罗的这本书已由姚小平等译为中文，名叫《华语官话语法》，外语教学与研究出版社，2003 年出版。

还有一本在欧洲颇有影响的汉语语法著作是法国神父马若瑟(Prémare，Joseph，1666—1736)的《汉语札记》(Notitiae Linguae Sinicae，1728。又译为《汉语分析》、《汉语短论》等)。这部书因曾被法国某学者压制且内容被剽窃，引起学界广泛关注。国内已有不少研究文字，但至今未全部译出。张西平、李真等先生的《西方人早期汉语学习史调查》第三编第一章为"马若瑟《汉语札记》选译"，可参阅。

新教传教士的汉语研究始于英国的马礼逊(Robert Morrison，1782—1834)、普鲁士传教士郭士立、另一位英国传教士艾约瑟(Joseph Edkins，1823—1905)⑲，还有美国传教士卫三畏(Samuel Wells Williams，1812—1884)。

关于明清时代东方汉学家的汉语研究,在此不一一列举。其中朝鲜的申叔舟(1417—1475)、崔世珍(？—1542),都是精通汉语汉文的大汉学家,他们的汉语研究论著都是用汉字写的,值得我们认真研究,从中汲取有价值的资料和见解。

多年来,人们一直期望多了解一些客体研究的情况,这种期望是合理的。可为什么在我们的中国语言学史中很少涉及对外国人汉语研究的介绍评论呢？是我们有意轻视外国学者的汉语研究吗？当然不是。学术无国界,不论是主体还是客体,是本国人还是外国人,只要研究的是汉语,只要这种研究有一定的意义,都应该加以总结。但此事说起来容易做起来难度太大。第一难是语言文字有障碍。明清时代传教士的汉语研究著作或有关著作中涉及汉语研究,绝大部分不是用汉字写成的,有谁能精通那么多种外语(拉丁文、西班牙文、葡萄牙文、法文、德文、英文……),将其一一译成中文呢？这种翻译工作已经有人做了一些,但远远不够。第二难是翻译本身。早期传教士的语言观还比较原始,汉语本身方言复杂,学术术语又不完备,也不统一,传教士所用音标也不统一,各人的描写方式、分析水平也有高下之别。如果不是精通汉语的人,译出来的文字就会是不知所云。如葡萄牙耶稣会士安文思(原名麦哲伦·加伯利埃,Magalhães, Gabriel de, 1610—1677)神父的《中国新史》第四章专讲"中国的文字和语言"。"法文版序言"中也讲了一些汉语语音知识。这些材料均极为宝贵。可是,由于方言背景不明确,传教士所用概念和音标有待进一步用现代语音学知识加以注释,这些材料还不能有效地发挥作用。如第45页说："他们的词本身的数目不超过 320 个;但如果考虑到它们读法的不同和差异,那么现在已形成一种完善的语言。"[20] 难道汉语的"词"如此贫乏,总数"不超过 320"? 这里说的"词"肯定与今义不同,是否应该用"词"来对译? 安文思所谓的"词"相当于现今的什么意思? 译者未作任何注释。

另一位葡萄牙神父曾德昭(原名塞默多·奥伐罗,Semedo, Alvaro de,1586(一作 1585)—1658)在《大中国志》(何高济译,上海古籍出版社,1998 年)里也讲到同样性质的问题。

> 他估计"官话"只有 326 个字词(盈按:何高济译本第 39 页:"总的说不超过 328 个词"),当被送气音和重音的变化所复合时,就增至 1228 个字词(何高济译本作"语汇则有 1228 个(它们除了音调和气音不同外,实际相似)"。第 39 页)。
>
> (吴孟雪、曾丽雅《明代欧洲汉学史》,第 127—128 页)

根据这条材料我们可以判断,曾德昭、安文思所说的"字词"、"词"就相当于今之"音节"。"每个单音节应是一个名词、代名词、实词、形容词、副词及分词。"[21] 所以"音节"与"词"可以等同。他们在计算音节(词)总数时如不计"送气音",也不计"重音"(应该是指声调),则只有 320,如区分送气音、区分声调,则有 1200 余。他们说的这种"官话"究竟是指哪种"官话",注者未交代。《中国新史》的译者在第 46 页的注①中说:"安文思试图用符号表示中国字的四声……"云云,也有问题。那个"官话"果真也是"四声"吗?似乎没有这么简单。安文思说:"PO 这个音节"有"十一种读音方式"[22]。其中有送气、不送的问题,这是声母发音方法的区别;也有声调问题。他把这两类问题放在一起来分析，显得很乱，系统性差，音变符号很复杂。因为语言分析专业性很强，我们不是要求原作者、翻译家一定要如何如何。历史（时代）局限、专业局限很难避免。我们只要求今译应加强研究，或征求有关人士的意见，使译文科学、可信、可读。试想，高本汉的《中国音韵学研究》，如果不是赵元任、罗常培、李方桂三位语言学大师合译（从注释到音标到内容细加推敲，"继而元任悉心详校，重写多篇，莘田先生又改译若干，最后丁声树先生亦校读数过，然后杀青可缮写焉。经之营之，五年乃成。"㉘），能有今天这样的巨大影响吗？翻译，的确是一种创造性劳动。现在不少翻译，尤其是非专业人士来翻译一些专业性很强的内容，有时真是不知所云，令人头疼，也非常遗憾。明知是好材料，却派不上用场，不敢引用，也无法引用。在这个问题上还有一难是，客体研究的内容能否全部纳入中国语言学史之中？明清传教士的汉语研究成果，按时代应纳入"中国古代语言学史"之中；而按内容，其中相当一部分研究与主体研究体系路子完全不同，风格完全不同。勉强纳入一书，貌合神离，实为两张皮。所以，我一直主张，外国人的汉语研究史应单独成书，因为这是一门专业性很强的学科。客体研究与主体研究，曾经有不同的实用目标、不同的侧重点、不同的学术用语、不同的学术传统、不同的社会影响。离则两美，合则两伤。这也是相对而言。我在《中国古代语言学史》中就重点研究了金尼阁的《西儒耳目资》。理由之一是此书写于中国，有中国学人参与其间；理由之二是此书用汉字写成；理由之三是此书问世之后，在中国学术界产生了相当的影响，研究中国古代音韵学的发展，不能不读金尼阁此书。我在《中国现代语言学史》中将高本汉作为重点，不必列举理由，大家也会一致同意的。至于传教士们的研究成果是否也应在此书中占一席之地呢？此事宜慎重对待，尺度可以适当放宽，但原则上我不会破坏现在这个体系和思路，因为没有必要把什么内容都往一个框里塞，这跟重视与否毫无关系。我还是坚持，"国外汉语研究史"应成为专门之学。

相对独立，互相沟通；立足于分，分中有合。这就是我处理主体研究与客体研究的基本原则。

第五种关系：叙述和评议

叙述与评议，是研究方法，也是写作方法。可以是先叙述后评议，也可以是夹叙夹议，也可以是叙而不议，但不能议而无叙。叙述重在综合，评议重在分析。所有学术研究都离不开综合与分析。综合与分析不仅是学问，而且是能力，是条件。

说"综合"是学问，因为综合本身就具有原创意义。综合是有规则的，是有逻辑依据的，命题、概念、推理都要求严密、系统，"分析"也是这样。

你的综合能力如何，分析能力如何，就决定了你写的语言学史水平如何。水平有高低，是因为能力有高下。所以综合与分析也是必要条件，在史料具备的条件下，还应具备处理史料的综合条件、分析条件。能力可能不平衡，每一个人都会有强项、有弱项；而对于一个勇于著述的人来说，综合与分析的条件，即一般逻辑思维的条件是必须具备的。能力可以提高，逻辑思维混乱就难了。思维条件是天赋、是天资。陈澧说："人毕竟要聪明，如不聪明，学问难成。"[24] 聪明就是头脑科学，思维清晰。

语言学是经验学科，语言学史研究的是历史经验。历史经验在哪里？在文本，在史料。如何把古人、前人留下的文本、史料转化为有益于今人的学术史,就要靠语言学工作者来叙述、来评议,不是靠剪刀加糨糊,也不是靠"雷同""剿(chāo)说"。

叙述与评议应该是等价的,但又不可能是等价的。我说这个话有两层意思。作为一部语言学史,叙述是第一位的,也就是综合是第一位的,评议与分析是第二位的。读者对你的最高期盼是什么?当然也期盼你能有高明的议论,有发人之所未发的精彩分析,但爱动脑筋的读者,好别出心裁的读者,好做翻案文章的读者,很可能对你的分析、议论不以为然,甚至置而不顾。而对于叙述、综合则不同了。读者最高的要求也是最起码的要求,你对史实的叙述应该是准确无误的。如《广雅》的作者本是三国曹魏时代的人,你却说他是北魏孝文帝时代的人,这不是信口胡言误人子弟吗?这是讲叙述史事要准确。还有对原文的诠释、对概念的解说、对时代背景的介绍、对学术传承的清理、对他人文字的引用,都应该力求准确。

中国语言学史是一条长河,有两三千年的历史,如何叙述?是否不分轻重主次,见料就用,或专走偏锋,当然不能。叙述是否有学术价值,功夫在剪裁,或者说在概括。一堆史料,我们要把它建设成为一个有机联系的学术体系,全看你如何选料,如何剪裁,如何搭配,如何组合,如何概括。剪裁的艺术就在于突出主流、突出中心,把名著,名家,具有首创意义、原创意义的观点、学说,用重笔写出。我们有说不完的许叔重,有说不完的周德清,说不完的顾炎武,说不完的戴、段、二王。至于叽里旮旯儿的人和书,也不可不闻不问,就放在叽里旮旯儿去叙说吧。总之,好的叙述应是事实准确,概括得当。

叙述部分是长久的,评议部分可能是经不起时间考验的。也就是说,议论是灰色的,事实是长青的。这不等于说评议不重要。

我说叙述与评议"不可能是等价的",这个话的第二层意思是:这是由体裁决定的。既然是"史",必然要以历史叙述为主;如果以评议为主,那就是喧宾夺主;如果叙述评议并重,那就是主次不分。如果是史评、史论性质的体裁,则又当别论了。史评当然要以评为主,但也不能脱离叙事,评是以事为基础针对事而发的。

注:

① 严耕望:《治学三书》,辽宁教育出版社,1998年,第23页。
② 顾炎武:《日知录》(下),第七册,卷二十一,商务印书馆国学基本丛书本,民国二十年四月第四版,第79页。
③ 请阅李荣:《论李涪对〈切韵〉的批评及其相关问题》,《中国语文》,1985年1月。
④ 释慧皎撰,汤用彤校注《高僧传·经师》后论云:"自大教东流,乃译文者众,而传声盖寡。良由梵音重复,汉语单奇。若用梵音以咏汉语,则声繁而偈迫;若用汉曲以咏梵文,则韵短而辞长。是故金言有译,梵响无授。始有魏陈思王曹植,深爱声律,属意经音。既通般遮之瑞响,又感鱼山之神制。于是删治《瑞应本起》,以为学者之宗。传声则三千有余,在契则四十有二。"(卷十三,中华书局,2004年,第507页)周叔迦《佛教基本知识》,第73页:"梵呗就是摹仿印度的曲调创为新声,用汉语来歌唱。首先创始的是曹魏陈思王植在东阿县(在今山东省)的鱼山删治《瑞应本起经》,制成鱼山呗。……一契便是一个曲调,四十二契便是四十二个曲调联奏。"(中华书局,2002年)南朝宋刘敬叔《异苑》卷五亦说:"今之梵唱,皆植依拟所造。"陈寅恪《四声三问》认为曹植鱼山制契乃后人依托,不足信。张世禄《中国音韵学史》上册第133页云:"鱼山制契之事,虽然是一种依托的传说,可是我们不能便否认魏晋间的审音文士已经受有梵文拼音学理的影响。"盈按:曹植对佛学究竟有无研究,《高僧传》、《异苑》的记载,恐怕总有原因,所谓依托云云,似不可深信。
⑤ 《文心雕龙·序志》。
⑥ 李一忻点校,王从心整理《皇极经世》,九州出版社,2003年,第269页。

⑦ 同上书,见《提要》之后图四。
⑧ 同上书,第 280 页。
⑨ 同上书,第 269 页。
⑩ 黎靖德编,王星贤点校《朱子语类》(五),中华书局,1999 年,第 1680 页。
⑪ 邵伯温:《邵氏闻见录》,中华书局,1983 年,第 69 页。
⑫ 高峰:《周易与古代宗教》,见胡道静、戚文:《周易十讲》(增补本),上海人民出版社,2003 年,第 93 页。
⑬ 江永(字慎修)著,孙国中点校:《河洛精蕴》,学苑出版社,1989 年,第 298 页。
⑭ 同上书,第 334、335 页。
⑮ 〔法〕荣振华著,耿昇译:《在华耶稣会士列传及书目补编》(上),中华书局,1995 年,第 121 页。
⑯ 同上书(下),第 680 页。
⑰ 吴孟雪(1947—2000)、曾丽雅:《明代欧洲汉学史》,东方出版社,2000 年,第 127 页。又:张国刚等著《明清传教士与欧洲汉学》第五章第四节第 282 页:"卫匡国据说写过一本《中国文法》,惜乎未刊行。"(班立华撰写)
⑱ 〔法〕贝罗贝:《20 世纪以前欧洲汉语语法学研究状况》,北京大学中国传统文化研究中心编《文化的馈赠——汉学研究国际会议论文集》(语言文学卷),北京大学出版社,2000 年。
⑲ 〔加〕蒲立本著,张洁译:《欧洲的汉语音韵学研究:第一阶段》。任继愈主编《国际汉学》第九辑,大象出版社,2003 年。又:张西平等《西方人早期汉语学习史调查》第二编第二章"艾约瑟《汉语官话口语法》研究"。据"后记"说,此章"由于荜完成"(第 1061 页)。
⑳ 〔葡〕安文思著,何高济、李申译:《中国新史》,大象出版社,2004 年,第 45 页。
㉑ 同上书,第 46 页。
㉒ 同上书,第 46 页。
㉓ 〔瑞典〕高本汉:《中国音韵学研究》,中译本傅斯年《序》。
㉔ 《陈兰甫先生遗稿》,《岭南学报》第二卷第二期,民国二十年,第 27 页。又见《陈澧集》(贰),《默记》二七,上海古籍出版社,2008 年,第 744 页。

第三节　中西古代语言学的异同

最后,我们简单谈一下,中国作为世界语言学发源地之一,与其他发源地的古典语言学有何异同。

真正的发源地有三:印度、希腊(罗马继其后)、中国。印度、希腊属印欧语系,同一语系的语言研究,必多共同之处。所以,古典语言学实际上只有两个大传统,汉语传统和印欧语传统。这两个传统研究的都是语言,也必有共同之处。第一个共同点是,语言学的发生都跟哲学、逻辑学有关,都始于"名""实"关系的溯源;第二个共同点是,都与诠释古代经典有关,研究对象是文献语言。由于印欧语和汉语的结构和形式大不相同,这就决定了研究的内容也大不相同。

中国古代有无完整的语法学,说法不一。至少在先秦两汉时代,在隋唐两宋时代,并无语法专著产生。而印度、希腊、罗马的语言研究,语法学一直长盛不衰,这是两大传统最为重要的不同之处。

人所共知,印度大约在公元前 4 世纪(相当于中国的战国时期)出现了《波你尼经》。"波你尼集合了许多语法家的成果,用了种种方法,终于把全部梵语(包括作为有例外的吠陀语)的语音、语词的构成和变化规则,隐括在三千九百八十三条经句之内,又把这样分析出来的全部词根归结为一千九百四十三个'界'(dhātu),这样便概括描述了整个梵语的语言现象。"①

在古希腊,柏拉图(Plato,约公元前 428—前 348/347)是第一个给词分类的人,亚里士多德(Aristotle,前 384—前 322)在柏拉图分出名、动两类的基础之上又分出连词、冠词、代词。

哲学家芝诺(Zeno,公元前340—前265,一说为约前335—约前263)创立的斯多葛学派"对亚里士多德的词类和语法范畴体系,作了两方面的发展:一是增加了词类,二是赋予词类更精确的定义,并引入新的语法范畴来概括这些词类的形态和部分语法"。[②]"语言学,特别是语法学,是在斯多葛学派时期才首次在哲学领域中获得独立地位。"[③]

希腊语法学的发展地并不在希腊本土。在希腊化时代,当时有两个学术中心:一个是埃及的亚历山大里亚(Alexandria),一个在密西亚的帕加马城(Pergamum,又译为珀加蒙,或写作 Pergamos,译为拍加摩斯、贝尔加木斯)。亚历山大里亚学派的语法学者,主要代表人物就是阿里斯塔科斯(Aristarchus,约前217—前145,又译为亚里士塔尔库斯、亚里斯塔尔库斯,或亚里斯塔克,约前200—前150,或前215—前143),"他是亚历山大里亚学派当中一位最卓越的语法学者"[④],他"创立了一个语言学派,称为阿里斯塔科斯派,先后长期盛行于亚历山大里亚和罗马。西塞罗和贺拉斯认为他是文献鉴定家的最高权威"[⑤]。"他是狄奥尼修斯·特拉克斯(Dionysius Thrax,约公元前1世纪。又译为狄奥尼西)的老师,而狄奥尼修斯则编写了现存的第一部明确描写希腊语的著作。"[⑥]有的西方学者认为:狄奥尼修斯"对语言学的贡献就如同欧几里德之于几何学"。

与阿里斯塔科斯学术观点相对立的是斯多葛派哲学家、曾任帕加马图书馆负责人的克拉特斯(Crates,公元前2世纪初)。他本是帕加马学派(芝诺之后斯多葛学派的主要领导人)克利西普斯(Chrysippus 又译为克利西蒲斯,克里西波斯)的学生巴比伦纽斯

(Diogens Babylonius)的学生[7]。"据说克利西普斯还写过一篇论著:《论类比》……详见瓦罗(Varro)所著《论拉丁语(De lingua latina)》,卷九,第1页。"[8]

　　古希腊有两大逻辑学派,亚里士多德派和斯多葛派。他们在语言问题上存在"类比"与"变则"的对立。亚里士多德学派主张类比法,认为语言有规则性、一致性、类似性,亚历山大里亚学派的语法学家持此观点。斯多葛派则反是,他们认为语言结构是不规则的。"那场争论的意义主要还在于,它迫使各派到处去寻找证据,以求增强自己的论点,从而全面阐明语言现象;它的结果也使得语法得以系统化,有语法规则也有例外,有语法类比也有语法变则。最早完成这类工作的,我们应当首推亚里斯塔尔库斯的学生狄奥尼西(Dionysii Thracis,大约公元前100)。"[9]

　　希腊"最伟大的语法学权威"[10]、"系统语法研究的奠基人"[11]是公元2世纪的阿波洛纽斯·狄斯考鲁斯(Apollonius Dyscolus)。[12]据《简明不列颠百科全书》(8)第797页介绍:"现存亚浦龙尼四种著作是:《论句法》一书和《论代词》、《论连词》及《论副词》三篇短文。"

　　阿波洛纽斯的语法研究以亚历山大里亚学派为基础,也受到斯多葛派的影响。他和自己的儿子赫罗提安(Herodian)一起达到了当时语言研究的"最高峰"。[13]

　　罗马,是希腊人的学生,他们的文化语言研究,全面接受了希腊的成果。希腊在公元前146年已被罗马人征服,但希腊人的辉煌文化远非罗马人所能比拟,至于语言研究更值得罗马人学习模仿。前文提到的克拉特斯就曾多次向罗马人宣讲语法知识。"古罗马第一个一贯致力于拉丁语文、文学、罗马和意大利古代文物的学者、评论家和教师"斯提洛·普雷科宁努斯(Stilo Praeconinus, Lucius Aelius,约公元前154—约前74)[14]就颇受克拉特斯的启发。他用克拉特斯研究希腊语的方法来研究拉丁语语法。而且也属于斯多葛学派。他有两个学生很著名。罗马政治家、古典学者、作家西塞罗(Cicero, Marcus Tullius,公元前106—前43),也深受斯多葛派的影响。"西塞罗的重要性在于他传播了希腊的思想,他给予欧洲一套哲学术语,现今的不少哲学概念都来源于他。"[15]另一位学生就是发表过《论拉丁语》的瓦罗(Varro, Marcus Terentius,前116—前27)。[16]

维里乌斯·弗拉库斯(Verrius Flaccus, Marcus,约公元前1世纪末至1世纪初)也是罗马著名拉丁语语法学家、教师。著有《词义论》,书中引用大量拉丁语作家的作品作为语料,"今已佚"。[17]

稍晚于维里乌斯的有著名语法修辞学家、教育家昆体良(Quintilian,约35—96,又译为昆体连、昆提利安)。在罗马皇帝韦帕芗(69—79)、第度(79—81)、图密善(81—96)在位期间,昆体良"是第一名领受国家薪俸的拉丁修辞学教师","罗马首席教师"。[18]他著有《雄辩原理》,其中也"谈到语法"问题。他还"研究拉丁语格系统的分析问题"。[19]

古罗马4世纪中期最著名的语法学家名多纳图斯(Donatus Aelius)。"他写过大小两本语法教科书,《语法进阶》及《语法初阶》。后者是为青年学生而写,采取问答形式,讲授八大词类基本课。整个中世纪都在使用这本语法书。大语法分3部分,讲语法基础知识、八大词类,以及语言的谬误和妙用。"[20]他有一个著名学生圣哲罗姆(Jerome, Saint,347—419/420)。此人12岁赴罗马学习文法、修辞学和哲学,是否于此时受业于多纳图斯,不得而知。哲罗姆于405年"根据七十子希腊文本将《圣经》译成拉丁文……通称通俗拉丁文本《圣经》"(《大众版圣经》)。[21]

公元4世纪末,东西罗马正式分裂。东罗马帝国以君士坦丁堡(拜占庭)为首都,这里也成为语法研究中心。其中可称为拉丁语法研究代表人物的是普里西安(Priscian)。他曾献颂诗给东罗马皇帝阿纳斯塔修斯一世(Anastasius I,430?—518),可证他应生活在5世纪末6世纪初。他在君士坦丁堡任教,著有《语法基础》,编写过《论名词、代词及动词》。他的语法理论来自希腊语法学家阿波罗尼奥斯,用希腊语法理论来研究拉丁语语法,引用拉丁文著作的语句为例证,这是当时拉丁语语法学家的共同特点。"他的著作直到中世纪还被称为语法学界的权威。"[22]

本书的任务并不是要研究外国语言学史,也不是搞中西比较语言学研究,为什么在"绪论"中要用一点点篇幅来谈印欧语系的古语法研究呢?是不是越界了闯入别人的研究领域了呢?

不是的。当我们研究自己的语言学史时,适当地放开眼界看看别人,目的是为了更准确更深刻地认识自己。各门学术都有自己的源头,不同的源头汇成不同的河流,万变不离其宗。西方现代语言学的根本旨趣,在古希腊、古罗马时代已定下来了,而中国古代语言学则大异其趣。人家有的,我们不一定有;我们有的,人家也不一定有。正是这种学术多样性,构成了世界文化的多元化。如果只用一个模子来衡量世界学术,一定要让我们的古人向古印度古希腊看齐、攀比,表面看起来这是在抬举自己,实际上还是以他人的学术话语、学术概念、学术理路来描摹自己,弄得洋不洋,中不中,何必呢!

从雅典到亚历山大里亚到罗马到君士坦丁堡,从柏拉图到亚里士多德学派到斯多葛学派到亚历山大里亚学派到多纳图斯、普里西安,从公元前5世纪到公元6世纪,也就是相当于从春秋末年到南北朝,上下千余年,古希腊罗马对希腊语拉丁语的语法研究,硕果累累,名家辈出。他们对词类划分、对各类词的研究、对词形变化的研究、对"格""数"的研究、对词源的研究、对"规则"与"不规则"的研究,都已相当细致、深入,各学派的争鸣也相当热闹,他们的儿童教育就有语法修辞课,不少语法学家修辞学家都有很高的社会地位,或出入皇宫,或自由演说,或名垂青史。甚至传说罗马将军恺撒(Julius Caesar,前102/100？—前44)也写过一本语法著作《论类比法》[23]。

一门学科的大发展,总有滥觞时期、争论时期、系统化时期、大普及时期,总有名家、名著作为标志,总要与当时的教育制度相结合。如果只有片言只语,不成体系,不成气候,不成学派,进入不了教育体系,我们就很难说这是一门"学"。我说中国古代还没有出现"语法学"(请注意:我说的是"学"),道理就在于此。把一些零散的修辞材料、训诂材料贴上现代语法学的标签而名之曰"语法学",这不是本书应取的态度,请不要以此来责怪本书。我们综览相当于先秦时代至南北朝时代的中外语言研究情况,没有发现中国有希腊、罗马那样的语法学。后来的情况如何呢？唐代两位著名高僧翻译大师玄奘(600—664)、义净(635—713)西行求法时也学习研究过波你尼的语法大著,都在自己的留学行纪中介绍了印度的语言文字学("五明"之一的"声明学")。玄奘的《大唐西域记》对"声明"的释义是:"释诂训字,诠目流(原本流作疏)别。"[24]他是放在卷二"印度总述"中的"教育"这一节来谈的。义净的《南海寄归内法传》(691)对"声明"的介绍详细,认为其内容有相当于"神州之五经"的五部著作。一为《悉谈(昙)章》,学习梵文的幼学教材,六岁学童用六个月学完;二为梵文文法著作,即《波你尼经》(又名《八章书》),八岁学童用八个月学完;三、四、五都是文法著作,第四种"十岁童子,三年勤学,方解其义",第五种"十五童子,五岁方解"。中国留学生,"若向西方求学问者,要须知此,方可习余,如其不然,空自劳矣"⑥。语言文字不过关,其余一切都不可能学得好。义净是把"声明"放在"西方学法"这一节中来谈的。这里要注意一个很明显的事实,无论是古希腊语还是古拉丁语还是古印度雅言(梵文),在儿童启蒙教育阶段,语法学习都占有重要地位,是不可或缺的基础教育,而"教"与"学"又促进了语法学的发展。为什么我们的汉语教学,从古至今,从来不把语法作为启蒙教育的内容呢?我们只教《史籀篇》、《急就章》、《千字文》、《百家姓》、《三字经》之类的蒙童识字课本,再读点经传之类的教材,学点"六书"之类的知识,语言文字问题就算大体上过关了。还有一个明显的事实是:为什么古印度对《吠陀》经典的研究促进了语法学的发展,古希腊对荷马史诗的研究同样促进了语法学的发展,而中国古代也对自己的经典《易》、《书》、《诗》进行研究,却没有产生出汉语语法学呢?另一个明显的事实是:声明论被介绍到中国来,其语音知识部分(悉昙之学)深受欢迎,中国文士、和尚从中大受启发,创立了我们自己的音韵学,而语法知识部分却落地不能生根,终至无人问津,这又是为什么?

我们的古人有这么愚蠢吗?如果蒙童教育需要语法,诠释古代经典需要语法,对外传播汉语需要语法,翻译佛典需要语法,他们就不会编一本语法教材吗?他们会对"声明"中的语法体系不生借鉴之意吗？

汉语当然也有语法，"声明"对汉语语法研究也不可能毫无影响，但古代语法没有成为专门之学，我们不能不正视。本书有"元代语法研究"、"清代语法研究"两节，我们只说"语法研究"，而不用"语法学"这个概念，就是认为语法在中国古代并非专门之学。

在古代，汉语语法没有成为专门之学，原因有二：一是汉语语法问题不如印欧语系语法问题那么明显，那么突出。季羡林说："梵汉两种语言，语法结构是非常不相同的。梵文不但名词、代词、形容词的变格和动词的变位异常复杂，而且词序也同汉语完全不同。"[26]西方人怎么看汉语语法的呢？德国的威廉·冯·洪堡特说："我认为，汉语和其他语言之间的区别可以归于一个根本的事实：在把词联结为句子时，汉语并不利用语法范畴，其语法并非建立在词的分类的基础之上，而是由另一种方式在思想中把语言要素的关系固定下来。其他语言的语法有词源和句法两个部分，而汉语只有句法部分。""汉语岂止是忽略语法范畴的标示，实际上它是不屑于(dédaigner)使用范畴标记，所以，就语言性质来看，汉语属于完全不同的另一领域。"[27]这是专家的看法。一般西方人在学习汉语时对汉语语法的感性认识如何？我也举一个例子。美国传教士何天爵(1844—1912，原名 Holcombe Chester)在《真正的中国佬》中说："所幸的是汉语语法没有给外国学者带来什么麻烦。其语法相当简单，就像根本不存在一样。……时态、语气、人称、性和数在汉语中都不存在。而正是由于汉语中没有动词的时态变化、没有前缀后缀以及一整套的情态动词，因此同英语相比，其独特之处便格外引人注目。"[28]他们说的并不全正确，但跟印欧语相比，"语法相当简单"，这也是事实。简单有好处，也有问题，太灵活了就不容易掌握。记住死规则反而容易,规则不明显更易出错。古代汉语语法学不发达的原因之二是当时的中国社会、中国学术基本上处于自闭状态,学术主流、学术传统一直相当稳定,且偏于保守。只有到了西学东渐的时代,整个社会和学术体系都发生了三千年来未有的大变化,人们开始正眼向洋看世界,中西语言文字强烈对比,促使中国语文大转向,葛郎玛问题才会引起关注,才会出现一个马建忠"探夫自有文字以来至今未宣之秘奥,启其缄縢,导后人以先路"(马建忠《马氏文通·序》)。学术发展既有自己内在的逻辑,也受到外因的制约或推动,探讨古代汉语有无语法学的问题首先要重视这两条。也就是根据这两条,我以为把《马氏文通》作为古代语言学和现代语言学分水岭的原则是正确的,是不可动摇的。

注:

① 金克木:《梵语语法〈波你尼经〉概述》。《语言学论丛》第七辑,商务印书馆,1981年。盈按:季羡林等《大唐西域记校注》263页第三条注云:"波你尼仙:波你尼,人名,梵文Pāṇini音译,约公元前4世纪末健驮逻国娑罗覩逻人,古代印度最杰出的梵文文学家。"
② 〔英〕罗宾斯著,许德宝等译:《简明语言学史》,中国社会科学出版社,1997年,第35页。
③ 同上书,第20页。
④ 〔丹麦〕威廉·汤姆逊著,黄振华译:《十九世纪末以前的语言学史》,科学出版社,1960年,第18页。
⑤ 《简明不列颠百科全书》(1),中国大百科全书出版社,1985年,第106页。
⑥ 〔英〕罗宾斯:《简明语言学史》,第38页。按:狄奥尼修斯,又译为狄奥尼西,生长于亚历山大里亚,他的语法名著为《希腊语语法》。参阅岑麒祥:

⑦ 岑麒祥:《语言学史概要》,第39页。
⑦ 岑麒祥:《语言学史概要》,第40页。
⑧ 〔丹麦〕威廉·汤姆逊:《十九世纪末以前的语言学史》,第17页注①。
⑨⑬ 同上书,第19页。
⑩ 〔英〕罗宾斯:《简明语言学史》,第48页。
⑪ 《简明不列颠百科全书》(8),中国大百科全书出版社,1986年,第797页。
⑫ 关于阿波洛纽斯·狄斯考鲁斯的译名采用许德宝等《简明语言学史》的译音。黄振华译为狄斯柯利(第19页)、袁家骅等译布龙菲尔德《语言论》第4页为地西库鲁士、《简明不列颠百科全书》(8)第797页译为亚浦隆尼,又译为阿波罗尼奥斯。
⑭ 《简明不列颠百科全书》(7),中国大百科全书出版社,1986年,第474页。
⑮ 同上书,第8本,第431—432页。
⑯ 同上书,第94页。
⑰ 同上书,第209页。
⑱ 同上书,第4本,第867页。
⑲ 〔英〕罗宾斯:《简明语言学史》,第65页。
⑳ 《简明不列颠百科全书》(2),中国大百科全书出版社,1986年,第750页。
㉑ 同上书,第9本,第388页"圣哲罗姆"条。又第7本,第209页"圣经翻译"条。
㉒ 岑麒祥:《语言学史概要》,第41页。岑先生将普里西安译为"柏里斯西安奴士(Priscianus)",袁家骅等译布龙菲尔德《语言论》作"普利斯基安(Priscian)"。
㉓ 〔丹麦〕威廉·汤姆逊:《十九世纪末以前的语言学史》,第21页。
㉔ 季羡林等:《大唐西域记校注》(上),中华书局,2000年,第186页。
㉕ 王邦维校注:《南海寄归内法传校注》,中华书局,2000年,第189—197页。
㉖ 季羡林:《玄奘与〈大唐西域记〉——校注〈大唐西域记〉前言》。《大唐西域记校注》(上),中华书局,2000年,第4页。
㉗ 〔德〕洪堡特著、姚小平译:《洪堡特语言哲学文集》,湖南教育出版社,2001年,第123页。
㉘ 〔美〕何天爵著,鞠方安译:《真正的中国佬》,光明日报出版社,1998年,第41页。

第二章　先秦的语言研究

（？—公元前3世纪）

概　　况

先秦时期（含秦王朝）还没有产生专门的语言学家，语言学也还没有成为一门独立的学科。但是，我们有充分的理由认为：当时的思想家、哲学家、教育家乃至中央王朝都已经很自觉地关心语言文字问题了。下述六事可以作为这一论断的证明。

一、方言调查。方言关系到国家的统一，关系到政令的施行，中央与地方的沟通，故统治者极为关注。据《左传·襄公十四年》记载，夏代就已经有调查方言的制度。当时的方言调查，不唯与今天的方言调查不同，与扬雄的调查也不一样，那是以采集歌谣的形式出现的。"《夏书》曰：遒人以木铎徇于路。"杜预注："逸《书》：遒人，行人之官也。……徇于路，求歌谣之言。"（《十三经注疏》，中华书局，1982年，第1958页）刘歆《与扬雄书》也说："诏问三代周秦轩车（即辎车，一种轻车）使者、遒人使者，以岁八月巡路，求代语、僮谣、歌戏。"（《方言》十三后附）扬雄给刘歆的信，应劭的《风俗通义·序》也都谈到：周秦时代的每年八月，中央王朝都派出"輶轩之使"到各地调查方言。这些调查材料"皆藏于周秦之室"。秦王朝覆灭时,这些珍贵的语言资料"遗脱漏弃"了①。

二、词义辨析。在先秦古籍中,有些词义辨析的例子是很精当的。《左传·庄公二十九年》关于"伐"、"侵"、"袭"的辨析,庄公二十八年关于"都"和"邑"的辨析②,《庄子·渔父》对"佞"、"谄"、"谀"、"谗"、"贼"、"慝"的辨析,都是辨析同义词或近义词的好例子;《荀子·修身篇》对一些反义词的辨析也颇有意思,如说:"是是非非谓之'知',非是是非谓之'愚'。""多闻曰'博',少闻曰'浅';多见曰'闲',少见曰'陋'。"这样的辨析,例子虽不算多,但已足以说明当时的人们对于词义问题不是漠不关心的。

三、修辞理论。修辞是属于语言运用范围内的问题,春秋战国时期,个人著书立说的风气大开,诸侯国之间交往频繁,因此,怎样正确地运用语言,就成为社会实践、写作实践中急需解决的课题。在这个问题上,孔子就发表过一些好意见:

修辞立其诚。(易·乾卦)
辞达而已矣。(论语·卫灵公)
言之无文,行而不远。(左传·襄公二十五年)

这些修辞原则,至今仍有积极意义。据郑子瑜先生《中国修辞学史稿》(上海教育出版社,1984年)、周振甫先生《中国修辞学史》(商务印书馆,2004年)研究,先秦时代的儒、墨、道、法、纵横家都有自己的修辞理论,都很重视修辞问题。

四、名物训诂③。战国末年已出现了注解古籍的专著。如《墨子》的《经说》是解《经》的,《管子》的《形势解》、《立政九败解》、《版法解》、《明法解》也是对有关篇章进行说解的,《韩非子》的《解老》、

《喻老》是说解《老子》的,《灵枢经》的《小针解》是解释《九针十二原》的。从一些材料来看,对古书进行训诂,不可能只是战国末年才有,像《诗》《书》《易》《礼》等文献,其中有的部分是很古老的,不经过老师的传授,春秋战国时候的人们就不一定全都能读得懂了,所以,训诂学的萌芽起码在春秋末年就出现了。春秋以后,在官方或民间兴办的学校中任教的先生,对古代典籍的字义进行训释,当是必不可少的内容之一。孟子提出的"不以文害辞,不以辞害志",就是训诂学一条很重要的原则。成书于战国末年的《尔雅》包括不少春秋以来的训诂资料。《春秋公羊传·定公元年》:"主人习其读而问其传。"何休注:"读谓经,传谓训诂。"(《十三经注疏》,第2334页)"传"是解经的,是"训诂"的一种体裁。

五、语言理论。从理论上对语言的社会本质、语言与思维的关系等问题进行探讨,这是先秦时代在语言研究方面的重要内容。这跟古希腊的情形颇类似。丹麦语言学家威廉·汤姆逊说:"希腊人走上语言分析的道路,是由哲学家们研究思想同词的关系,研究事物同它的(希腊)名称的关系而最先推动的。"④我国先秦时代所进行的"名""实"之争也是推动语言研究的直接因素。

我们还应注意,先秦时代的语言观还具有原始的神秘主义的特点。罗素说:"语言也像呼吸、血液、性别和闪电等其他带有神秘性质的事物一样,从人类能记录思想开始,人们就一直用迷信的眼光来看它。"⑤咒语、誓言、祝史事神、祝由治病,都是语言崇拜的表现。

六、文字规范。汉字起源于何时,至今尚无定论,但殷商时期的文字已经相当成熟了,周王朝和秦王朝都进行过文字规范工作,对于汉字的发展无疑具有重大意义。

总的来看，先秦的语言研究还处在萌芽时期。方言研究的实际成果如何，由于资料失传，无从评说；《尔雅》虽是训诂名著，而目前对它的成书年代问题，看法还不一致；词义辨析还比较零散；修辞理论毕竟不成体系；语言理论的探索，虽说成绩可观，但哲学家并不就是语言学家，他们也不是把语言作为独立的科学对象来研究的。因此，我们不妨谨慎一点说：这是语言研究的萌芽时期。

注：

① 戴震疏证：《輶轩使者绝代语释别国方言·扬雄答刘歆书》："尝闻先代輶轩之使奏籍之书，皆藏于周秦之室，及其破也，遗弃无见之者。"（卷十三，第345页，商务印书馆万有文库本，民国二十六年。又：《戴震全书》第三册，黄山书社，2010年，第242页。又：严可均辑：《全汉文》，商务印书馆，1999年，第534页。）应劭《风俗通义·序》："周秦尝以岁八月遣輶轩之使求异代方言，还奏籍之，藏于秘室。及嬴氏之亡，遗脱漏弃，无见之者。"
② 《左传》原文是："凡师有钟鼓曰'伐'，无曰'侵'，轻曰'袭'。""凡邑有宗庙先君之主曰'都'，无曰'邑'。"
③ 骆鸿凯：《尔雅论略》第148页："古今训诂书不过名物、训诂二类，而名必有义，则训诂实为名物之根。"
④ 〔丹麦〕威廉·汤姆逊：《十九世纪末以前的语言学史》，第7页。
⑤ 〔英〕罗素著，张金言译：《人类的知识》，商务印书馆，2003年，第68页。

第四节　先秦诸子的语言理论

春秋战国是社会制度大转型、社会秩序大动荡的时代，也是学术思想大解放的时代，老子、孔子、墨子、孟子、庄子、尸子、申子、尹文子、公孙龙子、管子、荀子、韩非子等，在讨论哲学问题、逻辑问

题、政治问题的同时,都对语言问题发表过一些意见。归纳起来,有如下三点:

一、语言与社会存在

在一个社会制度发生大变革的时候,语言,特别是一些表示称谓和社会伦理道德的名词也随之发生了大变革。这就是《淮南子·要略》说的:"新故相反,前后相谬,百官背乱,不知所用,故刑(也写作"形",即"实"的意思)名之书出焉。"这种"刑名之书"并不就是语言学著作,但在研究事物的名称和客观事物本身之间的关系时,必然要涉及语言问题。研究"名""实"问题的不只是名家,墨家就对名实关系问题有过很好的解释。墨家说:"所以谓,名也;所谓,实也。"(《墨子·经说上》)这两个"谓"都是动词,是"称呼"、"叫作"的意思,分别与"所以"、"所"结合成名词性词组。"所以谓"是"用来作称呼的",就是"能指";"所谓"是指"所称呼的事物"[①],就是"所指"。用来作称呼的叫作"名",所称呼的事物叫作"实"。"名"是属于语言范围的问题,"实"是属于社会存在的问题。"名",必须通过语言活动,即通过人的发音器官发出语音才可以表示出来,这一点,墨家也认识到了。《经说上》指出:"声出口,俱有名。""故言也者,诸口能之出名者也。"

墨家也认识到"实"是第一性的,"名"是第二性的。"有之实也,而后谓之,无之实也,则无谓也。"(《经说下》)墨家还强调"名""实"要一致。"名实耦,合也。"(《经说上》)"耦",即二者相符的意思。

战国中后期名家的代表人物尹文和他的学生公孙龙,对名实的论述比墨家又进了一步。尹文子说:"名者,名形者也;形者,应名者也。然形非正名也,名非正形也,则形之与名,居然别矣。"

(《尹文子·大道上》)名称是给"形"命名的,"形"是与名称相应的。然而,"形"的存在并不是为了"正名",名称的产生也不是为了"正形",那么,"形"和"名"当然就有区别了。尹文子不仅说明了"形"和"名"的正确关系,更重要的是看到了"形"和"名"各自具有独立性,也就是"形"并不依赖于"名"而存在,"名"也不能改变客观存在的"形"。名称是名称,事物是事物,二者并不就是一回事。

正因为二者不是一回事,所以二者在发展中会产生矛盾,怎么克服这个矛盾呢?公孙龙在《名实论》中说:"夫名,实谓也。知此之非此也,知此之不在此也,则不谓也;知彼之非彼也,知彼之不在彼也,则不谓也。"他的意思是:名称,是对客观事物的一种称谓。但是,客观事物是发展的,语言也不可能一成不变,当这个名称已经不是指这个东西,那个名称已经不是指那个东西的时候,就不要这样或那样称呼了。

关于"名"是怎样产生的问题,古希腊哲学家为此进行了长期的争论。先秦诸子最早谈及这个问题的是老子。老子说:"无名,天地之始,有名,万物之母。"在开天辟地的时候,"道"没有名称,后来万事万物有了各种不同的名称,就是由"道"这个"母"产生的。事实上,老子认为名生于"道"。战国中后期成书的《管子》也探讨了这个问题。它说:"名生于实,实生于德,德生于理,理生于智,智生于当。"(《管子·九守》)"名生于实"的观点比之名生于道似乎要进步一些,但这个观点还是不能令人满意。因为名称和实物并不存在必然的、固有的联系,客观存在的"实"不可能"生"出"名"来,何况《管子》所说的"实"又是由"德"产生的,一直推论到"智生于当"。何谓"当"?何谓不"当"?这就有主观标准问题了。

彻底地、科学地解决这个问题的是荀子。荀子在前人研究的基础上,唯物地解释了"名"的产生问题。他说:"名无固宜,约之以命,约定俗成谓之宜,异于约则谓之不宜。名无固实,约之以命实,约定俗成谓之实名。"(《荀子·正名》)荀子主张"名无固宜"、"名无固实",这就批判了"名生于道"、"名生于实"这样一些错误观点。他提出的"约定俗成"论在中国语言学史上有着非常重要的意义,因为他第一次阐明了语言的社会本质,正确地说明了词的意义和客观事物之间的关系。

事物的名称,词的意义,一经社会"约定俗成"之后,就要求具有相对的稳定性。荀子所说的"谨于守名约",就是保持语言的稳定性的意思。他把这个问题看得很严重。他说:那些用己意来解析言辞或擅自制造名词以乱正名的人就是"大奸",其罪行跟私造符节度量的人是一样的。[②]荀子为什么把"析辞擅作名"的人看作"大奸"呢?因为把名称搞乱了,各人妄加解释,就会导致严重的政治后果,"使民疑惑,人多辨讼"(《正名》)。所以《礼记·王制》说:"析言破律,乱名改作,执左道以乱政,杀。"这样看来,"守名约"的问题,既是个语言问题,也关系到统治阶级的利益问题。当然,荀子也认识到,即使从统治者的利益出发,语言不仅要保持稳定性,也要不断地发展。他说:"若有王者起,必将有循于旧名,有作于新名。"(《正名》)"循旧作新",这个观点是正确的,既讲到了语言的继承性,又讲到了语言的发展。但"旧名"要由"王者"来"循","新名"要由"王者"来"作",这不跟上面所说的"约定俗成"论相矛盾吗?统观荀子《正名》的全部论述,二者并不矛盾。"约定俗成"是指"名"的起源;"循旧作新",大致上相当于我们现在所说的"语言规范化"。《正名》中所说的"后王之成名"、"制名之枢要"、"王者之制名",都是从语言规范化的角度来谈问题的。对语言进行规范(这种规范的内容主要是词汇,特别是有关社会制度方面的词汇),在当时的条件下,荀子只能寄希望于自己心目中的理想的"王者"了。

先秦时代人们也认识到:对于个人来说,他的语言活动不是天生的,而是受社会环境制约的。孟子说:一个楚国的孩子要学齐国话,请一个齐国人教他,却有许多楚国人整天跟他喋喋不休,即使每天用鞭子打他,逼他说齐国话,也是不可能的;假如把他领到齐国临淄的庄岳住上几年,即使每天鞭打他,逼他说楚国话也是不可能的。③《吕氏春秋·善学》也说:戎族人生在戎地,长在戎地,而说的戎语不知是怎么会的;楚国人生在楚地,长在楚地,而说的楚语不知是怎么会的。假如使楚国人在戎地长大,戎族人在楚国长大,那么楚国人就说戎语,戎族人就说楚语了。④

二、语言与政治伦理

先秦诸子讲语言理论时,大都把它和政治伦理关系问题扯在一起,最能说明这一点的就是人们很熟悉的所谓正名主义了。"正名"是孔子先提出来的。孔子所说的"正名"跟语言有什么关系呢?这个关系表现在两个方面:一是孔夫子站在旧制度的立场上,维护一些表示名分的词的涵义。如他对齐景公说的"君君、臣臣、父父、子子"(《论语·颜渊》),就是要维护君、臣、父、子这些词的旧有涵义,要用旧的政治伦理标准,来匡正这些词的内涵和外延。另一点,就是要求人们在运用语言的时候要按旧的名分来选择词语。《韩诗外传》卷五在解释孔子的"正名"论时就举了一个很能说明问题的实例:"孔子侍坐于季孙,季孙之宰通曰:'君使人假马,其与之乎?'孔子曰:'吾闻君取于臣谓之取,不曰假。'季孙悟,告宰通曰:'今以往,君有取谓之取,无曰假。'孔子曰:'正假马之言,而君臣之义定矣.'"假者,借也。在孔子看来,国君向臣子要马,怎么能用"假"这个词呢,这不就是"名不正,则言不顺"吗?"假"与"取"仅一字之差,却关系到君臣之间的大义所在。

墨家是儒家的反对派,他们也讲"正名"。不过,墨家所说的"正名"是在更为广泛的意义上要求说话的人准确地使用词语。《墨子·经说下》:"正名者,彼此。彼此可:彼彼止于彼,此此止于此。彼此不可:彼且此也。"正名,就是要分清彼此。用于那个事物的名词只能用于那个事物,用于这个事物的名词只能用于这个事物。同一名词,不能既用来指那个事物,又用来指这个事物。不仅名词不能乱用,就是一般词语的使用,也要求准确贴切。如墨子是主张"非攻"的,有人非议他说:你认为攻伐是不义的,可是,"昔者禹征有苗,汤伐桀,武王伐纣,此皆立为圣王",这是什么缘故呢?墨子回答说:"子未察吾言之类,未明其故者也。彼,非所谓'攻',谓'诛'也。"(《墨子·非攻下》)用"诛"这个动词就表明征伐的性质是正义的,与"攻"的意思不一样。也就是说,"攻"与"诛"不是意义相"类"的词。墨子认为:"夫辞以类行者也,立辞而不明于其类,则必困矣。"(《墨子·大取》)"类"就是本质属性相同的事物,在墨子的正名论中,"类"是一个很重要的概念。如不能把"牛"叫作"马",也不能把"马"叫作"牛",因为"牛之与马,不类。用(以)牛有角,马无角,是类不同也"(《墨子·经说下》)。

墨家讲的"立辞明类",本来是关于逻辑和语言方面的问题,后来《吕氏春秋》加以发挥,与政治问题联系起来。"今有人于此,求牛则名'马',求马则名'牛',所求必不得矣……不正其名,不分其职……乱莫大焉……以牛为马,以马为牛,名不正也。故名不正则人主忧劳勤苦,而官职烦乱悖逆矣。国之亡也,名之伤也,从此生矣……故至治之务在于正名,名正,则人主不忧劳矣。"(《吕氏春秋·审分》)所谓"至治之务在于正名",与孔子为政必正名,在政治立场上当然不会完全一样,但基本调子是一样的,他们都把各种政治矛盾、社会矛盾归结为名分问题,把"正名"视为安邦治国的灵丹妙药。

名家的代表人物公孙龙也讲正名,他的理论与墨家有相同之点。他说:"其名正则唯乎其彼此焉。谓彼而彼不唯乎彼,则彼谓不行,谓此而此不唯乎此,则此谓不行。"(《公孙龙子·名实论》)公孙龙所说的"唯乎彼此"跟墨子的"正名者,彼此"是一样的意思,他正名的目的则完全是为了政治。他是"疾名实之散乱","欲推是辩,以正名实,而化天下焉"(《公孙龙子·迹府》)。

法家也接过了孔子的"正名"口号。尸佼提出"治天下之要在于正名"(《尸子·发蒙》)。申不害认为尧与桀都以名治天下,但"其名正而天下治","其名倚而天下乱,是以圣人贵名之正也"(《申子·大体篇》)。不过,法家与儒家有一个重要不同之点,就是强调"以实核名"(《尸子·分》),"循名实而定是非,因参验而审言辞"(《韩非子·奸劫弑臣》)。言语必须要符合事实,也是韩非子反复论述的一个问题。做臣子的,话说过头了要罚,话说得不够也要罚。"其言大而功小者则罚,非罚小功也,罚功不当名也,群臣其言小而功大者亦罚,非不说(悦)于大功也,以为不当名也。"(《韩非子·二柄》)

从现代语言学的观点看来,语言与政治伦理关系的问题,在语言理论方面没有什么重大的积极意义,但在春秋末年和战国时代,这却是极其重要的一件事,而且影响及于后代,不可置而不论。

三、语言与逻辑思维

在先秦诸子中,比较系统地、科学地阐明语言和逻辑思维关系

的,首推墨子,然后是荀子。其他一些哲学家、逻辑学家也发表过一些值得注意的看法。下面分三点来谈:

第一,词和概念。

墨子说:"以名举实。"⑤(《小取》)荀子说:"名也者,所以期累实也。"(《正名》)墨、荀在这里所说的"名"就是用词所表示的概念。所谓"举实"、"期累实",即用概念反映客观事物的意思。

概念反映事物是要靠词语来实现的。墨、荀把概念分为三个大类,也就是把名词(反映事物名称的词)分成三个层次。墨子说:"名:达,类,私。"(《墨子·经上》)荀子也有类似的分类法。墨子所说的"达",荀子叫作"大共名",如"物"这个词就是;墨子所说的"类",荀子叫作"大别名",如"鸟"和"兽"这两个词就是;墨子所说的"私"是个体名词,即荀子所说的"推而别之,别则有别,至于无别然后止"(《正名》)。

荀子还是第一个明确区别词和词组的人。他说:在确定名称的时候,"单足以喻则单,单不足以喻则兼"(《正名》)。能用单音词表明的就用单音词,不能用单音词表明的就用词组。荀子所说的"兼",相当于我们今天所说的词组。在荀子之前,尹文子和孟子已经注意到了某些表示事物性质的形容词,可以放在名词前面、修饰名词这样一种现象。《尹文子·大道上》:"语曰'好牛'……'好'则物之通称,'牛'则物之定形,以通称随定形,不可穷极者也。设复言'好马',则复连于'马'矣,则'好'所通无方也。设复言'好人',则彼属于'人'矣,则'好'非'人','人'非'好'也,则'好牛'、'好马'、'好人'之名自离矣。"从概念来说,"物之通称"是指抽象概念,"物之定形"是指具体概念;从语言来说,"好"是形容词,"牛"、"马"、"人"是名词。"好"与"牛"、与"马"、与"人"分别组合,就是

"以通称随定形",因为"通称"不等于"定形",所以"名自离(区别)矣"。孟子与告子互相辩论时,谈到"白羽之白也,犹白雪之白;白雪之白犹白玉之白与?"⑥又说:"白马之白也,无以异于白人之白也。"(《孟子·告子上》)"白"与"羽"、与"雪"、与"玉"、与"马"、与"人"分别组合,也是形容词修饰名词,就是我们现在所谓的偏正结构,它是词组的一种类型。

在分析词和词组时,还涉及概念中属(genus)和种(species)的关系问题。这里有两个著名的论断值得一谈。一个论断是墨子说的"杀盗人非杀人"(《小取》),另一个论断是儿(倪)、公孙龙说的"白马非马"(《韩非子·外储说左上》,《公孙龙子·白马论》)。这两个论断在战国时就分别受到荀子、韩非子的批判,被当作以名乱名的典型例子,两千多年来一直被斥之为诡辩论。其实,从语言形式和概念来分析,这两个论断的本意都没有错。"盗人"、"白马"都是偏正结构,都是种概念;"人"和"马"都是单词,都是属概念,它们之间当然不能画等号。说"盗人"这个概念(用词组表示)不等于"人"这个概念(用单词表示),"白马"这个概念不等于"马"这个概念,无疑是正确的。⑦墨子的意思并不是说"盗人"不属于人类,公孙龙的意思也不是说"白马"不属于马类。公孙龙在回答非难他的人时说:"夫是仲尼异'楚人'于所谓'人',而非龙异'白马'于所谓'马',悖。"(《公孙龙子·迹府》)既然肯定孔丘把"楚人"和"人"这两个概念加以区别,而非难我公孙龙将"白马"和"马"这两个概念加以区别,这不是悖谬吗!

在词和概念的关系问题上,墨子、尹文子还认识到二者不是等同的。同一概念可以用不同的词表示(同实异名),同一个词(这里主要是指语音形式一样)也可以表示不同的概念(同名异实)。如

"狗"和"犬"是两个词,在墨子时代却是同一概念,"知'狗'而自谓不知'犬',过也,说在重"(《墨子·经下》)。"盗"是一个词,却可以表示两个不同的概念。"窃货曰盗"(《荀子·修身》),这是它的常用概念。可是,尹文子却讲了这样一个故事:有一位老人给自己的儿子取了一个名字叫作"盗",有一天这位老人在外面追赶他的儿子,连呼他的名字:"盗!盗!"官吏听见了,以为老人所追赶的是一个小偷,就把这个儿子给捆起来了(《尹文子·大道下》)。这里的"盗"是专有名词,特定概念。

词和概念的不同,在方言中表现最为明显。同一概念,在不同方言中可以用许多不同的词来表示。春秋战国时期方言相当复杂,诸戎与华"言语不达"(《左传·襄公十四年》),"齐之与吴也,习俗不同,言语不通"(《吕氏春秋·知化》),孟子骂楚国的陈良是"南蛮鴃舌之人"(《滕文公上》)。在这样的情况下,荀子提出万物的名称(词)要以诸夏的雅言为标准。他说:"散名之加于万物者,则从诸夏之成俗曲期,远方异俗之乡,则因之而为通。"(《正名》)"诸夏"就是中原地区的华夏族,他们所使用的"夏言"(即"雅言")是当时的普通话,荀子提出远离中原地区的"异俗之乡",要利用"夏言"作为交际工具,这是一个卓越的见解。我们不敢夸大地说,荀子已经有了推广"普通话(雅言)"的思想,但他主张"散名"要以诸夏为标准,各方言区的人要利用"雅言"作为交际工具,这是很明确的。

第二,辞和意。

墨子说:"以辞抒意。"(《小取》)什么叫作"辞"呢?荀子说:"'辞'也者,兼异实之名以论一意也。"(《正名》)"异实之名"就是不同实的名称(概念),即不同的单词。兼用不同的单词才能表达一个完整的意思。可见,从语言形式分析,这里所说的"辞"并不同于"词",

它是句子、言辞的意思。墨、荀已经认识到，语言中的单词和句子是不同的，句子要由单词组成，一般说来，一个句子不能只有一个词（独词句是很少的），也不能由完全相同的词组成，它必须是由几个相关而又相异的单词组成。如光说"仁仁仁仁"，不成句，"仁者爱人"，就成了句子。它由"仁者"、"爱"、"人"三个"异实之名以论一意"。这样看来，从思维形式分析，"辞"就是我们现在逻辑学上所说的判断了。"以辞抒意"，这句话的原意是：用判断（句子）表达意思。

"辞"怎么"抒意"呢？也就是语言怎样才能表达思想呢？墨子已经懂得：要通过人体的有关器官才能实现。《墨子·经上》说："闻，耳之聪也……循所闻而得其意，心之察也……言，口之利也……执所言而意得见，心之辩也。"耳朵是听话的，嘴巴是说话的，心是思维器官（墨子和后来的孟子一样，还不懂得大脑是思维器官）。嘴巴之所以能用言辞来表达思想，耳朵之所以能用听觉来了解对方的思想，都要通过思维器官（心）的"察""辩"（即思维活动）才能起作用。两千多年前，墨子就能这样科学地阐明语言和思维的关系，不能不令人惊叹！

第三，辩说和论据。

墨子说："以说出故。"（《小取》）荀子说："辩说也者，不异实名以喻动静之道也。"（《正名》）从思维形式而言，"说"是推理，从语言形式而言，"说"是论说、辩说。"故"是辩说的论据、理由。辩说的原则是"不异实名"，即所指的是同一对象（实），所用的是同一概念（名）。如果论题不同，或偷换概念，辩说就无法进行。这就是墨子说的："异，则或谓之'牛'，或谓之'马'也，俱无胜，是不辩也。"（《经说下》）一方说是"牛"，一方说是"马"，异实异名，这样的辩说谁也不能获胜。此正如今之俗话所言：牛头不对马嘴。"喻动静之道"

是就辩说的目的而言的。《荀子》杨倞注:"动静:是非也。""喻动静之道",就是要论说道理的或是或非,这跟墨子的观点是一致的。墨子说:"辩,将以明是非之分。"(《小取》)"辩也者,或谓之是,或谓之非,当者胜也。"(《经说下》)

辩说问题,说到底是个语言运用问题。战国时期是百家争鸣的黄金时代。无论是哪一"家",无论是什么性质的争鸣,都得运用语言。正确地巧妙地运用语言,是发展学术流派、战胜论敌的必不可少的条件。春秋末年,孔门已有"言语"科,墨子更是把"辩乎言谈"称之为"贤良之士"(《尚贤上》)。他教育自己的学生:"能谈辩者谈辩,能说书者说书……然后义成也。"(《耕柱》)荀子也强调"辩",他甚至说:"君子必辩。"(《非相》)老庄学派似乎是反对"辩"的。老子说:"善者不辩,辩者不善。"庄子说:"大辩不言。"(《齐物论》)其实,"五千精妙"(《文心雕龙·情采》),不就是一部"辩书"吗?整部《庄子》不就是在大辩特辩吗?

"辩"推进了逻辑学的发展,促使了语言理论的产生。这些语言理论的精华部分,是中国古代语言学史上绚丽多彩的奇葩;墨子、荀子等人为中国语言学史写下了光辉的第一章。

注:

① 《说文》:"谓,报也。"段玉裁注:"盖刑与罪相当谓之报。引申凡论人论事得其实谓之报。谓者,论人论事得其实也。"(89页)称谓也要求名实相当。
② 原文是:"故析辞擅作名以乱正名……则谓之'大奸',其罪犹为符节度量之罪也。"
③ 原文见《孟子·滕文公下》。
④ 原文是:"戎人生乎戎,长乎戎,而戎言不知其所受之;楚人生乎楚,长乎

楚,而楚言不知其所受之。今使楚人长乎戎,戎人长乎楚,则楚人戎言,戎人楚言矣。"
⑤ 《墨子·经上》:"举,拟实也。"孙诒让:"拟,度也。谓量度其实而言之。"《经说上》:"举,告。以之名举彼实也。"可参阅钱锺书:《管锥编》第三册,中华书局,1979年,第1177页。
⑥ 《昭明文选·谢惠连〈雪赋〉》李善注引刘熙曰:"孟子以为白羽之白(性?)轻,白雪之性消,白玉之性坚,虽俱白,其性不同。问告子。告子以为三白之性同。"
⑦ 可参阅詹剑峰:《墨家的形式逻辑》,第154页;周云之:《公孙龙关于名(概念)的逻辑思想》(见《逻辑学文集》)。又,冯友兰说:"其实'白马是马'和'白马非马'这两个命题都是真的,并没有冲突。'白马是马'是就马这个名词的外延说的;'白马非马'是就这个名词的内涵说的。'白马是马'的马是就具体的马说的;'白马非马'是就抽象的马说的。它说的是一切马所共有的性质,是马性。"(《冯友兰学术精华录》,北京师范学院出版社,第532页。)

第五节　先秦时代的名物释义

理论源于实践,又指导实践。先秦诸子以"正名"、"辨名实"为中心内容的语言理论研究,并不只是一种纯理论的探讨,它是与名物释义的研究紧密相联系的。

"名物释义"就是对反映事物名称的词进行解释,也就是解释古今方国之言。如:

> 春为青阳,夏为朱明,秋为白藏,冬为玄冥。四气和,正光照,此之谓玉烛。甘雨时降,万物以嘉,高者不少,下者不多,此之谓醴泉。祥风,瑞风也,一名景风,一名惠风。
>
> (《尸子·仁意》)

天神曰灵,地神曰祇,人神曰鬼。鬼者,归也。

(《尸子》卷下)

勤,劳也。遵,循也。肇,始也。怙,恃也。享,祀也。锡,与也。典,常也。糠,虚也。惠,爱也。敏,疾也。捷,克也。载,事也。

(《逸周书·谥法解》)

这些释义资料,起先是零散的。进而有人把有关词语编成单一的条目,如《尸子·广泽》就保存了两条这种性质的资料。

天、帝、皇、后、辟、公:〔皆君也〕①。

弘、廓、宏、溥、介、纯、夏、幠、冢、昄、誔:皆大也。十有余名,而实一也。

尸佼与商鞅同时,战国中期人。在他的著作中已经出现了类似《尔雅·释诂》中的词条,这是很值得我们注意的。第一,它说明这种以一词释众词的释词方式在战国中期就已经产生了,并不是始于《尔雅》,《尔雅》只不过是更大量运用这种释词方式罢了;第二,尸子明确谈到:用一个"大"字来解释十一个与"大"有关的词,是"十有余名而实一也",这说明先秦诸子研究词义是从辨名实出发的,他们是为了研究名实关系而从事词义研究的,这一点也可以间接证明,《尔雅》的编撰者也是以辨名实为目的的;第三,以上所引词条及《逸周书·谥法解》中的一些释义,差不多都见之今本《尔雅》,这证明《尔雅》是名物释义的大汇编。

那么,《尔雅》的编者是谁呢?《尔雅》一书是什么时候编定的呢？古今中外的学者对此已进行了不少的探索。

一说周公"著《尔雅》一篇,以释其意义","今(指三国时代)俗所传三篇《尔雅》,或言仲尼所增,或言子夏所益,或言叔孙通所补,或言沛郡梁文所考"(魏·张揖《上广雅表》)。

一说孔子门人所作。郑玄《驳五经异义》:"某之闻也,《尔雅》者,孔子门人所作,以释六经之旨,盖不误也。"(《诗·黍离》正义引,又《周礼·大宗伯》疏引)是孔子的哪个门人所作呢?扬雄说:"孔子门徒游、夏之俦所记"(《西京杂记》引)。明代的焦竑也赞同此说。他在《焦氏笔乘》卷一中说:"《尔雅》,《诗》训诂也。子夏传《诗》者也。"

一说"《尔雅》出于汉世"。"考其文理,乃是秦汉之间学《诗》者纂集说《诗》博士解诂之言尔。"(欧阳修《诗本义》卷十,"文王"条)叶梦得说:"《尔雅》训释最为近古,世言周公作,妄矣。……余意此但汉人所作尔。"(《岩下放言》卷上)稍晚于叶梦得的朱翌持同样的观点,认为"《尔雅》非周公书也。……盖是汉儒所作,亦非中古也。"(《猗觉寮杂记》卷上)清初姚际恒《古今伪书考》说,《尔雅》撰人"殆是汉世"。梁启超也说:《尔雅》"是西汉人编的字典,刘歆又扩大些,干周公什么事呢"(《古书真伪及其年代》,中华书局,1957年,第148页)。

《尔雅》成书于西汉之说影响很大,似已成为定论。但主此说的人,如欧阳修、梁启超等,都没有提出过像样的证据。

据东汉人赵岐(约108—201)说:"孝文皇帝欲广游学之路,《论语》、《孝经》、《孟子》、《尔雅》皆置博士。"(《孟子题辞》[②])近代学者王国维(1877—1927)又进一步考证,《尔雅》为"汉(文帝)中学之科目"(《观堂集林》卷四,第7页)。汉文帝即位距离汉高祖开国才二十多年的时间,在这短暂的时期内如果有人编写了《尔雅》,而且中央王朝还为此书专立博士,此书的编著者是谁,岂能湮没无闻!

欧阳修认为《尔雅》的纂集人"乃是秦汉之间学《诗》者"。可是,秦王朝是反对学《诗》的,"天下敢有藏《诗》、《书》、百家语者,悉诣守尉杂烧之。有敢偶语《诗》、《书》者弃市"(《史记·秦始皇本纪》)。欧阳修怎么把这样一个重要历史事实给忘了呢?至于把整本《尔雅》的内容定为"说《诗》博士解诂之言"更是无稽之谈。《尔雅》共计四千三百多个词,释《诗》的不过七八百条。又,秦汉之际哪来的说《诗》博士呢?始皇帝有博士七十,未闻有说《诗》者;汉高祖至惠帝时,什么博士也没有,汉文帝时,"《诗》始萌芽"(《汉书·刘歆传》),只可能学《诗》者依据《尔雅》,而不可能《尔雅》是"秦汉之间"学《诗》的人所纂集。

我认为《尔雅》当成书于战国末年,它的编纂人是齐鲁儒生,理由如下:

第一,历史渊源。宋以来,不相信《尔雅》成书于先秦时代的人,有一个重要原因是对先秦时代的名物训诂学的发展认识不足。朱熹的"《尔雅》是取传注以作"③的说法影响深远。一说"传注",人们就坐实到毛传上,其实,在毛传之前,也就是在先秦时代,传注就已经产生了。如《国语·周语下》就有晋国叔向解《周颂·昊天有成命》的传注资料。

原诗:"夙夜基命宥密,於,缉熙!亶(《毛诗正义》作"单")厥心,肆其靖之。"

解释:"夙夜:恭也。基:始也。命:信也。宥:宽也。密:宁也。缉:明也。熙:广也。亶:厚也。肆:固也。靖:龢也。"

(按:毛《传》与此完全相同。《十二经注疏·毛诗正义》587—588页)

《礼记·乐记》中也有这种性质的材料。

原诗:"肃肃和鸣,先祖是听。"
解释:"肃肃:敬也。"

《吕氏春秋·不屈》也有解释《诗经》词义的资料。

原诗:"恺悌君子,民之父母。"
解释:"恺者,大也。悌者,长也。"

这些材料有的与《尔雅》一样,有的不同于《尔雅》,证明先秦时代解经的有不同的学派,《尔雅》并不是将各派解经的资料都收集起来了。拿《尔雅》与毛传相比,也有不同,如:

《小雅·巧言》:"蛇蛇(yí yí)硕言。"《尔雅·释训》:"蛇蛇:美也。"毛传:"蛇蛇:浅意也。"

《魏风·陟岵》:"陟彼岵兮","陟彼屺兮。"《尔雅·释山》:"多草木,岵;无草木,峐(屺)。"毛传:"山无草木曰岵","山有草木曰屺"。

过去长期争论的一个问题:是《尔雅》抄毛传呢,还是毛传抄《尔雅》呢?看来都不正确。二者来源有同有异,不存在抄袭的问题。

那些主张《尔雅》成书于西汉的人,不仅认为《尔雅》抄毛传,甚而至于认为《尔雅》抄《史记》,这就更不对头了[④]。司马迁在《五帝本纪》中翻译《尚书·尧典》的文字,无疑是从《尔雅》中抄来的。这一点,可以《汉书·艺文志》的话为证:"古文《尚书》者,出孔子壁中……《书》者,古之号令,号令于众,其言不立具,则听受施行者弗晓。古文读应《尔雅》,故解古今语而可知也。"什么叫作"读应《尔雅》"呢?陈澧在《东塾读书记》中解释得很好。他说:"观于《史记》采《尚书》,以训诂代正字而晓然矣。如'庶绩咸熙',《史记》作'众功皆兴'。庶:众也。绩:功也。咸:皆也。熙:兴也。皆见《释诂》。其一二字以代训诂者,如'寅宾'作'敬道','方鸠'作'旁聚'。寅:敬也。鸠:聚也。亦见《释诂》。此所谓'读应《尔雅》'也。"⑤文学史家们津津乐道的司马迁翻译了《尚书》中的某些古文,实际上只不过是司马迁根据《尔雅》"用训诂代正字"而已,"用训诂代正字"也就是"解古今语"。这里所谓的"古"是指《尚书》中用的古字,所谓"今"是指《尔雅》中的释词。骆鸿凯曾正确地指出:"史迁释《书》,亦纯用雅言。迁受《书》于孔安国,其为《本纪》、《世家》,征引《尚书》者,辄以训诂代之,莫不依于《尔雅》。"⑥

看来,《尔雅》不是渊源于汉初经师的"诂训",而是春秋战国时期的名物释义的汇编,是不应该有问题的。

战国时候能否编成《尔雅》这样的书呢?西晋太康年间有人从魏王(战国末年的魏襄王或安釐王)墓中发掘出《名》书三篇,据说此书类似《尔雅》(见《晋书·束晳传》)。这条材料足以证明:《尔雅》之类的名书,在战国时代不仅可以产生,而且还不止一种、两种。魏王把《名》书作为随葬物品,也可说明《尔雅》这种性质的书在当时的地位。

第二,《尔雅》名义。《尔雅》这个书名,也是判断它成书年代的一个好证据。何谓《尔雅》?刘熙说:"《尔雅》:尔,昵也;昵,近也。雅,义也;义,正也。五方之言不同,皆以近正为主也。""尔、昵"、"雅、义"各自构成声训关系,刘熙的《释名》是专主声训的,这一点我们先不去管它。要紧的是"五方之言不同,皆以近正为主"这句话。在刘熙以前,王充、郑玄等人只讲到《尔雅》是解经的,刘熙提出《尔雅》是释方言的,把这两种意见合起来,才可以对《尔雅》做出全面评价。但刘熙所说的是什么时代的"五方之言"呢?是什么时候的"正(标准)"呢?从刘熙将《尔雅》这个条目安排在《国语》之后、《论语》之前来判断(见《释名·释典艺》),无疑是指先秦时代了。

在先秦时代,也就是春秋战国时代,的确存在"雅言",这是人所共知的。《尔雅》的任务之一就是以"雅言"为标准解释不同的方言词语。正如黄侃所言:"《尔雅》之作,本为齐壹殊言,归于统绪。"[7]就是对于经书的训诂,也不可能是随意的,而是有师承的。师又承于谁?师承于"雅"。用当时的"雅言"去读经、去解经,大概也是社会的要求。"子所雅言,诗书执礼,皆雅言也"[8],就可以为证。

到了汉代,"雅"的词义不仅有"正"的意思,又增添了"古"的意思,先秦时候的雅言,到这时就成为古言了,于是,"尔雅"这个词语的意思与先秦时候作为书名的"尔雅"已经有些不同了。

> 《大戴礼记·小辨》:"尔雅以观于古,足以辨言矣。"(盈按:有人以此"尔雅"为书名。如内藤湖南说:"此谓《释诂》、《释言》则《释诂》、《释言》之作先于《三朝记》,明矣。"[9])
>
> 《史记·三王世家》:"称引古今通义,国家大礼,文章尔雅。"
>
> 《史记·儒林列传》:"臣(公孙弘)谨案诏书律令下者,明天人分际,通古今之义,文章尔雅,训辞深厚……小吏浅闻,不能究宣,无以明布谕下。"

《史记·乐书》:"至今上(汉武帝)即位,作十九章……通一经之士不能独知其辞,皆集会五经家,相与共讲习读之,乃能通知其意,多尔雅之文。"

《白虎通·礼乐》:"乐尚'雅'何?雅者,古正也,所以远郑声也。"

《汉旧仪》:"武帝初置博士,取学通行修,博识多艺,晓古文《尔雅》能属文章者为高第。"⑩

《尔雅》作为书名,原本是以雅言释方语释古语,而上述前五例中的"尔雅"都是近乎古雅的意思。"尔雅以观于古"是根据先秦雅言以了解古代;"文章尔雅"是指书奏文牍的用字根据于古雅;"多尔雅之文"是指用了很多古雅的文言字;"雅者古正"更是以古为正(标准)来解释"雅"了;第六例《汉旧仪》的《尔雅》是书名,汉武帝时一般人已经不能完全读懂《尔雅》,要"学通行修,博识多艺"的人才能通晓。因此,这时候有犍为文学出来为《尔雅》作注,就是很可以理解的了。

第三,《尔雅》内容。《尔雅》的内容并不是一个时代的产物,很难根据其内容判断其成书的确切年代,但其中有些内容还是可以帮助我们判断其时代背景的。如日本学者内藤虎次郎(1866—1934,又名内藤湖南,日本中国学京都学派的创建者)在《尔雅新研究》中曾根据《释地·九府》"中有岱岳(即泰山)"一语,推断此篇编者"是以岱岳之附近,为全国中央之思想"。又认为《释地·四极》云"距齐州(即中州)以南……"和《释言》"齐,中也"(齐:通"脐"。肚脐。)之思想大体一致,推断此篇所反映的"大约是战国文化中心之齐稷下多数学者所集之时代思想"(转引自江侠庵编译《先秦经籍考》中册)。在《病中读尔雅》诗里说:"岱岳饶鱼盐,知出齐人作。"(《内藤湖南汉诗文集》,第 25 页)这样的推测都是有意义的[11]。在地理方面还有两条资料也值得注意。一是《释地·十薮》与《周礼》《吕览》都不同,后二书只有"九薮"。《吕览》没有"大野",《周礼》有"大野",排在第五,《尔雅》将"鲁有大野"列为十薮之首,这恐怕不是偶然的。另外,后二书九薮之中都没有"焦获",《尔雅》将"周有焦获"列在最后,是否反映了齐鲁儒生的尊周思想呢?二是在释"九州"的称谓时,没有"梁州",梁州是秦通巴、蜀之后才有的称谓,除《禹贡》外,《周礼》、《吕览》都无梁州,也可说明《尔雅》成书当在秦通巴蜀之前。《尔雅》的九州中有"齐曰营州",而《周礼》、《禹贡》、《吕览》都作青州。刘熙在《释名·释州国》中,释了汉代十三州之后,又加了一笔:"古有营州"。营州是汉以前的古制,其他先秦古籍都不载,只见之于《尔雅》,这跟《尔雅》的编纂者为齐鲁儒生不无关系吧。

《释天·星名》一章,暗含着四象、十二次、二十八宿的体系(都不全),可是并未出现"二十八宿"这样的称谓。二十八宿始见于《吕氏春秋·有始》,又见于汉初的《淮南子·天文》,这正是秦汉时候的天文术语。《周礼》有"二十八星"的总称,把"宿"叫作"星",这是战国时的用语,《尔雅》正与此合。如果是秦汉时代的人来编《尔雅》,不可能弃二十八宿这样的基本概念不用(司马迁称为"二十八舍","舍"与"宿"是同义词)。另外,十二次的名称,仅见于《左传》《国语》,此后,直到刘歆以前的典籍,均无十二次之名,而《尔雅·星名》中有之,这也可以证明《尔雅》是战国时代的产物。

从前研究《尔雅》年代的人,对"星名"一章往往忽略过去了。有的人认为这些材料应出现于二十八宿形成之前,有的人又疑心是汉代人随意加进去的,总之,都没有发现:星名虽不全,而次序的排列暗含着完整的体系。1978年在湖北随县曾侯乙墓发现了二十八宿青龙白虎图像,这是我国迄今所知的最早记载二十八宿名称的文字资料。我拿这份资料与《尔雅》的"星名"两相比较,发现二者在排列次序上完全一样,《尔雅》所不录的星名,都可以据曾侯乙墓星图在相应的位置上填补出来(见本节末附表)。

问题在于为什么有的星名《尔雅》不录呢?若说是无意脱漏,其次序为何又如此整齐而不紊乱呢?若说是《尔雅》乃训诂书,其不录之星因经书中未曾出现,是又不然,如参星早已见之于《诗经》,《尔雅》若是专门释《诗》的,为何不录此星呢?这真是一个谜。后来,我把这些不录之星与战国时候的星宿分野联系起来考察,谜底揭开了。原来凡属于秦楚两国分野的星名,《尔雅》就不录,不唯星名不录,就十二次而言,《尔雅》出现了九个次的名称,而属于秦楚两国的次名照样不录。我们认为:《尔雅》不录秦楚分野的星名,是出于政治原因,我们从中闻到了齐鲁儒生的火药气味,战国末年的齐鲁儒生对西方的虎狼之秦,南方的蛮夷之楚,深怀敌意,他们在"星名"中把这两国的分野一笔抹掉,是否也表现了文化抗敌的思想呢?

第四,结构体例。《尔雅》一书结构完整,体例划一,不像是"递相增益"而成。《尔雅》乃"递相增益"而成的论点源于张揖,我们对此应取分析态度。首先要把材料的来源和编定成书的年代分开来看待;其次要把《尔雅》编定时基本面貌和后人"增益"的面貌弄清楚,"增益"的比例究竟占多少,是否影响了此书编定时的基本面貌。

《尔雅》书中的材料,其时代肯定不同,有的材料相当古老。如《释鱼》的"鱼枕谓之丁,鱼肠谓之乙,鱼尾谓之丙","左倪不类,右倪不若"[12],这恐怕都是殷商和西周早期的材料,这些材料一代一代传下来,在《尔雅》成书之前,可能已有这种性质的著作了,但《尔雅》一经编定之后,在基本面貌方面不会有太大的变化,绝不可能像梁启超说的那样:

> 东汉时代今《尔雅》尚未通行,尚未独立……篇幅一定没有今本那么多。今本之多,由于刘歆,刘歆才特别提出这书来,有一回征募了千余能通《尔雅》的人,令各记字廷中,也许就因这回,《尔雅》才变成庞然大物。[13]

这是捕风捉影,言之无据。梁启超的老师康有为是个今文学家,他反对刘歆,把先秦时代一些重要古籍都说成是刘歆伪造的。康有为《新学伪经考·汉书艺文志辨伪第三下》说:"《尔雅》不见于西汉前,……盖亦歆所伪撰也。"梁启超认为是刘歆把《尔雅》"变成庞然大物",也是受了康有为的影响。

《尔雅》是一部结构完整、体例划一的著作。全书20篇(这是《汉书·艺文志》的说法。今本《尔雅》只有19篇。有人认为《释诂》分上下两篇;有人认为另有一个"序篇"。不论怎么说,今本《尔雅》的内容与当初《尔雅》编定时的内容,不会有多大的出入),每一篇的篇题都是"释×",篇与篇之间的安排也不是杂乱无章的,其次序的先后都是经过认真考虑的。释诂、释言、释训3篇,属于语词部分,其中有形容词、名词,也有动词;释亲以下16篇,几乎全是名词,其中释亲、释宫、释器、释乐4篇是对于名物称谓制度的释义;释天至释畜12篇属于自然科学的名物称谓,其中释天、释地、释丘、释山、释水5篇为一组,是对天文、地理名词的释义,释草、释木、释虫、释鱼、释鸟、释兽、释畜7篇是关于动植物名称的释义。

就每一篇的内部考察,各词条出现的先后,词条与词条之间的关系,虽说不上是精心设计,但布局大体上是统一的,有少数地方安排不合理,有些内容为书成之后所增益,基本上可分辨出来。如第一篇《释诂》第一个词条是:"初哉首基……始也。"最后一个条目是:"求酋在卒……终也。"有"始"有"终",这是编纂者的构思,在"终也"之后还有一个条目:"崩薨……死也。"这当是后人加进去的,即所谓"增益"。第二篇的第一个词条是:"殷齐,中也。"最后一个词条是:"弥,终也。"由"中"到"终",也不是偶然的吧。又如第十一篇《释山》,开篇释"五岳":"河南华,河西岳(指吴山,在陕西),河东岱,河北恒,江南衡。"篇终又出现释"五岳":"泰山为东岳,华山为西岳,霍山(即今之安徽天柱山。汉武帝时改称霍山为南岳)为南岳,恒山为北岳,嵩高(盈按:《说文》有"崈"无"嵩"。段注"崈"字云:"崧、嵩二形,皆即崈之异体……《释山》之'嵩高'盖汉人语。")为中岳。"后者为增益成分,即汉初传《尔雅》者加上去的。⑭

我们承认《尔雅》有"增益"成分,与"递相增益"论者不同的是:我们认为此书在战国末年编定之后,"增益"的成分很少,不影响此书的基本面貌;我们认为《尔雅》的编定是出自一人或少数几人之手,而不可能像内藤虎次郎认为的那样:书中有的部分是春秋时代的作品,有的部分是战国时代的作品,有的部分是秦汉之际的作品。因为《尔雅》结构的严整、编排的统一以及释词方式的一致,就否定了内藤的看法。所谓释词方式一致,不是说所有各篇的释词方式相同,而是说每一篇内部的释词方式基本一样,如释语词的三篇,都是"××××,×也",只有《释训》的最后一条是:"鬼之为言归也。""鬼,归也"这是《尔雅》的释词方式,"之为言"这种训诂方式常见于汉代,在《释训》中仅此一例,当是后人增益成分。另外,汉代常用的释词方式如"某某声"、"某某貌"、"某某然",也不见之于《尔雅》,也足以证明《尔雅》成书不可能是在汉代。⑮

确定了《尔雅》的成书年代,就可以进一步论断它的性质了。《尔雅》是一部什么性质的书呢？有的说它是字典,有的说它是训诂资料汇编,有的说它是类书,有的说它是百科全书。这些看法都有一定的道理,也都有一定的事实作为依据,但又都是片面的,与编著者的本意是不相符的。

《尔雅》是一本为两个目的服务的教科书。欧阳修说:"《尔雅》出于汉世,正名命物,讲说者资之。"⑯这三句话讲了三个问题。第一句讲了成书年代,这是我们所不赞同的,上面已经说过了；第二句讲了编《尔雅》的目的；第三句讲《尔雅》的性质是教科书。"讲说者"就是老师,"资之"就是以《尔雅》为凭藉、依据。明代的乔世宁也说:"古者《尔雅》列诸小学,盖识名物,便训诂,自童子始也。"(《丘隅意见》,第3页,见丛书集成初编本)王国维只谈到《尔雅》在汉代是教科书,事实上,汉代用《尔雅》作教科书当是继承先秦古制。

"正名命物"是《尔雅》的第一个目的。清代的《尔雅》专家邵晋涵也说:"《尔雅》者,正名之书也。"(《尔雅正义》卷十二)《尔雅》的正名有两个内容：一是辨名物。《周礼·地官·大司徒》说,大司徒的职责之一就是要辨九州之"山、林、川、泽、丘、陵、坟、衍、原、隰之名物"。《天官·庖人》说:"掌共(供给)六畜、六兽、六禽、辨其名物。"⑰这里所说的"辨名物"是指对客观事物本身的名号与实体进行分辨,将这种分辨的结果笔之于书,就成为"名物释义"了。我们看《尔雅》中的释丘、山、兽、畜等篇,就可以印证《周礼》所说的"辨名物"不是纸上的空谈,当是实有其事。先秦时代,反映事物的"概念",表示概念的"词",记录词的"字",统称之为"名",《尔雅》作为一部"正名之书",既是辨析事物的概念,也是名物词的释义。正名的另一内容就是释方语,以雅言为标准,比较各地有关的方言词汇。有的是同一事物有不同的方言名称。如"中馗:菌","菌"是江东方言;"蛭:虮","虮"也是江东方言。有的只是方音的不同。如"茨:蒺藜","螗:蜩","仓庚:商庚"。从这个意义上说,《尔雅》与《方言》在性质上有相同之处。《方言》卷一共计 32 个词条,其中有 17 个词条与《尔雅》相同或基本相同,占一多半。可以说,《尔雅》有相当一些篇如果在释词部分加上方言区域,就成了《方言》,《方言》如果将释词部分的方言区域通通删掉,就和《尔雅》中的某些篇一个模样了。《尔雅》如此关心当时的方言,从政治上来说是为了加强与诸侯国之间的联系,研究别国方言,是现实政治联系的第一步。"夫习俗不同,言语不通,我得其地不能处,得其民不能使。"(《吕氏春秋·知化》)在春秋战国诸侯之争战中,言语问题是何等的重要。

《尔雅》作为一本教科书,还有第二个目的,就是解经。过去有的学者认为《尔雅》的唯一目的就是为经学服务,这个看法不全面,但并不是完全不对的。周初流传下来的文献(《诗》《书》《易》中的部分内容)到春秋战国时代也是"古代汉语"了,不经老师的训释,孩子们是读不懂的。《释训》把《诗》的叠字和释语编成大段韵文,就是为了便于儿童的记忆。梁章钜(1775—1849)说:"古人以简策传事者少,以口舌传事者多;以目治事者少,以口耳治事者多……是必寡其辞,协其音,使人易于记诵,无能增改……《尔雅·释训》主于训蒙,而'子子孙孙'以下,用韵者三十二条,亦此道也。"[⑬]《尔雅》还把许多意义相关的词系联为一条,然后用一个词去加以解释,这种办法也可能是经师们的创造,应是古已有之,其目的也是为了学习的人记忆方便。当时注释并不附在经书之中,是独立成篇的,把独立成篇的注释贯通起来,再加以分类,就很容易形成《尔雅》这种性质的专书。

古代的语言学家甚至文学家,大都很重视《尔雅》。从语言学史来评价,《尔雅》的地位和作用是不容忽视的。

《尔雅》首创了按事物的类别或词的义类编排词汇的体例,它把2000来个词条分成19个义类或事类,基本面貌是清楚的。后来的"雅书"差不多都模仿了这种分类法。按义类或事类编排词汇,不便于人们查检,但《尔雅》原本就不是供查检用的字典,我们又何必从字典的角度去苛求它呢。

《尔雅》对词义进行解释时,态度比较实在,所以释义比较科学,它跟汉以后的词书有一个很明显的不同之处,就是全书"不语怪力乱神",它只老老实实地去解释词义,没有那些节外生枝的说教,也很少有耸人听闻的怪诞异说。它的朴实的风格打着战国时代北方儒者的印记。

《尔雅》又是一部研究汉语词义演变史的好书。其中保存了不少先秦古义。如《释宫》:"宫谓之室,室谓之宫。"据此,我们可以判断:先秦时代"宫室"是同义词,《诗经·鄘风·定之方中》"作于楚宫",又说:"作于楚室。"证明《尔雅》的释义是有语言事实为据的。"宫"在先秦时有"围绕"的意思,从《尔雅·释山》中可以得到证实:"大山宫小山,霍。"由于"宫"的"围绕"义汉以后已消失,有的人把这个句子的标点也搞错了。郦道元的《水经注》就以为"宫"是名词,结果成了"大山曰宫"[⑩]。又如"舅"这个词既可以指"舅父",又可以指"公公"。指"公公"的意思是什么时候产生的呢?查《尔雅·释亲》就知道,先秦时候这个意义就存在了。《尔雅》对这两个义项的区别是很清楚的:"妇称夫之父曰舅。"又说:"谓我为舅者,吾谓之甥也。"

《尔雅》保存了一些天文、历法、地理、动植物等方面的资料，反映了战国时代自然科学研究方面的某些成果，这一方面使历代的自然科学工作者对它产生兴趣，另外也为后来的训诂学家、辞书编纂者注意这一方面的研究做出了榜样。郭璞说："若乃可以博物不惑，多识于鸟兽草木之名者，莫近于《尔雅》。"（《尔雅序》)这个评价是正确的。文人们作诗作赋也要有动植物知识，所以宋代王洙（997—1057）说："《尔雅》、《文选》，待文士之秘学也。"又说："韩愈诗多用训故，而反曰：'《尔雅》注虫鱼，定非磊落人。'（《读皇甫湜公安园池诗书其后》）此人灭迹也。"意谓怕人"讥其所习浅"，故意掩盖其训故知识的来源。[20]

《尔雅》也存在一些缺点。如把不是近义关系的词混为一条。《释诂》："育、孟、耆、艾、正、伯：长也。"这六个词都用一个"长"字作释语，实际上意思并不同。"育"，是长养之"长"；"正、伯"乃长官之"长"（伯，本指排行，"孟"亦为排行之"长"）；"耆、艾"为年长之"长"（六十曰耆，五十曰艾），共有三个义项。

有时把实词和虚词混为一条。《释诂》："孔、魄、哉、延、虚、无、之、言：间也。"被释的八个词中有五个是实词，是间隙、空隙的意思；有三个（哉、之、言）是虚词，是在句中起一种"语助"的作用的虚词。《尔雅》的编者认为这些词在"虚"这一点上与"孔"等词是一样的，就混到一块了。

还有的词条把假借字当作本字。《释诂》："栖迟，憩，休，苦……：息也。""苦"怎么会有"息"的意思呢？郭璞说："苦劳者宜止息。"这是没有什么说服力的。实际上，"苦"应是"盬"的假借字。《诗·唐风·鸨羽》："王事靡盬。"这个"盬"字就是"止息"的意思。[21]

附表

曾侯乙墓二十八宿名	尔雅十七星名及九次	星宿分野
角 亢 氐 方 心 尾 箕 斗 牵牛 女 虚 危 西縈 东縈 圭 娄 胃 矛 绊 此隹 参 东井 与鬼 酉 七星 张 翼 车	角⎫寿星 亢⎭ 氐⎫ 房⎬宋 心⎫大火 尾⎭ 箕⎫析木 斗⎭ 牵牛⎫星纪 〇 虚⎫玄枵 〇 定⎫娵觜 东壁⎭ 奎⎫降娄 娄⎭ 〇 昴⎫大梁 毕⎭ 〇 〇 〇 〇 柳⎫鹑火 〇 〇 〇 〇	郑(韩) 宋 燕 越 吴 齐 卫 鲁 魏 赵 秦 周 楚

附录:对"附表"的几点说明

有读者对"附表"中"星宿分野"与"尔雅十七星名及九次"的对应关系存有疑问,即二十八星中缺位有十一,十二次中缺位有三,并非只有秦楚的分星空缺,如何解释?

1.二十八宿、十二次与所主14国(或13国)之分野,有关记载大体相同,但亦有小的分歧。如《周礼·春官·保章氏》郑玄注引堪舆家言、《吕氏春秋·有始》高诱注、《淮南子·天文》颇有出入。本书"星宿分野"以《天文》中的"星部地位"为据。因为"《天文》以周代为疆界"。(陈久金《星象解码》,群言出版社,2004年,第67页)

2.按《天文》吴国与须女对应,可《尔雅》无女星,如何解释?这是《天文》的问题。王引之已有批评。他说:

> 诸书无言"斗"但主"越","须女"但主"吴"者,"斗、牵牛,越;须女,吴。"当作"斗、牵牛、须女、吴越。"……盖分野之说,郑魏赵并列(原注:战国时多谓韩为郑)则在三家分晋之后,其时吴地已为越有,故但可合言吴越,若分言某星主越,某星主吴,则当时岂有吴国乎! 后人以吴越二国不应同分野,故移越字于斗、牵牛下,而不知其不可分也。

(王念孙《读书杂志·淮南内篇第三》下册,中国书店,第118页)

王引之的批评是对的。《尔雅》虽无女星,但有十二次中的星纪。言斗、牵牛,言星纪,可以与吴越对应。

3.《尔雅》无危星,齐国的对应不是落空了吗? 不。《天文》明确讲到虚与危对应齐,言虚可以该危。而且《尔雅》有十二次中的玄枵。郑注《周礼·春官·保章氏》说:"玄枵,齐也。"(孙诒让《周礼正义》第八册,王文锦、陈玉霞点校,中华书局,1987年,第2116页)又,《初学记》卷第一引堪舆家云:"玄枵为齐之分。"(中华书局,1962年,第11页)

4.《尔雅》无胃星,但举昴毕可以该胃,且有十二次之大梁与魏相应,魏与二十八星及十二次的对应关系并不落空。

5. 赵国既无与之相应的星名又无与之相应的十二次名,如何解释?

赵魏的分星各书记载不一。《天文》以觜觿(zīxī,即"觜巂")、参二星对应赵。高诱《吕氏春秋·有始》注:"昴、毕,西方宿,一名大梁,赵之分野。"又:"觿、参,西方宿,一名实沈,晋之分野。"(陈奇猷《吕氏春秋校释》,学林出版社,1984年,第663页)高注《淮南子·天文》与此全同。郑玄注《周礼·春官·保章氏》引堪舆云:"大梁,赵也;实沈,晋也。"(孙诒让《周礼正义》第八册,第2116页)又,《初学记》第一亦引"堪舆家云:实沉魏之分,大梁赵之分。"(第11页)《汉书·地理志》:"魏地,觜觿、参之分野也。"又:"赵地,昴、毕之分野。"《史记·天官书》:"昴、毕,冀州。觜觿、参,益州。"张守节《正义》:"《括地志》云:'汉武帝置13州,改梁州为益州、广汉。广汉,今益州笞县是也。分今河内、上党、云中。'然按《星经》,益州,魏地,毕、觜、参之分,今河内、上党、云中是。未详也。"(第1330页)以上材料所存在的矛盾,盖因三家分晋造成。《尔雅》不录"实沉",是因为晋已不存在。《尔雅》中的昴、毕,应分别对应赵、魏。《天文》以胃、昴、毕对应魏,以觜巂、参对应赵,与《尔雅》不合。《尔雅》未出现觜巂、参,是因为《尔雅》中并无益州,也无梁州。总之,《尔雅》的作者在处理觜觽、参以及实沉的问题上,可能面对矛盾无所取裁,故留下了疑点,这是很可以理解的,其性质与秦、楚分星的空缺完全不同。

6.《天文》与周对应的分星有柳、七星、张。《尔雅》只有柳,缺七星与张。但次名鹑火不缺。单举柳,因为柳居鹑火之首。

7.《尔雅》所缺星名共有十一,次名共有三。除了秦、楚所缺之四星二次,其余所缺之七星、一次,我们均已给出解释。还有一个重要事实请注意:秦二星一次,楚二星一次,是全部空缺,不像其他国,星名只是不全,并非全缺,而且次名均不缺(赵国因与魏国分星有出入,记载不一,与秦楚性质不同)。所以我才有这样的推测:"《尔雅》不录秦楚分野的星名,这是出于政治原因……是否也表现了文化抗敌的思想呢?"二十多年过去了,我至今仍然认为,我的推测是有根据的。即使有人不赞同,也不失为一家之言。清代学者郝懿行在《尔雅义疏》中也研究过星名、次名缺位的问题。他说:"按经星二十有八,《尔雅》止记十七,……十有二次止言其九……盖《尔雅》释六艺之文,文有不备,可类推也……是则《尔雅》之不备,非缺脱也。郑樵疑为简编之失,非矣。"(《尔雅义疏》中之四,上海古籍出版社,1983年,第24、25页)郝懿行说"非缺脱也",还只是推论,经我将曾侯乙墓二十八星与《尔雅》星名依次逐一对比之后,"发现二者在排列次序上完全一样","非缺脱也"可以成为定论矣!但郝氏对于星名空缺的原因,只用"可类推也"一语带过,而未区分秦楚的星名空白与其他诸国的缺而不全,是两种不同的性质,这就掩盖了问题的实质。他认为:"《尔雅》独言鹑火,亦举中以包之。"(《尔雅义疏》中之四,第22页)这是不可能的。秦楚这么重要的国家,其分星从无异议,若只举一星,可以说是举一包二。全部空白,何以"包之"?

我对《尔雅》的研究成果得到学术界的广泛肯定,也有不同意的,这很正常。但像《中国语文》1996 年第 5 期发表的《〈尔雅〉分卷与分类的再认识》这样的文章,乃中国训诂学的一大笑柄,后来者宜引以为戒。

注:

① "皆君也"三字原本脱佚,今据《尔雅·释诂》及下条"皆大也"文例补。
② 《十三经注疏·孟子注疏》下册,中华书局,1980 年,第 2663 页。盈按:朱熹对《尔雅》置博士,以为"《汉书》无考"(《朱子语类·杂类》第 3277 页),似不足信。这个意见不可取。《汉书》无记载,不等于赵岐的话无根据。魏源在《孟子年表考第五》中据多种材料得出结论:"此汉初《孟子》、《尔雅》曾置博士之证。"(《魏源集》(上),中华书局,2009 年,第 314 页)
③ 《朱子语类·杂类》卷一三八,中华书局,1999 年 6 月北京第 4 次印刷,第 3277 页。
④ 陆宗达:《训诂简论》:"《尔雅》在《释诂》、《释言》里曾用司马迁在《史记·五帝本纪》中用以翻译《尚书·尧典》的文字,与《尧典》的原文比较,以今释古,做出了许多互训。"北京出版社,1980 年,第 159 页。
⑤ 《东塾读书记·小学》,世界书局,民国二十五年,第 125 页。
⑥ 《尔雅论略》,岳麓书社,1985 年,第 10 页。
⑦ 《黄侃论学杂著》,中华书局,1964 年,第 361 页。
⑧ 《论语·述而》。
⑨ 《内藤湖南汉诗文集》,广西师范大学出版社,2009 年,第 134 页。
⑩ 《汉旧仪》,卫宏撰,有孙星衍校本。此条见《艺文类聚·职官部·博士》,上海古籍出版社,1999 年,第 831 页。又见《太平御览·职官部·博士》,文字略有出入。最后一句作"……能属文章者为之"。中华书局,1998 年,第 1117 页。
⑪ 阮元:《阅问字堂集赠言》已指出:"泰山者,古中国之中也……古中国地小,以今之齐国为天下之中。故《尔雅》曰:齐,中也。又曰:中有岱岳。"

见孙星衍《问字堂集》卷首。

⑫ "鱼枕"三句:释鱼之骨体。鱼的枕骨(在头骨中)似古文字中的"丁"字,鱼肠似古文字的"乙"字,鱼尾似古文字的"丙"字。可参阅郭沫若:《甲骨文字研究·释支干》。"左倪"二句:左倪指西龟,右倪指北龟。《周礼·春官·龟人》:"龟人掌六龟之属……西龟曰雷属,北龟曰若属。""雷"与"类"因声近而通。"不"为词头,亦写作"丕",常出现在先秦文献中。

⑬ 梁启超这段话见《古书真伪及其年代》第 148 页,中华书局,1957 年。据《汉书·王莽传上》载:汉平帝元始四年曾征召"有逸礼、古书、毛诗、周官、尔雅、天文、图谶、钟律、月令、兵法、史篇文字,通知其意者,皆诣公车,网罗天下异能之士,至者前后千数,皆令记说廷中,将令正乖谬,壹异说云"。(第 4069 页)可见,王莽不只是把通《尔雅》的人找了来,也把通《诗》、《书》、《礼》的人找了来。其目的是为了"正"文字之"乖谬","壹"训诂之"异说",并没有说对《尔雅》原书有什么"增益"。按:《汉书·平帝纪》,这次讨论会的时间为元始五年(第 359 页)。

⑭ 可参阅陈奂:《诗毛氏传疏·周颂·闵予小子之什·般》(七),万有文库本,民国十九年,第 45、46 页。还可参阅魏源《释道山北条阴列二》,魏认为:"《尔雅》五岳,前条为周制,后条为殷制。"(《魏源集》,第 526 页)

⑮ 可参阅洪诚:《训诂杂议》,《中国语文》1979 年 5 期。

⑯ 《崇文总目叙释·小学类》。见《欧阳修全集》,世界书局,民国二十五年,第 999 页。

⑰ 孙诒让:《周礼正义》第一册"庖人"疏:"名物,若《尔雅·释鸟》、《释兽》、《释畜》所说,种别不同,皆辨异之也。"(第 258 页)又,第三册"大司徒"疏:"名,若《尔雅·释地》、《释丘》、《释山》、《释水》所说地名。"(第 692 页)

⑱ 《退庵随笔》卷十九,江苏广陵古籍刻印社,1997 年,第 481 页。

⑲ 《水经注·庐江水》:"余按《尔雅》云:大山曰宫。宫之为名,盖起于此。"

⑳ 《王氏谈录》,见《全宋笔记》第一编(十),大象出版社,2003 年,第 158 页。

㉑ 1986 年 2 月 27 日郭在贻先生来函指出:"提到苦作止息解,是盬的假借,按:王引之《经义述闻》也是这么看的。此说恐不妥。据《说文》盬的本义是'河东盐池',然则盬的止息义亦是假借义。朱骏声认为盬作止息解应是暇的假借,不管怎么说,苦、盬个不是止息这个意思的本字,因此

不好说苦是鹽的假借字。"盈按：此言甚是。可惜在贻兄已经逝世，再阅来函，不禁怆然伤怀。2006 年 3 月补注：王念孙：《广雅疏证》卷二上："《尔雅》：苦，息也。苦与齨亦声近义同。"江苏古籍出版社，1984 年，第 49 页。又，孔颖达《毛诗正义》认为"鹽与蠱字异义同"。(《十三经注疏》，第 365 页)王引之有驳议，而徐灏仍持此说。(《说文解字诂林》，第 6050 页)

第六节　先秦时代的文字研究

摩尔根在《古代社会》中把"标音字母的发明和使用文字来写文章"[①]，作为"高级野蛮社会"向文明社会过渡的一个标志。他说："文字的使用是文明伊始的一个最准确的标志，刻在石头上的象形文字也具有同等的意义。认真地说来，没有文字记载，就没有历史，也没有文明。"[②] 恩格斯肯定了摩尔根的这一观点。他说："从铁矿的冶炼开始，并由于文字的发明及其应用于文献记录而过渡到文明时代。"[③]

中华民族所使用的汉字是当今世界历史最悠久、寿命最长的一种文字。关于它的起源，战国时代已有明确的记载。

《荀子·解蔽》说："故好书者众矣，而仓颉独传者，壹也。"

《韩非子·五蠹》说："苍颉之作书也，自环者谓之私，背私谓之公。"

《吕氏春秋·君守》说："苍颉作书。"苍颉即仓颉。

以上三种战国时代的文献都肯定仓颉是汉字的创始人。其中《荀子》谈到"好书者众"，意思是参与文字创作活动的不只是一两个人，而是有很多人，仓颉是创始人之一。这个说法更为确切。

仓颉造字说在古代已成为定论。如《淮南子·本经》说："昔者仓颉作书，而天雨粟，鬼夜哭。"许慎《说文解字叙》说："黄帝之史仓颉，见鸟兽蹄迒之迹，知分理之可相别异也，初造书契。"许慎说仓颉是黄帝时代的人，而且是史官，这都不可能是某些人凭空捏造，起码也会有远古传说作为根据。

由于科学文化的进步，生活在20世纪的人们已经懂得，文字是由人民群众创造产生的，不可能是由某一个人或少数几个人独创而成。因此，对仓颉造字说表示怀疑，斥之为"荒诞"，甚而至于认为"仓颉"根本就不是人名。

如果我们赞同下面这个观点：许多伟大的发明创造，都要依靠群众和专门家相结合。那么，汉字的发生与发展也不会例外。原始文字为群众所创造，又有（一定有，必须有）专门家进行统一、整理、规范，才能发展成为全社会所共同承认的文字体系，仓颉就应当是这样的专门家。《荀子》所说的"壹也"，这个"壹"字值得我们仔细咀嚼。唐朝人杨倞在注释这句话时说："仓颉，黄帝史官。言古亦有好书者，不如仓颉一于其道，异术不能乱之，故独传也。""一于其道"就是对文字之"道"进行专门性质的研究，其内容自然包括收集、比较、规范等等。正因为仓颉能"一于其道"，对原始汉字的形成、统一起过伟大的作用，所以他的名字才能独传于后，永垂不朽。章太炎《造字缘起说》也认为："未有仓颉以前，民亦画地成形，自为徽契，非独八卦始作为文字造耑而已……仓颉者，盖始整齐划一，下笔不容增损。由是率尔著形之符号，始为约定俗成之书契。"④战国时代的史书《世本》卷一，在谈到"苍颉作书"的同时，还提到沮诵，原文为"沮诵、苍颉作书"。所以后世合称"沮苍"。

当然，我并不反对把仓颉、沮诵乃至黄帝，当作神话传说中的人物，也有可能这些名称并不是个人名称，而是部落的族称，但是，这并不影响汉字起源于黄帝时代的真实性、科学性。正如恩斯特·卡西尔所言："神话绝不仅仅是想象的产物。它并不是一个不健全、不正常的大脑的产物，也不是梦幻或幻想、荒谬观念和怪诞观念的聚合体。它是对宇宙之谜做出的最初解答。"⑤ 我认为，把仓颉这个名字与黄帝联系起来，这就是对汉字起源之谜的最好解答。如何正确地理解这种"解答"，不能像老学究那样仅仅从先秦时代的几部经传中寻找直接根据，而要从整个人类社会各种原始文字的起源时代以及地下考古资料中寻找更为有力的证据。

根据多数史学家的研究，黄帝时代正是我国原始社会末期，也就是摩尔根所谓的"高级野蛮社会"时期。若按考古材料分期，即新石器时代。这个时期的人们已有相当发达的智慧和思维能力，他们创造了光辉灿烂的原始文化，我国古代不少发明都跟黄帝这个时代有关。我们认为原始汉字形成于这一时期，大的时代背景是不错的，古书的有关记载是不应当轻易否定的。苏联文字史家 B. A. 伊斯特林认为："图画文字的最终形成大概在新石器时代。"⑥ 又说："在新石器时代，情况就不同了。在这个时代，在过去母系氏族集团的基础上产生了新的、更复杂、更庞大和更长时间的人们共同生活的形式——部落，然后则是部落联盟。部落和部落联盟往往占有广阔的空间；部落内部加强了劳动分工，因此也加强了要求以记载形式固定下来的劳动产品的交换；最初发展的是氏族—部落所有制，然后是个人所有制，要表现私人所有制就必须有标记、戳子等类的符号……部落之间和部落联盟之间的交易、战争以及其他联系也发展起来了。由于所有这一切，在新石器时代，对文字的需求必然成熟起来，因为文字是把语言固定下来并把它传至远方的最方便的工具。"⑦伊斯特林的论述有助于我们从理论上、从宏观上理解黄帝史官仓颉造字的传说。

中国远古时代,巫史不分家,他们是掌握文字的专门人才,是沟通天人关系、人鬼关系的权威,仓颉成为文字专家,也可能跟他的史官职责有一定关系。黄帝是部落联盟的军事首领,随着这个部落联盟的逐步扩大,其他部落的被消灭,语言、文字也逐步走向统一。正如分布在中华辽阔大地上的各部落会有自己独特的语言(或方言土语)一样,黄帝以外的部落也可能有自己的原始文字,所谓"作书者众"也可以这样来理解。既然战国时代的诸侯国还有"文字异形"的问题,更何况遥远的黄帝时代呢!因此,在黄帝时代出现一个统一文字的仓颉,跟黄帝统一中原地区的历史记载,可谓契合无间,不能不信。《礼记·祭法》说:"黄帝正名百物。"钱大昕说:"而仓颉制文字即于其时。名即文也,物即事也。文不正则言不顺,而事不成。"(《潜研堂文集》卷九,第 113 页,万有文库本)

再从地下考古资料来看,新石器时代也被考古学家称之为彩陶文化时期。已发现的陶器上的刻画符号,不少文字学家都认为是古老的原始文字。郭沫若说:"彩陶上的那些刻画记号,可以肯定地说就是中国文字的起源,或者中国原始文字的孑遗。"⑧在这样一个时代,出现了仓颉、沮诵,是完全可以理解的;相反,把这些名字从传说中去掉,或者传说中根本没有这些人物,这倒是不可以理解的。至于汉以后的文献把仓颉神化、圣化,说他长着四只眼睛,生而知书,死于丙寅日,故"学书者讳丙日"⑨,这些附会之辞,源于古人对文字的崇拜。所谓"仓颉四目"⑩也只不过强调了仓颉的视觉器官有特异之处,而文字正是要通过视觉发挥其功能的。

关于仓颉如何造字,先秦文献无明文记载。许慎说的"仓颉之初作书,盖依类象形",又说仓颉从"鸟兽蹄远之迹"受到启发,高诱为《吕氏春秋·君守》作注时也说"苍颉……写仿鸟迹以造文章"。他们这样说,想必是有先秦时代流传下来的材料作为根据的,只不过这些材料已经失传,我们无法追溯其出典罢了。从许慎、高诱的话里可以引出两条结论:一是仓颉时代的文字还处于象形阶段;二是汉字起源于图画象形,符合文字发展的一般规律。法国思想家、语言学家保尔·拉法格说:"人是从象形文字开始,他用物象的描写来代表物:狗表现为狗的图画。而后过渡到象征的文字,全身只用它的某一部分来表现:用动物的头来表现它的全身。而后他上升到借喻的文字,他根据某物同被表现的思想有着真实的或假想的类似之点而作出描写:狮子的前部被用来表示首位的思想,前臂被用来表示正义和真理,兀鹰被用来表示母性之道等等……"[11]原始汉字也经历过象形、象征、借喻这样的发展阶段。这一点,从大汶口的陶文和商周的甲金文可以得到印证。总之,"依类象形"是原始汉字的基本特征。

关于大汶口陶器、文字,唐兰以为是少昊文化的反映。而"少昊国家的蚩尤是和炎帝、黄帝同时的,……黄帝杀了蚩尤,征服了两个昊的民族,同时也接受了他们的高度发展的文化"。[12]

先秦时代(含秦王朝)的文字研究,还有两件事情值得大书特书。一件是周王朝的书同文,一件是秦王朝的书同文。

先说第一件。《礼记·中庸》说:"今天下,车同轨,书同文。"明人邓退菴说:"书即字,文即体式兼点画音声。"又说:"以书而言,其笔之者非一人,而点画音声之文各有定法,四方如一也。"[13]所谓"今天下"无疑是指周王朝。

周王朝怎么"书同文",我们从《周礼》的两条记载可以得到一点消息。

《周礼·春官·外史》说:"掌达书名于四方。"郑注:"或曰:古曰名,今曰字。使四方知书之文字,得能读之。"孙诒让说:"审声正读则谓之名,察形究义则谓之文,形声孳乳则谓之字,通言之则三者一也。《中庸》云'书同文',《管子·君臣篇》云'书同名',《史记·秦始皇本纪·琅邪台刻石》云'书同文字'(盈按:原文作"同书文字"),则'名'即文字,古今异称之证也。……云'使四方知书之文字,得能读之'者,谓以书名之形声,达之四方,使通其音义,即后世字书之权舆也。"⑭

又《秋官·大行人》云:"七岁属象胥,谕言语,协辞命;九岁属瞽史,谕书名,听声音。""属"是聚集的意思。"象胥"为语言之官,即翻译。"瞽"是乐师,"史"即大史、小史,掌管文字、文献资料、记言、记行的官员。孙诒让说:"此谓行人召侯国之象胥、瞽史来至王国,则于王宫内为次舍,聚而教习言语、辞命、书名、声音之等也。"⑮段玉裁甚至认为:"《周官》属瞽史,谕书名,听声音,故有音韵之书矣。"⑯。

这些材料说明,统一文字(包括形音义),推广"雅言",是周王朝每隔若干年就要进行的一项活动,且有专人负责此事。恐怕也就是适应这种文化活动的需要,宣王时代的大史籀编著了《史籀篇》。《史籀篇》又简称为《史书》、《史篇》。《后汉书·和熹邓皇后传》云后"六岁能《史书》"。注:"《史书》,周宣王太史籀所作大篆十五篇也。《前书》曰:'教学童之书'也。"此书经王莽之乱已有散佚,至晋失传。这种儿童识字课本对当时的"书同文"起了重要作用。也是由于中央王朝直接掌握文字,有专人对文字的声音、结构形式进行研究,所以《周礼·地官·保氏》出现了具有理论概括意义的

"六书"说。证之以《左传》中的"于文,止戈为武"[17]、"故文反正为乏"[18]、"于文,皿虫为蛊"[19],以及《韩非子》的"自营为厶"[20],先秦时代的字形结构分析已具有政治说教的作用。

关于《周礼》中的"六书",究竟是什么意思,张政烺的《六书古义》别有解释。他认为"六书"即"六甲",郑玄《周礼注》所引郑司农"六书"释义,乃刘歆所创立。[21]张氏立论方法,基本上是默证加推测,似难成为定论。

先秦时代还有一次"书同文",就是人所熟知的秦王朝由李斯负责的文字统一工作。许慎说:"秦始皇帝初兼天下,丞相李斯乃奏同之,罢其不与秦文合者。斯作《仓颉篇》,中车府令赵高作《爰历篇》,大史令胡毋敬作《博学篇》,皆取史籀大篆,或颇省改,所谓小篆者也。"足见,《仓颉篇》之类的字书不仅仅是为了供蒙童识字用,同时也是为了文字的统一。而文字的统一,对民族的统一,社会的统一,都有重要意义。所以,当我们研究中国语言文字的发展历史时,绝对不可以低估从仓颉到李斯大约三四千年间在文字研究方面所取得的卓越成就。仓颉、李斯都是中国杰出的文字学家。叶德辉说:"(说文)序中论次秦时作者,独斯以《仓颉》名篇,亦可见同时赵、胡二家其字义必不尽守仓颉之旧,惟斯守其义,故当时即以《仓颉》原名称之,是则李斯为发明仓颉之第一人矣。"[22]叶氏此言揭示了李斯与仓颉之间的历史联系。从仓颉时代以来,汉字的发展,不断完善,一脉相承,从未出现过断裂,这在世界文明史上都是奇迹。

注:

① 《古代社会》,杨东莼等译,商务印书馆,1987年,第11页。

② 同上书,第 30 页。
③ 《家庭、私有制和国家的起源》,见《马克思恩格斯选集》第四卷,人民出版社,1972 年,第 21 页。
④ 《中国现代学术经典·章太炎卷》,河北教育出版社,1996 年,第 175、176 页
⑤ 恩斯特·卡西尔著,于晓等译:《语言与神话》,三联书店,1988 年,第 168 页。
⑥ B.A.伊斯特林著,左少兴译:《文字的产生和发展》第二版,北京大学出版社,2002 年,第 60 页。
⑦ 同上书,第 61—62 页。
⑧ 《古代文字之辩证的发展》,见《奴隶制时代》,人民出版社,1973 年,第 246 页。
⑨ 《论衡·讥日篇》。
⑩ 《春秋演孔图》,见《春秋纬》,上海古籍出版社,1993 年,第 30 页。山东沂南画像石墓刻有仓颉造字故事,仓颉刻有四目。《沂南古画像石墓发掘报告》。
⑪ 《思想起源论》,王子野译,三联书店,1963 年,第 58 页。
⑫ 《中国有六千多年的文明史》,见《大公报在港复刊三十周年纪念文集》,第 45 页。
⑬ 《四书补注附考备旨·中庸》,上海锦章图书局印行,第 16 页。
⑭ 《周礼正义》第八册,中华书局,1987 年,第 2139 页。
⑮ 同上书,第十二册,第 2984 页。
⑯ 《严九能尔雅匡名序》,《经韵楼集》,上海古籍出版社,2008 年,第 374 页。
⑰⑱⑲ 《左传》宣公十二年,宣公十五年,昭公三年。
⑳ 《说文解字·厶部》许慎引《韩非》语。厶即私字,自营即自环,篆书厶字之形环绕如圆。
㉑ 《张政烺文史论集》,中华书局,2004 年,第 215 页。
㉒ 《叶德辉文集·与日本后藤朝太郎论古篆书》,华东师范大学出版社,2010 年,第 86 页。

第三章　两汉语言学

（公元前 2 世纪—公元 3 世纪初）

概　　况

两汉王朝共有四百多年的历史。这一时期的语言学跟经学有密切的关系。从汉武帝开始独尊儒术，经学的地位越来越高；到东汉，经学发展到了极盛阶段。在汉代读经是博取功名富贵的重要途径，出身下层社会的人，也可通过读经获得进入仕途的机会。读经先得识字。两汉王朝对编写识字课本是很重视的。

西汉初年将《仓颉篇》、《爰历篇》、《博学篇》三种课本汇编为《仓颉篇》，也称为《三仓》。汉武帝时司马相如编《凡将篇》，汉元帝时黄门令史游编《急就篇》，汉成帝时将作大匠李长编《元尚篇》，西汉末年扬雄编《训纂篇》，东汉班固作《太甲篇》、《在昔篇》，汉和帝时贾鲂编《滂喜篇》（即《彦均篇》）。后来晋朝人将《仓颉》、《训纂》、《滂喜》三篇合称为《三仓》。东汉末年蔡邕编《圣皇篇》、《黄初篇》、《吴章篇》、《女史篇》。上述这些课本只有《急就篇》流传至今，其余早已失传。这些课本的性质跟后代的《千字文》差不多，都算不上是语言学著作。但对汉字形音义的规范统一，对全国识字教育的普及与发展，都起过重大作用。

经学发展的直接结果是大大地推动了文字训诂学的发展。汉初有《毛诗诂训传》，东汉的马融和他的学生郑玄(127—200，高密人)就是著名的训诂学家，给许多古籍作注(可参阅张舜徽著《郑学丛著》、王利器著《郑康成年谱》)。另外，赵岐有《孟子章句》，王逸有《楚辞章句》，许慎有《淮南鸿烈解诂》，高诱为《孟子》、《战国策》、《淮南子》、《吕氏春秋》等书作注，甚至连东汉时成书的《汉书》，服虔、应劭也为之作注。清人大力推崇提倡的"汉学"，实际上就是文字训诂之学，也可称为"许郑"之学。凌廷堪的《后汉三儒赞》认为许慎、服虔、郑玄"皆东京之冠冕，洵儒林之翘秀。或长于小学，或精于《春秋》。……是不可以不赞也"(《校礼堂文集》卷十一，中华书局，1998年，第87页)。

在文字训诂方面值得一谈的还有贾谊《新书》中的《道术篇》以及蔡邕的《独断》，服虔的《通俗文》，汉末出现的《小尔雅》。

《道术篇》解释了56对有关伦理道德的反义词。如："兼覆无私谓之公，反公为私；方直不曲谓之正，反正为邪；恃节不恐谓之勇，反勇为怯。"他这样解释反义词并不科学，但对于我们确定何者为反义词还是有帮助的。

《独断》保存了一定数量的汉代政治、人事词汇的释义。如："汉天子正号曰皇帝，自称曰朕，臣民称之曰陛下；其言曰制诏；史官记事曰上，车马衣服器械百物曰乘舆；所在曰行在所，所居曰禁中，后曰省中；印曰玺；所至曰幸。"又如："朕，我也。古者尊卑共之，贵贱不嫌。至秦，天子独以为称，汉因而不改也。"

《道术篇》和《独断》并非训诂专著，只不过其中有的内容属于词义研究的性质。《通俗文》和《小尔雅》是两本词汇专著。《通俗文》已经失传，从清人马国翰的辑佚看，这本书很注重俗用词语的释义和方言词、同义词的辨析。如"陶灶曰窑","侏儒曰烓","伏伺曰狙","去汁曰滰","鸟居曰巢,兽居曰窟","徽号曰幖,私记曰幟","尘土曰塺,灰尘曰埃","沉取曰捞,浮取曰撩","辛甚曰辣,江南言辣,中国言辛"。

《汉书·艺文志》载有《小尔雅》一书,不著撰人。成书于魏晋时代的《孔丛子》,内有《小尔雅》一篇,题为孔鲋撰。清朝人考证的结果,认为《孔丛子》中的《小尔雅》是伪书。这种性质的伪书,只不过作者"伪",时代"伪"而已,如果我们不把它看成是孔鲋的作品,把它放在魏晋之前的东汉末年来处理,它就不"伪"了。《小尔雅》13篇,为广《尔雅》而作,所以篇名之前多加一"广"字,如"广诂"、"广言"、"广训"、"广义"等。本书对词的释义,大都可取。如说"凡无妻无夫通谓之寡"(广义),"诸,之乎也"(广训),"空棺谓之榇,有尸谓之柩"(广名),"跬,一举足也,倍跬谓之步"(广度)。

两汉时期最为重要的语言文字学著作,有扬雄的《方言》,许慎的《说文》,刘熙的《释名》。这三部著作都具有划时代的意义。《方言》为汉语方言学的奠基之作,《说文》是两汉文字学和词汇学的结晶,《释名》是中国词源学的第一部专著。这三部著作各自代表语言文字学的一个分支,但又都以词义训释为中心内容,反映了这一时期语言学的主要特色。

第七节 汉代方言学

什么叫"方言"?"方言"一词,古今意思不完全一样。古人所谓的"方言",除指汉语各地的方言之外,还包括汉语以外的其他种语言,四邻方国之音。扬雄称朝鲜等地的语言为"方言",道理就在于此。梁僧祐《出三藏记集》卷五说:"方言殊音,文质从异,译胡为晋,出非一人。"(227页)这里的"方言"乃指晋朝以外的胡语。三国时的支谦本月支人,"通六国语","妙善方言"(见《高僧传》卷一,第15页。汤用彤校注本)。这里说的"方言"就等于汉语以外的方国之言,所以下文紧接着就说:"乃收集众本,译为汉语。"有时,"方言"就相当于"语言"。如《魏书·释老志》:"(鸠摩)罗什聪辩有渊思,达东西方言。"(3031页)《大唐众经音义序》:"并显唐梵方言,翻度雅郑。"直到清朝末年,还把外语学校称之为"方言馆",也可证古"方言"这个概念大于今之"方言"。

历古以来,我们中国就是一个土地辽阔、方言复杂的大国。在第一章我们已经提到了,周秦时代就已经进行方言调查。汉代人把当时负责这一工作的官员叫做"轩车使者"、"逌(戴震《方言疏证》作'迪')人使者",或"輶轩之使",这些称谓的意思是一样的,《说文》五篇上"廵(jì)"字段玉裁注:"逌、輶、遒三字同音,逌人即遒人。"(199页)"輶"是一种轻车,"轩"是一种小车。"輶轩"后来成为一个词,就是指轻车,调查方言的使者乘这种轻车,所以就给他们加上了这样一些称号。从工作性质而言,又叫"行人"、"廵人"(参阅朱骏声《经史答问》卷三)。

周秦王朝为什么要设立专管方言调查的官员呢?东晋常璩《华阳国志》卷十说:"此使考八方之风雅,通九州之异同,主海内之音韵,使人主居高堂知天下风俗也。"通过了解各方言区的语言,以了解各地的风土民情,加强中央王朝与各地的联系,这是他们的出发点。汉代仍有"輶轩之使"。刘知几《史通·烦省》说:"及汉氏之有天下也,普天率土,无思不服。会计之吏,岁奏于阙廷;輶轩之使,月驰于郡国。作者居府于京兆,征事于四方,用使夷夏必闻,远近无隔。"王莽天凤年间,刘歆给扬雄的信也说:"今圣朝留心典诰,发精于殊语,欲以验考四方之事,不劳戎马高车之使,坐知偐俗。"①扬雄的回信说:"其不劳戎马高车,令人君坐帷幕之中,知绝遐异俗之语。"②这两条材料也证明:调查方言是皇帝直接关心的一件事情,其目的是为了了解社会情况。

在扬雄给刘歆的信中,还谈到这样一件事,成都的严君平和临邛的林闾翁孺都见过"輶轩之使所奏言"。不过,他们所掌握的材料都不全,严君平才一千多字,翁孺也只是得其"梗概之法"(指体例、提要之类)。扬雄的话是可信的:一则严和林闾都是西汉末年人,他们上距秦王朝灭亡才 200 年光景,能见到輶轩使者方言调查的片断材料,这是不奇怪的;再则,据《华阳国志》卷十记载,这两个人不仅与扬雄同乡,又都是扬雄的老师。扬雄写《方言》,直接受到他们的影响。

由上面这些材料看来,扬雄写《方言》,并不是偶发性的行为,而是继承和发扬了周秦方言调查的传统;就个人条件而言,扬雄最具备编著《方言》这样的著作的条件。

扬雄(前 53—18)③,字子云,四川成都人。关于他的姓,有人认为应作"杨",宋代王钦臣《王氏谈录》"杨姓异同"条云:"杨修书(盈按:指杨修《答临淄侯笺》)云:'修家子云'。公(指王钦臣之父王洙)言:子云自叙为杨侯之裔,自为'杨'字,恐与'华阳'之'阳'异。"(《全宋笔记》第一编(十),第 176 页)但《汉书》本传作"扬侯","以支庶初食采于晋之扬,因氏焉"。扬雄是文学家、哲学家,又是语言学家。他用 27 年的时间,从事方言研究。我们今天所见到的《方言》一书大概还不是定稿,很可能他没有把此书写完就去世了。

我们见到的《方言》,不仅不是定稿,也不一定完全符合原样。《王氏谈录》中就谈到王洙改编过《方言》,"公患其无次序,判别其训,各以类从。且云:此殆子云之初意也。后人见其有条理,便谓昔本,则妄耳。"(《全宋笔记》第一编(十),第 173 页)研究方言,必须要具备两个条件:第一,要有机会接触各方言区的人,只有向懂得某一方言的人进行口头调查,才可获得第一手材料,而要完成这种调查任务,调查者又必须要懂得当时的通语,并能分辨不同地区的方言;第二,当时没有音标,只能用汉字作记录方言的符号,这就要求调查者掌握大批汉字,对某些有音无字的词,调查人能自造汉字记录下来。这两条扬雄都具备。扬雄四十多岁的时候(汉成帝时)由老家来到长安,此后一直在长安任职,这就使他有机会熟悉当时的"通语",有机会接触五湖四海的人,那些从全国各地来到长安的孝廉和士兵成了他的调查对象,他带着书写工具,到他们当中去,"以问其异语"[④],然后加以汇集整理,扬雄还认识不少古文奇字(六国异体字),编写过识字课本,写过《仓颉训纂》,在文字训诂方面很有根底。是李斯以后,集文字学之大成,"为发明《仓颉》之第二人"(《叶德辉文集》,第 86 页)。这都是他进行方言调查的有利条件。还有一点也值得我们注意,扬雄是一个好模仿的人。他模仿《易经》作《太玄》,模仿《论语》作《法言》,模仿《仓颉》作《训纂》,至于《方言》,乃模仿《尔雅》而作。[⑤]扬雄的"模仿",并不是依样画葫芦,拿他的《方言》来说,就是一部具有科学水平的独创性的著作。

《方言》为扬雄所作,原本没有什么异议。到了南宋,洪迈在《容斋三笔》卷十五"别国方言"条提出《方言》不是扬雄写的,理由有三:一是《汉书·艺文志》和扬雄本传都没有提到此书;二是扬雄给刘歆的信里谈到严君平这个人,君平本姓"庄",后人因避东汉明帝刘庄的讳,始改为"严";扬雄的《法言》并不讳"庄"字,为何此信独称"严";三是刘歆给扬雄的信有这样一句话:"歆先君(指刘向)数为孝成皇帝言",这意味着刘歆写此信时,汉成帝已经去世,所以称"孝"某帝,可是,此信的前面又说"汉成帝时",前后牴牾。于是认为:"必汉魏之际好事者为之。"

对这三点理由,清朝人戴震作了批驳。扬雄的作品不见之于本传的,不只是《方言》,其他一些作品,也有为本传所不载的。刘歆写信向扬雄索取《方言》这本书稿时,此书尚未完稿,刘歆的《七略》因此不录此书,《汉书·艺文志》也因之不录。至于扬雄信中的庄君平被改为严君平,这是后人窜改本文所造成的。刘歆信前的一段话"汉成帝时"云云,乃后人加上去的介绍性质的文字,但写这段话的人很粗心,把刘歆在王莽时写的信挪到汉成帝时去了,洪迈执此"以疑古,疏谬甚矣"。[6]

在扬雄给刘歆写信时,还没有将此书命名为《方言》,只说《殊言》十五卷。《輶轩使者绝代语释别国方言》这个名称不知是否为扬雄本人所定,这个书名长达12个字,在古籍中是罕见的。因为这个书名太长,就产生了不同的简称,新旧《唐书》的"志"篇都简称为《别国方言》,南宋陈振孙的《直斋书录解题》简称为《輶轩使者绝代语》。前者是把"别国方言"作为一个结构,后者实际上是把"释别国方言"作为一个结构。看来,新旧《唐书》的切分法比较合理,这个题目的意思是"輶轩使者绝代语释"加"别国方言"。题目本身已说明了此书的内容不只是讲"方言"的,它包含对"绝代语"的释义和"别国方言"两个内容。当然,"绝代语"和"方言"对于某些具体的词来说,只具有相对的意义。同一个词,从空间来看,与通语相对而言,它是方言;从时间来看,与今通语相对而言,它是绝代语。如:"逢:迎也……自关而西或曰迎,或曰逢。"对通语"迎"而言,"逢"是关西方言词,但"逢"又是一个古词,在先秦时代它就有"迎"的意思。《孟子·告子下》:"逢君之恶其罪大。"赵岐注:"逢:迎也。"就"绝代语"而言,也不见得都是古之通语,其中也有古之方言。

今本《方言》共分十三卷。各卷的区分大都没有严格的标准。大致上卷一、二、三是词语部分,其中有动词,形容词,也有名词;卷四释衣服;卷五释器皿、家具、农具等;卷六、卷七又是语词;卷八释动物,内容有飞鸟、走兽、家禽等;卷九释车、船、兵器等;卷十也是语词;卷十一释昆虫。这十一卷的体例基本一致,每一词条之下,都列举有关方言区的词相比较,以通语担任释词,各卷所收词条的数量也相差不太远。十二、十三两卷,在体例上与前面的十一卷大不相同。除卷十三的个别条目有方言词的比较,其他一律是以一个单词释一个或两个单词,其性质与《尔雅》的"释言"相类似。另外,这两卷所收词条的数量大大超过前面的卷,其中十二卷有102条,十三卷有149条,合计为251条。我以戴震的《方言疏证》为根据作了一个统计,全书共收词条658个[⑦],那么,十二、十三两卷的词条占全书词条的比例为38%。因此,我怀疑原书是由十五卷变为十三卷,可能这后两卷原本是分四卷的,经过合并,就使全书少了两卷。至于十二卷和十三卷跟前面各卷的体例为什么不一样呢,记得有人说过,这两卷可能就是《训纂篇》的内容。这种解释令人难以置信。这两卷若是由《训纂篇》杂入的,那扬雄所说的十五卷之数就差得更多了。合理的解释是,扬雄生前并没有把《方言》一书写完,现在的后两卷原本只是写作提纲,按原计划是要把有关方言的对比写进各条之下的。天凤三、四年间刘歆向他索求此书时,他解释说:"而语言或交错相反,方复论思,详悉集之,燕其疑。"

(各方言错综复杂,正打算进一步搜集材料解决一些疑难问题。章樵《古文苑》十注:"会集所未闻,使疑者得所安。"宴,安也。)他要求刘歆"宽假延期",待定稿之后,一定上呈,"何敢有匿?"大概此后不久,他就因病去世了。

《方言》在中国语言学史上有重要意义。这本书还没有问世的时候,就有人做了很高的评价,认为"是悬诸日月不刊之书也"⑧。历史证明,这个评价不算过分。粗略而言,它有以下四个方面的意义:

一、这是古代第一次也是最后一次用个人力量进行全国性方言词汇调查的一本书。

周秦时代有过方言调查,但那是官方进行的;明清时代也有人写过方言词汇书,但都是限于某一地区,影响甚微。扬雄的方言调查,差不多涉及了全国各大方言区。东北至古朝鲜,西北至西秦(今河西走廊),东南至吴、越、西瓯,西南至梁、益,南至桂林。扬雄对方言区的划分,与当时的地理形势和行政区域密切相关,大致有三类:

1. 大方言区。以关(函谷关,汉武帝时改设在今河南新安县境)、山(崤山或华山)、河(黄河)、江(长江)为标志。书中所说的"自关而东"、"自关而西"、"自山而东"、"自山而西"、"自河而北"、"自江而北",这都是大方言区。

2. 次方言区。有以古国为界线的,如秦、晋、赵、魏、燕、郑、宋、齐、鲁、陈、楚、吴等;也有以州郡为界线的,如青、幽、徐、雍、梁、益、荆、扬、蜀、凉州等。

3. 小方言区。以河流区域为标志的,如淮、泗、沅、澧、湘、瀑洭(今广东连江,又名湟水)、洌水等;以古地名为标志的,如周南、召南、洛、郢、宛、湘潭等。

扬雄的调查是以单个的方言词作为对象,而不是以每一个方言点作为对象。他对方言区域的划分是依词而定,所以方言分界线很复杂,但基本面貌还是能看得出来的。⑨

二、《方言》为我们了解汉代普通话的词汇提供了重要依据。扬雄明确提出了"通语"(又叫"凡语"、"通名")这个概念。书中标明为"通语"或"凡语"的有二三十处。如卷一注明为"通语"的有:

娥嬴:好也……好,其通语也。
恌㤿怜牟:爱也……宋鲁之间曰牟,或曰怜。怜,通语也。
悼怒悴愁(yìn):伤也。自关而东汝颍陈楚之间通语也。
嫁逝徂适:往也……往,凡语也。
硕沈(dān)巨濯訏(xū)敦夏于:大也……郴(洛含反,与惏同):齐语也。于:通语也。

以上五条材料说明:扬雄所说的"通语"有两个含义:一是不属于某一方言区的全国通用的普通话,如例一、例四;一是某一方言区的共同语,如例二、三、五。当然,那些没有注明为通语的解释词,同样具有通语的性质。如卷一共计32条,用来作解释的词有:

　知、慧、好、馀、养、爱、哀、痛、伤、忧、思、大、至、往、惧、杀、老、长、信、会、盛、廓、续、跳、登、迎、取、食、勉。

这些词不唯西汉末年是通语,有相当一部分在先秦时代就是通语,有的在汉以后仍然是通语。大概从周秦到汉,通语中的基本词汇是相当稳定的。不过,汉代的通语跟春秋战国时代的"雅言"

也不会完全一样。"雅言"是以河洛地区为中心形成的通语,汉代的通语无疑受到自关以西秦晋方言的影响,一些关西方言上升为通语就可以证实这一点。如:

踏(tà)蹯跗(fú):跳也……自关而西秦晋之间曰跳。

（卷一）

逢逆:迎也……自关而西曰迎。

（卷一）

予赖:雠也。南楚之外曰赖,秦晋曰雠。

（卷二）

扇:自关而东谓之箑(shà),自关而西谓之扇。

（卷五）

布谷:……自关而西或谓之布谷。

（卷八）

蝙蝠:……自关而西秦陇之间谓之蝙蝠。

（卷八）

箭:自关而东谓之矢……关西曰箭。

（卷九）

盾:自关而东或谓之瞂(fá),或谓之干,关西谓之盾。

（卷九）

我们可以这样认为:上古汉语（这里指周秦至西汉）的词汇发展可以划分为两个阶段。秦以前为一阶段,关东雅言是通语,秦汉又是一个阶段,关西方言上升为通语。而关东、关西这两大方言又随着社会的发展,文化的传播,对南中国各方言产生过深刻的影响。有些本来是北中国的方言词,后来传到了南中国,如"蜩"、"蟋蟀"都见于《诗·豳风·七月》,而《方言》只说"楚谓之蜩","楚谓之蟋蟀"(卷十一),这两个词都变为楚方言了。

三、《方言》在词汇研究方面的作用。

《方言》是一座沟通古今的桥梁。上可以了解先秦古词,下可以用来研究现代词汇。我们在讲《尔雅》的时候已经谈到了,《尔雅》有不少同义词本来自方言,但《尔雅》没有将方言区的名称列举出来,《方言》就在一定程度上弥补了这个不足。下面我们列举两书的某些条目作一比较,就可以看出二者之间的密切关系。

《尔雅·释诂》:佥、咸、胥:皆也。

《方言》卷七:佥、胥:皆也。自山而东五国之郊曰佥,东齐曰胥。

《尔雅·释诂》:烈、枿(niè):余也。

《方言》卷一:烈、枿:余也。陈郑之间曰枿,晋卫之间曰烈,秦晋之间曰肄,或曰烈。

如果《尔雅》加上"陈郑"至"曰烈"等 21 个字,《尔雅》不就成为《方言》了吗,又如果《方言》删去这 21 个字,《方言》不就成了《尔雅》了吗?

还有《尔雅》一个条目,在《方言》中析为数条,如:

《尔雅·释诂》:弘、廓、宏、溥、介、纯、夏、幠(hū)、庞、坟、嘏、丕、奕、洪、诞、戎、骏、假、京、硕、濯、讦、宇、穹、壬、路、淫、甫、景、废、壮、冢、简、箌、昄、晊、将、业、席:大也。

《方言》卷一：敦、丰、厖、夰(jiè)、幠、般、嘏、奕、戎、京、奘、将：大也。凡物之大貌曰丰；厖，深之大也；东齐海岱之间曰夰，或曰幠；宋鲁陈卫之间谓之嘏，或曰戎；秦晋之间凡物壮大谓之嘏，或曰夏；秦晋之间凡人之大谓之奘，或谓之壮；燕之北鄙，齐楚之郊或曰京，或曰将，皆古今语也。初，别国不相往来之言也，今或同，而旧书雅记故俗语，不失其方，而后人不知，故为之作释也。

《方言》卷一：硕、沈、巨、濯、讦、敦、夏、于：大也。齐宋之间曰巨、曰硕……荆吴扬瓯之郊曰濯，中齐西楚之间曰讦，自关而西秦晋之间凡物之壮大者而爱伟之谓之夏……

《方言》卷一：坟：地大也。青幽之间凡土而高且大者谓之坟。

《方言》卷一：张小使大谓之廓。

《尔雅》一个词条，《方言》分之为四，它的释义比《尔雅》细致，《尔雅》用一个"大"字解释了39个词，而《方言》区分了各种不同的"大"。如"厖"是"深之大"，"嘏"是"物之壮大"，"壮"是"人之大"，"坟"是"地之大"等。

特别值得我们注意的是：《方言》点明了这些词"皆古今语"，原本是"别国不相往来"的方言词，"今或通"。《方言》卷一另一个词条下也有类似的话："皆古雅之别语也，今则或通。"这里所说的"古"是指先秦时代，"今"指扬雄所处的西汉末年。先秦时代这些词是"别国不相往来之言"，到了扬雄时代变成"或通"了。这是汉代全国统一，"别国"往来增加，方言渐渐缩小的一个例子。既然"今或通"，为什么扬雄还要来"作释"呢？对此，扬雄特意作了说明：从前《尔雅》记载训故、方俗语时，本来对这些方言词的来历是明白的,而后人已经不懂了,所以给它作解释。⑩我们在本书第五节中讲了《尔雅》正名的内容之一是释方语,这些话又提供了确证;另外,这些话也可以证明《尔雅》绝对不是西汉时代的作品,因为《尔雅》中所汇释的方语,汉代人已经不知其"方"了,有的变成了"今则或同"。《方言》中的"绝代语释"有不少就是释《尔雅》的。

《方言》距今将近两千年了,其中有些词在现代方言中仍然保存着。如:

楚谓之党,或曰晓。

(卷一)

南楚曰攓。

(卷一)

秦晋之间曰捜,就室曰捜。

(卷二)

瓯、瓴:甖也。鄨桂之郊谓之瓯,小者谓之瓴。

(卷五)

器破而未离谓之璺。

(卷六)

所以刺船谓之篙。

(卷九)

崽者,子也。湘沅之会,凡言是子者谓之崽。

(卷十)

筑娌:匹也。

(卷十二)

这些词有的一看就能明白;有的不太明白,是因为语音变化或书写形式不同。如"党"就是"懂",易其音即可得其词。"攓"就是"捡","瓨"就是"缸","瓨"就是"鐔","筑娌"就是"妯娌",改古字为今字,我们对这些词就不难识别了。

四、《方言》在方音研究方面的作用。

《方言》不是研究方音的,可是它记载的某些词在语音上是有联系的,如果当时有了音标,这些词的语音对应关系就显示出来了。扬雄已经敏锐地觉察到,某些方言词的区别是方音不同造成的,他把这种情况称之为"转语"。如:

庸谓之倯,转语也。

(卷三)

煤(huǐ):火也,楚转语也。犹齐言"煋(huǐ),火也"。

(卷十)

䍀䍀,……或谓之蝎蜦。蝎蜦(zhú yú)者,侏儒,语之转也。

(卷十一)

㘓哮(lán láo),连谰(lián lóu):拏也……南楚曰连谰,或谓之支注,或谓之诂諦(zhān tí),转语也。

(卷十)

铗,尽也……物空尽曰铗。铗,空也。语之转也。

(卷三)

有的地方把"庸"说成"倯(sōng)","庸"、"倯"叠韵,懒惰无能的意思。《玉篇》:"嬾,嬾女也。""庸"、"嬾"通。"倯"是现在的"悚"。《广韵·钟韵》:"倯:倯恭,怯貌。"庸、倯在远古时代可能为复声母。庸为喻四、俙属心母,远古当为 S-词头。

楚国人把"火"叫作"煤",齐国人把"火"叫作"煋"。"火"、"煤"、"煋"三字为双声;"火"、"煋"归微部,"煤"归歌部,微歌傍转。

有的地方把"蜘蛛"叫作"蝎蝓","蝎蝓"是"侏儒"的音转。蜘,端母;蝎,侏,章母。端章二母相近。蛛、蝓、儒,都属侯部,三字韵部相同。

"支注"与"咭谛"怎么构成"转语"呢?支,章母;咭,端母。(《广韵》音竹咸切,上古属端母)章端二母相近。注,端母;谛(音义同"啼"),定母。端定声近。支与咭为准双声,注与谛为准双声。

"铤"为"空"之语转。铤,耕部;空,东部。二字韵相近。

经过以上分析,我们就能了解到,所谓"转语"是指两词声母相同,或韵相同,或声韵相近,它们在意义上是相同的,是同一词的不同写法。"转语"跟"假借"不同,假借字只是语音相通,意义上没有联系。"转语"是语音上有联系的方言同义词。在《方言》一书中,有不少未注明为"转语"的,事实上也存在语音上的联系,若将这些材料全部加以排比归纳,对了解当时的方音面貌是有意义的。

扬雄还提出了"代语"这个术语。如卷十:"悈鳃(jiè sāi)、乾(gān)都、耇(gǒu)、革:老也。皆南楚江湘之间代语也。"郭注:"凡以异语相易,谓之代语。"又卷十三郭注:"鼻、祖,皆始之别名也,转复训为'居',所谓代语者也。"代语的性质跟转语一样,都是用来说明方音演变关系的。详说可参阅殷孟伦《子云乡人类稿》(齐鲁书社,1985 年,第 146 页)。

《方言》还可以帮助我们解决古书上一些训诂方面的问题,这些就不细谈了。这里需要提一笔的是:为什么像扬雄这样的大学者花了 27 年的时间,才写了几千字的一本《方言》[①],而且去世之前尚未定稿呢？我们设想，27年中扬雄不可能天天干这个，但这项任务的艰巨性也是可想而知的，他每写一个词条都要付出艰苦的劳动。如：

蝉，楚谓之蜩（tiáo），宋卫之间谓之螗（táng）蜩，陈郑之间谓之蜋（liáng）蜩，秦晋之间谓之蝉，海岱之间谓之蚏（jì），其大者谓之蟧，或谓之蝒（mián）马，其小者谓之麦蚻（zhá），有文者谓之蜻（qíng）蜻，其雌蜻谓之疐（jié），大而黑者谓之𧒽（zhàn），黑而赤者谓之蜺（ní）。

（卷十一）

要写下这么一个内容丰富的词条，并非易事。其中涉及的地区有楚、宋、卫、陈、郑、秦、晋、海、岱⑫，所出现的与蝉有关的名称达12种之多。要取得这样一些材料，他要亲自询问多少人？要写多少原始笔记？至于词目的确定，对应关系的确定，方言同语线的确定，都是煞费苦心的事。

扬雄着手写《方言》时，已是四十多岁的人了，一直坚持了27年之久。当我们想到这位不慕富贵的老人，这位与刘歆、王莽共过事的老人，怀铅提椠，在长安街头访问那些口操各种方言的孝廉、士兵时，不能不对他产生敬意，不能不感谢他为中国语言学史留下了这样一份宝贵的遗产。

注：

① 据戴震考证，此信写于天凤三、四年间。戴说见《方言疏证·序》。圣朝，

② 扬雄:《答刘歆书》,附于《方言》之后。
③ 明人张燧:《千百年眼》卷六"扬雄始末辨"对扬雄的生卒年及生平有不同说法,但非确论。
④ 扬雄:《答刘歆书》。
⑤ 《华阳国志》卷十扬雄条:"史莫善于《苍颉》,故作《训纂》;典莫正于《尔雅》,故作《方言》。"
⑥ 戴震:《方言疏证》卷十三,万有文库本,第341页。又,清人陶方琦认为:"今之《方言》即扬雄《仓颉训纂》旧书。"(转引自《罗常培纪念论文集》,第66页)今人马学良先生认为:"扬雄采集方言的目的既为验证《仓颉》之诂训,那么《方言》实为扬雄《仓颉训纂》篇中之注释……《汉志》既收扬雄《仓颉训纂》其书,则《方言》即在其中矣。"(《罗常培纪念论文集》,商务印书馆,1984年,第69页)
⑦ 若依周祖谟先生的《方言校笺》统计,则为674条。还有人统计为669条。各家所得结论不同,是因为对词条的划分不同而产生差异。
⑧ 张伯松语。见扬雄《答刘歆书》。张伯松是张敞的孙子,于王莽居摄元年封淑德侯。
⑨ 有人把书中的方言区分为11系,也有人分为14系。
⑩ 关于"旧书雅记故俗语,不失其方,而后人不知,故为之作释"这几句话,郭璞、戴震、卢文弨、王念孙各有不同的解释。郭璞认为"雅"指《尔雅》,戴震释"雅"为"常",全句释为:"旧书所常记故习之俗所语,本不失其方,而后人不知,是以作《方言》以释之。"(见《方言疏证》第14页)卢文弨采用了丁杰的意见:"雅"当如郭氏解,若以"雅"为"常",下节"古雅"训"古常",尤不成辞。卢氏认为"书雅",当连文,"记"谓记载,"故"谓训故,"俗语",乡俗之语,"为之作释",乃自明作书之意。盈按:"释"即"绝代语释"之"释"。王念孙释"雅记"为"故记",通指六艺群书而言。我们取卢说。卢说见《重校方言》卷一,第8页。
⑪ 今本《方言》有11900余字。
⑫ 《尚书·禹贡》:"海岱惟青州。"岱:指泰山。青州东至于海,西至泰山。

第八节 汉代文字学

两汉时代所发生的今文经学派与古文经学派的论争,直接推动了汉代文字学的发展。经过一百多年的学术积累,培养了一批高水平的文字学家,产生了像《说文解字》这样的优秀名著。可以说,《说文解字》是古文经学派战胜今文经学派所建立的一座丰碑。

何谓"古文经"?古文经原本主要是指秦以前用鲁国文字写的经书。它是与"今文经"相对立的一个概念。所谓"今文经"是指用汉代通行的隶书写的经书。这两种经书的不同反映了从战国到汉代中国文字的演变历史。

秦始皇统一六国之后,立即着手了"同书文字"(《史记·秦始皇本纪·琅邪台刻石》)的工作,对汉字做了一次大规模的整理,规定以小篆作为标准文字,从而结束了战国时代"文字异形"的混乱局面。到了汉代,隶书成了通用文字,不仅战国文字一般人已经不认识,就是秦代小篆也为多数人所不识了。如汉武帝时有一位名叫石建的郎中令,他在写奏折时,把篆文🐎(马)字写错了,非常惶恐,担心皇帝要定他的死罪。(建曰:"误书!'马'者与尾当五,今乃四,不足一。上谴死矣!"①)另外,像蒙童识字课本《仓颉篇》,其中"多古字,俗师失其读。宣帝(前73—前49)时,征齐人能正读者,张敞从受之,传之外孙之子杜林(? —47),为作训故"。② 直到东汉初年,篆文的书写还相当混乱。如光武帝时,城皋县县令、县承、县尉三颗官印上的篆文"皋"字,就有三种写法。"城皋令印,'皋'字为'白'下'羊';丞印'四'下'羊',尉印'白'下'人'、'人'下

'羊'。"③因此,马援上书,要"荐晓古文字者","齐同"郡国印章。这些事实都说明,汉代只有少数人懂得古文字,古文字(小篆及六国文字)已成为专家学者们的研究对象,再也不是全国通用的书写工具了。

隶书兴起,古文废绝,为什么会形成学派之争呢?与文字学又有什么关系呢?

汉武帝末年,有人从孔子住宅的墙壁里发现一批古文儒家经典(《古文尚书》、《礼》、《论语》、《孝经》等),从文字形体到经书内容都与当时流行的经典不同。刘向拿古文尚书和欧阳、大小夏侯三家经文相较,有脱简,有脱字,"文字异者,七百有余"④。这些古文经在西汉时期一直未受到应有的重视,当时的经学博士都是今文经学的人,古文经学是不列于学官的私学。汉哀帝(前6—前1)时,刘歆"欲建立《左氏春秋》及《毛诗》《逸礼》《古文尚书》,皆列于学官"⑤,遭到今文学派的强烈反对。为此,刘歆写了有名的《责让太常博士书》,正式拉开了古文学派与今文学派斗争的序幕。直到东汉末年,争论还在继续。建安年间,陈国袁徽与尚书令荀彧书曰:"交阯士府君(指交阯太守士燮)……闻京师古今之学,是非忿争,今欲条《左氏》、《尚书》长义上之。"(《三国志·吴书·士燮传》第1191、1192页)这场斗争,从表面上看起来,似乎古文学派只是为了争着要给自己这个学派建立几个博士官位,事实上反映了两种不同学风的斗争。

今文学派是偏于保守的。古文经的发现,应该说是一件有意义的新鲜事物,今文学派却不肯接受这个新鲜事物,他们"抱残守缺,挟恐见破之私意,而无从善服义之公心,或怀妒忌,不考情实,雷同相从,随声是非……专己守残,党同门,妒道真"⑥。

今文学派对经书的解释又很不科学,大搞其烦琐哲学。"分文析字,烦言碎辞,学者罢(pí)老,且不能究其一艺。"⑦有的"便(pián)辞巧说,破坏形体(指字形),说五字之文,至于二三万言"⑧。有一个名叫秦近君的人,"能说《尧典》,篇目两字之说,至十余万言,但说'曰若稽古'三万言"⑨。

东汉时期,古文学派渐渐占了优势,当时的著名学者如杜林、班固、贾逵、许慎、马融、郑玄等人,都是古文经学家。古文经学派对经书、对语言文字的解释当然也有种种不正确之处,但他们继承了《尔雅》、《毛诗诂训传》的传统,比较注意从语言事实本身去解释文章。一般说来,治学态度也比较严肃,后人所谓的"汉学"、"朴学"、"实事求是"之学,主要以古文经学派为代表。许慎的《说文解字》就是"汉学"的代表作之一。

许慎,字叔重,东汉汝南郡召(shào)陵县万岁里(今河南郾城县)人,生卒年不详。据清人考证,大约生于汉明帝永平元年(58),卒于汉桓帝建和二年(148)。历任汝南郡功曹,太尉府南阁祭酒,沛郡洨(xiáo)县(今安徽固镇东)县长。汉安帝永初四年(110)曾与马融等五十余人校书东观(国家图书馆)。著有《五经异义》、《淮南子注》(二书均已失传),并用二三十年的时间写成了不朽名著《说文解字》。许慎生平事迹,今人张震泽编著的《许慎年谱》可参阅。

关于《说文解字》的体例、内容,前人已经写了很多文章加以介绍。作为一本语言学史,应该据《说文》以总结许慎的学术观点及其治学方法,研究《说文》一书在语言学史上的历史地位。

许慎能够写成《说文》这样的名著,除了社会、历史条件之外,就他主观条件而言,最为重要的是有先进的学术观点和科学的治学方法。下面四点是值得我们注意的：一、讲发展；二、讲系统；三、重材料；四、重证据。

一、讲发展。文字是发展的，汉字也是发展的，对于今天的人来说，这个观点并不新鲜，也并不难以理解。可是，东汉时候的今文学家却不这样认为。他们"称秦之隶书为仓颉时书，云父子相传，何得改易？"⑩这就是说，他们把当时通用的隶书当作远古造字时代的东西。他们的理由是：文字嘛，祖祖辈辈相传，怎么会发生变化呢？许慎为了回答这个问题，在他的《说文·叙》中一开头就讲汉字演变史，从黄帝史臣仓颉"初造书契"讲起，一直讲到秦始皇统一文字，讲到隶书的产生，古文的废绝。其中谈到"五帝三王之世，改易殊体，封于泰山者七十有二代，靡有同焉"，还谈到战国时代，"言语异声，文字异形"。学术观点的正确与否是非常重要的。今文学派用一成不变的观点看待文字，所以他们面对着一堆古文字材料，采取不承认主义，说什么古文字是一些"好奇"的人，故意改变隶书的字形，"乡壁虚造不可知之书，变乱常行，以耀于世"⑪。这跟近代有人坚持认为甲骨文是伪造出来的说法一样，都是极其荒谬的。许慎因为有了发展的观点，就有了科学的批判武器，就能揭露今文学家在解释文字、经义方面的种种谬说。

二、讲系统。一个研究工作者，研究任何一个事物，都要努力揭示研究对象的内部系统，研究文字也不能例外。许慎已经很明确地认识到：汉字的内部结构有其严密的系统性。这个系统就是"六书"。六书说在战国时代已经提出（见于《周礼·地官·保氏》），班固（见《汉书·艺文志》）和郑众（见《周礼·保氏》注）也谈到六书，但是，第一个用六书说对古文字进行大规模分析的人则是许慎。现在有人批评六书说不科学，也有人批评许慎在具体归类上有些不恰当的地方,这样的批评或讨论当然是有意义的。不过,我们不能不承认,六书说的主要内容是正确的,许慎对具体字的归类大部分是正确的。据清人朱骏声统计,《说文》九千多字,其中象形字364,指事字125,会意字1167,形声字7697。转注、假借不属于字形结构问题,故不在统计之列。这种分类是否完全符合许慎的本意呢?也不见得。如指事字,许慎标明为"指事也"的只有一个"上"字,究竟哪些字属于指事,它和象形字的区别标准是什么?这些问题都有可讨论的余地。我们不是肯定许慎每一个具体字的归类,而是肯定他所确立的基本系统,这两点是应该分清的。

关于六书的排列,《艺文志》、《周礼》注均以象形为首,唯独许慎以指事居首。盖因汉字的创造,既始于象形,又始于结绳记事。"六书首指事,结绳记有因。"(叶德辉《读说文一首寄松崎柔甫》,见《叶德辉诗集》,第422页)叶氏将指事与结绳记事联系起来考虑是有道理的。《易·系辞下》说:"上古结绳而治,后世圣人易之以书契。"肯定了二者之间的继承与发展关系,这也是许慎以指事居首的历史依据。

由于许慎能从古文字本身去研究每一个汉字的内部结构,所以他开创了"据形系联"的部首归字法,这种方法不仅便于检字,也为后来的部首检字法奠定了基础,而且还揭示了字义内部的系统性。汉字同一形符的字在意义上有联系,《说文》的540个部,事实上也就是540个义类或事类。这一点,许慎讲得很清楚。他说:"方以类聚,物以群分,同条牵属,共理相贯。"[12]所谓"类聚""群分""同条""共理",包括字义、字形两方面的系统性问题。而与许慎同时代的今文经学派就不懂得文字内部是有系统可循、有系统可言的,他们把汉字看成一盘散沙,"不见通学,未尝睹字例之条"[13]。

许慎批评他们为"俗儒鄙夫",这是很正确的。诚然,"分别部居不杂厕"的方法,在史游的《急就篇》中已经提出,似非许氏独创,然《急就篇》的所谓"部居",主要是指事物"以类相从",而非文字形体穷尽式的分类,非"字例之条"。颜之推说,"《说文》隐括有条例,剖析穷根源"(《颜氏家训·书证》),可以视为定论。

三、重材料。讲发展、讲系统,都要有材料作为基础。所见的文字材料有限,就看不出发展,也建立不起科学的系统。许慎给自己制定的写作原则是:"必遵修旧文,而不穿凿。"⑭他的儿子许冲也说:"盖圣人不妄作,皆有依据。"(《上〈说文〉表》)这都是强调材料的重要性。

许慎在收集古文字材料方面一定做了大量工作。他所见到的古文字材料有三种:篆文(指秦代小篆),古文(战国时的鲁国文字),籀文(春秋战国时秦国通用的文字)⑮。古文、籀文与篆文一致的,则只出现篆文,与篆文不合的,则分别列出。这些材料的来源大概有以下几个方面:小篆主要取自汉初书师编写的《仓颉篇》,司马相如的《凡将篇》,扬雄的《训纂篇》,另有秦刻石等方面的材料;古文主要来自"孔子壁中书",还有出土鼎彝铭文,书中标明为古文的共510个字;籀文主要来自《史籀篇》,书中标明为籀文的有225个字。古文、籀文与小篆形体有差异,这是肯定的,但差异不会非常之大,所以许书标明为古文、籀文的字加起来也不过700多个,占全书所收字的比例还不到十分之一。所占比例虽很小,而三种文字材料的比较则是很细致的一项工作,不通过比较,许慎怎么能分别异同呢?许慎说:"今叙篆文,合以古籀。"这一个"合"字就包含着很多必不可少的琐碎的技术性的劳动在内。

四、重证据。许慎对于"不知而不问,人用己私,是非无正,巧说衺辞,使天下学者疑"⑯的学风是非常反对的。他著《说文解字》时,就严格要求自己,必须做到"信而有证"⑰。他求证的方法有:

1."博采通人","博问通人"。"通人",是汉代的常用词。什么叫作"通人"呢?王充有一个解释:"能说一经者为儒生,博览古今者为通人。"(《论衡·超奇篇》)又说:"通人胸中怀百家之言。"(《别通篇》)许慎所说的"通人",有古之通人,如孔子、楚庄王、韩非、司马相如、董仲舒、刘歆、扬雄等;有东汉时代的通人,如杜林、班固、傅毅、卫宏、张林、王育、谭长等。大概有文字根据者则"采"之,无文字根据者则"问"之。"采""问"而至于"博",也足以证明许慎治学谦虚,能吸取众家之长,这是《说文》得以成为集大成著作的必不可少的条件之一。

在许慎所"博问"的"通人"中,有一个特别值得提出来一谈的人是贾逵。

贾逵(30—101),是东汉前期著名的学问家,古文经学派的代表人物之一。他注解过《左传》、《国语》,又精通天文学。他的父亲贾徽是古文经学派开创者刘歆的学生,贾逵悉传父业,是刘歆的再传弟子,而许慎又是贾逵的及门弟子。许慎从汝南郡举孝廉到京师洛阳之后,"从逵受古学",关于文字方面的问题,也多"考之于逵"(《上〈说文〉表》)。贾逵传授给许慎的"古学",就是古文经学。段玉裁说:"古学者,《古文尚书》、《诗毛氏》、《春秋左氏传》及仓颉古文、史籀大传之学也。"⑱许慎在古文字研究方面能取得这样优异的成绩,固然首先是由于他本人好学深思,刻苦钻研,但其中肯定包含着贾逵的研究心得。对此,南朝梁庾元威颇有微词。他说:"许慎穿凿贾氏,乃奏《说文》。"(唐张彦远《法书要录》卷二,辽宁教育出版社,1998年,第26页)"意思似说许君把贾逵整理三仓的篆书旧文,重新编成《说文》是求之过深的一种近于穿凿的工作,言下带点讥讽!"(饶宗颐《梁庾元威论〈说文解字〉》,见《庆祝王元化教授八十岁论文集》)庾氏"穿凿"之说,不知有何根据,恐怕难以成立。

2. 书证。许慎在解释词义时,往往引用经典为证。"其称《易》孟氏,《书》孔氏,《诗》毛氏,《礼》《周官》《春秋》左氏;《论语》《孝经》,皆古文也。"[19]"许书内多举诸经以为证,以为明谕厥谊之助。"(段注《说文》,第765页)许慎开创了以经典证字的体例,为后代辞书所遵用。

3. 许慎不仅引用经典证词义,还引用了四十多种方言为证。《说文》出现的方言地区有古国名,如秦、晋、韩、宋、赵、齐、吴、楚等,州郡名有梁、益、青、徐、汝南、陈留、河内、陇西等,所证词义有170多条。这些方言资料,有的取材于扬雄的《方言》,有的是他所熟悉的家乡话,有的也可能是"博问"而来。许慎博采方言口语以证词义,对后世学者产生了很好的影响,段玉裁为《说文解字》作注时就学习了这一方法。

4. "阙如"精神。求证只是一种主观努力,而某些字的形、音、义是无法全面求证的。一个诚实的学者只能说有证据的话,不能穿凿,"其于所不知,盖阙如也"(《说文解字·叙》)。有些证据虽然引了出来,但并不十分可靠,只能存疑。许慎的存疑精神也值得我们学习。如8篇下"秃"字引王育说:"仓颉出见秃人伏禾中,因以制字。"许慎随即说:"未知其审。"强不知以为知,美其名曰"创新",这是当今学术研究中的一大灾害。

在中国古代语言学史上,许慎是一个继往开来的人物,他对中国语言文字学的发展做出了重要贡献。

一、创学科。中国的文字学、字典学真正成为独立的学科,是

从许慎开始的。许慎是第一个编纂汉字字典的人,也是第一个从理论上阐明文字重大意义的人。他在叙文中说:

  盖文字者,经艺之本,王政之始;前人所以垂后,后人所以识古。

  这段话讲了三个问题:文字与经艺的关系;文字与王政的关系;文字作为一种信息在传递人类文化知识和社会经验方面的伟大作用。

  曾经有人批评《说文》是为"尊孔读经"服务的。证据就是许慎引用了孔子的话。如果引用了孔子的话就算是"尊孔",我们现在有的文章不是也引用孔子的话吗?至于为读经服务,这话也带有片面性。经书是古代文化的一个重要组成部分,我们现在也还要研读。许慎讲先秦古义,不引经据典能行吗?与其说《说文》是为读经服务,还不如说许慎读经是为写《说文》服务。许慎在经学上达到了"五经无双"[20]的最高水平,这对他写好《说文》不能说没有帮助吧。而且许慎所强调的是"文字者经艺之本",而没有倒过来说"经艺者文字之本"。许慎把经艺当作一种语言资料来研究,让它为解释词义作证、服务,这有什么不好呢?这不正好说明他已经是把语言文字当作一门独立的学科来对待了吗!当然,许慎的思想是属于儒家学派的,他的读经和我们今天的读经在观点上自会有不同之处,他的儒家思想也使《说文》在科学性方面受到限制,这些都是毋庸讳言的。

  至于文字和王政的关系,如果从抽象的原则来说,各个时代都很重视。在中国古代,没有哪一个大一统的王朝对文字问题是漠不关心的。汉平帝元始年间(元始四年或五年),曾召开过有关文字问题的会议,参加会议的有一百多人,"令说文字于未央廷中"(《北史·江式传》,第1278页),扬雄的《训纂篇》就是根据这次会议的材料写成的。汉章帝建初四年(79)在洛阳白虎观召开了一次经学问题讨论会,这是今文经学派想通过皇帝的权威战胜古文经学派的一次辩论会。这次会议所产生的一个文件叫作《白虎通义》,也叫《白虎通德论》,简称《白虎通》。文中对许多有关名物制度的字义进行了解释,黄侃认为"汉以来说经之书,简要明皙者,殆无过《白虎通德论》。设主客之问,望似繁碎,其实简明"[21]。有趣的是这本反映今文经学说结晶的书,它的执笔人却是一个古文经学家(班固)。许慎头脑中的"王政"也必然要受到《白虎通义》的影响,要知道,董仲舒的"深察名号"的唯心主义思想是汉代的正统思想,《白虎通义》、《说文解字》都在不同程度上接受了这一套。从积极方面看,许慎所处的时代连廷尉都随意"以字断法",玩弄"苛人受钱,'苛'之字,'止句也'"之类的把戏[22],鄙夫俗儒们竟然说什么《仓颉篇》是"古帝之所作也,其辞有神仙之术焉"[23]。在这种情况下,许慎强调一下文字为"王政之始",我认为是有进步意义的,不应不加分析就盲目反对。

如果说以上两点多少总还带有统治意识的话,那么第三点:"前人所以垂后,后人所以识古",这已经完全是科学的论断了,这是对文字的本质、对文字的社会作用的正确评价。这个问题不需要多加说明,读者也是很明白的。

二、通百科。许慎写《说文》,曾经"博采通人",他把许多"通人"的知识集合于一身,他自己就变得"无所不通"了。他的《说文》对"天地、鬼神、山川、草木、鸟兽、䖵(kūn)虫、杂物奇怪、王制礼仪、世间人事,莫不毕载。"(《上〈说文〉表》)这就意味着许慎必须精通以上各方面的知识,必须掌握当时人们对自然科学和社会科学在认识上已取得的成果,才能写出《说文解字》来。这部著作的内容已大大超出经学的范围了,经书上有的字他应该说解,经书上没有出现的字他也应该说解,9353个字,要一一讲出一个道理来,还不能胡说(这句话只有相对的意义,拿我们今天的水平衡量,也有"胡说"之处),要言之成理,持之有据,凡是编过字典的人就会明白此中的甘苦吧。以一人之力,要成此伟业,实非易事;而许慎完成得这么好,他无疑是一个聪明过人,而又脚踏实地、勤奋苦干、甘心献身学术的了不起的人物。

正因为《说文》涉及的知识面如此广泛,所以至今不仅搞语言文字的人要研读它,就是其他学科(包括自然科学)的人有时也要利用《说文》。上世纪20年代末期,程树德(1877—1944,福建人,前清翰林,毕业于日本法政大学,任教京师大学堂,后任北大、清华教授)写过一本《说文稽古篇》,他提出了"因字求史之法",利用《说文》研究先秦两汉的制度、风俗,这也是了解古代社会的一种方法。

三、存古篆。许慎是保存小篆的功臣,《说文》所收小篆达九千多,是保存秦篆最为完整的一本字典。许慎所见的篆文并不一定完全是秦小篆的真面貌,我们今天所见的《说文》小篆又并不都是许慎写定时的真样子,但大体上还是可靠的。有了小篆这个桥梁,我们才能上探甲骨金文的字义,下推隶楷演变的轨迹。过去有人给许慎扣上"复古主义"、"反对文字改革"之类的帽子,这是违背历史的不公之论,秦始皇若地下有知,恐怕也不会赞同的。

四、"达神恉(旨)"。《说文》是我国第一部字典,和后来的字典所不同的是:它不是一般备查检用的字典,而是以研究字的形体结构和字的本义为目的的字典,也就是要"达"造字的"神恉"。所谓"达神恉",并不只是泛指通晓六书之义,而是通过字形、字音的说解以推求每一个字的神妙的旨意所在,即明了其本义所在。所以,《说文》一字之下,一般只有一个释义,而不罗列其他义项。但说解字的本义,难度相当大,许慎时候的学者已经是"知此者稀",尤其是一般俗儒,据隶书形体以析字义,闹出了"马头人为长,人持十为斗"之类的笑话。许慎讲本义未必字字都正确,讲对了的还是占多数,可贵的是他为自己确立了这样一个正确的目标、原则,这是《说文》高出后世其他字典之上的一个重要原因。段玉裁说:"《字林》、《字苑》《字统》,今皆不传;《玉篇》虽在,亦非原书。要之,无此等书无妨也;无《说文解字》,则苍籀造字之精意,周孔传经之大恉,薶缊不传于终古矣。"[24]所谓"苍籀造字之精意",就是指造字时的本形本义高度契合,《说文》在保存字形和字的本义方面的确到现在还有很高的价值。

五、存古音。《说文》为研究上古音提供了两种材料:一是谐声资料,一是声训资料。据谐声可以研究上古韵部,段玉裁说:"许叔重作《说文解字》时,未有反语(即反切),但云某声某声,即以为韵书可也。"[25]声训资料也可用来作为探求上古声韵的旁证材料,据黄侃说:"《说文》义训只居十分之一二,而声训则居十分之七八。"[26]他的话是否可信,我们没有核实,但《说文》中的声训资料的确是研治上古音的人所不可忽视的。

以上我们对许慎及其《说文》说了许多恭维的话,是不是《说文》就没有缺点和不足之处呢?当然不是。无论是从当时可能的条件来看还是从发展的观点来考察,《说文》存在的问题还是不少的。

一、作为一本探求本义的字典来要求,《说文》有一些字的释义还嫌太笼统,太粗疏。这主要表现在以下几方面:

(1) 以属概念释种概念。如木部樸、楷、椆等三十余字,都只用"木也"作释语,草部蒉、荵、菩等五十余字,都只用"草也"[20]作释语,读者从这些释义中只能获得"事类"的知识,再具体一点的东西就得不到了。

(2) 几个字辗转相训。即甲等于乙,乙等于丙,丙又等于甲,如言部:

　　语:论也。
　　论:议也。
　　议:语也。

这种循环式的释义方式,实用价值很低。

(3) 甲乙两字互训。即以甲释乙,以乙释甲。如手部:

　　排:挤也。
　　挤:排也。

水部:

　　滥:氾也。
　　氾:滥也。

以上是同部互训的例子,还有异部互训的例子,如:

逃：亡也。（辵部）
亡：逃也。（亡部）

互训有利也有弊,但弊大于利。有利之处是大致上可以确定二者为同义关系,其弊在于各自有什么特点,《说文》反映不出来。我们现在要辨析上古汉语中的同义词,《说文》除了提供一些线索外,就不能指望它提供更多的材料了。

二、对字的本义解释有误。许慎有时把后起义当作本义。如网部:"两:二十四铢为一两。"这肯定不是"两"字的本义。《广雅·释诂》:"两:二也。"这就比《说文》准确。有时还用假借字充当本义。如手部:"揆:葵也。"这真是莫名其妙,揆度的"揆"与葵菜的"葵"有什么关系呢?原来这条释义抄自《尔雅·释言》:"葵:揆也。"《释言》这个词条是释《诗》的。《诗·小雅·采菽》:"乐只君子,天子葵之。"这里"葵"乃"揆"之假借,许慎不假思索地就抄来了,可见,大学问家有时也免不了要出点差错。还有的本义解释不当,是由于许慎对先秦时代的一些名物制度已经不甚了解。如米部:"粲:稻重一秅为粟二十斗,为米十斗曰毇,为米六斗太半斗曰粲。"按许慎的释义,"粲"是比毇米还要精细的一种白米。今据1975年出土的秦墓竹简记载:"十斗粲,毇(毇)米六斗大半斗。"粲,是一种原粮,十斗粲可舂成毇米六又三分之二斗（$6\frac{2}{3}$）㉘。粲是未脱壳的原粮,其色黄,这样,从粲得声的"燦"字也就好理解了,所谓"金燦燦"、"黄燦燦"、"燦烂"都有"黄"颜色的意思。许慎不仅未见到甲骨文,也很少见到战国时代的原始文献,他在解释词的本义时出现某些错误,是可以理解的。

三、用意识形态说教代替词的释义。在这一点上《说文》反而不如《尔雅》《方言》，这是由许慎的世界观决定的。下面举两个例子为证。如："一：惟初太始，道立于一，造分天地，化成万物。"一个"一"字，许慎郑重其事地用了十六个字作释文，从开天辟地说到万物化成，归结为一个"道"字，这是许慎的宇宙观，颇有点"道生一，一生天地，天地生万物"的道家思想。

关于"玉"的释义："玉：石之美有五德（者）。润泽以温，仁之方也；䚡理自外，可以知中，义之方也；其声舒扬，专以远闻，智之方也；不挠而折，勇之方也；锐廉而不忮，絜之方也。"（段《注》，第 10 页）

《说文》在释义方面还有一些缺点，如声训失据，形训有误等等，但无损于这部著作在语言学史上的崇高地位。《说文》在历史上一直受到好评。颜之推"服其为书，隐括有条例，剖析穷根源……若不信其说，则冥冥不知一点一画有何意焉。"[29]苏轼说："余尝论学者之有《说文》，如医之有《本草》。"[30]陈澧说："古人创始之功，后人日用而不知，如许氏之《说文》……《说文》不作，则但有《急就》之属，无部居之分别，则无《玉篇》以下诸书，而识字难矣……作者谓之圣，许氏作《说文》，虽谓之文字之圣，可也。"（《陈澧集·东塾读书论学札记》，第 407 页）

注：

① 《史记》卷一〇三，中华书局，1962 年，第 2766 页。
②④ 《汉书·艺文志》，中华书局，1962 年，第 1721、1706 页。
③ 《后汉书》卷二十四，第 839 页注引《东观记》。
⑤ 《汉书·刘歆传》，第 1967 页。

⑥ 同上书,第 1970、1971 页。
⑦ 同上书,第 1970、1971 页。
⑧ 《汉书·艺文志》,第 1723 页。
⑨ 《汉书·艺文志》注引桓谭《新论》,第 1724 页。江式《进古今文字表》作"秦近",说他是西汉宣帝时的讲学大夫。(《北史·江式传》,第 1278 页)按:秦近君乃秦延君之误。《汉书·儒林传》:"信都秦恭延君……恭增师法至百万言",第 3605 页。信都,古地名,在今河北境内。《文心雕龙·论说》亦作秦延君。
⑩⑪⑫⑬⑭ 许慎:《说文解字·叙》。
⑮ 王国维 1914 年 7 月 17 日致缪荃孙书:"蕴公(罗振玉,字叔蕴)……定许(慎)所谓'古文'指壁中书,所谓'籀文'指汉代尚存之《史籀篇》,此实小学上一大发见(现)。"
⑯⑰ 许慎:《说文解字·叙》。
⑱ 段玉裁:《说文解字注》第十五卷下,第 785 页。
⑲ 许慎:《说文解字·叙》。盈按:《易》孟氏乃今文,非"古文",显然矛盾。陈澧《东塾读书记·小学》认为许慎在写作过程中,改变了引文原则,"而叙文则未及改"。现在有学者认为是标点问题,"左氏"下宜用分号,"皆古文也"专指《论语》、《孝经》。(李学勤:《古文献丛论》,第 278—283 页)
⑳ 《后汉书·许慎传》:"时人为之语曰:五经无双许叔重。"
㉑ 黄侃:《论学杂著》,第 460 页。
㉒㉓ 许慎:《说文解字·叙》。
㉔ 段玉裁:《说文解字注》第十五卷下,第 784 页。
㉕ 同上书,第 818 页。
㉖ 转引自《训诂研究》第一辑,第 77—78 页。
㉗ 钱大昕认为《说文》这样的释义是"连上篆字为句","皆当连上篆读。艸部蕟、蘁、茵、薜诸字,但云'艸也',亦承上为句。谓蕟即蕟艸,蘁即蘁艸耳,非艸之通称也……"(《十驾斋养新录》卷四,第 64 页)即使承认此说,"某,某草也"之类的释义,仍然不解决什么问题。
㉘ 可参阅陈抗生:《睡简杂辨》。见《中国历史文献研究集刊》第一集。
㉙ 《颜氏家训·书证》。
㉚ 《苏轼文集·书〈篆髓〉后》,卷六十九。

第九节 汉代词源学

词源学(etymology)也叫作语源学,是历史比较语言学的一个部分。它的任务就是要探索词的形式及意义的来源和演变历史。古代语言学家关于词的来源问题有两种不同的看法:一种意见认为词和它所反映的事物具有一致的本质的联系,这是本质论者;一种意见认为词和客观事物并不具有必然的联系,用某一词指称某一事物,乃是约定俗成所致,这是约定论者。本质论者对词源的认识往往是某种社会意识特征和个人主观心理感受的反映,可信程度不高。荀子属于约定论者,我们在本书的第四节已经讲过了。盛行于两汉时代的"声训"法,属于本质论的范围,这是本节要研究的内容。

声训,古人也叫"谐声训诂"。它是用音同或音近的词去说明被释的词的来源,也就是以词的语音形式(声音相谐)为先决条件来说明两词之间的语源关系。这种探求词源的方式导源于先秦,盛行于两汉,集大成于《释名》。

先秦时代的声训,具有偶发性,人们还没有自觉地普遍地使用这种方法,而且,当时的声训虽不足以证明两词之间的意义上的必然联系,但也不显得离奇古怪。如:

政者,正也。子帅以正,孰敢不正?

(《论语·颜渊》)

彻者,彻也;助者,藉也。

(《孟子·滕文公上》)

庸也者,用也;用也者,通也;通也者,得也。

(《庄子·齐物论》)

仁者,人也,亲亲为大;义者,宜也,尊贤为大。

(《礼记·中庸》)

樊,藩也。

(《尔雅·释言》)

"政""正"音同。

(章母,耕部)

"庸""用"音同。

(喻四,东部)

"仁""人"音同。

(日母,真部)

"义""宜"音同。

(疑母,歌部)

"樊""藩"音同。

(並母,元部)

"助""藉"音近。

(助:床二,鱼部;藉,从母,铎部)

"用""通"音近。

(用:喻四;通:透母。二者都属东部)

"通""得"音近。

(通:透母;得,端母)

至于"彻者,彻也",这是同字为训。在这种情形下,被训释的字往往是名词,担任训释的字一般都是动词,很少有例外。如"彻者"的"彻"是名词,指古代的一种赋税制度;而"彻也"的"彻"是动词,意思是"彻取"。

两汉是声训发展的极盛时期。理论性、政治性、主观随意性、普遍性是当时声训的四个特点。

汉初,今文学派的创始人董仲舒首先把声训提到了名实关系、天人关系的理论高度。他说:"名生于真,非其真弗以为名。名者,圣人之所以真物也,名之为真言也。"① 又说:"古之圣人谪(xiāo,大声叫唤)而效天地谓之号,鸣而施命谓之名。名之为言鸣与命也,号之为言谪而效也。谪而效天地者为号,鸣而命者为名。名号异声而同本,皆鸣号而达天意者也。天不言,使人发其意……名则圣人所发天意。"②

所谓"名生于真",就是认为事物的名称和事物本身存在必然的本质的联系。换言之,名是由真规定的,所以董仲舒说:名的意思就是"真"。但是,客观存在的"真"怎么能获得自己应有的"名"呢?董仲舒说,这要依靠圣人,由圣人"鸣而施命"。这样,名的意思又成了"鸣"和"命"了(名:鸣、命。也是声训)。圣人根据什么来"鸣而施命"呢?董仲舒说:圣人能"达天意",天使圣人"发其意"。说到底,"名"原是"天意"的表现,声训无非是为了传达"天意"。"天"是谁?"天"不就是封建统治阶级吗!很显然,董仲舒的词源学理论是唯心主义的,与荀子的"约定俗成"论完全相反。

在唯心主义词源学的指导下,汉代的声训具有鲜明的政治性。董仲舒的《春秋繁露》,班固的《白虎通义》,以及《春秋元命苞》、《春秋说题辞》这样一些纬书,都对许多天文、地理、政治、人事、名物制度等方面的词语,用声训的方法,传播统治阶级的统治思想,宣扬专制意识形态。例如:

儒者,儒也。儒之为言无也,不易之术也。
君者,何也?曰:群也。
王者,何也?曰:往也。天下往之谓之王。

(《韩诗外传》卷五)

天之为言镇也。

(《春秋说题辞》)

王者,往也。神所向往,人所乐归。

(《春秋文耀钩》)

民者,瞑也。民之号,取之瞑也,使性而已善,则何故以瞑为号?以瞑言者,弗扶将则颠陷猖狂,安能善!

(《春秋繁露·深察名号》)

丈者,长也;夫者,扶也。言长万物也。

(《大戴礼·本命》)

女者,如也(如是随从、顺从的意思);子者,孳也。女子者,言如男子之教,而长(增益)其义理者也。故谓之妇人。妇人伏于人也。

(《大戴礼·本命》)

琴之为言禁也……言君子守正以自禁也。

(《风俗通义·声音》)

把词源的探求建立在为专制政治服务的基础上,势必导致词无定义。因为同样一个词,可以按照各种不同的政治需要和各种各样的政治原则,任意发挥,这就是主观随意性的表现。如"霸"就有五种声训:

霸者,伯也。

(《白虎通义·号》)

霸犹迫也。

(《白虎通义·号》)

霸者,把也,驳(驳)也,言把持天子政令,纠率同盟也。

(《风俗通义·皇霸》)

伯者,白也,言其咸建五长,功实明白。

(《风俗通义·皇霸》)

训"霸"为"伯"是有道理的,二者同源,"在王霸的意义上,'伯、霸'实同一词"[③]。

训"霸"为"驳",这是儒家的观点。儒家认为霸道驳杂不纯。

训"霸"为"迫"、"白"、"把",也都是滥用声训。而且同样以"白"训"霸",具体解释也不一样。如蔡邕《独断》说:"伯者,白也。明白于德。"就与《风俗通义》释为"功实明白"有所不同。

汉语中有那么多音同音近的词,稍加牵强附会,就能给同一个词搞出多种不同的声训来。而这多种不同的声训,往往出自好些人之手,这也足以证明汉代的声训具有普遍性。

所谓普遍性还包括这样一个事实,就是不只今文经学家爱搞声训,古文经学家同样也搞。许慎的《说文解字》和郑玄注的《周礼》,都有不少声训,其中有他们自己独创的,也有抄袭别人的。甚至公认的唯物主义哲学家桓谭也不例外。他的作品中也有这样的话:

王者,往也。言其惠泽优游,天下归往也。

琴之言禁也,君子守以自禁也。

(以上所引均见孙冯翼辑《桓子新论》)

这些大概都是当时广为流传的时髦语言,是具有权威的统治思想。

经过几百年的创造、积累,到东汉末年,声训资料已经相当丰富了,产生一部总结性的声训著作的条件已经完全成熟了,于是《释名》这样的著作就应运而生。当然,《释名》并不只是声训资料的汇编,它既有总结,又有开创,完全算得上是中国语言学史上第一部词源学性质的专著。

关于《释名》的作者是谁,史书有两种说法。《后汉书·文苑传》说刘珍撰《释名》三十篇,"以辩万物之称号"(第2617页)。《三国志·吴书·韦曜传》说刘熙作《释名》。《颜氏家训·音辞》:"刘熹制《释名》。""熹"与"熙"同。隋以来的图书目录都称刘熙作《释名》。我们今天所见到的《释名》为刘熙所作,大概是不成问题的。曾朴《补后汉书艺文志并考》认为珍、熙各自撰《释名》,一存一亡,不得牵合为一。今人张震泽先生也认为"此两书自是各自为书,并非二人合作"(可参阅张氏编著的《许慎年谱》第90页)。孙德宣认为:"刘珍是否作《释名》的问题,……由于史料不足,无法推断,我们可以存而不论。至于今本《释名》,证之史籍叙录,类书称引,应该肯定是刘熙作的。"(《刘熙和他的〈释名〉》,《中国语文》1956年11月号)

刘熙,字成国,东汉青州北海(今山东潍坊西南)人,生卒年不详。据清人陈澧推断,他可能是郑康成门人。④钱大昕据《三国志》程秉、薛综、韦曜(即韦昭)三传所载推断:"刘君汉末名士,建安中(196—219),避地交州,故其书行于吴……史又不言其曾仕吴,殆遯迹以终者,清风亮节,亦管宁之流亚矣。"⑤严可均《全后汉文》卷八十六对刘熙的介绍,有如下推测:"计熙在交州,值献帝初年,或先士燮(字威彦,苍梧广信人。参《三国志·吴书》本传)为太守。"明嘉靖间广东顺德人区大任所编《百越先贤志》据晋王范《交广春秋》等资料为刘熙立传:"交州人,先北海人也。博览多识,名重一时。荐辟不就,避地交州,人谓之征士。往来苍梧、南海,客授生徒数百人。乃即名物以释义,惟揆事源,致意精微,作《释名》27篇,自为之序。又著《谥法》三卷,皆行于世。建安末,卒于交州,崇山("一说在今广西崇左县,一说在今越南义安省,据唐沈佺期的诗当泛指江左上游。"同书116页)下有刘熙墓云。"⑥

《释名》全书八卷,27篇,例仿《尔雅》,明朝有人称之为《逸雅》,实则此书收词的原则以及释义的方式,与《尔雅》大不相同。书中收词一千五百余条,大多为常用词,释义主要是用声训法。

刘熙的声训并不比前人高明多少。不过,他编著此书的目的完全是为了从事语言研究。他在序言中说:

> 夫名之于实,各有义类。百姓日称,而不知其所以之意。故撰天地、阴阳、四时、邦国、都鄙、车服、丧纪,下及民庶应用之器,论叙指归,谓之《释名》。

刘熙认为名之于实都有一定的义类,这是对的。《释名》分篇的原则就是义以类聚,《释名》的任务就是要探寻事物名称的"所以之意"(即事物得名的原因),这是道道地地的词源学。刘熙对名实关系的看法并没有成套的理论,但有一点应当肯定,董仲舒那些"圣人发天意"的谬论他没有接受。大概他身居乱世,避地边邑,思想比较活泼,君权观念较为淡薄。所以刘熙搞的那些声训往往令人可笑,却并不令人讨厌,因为他不像某些今文经学家那样,刻意通过声训来进行专制说教。如同样用声训法释天,态度就很不一样。纬书上说"天之为言镇也","镇"谁呢？还不是镇压被统治者,镇压平民百姓,这显然是统治阶级的帮凶词源学。古文经学家许慎说:"天,颠也,至高无上。""天"、"颠"存在语源关系,这是可信的,二者原本都指头顶。然"至高无上"就暗含着对"天威"和君权的崇拜。段玉裁的话就可以为证,段氏说:"然则'天'亦可为凡颠之称。臣于君,子于父,妻于夫,民于食,皆曰'天'是也。"⑦刘熙对"天"的声训又不同。他说:"天:豫、司、兖、冀以舌腹言之,天,显也,在上高显也;青、徐以舌头言之,天,坦也,坦然高而远也。"⑧这就像个语言学家在说话了,他注意到"天"这个词在两个方言区中读音不一样,并能从发音部位上加以区分,这近乎描写语音学了。遗憾的是他竟然根据方音的不同,对同一个"天"字下了两个定义,而这两个定义又是据"显"、"坦"二字来发挥的。我们可以这样说:刘熙的错误是一个语言学家犯的错误;纬书的错误则是另外一种性质的问题。打个比方,刘熙的错误好比:$2\times2=9$;纬书的错误则是:$2\times2=$狗。前者还是算术范围以内的错误,后者简直是牛头不对马嘴。这只是一个总体比较,不等于说《释名》中就完全没有$2\times2=$狗之类的声训。如说:"宋:送也。地接淮泗而东南倾,以为殷后,若云滓秽所在,送使随流东入海也。"⑨为了证明"宋"源于"送",就把封于宋的殷商后裔比作"滓秽",要让流水把这些"滓秽""送"入大海,这样的词源学也算是胡扯得可以了。

王力先生指出:"声训作为一个学术体系,是必须批判的,因为声音和意义的自然联系事实上是不存在的。"⑩王力先生还引用了马克思的话来证实这一点,马克思说:"任何事物的名称,跟事物的性质是没有任何共同之点的。"(有人译为:物的名称,对于物的性质,全然是外在的)这些意见是完全正确的。明代的焦竑(1540—1620)已经对声训进行批判了。他说:"汉儒郑元(玄)、贾逵、杜预(按,杜乃晋代人)、刘向、班固、刘熙诸人,皆号称博洽,其所训注经史,往往多不得古人制字之意。姑以释亲言之,如云:父、矩也,以法度教子也;母、牧也,言育养子也;兄、况也,况父法也;弟、悌也,心顺行笃也;子、孳也,以孝事父,常孳孳也;孙、顺也,顺于祖也;男、任也,任功业也;女、如也,从如人也……凡此率以己意牵合,岂知古人命名之意,固简而易尽乎!……细玩篆文,其义立见,乃漫不知省,辄为之附会其说,亦凿矣哉!"又说:"以'群'释'君',以'往'释'王',以'先醒'释'先生',至如司马迁、班固、郑康成、应劭、刘熙之徒,诸所训注,此类非一,则徒以声之相近者而强释之,初不考六书之本意,其误后人甚矣。"[11]

刘熙的《释名》在"论叙""义类"的"指归"方面,没有达到预期的目的,是不是说这部著作在语言学史上就毫无价值可言呢?不能这么说。

一、《释名》的声训并不是一无是处,其中也有一些说解精当的例子。因为声音和意义虽然原本不存在本质上的必然的联系(少数象声词例外),但事物名称一经约定俗成之后,音同或音近的词就有可能存在意义上的联系。正确地揭示这种联系就能显现词源关系。如:

《释天》:"宿,宿也。星各止宿其处也。"被释的"宿"是二十八宿的"宿",旧音 xiù,名词。"宿也"的"宿"乃动词,即止宿之意。名词"宿"当是由动词"宿"转化而来。

《释天》:"冬,终也。物终成也。"冬为终之古字。甲金文冬字均用为终,不作冬季解。终是冬的后起字。冬终同源。

《释天》:"岁:越也。越故限也。"这个释义可以与《说文》相印证。《说文·步部》:"岁,木星也。越历二十八宿,宣遍阴阳,十二月一次。从步,戌声。"许慎只讲到"岁"是木星,但木星为什么叫作"岁"呢?《释名》的解说正好可与之相发明。"岁""越"在上古都是月部字,叠韵为训。"岁"字从步,步就有越历的意思。

《释姿容》:"仆:踣(bó)也。顿踣而前也。"仆(滂母)踣(並母)都是双唇音[12],都是向前跌倒的意思。

《释姿容》:"负:背也。置项背也。"负(並母)背(帮母)都是双唇音,背上背东西叫作"负",背、负是同源词。可惜,刘熙的声训说对的很少,说错了的则占多数。

二、《释名》对我们了解东汉的词汇面貌有参考价值。《释名》收字比《说文》要少得多,但由于两书收字的原则不同——《说文》面向书本,以考古为主;《释名》面向生活,"下及民庶应用之器",所以《释名》收了一些《说文》不录之字。另外,《说文》收的是单字,《释名》收的是词,因为是以词为单位,许多《说文》不录的双音词,《释名》也收进了,这对研究汉代的构词法也有用处。

《说文》不录而见之于《释名》的字,如掔、㮙(tuàn)、襡(shǔ)、褠(gōu)、帕、襈(zhuàn)、鞾、住、罳(sī)、庵、䡖(qīng)、矟(shuò,同槊,矛属)、疚……

双音词以偏正结构为最多,如:彗星、孛星、笔星、流星、朝阳、夕阳、鱼梁、水碓、蒸饼、汤饼、金饼、苦酒、干饭、鲍鱼、胡粉、禅衣、中衣、心衣、裲裆、帛屐、輦车、羊车、墨车、安车等。这类双音词多以属概念为中心词,前面加上修饰语,使之变为种概念。

《释名》对东汉末年的同义词、反义词也有一定的反映。其中同义词可分为两类;一类是方言同义词,如:

咽(喉咙):或谓之膁,青徐谓之胴(dòu),又谓之嗌。

(《释形体》)

另一类是古籍中常见的同义词,如:

城上垣曰睥睨,亦曰陴,亦曰女墙,或名堞。

(《释宫室》)

狱:又谓之牢,又谓之圜土,又谓之囹圄。

(《释宫室》)

甲:亦曰介,亦曰函,亦曰铠,皆坚重之名也。

(《释兵》)

《释言语》还有意将一些同义词、反义词分别按组排列。如:

言语	说序	翱翔	导演	名号	委曲
踪迹	扶将	缚束	覆盖	威严	侍御
艰难	候望	奸宄	断绝	骂詈	祝诅
盟誓	佐助	饰荡	啜嗟	噫呜	念思

以上各组都是同义词,反义词分组的例子如:

敬慢	厚薄	是非	善恶	好丑	迟疾
缓急	巧拙	燥湿	强弱	能否	躁静
逆顺	清浊	贵贱	荣辱	祸福	进退
赢健	哀乐	雅俗	吉凶	停起	出入
消息	往来	粗细	疏密	甘苦	安危

成败　乱治　烦省　闲剧　贞淫　沉浮
贪廉　洁污　公私　勇怯

在《释名》以前，还没有一本字书这样有意识地集中地来排列反义词。

三、《释名》对考证东汉时期的语音有重要参考价值。如章太炎写《古音娘日二纽归泥说》，就多次引用《释名》的声训资料为证：

《释长幼》："男：任也。"《释言语》："入：内也。内使还也。"入、任今在日纽，古音"入"同"内"，"任"同"男"，在泥纽也。《释宫室》："泥，迩也。"《释书契》："尔：昵也。""尔"、"迩"今在日母，"昵"今在娘母，古音"尔"、"迩"、"昵"皆为泥母。

（以上文字据章氏所引归纳而成）

其他如轻重唇不分，舌头舌上不分，都可从《释名》中找到证明材料。在韵部方面，罗常培、周祖谟合著的《汉魏晋南北朝韵部演变研究》也充分利用了《释名》的声训资料。

四、《释名》对研究汉代社会文化生活有重要参考价值。《释名》所"释"之"名"，上至天文（《释天》），下至地理（《释地》、《释山》、《释水》、《释丘》、《释道》、《释州国》），又广涉人事的各个方面，如衣着（《释彩帛》、《释首饰》、《释衣服》）、食（《释饮食》）、住（《释宫室》）、行（《释车》、《释船》）、身体（《释形体》）、动作（《释姿容》）、言语（《释言语》）、亲属称谓（《释亲属》）、文化典籍（《释书契》、《释典艺》）、疾病丧事（《释疾病》、《释丧制》）等。我们真要感谢刘熙，他为我们提供了汉代社会生活、风俗习惯的异常丰富具体的资料，对我们了解东汉时代的作品及名物都有不可忽视的作用。如汉乐府《陌上桑》:"行者见罗敷,下担捋髭须。"又:"为人洁白皙,鬑鬑颇有须。"可见,胡须这东西在东汉人的美学中占有很重要的地位。这些描写可与刘熙对"髭"、"须"的释义相印证。在刘熙的笔下,对"髭"、"须"二字充满了赞美之情。他说:"口上曰髭。髭,姿也。为姿容之美也。""颐下曰须。须,秀也。物成乃秀,人成而须生也;亦取须体干长而后生也。"(《释形体》)"髭"与"姿","须"与"秀"在意义上谈不上有什么关系,而"姿容之美","物成乃秀,人成而须生",确实表达了东汉人对胡须极为欣赏的思想感情。《释言语》:"仁,忍也。好生恶杀,善含忍也。"仁、忍均日母字,韵亦相近。在孔孟哲学中并没有直接将仁释为忍,这种声训反映了汉末佛教文化的渗透。儒家的"不忍其觳觫"、"不忍见其死"、"不忍食其肉"与佛教的"好生恶杀,善含忍"的戒律结合在一起了。

刘熙对一些实物的释义有助于我们对古名物的了解。如《释书契》对"简"、"札"的训释,就可以帮助我们了解当时书籍的形制。"札:栉也。编之如栉齿相比也。""札"与"栉"在意思上无关。但刘熙说"札"的形状像一把梳子。那么,其顶端应是编结在一起,下列诸札互相比连,如同梳子的齿一样,这个释义就形象化地描述了"札"的样子。"简:间也。编之篇篇有间也。""编之篇篇有间"一语,说明当时的竹简或木简是几道绳子编缀起来的,所以才会"篇篇有间",这一点从出土的汉简得到了可靠的证实。

注:

① 《春秋繁露·深察名号》,上海古籍出版社,1989年,第60页。

② 同上书,第59页。
③ 王力:《同源字典》,见《王力文集》第八卷,山东教育出版社,1992年,第373页。
④ 见《切韵考》卷六,北京市中国书店,1984年,第3页。
⑤ 《潜研堂文集·跋释名》卷二十七,万有文库本,民国二十四年,第421页。
⑥ 转引自何成轩:《儒学南传史》,北京大学出版社,2006年,第115页。
⑦ 《说文解字注》一篇上"天"字注。
⑧ 《释名·释天第一》。何谓"舌腹",江永《音学辨微》认为即"今人所谓舌上也"。不妥。王力先生认为是指舌根音,即晓母,读[x-]。舌头,则读[t-]。(《中国语言学史》第49页)周祖谟先生说:"天以舌腹言之者,疑读为[tʻ]。天与显声母不同,天是透母字(《广韵》他前切),显是晓母字(呼典切)。天为真部字,显为元部字,韵相近。显是摩擦音,与以舌腹言之相合。《广韵》'祆,胡神,'音呼烟切。祆即祆教字,字即从天,至于天以舌头言之,则当读[tʻ]。"(《王力先生纪念论文集·〈释名广义〉释例》第295页)清焦循《易余籥录》卷五对《释名》中所言"舌腹、舌头、横口、踧口"等术语,亦有解释。
⑨ 《释名·释州国第七》,万有文库本,民国二十六年,第86—87页。
⑩ 《中国语言学史》,第51页。
⑪ 《焦氏笔乘》卷六,商务印书馆,1937年,第132—133页。
⑫ 仆、踣在《广韵》都作蒲北切。"仆"在《集韵》作普木切。

第四章　魏晋南北朝语言学

（公元 3 世纪—公元 6 世纪）

概　　况

魏晋南北朝是中国语言学发展的关键时期。在此期间,不仅语义学、修辞学有新的发展,而且出现了一门新学科——汉语音韵学,中国第一部韵书就产生于此时。从此以后,中国语言学的内容更为丰富了,语言学作为一门独立的学科,也更显示了自己特有的生命力。就条件而言,当时佛教的盛行,韵文的发达,文学批评的繁荣,都对语言学的发展产生了积极的影响。郑樵《通志·校雠略》说:"音韵之书传于江左,传注起于汉魏,义疏成于隋唐。"音韵、传注以及义疏之学都跟佛教有或深或浅的关系。

从魏文帝于公元 220 年立国到公元 581 年隋王朝的建立,共有 360 多年的历史。中间除西晋有过短暂的统一,其余大部分时间里国土分裂,战乱不休。人们饱受乱离生活的痛苦,厌恶现实,皈依佛门。关于佛教的种种消极作用,人们早已做出了批判,我们关心的是佛教与语言学的关系。佛教为什么会跟语言学发生关系呢？佛教是西汉末年从印度、西域传进来的(陈桥驿认为:"佛教在秦始皇以前就已经传入中国,而是被秦始皇所禁绝的。")[①],佛典

的翻译直接促使了汉人对梵文的研究,进而启发人们对汉语语音进行科学的分析。《隋书·经籍志》说:

> 自后汉佛法行于中国,又得西域胡书,能以十四字贯一切音,文省而义广,谓之《婆罗门书》②,与八体六文之义殊别。③

所谓《婆罗门书》即西域字书,"十四字"指梵文十四个元音。南朝刘宋诗人谢灵运(385—433)也是一个"笃好佛理"的人,他研究过十四字音,还写过《十四音训叙》,"条列梵汉,昭然可了,使文字有据焉"④。"条列梵汉"大概就是用汉字与梵文的十四字母进行对照。由此可见,后来唐宋的字母之学应是导源于六朝,与佛教的传入有直接关系。这一点,我在本书的第十五节还要讨论。

反切法与四声说也跟佛教有关,这是经大多数学者所肯定了的。汉末人既已懂得胡书"能以十四字贯一切音",就不难悟出反切的道理来。六朝的佛门信徒有不少是精通梵汉语音的人。如著《四声论》的王斌就当过"道人"(和尚),他"博涉经籍,雅有才辩,善属文,能唱导"⑤。历代的佛教徒,差不多都有研究语言文字的人。故郑樵说:"小学文字之书,可以求之释氏。"(《通志·校雠略》)

六朝又是骈体文、韵文大发展的时期,一般作家都很讲究声律,对平仄、双声叠韵都要求很严。韵书的产生更意味着诗歌格律化的要求日趋严密,也证明当时的音韵学家对汉语语音的研究达到了一个新的高度。

这一时期也产生了一批辞书。魏国张揖是许慎之后首屈一指的词义学家,他著有《广雅》、《埤(pí)苍》、《古今字诂》、《杂字》等辞书,晋代吕忱著有《字林》,葛洪著有《要用字苑》,宋何承天著有《篆文》，梁阮孝绪著有《文字集略》，顾野王著有《玉篇》，陆德明著有《经典释文》。非常可惜，除《广雅》和《经典释文》之外，其余都已久佚。原本《玉篇》也只能见到残卷了，我们今天所见到的《玉篇》是宋朝人的重修本。

齐梁时期的刘勰（约465—约520）是文学批评家，也是修辞学家。他的《文心雕龙》有不少篇章论述了音韵问题、修辞问题，如《声律》在音韵学史上有极为重要的价值，《章句》、《丽辞》、《比兴》、《夸饰》、《事类》、《练字》、《隐秀》等篇，研究了谋篇布局和修辞格方面的一些问题，还从修辞的角度讲到了有关文言虚字的知识。如说："夫、惟、盖、故者，发端之首唱；之、而、于、以者，乃札句之旧体；乎、哉、矣、也，亦送末之常科。据事似闲，在用实切。"⑥刘勰对这十二个常用虚字的分类及其作用的看法，都很有道理。

魏晋南北朝是一个思想解放的时期，他们在古书注解中所表现出的思想观点，与"汉学"大相径庭。其中何晏的《论语集解》，王弼的《周易注》、《老子注》，杜预的《春秋左氏经传集解》，郭璞的《尔雅注》、《方言注》、《山海经注》，都是古书注解史上的名著。至于裴松之的《三国志注》，郦道元的《水经注》，更是别开新面，具有很高的价值。

这里还应强调一点，北朝的最高统治者虽为"胡人"，他们对自身的汉化以及在促进汉文化特别是语言文字的发展方面也不是乏善可陈的。北魏太祖初定中原，"便以经术为先，立太学，置五经博士，生员千有余人"。太武帝拓拔焘"造新字千余"，所谓"造"，实有规范、统一之意。高祖孝文帝拓拔宏迁都洛阳，改姓元，推广汉语，"诏不得以北俗之语言于朝廷，若有违者，免所居官"（《魏书·高祖纪》，第177页）。经学传统在北方得到继承发扬，而南朝弗如远甚，故《宋书》、《南齐书》连个儒林传都立不起来。

注：

① 见《邺学札记》，上海书店出版社，2000年，第138页。其立论根据主要是《史记·秦始皇本纪》："禁不得祠……"。早在陈氏之前就有人认为："不得"就是"佛陀"或"吠陀"、"浮屠"，是梵语 Bucldha 的音译。汤用彤《汉魏两晋南北朝佛教史》（增订本）第8页、方豪《中国天主教人物传》第5页、杨宪益《"不得祠"辨误》（《译余偶拾》第288页）均有驳议。可参阅季羡林《浮屠与佛》、《再谈"浮屠"与"佛"》（《书山屐痕》，山东教育出版社，1998年）。佛教的传入乃一渐进过程，《魏书·释老志》对这一过程介绍得比较清楚，可参阅。（卷一百一十四，第3025、3026页）

② 婆罗门：梵文 Brāhmaṇa 的音译。婆罗门本是印度奴隶制时代最高级的种姓，自称梵天（众生之父最高的神）后裔，婆罗门掌握神权，是政教合一的统治者。东汉以后也称印度为"婆罗门"。"十四字"的汉译音字写法不一。这里把饶宗颐先生有关"十四字"音的一段文字转录于下，供参考：十四音者（附记悉昙汉译音字）：

噁 短声 a　　阿 长声 ā
亿 短声 i　　伊 长声 ī
郁 短声 u　　优 长声 ū
哩 e　　　　野 ai
乌 o　　　　奥 au
〔庵〕am　　〔痾〕ah
鲁 r̥　　　　流 r̥̄
卢 l̥　　　　楼 l̥̄

七字声短者，指 a i u e o r̥ l̥；七字声长者，指 ā ī ū ai au r̥̄ l̥̄，其中 ai au 乃二音联结，原为增益元音，亦称复重韵（Vradhi），亦被视作声长。谢灵运云："以后鲁、流、卢、楼四字足之，若尔则成十六。何谓十四？解云：前庵、痾二字非是正音，止是音之余势，故所不取。若尔，前止有十，足后四，为十四也。"（《悉昙藏》卷二引）

十四音之说甚繁，安然（盈按：安然为日本僧人，生于841年，卒年不详）所举计有十家。其最大歧异，在于计庵、痾二音或将鲁、流、卢、楼作为二音。梁武帝著《涅槃疏》，鲁、流、卢、楼四字既作蕐、力、基、黎，又称此是外道师名叶波跋摩之说，以弹谢公，具见南朝时对梵音究心之众，不独谢公一人而已。（以上引文见《鸠摩罗什〈通韵〉笺》，此文原载《敦煌语言文字学论文集》，浙江古籍出版社，1988年。又收入《梵学集》，上海古籍出版社，1993年）

俞敏《等韵溯源》说："梵文元音一共14个：a、ā、i、ī、u、ū、r̥、r̥̄、l̥、ī、e、ai、o、au。外加两个附加号'大空点'ṁ，跟'涅槃点'ḥ。这只是附加号。比方大空点 anusvāra 就可以加到各个元音上得 aṁ、āṁ、iṁ、īṁ、uṁ、ūṁ，'暗'只是个代表。'恶'也一样。数元音数出十六来是因为加上了暗恶。"盈按：暗恶即庵痾。参阅季羡林《梵语佛典及汉译佛典中四流音 r̥ r̥̄ l̥ ḹ 问题》（《书山履痕》，山东教育出版社，1998年）。

③《汉书·艺文志》有"八体六技"。八体：指大篆、小篆、刻符、虫书、摹印、署书、殳书、隶书。这里说的"八体六文"泛指汉字形体结构。唐兰说："六技或许是六文之误……六文就是六书。"（《中国文字学》第15页）

④ 南朝梁慧皎：《高僧传》卷七《慧叡传》，中华书局，2004年，第260页。

⑤《南史·陆厥传》，中华书局，1975年，第1197页。

⑥《文心雕龙·章句》。

第十节　反切的起源

反切的产生，是中国古代语言学史上的大事。反切法为古代音韵学的发展奠定了基础。

"反切"，在现代汉语中已经是一个词。古人则单说"反"（也叫"反语"），或单说"切"（也叫"切语"）①。有人说："反切二字，本同一理。反即切也，切即反也，皆可通也。"② 这话大体上不错，若探本求源，"反"与"切"还是有区别的。

毛晃《增修互注礼部韵略·条例》说："音韵展转相协谓之反，

亦作翻,两字相摩以成声韵谓之切,其实一也。"毛氏"反"、"切"二字的定义很明显有不同,而又说:"其实一",正是在区别不同的基础上又强调二者实质上的一致。

所谓"展转相协"叫作反,就是作为反语的两个字有交互反复的作用,即反语中的两个字都可以担任反语的上字或下字。如:"东田"的反语"颠童","颠童"为"东","童颠"为"田"。"大通"的反语"同泰","同泰"为"大","泰同"为"通"。"桑落"的反语"索郎","索郎"为"桑","郎索"为"落"。"颠"既作"东"的反语上字,又作"田"的反语下字,"童"既作"东"的反语下字,又作"田"的反语上字,其余两例理同,见下图:

```
  颠童        同泰        索郎
  ↓ ↓        ↓ ↓        ↓ ↓
  田 东        通 大        落 桑
```

顾炎武说:"南北朝人作反语,多是双反,韵家谓之正纽、到(倒)纽。"③上述三例就是所谓的"双反","颠童"是正纽,"童颠"为"田"是到(倒)纽。这种"双反"法不宜于用作注音工具,但后来注音中或韵书中的"××反"的"反"字正是来源于这种"展转相协"的"双反",由双反演变为单反。

所谓"两字相摩"叫作切,即:"两合读法,缓呼之则二字,急呼则一字也。"(俞正燮:《癸巳类稿》卷七)如"德红"两字"相摩"而成"东"。缓呼之"德红"为二字,急呼成"东",则一字也。但毛晃对"反"、"切"二字的解释,只是讲了取切时的发音方法,还没有说清取切的语音条件,因为并不是任何两个字都能"展转相协"或"相摩"的,必须具备一定的语音条件才行。其条件就是江永、陈澧所说的:"切字者,两合音也。上一字取同位(即同声母),下一字取同韵。同位不论四声,同韵不论清浊。"(江永《四声切韵表·凡例》)"切语之法,上字定清浊,而不论平上去入;下字定平上去入,而不论清浊。此出于自然,非勉强而为之也。"(陈澧《切韵考》卷六)

反切也是发展的,反切用字也有一个不断改良的过程。由于时代不同,语音不断发生变化,以及制作切语的人有方音之不同,古反切的情形是比较复杂的,我们现在要掌握它并不那么容易,必须具有古今语音流变的知识才行。这些非本书应解决的问题,我们就不详谈了。

下面我们谈一下反切产生于何时,是怎样产生的。这两个问题是互相联系的,前人发表了不少意见,归纳起来,有三种看法。

一种意见认为反切起源于东汉末年。

《颜氏家训·音辞篇》:"孙叔言(《三国志·魏书·王肃传》作孙叔然。裴松之注云:"案,叔然与晋武帝(司马炎)同名,故称其字。"作言字,误)创《尔雅音义》,是汉末人独知反语。"唐朝的陆德明、张守节,宋朝的王应麟,清朝的江永、戴震、段玉裁、钱大昕都主此说。后来章太炎又根据《汉书·地理志》应劭注已有反语,断定"应劭时已有反语"(《国故论衡·音理论》)。应劭也是汉末人。其实,早在嘉庆六年(1801)牟默人(名庭相,又名庭,亦栖霞人,贡生)就给郝懿行写信,指出郑玄、应劭、服虔作注时已使用反语,因问:"应、服及郑同时,年辈大于叔然,而皆作反语,何也?"郝氏当时"愧无以应"。过了七年,也就是嘉庆十二年(1807),郝氏为答复这一问题,写了《反语考》,结论为:"反语是在叔然前,确乎可信,或自叔然始畅其说,而后世遂谓叔然作之尔,即其实非也。因书此以答默人之问。"④

从宋代起,产生了另一种意见,认为:"反切之学,自西域入于中国,至齐梁间盛行。"(陈振孙语⑤)陈振孙之前的沈括、郑樵,后来清代的纪昀、姚鼐等人主此说。这种意见受到戴震、钱大昕等人的猛烈攻击。

戴震说:"宋元以来,为反切字母之学者归之西域,归之释神珙,盖由郑樵、沈括诸人,论古疏漏,惑于释氏一二剪(谫)劣之徒,眠娗诬欺,据其言以为言也。"⑥

钱大昕说:"天下之口相似,古今之口亦相似也。岂古昔圣贤,犹昧于兹,直待梵夹(指佛经)西来,方启千古之长夜哉!魏世儒者,创为反切,六朝人士,好言双声叠韵。"⑦

第三种意见认为:反切不唯不出于西域,甚至也不是出自汉末,而是周秦时代即已有之,更有甚者认为仓颉造字时代已有反切了。

顾炎武说:"反切之语,自汉以上即已有之。宋沈括谓古语已有二声合为一字者,如不可为叵,何不为盍,如是为尔,而已为耳,之乎为诸。郑樵谓慢声为二,急声为一,慢声为'者焉',急声为'旃',慢声为'者与',急声为'诸',慢声为'而已',急声为'耳',慢声为'之矣',急声为'只'是也。愚尝考之经传,盖不止此。如《诗·墙有茨》传:'茨,蒺藜也。'蒺藜正切茨字。'八月断壶',今人谓之胡卢。《北史·后妃传》作瓠芦,瓠芦正切壶字……以此推之,反语不始于汉末矣。"⑧

宋祁《宋景文公笔记·释俗》也认为:"孙炎作反切,语本出于俚俗常言,尚数百种。故谓'就'为'鲫溜'……谓'团'曰'突栾',谓'精'曰'鲫令',谓'孔'曰'窟笼',不可胜举。"⑨南宋魏了翁与宋祁看法差不多:"或云:反切之学来自胡僧,因释经而流行,不知是否?然亦有一验,今西羌之人,'忽劣(原注:平)'为'靴','笞(kuò)陁'

为'科','犵兜'为'钩','突栾'为'团','窟笼'为'孔';南蛮之人,以'不阑'为'斑','不乃'为'摆'之类,不可胜举。深山穷谷之中,递递相承,久而不改,则反切之自来亦远矣。"⑩

到了俞正燮(1775—1840),上推得更远了。他说:"且有字则有反切。《北齐书·废帝纪》云:'迹'字自反,'足亦'反为'跡','足责'反为'蹟'也。《论衡·商(适)虫篇》云:'夫蟲風气所生,仓颉知之,故"凡蟲"为"風"之字。'是仓颉从凡蟲省……则凡蟲自切为風……古人用文字中自有反切,两合自反,则古人制文字中亦自有反切。""反切不出西域,至显白矣。"⑪

叶德辉认为:"《尔雅》'不聿谓之笔',《周礼》'终葵谓之椎',大抵即为翻切之祖。盖即古人读字长言变化也。"⑫

我认为:考察反切的产生,要从内因和外因两个方面来进行分析。笼统地争论反切是出自西域还是中国的"土特产",无助于问题的彻底解决。

汉语的语音结构是以单音节为特点的,差不多每一个字都可以切分为声母和韵母两部分。两字按一定的条件相切,取上字之声,取下字之韵,就可以拼出第三个字的音来,这个字的读音与上字为双声,与下字为叠韵,所以反切法的本质是双声叠韵,这是汉语所固有的特点,也是反切法产生的内因。从这个意义上来说,反切出自西域的说法就带有片面性。

不过,话又得说回来,内因只是事物起变化的根据,没有一定的外因作为条件,事物还是不会起质的变化的。中国为什么在佛教传入之前没有产生反切呢?这里要说明一下,宋祁、魏了翁、顾炎武等人把古代的合音词也当作反切来看待,这是有问题的。因为二者在性质上不一样。"蒺藜"为"茨"之类的合音词⑬,不只是以双声叠韵为特点,它的前两字与后一字在意义上是相等同的。即蒺藜＝茨,瓠芦＝壶,不可＝叵,何不＝盍,如是＝尔,之乎＝诸,者焉＝旃……而反切是不管意义的,如德红切东,能说"德红"二字之义等于"东"吗！另外,反切是人们自觉地利用汉语音节的特点而造出来的一种注音方法,合音词是人们在交际过程中不自觉地造成的,二者在功用上很不一样。过去,国内外有些谈反切的文章用这些材料来证明周秦时代已有反切,实属皮相之见。现在还回到原来的话题上去,中国在佛教传入之前为什么没有产生反切呢？道理很简单,在此之前的古人还不懂得分析汉语的音节结构,而不能自觉地分析出汉语的声母和韵母来,就难以产生反切法。不要说周秦时代了,就是东汉时代的语言学大家许慎给一个字注音时,显得多么费劲,他用的那个"读若"法又是多么不灵便。如他注一个"卸"字的读音:"读若汝南人写书之写。"(卷九上)注"挃"字的读音为:"读若铿尔舍瑟而作。"(卷十二上)前者用了9个字,后者用了8个字,假若许慎时代已有反切法,他何苦要用这样的笨法子来注音呢？日人大矢透据《后汉书·和帝纪》李贤注有"许慎《说文》肇音大可反"一语,断定许慎曾用过反切(转引自《等韵源流》第8页)。这样的材料,我也可以随手补充两条。《经典释文·尔雅音义》有:"蝗,《说文》荣庚反"(《释虫》),"鹨,《说文》力幼反"(《释鸟》)。这两条材料都比李贤注要早,但也都不可信。唐以前诸书所引《说文》反切,有可能是后人加上去的,并非许慎原书所有[14]。比较而言,我们还是相信颜之推的话:"汉末人独知反语。"汉末人在梵文的拼音字母直接启发下创造了反切,佛教徒们译经时所传进的拼音法是反切法得以产生的具有决定意义的外因条件。汉末人运用梵文拼音法的知识来分析汉字的音节结构,这是"洋为中用"的范例。乾嘉学人蔑视这种外来影响,这是狭隘民族主义思想在作怪,很不可取。什么"华不袭梵,梵不袭华"(四库总目《重修玉篇》提要语,第347页),简直就不懂科学无国界,未免有些头脑冬烘。

反切的价值主要有以下四点:

一、在注音字母出现之前,反切一直是汉字注音的主要工具。孙炎的《尔雅音义》大概是第一次大量使用反切法注音的著作。孙炎,字叔然,乐安(今山东博兴)人,郑玄的学生,当时有"东州大儒"之称。他的《尔雅音义》已失传,陆德明《经典释文·尔雅音义》引有该书反切68条(其中又音10条),从这些不多的材料已可以看出,孙炎用的反切上下字很不统一。如见母用了"古"、"九"、"居"三字,溪母共用"苦"、"犬"、"去"、"丘"四字。这说明当时造反切的并非孙炎一人,同时代的服虔、应劭都已用反切注音(服虔的《通俗文》有时用反切作注),他们当然也会造出反切来,孙炎的《尔雅音义》就有可能采集别人创造的反语,以致切上下字很不统一。

二、反切法的创造,意味着韵书的产生已为期不远了。没有反切法,韵书是不可能产生的;有了反切法,韵书必然要产生。因为有了反切,人们就能把切下字系联起来,归纳韵部,韵部的建立就有了可靠的根据。颜之推说:孙炎创《尔雅音义》之后,"音韵锋出"。这是合乎事物发展规律的。

三、反切不仅有注音的作用,在后来的发展过程中,它还在一定程度上起了统一读音的作用。中国古代的方言土语是相当复杂的,各方言土语区的人如果按照自己的口语来读反切注音,有些音肯定切不出来,只有按照读书音来读反切,各方言区的人才能获得共同的读音。可以说,读书音寄存于反切,反切又起了统一读音的作用。对六朝以后的多数反切基本上可以这样来看待。也正因为反切有统一读音的作用，所以当时的儿童教育就有学习反切的要求。俞正燮提到的那位北齐废帝高殷，于"天保元年（550）立为皇太子，时年六岁，初学反语"（《北史》卷七，第263页），他就知道了"自反"的道理，大概当时的"反语"教育就跟现在学习汉语拼音一样重要。直到宋朝，王洙（997—1057）还说："学者不可不知音切，苟不通，终为不识字人。"（《王氏谈录》，《全宋笔记》第一编（十），第161页）

四、反切在历史上起了这么好的作用，到现在是否还有作用呢？回答是：不仅有作用，而且作用还相当大。我们根据一个汉字的反切时代，就能确定它在一定历史时期之内的音韵地位，根据一大批反切资料，就能建立起一定历史时期的语音系统。利用反切归纳音系，做历史的研究，是汉语音韵学的重要内容之一。另外，编纂字典、辞书，都要审音、订音，这些工作都不能离开古反切。因为字音的来历，多有古反切作为依据。

注：

① 宋朝人也称之为"切韵"。沈括《梦溪笔谈》卷十五："所谓切韵者，上字为切，下字为韵。"
② 转引自张世禄：《中国音韵学史》上册，上海书店，1984年，第122页。
③ 《音论》卷下。
④ 《郝懿行集》（七），齐鲁书社，2010年，第5322—5325页。参阅《清史列传·郝懿行传·附牟庭传》第5574页。
⑤ 陈振孙：《直斋书录解题》卷三，国学基本丛书本，第87页。
⑥ 《戴东原集》（上），万有文库本，第71页。按：戴震于乾隆三十一年（1766）著《声韵考》云："魏孙炎始作反语……宋元以来竞谓反切之学起

于释神珙,传西域三十六字母于中土,珙之《反纽图》今具存,其人在唐宪宗元和以后,其图祖述沈约,远距反语之兴已六七百载,而字母三十六定于释守温,又在珙后,考论反切者所宜知也。纪昀对戴氏此说耿耿于怀。在《与余存吾太史书》中说:"东原与昀交二十余年,主昀家前后几十年,凡所撰录,不以昀为弇陋,颇相质证,无不犁然有当于心者,独《声韵考》一编,东原计昀必异论,竟不谋而付刻,刻成昀乃见之,遂为平生之遗憾。盖东原研究古义,务求精核,于诸家无所偏主。其坚持成见者,则在不使外国之学胜中国,不使后人之学胜古人,故于等韵之学,以孙炎反切为鼻祖,而排斥神珙反纽为元和以后之说。夫神珙为元和中人,固无疑义,然《隋书·经籍志》明载梵书以十四字贯一切音,汉明帝时与佛经同入中国,实在孙炎以前百余年……安得以等韵之学归诸神珙反谓为孙炎之末派旁支哉!……昀与东原交不薄,尝自恨当时不能与力争,失朋友规过之义,故今日特布腹心于左右,祈刊改此条,勿彰其短,以尽平生相与之情。"(《纪晓岚诗文集》卷四,江苏广陵古籍刻印社,第 210 页)陈澧对纪昀(字晓岚,谥文达)此说的批评是:"文达此说亦本于郑渔仲(樵),其谓反切为等韵之学则尤不可不辩也。自魏晋南北朝隋唐,但有反切,无所谓等韵,唐时僧徒依仿梵书取中国三十六字谓之字母,宋人用之以分中国反切韵书为四等,然后有等韵之名。溯等韵之源,以为出于梵书,可也;至谓反切为等韵,则不可也。反切在前,等韵在后也。"又说:"谓字母起自西域则是也,谓反切之学起自西域则误也。郑渔仲、陈直斋皆未之辨耳。"(《陈澧集·切韵考·通论》,第叁册,上海古籍出版社,2008 年,第 218 页)

⑦ 《潜研堂文集》卷二十五,万有文库本,第 378 页。
⑧ 《音学五书·音论》卷下。
⑨ 商务印书馆,王云五主编丛书集成初编本,民国二十五年,卷上第 2 页。
⑩ 《鹤山渠阳经外杂抄》卷二,中华书局,丛书集成初编本,1985 年,第 23 页。
⑪ 《癸巳类稿》卷七,商务印书馆,1957 年,第 262、263 页。
⑫ 《郋园读书志》卷二,上海古籍出版社,2010 年,第 84 页。
⑬ 关于蒺藜为茨这种语言现象,宋人俞文豹在《唾玉集》中称之为"俗语切脚字",举的例子有:勃龙"蓬"字、勃兰"盘"字、哭(? 疑是"突"字之误)落"铎"字、窟陀"窠"字、黯赖"坏"字……认为此"即释典所谓二合字"(见

俞文豹撰，张宗祥校订《吹剑录全编》，上海：古典文学出版社，1985年，第135页）。今人也有不同的解释，有人以此证明古有复辅音，有人认为是方言问题，我在此不想扯得太远，姑且一律以合音词看待。
⑭ 徐锴：《说文系传·通释》卷一"一"字注云："许慎时未有反切，故言读若。此反切皆后人之所加，甚为疏朴，又多脱误，今皆新易之。"盈按：六朝时已有人给《说文》注音，如《说文音隐》。

第十一节 五音与四声

五音即五声，指宫、商、角（jué）、徵（zhǐ）、羽五个音阶，从魏晋开始却和音韵发生了密切关系。这种关系究竟是音乐术语的偶然借用呢，还是音乐和音韵本来就有某种内在的有机联系呢？

对此，前人已有不少研究。如陈寅恪《四声三问》中的第"三问"①，张清常的《李登〈声类〉和"五音之家"的关系》②，詹锳的《四声五音及其在汉魏六朝文学中之应用》③等。他如唐兰④、魏建功⑤、王国维⑥等也有研究。再上溯至清代，戴震⑦、邹汉勋⑧、陈澧⑨等也对五音与四声的关系做过一些探索，可证这是音韵学史上的一大难题，已引起古今许多语言学家的关切。遗憾的是至今无人做出系统而又可信的结论，猜测推论居多。

一、乐律五声的性质

要解决五声与音韵的关系，第一步要明白五声的性质。
本节一开头就说，五声即五音，但"声"和"音"原本有别。
《礼记·乐记》郑玄注："宫商角徵羽，杂比曰音，单出曰声。"
孔颖达疏："极浊者为宫，极清者为羽，五声以清浊相次。云

'杂比曰音'者,谓宫商角徵羽清浊相杂和比谓之音。云'单出曰声'者,五声之内唯单有一声无余声相杂,是'单出曰声'也。然则初发口单者谓之'声',众声和合成章谓之'音'。⑩

单独一个音阶,或清或浊,叫作"声";清浊按一定规律组合才能成为"音"。

清浊是中国古典音乐中极为重要的一对概念,也是确定五声性质的一对基础概念。

《左传·昭公二十五年》:"章为五声。"孔颖达疏:"声之清浊,差为五等……声之清浊,入耳乃知,章彻于人,为五声也。"⑪

《国语·周语下》:"耳之察和也,在清浊之间,其察清浊也,不过一人之所胜。"⑫

《春秋繁露·保位权》:"声有顺逆,必有清浊……故圣人闻其声则别其清浊……于浊之中必知其清,于清之中必知其浊。"

"清"、"浊"是什么意思?

《吕氏春秋·适音》云:"太清则志危,……太浊则志下。"陈奇猷《吕氏春秋校释》对清浊的解释是:"清音最悲,悲音则高而尖,故此谓'太清则志危'。"(277页)又:"浊音低沉,故志下。"(279页)

詹鍈对清浊的解释是:"大抵声细者调高,声洪者音低,可知宫商角徵羽五音由低而高。"

在中国古代早期的音乐史料中,不是用"高低"来形容音阶等差的,而是用"清浊"来表示高、尖、低、沉,故古人所说的清浊就相当于今之高低。古人所说的"清商"、"清徵"、"清角"(见《韩非子·十过》)中的"清"也是高的意思。王光祈说:"'商羽角徵'四音之清音;换言之,即比较商羽角徵各高半音。"⑬

五音的清浊关系并非单一的、固定不变的,梳理秦汉音乐史料可证当时有不同的五音调式,《礼记·礼运》中还有"还(xuán,旋)相为宫"的谱音之法。但清浊关系的组合是有规律的,其规律就是三分损益法(可参阅《辞海》"三分损益法"条,以及杜景丽编著《乐圣朱载堉》第56、57页。中州古籍出版社,2006年)。而如何损益五声,《国语·周语下》、《史记·律书》、郑玄《月令》注是一个系统,《管子·地员》又是一个系统。

先说《地员》:

> 凡听徵,如负猪豕,觉而骇;
> 凡听羽,如鸣马在野;
> 凡听宫,如牛鸣窌(jiào)中;
> 凡听商,如离群羊;
> 凡听角,如雉登木(以鸣,音疾以清);
> 凡将起五音,
> 凡首(尹知章注:谓音之总先也)先主一而三之,四开以合九九(尹注:一而三之,即四也。以是四开合于五音,九也。又凡(九)九之为八十一也),以是生黄钟小素之首以成宫(尹注:素本官八十一数,生黄钟之官,而为五音之本。王光祈引《清史稿·乐志二》:"小素"云者,素,白练,乃熟丝,即小弦之谓。言此度之声,立为宫位,其小于此弦之他弦,皆以是为主⑭)。
> 三分而益之以一,为百有八,为徵(尹注:黄钟之数本八十一,益以三分之一——二十七,通前为百有八,是为徵之数)。
> 不无有三分而去其乘,适足以是生商(尹注:不无有,即有也。乘,亦三分之一也。三分百八而去一,余七十二,是商之数也)。

有三分而复于其所,以是成羽(尹注:三分七十二,而益其一分——二十四,合为九十六,是羽之数也)。

有三分去其乘,适足以是成角(尹注:三分九十六,去其一分,余六十四,是角之数)。

(《管子·地员》。光绪二年浙江书局据明吴郡赵氏本校刻)

按《地员》的损益法,用算式表示,为:

$$1 \times 3 \times 3 \times 3 \times 3 = 9 \times 9 = 81(宫)$$

$$81 \times \frac{4}{3} = 108(徵)$$

$$108 \times \frac{2}{3} = 72(商)$$

$$72 \times \frac{4}{3} = 96(羽)$$

$$96 \times \frac{2}{3} = 64(角)$$

其高低次序(清浊关系)为:

徵:	108	最浊	(最低)
羽:	96	次浊	(次低)
宫:	81	清浊中	(不高不低)
商:	72	微清	(次高)
角:	64	最清	(最高)

《地员》为"五音徵调"系统,以徵音为最低音,也称为下徵调钧法。1978年湖北随县曾侯乙墓出土的编钟钟铭所记录的"钧法"与《地员》的下徵调系统完全相同。[15]下面谈"五音宫调"系统。

《国语·周语下》:"琴瑟尚宫,钟尚羽,石尚角,匏竹利制,大不逾宫,细不过羽。夫宫,音之主也,第以及羽……故乐器重者从细,轻者从大。是以金尚羽,石尚角,瓦丝尚宫,匏竹尚议,革木一声。"[16]所谓"大不逾宫",即宫音最低,"细不过羽",即羽音最高。"革木一声","无清浊之变也"(韦昭注)。

《史记·律书》:"律数:九九八十一以为宫。三分去一,五十四以为徵。三分益一,七十二以为商。三分去一,四十八以为羽。三分益一,六十四以为角。"[17]

《礼记·月令》郑玄注:

"三分羽益一以生角,角数六十四。属木者,以其清浊中,民象也。凡声尊卑,取象五行,数多者浊,数少者清。大不过宫,细不过羽。"[18](盈按:这里的"数多"、"数少",指管、弦的长短)

郑注:"三分宫去一以生徵,徵数五十四。属火者,以其微清,事之象也。"孔疏:"三分宫去一以生徵者,宫数八十一,三分分之,各二十七,去二十七,余有五十四,故徵数五十四也。云'属火者以其微清事之象'者,清者,数少为清,羽数最少为极清,徵数次少为微清。"[19]

郑注:"声始于宫,宫数八十一。属土者,以其最浊,君之象也。"孔疏:"按《律历志》五声始于宫,阳数极于九。九九相乘,故数八十一。以五声中最尊,故云'以其最浊,君之象也'。"[20]

郑注:"三分徵益一以生商,商数七十二。属金者,以其浊次宫,臣之象也。"[21]

郑注:"三分商去一以生羽,羽数四十八。属水者,以为最清,物之象也。"[22]

用算式表示:

$1\times3\times3\times3\times3=9\times9=81(宫)$

$81\times\dfrac{2}{3}=54(徵)$

$54\times\dfrac{4}{3}=72(商)$

$72\times\dfrac{2}{3}=48(羽)$

$48\times\dfrac{4}{3}=64(角)$

其高低次序(清浊关系)为:

宫:	81	最浊	(最低)
商:	72	次浊	(次低)
角:	64	清浊中	(不高不低)
徵:	54	次清	(次高)
羽:	48	最清	(最高)

"五音宫调"系统以宫音为最低。《文心雕龙·声律》说:"商徵

响高,宫羽声下。"既不符合"五音宫调",也不符合"五音徵调",于是遭到两方面的批评。

黄侃说:"彦和此文为误无疑","当云'宫商响高,徵羽声下'"。㉓这是以"五音宫调"来立论的。

詹锳说:"今本《文心雕龙·声律篇》云:'商徵响高,宫羽声下',当是'徵羽响高,宫商声下'之误。"㉔这是以《地员》"五音徵调"来立论的。

我以为黄侃与詹锳的批评都是不可信的。他们用先秦乐律中的调式来指摘齐梁时代声律中的五声,缺乏历史观念,而且对何谓"声"、"响",也茫然无知。迄今为止,海内外那么多"龙学"专家以及文学批评史家,无人对此二语做出正确解释,就是《文心雕龙》中其他一些语句,被人误解者亦不少。下文还有机会讨论有关问题。

二、声律五声的性质

乐律是音乐问题,声律是音韵问题,二者都以五声为基础。声律中的五声既是借用乐律中的五声,也是汉语语音本身跟音乐关系极为密切的反映,所以早期音韵中也采用五声来分析语音。如西汉司马相如(前179—前118)就用"宫商"表示字音的搭配。据《西京杂记》卷二云:

> 友人盛览,字长通,牂牁名士,尝问以作赋。相如曰:"合綦组以成文,列锦绣而为质。一经一纬,一宫一商,此作赋之迹也。"

(中华书局,1985年,第12页。又见《太平御览》卷五百八十七,第2645页)

明确将"言语"和"五声"联系在一起的是东汉的郑玄。《周礼·天官·疾医》"五声"郑注云：

> 五声：言语宫商角徵羽也。

贾公彦疏："云'五声言语宫商角徵羽也'者，宫数八十一，配中央土，商数七十二，配西方金……此五声，数多者声浊，数少者声清，人之言语似之，故云……"㉖正是"言语似之"，成了声律可以借用五声的前提条件。

魏左校令李登"以五声命字"，"凡一万一千五百二十字"㉖，均按五声分类，故其书名为《声类》，其后晋世吕静"放李登《声类》之法，作《韵集》五卷，使宫、商、角、徵、羽各为一篇"㉗，这都是直接以五声来分析语言。用今天的眼光来看，李登、吕静的分类究竟是声母的分类呢还是韵部的分类呢还是声调的分类呢？由于二书失传，难以确证。有一点可以排除，不是声母的分类，《韵集》这个书名已可证是"韵"的问题，但这个"韵"应包括声调在内，而且应以声调为基础。北魏孝文帝太和年间（477—499）崔光（451—523）"依宫商角徵羽本音而为五韵诗，以赠李彪（444—501）。"㉘这里明确说的是"五韵"。当然，这不等于说李登、吕静的韵书总计只有五个韵部，而应该是在五个声调的基础上，各调再划分出若干韵部。这个问题之所以无法求得确证，固然是由于原著失传，无从考证，更深层的原因是音韵学处于滥觞期，乐律中的老术语和音韵学中的新术语同时并用，两套术语之间究竟是一种什么关系，使用者自然很清楚，而后人却莫名所以。对于新的音韵学来说，在相当大的程度上它是由声律学催生出来的。从李登到沈约，从魏晋到齐梁时代,中间有三百余年,产生了一大批声律学家,其中有的就是音韵学家。我们要研究这一阶段的音韵学,就不能不研究这一阶段的声律学,甚至可以说二者是很难分开的。早期的"音韵"二字连用,还不能说是一个词,往往是一个词组。"韵"字的出现是比较晚的。顾炎武《日知录》卷二十一《字》条说:"二汉以上,言'音'不言'韵'。周容(颙)、沈约出,音降而为韵矣。"㉙

"韵"古作"均"。《文选》魏晋间人成公绥(231—273)《啸赋》:"音均不恒,曲无定制。"李善注:"均,古韵字也。《鹖冠子》曰:'五声不同均,然其可喜一也。'晋灼《子虚赋注》曰:'文章叚借,可以协韵。均与韵同。'"㉚清代钮树玉《说文新附考》"韵"字条云:"然古但言'声''音'而不言'韵'。李登尚名《声类》,吕静始名《韵集》耳。"(转引自《说文解字诂林》第四册,第 3190 页)

顾炎武认为"韵"字"必起于晋宋以下"。陈澧指出:"《尹文子》云:'韵商而舍徵。'此'韵'字之见于先秦古书者,亭林偶未考耳。"(《东塾集·卷四·跋音论》,《陈澧集》(壹),上海古籍出版社,2008年,第 146 页)《说文》无"韵"字,《新附》有之,释为"和也"。《玉篇零卷·音部》引《声类》:"音和曰韵也。""音"是什么?贾谊《新书·六术》说:"是故五声宫商角徵羽,唱和相应而调和,调和而成理谓之音。"㉛可证,早期"音韵"连用的意思是指五音协和,也就是字音协和。这种协和的要求不只是韵脚,也包括句子中间的字音搭配的协和。阮元《文韵说》已指出:

> 梁时恒言所谓"韵"者,固指押脚韵,亦兼谓章句中之音韵,即古人所言之宫羽,今人所言之平仄也。

(阮元《揅经室集》1064 页,中华书局,2006 年。又,阮福编《文笔

考》，商务印书馆丛书集成初编本，民国二十五年十二月初版，第5页）

声律就是音韵协和的规律。从这个意义上来说，魏晋至齐梁的声律学也就是音韵学。声律学既关注双声，又关注叠韵，尤其是汉语声调学说更是在声律学中孕育发展起来的。

关于声律学，古今中外研究的文字已相当多，但就鄙见所及，似乎还没有谁指出：所谓的"声律"究竟有哪些"律"。一般的意见都是：声律就是四声八病之学。对于"五声"与声律的关系，声律中"五声"的性质，讨论不多。本节首次将齐梁时代的声律学说概括为四个律条：

1. 清浊律（或曰宫商律、宫羽律）；
2. 声响律（或曰前后律）；
3. 双叠律（包括不得"隔字双声"、"隔越叠韵"）；
4. 四声律（不等于平仄律，平仄律始于唐代近体诗）。

四个律条来自两个系统，一是乐律中的五声系统，一是齐梁时代产生的声调系统。

先说清浊律

上文已谈到，清浊本是乐律术语，是形容五声高低之别的，将清浊以及宫商角徵羽等名称用来分析语音，始于李登、吕静。潘徽《韵纂序》说："末有李登《声类》、吕静《韵集》，始判清浊，才分宫羽。"[②]既然清浊判，宫羽分，文士们就必然会自觉地运用已判之清浊、才分之宫羽于文学创作实践。文学批评史家普遍认为，陆机(261—303)说的"暨音声之迭代，若五色之相宣"，已具有声律性质。《文选·文赋》李周翰对"音声"的注释是:"谓宫商合韵也。至于宫商合韵,递相间错,犹如五色文采以相宣明也。"③ 所谓"宫商合韵"之"韵"并不只是韵脚,而是文辞之间的上下组合要清浊相间,抑扬协和。到了范晔(398—445)时代,对"宫商"、"清浊"与字音的关系已有更深入的专门研究。范晔就宣称:

性别宫商,识清浊,斯自然也。观古今文人,多不全了此处;纵有会此者,不必从根本中来。言之皆有实证,非为空谈。年少中谢庄最有其分,手笔差易,文不拘韵故也。

(《狱中与诸甥侄书》,附《后汉书》第十二册末尾。中华书局,1982年)

文中用"宫商"指代五声,用"清浊"兼赅次清、次浊、最清、最浊等,不能把"宫商"、"清浊"看作是二分法,所以不能与"平仄"画等号。范晔"晓音律"、"善弹琵琶,能为新声"㉞。他能运用乐律于声律,用乐律的术语来说明声律,"斯自然也"。古人本来就认为乐音与语音均生于"人心"。《礼记·乐记》说:"音之起,由人心生也。""情动于中,故形于声,声成文(指声之清浊杂比成文)谓之音。"㉟《文心雕龙·声律》说:"夫音律所始,本于人声者也。声含宫商,肇自血气。先王因之,以制乐歌。故知器写人声,声非学器者也。故言语者,文章关键,神明枢机;吐纳律吕,唇吻而已。"

从范晔的话我们也可以看出,在晋宋时代,"清浊"、"宫商"虽已被用于析声辨字,但"古今文人,多不全了此处"。范晔也可能言过其实,因为范的卒年和周颙的卒年相距不过 40 多年(假定周颙卒于永明末)㊱,这其间正是永明声律学说发育成长期,如果文人们"多不全了此处","四声"说就难以提出,声律学也不可能在永明年间(483—493)突然产生。不过,有一点可以肯定,四声说出现之后,声律学的常用术语、基本术语还是"宫商"、"清浊"等。而且,也如陆厥所言:"前英已早识宫徵,但未屈曲指的,若今论所申。"㊲直到唐朝的释皎然(720?—?)还认为:"乐章有宫商五音之说,不闻四声。近自周颙、刘绘(458—502)流出,宫商畅于诗体,轻重低昂之节,韵合情高,此未损文格。"㊳所谓"屈曲指的","宫商畅于诗体",正说明当时的声律学不仅还是采取"宫商五音之说",而且比之范晔,"今论所申"更能体现"轻重低昂之节"。

即使是大力提倡四声学说的沈约,明明知道,五声四声,"各有所施"㊴,但他还是使用"宫商"这类术语来说明声律问题。如云"宫羽相变,低昂舛节"(《宋书·谢灵运传论》),"自古辞人,岂不知宫羽之殊,商徵之别?"(《答陆厥书》)《文心雕龙》第33篇专讲"声律",并未出现"四声"、"平上去入"这类名词,讲的还是"声含宫商"、"商徵响高,宫羽声下"、"宫商大和"、"左宫右徵"等等。刘勰(467—520)比沈约小20余岁,对沈约等人提倡的"四声八病"学说甚为了解,也深受其影响,但他讲声律时仍然口不离"宫羽",文不离"商徵"。并非守旧,而是清浊杂比、宫羽相变的确是声律学中最基本的律例。"清浊律"影响深远。《切韵》陆法言序:"欲广文路,自可清浊皆通,若赏知音,即须轻重有异。"唐末苏鹗《苏氏演义》云:"陆法言著《切韵》,时俗不晓其韵之清浊,皆以法言为吴人而为吴音也。"㊵南宋魏了翁(1178—1237)《吴彩鸾〈唐韵〉后序》云:"是书号《唐韵》,与今世所谓《韵略》,皆后人不知而作者也。然其部叙于一东下注云:'德红反,浊,满口声。'自此至三十四乏皆然。于二十八删、二十九山之后,继之以三十先、三十一仙,上声、去声亦然,则其声音之道,区分之方,隐然见于述作之表也。今之为韵者,既不载声调之清浊,而平声辄分上下,自以一先二仙为下平之首,不知先字盖自真字而来,学者由之不知而随声雷同,古人造端立意之本失矣。"㊶这段引文中的"一东下注云""浊"和"声调之清浊"跟苏鹗的"韵之清浊"意思是一样的。东韵乃平声,属宫、为浊音、应是六朝遗制。无论从何种意义上来说,六朝韵书的失传,对于音韵学史的研究无疑是永远无法弥补的重大损失!

现在说声响律

从未有人谈过什么"声响律",这个律条是我自己从原始资料中归纳出来的。"声"与"响"的关系应是人人皆知的,但事实上在现代汉语中已不像古人那样把"声"与"响"看作是一种相应关系。古人常常用"形"与"影"、"声"与"响"来形容事物的前因后果、内在联系。我们先看几个一般性的例子:

《庄子·在宥》:"大人之教,若形之于影、声之于响,有问而应之,尽其所怀。"注:"大人之于天下何心哉?犹影响之随形声耳。"㊷

《庄子·天下》:"是穷响以声、形与影竞走也。"成疏:"亦何异乎欲逃响以振声,将避影而疾走者也!"㊸

《春秋繁露·保位权》:"有声必有响,有形必有影。声出于内,响报于外;形立于上,影应于下。响有清浊,影有曲直。"

《列子·天瑞篇》:"《黄帝书》曰:形动不生形而生影,声动不生声而生响。"张湛注:"夫有形必有影,有声必有响,此自然而并生、俱出而俱没。"㊹

《潜夫论·贤难》:"此随声逐响之过也。"㊺

傅咸《鹦鹉赋》:"披丹唇以授音,亦寻响而应声。"㊻

陆云《与陆典书》:"续及延陵,继响驰声。"㊼

谢灵运《佛影铭》:"因声成韵,即色开颜;望影知易,寻响非难。"㊽

王简栖《头陀寺碑文》:"夫幽谷无私,有至斯响。"《文选》李周翰注:"幽深之谷本无情,有声至则必答之以响。"㊾

沈约《齐故安陆昭王碑文》:"接响传声,不逾时而达于四境。"㊿

梁简文帝《筝赋》:"学离鹍之弄响,拟翔鸳之妙声。"㊼

薛道衡《老氏碑》:"大音希声,时振高响。"㊼

"声"、"响"之间的必然性关系如何运用于声律学?就是要求前后相应。所谓前后,不仅是一句之中有前后关系,对于五言诗来说,上句与下句也有前后关系,甚至两联之间也有前后关系。这种关系的实质是字音上的相反相成,对立对仗。清浊相反,高下对立。请看沈约的理论:

若前有浮声,则后须切响。

(《宋书·谢灵运传论》)

诚如朱东润所言:"二语实为音律论之骨干。"但是,"究竟浮声切响,所指何物,后之言者,迄无定论。"㊼而现在的文学批评史家和注释家的共同看法以为是平仄问题。

罗根泽说:"'若前有浮声,则后须切响'——大概同于《文心雕龙·声律》所谓'声有飞沉'。黄侃《札记》云:'飞则平清,沉则仄浊。一句纯用仄浊,或一句纯用平清,则读时亦不便,所谓"沉则响发而断,飞则声扬不还"也。'的确,平声飞而浮,仄声沉而切,所以这种解释,似合沈刘之意。"⑭

朱东润说:"《文心雕龙·声律》,首言'声有飞沉',释之云'沉则响发而断,飞则声扬不还'。沉字盖指切响,飞字则指浮声。《何义门读书记》云:'浮声切响即是轻重,今曲家犹讲阴阳清浊。'即诸家之言论之,浮声切响之指如是。"⑮

郭绍虞说:"蔡氏(指蔡宽夫)说过:'四声中又别其清浊以为双声,一韵者以为叠韵,盖以轻重为清浊尔,所谓前有浮声则后有切响者是也。'根据此节,可知蔡氏所谓清浊,即是轻重,自来音韵学者往往以轻重代平仄,或以轻重来说明平仄。"⑯

郭绍虞主编《中国历代文论选》对"前有浮声后须切响"的注释是:"前,指前一句。后,指后一句。浮声,平声。切响,仄声,包括上、去、入三声。"⑰

王力主编《古代汉语》对这两句话的解释是:"切,不浮。《文心雕龙·声律》说:'凡声有飞沉',浮声正是飞,切响正是沉。浮声可能指平声,切响可能指仄声。"⑱

周振甫《文心雕龙今译》说:"刘勰讲的'声有飞沉',就是沈约在《宋书·谢灵运传论》里讲的'欲使宫羽相变,低昂互节,若前有浮声,则后须切响'。宫羽就是宫商角徵羽,相当于音乐简谱中的1、2、3、5、6。宫商的振幅大而振动数小,声大而不尖,徵羽的振幅小而振动数多,声细而尖。低昂指声的大小说,即前面用了宫商,后面就用徵羽。浮声指宫商声大而不尖,切响指徵羽声细而尖,也即前用宫商,后用徵羽。飞沉,飞指声大,沉指声细,即宫商为飞,徵羽为沉。《文镜秘府论》讲到调声三术,指出宫商是平声,徵是上声,羽是去声,角是入声,上去入即后来所说的仄声。那么所谓宫羽、浮切、飞沉就是后来讲的平仄。'声有飞沉'就是声有平仄。"⑲

以上诸家论"浮切",大同而小异。基本上都把"切响"释为仄声。至于什么叫"切",什么叫"响","切响"与"浮声"究竟是什么关系,为什么是"声""前"而"响""后",都没有说清楚。《古代汉语》的注释对将"切响"释为"仄声"显然有保留,将"切"释为"不浮",于训诂无据。诸家都把"声有飞沉"等同于"浮切",纯属误解,与上下文也不符。

我认为"切"与"沉"、"仄"毫无关系,《文心雕龙》中的"切"字基本上是切合、贴切、正确的意思。所谓"切响"就是与"声"相切合的"响",所以"声"必定在"前","响"必定在"后"。"声"与"响"等于倡和关系。但这个"和"就是刘勰说的"异音相从谓之和"。"前有浮声"或"前有沉声",对"后"文的要求都是"后须切响"。区别在于浮声的后响是"沉",沉声的后响是"浮"。不仅"声"有"飞沉","响"亦有"飞沉",否则就不能"异音相从"了。所谓"切响"不是跟"前声"一模一样,而是"异音相从",这是不切之"切"。周振甫说"前用宫商,后用徵羽",这是对的。但他不懂:若前用徵羽,则后须用宫商。"声"与"响"是"异音相从"的关系,所以不能说"切响"就是徵羽,就是仄声。沈约的话只说了一半(即"前有浮声"),而另一半(即"前有沉声")没有说出来。刘勰说"声有飞沉",替沈约说全了。所以沈约极为重视《文心》,尤重《声律》一篇。"约取读,大重之,谓深得文理,常陈诸几案。"(《南史·刘勰传》)而今人把"声有飞沉"与"前有浮声,后须切响"等同起来,这就错了;又认为"声飞"等于"浮声",这当然不错,而说"切响正是沉",这是把两个问题混而为一了。原来注释家们根本就忽视了"响"与"声"是"异音相从"的关系。声的"沉"不等于响的"沉"。《文心雕龙》的材料有助于我们了解声响律。

1. 商徵响高,宫羽声下。
2. 响在彼弦,乃得克谐;
   声萌我心,更失和律,其故何哉?
3. 声有飞沉,响有双叠。
4. 沉则响发而断,飞则声扬不还。
5. 异音相从谓之和,同声相应谓之韵。韵气一定,故余声易遣;和体抑扬,故遗响难契。
6. 声得盐梅,响滑榆槿。

(《文心雕龙辑注·声律》,上海中华书局四部备要本)

我在前文讲了,第一条材料"商徵响高,宫羽声下",迄今为止,无人对此二语做出正确解释。几乎所有注家都妄改刘氏原文以屈从己说。

首先请注意:"商徵"连用,"宫羽"连用,并非始于刘勰。

《尹文子·大道上》:"韵商而舍徵。"

《礼记·玉藻》:"古之君子必佩玉……左宫羽。"

《宋书·谢灵运传论》:"欲使宫羽相变,低昂舛节。"

沈约《答陆厥书》:"自古辞人,岂不知宫羽之殊,商徵之别?"

《隋书·潘徽传》:"始判清浊,才分宫羽。"

其次,我们要注意,"宫"与"羽"、"商"与"徵"相提并论,有什么内在联系呢?与"声"、"响"有什么联系呢?

原来在"五音宫调"中,"大不逾宫,细不过羽",也就是宫为最浊(最低),羽为最清(最高),二者正好相反;商为次浊(次低),徵为次清(次高),二者亦相反。"声"与"响"为异音相从,也是相反的关系。《韩非子·外储说右上·说三》"疾呼中宫,徐呼中徵"的"疾"、

"徐"也是相反的关系。用五声相反相成的清浊原理来说明"声"、"响"的高下关系,这是"声响律"的要点所在。

第三,既然"商"与"徵"清浊相反,有次低次高之别,为什么只用一个"高"字来表示呢?既然"宫"与"羽"有最低最高之差,为什么只用一个"下"字来表示呢?而且"响"只与"商徵"联系吗?"声"只与"宫羽"联系吗?回答这三个问题就要从修辞方式上来找原因了。骈体文由于句式、字数、对仗的制约,往往要将两个相关的句子合起来理解,这叫互文见义。事实上这两个句子说的是:宫声、羽声、商声、徵声有高下之别,因此宫响、羽响、商响、徵响也有相应的高下之别。高下相应,这就是声响律。《礼记·乐记》说:"小大相成,终始相生,倡和清浊,迭相为经。"沈约、刘勰的声响律,正是以此作为理论根据的。《正义》对这四句话的解释是:

"小大相成"者,十二月律互为宫羽而相成也。
"终始相成(生)"者,五行宫商迭相用为终始。
"倡和清浊"者,谓十二月律先发声者为倡,后应声者为和。黄钟至仲吕为浊,长者,浊也。蕤宾至应钟为清,短者,清也。
"迭相为经"者,十二月之律更相为常,即还相为宫,是乐之常也。

(《十三经注疏·礼记正义》,中华书局,1982年,第1536页)

声响律讲的是字句的音韵问题,当然不可能跟乐律画等号。而且"商徵响高,宫羽声下",完全是假乐律之名来说明"声律"中的"前""后"组合关系。所以紧接两句之后,刘勰就运用他的语言知识,从发音不同说明声响律有发音生理作为基础。"抗喉矫舌之

差,攒唇激齿之异,廉肉相准,皎然可分。"(《文心雕龙·声律》)

抗喉(张喉) 宫[kiuŋ]
矫舌(举舌) 徵[tie]
攒唇(敛唇) 羽[ɣio]
激齿(发齿) 商[ɕiaŋ]

《玉篇》后面所载的《五音之图》应是由刘勰的四音发展而来。四音与五音相比,牙音尚未从喉音中独立出来。周祖谟在《五代刻本〈切韵〉及其声母的读音》一文中说:

书内各韵五音的先后并不确定,但牙音与喉音总是连属在一起的……这一点正反映出晓匣与见溪群疑发音部位相同或相近。相同,即读 x ɣ,相近即读 h ɦ。

(《周祖谟语言学论文集》,商务印书馆,2001年,第266页)

但周先生所论"五音"(喉牙舌齿唇)纯属声母问题,刘勰的喉舌唇齿四音并非单论声母,而是指整个字的发音特点。即使后出的《五音之图》也是一种"含混的辨音",这一点要特别加以强调。正如张世禄所言:"把这五个字音分别形容它们发音的部位和情状,并不是单就辅音而言,还包含着这些字音里元音性质的关系。这种含混的辨音,一方面启示了韵素上'等呼'的区分,一方面在后代又配成了'五音''七音',用这些名称来表明声纽上发音部位的差别。"㊿

刘勰讲的四音,与"声响律"有什么关系呢?必须要与"廉肉相准"这句话联系起来才可理解。

"廉肉"出自《礼记·乐记》,这是一对反义词。郑玄注:"廉肉,声之鸿杀(shài)也。"孔颖达《正义》:"鸿谓粗大,杀谓细小……言声音之宜,或须繁多肉满者,或须瘠少廉瘦者。凡乐器大而弦粗者,其声鸿;器小而弦细者,其声杀矣。"[51]

"廉肉相准",就是音的鸿细互相搭配协调。宫商徵羽又可分为鸿细两类,在文中前后搭配协调,这就是"声"与"响"的律条。

据现有文献记载,在中国音韵学史上,刘勰是第一个提出"喉舌唇齿"四音的人,又是第一个提出音有鸿细(廉肉)的人。他有此两大贡献,却从未有人将其列为语言学家,而且他的某些论说,至今还受到种种曲解。如"声有飞沉,响有双叠","沉则响发而断,飞则声扬不还",都是互文见义。并不是"飞沉"只属于"声","双叠"只属于"响";也不是只有"响""沉"而"声"不"沉",只有"声""飞"而"响"不"飞"。一般注家都没有解释清。刘勰的本意是:声有飞沉,响亦有飞沉。但不能以飞对飞,以沉对沉,而是前飞对以后沉,前沉对以后飞。如果"声""响"均"飞",则扬而不还;如果"声""响"均"沉",则发而如断。所以说"和体抑扬,遗响难契"。后"响"要"契"合前"声",前抑后则扬,前扬后则抑,这才叫作"和"。如果不"和",就犯了声病。八病中的平头、上尾,就是前后两句之间,"声""响"均飞,或"声""响"均"沉",不是有抑有扬,乃至"声""响"不"和"。《文镜秘府论·西卷·文二十八种病》举的"平头"、"上尾"例子有:

平头例:芳时淑气清
　　　　提壶台上倾

"芳时"为前声,"提壶"为后响,前后均平声(飞、浮),故后响不"切"。

  树表看猿挂
  林侧望熊驰

"树"为沉声,"林"为飞(浮)响,堪称为"和";而"表"与"侧"均沉(仄),非"异音相从",后响不"切",犯了"平头"。

  上尾例:西北有高楼
     上与浮云齐

"楼"与"齐"均为浮声,故后响不"切"。沈约说的"两句之中,轻重悉异",就是指前声与后响"悉异"。

  蜂腰与平头、上尾不同,它是一句之内的声响关系问题。如:

  闻君爱我甘
  窃独自雕饰

前声"君"、后响"甘"均飞声,非"异音相从",前声"独"、后响"饰"均沉声,也非"异音相从",故后响不"切"。"和体"要求前声、后响构成"抑扬"关系,故"遗响"难与"余声"契合。

  第二字与第五字是两个节奏点,两点不能重复,应该有"飞"有"沉",或"抑"或"扬"。如果两点均飞(如"君""甘"),"飞则声扬不还";如果两点均沉(如"独""饰"),"沉则响发而断"。

"鹤膝"不是句内问题,也不是出句与对句问题,而是五言诗第一联首句与第二联首句的最末一字(即第五字与第十五字)不得同声。如:

例一:陟野看阳春　登楼望初节
　　　绿池始沾裳　弱兰未央结

"春""裳"同声,均平声字,是谓犯鹤膝。

例二:客从远方来　遗我一书札
　　　上言长相思　下言久离别

"来""思"均平声字,犯鹤膝。(此例见宋魏庆之编《诗人玉屑》卷之十一,上海:古典文学出版社,1958年,第234页)

"声响律"是声律学说的核心。首先倡此说的是沈约,其次是刘勰。沈约说:

若前有浮声,则后须切响。一简之内,音韵尽殊;两句之中,轻重悉异;妙达此旨,始可言文。

（《宋书·谢灵运传论》）

沈约的话完整地表达了"声响律"的内容,而且强调了"此旨"的极端重要性。向来的古典文学批评家、龙学家、注释家、音韵学家都没有用"声响律"的观点来揭示这段话的内在关系,似乎前声后响与"一简"、"两句"的"轻重"无关。沈约说的"轻重"也就是"清浊"

问题,"飞沉"问题。

刘勰说的"商徵响高,宫羽声下","沉则响发而断,飞则声扬不还。并辘轳交往,逆鳞相比",是对沈约"声响律"的进一步阐述。我在前文已有详细解释。

"声响律"对后来唐代的近体诗(格律诗)影响甚大,也可以说律诗就是在此基础上发展起来的。《新唐书·杜甫传赞》云:"研揣声音,浮切不差,而号律诗,竞相袭沿。"这里说的"浮切"就是来自沈约的"声响律"。"律诗"的"律"就是前声后响。"律体虽成于唐,实权舆沈约声病之说。"㉜

本节揭示沈刘二氏的"声响律",借用沈约的话来说,也是"多历年代,而此秘未睹,如曰不然,请待来哲"㉝。

关于双叠律

"双叠"是双声与叠韵的简称。我们用这个简称,是从刘勰那里学来的。所谓"响有双叠"这句话如何理解,下文再谈。

关于双叠有两个内容:一是指双声联绵词,叠韵联绵词;一是指凡声母相同的字为双声,凡韵相同的字为叠韵。前者是双音节单纯词,后者可能是双音节词,也可能是词组,也可能意义上毫无关系。

自从汉末中国人发明了"反切"分析法,双叠知识逐步为人所重视,文士们也自觉地在文学作品中运用双叠律。

范晔《狱中与诸甥侄书》还不忘"清浊"、"宫商",称许"年少中谢庄最有其分"。谢庄(421—466)比范晔小23岁,宋文帝元嘉二十二年(445)范晔被杀,谢庄时年25,沈约才5岁,与谢庄的儿子谢朏同年。谢庄既然如此受到范晔称赞,对声律必有研究,惜无文字传世,从常被人们引用的一个例子可证他对"双叠"异常精通。

《南史》本传有这样一个例子：

> 孝建元年（宋孝武帝刘骏年号，454年）迁左将军。庄有口辩……王玄谟问庄何者为双声，何者为叠韵。答曰："玄护㊾为双声，碻磝为叠韵。"其捷速若此。
>
> （《南史》卷二十，中华书局，1975年，第554页）

"玄护"为人名，"碻磝"为古黄河南岸津渡名（北魏时属卢县，与金墉、虎牢、滑台为河南四镇，军事要地）。"玄护"属匣母，"碻磝"属宵部。妙在本地风光。王玄护其人未加详考，对王玄谟而言应不陌生。碻磝（qiāo áo）即"硗磝"。《广韵·肴韵》："城名，今济州（北魏置，治所在卢县碻磝城，今山东茌平西南）是也。"周祖谟《校勘记》改为"戍名"。《洪武正韵·爻韵》"磝"字条："又硗磝，戍名。硗，又音丘交反。"辞书均未注明"硗磝"即"碻磝"，故略加说明。碻磝其地，有王玄谟的一段伤心往事。宋文帝元嘉二十七年（450年）以王玄谟为宁朔将军，统兵北伐。"前锋入河，军至碻磝，玄谟进向滑台，围城二百余日，魏太武自来救之，众号百万……"㊿玄谟惨败，差一点被杀头。辛弃疾《永遇乐·京口北固亭怀古》说的"元嘉草草，封狼居胥，赢得仓皇北顾"，就是指此战的严重恶果。谢庄的答问，不知王玄谟有何感想，大概是不堪回首吧。

差不多与谢庄同时的羊玄保，有一个儿子叫羊戎，此人说起话来，"好为双声"。《南史》卷三十六羊玄保传有如下记载：

> 江夏王义恭（宋武帝刘裕之子）尝设斋，使戎布床，须臾，王出，以床狭，乃自开床。戎曰："官家恨狭，更广八分。"王笑

曰:"卿岂唯善双声,乃辩士也。"文帝好与玄保棋,尝中使至,玄保曰:"今日上何召我邪?"戎曰:"金沟清泚,铜池摇飏,既佳光景,当得剧棋。"

(《南史》卷三十六,中华书局,1975年,第934页)

官家:见母双声。　　恨狭:匣母双声。

更广:见母双声。　　八分:帮母双声。

(轻唇音当时尚未分化出来)

金沟:见母双声。　　清泚:清母双声。

铜池:定母双声。　　摇飏:以母双声。

(舌上音当时尚未分化出来)

既佳、光景:均见母双声。

当得:端母双声。　　剧棋:群母双声。

下面再举两个北朝的例子,可证在当时的语文天地中,"双声语"已成为社会风尚。

《洛阳伽蓝记·城北》:洛阳东北上商里,人皆弃去住者耻。唯冠军将军郭文远游憩其中,堂宇园林,匹于邦君。时陇西李元谦乐双声语,常经文远宅前过,见其门阀华美,乃曰:"是谁第宅过佳?"婢春风出曰:"郭冠军家。"元谦曰:"凡婢双声。"春风曰:"儜奴慢骂。"

(范祥雍《洛阳伽蓝记校注》,上海古籍出版社,1978年,第249页)

是谁:禅母双声。　　第宅:定母双声。

过佳:见母双声。　　郭冠军家:见母双声。

凡婢:並母双声。　　儜奴:泥母双声。

慢骂:明母双声。

(舌上音、轻唇音在当时的洛阳也未分化出来)

《北史·魏收传》:收外兄博陵崔岩尝以双声嘲收曰:"遇魏收衰曰愚魏。"魏答曰:"颜岩腥瘦,是谁所生,羊颐狗颊,头团鼻平,饭房笭箸,著孔嘲玎。"其辩捷不拘若是。

(《北史》卷五十六,中华书局,1983年,第2038页)

遇魏、愚魏:疑母双声。

收衰:审母双声(但"收"为书母,"衰"为生(山)母。按王力拟音,"衰"的声母为舌叶音[ʃ],"收"的声母在舌面前音[ɕ],二者均为清擦音)。

颜岩:疑母双声。　　腥瘦:心生(审二)声近。黄侃《文字声韵训诂笔记》171页云:"六朝人心审盖不甚分",所举证为:"愚魏衰收",疑误。当为"颜岩腥瘦"。这里涉及精组与照二的关系问题。

是谁:禅母双声。　　所生:生母双声。

羊颐:以母双声。　　狗颊:见母双声。

头团:定母双声。　　鼻平:并母双声。

饭房:并(奉)母双声。　　笭箸:来母双声。

著孔:《北史》卷五十六《校勘记》引钱大昕《考异》云:"'孔'与'著'非双声,当是'札'字之讹。或云:'著'当作'看'。"(2053页)

嘲玎:端母双声。黄侃《文字声韵训诂笔记》153页说:"嘲今在知母,玎在端母,是舌上读舌头,北朝亦然。"

我在上面引用这些材料的目的是为了说明这样一个事实,即双叠律的产生并非偶然,它是当时那种语言风气、文人情趣的必然产物。既然文士们在口语中以运用双叠为才学、为机趣、为韵味,自会将其运用于文学作品之中,并加以律化。违此律音,即为声病。双叠律不一定始于刘勰,但以刘勰的论述最为明确:

> 凡声有飞沉,响有双叠。双声隔字而每舛,叠韵杂句而必睽。

(《文心雕龙·声律》)

我在前文已说过,"声"与"响"、"飞沉"与"双叠"都是互文见义。即前声与后响均有或飞或沉之别,均有或双声或叠韵之异。就双叠而言,从积极方面来看,凡双声字、叠韵字均不可隔开使用。现以《文心雕龙》的句子为例:

> 譬舞容回环,而有缀兆之位;
> 歌声靡曼,而有抗坠之节也。

(《章句》)

"回环"匣母双声,"靡曼"明母双声,均不可隔字使用。

> 螟蛉以类教诲,
> 蜩螗以写号呼。

(《比兴》)

"螟蛉"耕部叠韵,"蜩螗"定母双声,不可隔字使用。

经典沉深，
载籍浩瀚。

(《事类》)

"沉深"侵部叠韵，"浩瀚"匣母双声，不可隔字使用。

从消极方面来看，双叠律就是规定犯声病的律条。"八病"之中有四病属于双叠问题。

"大韵"与"小韵"属八病中的第五病、六病，都是隔越同韵的问题。

大韵例：泾渭扬浊清

这是一句之内隔越同韵，"泾"、"清"均耕部平声。"清"为韵脚，句内不得用同韵字。

良无磐石固
虚名复何益

"石"、"益"均入声锡部。"益"为韵脚，上九字不得用一韵部内的字。(见《文镜秘府论校注》第 425 页)

小韵例：搴帘出户望
霜花朝溁日

第九字用"溁"，第五字不得用"望"。二字均阳部去声。

夜中无与悟

独寤抚躬叹

第七字用"寤",第五字用"悟",二字均模部(王力《汉语语音史·魏晋南北朝音系》)去声,亦为犯小韵。所谓犯小韵,即"除韵以外,而有迭相犯者,名为犯小韵病也"(王利器《文镜秘府论校注》,第426页)。

八病中的"傍纽"、"正纽"属于双声律条。《文镜秘府论》对"傍纽"的解释是:

傍纽诗者,五言诗一句之中有"月"字,更不得安"鱼"、"元"、"阮"、"愿"等之字,此即双声,双声即犯傍纽。

(王利器《文镜秘府论校注》,第428页)

从"月"至"愿"等五字,均属疑母,"元"、"阮"、"愿"、"月"为一纽,乃平上去入关系。

《文镜秘府论》对"正纽"的解释是:

正纽者,五言诗"壬"、"衽"、"任"、"入",四字为一纽。一句之中,已有"壬"字,更不得安"衽"、"任"、"入"等字。如此之类,名为犯正纽之病也。

(王利器《文镜秘府论校注》,第434页)

双声叠韵不同调(四声相承)的四个字为一纽,如"元阮愿月"、"壬衽任入"(分属侵寝沁缉四韵)为两个不同的纽。"正"、"傍"的差别就是：犯本纽字双声隔用为犯正纽。如已有"月"字，不得用"元"、"阮"、"愿"，已有"壬"字，不得用"衽"、"任"、"入"之类。与本纽之外的字会成双声为犯傍纽。何谓"傍"？"傍"乃对"正"而言，意为"别的"、"其他的"。"鱼"、"语"、"御"对"元阮愿月"而言，就是傍纽，就是"别的"、"其他的"双声纽。无论是正纽、傍纽，必须是隔字双声，才会构成声病。

双叠律有正确的方面，如不能将联绵字拆开使用，双声叠韵可以构成对仗关系。毛病是过于烦琐，难以遵循。

关于四声律

"四声律"是本文首创。我之所以要提出这个概念，是要将"四声"与"四声律"加以区分。四声不等于声律。

四声是客观存在，四声律是人为的主观的绝对规定。四声是语言问题，四声律是创作问题（即语言运用问题）。四声律的基本内容包括在"八病"之中。

周、沈等人发明四声⑥，在汉语音韵学史上无疑是伟大的创举；以四声用于文学创作，以四声为基础建立永明声律学说，也是了不起的创举。但是，以"八病"为戒条，这就犯了形式主义错误。

只有将"四声"和"四声律"这两个既有联系又有区别的概念分别清楚，我们才能正确地评价周沈等人的功过是非，才能正确地了解为什么当时有那么多名家批评沈约的声律学说。批评者对"四声"这一新发明、这一新鲜事物当然会有可能采取保守主义的态度，但根本点不是反对"四声"，而是反对"四声律"。

齐明帝建武元年(494)，23岁的陆厥(472—499)写信给54岁的五兵尚书(五兵指中兵、外兵、骑兵、别兵、都兵。三国魏置，齐、梁、陈因之，即后代的兵部尚书)沈约，并未直接反对四声说，而是批评其对前人的评价不公正,反对他用声病说贬抑前贤。

> 但观历代众贤,似不都暗此处,而云"此秘未睹",近于诬乎!
>
> 今许以有病有悔为言,则必自知无悔无病之地,引其不了不合为暗,何独诬其一合一了之明乎!
>
> (《南史・陆厥传》,中华书局,1975年,第1195—1196页)

所谓"病",所谓"悔",所谓"暗",所谓"明",都是指合"律"不合"律"的问题,也就是犯不犯声病的问题。当然,犯不犯声病的前提是能否区别四声,但四声存在于人们口头之中,自然而然,而所谓"病"、"暗"是沈约等人"生"出来的,是主观规定。拿自己的规定来要求"历代众贤",非"诬"为何? 沈约的复信也是就声律而言:"韵与不韵,复有精粗,轮扁不能言之,老夫亦不尽辩此。"(1197页)

北魏孝文帝、宣武帝时代的甄琛(字思伯,? —524)曾作《磔四声》,实际上也是对四声律不满。"以为沈氏《四声谱》不依古典,妄自穿凿,乃取沈君少时文咏犯声处以诘难之。"[57]所谓"犯声"就是沈氏本人的诗作违背了他自己规定的四声律。沈约的《答甄公论》[58]指出五声不同于四声,解释"周孔所以不论四声者",以四时之中就有四声之象,"故不标出之耳";又说"圣人有所不知"。对于"犯声"问题却没有做出正确回答,反而强调"能达八体,则陆离而华洁"。"八体"即"八病",也就是四声律的基本内容。

齐梁时代的钟嵘(466? —518)对四声律也持批评态度。

> 昔曹刘(指曹植、刘桢)殆文章之圣,陆谢(指陆机、谢灵

运)为体贰之材,锐精研思,千百年中,而不闻宫商之辨,四声之论。或谓前达偶然不见,岂其然乎?

故三祖之词,文或不工,而韵入歌唱,此重音韵之义也,与世之言宫商异矣。今既不被管弦,亦何取于声律耶?

齐有王元长(467—493)者,尝谓余云:"宫商与二仪俱生,自古词人不知之……"尝欲造《知音论》,未就而卒(齐永明十一年被杀,年仅27岁)。王元长创其首,谢朓(464—499,36岁被杀)、沈约扬其波……于是士流景慕,务为精密,襞积细微,专相凌架。故使文多拘忌,伤其真美。余谓文制,本须讽读,不可蹇碍,但令清浊通流,口吻调利,斯为足矣。至平上去入,则余病未能,蜂腰鹤膝,闾里已具。

(钟嵘《诗品下·序》。吕德申《钟嵘诗品校释》,北京大学出版社,1986年,第154—157页)

对于钟嵘这些具有理论意义、历史意义的主张历来有两种误解。一种误解认为钟嵘反对四声学说;第二种误解说钟嵘"尝求誉于沈约,约拒之"[69],于是在《诗品》中故意贬低沈约,"盖追宿憾,以此报约也"[70]。

第一点涉及版本问题。从"至平上去入"至"已具",《四库全书总目》卷一九五、1780页作"蜂腰鹤膝,仆病未能,双声叠韵,里俗已具"。潘重规《中国声韵学》第161页引作"平上去入,闾里已具,蜂腰鹤膝,余病未能"。二家所引,均与流行本迥异。潘氏所引前两句与李季节《音韵决疑序》说的"平上去入,出行闾里"意思一样。即使不计较版本差异,也只能说钟嵘对四声说不理解,他所反对的还是四声律,而不是"四声"本体。关于第二点,《南史》作者李延寿所据史料是否属实,甚为可疑。明胡应麟《诗薮》外编卷二云:"休文……诸作材力有余,风神全乏,视彦升(任昉,460—508,竟陵八友之一)、彦龙(范云,451—503,竟陵八友之一),仅能过之。世以钟氏私憾,抑置中品,非也。"⑪《四库全书总目》亦有评说:"按约诗列之中品,未为排抑。惟《序》中深诋声律之学,谓'蜂腰鹤膝……'是则攻击约说,显然可见,然亦不尽无因也。"(1780页)《总目》的评说很对,钟嵘这段话的重点是批判四声律,而不是否定四声说。

直到唐代,四声说早已确立不移,而四声律仍然遭受"深诋"。卢照邻说:"八病爰起,沈隐侯永作拘囚;四声未分,梁武帝长为聋俗。后生莫晓,更恨文律烦苛;知音者稀,常恐词林交丧。"⑫释皎然说:"沈休文酷裁八病,碎用四声,故风雅殆尽。后之才子,天机不高,为沈生弊法所媚,懵然随流,溺而不返。"⑬

四声律并不是少数人的主张,就在唐代也还有相当影响,释皎然狠批沈约,但也不是从根本上否定声律。"碎用四声"有害,而只要"作者措意,虽有声律,不妨作用"⑭。"用律不滞,由深于声对"⑮。日本遍照金刚说:

　　沈侯、刘善之后,王、皎、崔、元之前,盛谈四声,争吐病犯,黄卷溢箧,缃帙满车。

　　(《文镜秘府论·天卷·序》,中国社会科学出版社,1983年,王利器校注本第9页)

　　颙、约已降,兢、融以往,声谱之论郁起,病犯之名争兴;家制格式,人谈疾累;徒竞文华,空事拘检;灵感沉秘,雕弊实繁。窃疑正声之已失,为当时运之使然。洎八体、十病、六犯、三疾,或文异义同,或名通理隔,卷轴满机,乍阅难辨,遂使披卷者怀疑,搜写者多倦。予今载刀之繁,载笔之简,总有二十八种病,列之如左。

(《文镜秘府论·西卷·论病》,第 396 页)

这两段引文中提到论"病犯"的名家共计 7 人,除周颙、沈约为齐梁时人(这里周沈并提,重在"声谱"。严羽《沧浪诗话·诗体》小注云:"四声设于周颙,八病严于沈约。"周颙并无声病说),其余均为隋唐时代的人。刘善即刘善经,王为王昌龄,皎即皎然,崔指崔融,元指元兢。"病犯"总共有 28 种之多,其中不全是"碎用四声"的问题,有对仗问题、修辞问题、意境问题。

关于声病说的兴衰历史,唐代殷璠(天宝时人)《河岳英灵集·叙》有简要概括:

曹、刘诗多直语,少切对,或五字并侧,或十字俱平,而逸驾终存。然挈瓶庸(盈按:"庸"乃错字,当据《文苑英华》、《文镜秘府论》改为"肤")受之流,责古人不辨宫商徵羽,词句质素,耻相师范。于是攻异端,妄穿凿,理则不足,言常有余,都无兴象,但贵轻艳。虽满箧笥,将何用之?自萧氏以还,尤增矫饰。武德初,微波尚在。贞观末,标格渐高。景云(按:唐睿宗年号,710—711)中,颇通远调。开元十五年(727)后,声律风骨始备矣。

(李珍华、傅璇琮《河岳英灵集研究·河岳英灵集(校点)》,中华书局,1992 年,第 117 页。王利器《文镜秘府论校注》第 346、347 页,二书文字略有出入)

殷璠所言"声律",与齐梁时代的声律虽有关系,内容却已有不同。根本不同之点是四声律已发展为平仄律。平仄律不同于四声律,也不同于五声中的"双音结构",这是我们要分辨的又一组概念。

所谓五声中的"双音结构",是指"宫商"并提,"宫羽"并提,"宫徵"并提,"徵商"并提,我在前文已经谈到,从来都把这种并提结构误以为平仄律。陈澧的观点很有代表性。他说:

> 古以四声分为宫商角徵羽,不知其分配若何。《宋书·范蔚宗传》云:"性别宫商,识清浊",此但言"宫商",犹后世之言平仄也,盖"宫"为平"商"为仄欤?《谢灵运传论》云:"欲使宫羽相变,低昂舛节",《隋书·潘徽传》云:"李登《声类》,吕静《韵集》,始判清浊,才分宫羽",此皆但言"宫羽",盖"宫"为平"羽"亦为仄欤?《南齐书·陆厥传》云:"前英已早识宫徵",此但言"宫徵",盖"宫"为平"徵"亦为仄欤? 又云:"两句之内,角徵不同",此但言"角徵",盖"徵"为仄"角"亦为平欤? 然则孙恤但云"宫羽徵商"而不言"角","角"即平声之浊欤? 以意度之当如是,然不可考矣。

(《切韵考·通论》卷六,北京市中国书店,1984年,第7页。又《陈澧集》(叁),上海古籍出版社,2008年,第223—224页)

陈澧这段话大前提就有问题。他说"古以四声分为宫商角徵羽",这句话有什么根据? 李登"以五声命字",沈约谱调四声,他们都没有"以四声分为宫商角徵羽",李季节虽"谓宫商徵羽角即四声",但如何具体"命字","分配若何",不得而知。陈澧以平仄附会五声中的"双音结构",纯属"意度"之辞。"宫商"、"宫羽"、"商徵"等双音结构,前文已有解释,"宫徵"、"角徵"⑯也是清浊高低问题。孙愐《唐韵·序》说的"参宫参羽半徵半商",还是"宫羽"、"徵商"分别并提,为什么"不言角",陈澧认为"角即平声之浊",亦毫无根据。孙愐这段话似乎无有确解,不唯陈澧未得其正解,其他解释亦不足信。先将原文引述如下,再加讨论。

> 论曰:切韵者,本乎四声,纽以双声叠韵,欲使文章丽则、韵调精明于古人耳。或人不达文性,便格于五音为定。夫五音者,五行之响,八音之和,四声间迭,在其中矣。必以五音为定,则参宫参羽,半徵半商,引字调音,各自有清浊。若细分其条目,则令韵部繁碎,徒拘桎于文辞耳。
>
> (《广韵·陈州司法孙愐〈唐韵序〉》。盈按:这段话的作者究竟是不是孙愐,仍属疑案)

从这段话里绝对得不出"宫羽徵商"相当于平上去入的结论。陈澧不仅将二者等同起来,还进一步认为:"四声各有清浊,孙愐之论最为明确。"这里的"各"到底是指什么,"清浊"是指"五音"的清浊呢,还是指"四声"的"清浊"呢?我以为陈澧又误解了孙愐。

在中国古代乐律系统中,"宫、羽、徵、商"是四个基本音级,简称为"四基"。1978年随县出土的曾侯乙墓编钟,经专家研究,其乐律关系就是以"宫商徵羽"为核心。古人论音级时,往往以"宫羽"并提,"商徵"并提。例如晋潘岳《笙赋》:"设宫分羽,经徵列商。"⑰也有以"宫商"并提,"徵羽"并提。如北魏陈仲儒《答有司咨问立准以调八音状》:"若尺寸少长,则六十宫商相与微浊;若分数加短,则六十徵羽类皆小清。至于清浊相宣,谐会歌管……寻调声之体,宫商宜浊,徵羽用清。"⑱孙愐说的"各自有清浊",很明显是指用"辨五声清浊之韵"的方法来辨字音⑲,不只是声调问题。陈澧还回避了一个重要问题,"宫"、"羽"前面那个"参"读什么音,是什么意思;"徵"、"商"前面那个"半"字又是什么意思。如果孙愐在这里说的"宫羽徵商"即相当于"四声",为何要加以"参"与"半"呢?

清人邹汉勋《五均论·论〈声类〉〈韵集〉规㭫》条云:"夫'参宫参羽'者,五韵之下,各析为三类,所谓'才分宫羽'者,此也。"又《八呼表》条云:"所云'参宫参羽'者。'宫''羽'五声之终始,五而参之,则十五矣。"(蔡梦麒校点《邹叔子遗书七种》,第 290、287 页)今人詹锳不赞同此说,另有新解。他说:

> 按孙愐《唐韵序后论》所谓"参宫参羽,半徵半商",乃指四声与五音难以配合,盖其调有抑扬,或参有宫之成分,或参有羽之成分,或前半为徵,后半为商。而邹汉勋竟误"参"为"叁",牵强附会,并分韵部十五类以实之,失其旨矣。
> (《四声五音及其在汉魏六朝文学中之应用》,见《中华文史论丛》,中华书局,1963 年,第三辑第 168 页)

邹汉勋以"五韵之下,各析为三类"来解"参宫参羽",的确不可信。如"参"为分成三类,那么"半"又如何解释,总不能说是各析为半类吧。但邹汉勋读"参"为"叁"是对的,说"宫"、"羽"乃"五声之终始"也是完全对的,这一点比陈澧高明。詹锳的说法倒是望文生义,不得要领。

我以为孙愐说的"参宫参羽,半徵半商",还是乐律问题。不仅"宫羽"赅五声,"徵商"也赅五声而言,区别在"参"与"半"。"参"与

"半"指五音十二律相生法。

"参"就是"三",即三分损益法。"参宫",三分宫数八十一;"参徵",三分徵数五十四;"参商",三分商数七十二;"参羽",三分羽数四十八。"角"不再三分,故不言"角"。"半"就是半声,即子声、半律,为十二律中相邻两音之间的音程。王应麟《小学绀珠》卷之一"四清声"条,引"朱文公曰:半律,《通典》谓之子声。后人失之,唯存四律有四清声,即半声也。"杜佑《通典》卷一四三"五声十二律相生法"云:

> 半者,准半正声之半,以为十二子律,制为十二子声。比正声为倍,则以正声于子声为倍;以正声比子声,则子声为半。……其为半正声之法者,以黄钟之管,正声九寸为均,子声则四寸半。……故有正声十二,子声十二,分大小有二十,以为二十四钟,通于二神,迭为五声,合有六十声,即为六十律。其正管长者为均之时,则通自用正声五音;正管短者为均之时,则通用子声为五音。亦皆三分益一减一之次,还(xuán)以宫商角徵羽之声得调也。
>
> (杜佑《通典·乐三·五声十二律相生法》,岳麓书社,1995年,第1917、1918页)

六十律只是理论上的说法,实际操作"业已繁杂难用"⑱,根本不可能用来"引字调音"。所以孙愐说:"若细分其条目,则令韵部繁碎。"可见他所说的"各自有清浊",绝对不是四声各自分清浊,而是"参宫参羽半徵半商""各自分清浊"。《礼记·乐记》:"倡和清浊,迭相为经。"郑注:"清,谓蕤宾至应钟也;浊,谓黄钟至中吕。"孔颖达疏:"倡和清浊音,谓十二月律先发声者为倡,后应声者为和。黄钟至仲吕为浊,长者,浊也;蕤宾至应钟为清,短者,清也。""十二月之律,更相为宫,即还相为宫,是乐之常也。"⑪五音分清浊,十二律分清浊,这套理论对"四声"当然有借鉴作用。孙愐说的"四声间迭"就是陆机《文赋》所说的"音声之迭代",即清浊相间,平上去入如何搭配组合的问题。只不过陆机向无平仄观念,孙愐时代(唐天宝年间,742—755)平仄律已经确定。

从四声律发展为平仄律,中间约二百年。永明时代的声律学说虽有清浊对立、声响对立的观念,但并无平仄对立的观点。将四声按平仄一分为二,乃近体诗的声律标准。"平仄(或平侧)一词,在现存文献中,据一般考证最早即见于《河岳英灵集》的《叙》里。"⑫(盈按:即前引殷璠语:"或五字并侧,或十字俱平。")

四声律与平仄律的根本差别在:前者"碎用四声",后者将"上去入"简约为一个"仄"字。这种简约之所以成为可能,原因之一,汉语四声分布的特点为二元对立结构。刘滔已有论述:⑬

> 刘滔又云:四声之中,入声最少,余声有两,总归一入,如征整政隻、遮者柘隻是也。平声赊缓,有用处最多,参彼三声,殆为大半。且五言之内,非两则三……

(《文镜秘府论·文二十八种病》,王利器校注本第413页)

从音质而言,平声有"赊缓"的特点,足以与其他三声构成语音上的对立关系;从韵律空间而言,平声"有用处最多","五言"之中,有"两""三"字之多。

原因之二,创作实践产生了韵律的平仄化。四声律作为"律"

而言，也就是作为一种理论而言，几乎是"八病"的同义语，但在实际创作中它是难以行得通的，在实际创作中管用的还是平仄律。从这个意义上来说，四声律也有一定的积极意义，它既包含了平仄律的内容，也促进了平仄律的产生。不经过四声律的"碎用"阶段，就不可能产生平仄律。错误往往是正确的先导，因为错误中往往包含导致正确的因素。

平仄律也有一个发展过程。宋人李之仪（元丰中举进士）《姑溪居士文集·谢人寄诗并问诗中格目小纸》说："近体见于唐初，赋平声为韵，而平侧协其律，亦曰律诗。由有律体，遂分往体；就以赋侧声为韵，从而别之，亦曰古诗。"[㊹]宋人张表臣《珊瑚钩诗话》三："沈宋而下，法律精切谓之律。"[㊺]以"上去入"合为仄声，初唐应该已成为事实。而侧声这个术语在元兢（罗根泽疑元兢即元思敬，唐高宗、武后时人）的《诗髓脑》和王昌龄的《诗格》中还未出现。《诗髓脑》说：

拈二者，谓平声为一字，上去入为一字。第一句第二字若安上去入声，第二、第三句第二字皆须平声。第四、第五句第二字还须上去入声，第六、第七句第二字安平声，以次避之。

（张伯伟《全唐五代诗格汇考》，凤凰出版社，2005年，第115页。王利器《文镜秘府论校注》第56、57页亦引此文，二书文字略有出入）

元兢这段话三次"上去入"并提，且合"为一字"，其实一个"侧（仄）"字便可了之，而他不用这个"侧"字，肯定是在他的观念中还没有"侧"这个概念，术语一般总是晚于事实。王昌龄与殷璠是同时代人，"侧"声已见于文献，而《诗格》对侧声的表述还是用"上去入"三个字。如云：

> 上去入声一管。上句平声,下句上去入;上句上去入,下句平声。以次平声,以次又上去入;以次上去入,以次又平声。如此轮回用之,直至于尾。两头管上去入相近,是诗律也。

（张伯伟《全唐五代诗格汇考》,第 149 页。《文镜秘府论校注》,第 36 页）

元兢、王昌龄说的都是五言律诗的平仄格式,却未用"侧"字,至少可以说明,三声合为一"侧"的术语,在开元天宝年间虽已出现,却还未被普遍接受。

三、四声学说产生的原因及其意义

四声学说不产生于先秦,不产生于两汉,也不产生于魏晋,而恰恰产生于刘宋萧齐之间,原因有四。

原因之一,先秦两汉,汉语的四声尚不完备。其时只有平声、上声、入声(入声又分为长入、短入),去声尚未产生。段玉裁《六书音均表·古四声说》指出:"去声备于魏晋","考周秦汉初之文,有平上入而无去,洎乎魏晋,上入声多转而为去声,平声多转而为仄声,于是乎四声大备,而与古不侔。"[36]王力"深信段玉裁古无去声的说法","认为他的话是对的"[37]。在《汉语语音史》中,王先生"从六个方面来证明汉代没有去声"[38]。"汉代确实还有长入一类声调,基本上还没有变为去声。"[39]

"古无去声"的理论对我们研究四声学说产生的时代有重要意义。既然汉末尚无"四声",当然就不可能凭空产生出四声学说,正如王力所言:"沈约撰《四声谱》,以为在昔词人累千载而不悟。他们不知道,汉代以前,根本没有平上去入四声之分,在昔诗人怎能'悟'得出来呢?"[50]既然魏晋时代"四声"刚刚"大备",在人们的认识上就不可能立刻做出全面反映,故3世纪的李登、吕静只能以五声命字的方式来编韵书。起码要到5世纪下半叶,也就是150年之后,周颙才"始著《四声切韵》行于时"[51]。从魏晋"四声大备"到周颙首创四声学说,时间是很充分的。这期间经历了由漫长的酝酿走向系统的建立,由民间自发的认识到文人学士的自觉总结,四声学说才得以最后确立。

有人把"四声大备"的时间和四声学说产生的时间乃至和四声律产生的时间混为一谈,这也是极其错误的。"四声大备"是实际语音发展的结果,四声学说是人们对这一"结果"的认识和描写。先有"结果",后有"认识和描写",中间有一个半世纪之久。两者之间的时间定位,既不能往前推,也不能往后挪,只能如此。

在清代就有人主张:"四声起于永明",这是把四声律产生的时间和"四声大备"的时间混而为一了。故段玉裁明确指出:"其说非也。"[52]段玉裁虽未提出"四声律"这一概念,但他懂得,语言中四声的"大备",四声学说的提出,四声律的运用,这是三个有关联而又性质不同的问题。他说:

> 永明文章,沈约、谢朓、王融辈始用四声以为新变(原话出自《南史·庾肩吾传》)。五字之中,音韵悉异;一(盈按:原文作"两")句之内,角徵不同。(语出《南史·陆厥传》)梁武帝不好焉,而问周捨(周颙之子)曰:"何谓四声?"捨曰:"'天子圣哲'是也。"(语出《南史·沈约传》)谓如以此四字成句,是即行

文四声谐协之旨,非多文如梁武不知平上去入为何物,而捨以此四字代平上去入也。取《宋书·谢灵运传论》及《南史》沈约、庾肩五(吾)、陆厥传、《梁书·王筠传》读之自明。

(《说文解字注·六书音均表》,上海古籍出版社,1981年,第815、816页)

"永明文章……始用四声以为新变","新变"指"永明体"的产生,这就是我在前文已经指出的,乃"四声律"的问题,当然不能据此得出结论:"四声起于永明"。段玉裁只点出沈、谢、王的大名,根本不提周颙,可证段氏对四声学说的提出和四声学说运用于"文章"这两件事是严格区别开来的。阮元更进一步指出,沈约《谢灵运传论》、《答陆厥书》所提倡的声律学说:"实(《揅经室集》"实"字作"乃")指各文章句之内有音韵宫羽而言,非谓句末之押韵脚也。(原注:即如:雌霓连蜷,"霓"字必读仄声是也)是以声韵流变而成四六,亦只论章句中之平仄,不复有押韵脚也。四六乃有韵文之极致,不得谓之为无韵之文也。《昭文》(盈按:指《文选》,《揅经室集》第1065页"文"字作"明",是)所选不押韵脚之文,本皆奇偶相生有声音者,所谓韵也。休文所矜为创获者,谓汉魏之音韵乃暗合于无心,休文之音韵乃多出于意匠也。"(《文韵说》,此文作于道光乙酉年(1825)三月[33])

我在这里把"三个有关联而又性质不同的问题"严加区别,不仅有益于认识四声学说产生的原因,也可证四声大备的年代只能定在魏晋。这三个问题不是孤立的,应作通盘研究。

原因之二,乐律中的五声促进了声律中的四声学说的产生。

五音有清浊之别,"宫羽调音,相参而和"[34]。这个原埋对人们发现汉语四声有直接启发作用。汉语字音也有清浊、轻重、缓急、长短的不同,运用于诗歌,如同"宫羽调音,相参而和"。清浊可以细分为最清、最浊、次清、次浊、不清不浊,这就启发人们对语音作进一步分析。于是在反切知识的基础之上,在完全掌握了双声叠韵知识的基础之上,终于总结出"四字一组,或六字总归一组(入)"[95]的四声谱,这完全合乎认知逻辑。

从古代诗与乐的关系而言,四声学说产生于刘宋萧齐时代也具有一定的必然性。在《诗经》时代,乐府时代,诗是可歌可唱的,乐是曲调,诗是歌辞。调的宫羽相参而和,也就是辞的宫羽相参而和,正如孙愐所言:"四声间迭,在其中矣。"(《唐韵·序》)到乐府消亡,诗不入乐,调与辞分家,歌辞本身的韵律就突显出来了。韵律的核心是声调,区分四调,四调如何组织搭配,只能以五声的组合搭配为譬。北宋范祖禹的儿子、秦少游的女婿范温在《潜溪诗眼》中说:"自三代秦汉,非声不言韵;舍声言韵,自晋人始。"[96]钱锺书认为:"吾国首拈'韵'以通论书画诗文者,北宋范温其人也。"[97]"范氏释'韵'为'声外'之'余音'遗响,足徵人物风貌与艺事风格之'韵',本取譬于声音之道。""韵必随声得聆,非一亦非异,不即而不离。"[98]范与钱论音乐与诗韵的关系,非常透辟。尤可注意者,为什么"自晋人始""舍声言韵",我以为正是诗乐分家的结果。诗虽不入乐,还可以清唱,可以吟诵,无韵就不能成为诗。诗的音乐美、韵律美,只有通过四声"相参而和"才得以表现。

钟嵘对永明声律学说提出批评,其理由之一是:"故三祖之词,文或不工,而韵入歌唱,此重音韵之义也,与世之言宫商异矣。今既不被管弦,亦何取于声律耶?"[99]范温的话正好与钟嵘这段话合契。"三祖"(曹操、曹丕、曹叡)的诗是可以入乐的,"声"与"韵""非一非异","不即不离"。沈约时代诗已"不被管弦",故"舍声言韵",而用的术语还是借用乐律中"宫商",名之曰"声律",钟嵘表示异议。其实,钟嵘批评"四声律"即声病说,这是对的,而对诗乐分家之后必然会产生为诗歌服务的"声律"说,他却很不理解。

总起来看,乐律对四声学说的产生有积极与消极两方面的原因。积极原因就是无论乐律与声律均需"宫羽调音,相参而和",韵律美的要求是一致的。消极原因是诗乐分家,"舍声言韵"。"所谓韵者,固指押脚韵,亦兼谓章句中之音韵"(阮元《文韵说》),于是以四声为内容的声律学说就建立起来了。沈约对于声律学说的建立,有大功也有大过。大功是开辟了一个诗歌的新时代,大过是"碎用四声",以"八病"束缚诗歌的发展。

我在本文已多次谈到,五声(音)不等于四声,但有两条材料还应向读者做出交代。

一条是唐代元兢《诗髓脑》说:"宫商为平声,徵为上声,羽为去声,角为入声。"[100]王利器校注认为,其说可能来自李概的《音韵决疑序》。而后人却将此说直接归到沈约《四声谱》和周颙《四声切韵》中。如王应麟《小学绀珠》卷一"四声"条:

平　开。宫,上平;商,下平。
上　发。徵。
去　收。羽。
入　闭。角。
沈约传四声谱,周颙注四声切韵。[101]

康熙年间进士宫梦仁编的《读书纪数略·人部·艺术类·四声》

条[102],其内容与上引文一样,只是没有提周颙《四声切韵》。

这种材料不可能出自周、沈之手,他们不可能以上平下平分宫商,读沈约《答陆厥书》、《答甄公论》,就可知他对五声、四声的看法,这里不详细讨论。

另一条材料是唐末段安节《乐府杂录》中的以平声配羽,上声配角,去声配宫,入声配商,徵声为上平声调(即阳平)[103]。这条材料的搭配关系是正确的,反映了近代汉语语音的变化,我在《论普通话的历史发展》中有讨论,而研究语音史的人谁也没有注意到这条材料的重要价值。与这条材料相关的是日僧安然(Annen,841—889 或 903 之间)《悉昙藏》中所反映的唐代几种声调系统,那都是早期近代汉语要研究的问题,与我们这里讨论的五音与四声关系不是一回事。安然所记载的声调系统,平山久雄先生有详细介绍,可参阅《平山久雄语言学论文集》(商务印书馆,2005 年,第 113 页)。

原因之三,文体的演进与四声学说的产生可以说得上是血肉关系。

首先是赋,其次是骈文,其次是五言诗。这三种文体都是讲究韵律的。骈文虽不押韵,但很讲究声音对仗,讲究句中韵律,五言诗汉代已产生,而韵任自然,与永明体大不相同。这里只讲赋与四声学说的关系。赋不仅有韵脚,而且句子中间也要求"一经一纬,一宫一商"[104],"丽词雅义,符采相胜,如组织之品朱紫,画绘之著玄黄"[105]。所谓"经纬"、"宫商"、"朱紫"、"玄黄",其寓意都含有声音清浊、高下、缓急的组合问题。生活在公元 3 世纪下半叶吴语区的陆机(261—303,华亭人,今上海市松江县)在《文赋》中谈到"音声迭代,若五色相宣"的特点,根据这一原则来检验一下《文赋》是如何"音声迭代"的,从而可以看出"四声"学说与赋体的关系。

《文赋》除序言外,通篇押韵。全文共计 21 个韵段,四声分用,丝毫不紊。依次为:

平去平平去去平平入平去平平平上去平入上平平。

第二个韵段臻摄字与深摄字的"浸深"相押,"深"读式禁切。

第三个韵段"翰,音胡安切"、"叹,音他干切",均读平声。

第六个韵段"长",《文选》音伫亮反,读去声。

第十一韵段"纬"、"伟"均读去声。

第二十韵段"勠",《文选》音留。《说文》段注引嵇康、吕静、《尚书音义》等材料,并引《文赋》"勠"与"流求"为韵,认为"此相传古音也"[⑩]。

21 个韵段:平声占 12 个韵段

上声占 2 个韵段

去声占 5 个韵段

入声占 2 个韵段

我们揭示《文赋》四声严格分用这一特点,其重要意义有二:一是四声经界分明,说明陆机的语言中只有四个声调,不是三个,也不是五个,更不是声调还没有产生,二是四声分用的性质等于没有"谱"的"四声谱",如果广泛地收集归纳这种分用的材料,四声学说不就出来了吗?下面的问题就是等待有人以"平上去入"来命名了。

前人只注意到《文赋》有平仄对立的特点,这是远远不够的,而且也不完全符合事实,必须揭示其四声分用的押韵规律,才有利于了解四声学说与赋体的密切关系。

以上说的是韵脚的四声分用,下面看句中韵律。《文赋》多为六字句,一句之内有两个节奏点,两点也构成对立。如:

伫中区(平)　以玄览(上)
颐情志(去)　于典坟(平)
遵四时(平)　以叹逝(去)
瞻万物(入)　而思纷(平)
悲落叶(入)　于劲秋(平)
喜柔条(平)　于芳春(平)
(例六平平同调,例外)

四字句比较少,也为两个节奏点,上二下二。

收视(去)　反听(平)
耽思(平)　傍讯(去)
精骛(去)　八极(入)
心游(平)　万仞(去)

也有上一下三句式。如:

炳(上)　若缛绣(去)
悽(平)　若繁弦(平)
来(平)　不可遏(入)
去(去)　不可止(上)

这种"迭代"关系，从后人的观念来看，基本上是平仄对立(阮元《文韵说》:"古人所言之宫羽，今人所言之平仄也。"此言失之粗疏)，但也不尽然，其中有去——入、上——去、去——上之间的对立。作赋的人，为了掌握这种对立关系，"迭代"关系，就必须要了解汉语有四个声调，而且要懂得利用这四个声调的不同，创造出有"迭代"关系的具有音乐美的赋文。隋代刘善经《四声指归》云："陆公（指陆机）才高价重，绝世孤出，实辞人之龟镜，……至于四声条贯无闻焉耳。"⑩此论缺乏分析。陆氏未立"四声"之名，却能辨别四声之实，未明言"条贯"，而创作中已"同条牵属，共理相贯"，为百余年后四声说的出现奠定了坚实的基础，这一点是古今研讨四声的人所未注意到的。到了南北朝，文人的字音知识一般已很丰富，而且也很讲究。沈约与王筠论字音的故事值得一谈。

> 约制《郊居赋》，构思积时，犹未都毕，示筠草。筠读至"雌霓（原注:五的反）连蜷"，约抚掌欣抃曰："仆恐常人呼为霓（原注:五兮反）。"次至"坠石碨星"及"冰悬埳而带坻"，筠皆击节称赞。约曰："知音者希，真赏殆绝。所以相要，政在此数句耳。"

(《南史・王昙首》附王筠传，中华书局，1975年，第609页)

《类篇・雨部》"霓"字有平去入三音：研奚切、研计切，又倪结切、倪历切。宋人王观国《学林》卷八引《南史》"雌霓连蜷"注，作五结反，非五的反。《昭明文选》卷三张衡《东京赋》以"设铩霓旍"为韵，"霓"字李善注"五结反"。《文选》卷十一何晏《景福殿赋》以"霓泄"为韵。《广韵・屑韵》五结反收"霓"字，与"䫹"同 小韵。据《学

第四章　魏晋南北朝语言学

林》⑩和《增韵》、《古今韵会举要》和《洪武正韵》等载,北宋范镇为参知政事,召试学士院,用"彩霓"字作平声,"考试者引《郊居赋》以为证"(《学林》第260页)"谓范为失韵"。事情闹到司马光那里,司马光与范镇为好友,说:"约《赋》但取声律便美,非'霓'不可读为平声也。"⑩

司马光的意见是对的。但"声律美""美"在哪里呢？从来无人谈及。我以为沈约之所以高度重视"霓"字的读音,以至于"抚掌欣抃",因为如果读五兮切,"雌霓"(南北朝时均支部字)就变成叠韵关系了,岂非自犯声病！"连蜷"乃联绵字,"故作叠韵,此即不论"⑩。另外,沈约之前的赋家已用"霓"为入声,尽管"常人呼为"五兮反(可证入声一读在口语中已不通行),而沈约还用为五的反(或五结反),就显得文章典雅,于古有据。我们从这个例子中可以获知:沈约对字音是下过死功夫的。他能继周颙之后写出《四声谱》,四声学说与沈约这个名字紧紧联系在一起,这是理所当然的。

如果说陆机对"四声"的实际运用是"音韵天成,皆暗与理合"⑪,那么周颙、沈约的理论总结已完全进入了自觉阶段,这是一次了不起的飞跃。可惜,《四声切韵》、《四声谱》均早已失传。明清时代的音韵学家甚至误以为《唐韵》来源于约《谱》；有的无聊文人"又称家藏有《四声韵》及约故本"；康熙年间广东香山县某监生"自言得沈约《四声谱》古本于庐山僧今睹(dǔ)"⑪。现在真正能考见约《谱》面貌的文献资料是日本僧人空海(774—835)《文镜秘府论·调四声谱》。

空海,法名遍照金刚,死后追封弘法大师。唐德宗贞元二十年(804)随日本遣唐使来华留学,宪宗元和元年(806)回国。《文镜秘府论》一书保存了丰富的音韵资料、声律资料。其中"天卷"首列

《调四声谱》,一般认为此即沈约之《四声谱》。《调四声谱》一开头便说:"诸家调四声谱,具例如左:平上去入配四方。东方平声(平伻病别),南方上声(常上尚杓),西方去声(祛麩去刻),北方入声(壬衽任入)。"所谓"诸家",可证此《谱》乃空海综合而成,非约《谱》原样。又以"平上去入配四方",也与约说不符。沈约《答甄公论》以四声配四时。认为"昔周孔所以不论四声者……以其四时之中,合有其义,故不标出之耳"⑬。这个说法当然不科学。但空海所录"诸家四声谱"的确与沈约有关,关系就在那个纽字图,先将原图列出:

凡四字一纽,或六字总归一纽(当作"入")
(平)皇　滂　光　荒
(上)晃　旁　广　怳
(去)璜　傍　珖　侊

(入)镬　薄　郭　霍

(平)禾　婆　戈　和
(上)祸　泼　果　火
(去)和　鲅　过　货

上三字,下三字,纽属中央一字,是故名为总归一入。⑭

盈按:这个纽字图按原样直排,故不可按从左至右横着读,应按原书从上至下读。所谓"上三字",如"皇晃璜";"下三字",如"禾祸和";"纽属中央一字",如入声"镬"字。这个排列次序体现了语音

(声、韵、调)的系统性。上三字代表阳声的平上去,下三字代表阴声的平上去。四声中入声是"纽",既纽联平、上、去,又纽联阴与阳。此图之入声,既与阳声相配,又与阴声相配,如:"皇晃璜镬","禾祸和镬"。阴阳入之所以能相配,说明其主要元音必同。我们用王力先生《汉语语音史·魏晋南北朝音系》的韵部来对比此图,这个纽字图正是歌铎阳相配,其主要元音为[ɑ],"下""中""上"的语音关系是:[ɑ]、[ɑk]、[ɑŋ]⑩。纽字图以双声叠韵为基础,竖读为双声,横读为叠韵。纽字图的重大意义是解决了四声相承的问题,陆机只有四声分用,还不懂得四声相承。只有解决了四声相承的问题,按四声编制韵书才有可能。也就是说,没有沈约的纽字图,就很难出现后来的《切韵》之类的以四声为纲的韵书。从这个意义上说,沈约在中国音韵学史上的地位乃是"元勋"一级人物,其功显然在颜之推、陆法言之上。当年的沈侯,面对自己如此重大的发现,洋洋自得地宣布:"自灵均以来……此秘未睹。"⑯这绝对不是自我吹嘘。毛头小伙陆厥批评其声病说是对的,而对沈侯的"冠世伟才"⑰缺乏足够的尊重,这就是小伙子的不是了。学术一定要有伟才,而如何认识伟才,对待伟才,恐怕并不比伟才的出世容易啊!

这里还要稍加论证,我们把空海《调四声谱》的纽字图等同于沈约的《四声谱》,有什么根据?王利器《文镜秘府论校注》第23页注⑤引任学良的考证文字,足资参考⑱。又宋本《玉篇》附有沙门神珙《四声五音九弄反纽图》,序文说:"夫欲反字,先须纽弄为初,一弄不调,则宫商靡次。昔有梁朝沈约创立纽字之图,皆以平书,碎寻难见。"⑲戴震《书玉篇卷末声论反纽图后》断定神珙为元和以后人⑳。"珙所为图远在沈休文后,祖述休文者也。"珙研究过沈约的"纽字之图",非"圆图"亦非"方图",而是"平"面展开,与空海所引正好一致。空海、神琪应该年代相差无几,当时约《谱》还流行于世,这是可以肯定的。约《谱》与周颙对"体语"的研究应该有关。唐代封演《封氏闻见记》卷二说:"周颙好为体语,因此切字皆有纽,纽有平上去入之异。"孙愐说:"切韵者,本乎四声,纽以双声叠韵。"体语也叫双声语。根据四声纽以双叠,首创之功应归周颙。

周、沈研究四声的目的是什么?当然不是为研究语言学,而是为了玩文学。"作五言诗者,善用四声,则讽咏而流靡"[121],"妙达此旨,始可言文"[122],而"前世文士便未悟此处"[123]。呜呼!人类许多重大发现,都是入迷的"玩家"玩出来的,与意识形态无关也。

原因之四,梵文字音分析知识的启发。佛教东传,悉昙字母之学随之输入,对反切之学、四声之学的产生无疑有很重要的意义。如经师转读的声法中有"高调"、"平调"、"折调"、"侧调"等[124],肯定跟四声有关。《高僧传》卷十三,"经师"篇后论说的"平折放杀(shài)"也可以使人联想到汉语中的"平上去入"[125]。但当时人在具体操作上究竟如何运用梵学知识研究四声,1934年4月陈寅恪在《清华学报》玖卷贰期发表《四声三问》提出了自己的看法:

初问曰:中国何以成立一四声之说?即何以适定为四声,而不定为五声,或七声,抑或其他数之声乎?

答曰:……以除去本易分别,自为一类之入声,复分别其余之声为平上去三声……实依据及摹拟中国当日转读佛经之三声。而中国当日转读佛经之三声又出于印度古时声明论之三声也。

再问曰:……无论何代何人皆可以发明四声之说,何以其说之成立不后不先适值南齐永明之世？而创其说者非甲非乙，又适为周颙、沈约之徒乎？

答曰：南齐武帝永明七年二月二十日，竟陵王子良大集善声沙门于京邸，造经呗新声⑬。实为当时考文审音之一大事。在此略前之时，建康之审音文士及善声沙门讨论研求必已甚众而且精。永明七年竟陵京邸之结集，不过此新学说研究成绩之发表耳。此四声说之成立所以适值南齐永明之世，而周颙、沈约之徒又适为此新学说代表人之故也。

三问曰：……四声与五声之同异究何在耶？

答曰：宫商角徵羽五声者，中国传统之理论也。……至平上去入四声之分别，乃摹拟西域转经之方法，以供中国行文之用。……然则五声说与四声说乃一中一西，一古一今，两种截然不同之系统。

（《金明馆丛稿初编》，三联书店，2001年，第367—381页）

1985年饶宗颐在《论四声说与悉昙之关系兼谈王斌、刘善经、沈约有关诸问题——文心雕龙声律篇书后》一文中的第四大段对陈说提出驳议："《三问》文中所陈，与史实多未吻合。"他对第一个问题的驳议是：

周颙著有《四声切韵》，书已不传……其性质……为切韵反音之事，用宫商以四声定韵。……沈约已言四声总归一入，其上下三声之平上去，且有阴声阳声之辨。足见其时审音专家，对平上去入分别已严，何须借重印度远古围陀（Veda，盈按：即吠陀）之三声，始能订其调值而制出平上去三声之名乎？

永明四声之成就,在于韵律之避重递,使文章丽则,而非四声名称之创立。李槩固已明言:"平上去入,出行闾里",知民间已习知,如家常便饭也。故不得如寅老说,"文士依据及摹拟转读佛经之声分别定为平上去之三声"。

他对第二个问题的驳议是:

当日(盈按:指永明七年二月二十日)子良集诸僧于鸡笼山邸第所造者实是转经之事,诸文士未闻参预。谓周沈辈加入此一新声工作,史无明文,此其一。

何以谓之新声? 因支谦康僧会均先造呗,并著录于僧祐之《经呗导师集》。此种转读实为经师唱导,事属僧乐之声曲折,与永明体之诗律,不应混为一谈,此其二。

元嘉以来读经道人名有专录(见《经呗导师集》第十八),故《高僧传》于经师、导师别为论次,颙固非此道中人也。此其三。

(《古汉语研究》,中华书局,1996年,第一辑,第304—306页。上海文艺出版社1996年出版的饶宗颐《澄心论萃》第87篇《四声三问质疑》为此文之摘要)

饶宗颐的基本论点是可信的。既然一、二两个问题,陈说言之无据,第三个问题所谓"四声说乃一中一西"也就站不住了。但饶说亦有不当之处。佛教音乐文化,在魏晋南北朝时代逐渐发展为三种形式:呗赞、转读、唱导。饶说"此种转读实为经师唱导",把经师转读与唱导混而为一了。"转读"与"唱导"性质不同,《高僧传》第十三讲得很明白。《出三藏记集·法苑杂缘原始集目录序》中的《二十一首经呗导师集》包括呗赞、转读、唱导三个方面的内容,在解释"梵呗新声"的"新声"时,引《经呗导师集》中的支谦、康僧会与之比拟,又是把呗赞与转读混而为一了。据中央音乐学院袁静芳教授说:"当时(指魏晋)传诵的梵呗,除曹植'鱼山梵呗'外,均为西域僧侣所传之梵文梵呗。"[127]月支(氏)人支谦的"赞善提连句梵呗"三契、康居国僧侣康僧会制"泥洹梵呗",都属于梵文梵呗,与用汉语咏经转读不同。用汉语咏经转读,制定曲调,也始自曹植"删治《瑞应本起》,以为学者之宗"[128]。竟陵王子良在鸡笼山西邸招致名僧所造之"经呗新声",也是用汉语制定转读经文的新曲调,因为有"撰集异同,斟酌科例"[129]的特点,所以才称之为"新声"。此事《高僧传·经师后论》有明文记载,与四声说毫无关系。可陈寅恪是考证名家,他既然把"新声学说"与"考文审音"、"四声说之成立"联在一起,而饶宗颐的"质疑"也有个别含混之处,故不惜篇幅,略加说明。

周颙、沈约、王融等人都是佛学专家,他们研究四声学说肯定会受到悉昙之学的启发,他们也著有佛学方面的诗文。如《出三藏记集》第十二卷的《经呗导师集》中有一首《齐文皇帝令舍人王融制法乐歌辞》[130]。《广弘明集》卷三十和《乐府诗集》卷七十八都收了这首辞。周叔迦说:"(此辞)显然是歌颂释迦如来一生事迹。现在虽不知其曲调,无疑是用梵呗来歌唱的。"[131]而这个27岁就死于非命的王融(467—493,字元长)就对钟嵘说过这样的话:

"宫商与二仪俱生,自古词人不知之。"(王融)尝欲造《知音论》,未就而卒[132]。

这是很可惜的。钟嵘认为声律学说的发展,是"王元长创其首,谢朓、沈约扬其波"。声律学的产生跟四声的产生不是一回事,所以刘善经说:"宋末以来,始有四声之目。沈氏乃著其谱论,云起自周颙。"[13]周颙虽生卒年不详,但刘宋孝武帝时,他已随益州刺史萧惠开入蜀,"为厉锋将军,带肥乡、成都二县令,仍为府主簿"[13]。他在宋末提出"四声之目",是完全可信的。陈寅恪以为"值南齐永明之世而周颙沈约之徒又适为此新学说"的主张,与刘善经的说法显然不合,这桩公案应该可以画上句号了。

关于四声学说的意义。

汉语是有声调的语言。"声调这个东西,在中国语言里头,它的负担非常重。"[13]从《诗经》时代起,声调在诗歌语言中的作用就已经很明显,但古代的"声调"与今义不同。古代"声调"这个词,最初是指"五声"(或七声)的乐调,引申为泛指韵文的音律节奏等。现代汉语"声调"这个词,赵元任说是由他"杜撰"的"一个名词"[13]。四声学说的产生改变了整个汉语音韵学的面貌。反切法只解决了单个字音的切分问题,双声叠韵之学有益于声母系统韵母系统的建立,但声调问题不解决,还是无法把声与韵组建成一个完整的音韵系统。四声乃切韵之本,故沈括说:"自沈约为四声,音韵愈密。"[13]如何个"密"法?《切韵》之类的韵书和后来的韵图,其架构之严谨,其组织之有序,无不得益于四声。

四声学说的产生根源于文体的演进,而文体的演进又深受四声的影响与制约。无论是律诗还是律赋,无论是对联还是铭箴赞颂,无论是宋词元曲还是京戏地方戏,甚至是散文,都要求有音韵知识,区分四声乃基本功。

这就涉及中国古代的教育制度、考试制度。隋唐兴起的科举制度,以经义取士,也有以诗赋取士的规定。所以,一个儿童,从接受教育的那一天起,老师就要对他进行声律启蒙,就要授以四声平仄之学,就要学会对对子,学会利用各种各样的"官韵",准备参加政府的各级考试。宋人吴曾说:

> 赋家者流,由汉晋历隋唐之初,专以取士,止命以题,初无定韵。至开元二年(714),王邱员外知贡举,试《旗赋》,始有八字韵脚,所谓"风日云野,军国清肃"。
> (《能改斋漫录》卷二,中华书局上海编辑所,1960年,第27页)

隋、唐初为什么"无定韵"呢?为了标准一致,阅卷方便,能有效地限制考生自由发挥,几乎所有的考试制度都喜欢一刀切,喜欢程式化。之所以"无定韵",不是政府不主张,不是考官发慈悲,而是考试制度的发展往往有一个过程。唐代科举考试增加诗赋内容始于唐中宗神龙元年(705)。

> 调露二年(680,唐高宗第十个年号)考功员外刘思立奏请:加试帖经与杂文,文之高者放入策。寻以则天革命,事复因循。至神龙元年方行三场试,故常列诗赋题目于榜中矣。
> (王定保《唐摭言·试杂文》卷一,中华书局,1960年,第9页)

从神龙元年到开元二年才十个年头,就产生了"八字韵脚"的死规定,而且是四平四仄,仄声也是不能混用的。《容斋随笔·续笔》卷十三《试赋用韵》条说:"自太和(唐文宗年号)以后,始以八韵为常。"[⑬]似不确。由于四声平仄之学与科举制度联系紧密,又由于韵书为文士必读之书,稍有疏忽,就会"犯格"、"犯韵"、"落韵"[13],危及人生出路。其必然结果是一千三百余年间,四声知识大普及,用韵知识大普及。周沈时的专家之学变而为文化常识,变而为文化制度,变而为汉语音韵学的基本组成部分。所有这些,都是"善识声韵"的汝南周颙,"文皆用宫商"、"以气类相推毂"的吴兴沈约、陈郡谢朓、琅玡王融[14]所始料未及的。

本书用好几万字的篇幅来研讨五音与四声的关系,五音、四声与声律的关系,以及研讨四声的产生、四声的发现、四声学说的运用等问题,是因为这些问题从未有人认真解决,从未得到科学的如实的阐述,而这些问题在中国古代语言学史上乃至在文化学术史上都有极其重要的地位和意义。

注:

① 陈寅恪:《四声三问》。原载1934年4月清华学报第9卷第2期。后收入《金明馆丛稿初编》,三联书店,2001年。
② 张清常:《李登〈声类〉和"五音之家"的关系》。原载1956年《南开大学学报》(人文科学)第1期。后收入张清常《语言学论文集》,商务印书馆,1993年。
③ 詹锳:《四声五音及其在汉魏六朝文学中之应用》。见《中华文史论丛》第三辑,1963年。
④ 唐兰:《论唐末以前的"轻重"和"清浊"》。《国立北京大学五十周年纪念论文集》,1948年。
⑤ 魏建功:《论〈切韵〉系的韵书——〈十韵汇编·序〉》。原载1936年5卷3期《国学季刊》。后收入《魏建功文集》(贰),江苏教育出版社,2001年。
⑥ 王国维:《五声说》。见《观堂集林》卷八,中华书局,1994年。又:王国维遗著《观堂书札(与罗振玉先生论学手札)》第四十四札。见《中国历史文献研究集刊》第一集。

⑦ 戴震:《声韵考·书刘鉴切韵指南后》。见《戴震全集》(五),清华大学出版社,1997年,第2286页。
⑧ 邹汉勋:《五均论》,《邹叔子遗书七种》。蔡梦麒校点。岳麓书社,2011年。
⑨ 陈澧:《切韵考·卷六·通论》,中国书店,1984年。又见《陈澧集·切韵考·通论》,第叁册,上海古籍出版社,2008年,第218页。
⑩ 《十三经注疏·礼记正义》,第2527页。
⑪ 《十三经注疏·春秋左传正义》,第2107页。
⑫ 《国语·周语下》,上海古籍出版社,1982年,第123页。
⑬ 王光祈:《中国音乐史》,广西师范大学出版社,2005年,第15页。
⑭ 同上书,第7页。盈按:将"小素之首"释为"小弦之首",即将《管子》的律数与弦律联系起来(崔宪《曾侯乙编钟钟铭校释及其律学研究》,人民音乐出版社,2000年,第161页)。
⑮ 黄翔鹏:《均钟考——曾侯乙墓五弦器研究》,原载武汉音乐学院学报《黄钟》1989年第12期。转引自崔宪《曾侯乙编钟钟铭校释及其律学研究》,第268页。
⑯ 《国语·周语下》,上海古籍出版社,1982年,第127页。
⑰ 《史记·律书》,第1249页。
⑱ 《十三经注疏·礼记正义》,第1353页。
⑲ 同上书,第1364页。
⑳㉑ 同上书,第1372页。
㉒ 同上书,第1380页。
㉓ 黄侃:《文心雕龙札记》,华东师范大学出版社,1997年,第149页。
㉔ 詹锳:《四声五音及其在汉魏六朝文学中之应用》,载《中华文史论丛》第三辑,第165页。
㉕ 《十三经注疏·周礼注疏》,第667页。
㉖ 封演:《封氏闻见记》,赵贞信校注本,中华书局,1958年,第6页。
㉗ 《北史·江式传》,中华书局,1983年,第1280页。
㉘ 《北史·崔光传》,第1622页。
㉙ 《日知录》下册之七,商务印书馆国学基本丛书本,民国二十四年四月四版,第75页。
㉚ 《六臣注文选》卷十八,商务印书馆四部丛刊初编缩本,第344页。盈按:

"韵"字产生之后,作为音乐用语,与"均"有别。宋人蔡絛《铁围山丛谈》卷二说:"乐曲凡有谓之均、谓之韵。均也者,宫徵商羽角合变徵为之,此七均也……韵也者,凡调各有韵,犹诗律有平仄之属,此韵也。"(第23页)

㉛ 贾谊:《新书·六术》卷八,上海古籍出版社,1991年,第59页。
㉜ 《隋书·潘徽传》,中华书局,1973年,第1745页。
㉝ 《六臣注文选》卷十七,商务印书馆四部丛刊初编缩本,第312页。
㉞ 《南史·范晔传》,第848、849页。
㉟ 《十三经注疏·礼记正义》,第2527页。
㊱ 周颙生卒年不详。有卒于永明六年、七年等推断,但"均无实据","颙于永明八年尚存"。说见饶宗颐《论四声说与悉昙之关系兼谈王斌,刘善经有关诸问题——文心雕龙声律篇书后》。载《古汉语研究》第一辑,中华书局,1996年,第305页。此文的节录篇以《四声三问》质疑》为题收入著者《澄心论萃》,胡晓明编,上海文艺出版社,1996年,第224页。又:曹道衡、刘跃进著《南北朝文学编年史》,第284、285页对周颙卒年亦有讨论。认为"周颙卒年至少在本年(指永明八年)冬季以后",其"卒年的下限","至迟不会晚于永明十一年"。(人民文学出版社,2000年)周颙为发现四声的首要功臣,对于他的生卒年,我们理应高度关注。
㊲ 《南史·陆厥传》,第1196页。
㊳ 释皎然:《诗式·明四声》。清何文焕辑《历代诗话》(上),中华书局,1981年,第26页。
㊴ 沈约:《答甄公论》。王利器《文镜秘府论校注》,中国社会科学出版社,1983年,第102页。
㊵ 《苏氏演义》卷上,辽宁教育出版社新世纪万有文库本,1998年,第11页。
㊶ 《鹤山先生大全文集》卷五十六,四部丛刊初编本。魏了翁,字华父,号鹤山。庆元五年进士。
㊷ 郭庆藩:《庄子集释》第二册,中华书局,1982年,第395页。
㊸ 同上书,第1113、1114页。
㊹ 杨伯峻:《列子集释》,中华书局,1985年,第18页。
㊺ 王符:《潜夫论·贤难》卷一,上海古籍出版社,1990年,第8页。
㊻ 《艺文类聚》卷九十一,上海古籍出版社,1999年,第1576页。又:严可

均辑:《全晋文》(上)卷五十一,商务印书馆,1999 年,第 536 页。

㊼ 严可均辑:《全晋文》(中)卷一〇三,第 1086 页。

㊽ 严可均辑:《全宋文》卷三十三,商务印书馆,1999 年,第 323 页。

㊾ 《六臣注文选》卷五十九,商务印书馆四部丛刊初编缩本,第 1089 页。

㊿ 同上书,第 1104 页。

(51) 严可均辑:《全梁文》(上),商务印书馆,1999 年,第 88 页。

(52) 严可均辑:《全隋文》卷十九,商务印书馆,1999 年,第 215 页。

(53)(55) 朱东润:《中国文学批评史大纲》,上海:古典文学出版社,1957 年,第 41 页。

(54) 罗根泽:《中国文学批评史》(一),上海:古典文学出版社,1957 年,第 171 页。

(56) 郭绍虞:《中国文学批评史》,上海:新文艺出版社,1955 年,第 79 页。

(57) 《中国历代文论选》上册,中华书局,1962 年,第 176 页。

(58) 王力:《古代汉语》(修订本)第三册,中华书局,1981 年,第 1128 页。

(59) 周振甫:《文心雕龙今译》,中华书局,1986 年,第 300 页。

(60) 张世禄:《中国音韵学史》下册,上海书店,1984 年,第 25 页。

(61) 《十三经注疏・礼记正义》,第 1544 页。

(62) 胡震亨:《唐音癸籤》卷一,中华书局,1959 年,第 3 页。

(63) 《宋书・谢灵运传论》。见《六臣注文选》(五),卷五十,商务印书馆四部丛刊初编缩本,第 948 页。

(64) 《文镜秘府论・西卷・文二十八种病》引谢庄语作"悬瓠"(王利器校注本,第 432 页),明胡震亨《唐音癸籤》卷一引此语作"互护"(中华书局,1959 年,第 3 页)。

(65) 《南史・王玄谟传》,第 464 页。

(66) 我在这里特意用了"发明"这个词,因为有人在讲堂上批评说:"四声是不能发明的。"可陈寅恪《四声三问》说:"无论何代何人皆可以发明四声之说。"罗根泽:《中国文学批评史》(一)第三篇第四章第四节的标题就是"四声的发明",难道这两位大学者都用错了词?《现代汉语词典》第 5 版"发明"义项③"创造性地阐发,发挥"。四声学说的提出难道不属于"创造性地阐发"?

(67) 王利器:《文镜秘府论校注》,中国社会科学出版社,1983 年,第 97 页。

(68) 同上书,第 101 页。

⑥⑦　《南史·钟嵘传》,第1779页。

⑦　《诗薮》,上海古籍出版社,1979年,第152、153页。

⑦　《卢照邻集·南阳公集序》,中华书局,1980年,第71页。

⑦⑦　释皎然:《诗式·明四声》,清何文焕辑《历代诗话》(上),第27页。

⑦　同上书,第26页。

⑦　"宫徵"并提亦见《文镜秘府论·天卷》元兢引沈约语。(王利器《校注》本第54页)"宫商"为浊,"徵羽"为清,"宫徵"并提,乃取一浊一清。关于"角徵"并提有两种可能性的解释。一种是按《地员》"下徵调钧法",角最高,徵最低,二者清浊对立。一种是五音的排列为"角徵宫商羽",(见《文镜秘府论校注》第54页:"元氏曰:声有五声,角徵宫商羽也。")"角徵"并提即包括"宫商羽"在内。总之,与"平仄"不能等同。

⑦　《六臣注文选》卷十八,商务印书馆四部丛刊初编缩本,第339页。

⑦　杜佑:《通典·乐三》卷一四三,岳麓书社,1995年,第1921页。又,《册府元龟》(七),卷五六七,中华书局,2003年,第6809—6810页。

⑦　同上书。又,王国维《天宝韵英陈廷坚韵英张戬考声切韵武玄之韵诠分部考》:"唐人所谓清浊,盖以呼等言。"(《观堂集林》(二),第388页)裴务齐正字本《刊谬补缺切韵》说:"小韵3671。注云:2120韵清,1551韵浊。"这里的清浊也应是呼等之别,与声调无关。

⑧　王光祈:《中国音乐史》,第43页。

⑧　《十三经注疏·礼记正义》,第1536页。

⑧　李珍华、傅璇琮:《河岳英灵集研究》,中华书局,1992年,第71页。又,任铭善《无受室文存》第406页:"始以平侧命声者,今所见惟殷璠《河岳英灵集》为先。"(浙江大学出版社,2005年)

⑧　刘滔:《南史》作"刘绦",字言明,为《后汉书》作注的刘昭之子。《南史》(六),第1777页。

⑧　转引自王利器:《文镜秘府论校注》第316页注⑬。

⑧　《珊瑚钩诗话》亦以"古"与"律"对言:"苏李而上,高简古澹谓之古;沈宋(指沈佺期、宋之问)而下,法律精切谓之律。"见《历代诗话》(上),中华书局,2001年,第476页。

⑧　《说文解字注·六书音均表一》,上海古籍出版社,1981年,第815页。

⑧⑧　王力:《汉语语音史》,《王力文集》第十卷,山东教育出版社,1987年,第129页。

㉘ 同上书,第134页。
㉙ 同上书,第199页。按:王先生说"汉代以前根本没有平上去入四声之分",不是指先秦无声调,而是指"平上去入"这种性质的"四声"还不完备。同书89页:"我认为上古有四个声调,分舒促两类。"
㉑ 《南史·周颙传》,第895页。
㉒ 《说文解字注·六书音均表一》,第815页。
㉓ 阮福编:《文笔考》,商务印书馆丛书集成初编本,民国二十五年十二月初版,第5页。又,《揅经室集》(下),中华书局,2006年,第1064、1065页。
㉔ 刘善经语。见《文镜秘府论·文二十八种病》,王利器校注本,第413页。
㉕ 《文镜秘府论校注》,第23页。
㉖ 钱锺书:《管锥编》第四册,中华书局,1979年,第1362页。
㉗ 同上书,第1361页。
㉘ 同上书,第1364、1365页。
㉙ 钟嵘:《诗品下·序》。
⑩ 《文镜秘府论校注》,第54页。
⑪ 王应麟(1223—1296)《小学绀珠·律历类》卷一,第15页。中华书局,丛书集成初编本。
⑫ 宫梦仁:《读书纪数略》卷三十二,上海古籍出版社四库类书丛刊,1994年,第448页。
⑬ 《乐府杂录·别乐识五音轮二十八调图》第42页:"用宫商角羽并分平上去入四声。其徵音有其声无其调。"中华书局,1958年。又,辽宁教育出版社本,1998年,第20页。
⑭ 司马相如答盛览(字长通)语。见晋葛洪著《西京杂记》卷二《百日成赋》条,中华书局,1985年,第12页。
⑮ 《文心雕龙·诠赋》。
⑯ 《说文解字注·力部》"勥"字。上海古籍出版社,1981年,第700页。
⑰ 王利器:《文镜秘府论校注》,第73页。
⑱ 王观国:《学林》卷八,第295页"霓"字条。
⑲ 《古今韵会举要·齐韵》"霓"字条,中华书局,2000年,第86页。又,《洪武正韵·齐韵》,第36页"霓"字条。
⑳ 王利器:《文镜秘府论校注》,第424页。
㉑ 《宋书·谢灵运传论》,见《宋书》卷六十七,第994页,岳麓书社,1998

年。又,《六臣注文选》卷五十,商务印书馆四部丛刊初编缩印本,第 948 页。

⑫ 《四库全书总目·小学类存目二》,《韵经》条,中华书局,1983 年,第 382 页。

⑬ 王利器:《文镜秘府论校注》,第 102 页。

⑭ 同上书,第 24—25 页。

⑮ 《王力文集》第十卷,山东教育出版社,1987 年,第 138 页。

⑯ 《宋书·谢灵运传论》,《六臣注文选》卷五十。

⑰ 严可均辑:《全齐文·谢朓·酬德赋》卷二十三,商务印书馆,1999 年,第 235 页。

⑱ 任学良曰:"按此《四声谱》,即沈约《四声谱》也。安然《悉昙藏》所引《四声谱》,与此全同。……"

⑲ 《宋本玉篇》,北京市中国书店,1983 年,第 540 页。

⑳ 《戴东原集》(上),商务印书馆万有文库本,民国二十八年,第 71 页。又见《戴震全书》第叁册,黄山书社,2010 年,第 325 页。

㉑ 沈约:《答甄公论》。《文镜秘府论校注》,第 102 页。

㉒ 《宋书·谢灵运传论》。

㉓ 沈约:《答陆厥书》。见《南齐书·陆厥传》第 473 页,岳麓书社,1998 年。

㉔ 梁释慧皎撰、汤用彤校注《高僧传》第 502 页:"高调清彻,写送有余。""智欣善能侧调,慧光喜飞声。"第 505 页:"释法隣平调牒(叠)句,殊有宫商。"第 508 页:"僧辩折调,尚使鸿鹤停飞。"

㉕ 《高僧传》,中华书局,2004 年,第 508 页。

㉖ 《南史·齐武帝诸子·竟陵文宣王子良传》:"竟陵文宣王子良,字云英,武帝第二子也。……武帝即位,封竟陵郡王、南徐州刺史,加都督。永明二年,为护军将军,兼司徒。……五年,移居鸡笼山西邸……招致名僧,讲论佛法,造经呗新声,道俗之盛,江左未有。"第 1101、1103 页。

㉗ 袁静芳:《中国汉传佛教音乐文化》,中央民族大学出版社,2003 年,第 4 页。

㉘㉙ 《高僧传·经师》,第 507 页。又,《续谈助·殷芸小说》:"中华佛法,虽始于汉明帝,然经偈故是胡音。……今梵呗皆(曹)植依拟所造也。"中华书局,丛书集成初编本,第 84 页。

㉚ 释僧祐:《出三藏记集》,中华书局,2003 年 10 月北京第 2 次印刷,第 486

㉛ 周叔迦：《佛教基本知识》，中华书局，2002年11月北京第4次印刷，第74页。
㉜ 吕德申：《钟嵘诗品校释》，北京大学出版社，1986年，第156、157页。
㉝ 王利器：《文镜秘府论校注》，第80页。
㉞ 《南史・周颙传》，第894页。
㉟ 赵元任：《语言问题》，商务印书馆，1980年，第63页。
㊱ 同上书，第59页。
㊲ 沈括撰，胡道静校注《新校正梦溪笔谈》卷十五，中华书局，1958年2月上海第2次印刷，第159页。
㊳ 洪迈：《容斋续笔》卷十三"试赋用韵"条所举《旗赋》"以风日云舒军容清肃为韵"，故云"六平二侧"，与吴曾所言不一致。中州古籍出版社，据四部丛刊缩编本影印。又岳麓书社《容斋随笔》第248页。"四平四仄"条例唐后仍使用。《旧五代史・晋书・卢质传》："会覆试进士，质以'后从谏则圣'为试题，以'尧、舜、禹、汤，倾心求过'为韵。旧例：赋韵四平四侧。质所出韵乃五平三侧，由是大为识者所诮。"《册府元龟・贡举部・条制三》云："覆试之日，中外腾口，议者非之。"(7698页)
㊴ 《册府元龟・贡举部・条制第四》："李飞赋内三处犯韵，李毂一处犯韵……卢价赋内'薄伐'字合使平声字，今使侧声字，犯格；孙澄赋内'御'字韵使'宇'字，已落韵。"(7694页)
㊵ 《南史・陆厥传》，第1195页。

第十二节　韵书的产生

根据记载，中国最早出现的韵书是公元3世纪魏国李登著的《声类》。继李登之后，有晋朝吕静的《韵集》。二书都已失传，下列记载给我们提供了一点可供参考的资料。

唐封演《封氏闻见记》卷二："魏时有李登者，撰《声类》十卷，凡一万一千五百二十字,以五声命字,不立诸部。"

《魏书·江式传》:"(吕)忱弟静别放故左校令李登《声类》之法,作《韵集》五卷,宫商角徵羽各为一篇,而文字与兄(吕忱)便是鲁卫,音读楚夏,时有不同。"(1963页)(又见《北史·江式传》第1280页)

《隋书·潘徽传》:"李登《声类》,吕静《韵集》,始判清浊,才分宫羽。而全无引据,过伤浅局,诗赋所须,卒难为用。"(1745页)

遍照金刚《文镜秘府论》:"齐太子舍人李节(即李季节)知音之士,撰《音韵决疑》,其序云:五行则火土同位,五音则宫商同律,暗与理合,不其然乎!吕静之撰《韵集》,分取无方。"

《经典释文·尔雅音义》"蝗"字下注云:"《声类》、《韵集》并以'蝗'协庚韵。"

《颜氏家训·音辞篇》:"《韵集》以成仍宏登,合成两韵,为奇益石,分作四章。……皆不可依信。"

王仁昫《刊谬补缺切韵》韵目下面有关《韵集》一书的小注,以平声为例。如:

二冬	吕与钟江别
六脂	吕与之微大杂乱
十四皆	吕与齐同
十五灰	吕与咍别
十七真	吕与文同
十八臻	吕与真同
二十一元	吕与魂别
二十二魂	吕与痕同

二十五删　　吕与山别
二十七先　　吕与仙别
三十六谈　　吕与衔同
三十七阳　　吕与唐同
四十三尤　　吕与侯别

据上述材料,我们对二书提出以下几点看法。

一、按五声(指宫商等)分韵,而不是按四声分韵。李书分为十卷,当是每一声分为两卷。吕书五卷,当是一声一卷。清人邹汉勋说:"以五声命字,则但曰宫韵、商韵、角韵、徵韵、羽韵而已。"① 依邹氏此见,则二书只有五大韵。然而,他把"五声"当作五个韵部,这是不正确的②。如果我们承认"五声"大体上相当于五个声韵类别,那么,后来韵书的编排按声调分卷,韵书的结构按声调再分出若干韵部,当是滥觞于李、吕二人。

二、二书除以五声为纲之外,都已分出若干韵部。这里我要特意解释一下"不立诸部"是什么意思。邹汉勋说:"不立诸部,则自东冬至乏之部名,登书未有也。"③ 赵诚说:"封演说《声类》是不立诸部,即尚未分韵部。如果《韵集》分了韵部,应该说是一种创造,和《声类》就显著不同,为什么江式还说静仿李登之法呢?这样说来,《韵集》一书不仅未分四声,也没有像后来的韵书那样划立韵部。"④ 我认为"不立诸部"的"诸部"根本就不是"韵部"的意思,而是指的部首。理由有二:1.唐以前,"韵部"通常称"韵",一般不称"部";2.《封氏闻见记》卷二"文字"与"声韵"是分作两篇的,封演是将《声类》一书放在"文字"篇介绍的,在《声类》这条材料之前,封氏介绍"《说文》凡五百四十部",在《声类》这条材料之后,紧接着介绍

《字林》"亦五百四十部,诸部皆依《说文》"。很显然,联系上下文判断,所谓"不立诸部"一语中的"诸部",与"诸部皆依《说文》"的"诸部",意思完全一样;另外,张参《五经文字·序例》也说:"近代字样,多依四声,传写之后,偏傍渐失,今则采《说文》、《字林》诸部,以类相从。"所以,我认为"诸部"绝非"韵部"之意。字书的部首称"部",韵书的韵目称"韵"或"韵部",唐以前一般是分别得很清楚的。⑤"不立诸部"一语解释清楚之后,许多问题就迎刃而解了,上引有关的材料都可贯通了。如《韵集》是仿效《声类》的,两书的分韵也可能差不多。又如《尔雅音义》说《声类》、《韵集》并以"蝗"协庚韵,可证二书都有"庚韵"这样的韵目。他如《刊谬补缺切韵》下面的那些关于《韵集》的小注,也足以证明吕书的确已经分出韵部来了。

三、二书已分出韵部应是无疑义了,与陆法言的《切韵》相比有什么不同呢?1.二书分韵肯定不如《切韵》细密,如脂之微不分,齐皆不分,真文臻不分,魂痕不分;2.从后人对二书的批评来看,它们的音系不会像《切韵》那样是综合性的,可能比较接近某一方言。李季节批评《韵集》"分取无方",颜之推批评《韵集》有的韵"不可依信",潘徽批评《声类》"全无引据,过伤浅局,诗赋所须,卒难为用",江式批评《韵集》"音读楚夏,时有不同",这四家的批评都关系到审音的标准问题。所谓"分取无方"是说分韵与取韵没有正确的标准;所谓"不可依信"也是个标准问题,颜之推不"依"不"信",是因为颜之推有自己的标准,不见得吕静的分韵本身是无依据、不可信的;江、潘二人的批评是关于"雅俗"的问题,"浅""楚"都是"俗"的意思,李、吕二人的韵书因偏于"浅",偏于"楚",所以若以夏言(雅言)为标准,"诗赋"就"卒难为用"了,说到底还是个分韵标准的问题。遗憾的是《声类》、《韵集》是以何地语音为根据,我们已无法弄得清了。

四、清代马国翰《玉函山房辑佚书》,辑录了《声类》佚文 200 余条,《韵集》佚文 70 余条。这些辑录来的材料不见得全可靠,但也不能说全不可信吧。如果我们不去计较个别材料的可靠程度如何,而是要从这 200 多条材料中找出二书的某些特征,我看还是可以的。《声类》佚文中的反切 60 多条,拿这些反切上下字与《切三》相比较,就发现二书的切语很不一样,其中多数不同是用字问题,无关乎音类,但涉及音类的也有。如:

　　　　声类　　切三
　警　呼宏反　乌宏反
　　　(呼,晓母;乌,影母)
　跪　渠委反　去委反
　　　(渠,群母;去,溪母)
　蹶　渠月反　居月反
　　　(渠,群母;居,见母)

从佚文也可以判断,二书和后起的韵书一样,不单有反切注音,也有词的释义。如:

　燧　取火者也。
　炉　火所居也。
　蒂　果鼻也。
　挑　抉也,谓以手抉取物也。

吃　重言也。
析　劈也。

（以上为《声类》佚文）

荌：乙余反。今关西言"荌"，山东言"蔫"。蔫，音于言反。江南亦言"矮"，矮，又作萎，于为反。荌邑，无色也。

（《韵集》佚文）

从佚文还可以看出，《声类》也载有古今字，异体字。如：

颁：古文俯字。
珤：古文寳字。
於：即古乌字。
嚾：呼也，今作"唤"也。
衙：巷字。
僊：俗仙字。
熹：亦熙字也。
阇：此亦开字。

我们对这两部最早的韵书进行一番考察，对了解后来的韵书的发展是有作用的。南北朝时期，韵书进入了一个大发展阶段。从《隋书·经籍志》和陆法言《切韵·序》可知，这一时期产生了十几种韵书，其中有的韵书在当时产生过大的影响。如阳休之（右北平无终人，官于北齐、北周）的《韵略》分"五十六韵，科以四声，制作之士，咸取则焉，后生晚学，所赖多矣"⑥。自从法言《切韵》出现之后，这些"各有土风"的韵书都逐渐消失了，这是一个不小的损失。

注：

① ③ 《五均论》，见《邹叔子遗书》。
② 唐兰也认为是五个韵部。他在"王三"跋语中说："创始者粗疏，故但列五部耳。"张清常《李登〈声类〉和"五音之家"的关系》认为：李登把11520字"都分派到五音宫商角徵羽五类里面去"，源于以五音定名姓之术，可备一说。盈按：这次(2012)修订拙稿，见到2009年文化艺术出版社出版的宋光生著《中国古代乐府音谱考源》，认为："古人把汉字按十二律、六十调——戴上宫、商、角、徵、羽的小帽徽。"(49页)此说有一定道理。李登的《声类》有可能是按"五声十二律相生法"来"命字"的。从理论上说，可以分为六十声类("声"是整个字音，非韵)。但分不出声调，阴、阳、入三大类也不分。乐律音不等于文字音，《声类》一书的结体与《切韵》一类性质的韵书当大不相同。
④ 《中国古代韵书》，中华书局，1991年，第16页。
⑤ 何九盈：《"不立诸部"新解》。《中国语文通讯》1983年第3期。又，2004年2月，我赴香港科技大学访问，才有机会阅读龙宇纯先生的《李登声类考》。龙先生也认为："所谓'诸部'，指的是许慎所创立的《说文》五百四十部首，并不是如《切韵》的一百九十三韵部。"《声类》一书废弃了五百四十部不用，但以五声统领清浊不同的诸韵，所以封氏说他'以五声命字，不立诸部'。"(《中上古汉语音韵论文集》，第282页，台北：五四书店、利氏学社联合出版，2002年12月)拙见与龙先生的考证不谋而合。周祖谟先生《唐五代韵书集存》第808页，认为"不立诸部"的"部"指韵部，似可酌。
⑥ 《文镜秘府论》，第33页。又，王利器校注本，第104页。又，"《韵略》之名，谓音韵各有畛略也。"(《玉海·艺文·小学》卷四四，广陵书社，2007年，第834页)与后世《礼部韵略》之"略"意思有别。

第十三节 辞书的发展

关于文字、词汇的研究，先秦两汉时代已开辟了四条道路。

《尔雅》是一条路,《方言》是一条路,《说文》是一条路,《释名》是一条路。

《尔雅》这条路子发展成为"雅学"。产生于曹魏时代(220—265)的《广雅》是雅书系统中的名著。《广雅》的作者张揖,字稚让,清河人,一说河间人,魏太和(魏明帝曹叡年号。非后魏孝文帝之太和)年间(227—232)担任博士。《广雅》的体例完全仿照《尔雅》,也分《释诂》、《释言》等19篇,释义方式也是一词释众词,全书有2345个条目(比《尔雅》多250多条),原有18150个字(王念孙的《广雅疏证》经过一番校勘,实为17326个字,比原字少了824个)。张揖为什么要编《广雅》呢?他说:

夫《尔雅》之为书也,文约而义固;其陈道也精研而无误。真七经(诗、书、易、礼、春秋、孝经、论语)之检度,学问之阶路,儒林之楷素也。若其包罗天地,纲纪人事,权揆制度,发百家之训诂,未能悉备也。臣揖……窃以所识,择撢群艺,文同义异,音转失读,八方殊语,庶物易(变化)名,不在《尔雅》者,详录品覈,以著于篇。

(《上广雅表》)

张揖著《广雅》就是为了"广""尔雅"之"未能悉备"。《尔雅》所"未能悉备"的内容,并不一定就是《尔雅》的缺点,因为《尔雅》成书于战国末年,只能收集解释战国末年以前的词语。从战国末年历经秦汉到三国时候的曹魏,已有400多年的历史,社会在发展,名物制度在发展,语言也在发展,许多新词产生了,许多新义产生了。于是《尔雅》已经不能适应新需要,这就要求有人出来写一本总结秦汉至魏的词汇著作,张揖的《广雅》就是适应这种需要而产生的,它的重要价值也在于此。从《广雅》反映汉魏词汇面貌这一特点来说,它的作用丝毫不亚于《尔雅》。《广雅》和《尔雅》一样,也不能片面地笼统地用"训诂资料汇编"这样的话来概括,因为它不只是"训故言",也"解今语"。这一点张揖已经交代得很清楚了。他说的"择撢群艺",那是书本子上的训故言;而"八方殊语,庶物易名",则完全是今语问题。后魏江式(陈留济阳人)说:"魏初博士清河张揖著《埤仓》、《广雅》、《古今字诂》,究诸《埤》《广》(《埤仓》和《广雅》),缀拾遗漏,增长事类,抑亦于文为益者。"① 江式所言"缀拾遗漏"是指搜罗《仓》《雅》未载的诂训资料,"增长事类"也是指今语问题,意思是要解释反映当时新"增长"起来的"事类"的词语。正因为《广雅》有"解今语"的特点,所以利用它来解释汉魏作品中的词语就大有用处。

如司马迁《报任安书》"仆尝厕下大夫之列"。这个"厕"字不见于《尔雅》,《说文》只释其本义,《广雅·释言》:"厕,间也。"这个释义不仅可以用来解释"厕下大夫之列"的"厕",而且还使我们认识到,《左传》曹刿论战中的"又何间焉"的"间"与"厕"为同义关系。

又如,扬雄《法言·寡见》:"曼是为也,天下之亡(wú)圣也久矣。"又《五百》:"周之人多行,秦之人多病,行有之也,病曼之也。"(病与行相对为义,学而不能行谓之病。)又《重黎》:"神怪茫茫,若存若亡,圣人曼云。"这三个"曼"字怎么解释?《广雅·释言》:"曼、莫:无也。""曼"原来也可作否定词,是"没有"、"不"的意思。在今湖南安仁话中还保存这个词,如说"他曼来",就是"他没有来"。"你还曼吃饭",就是"你还没有吃饭"。王念孙指出:"曼、莫、亡,一声之转。"② 这是可信的。

也因为《广雅》有解今语的特点,并不只是搜集书本子上的训诂资料,所以有的"今语"一消失,《广雅》中有少量这样的词就不能得其确解了。如《释言》:"伪,条也。""叠,怀也。""播,抵也。""貳,然也。""怜,缀也。"这些解释不了的词条,有讹误或其他的原因,但大多数是由于已经找不出语言事实来证实。

《尔雅》在编排、释义方面的缺点,《广雅》也都有。尤其是声训,《广雅》问题更多些,因为两汉是声训大发展的时期,《广雅》对这些声训材料也多所采纳。当然,弊亦有利,这种声训资料对研究当时的语音颇有意义。

《说文》之后的一部重要字书是《字林》。作者吕忱,字伯雍,为《韵集》作者吕静之兄。《魏书·江式传》说:"晋世义阳王典祠令任城吕忱表上《字林》六卷,寻其况趣,附托许慎《说文》,而案偶章句,隐别古籀奇惑之字,文得正隶,不差篆意也。"(1963页)[③]封演《闻见记》说:"晋有吕忱,更按群典,搜求异字,复撰《字林》七卷,亦五百四十部,凡一万二千八百二十四字,诸部皆依《说文》。《说文》所无者,是忱所益。"

根据这些记载来看:1.《字林》的分部与《说文》一样;2.收字12824,比之《说文》多出3471个字;3.它比《说文》多出来的字是从"群典"中"搜求"出来的"异字"、"古籀奇惑之字",如:

殉:杀生送死也。盈按:《说文》有"侚"无"殉"。

註:解也。盈按:《说文》有"注"无"註"。

窑:烧瓦灶也。盈按:《说文》有"窯"无"窑"。

㐹:狠也,戾也。盈按:《说文》无此字。朱骏声说:即"执拗"字。

瞠：直视貌。盈按：《说文》有"瞠"无"瞠"。

（以上例字全引自《字林考逸》）

《字林》不只是比《说文》多收了几千字，二书释义也略有不同。如：

窜：《字林》释作"逃也"，《说文》解作"匿也"。

枭：《字林》释作"䳅鸠也。形似鹞而青白，出于山，即恶声鸟也。楚人谓之服鸟，亦鸱类也。山东名䳅鸠，俗名巧妇。"《说文》解作"不孝鸟也，日至捕枭磔之"。

符：〔信也〕，谓分而合之曰"符"。字〔从竹〕。〔汉制以竹，长六寸，分而相合〕为信。竹取岁寒不变，以布德也。又用铜，君臣同心也。盈按：这一条是对《说文》释义的改写，内容加详。（〔　〕中的内容为《说文》所原有。）

（以上例字全引自《字林考逸》）

从南北朝至隋唐，《字林》的影响仅次于《说文》。唐代科举设明字科，考试科目有《说文》六帖，《字林》四帖。张参《五经文字·序例》说："吕忱又集《说文》之所漏略，著《字林》五篇以补之。今制国子监置书学博士，立《说文》《石经》《字林》之学。"又说："《说文》体包古今，先得六书之要，有不备者，求之《字林》。"

《字林》流传至南宋已经不全。陈振孙《直斋书录解题》说："其书集《说文》之漏略者凡五篇，然杂糅错乱，未必完书也。"①《字林》亡于元明之际。清人任大椿（1738—1789，字幼植，一字子田，江苏兴化人。乾隆三十四年进士，授礼部仪制司主事，入四库全书馆任职）有《字林考逸》八卷。程瑶田《〈字林考逸〉书后》对此书评价甚好。"《字林》之初作也,实足补《说文》之漏略,而为《玉篇》之先声。则今日于《字林》散逸之余,为之拾瀋求亡,其功有甚于初作之时者,更在于足以订《说文》、《玉篇》转写之讹。今其所采掇者,文凡千有五百,于《字林》原书存十分之一二耳……吾知子田祠部其不以今日之所考逸者限之矣。"(《程瑶田全集》第二册,第 518 页)其后族弟任兆麟作《字林考逸补正》。近人刘声木《苌楚斋续笔》卷四说:"任大椿所撰之《字林考逸》八卷,实为归安丁杰所撰",乃"盗窃他人"之作(325 页)。此说来自江藩的《汉学师承记》。但江藩说:"然子田似非窃人书者",而刘声木即信以为真。此种厚诬古人的行为,非常错误。程瑶田与任大椿为同时代人,他的《考逸书后》足以戳穿诬枉不实之辞。清末,陶方琦(1845—1884,字子珍,会稽人,光绪二年进士,翰林院编修,湖南学政)有《字林考逸补本》一卷,均按部首排列。

距《字林》200 年左右,顾野王的《玉篇》问世了。顾野王(519—581),字希冯,吴郡人。梁武帝大同年间曾奉诏撰《玉篇》,于大同九年(543)完稿,时年 24 岁。入陈,为太子率更令、黄门侍郎、光禄卿。野王为著名画家,见《历代名画记》卷八。

《玉篇》是在什么情形下产生的呢?顾野王说:

> 微言既绝,大旨亦乖,故五典三坟,竞开异义,六书八体,今古殊形,或字各而训同,或文均而释异,百家所谈,差互不少,字书卷轴,舛错尤多,难用寻求,易生疑惑。
>
> (《玉篇·序》)

这里说了四种情况。一是经书的训诂产生了"异议";二是文字发展了,由篆至隶,由隶至楷,"今古殊形";三是关于字的释义也"差互不少";四是字书在流传过程中出现了不少错误,检字又不甚便。这就要求编出一部新的字典来,规范字形,确定义训,纠正谬误,便利检查。所以顾野王"总会众篇,校雠群籍,以成一家之制,文字之训备矣"(《玉篇·序》)。他汇集了魏晋以前的各种(经书注释以及字书、词书)训诂资料,并以个人的意见决定取舍,要"成一家之制"。可见,《玉篇》虽然在部首方面基本遵《说文》旧制(分为542部,有增有删,部首排列顺序亦与《说文》有别),在内容方面则与《说文》大不相同。如它不分析字形结构,释义务求全备,全书用楷体,是一部真正供查检用的常用字典。从这个角度而言,它的实用性和普及性都优于《说文》,对后世字典的编纂工作也产生过很好的影响。

《玉篇》原书早就不存在了,宋朝人的《大广益会玉篇》删掉了原书的许多内容。清末黎庶昌(1837—1897,字莼斋,贵州遵义人)在日本见到了《玉篇》残卷,经考订认为是原本《玉篇》,后来编为《玉篇零卷》(又题《原本玉篇零卷》)。下面从《玉篇零卷》举些例子以说明其体例。

> 譍　於甑反。《埤苍》:譍,对也。野王按:课语相譍对也。《礼记》:无噭譍。《论语》:子夏之门人,洒扫譍对是也。今为"應"字,在心部也。(言部,46、47页)盈按:今本《大广益会玉篇》只存"於甑反,譍对也"六字,其余全删。
>
> 欺　去其反。《左氏传》:背盟以欺大国。野王按:欺犹妄也。《论语》:吾谁欺,欺天乎? 是也。《苍颉篇》:绐也。《字书》:欺,诈也。(欠部,78页)盈按:今本《大广益会玉篇》只存

"去其切,欺妄也"六字,其余全删。

歌　古何反。《说文》,咏歌也。或为"謌"字,在言部。古文为"哥"字,在可部。(欠部,164页)盈按:今本《大广益会玉篇》只存"古何切,咏声也,与謌同",其余全删。

(以上所引《玉篇零卷》材料,全见王云五主编丛书集成初编本,商务印书馆,民国二十四年)

看来,原本《玉篇》有这样一些特色,先出反切以注字音,再引书证以释义,对其他字书的材料也多所采纳。有时加上野王自己的案语,以进一步阐明词义,有时还注明古今字、异体字。这个体例是比较完善的。但有的释义引证烦琐,有的释义过于简略,所以书成之后,"太宗(梁简文帝萧纲)嫌其书详略未当,以(萧)恺博学,于文字尤善,使更与学士删改"[⑤]。

据《封氏闻见记》说:"《玉篇》三十卷,凡一万六千九百一十七字。"又据广益本祥符牒后双行小注说:"注四十万七千五百有三十字。"清朝的杨守敬认为,这个注文数字"为顾氏原本之数"[⑥]。宋代大中祥符年间修的《大广益会玉篇》,连同正文和注文一起才有20余万字,说明原本《玉篇》的注文被删掉了一大半,这是很可惜的。而所谓的"大广益会",只是正文增加到22000多字,比原本《玉篇》多5000余字。宋以前,唐人孙强等已增损《玉篇》,"本已无传"(杨守敬语,《原本玉篇零卷》,第374页)。

陆德明的《经典释文》总汇经典音义,是一部资料性质的工具书。

陆德明(约550—630),名元朗,苏州吴县人。他于陈后主至德元年(583)开始编纂《经典释文》,大约完稿于隋灭陈(589)之前。钱大昕说:"细检此书,所述近代儒家,惟及梁陈而止,若周隋人撰音疏，绝不一及，又可证其撰述，必在陈时也。"⑦但此说亦非定论。也有一种意见认为：此书最后定稿乃陆氏入唐后任国子博士时。全书共30卷，采集汉魏六朝关于易、书、诗、三礼、三传、孝经、论语、老、庄、尔雅等书的音义，计230余家。

《经典释文》是《切韵》以前汇集反切资料最为丰富的一部著作。作者收集这些语音资料的原则有两个：一是广采博收，"或字有多音，众家别读，苟有所取，靡不毕书"⑧。一是标举正音，"若典籍常用，会理合时，便即遵承，标之于首"⑨。在一字多音的情况下，把"会理合时"的音放在最前面，以示"遵承"。如《庄子音义》：

> 而后乃今培　音裴，重也。徐（指徐邈）扶杯反，又父宰反，三（有的本子作"一"）音扶北反。本或作陪。

"培"字收了四个读音，以"音裴"为正音。

《经典释文》丰富的语音资料对研究当时南朝的实际语音有重要作用。有不少学者利用这批资料取得了相应的研究成果。如王力有《经典释文反切考》(《王力文集》第十八卷)、邵荣芬有专著《〈经典释文〉音系》(台北：学海出版社，1995年)。

陆德明有感于当时"微言久绝，大义愈乖，攻乎异端，竞生穿凿"⑩。对于经典的义训，也"搜访异同，校之苍雅"，"经注毕详，训义兼辩"⑪。如《论语音义》：

> 名曰论语　论，如字。纶也，轮也，理也，次也，撰也。答述曰语。撰次孔子答弟子及时人之语也。郑玄云：仲弓、子游、子夏等撰。

又如《毛诗音义·邶风·匏有苦叶》"厉"字注云：

> 厉　力滞反。以衣涉水也。《韩诗》云：至心曰厉。《说文》作"砅"，云：履石渡水也。

"至心曰厉"和"履石渡水"是两种不同的释义，陆德明兼收，不下己意。

《经典释文》不只是收集正文的音义资料，还对旧注也进行训释，即给注文作注。如《论语·学而》"道千乘之国"一语，旧注引《司马法》以释"千乘"。《经典释文》又为"司马法"作注。

> 司马法　齐景公时有司马田穰苴，善用兵。《周礼》，司马掌征伐，六国时，齐威王使大夫追论古者兵法，附穰苴于其中，凡一百五十篇，号曰《司马法》。

注：

① 《魏书·江式传》，第1963页。又，《北史·江式传》，第1279页。
② 《广雅疏证》卷五上，万有文库本，第501页。又，江苏古籍出版社，1985年，第135页。
③ 又见《北史·江式传》，第1280页。
④ 《直斋书录解题》卷三，商务印书馆国学基本丛书本，民国二十八年，第34页。
⑤ 《梁书·萧子显传》所附之萧恺传。
⑥ 《玉篇零卷》(四)，丛书集成初编本，第375页。
⑦ 《潜研堂文集》卷二十七，万有文库本，第410页。
⑧⑨ 《经典释文·条例》，四部丛刊，上海涵芬楼影印通志堂刊本。
⑩⑪ 《经典释文·序》。

第五章 隋唐宋语言学

（公元6世纪末—公元13世纪）

概　况

隋唐至宋末，有近七百年的历史。这一时期，隋王朝首创了科举制度，唐代又开始实行诗赋取士的办法，格律诗以及词、赋的发展都进入了完美的艺术境界，至于佛教的发展更是到了极盛阶段，佛学对儒学的渗透，促使了宋代义理之学的产生与发展。所有这些文化特点都对这一时期的语言研究起了促进作用。

自从隋代陆法言编写了一本《切韵》之后，几百年间，文士们虽然"共苦其苛细"（《封氏闻见记》卷二，第12页），但也无可奈何。因为唐宋时候，它已具有"官韵"的资格，充其量只能"刊谬补缺"、增字增注而已，即使有脱离这一体系而产生的韵书，也难与之抗衡。唐宋时期在音韵学方面也有新的贡献，如字母之学、等韵学都兴起于这一时期，尤其是韵图的产生，可证当时对汉语语音的分析，已发展到很精细很有系统的新阶段。如《韵镜》、《七音略》，以及北宋邵雍的唱和图，都是名著。唐人也编了一些接近实际语音的韵书。如"两种《韵英》有部分的方言反切，但不是成系统的方言描写"[①]。而且均已失传。宋代钱易《南部新书》戊集说："天宝时，翰林学士陈王友、元庭坚撰《韵英》十卷,未施行,而西京陷胡,庭坚卒。"(52页)又如裴务齐正字本《刊谬补缺切韵》也"很有革新的精神",书中某些改革"对考查唐代方音都大有帮助"[②]。再如颜真卿的《韵海镜源》,其书已失传。据《封氏闻见记》载:"其书于陆法言《切韵》外,增出一万四千七百六十一字。先起《说文》为篆字,次作今文隶字,仍具别体为证","注以诸家字书,解释既毕,征九经两字以上,取其句末字编入本韵"。又,郑樵《通志·校雠略》说:"《内外转归字图》、《内外传钤指归图》、《切韵枢》之类,无不见于《韵海镜源》。"(1808页)可证此书不仅与《切韵》、《说文》、《九经》有关,与文字训诂有关,与等韵图亦有关。诚如封演所言:"自有声韵以来,其撰述该备,未有如颜公此书也。"(《闻见记》第12页)

在文字学方面,唐朝人几乎没有写出一部像样的著作。他们只是为了科举制度的需要才写了几部正字形的书。到了南唐宋初才出现了大小二徐这样的文字学家。

唐宋时期对古书注释是有成绩的。现在流行的《十三经注疏》,每一种都有他们的成果在内。如唐代孔颖达(574—648,冀州衡水人)等人为《周易》、《尚书》、《毛诗》、《礼记》、《春秋左传》等五部书作了"正义",贾公彦为《周礼》、《仪礼》作"疏",徐彦为《春秋公羊传》作"疏",杨士勋为《春秋穀梁传》作"疏",宋朝的邢昺为《尔雅》、《论语》、《孝经》作"疏"。还有,唐代李善(约630—689,扬州人)的《文选注》,司马贞的《史记索隐》,张守节的《史记正义》,颜师古(581—645,祖颜之推,父颜思鲁,叔父颜游秦撰《汉书决疑》)的《汉书注》,宋代朱熹的《诗集传》、《楚辞集注》、《四书章句集注》,都是训诂名著。颜师古的《匡谬正俗》是一本未完稿的词义札记,其中讨论到的词语有一百八十多条,有不少精到的见解(可参阅刘晓东《匡谬正俗平议》，山东大学出版社，1999年）。宋人的笔记文也包含着一些词义研究的条目，对研究近古汉语词汇很有意义。如宋祁的《宋景文公笔记》、王观国的《学林》、吴曾的《能改斋漫录》、叶大庆的《考古质疑》、袁文的《瓮牖闲评》、陈淳的《北溪字义》等。

陈淳是朱熹的弟子，是位理学家。《北溪字义》从理学的角度对"命"、"性"、"仁义礼智信"、"道"、"理"、"德"等词进行训释，是一部小型的"理学词典"。

宋人援佛入儒，援道入儒，敢于疑经、改经，敢于创新，与传统"汉学"大不相同。凌廷堪说："自宋以降，异说争鸣。刘原父（敞）之《小传》（指《七经小传》）方兴，王介甫之《字说》复出。延及南渡，厌故喜新，变本加厉，遏佚之，掊击之，不遗余力，而汉学遂废焉。"[③]王应麟《困学纪闻》卷八，皮锡瑞《经学历史》第八章，均有宋代学风的论述，可参阅。

从总体来考察，隋唐时期的语言研究成就不算突出。他们既不像汉魏六朝人那样长于开创，也不像清朝人那样长于考古。这一时期很少有著名的语言文字学大家，大概隋唐士人的主要精力并不在此，这是由社会、政治以及文化发展等多方面的原因所造成的。洪亮吉《北江诗话》说："汉文人无不识字，司马相如作《凡将篇》，扬雄作《训纂篇》是矣。隋唐以来，即学者亦不甚识字。"[④]一代人有一代人的学问，不可执一概万。而且，我们绝不可低估唐宋文学大家的语言文字学修养。杜甫有兴趣作《李潮八分小篆歌》，韩愈、苏轼都有《石鼓歌》，苏轼还有《诅楚文》诗，欧阳修《集古录跋尾》，为金石研究最早专著。韩愈说："凡为文辞，宜略识字。"他还向李阳冰的儿子学过"科斗书"。（《科斗书后记》）"苏文忠（轼）每出，必取声韵音训文字置箧中。"（《困学纪闻·小学》八）"大儒宋景文公(庠)学该九流,于音训尤邃。"(《邵氏闻见后录》二七,第 212 页)"赵景迂(以道)晚年日课识十五字。杨诚斋云:'无事好看韵书。'"(《鹤林玉露》乙编卷五,第 212 页)试想,一个缺乏语言文字学修养的人,能成为文学大家吗!

注:

① 黄淬伯:《唐代关中方言音系》,江苏古籍出版社,1998 年,第 4 页。
② 周祖谟:《唐五代韵书集存》下册,中华书局,1983 年,第 900、901 页。
③ 《校礼堂文集》,中华书局,1998 年,第 87 页。
④ 《北江诗话》卷一,人民文学出版社,1983 年,第 1 页。

第十四节 《切韵》系韵书

《切韵》系统的韵书究竟包括哪些著作,各人的意见肯定是不一样的,这涉及对某些韵书性质的看法问题,分歧是难免的。

我个人认为从陆法言的《切韵》,到《广韵》、《集韵》、《五音集韵》以及平水韵,虽然各有特色,但大体上都应算是《切韵》系韵书。主要理由是这类韵书所反映的音系有明显的继承性和一致性,并非另起炉灶,别开新局。

陆法言,名词,临漳人。祖先为鲜卑族,由步陆孤氏改姓为陆。其父陆爽(539—591)在北齐担任中书侍郎,入隋任太子洗马,(《隋书》、《北史》本传)跟颜之推(531—约 590 以后)同事。陆法言研究音韵,曾受到过颜之推的指点。隋开皇四年(584),颜之推已经 54 岁了,有一次他和刘臻(58 岁)、魏澹、卢思道、李若、萧该、辛德源、薛道衡(49岁)等人,"同诣法言门宿,夜永酒阑,论及音韵"(《切韵·序》)。这时候的陆法言才二十多岁,诸前辈讨论音韵时,他"烛下握笔,略记纲纪"。过了十几年之后,他才把这个记录稿加以整理,并参考其他一些资料,于隋文帝仁寿元年(601)写成《切韵》五卷。

开皇四年在陆爽家举行的那次讨论会,对确立《切韵》的编写原则、指导思想、基本内容具有决定意义。现对八位与会者的情况略加介绍。

刘臻(527—598),字宣挚,沛国相(今安徽宿县西北)人。父刘显精于《汉书》。臻幼年时可能居于金陵,梁元帝时任中书舍人。西魏攻陷江陵,刘臻西入长安,仕周为露门学士、大都督。隋文帝时,进位仪同三司。臻亦精于《汉书》,时人称为"汉圣"。(《隋书》本传)

卢思道,字子行,范阳(今河北涿县)人,十五岁至邺下(今河北临漳西南),北齐时为丞相西阁祭酒、历太子舍人、司徒录事参军,北周时迁武阳太守,入隋为散骑侍郎,奏内史侍郎。关于他的生卒年说法不一。一说卒于开皇三年(583)年,一说卒于开皇六年(586),一说卒于开皇十年(590)。(《隋书》、《北史》本传)

魏澹(526—590),字彦渊(唐讳为"深",见浦起龙《史通通释·本纪》注)。钜鹿下曲阳(今河北石家庄地区晋县)人。可能出生邺下。仕齐为殿中侍御史,开皇初任著作郎。(《隋书》、《北史》本传)

李若,顿丘(今河南濮阳市清丰县)人,开皇五年任散骑常侍。李若居邺下,在北齐时"风采词令,有声邺下"(《北史》第1606页)。"时人为之语曰:京师灼灼,崔儦、李若。"(《北史》第877页)崔儦即那位"大署其户曰:'不读五千卷书者,无得入此室'"且"少与范阳卢思

道、陇西辛德源同志友善"的文学才士。(《隋书》本传,第1733页)

萧该,兰陵(今江苏武进)人。梁鄱阳王恢之孙,梁武帝之从孙,少封攸侯。梁元帝承圣三年(554)西魏攻陷江陵,梁朝士人多被俘至长安,萧该亦在其中。开皇初年任国子博士。著有《汉书音义》、《文选音义》。(《隋书》、《北史》本传)

辛德源,字孝基,陇西狄道(今甘肃临洮县)人。与卢思道友善。他的族人都仕于北齐,他很可能生长于邺,陇西仅仅是他的郡望罢了。撰有《集注春秋三传》三十卷,并为扬雄《法言》作注。开皇初年担任谘议参军。(《隋书》、《北史》本传)

薛道衡(535—607),字玄卿,河东汾阴(今山西运城地区万荣县)人。父薛孝通仕于北魏,东魏兴和二年(540)卒于邺,道衡时年六岁,故其生年应为东魏孝静帝天平二年(535)。开皇八年(588年)隋伐陈,道衡任淮南道行台尚书吏部郎,灭陈后,迁吏部侍郎。炀帝嗣位,道衡因上《高祖文皇帝颂》,帝令自尽,道衡不从,乃缢而杀之,时为大业三年。(《隋书》、《北史》本传)道衡之曾孙即唐代名画家薛稷,杜甫有《观薛稷少保书画壁》。

八位与会者,魏、卢、李、辛、薛等五人或出生于邺下,或长期生活在邺下;刘、萧、颜三人都是在江陵陷落后被迫归顺了北朝,到开皇四年论韵时,已在北方生活了30年。"多所决定"的萧、颜,都有南北语言背景,尤其是颜的语言文字修养为"我辈数人,定则定矣"提供了权威性的质量保证。

颜之推,字介,祖籍琅琊临沂(今属山东省)人。先世随晋室南迁,定居金陵。颜历仕梁、北齐、北周、隋四朝。梁元帝时任散骑侍郎,奔齐后任黄门侍郎、平原太守,入北周任御史上士,隋开皇中,太子召为学上,甚见礼重。(《北齐书》本传)颜之推是6世纪下半期最有影响的语言学家,对金陵、江陵、邺城、长安的语音问题有丰富的实际知识,主要著作有《颜氏家训》,其中《书证》《音辞》两篇,专论语言文字问题,是中国古代语言学史的重要文献。

《音辞篇》追溯了6世纪以前语音研究的历史,从许慎、郑玄、刘熙等人用"譬况假借以证音字",到"汉末人独知反语",到魏世以后"音韵蜂出",其中存在种种"声读之是非",颜之推提出了解决是非的标准,并对南北方音的不同特点提出了自己的看法,篇中还对某些字的南北读音进行了对比研究,对当时流行的字书、韵书的语音问题也有不少评论。不难发现,他的许多观点对陆法言产生了直接影响。陆法言在《切韵·序》中一开头就提到开皇初的讨论会,并着重点明颜外史(有的本子作"内史")的作用,这不是偶然的。

《切韵》在中国语言学史上所产生的影响相当深远。隋以后的各种韵书(中原音韵系统的韵书不算)几乎都没有跳出它的框框,它处于韵书的支配地位达一千多年之久,真是"时俗共重,以为典规"(王仁昫《刊谬补缺切韵序》)。它流传的范围及于国内非汉语地区和周边国家。

陆书失传已久,而它的基本面貌还是可以弄清楚的。全书有五卷,平声分上下两卷,其余三卷为上、去、入。平声54韵,上声51韵,去声56韵,入声32韵,共计193韵。据封演《闻见记》载,《切韵》收了12158字。

清末在甘肃敦煌发现了一些《切韵》残卷,其中编号为S2683的(也称之为《切一》),基本上可以肯定是陆法言的原著。这个残卷一共只有四十五行(多数行残缺不全),内容是上声海韵至铣韵。从这个残卷可以看出陆书的一些特点:1. 韵字少;2. 注释简略;3. 注释的格式是先释义,后出切。如果是小韵的领头字,就注明这个小韵内共有的字数。如：

混：流，一曰混沌，阴阳未分。胡本反。八。
鲧：禹父。古本反。四。

（巴黎国民图书馆藏《唐写本切韵残卷》三种，
王国维手写本，第 2 页）

唐高宗仪凤二年(677)，长孙讷言为《切韵》作笺注，这个笺注本已失传。敦煌残卷《切二》(即 S2055)之前载有讷言写的一篇序文(与《广韵》的讷言序，文字稍有不同)，从序文可知：1.笺注本加了 600 字，用补缺遗；2.陆书在七十多年的流传过程中，出现了不少错别字，讷言为之纠谬；3.增加释义。增订的内容大体以《说文》为据。《切三》存平、上、入三声，"中间复稍有缺佚"，"盖长孙讷言注节本也。"（王国维《书巴黎国民图书馆所藏唐写本切韵后》）

长孙氏之后，又有王仁昫(煦)的《刊谬补缺切韵》。据唐兰考证，此书为唐中宗神龙二年(706)所作。我们现在称之为《王一》、《王二》、《王三》的，就是指的这种韵书。《王一》是指在敦煌发现的残卷，原卷藏于法国巴黎国家图书馆，编号为 P2011；《王二》是故宫所藏的项子京跋本；《王三》是全本，价值最高，1947 年发现。有宋濂作跋，又称宋跋本。

王书标明为"刊谬补缺"，就表示了他的目的所在。刊谬就是刊除原书中的谬误。如平声 21 元韵：

蕃，草盛。陆以为"蕃，屏"，失。
盈按：我们现在所看到的《切三》(即敦煌残卷 S2071)，正是作"蕃，屏"。这是保留了陆氏的原训。

补缺就是增加韵字和义训。陆书原为33922字，新增加26453字。

王书对研究法言《切韵》有重要价值。

一、据王书可以了解法言《切韵》的分韵情况。王书共195韵，其中上声广（yǎn，《广韵》作俨）韵下注："陆无此韵目，失。"又去声严韵（《广韵》作酽 yàn）注："陆无此韵目，失。"从这两条注推断：陆书原本只有193韵。平声严韵没有与之相承的上声、去声，大概是由于韵字少，就没有另立韵部，不牵涉音系问题。

二、王书在韵目之下注明了《切韵》以前五家（指吕静、阳休之、夏侯咏、杜台卿、李概）韵书分韵的情形。这些注文王国维认为是陆法言《切韵》的原注，也有人认为是王仁昫本人作的注，这个问题关系不大。总之，有了这些注文，我们就能大致上了解到六朝韵书分韵的一些情况，也可以据此考察陆韵与五家韵书的关系。

唐开元年间，孙愐把原本《切韵》改编为《唐韵》。"名曰《唐韵》，盖取《周易》、《周礼》之义也。"（《唐韵·序》）全书共分195韵。据南宋张淏《云谷杂记》卷二载，"孙愐因隋陆法言《切韵》作《唐韵》五卷"，在"唐天宝中"，"后又有《广唐韵》五卷，不知撰人名氏。"（31页）王国维据《广韵》前面作于"天宝十载"的那篇序言，认为"《唐韵》有开元、天宝二本"（《书式古堂书画汇考所录唐韵后》）。确否？有待于进一步考证。

《唐韵》现在也只能见到一些残卷和孙愐的序言。光绪三十四年（1908）吴县蒋斧（？—1911）在北京发现《唐韵》（非孙愐之《唐韵》）残卷，计44页。有去声一卷（缺一送至八未之前半，又缺十九代之后半至二十五愿之前半)和入声一卷(全)。据周祖谟推断,此书"至少有二百〇四韵"(《唐五代韵书集存》(下)第 916 页)。《唐韵》与陆法言《切韵》不同的地方是多出了十一个韵:

平声:别谆(合口)于真(开口),别桓(合口)于寒(开口),
    别戈(合口)于歌(开口),
上声:别准于轸,别缓于旱,别果于哿,
去声:别稕于震,别换于翰,别过于箇,
入声:别术于质,别末于曷。

《切韵》193 韵,加此 11 韵,等于 204 韵,再加上广、严二韵,就是 206 韵了。可见,宋人所修的《广韵》其韵部的区分原本来自《唐韵》,只不过四声韵目的次序采取了唐代李舟《切韵》(原书已失。郑樵《通志·校雠略》:"李舟《切韵》乃取《说文》而分声,《天宝切韵》即《开元文字》而为韵。")的排列法。《唐韵》、《广韵》的主要特点就是上面说的把一些合口韵从开口韵中分出来,语音系统并无实质性的变化。另外,《广韵》所收之韵字有 26194,超出原本《切韵》收字一倍有余。

《广韵》的全称为《大宋重修广韵》。所谓"重修",是因为宋太宗时曾修订《切韵》。太平兴国年间,"命(句)中正与著作佐郎吴铉、大理寺丞杨文举同撰定《雍熙广韵》"。(《宋史·句中正传》)真宗景德中又命陈彭年(961—1017)、丘雍重行校定《广唐韵》,于"大中祥符元年(1008)改为《大宋重修广韵》"。(《云谷杂记》第 31 页)《广韵》全书分五卷,平声分上下二卷,上去入各一卷。平声 57 韵,上声 55 韵,去声 60 韵,入声 34 韵。入声韵少于平上去三声,因为

《广韵》中的入声韵只跟阳声韵相配。去声多至60韵,是因为"祭、泰、夬、废"四个去声韵,没有相应的平、上声韵。下面将《广韵》韵目按阴、阳、入三声列出：

阴声韵(举平以赅上去,末四韵只有去声)26个：

支、脂、之、微、鱼、虞、模、齐、佳、皆、灰、咍、萧、宵、肴、豪、歌、戈、麻、尤、侯、幽；祭、泰、夬、废。

阳声韵(举平以赅上去)35个：

东、冬、钟、江、阳、唐、庚、耕、清、青、蒸、登；真、谆、臻、文、殷、元、魂、痕、寒、桓、删、山、先、仙；侵、覃、谈、盐、添、咸、衔、严、凡。

入声韵 34个：

屋、沃、烛、觉、药、铎、陌、麦、昔、锡、职、德；质、术、栉、物、迄、月、没、曷、末、黠、鎋、屑、薛；缉、合、盍、叶、帖、洽、狎、业、乏。

《广韵》各韵内部由若干小韵组成,同一小韵的字,读音完全一样。小韵也叫做"纽",纽与纽之间有一圆圈作为间隔号。旧说《广韵》有3890个小韵,今人曹先擢、李青梅《广韵反切今读手册》有3872个小韵。《广韵》的反切系统基本同于《切韵》,在《王三》被发现之前,《广韵》是研究《切韵》音系最主要的依据。

《广韵》收字26194个,字义训释方面也有很高的价值,注文中所引用的古籍有270多种。

《广韵》各种版本有繁简之别,故注释详略不一；韵部次序及所注"同用"、"独用"也互有矛盾；历代刻印错误也不少。经过清人顾炎武、戴震的考证及今人的校勘,面貌大有改进。关于《广韵》的研究著作颇多,可证《广韵》在音韵学史上地位很不一般。学习音韵学,必须要熟悉《广韵》一书的反切系统,掌握韵字的音韵地位。

继《广韵》之后,仁宗朝编有《景祐集韵》。据毛氏汲古阁本宝元、庆历刊板列衔及后跋和段玉裁乾隆五十九年手校《集韵》自跋,此书的编纂始于景祐年间,宝元二年进呈,"奉圣旨镂版施行","庆历三年八月十七日雕印成"。(相关材料见蒋光煦《东湖丛记》卷六《集韵》条,所录段跋与天一阁本(赵振铎《集韵研究》第171页)颇有出入。)

比《广韵》晚出三十余的《集韵》分部虽然跟《广韵》一样,但无论是体例还是语音系统都有它自己的一些特色:

一、改良反切。"凡字之翻切,旧以'武'代'某',以'亡'代'芒',谓之类隔,今皆用本字。"(《集韵·韵例》)"武""亡",微母;"某""芒",明母。微、明都是唇音,但微属轻唇,明属重唇,实同类而相隔。《集韵》时代轻重唇已分化,故改类隔为音和。

《集韵》不仅对"类隔"有改动,而且对一些反切上字与被切字等呼调类不合的也进行了改良。如:

东:《广韵》作德红切,《集韵》作都笼切。"东"本是合口一等平声。而"德"为开口一等入声,二者虽同属一等,但调类不同,呼也不同,故将"德"字改为"都"字。"东""都"全是合口一等平声。

钟:《广韵》作职容切,《集韵》作诸容切。"钟"本是合口三等平声,而"职"为开口三等入声,二者虽同属三等,但调类不同,呼也不同,故将"职"改为"诸"。"诸""钟"都是合口三等平声字。

这些改良,反映了《集韵》的编者们已经认识到,韵书的注音要照顾到实际语音的变化,反切用字应便于快读取音。研究北宋时音,《集韵》有一定的价值。

二、《集韵》对同用、独用的规定有所不同①，小韵的排列也有所不同，《集韵》注意到按声纽次序排列小韵。从《切韵》到《唐韵》纽次的排列并无确定的原则，而现在看到的五代印本韵书残页中，"每韵的纽次几乎都是按照五音的类属来排列的。凡是属于五音同类的一些纽都比次在一起，不相杂厕，这正是二〇一六序文中所说'又纽其唇齿喉舌牙，部伍（wǔ）而次之'②的实际涵义"。（周祖谟《唐五代韵书集存》下册，第928页）《集韵》的纽次排列正是继承了五代韵书的这一优点。

三、《集韵》收字53525（实际收字不足此数，且其中异读字有万余），比《广韵》多出一倍。顾广圻说："盖自宋以前群书之字，略见于此矣。"（《补刊集韵·序》）《集韵》保存了丰富的字形资料和古反切资料。段玉裁手校《集韵》自跋云："丁度等此书兼综条贯，凡经、史、子、集、小学、方言音释之存者，采撷殆遍。虽或稍有纰缪，然以是资博览而通古音，其有用最大。"（清蒋光煦《东湖丛记》卷六，《集韵》条）异读字不仅有"通古"之用，还有记录时音之效。这后一条尤为重要。如"萤"（火虫名），《广韵》只见于青韵户扃切，而《集韵》既见于青韵玄扃切，又见于庚韵于平切。户扃、玄扃音同（均为匣母合口四等），对《集韵》而言乃存古。于平切"萤"就是时音了。由青入庚，由匣变为喻三，由合口四等变为开口三等。这种变化有普遍意义。《集韵》中这类又音字（既存古又通时）资料价值最高，对研究近代音特别有意义。

四、在释义方面，对"经史诸子及小学书"的诂训，多所采纳；对《广韵》中一些与字义训释无关的资料则有所删削。如"东"字注文，《集韵》只有30个字，而《广韵》则有229个字，主要内容为姓氏引文，《集韵》全删。景祐年间，宋祁、郑戬之所以"建言"要"朝廷差官重撰定《广韵》",就因为"见(现)行《广韵》、《韵略》所载疏漏,子注乖殊,宜弃乃留,当收复缺……不详本意,迷惑后生"。(庆历三年八月延和殿进呈,奉圣旨送国子监施行牒文)《集韵》在补"疏漏","详本意"方面,的确下了很大工夫。

五、《集韵》某些韵的小韵与《广韵》有所不同。清人戈载在《词林正韵·发凡》第七条中已经指出:"《集韵》与《广韵》之字,次第不同,而所入之韵亦有彼此。如第六部真韵之因、寅、巾、银、齸(咽)五类,《集韵》入谆,而'因'切伊真、'寅'切夷真,'巾'切居银、'银'切鱼斤、'齸'切於巾,下字皆在真韵……又有赟、筠、囷、麐四类,《集韵》入谆,切音俱合;而《广韵》入真,其注仍作於伦、为赟、去伦、居筠四切,则与真韵不合矣。"这条材料既批评了《集韵》,也批评了《广韵》置合口于开口,但《集韵》开合混置情况较多,原因不一,有技术上的原因,也有音变问题。邵荣芬在《集韵音系简论》中有研究,可参阅。(《邵荣芬音韵学论集》第 399—404 页)

为了适应科举考试的需要,宋代还出现了多种《礼部韵略》(可参阅《玉壶清话》五、《云谷杂记·补编》二、《能改斋漫录》一、《云麓漫钞》五、《郡斋读书志》一、《直斋书录解题》三、《玉海》四五),其特点是收字少,注释少。现在能见到的有:《增修互注礼部韵略》(毛晃及其子毛居正编)、《附释文互注礼部韵略》(后附《韵略条式》,对研究宋代科考有一定作用)。

到宋代,《切韵》系韵书已经与口语严重脱节,它那过于苛细的分部,使人们运用起来极为不便。尽管在唐代"开元五年丁巳(717)就已确定""同用"、"独用"的规定,"并开始用于科举考试之中"(王兆鹏《唐代科举考试诗赋用韵研究》,齐鲁书社,2001 年,第215 页),但还是要靠死记硬背才能应试。所以《集韵》以后,就出现了改并韵书的要求,首先起来改并《切韵》系韵书的人出现在与南宋王朝相对抗的金朝。金章宗泰和八年(相当于南宋宁宗嘉定元年,公元1208年),真定松水(据甯忌浮考证,属今河北省石家庄市灵寿县)人韩道昭著《改并五音集韵》,过了四年之后,也就是金崇庆元年(1212),他"又以《龙龛》训字增加五千余字焉。是以再(盈按:有人未注意这个"再"字,以为《五音集韵》始刊于崇庆元年,不确)命良工,谨镂佳板"③。

此书的全称本是《改并五音集韵》,后来简称为《五音集韵》。这个题目确切地反映了此书的特色。

何谓"改并"? 就是将206韵改并为160韵。韩道昭的堂兄韩道昇于崇庆元年在该书序言中说:

> 复至泰和戊辰(1208),有吾弟韩道昭……又见韵中古法繁杂,取之体计,同声同韵,两处安排,一母一音,方知敢并。却想旧时,先宣一类,栐齐同音,薛雪相亲,举斯为例,只如山删、狝铣、豏槛、庚耕、支脂之,本是一家;怪卦夬,何分三类? 开合无异,等第俱同,姓例非差,故云可并。今将幽随尤队,添入盐丛,臻归真内沉埋,严向凡中隐匿,覃谈共住,笑啸同居,如弟兄启户皆逢,若侄叔开门总见④。

韩道昭说的"开合无异,等第俱同",这是并韵的根据,这个根据当然反映了当时的实际语音。

何谓"五音"? 就是对160韵内的字全都按"五音"喉牙舌齿唇分类排列,即按三十六字母排列。韩道昭于崇庆元年本序文中说:

尝谓以文学为事者,必以声韵为心;以声韵为心者,必以五音为本;则字母次第,其可忽乎!故先觉之士,其论辩至详,推求至明,著书立言,蔑无以加。然愚不揆度,欲修饰万分之一,是故引诸经训,正诸讹舛。陈其字母,序其等第,以见母牙音为首,终于来日字。

(《五音集韵·序》)

序中所说的"先觉之士"是指谁呢?我们从韩道昇的序文中,知道此人名叫荆璞,字彦宝,真定洨川(今河北邢台市宁晋县)人,"宁晋是金朝雕板印书的中心"(傅振伦《七十年所见所闻》第166页)。是荆璞首先于"大金皇统年间(1141—1149)……将三十六母添入韵中,随母取切,致使学流取之易也"⑤。

荆璞是将三十六母添入哪一部韵书之中的呢?明朝正德十五年(1520)滕霄(福建建安人,弘治进士)写的《重刊改并五音类聚四声篇海集韵序》(此书题"潭阳松水昌黎郡韩孝彦、次男韩道昭改并重编")说:"《五音集韵》者,荆璞取司马公之法(按:指等韵图)添入《集韵》,随母取切者也。"原来所谓《五音集韵》,正是将三十六母添入《集韵》之中(据忌浮研究,《广韵》实为重要依据),其法始于荆璞,并非韩道昭首创。清代戈载《词林正韵·发凡》也有类似的话:"后金皇统年间有荆璞善达声音,将三十六母添入韵中,随母取切。泰和初,韩道昭重为改并,撰《五音集韵》。"

"随母取切"法是运用了等韵学的成果,将韵书与等韵图合而为一。下面举一东为例,可以了解其具体编排的情况。

第五章 隋唐宋语言学　245

见	一公	三弓
溪	一空	三穹
群	一顅（qióng）	三穷
疑	一峉（yáng）	
端	一东	
透	一通	
定	一同	
泥	一齈（nóng）	
知		三中
彻		三忡
澄		三虫
滂	一䩸	
並	一蓬	
明	一蒙	
非		三风
敷		三丰
奉		三冯
微		三瞢
精	一葼	
清	一怱	
从	一丛	
心	一檧	四嵩
照		三终
穿		三充
床	二崇	

晓　一烘
匣　一洪　　　　　三雄
影　一翁　　　　　三碵（于宫切）
喻　　　　　　　　　　　四融
来　一笼　　　　　三隆
日　　　　　　　　三戎

若将160韵中的全部小韵的声母、等、小韵代表字都提示出来，就可以制成一份等韵图。我仅将东韵分等归字的情况与《韵镜》、《切韵指掌图》作一比较，就发现小有出入。如疑母三等《韵镜》有"𩐳"，《指掌图》有"顒"，《五音集韵》不收；"䰠"字《韵镜》及《指掌图》都归去声一等，《五音集韵》归平声一等。

在韩道昭稍后，金朝的王文郁编著了《平水新刊韵略》，其书并上下平声各为十五，上声二十九，去声三十，入声十七，计106韵。书前载有金哀宗正大六年（1229）河间乐寿县人许古（1157—1230，字道真，金章宗承安进士）写的序言，称王文郁为"平水书籍"。据钱大昕考证："平水即平阳（今山西临汾市）也。平水书籍者，文郁之官称耳。"⑥此书为"金代官韵、供科举考试用。……其后人王宅于元大德丙午（1306）重新刊《平水新刊韵略》……此本后为黄丕烈所得，今不详藏于何处"。（叶昌炽《藏书纪事诗》七，第584页，北京燕山出版社，1999年）

宋理宗淳祐十二年（1252），江北平水刘渊（据清初吴其贞《书画记》卷六载，刘渊还是画家）也编了一种《壬子新刊礼部韵略》，并206韵为107韵。与王书相比，上声多一韵（迥与拯不合并）。王刘二家的《韵略》都已失传。清初的邵长蘅（字子湘）已指出：明清流传的"平水韵","并非刘氏之旧,乃元时阴氏兄弟(时夫、中夫)所著"。(胡鸣玉《订讹杂录》七,第 76 页。商务印书馆丛书集成初编,民国二十五年)

总以上所言,《切韵》系统的韵书,在韵部的划分上,经历了由简到繁,由繁到简的过程,在音系、编排等方面也不断有所改革,但并无根本性的变化。

现在,我们再分析一下《切韵》音系的性质。上世纪 60 年代初,音韵学界曾讨论过这个问题。一种意见认为《切韵》是一个"活音系",代表当时的洛阳话;另一派意见认为《切韵》是一个综合音系,大致以当时的"雅音"(即读书音)为基础。我当时写了一篇文章赞成后一种意见[7]。时隔 40 多年,我仍然没有找到足够的理由和充分的证据使我感到应当放弃自己的观点。

在这个问题上,我觉得最重要的是要尊重《切韵》作者陆法言的意见,要尊重对《切韵》一书"多所决定"的颜之推的意见。

陆法言说:"因论南北是非,古今通塞,欲更捃选精切,除削疏缓。"

(《切韵·序》)

颜之推说:"共以帝王都邑,参校方俗,考核古今,为之折衷。摧而量之,独金陵与洛下耳。"

(《颜氏家训·音辞篇》)

我真不明白,颜、陆的话已经表述得如此明确,为什么有人还是一个股劲儿认定《切韵》音系是一个什么单一的活方语。

我们知道汉语中任何一种方音,不论是古方音还是今方音,不论是北方音还是南方音,都是一定历史条件下的产物,对于使用这种方言的人来说,根本不存在什么"是"和"非"的问题。迄今为止,我们也不能宣布哪一种方音是正确的,哪一种方音是错误的;也不能说哪一种方音中既有正确的成分,又有错误的成分。可是,陆法言等人编韵书时,竟然要"论南北是非,古今通塞",这就证明了他们压根儿就没有要搞出一个单一音系的指导思想,单一音系的思想与颜、陆的指导思想水火不相容,我们又何必拿单一音系的思想来强加于古人呢!很显然,他们的韵书是要驾乎各个方言之上的。他们首先选择的标准音是"帝王都邑",南北朝时作为帝都的,南有金陵,北有洛阳(邺城也作过帝都,邺城话与洛阳音是一致的),西有长安。颜之推最重视的是金陵与洛阳;其次,还要"参校方俗"。如果是一个单一音系,还要参校方俗作什么呢?汉语的"方""俗"可多了,是何"方"何"俗"?再其次,还要"考核古今",如果是单一音系,"核今"就够了,又何必去"考古"呢?颜之推主张把帝都之音、方俗之音、古今之音结合起来进行考察,然后来一个"折衷"(请特别留意"折衷"二字)。用这样的方法搞出来的音系,不是"综合",不是"杂凑",又是什么呢!

在这里,我想解释一下"杂凑"这个词语的本意何在。首先用"杂凑"这个词语来说明《切韵》音系性质的人我不知道是谁,但清朝人江永已经说它是"杂合五方之音","其源自先儒经传子史音切诸书来"(《古韵标准·例言》)。江有诰在《等韵丛说》中也批评说:"陆韵部分至繁,然同类者或荡析离居,异类者或马牛莫别。愚想当时定韵者八人……南北既殊,遂各守其乡音,不能画一。又当时定于烛下,而诸人旋散去,法言参考众说,而不敢辄合,故各自为部。观其自叙所云:'交游阻绝,质问无从,生死路殊,空怀可作……',盖叹其不能复得诸人校定,以归于一也。可见当时编韵之人,实未惬心。自唐时颁为官韵,遂无能议其得失,然核以古音,实为错乱乖离。"(《音学十书》第319页)江有诰的批评标准可能不恰当,但不能"归于一","错乱乖离",不比"杂凑"还严重吗?我在使用"杂凑"这个词语的时候是有确切含义的。"杂"是指古今杂糅,"凑"是指南北拼凑。"杂凑"是针对"因论南北是非,古今通塞"而言的。我们说《切韵》音系在性质上具有"杂凑"的特点,而不是说《切韵》这部书是杂乱无章的,也不是说《切韵》没有严密的语音体系。一部韵书有严密的语音体系和这个体系的性质是"杂凑"的,本是两个不同的问题,怎么能混为一谈呢?就是说,一部韵书作为书本子上的体系可以是严密的,若拿这个体系与某一特定的活方音对比则又是"杂凑"的,在中国韵书史上这样的例子难道还少吗?如明代的《洪武正韵》,就具有古今南北杂凑的特点,可是我们不能说《洪武正韵》这部韵书没有严密的语音体系。我们考察中国古代某些韵书,若不懂得书本体系和活语系之间既相联系又相脱节这一重要特点,就难免不失之于臆断。

我们说《切韵》音系具有杂凑性的特点,这个结论的全部含义仅在于说明《切韵》非单一性的音系而已,而不能理解为《切韵》音系与当时的实际语音没有任何的一致性。应该承认:一致性是主要的。只不过它不是跟个别方音一致,而是跟大多数方言区的人都基本上能听得懂、能理解得了的"雅音"一致。

在当时是不是存在这样的"雅音"呢,我以为是存在的。南北朝时期的作品中经常出现"音有楚夏"这样的话。如:

音读楚夏,时有不同。

(《魏书·江式传》)

> 古今言语,时俗不同,著述之人,楚夏各异。
>
> 《颜氏家训·音辞篇》
>
> 乃以音有楚夏,韵有讹切。
>
> (《文镜秘府论》第33页。又,王利器校注本,第104页)
>
> 加以楚夏各异,南北语殊。
>
> 《经典释文·序》

"楚""夏"之别,《荀子·儒效》已经谈到:"居楚而楚,居越而越,居夏而夏。"楚指楚地、夏指中原地区。左思《魏都赋》专以楚夏别方音。"盖音有楚夏者,土风之乖也。"这里所说的"楚"是"伧楚",即粗俗的意思,与"楚"相对的"夏"是雅正的意思。跟"楚"不是指某一具体方言一样,"夏"也不是单指洛阳话,或金陵话、长安话,大体上是指以黄河流域语音为基础的共同官话读书音,这种官话读书音的内部肯定是有分歧的,是有各自的单一音系的,而它们又会有许多共同点,《切韵》音系就是以这些共同点为基础建立起来的。

从现代语言学的观点看来,那些"各有土风"的"楚"言韵书,是研究单一音系的重要资料,是很可宝贵的。而带有拼凑性特点的《切韵》则不能满足懂得现代语音学而又一心追求单一音系的人的需要,从这个意义来说,《切韵》的价值反而不如"土风"韵书了。可是,事情的发展却完全不是这样,《切韵》一出世,"各有土风"的韵书通通消失了,而一本"杂凑"性质的韵书反而取得了官韵的地位,这是为什么呢? 道理很简单,就因为这部韵书代表的是"雅言",受到了南北士人的共同欢迎。尽管文士们有时也"苦其苛细",但毕竟要比接受一个具有某种"土风"的韵书要容易一些。我设想,如果《切韵》是单一的南音,北人就会抵制它,如果《切韵》只是北音中的某个活方音,南人也会抵制它。正因为它长于"折衷",它才能产生如此深远的影响。明朝的方以智就很欣赏这一点。他说:"自沈韵(实指切韵)行而古音亡,然使无沈韵画一,则唐至今皆如汉晋之以方言读,其纷乱又何可胜道!"⑧江永说:"此言实为确论。"他还进一步肯定《切韵》在维护汉语统一方面的功绩。"六朝人之音学非后人所能及,同文之功拟之秦篆当矣"。(《古韵标准·例言》第6页)姚文田在《古音谐·序》中说:"《切韵》出,而文字之音始一,陆法言诸人之功,亦云伟矣。"江氏说的"同文之功",包括形、音、义三者。唐代赵璘批评说:"近日书'餅'、'噉'字,至有'食'边'口'边作'覃',及'口'边作'詹'者,率意而为,其误甚矣。《切韵》是寻常文书,何不置之几案旋看也。"(《因话录》卷五,第110页)

说《切韵》是以"雅言"为基础而又"折衷"了南北方音,丝毫不意味这部韵书就是颜、陆等人主观随意捏造出来的。要明白,当时的"雅言"虽不可能像现在的普通话那样,有确切单一的语音系统,但它也有悠久的历史根源和相当的群众基础。所以,无论是拿六朝诗人的用韵还是拿隋唐诗人的用韵来与《切韵》音系相印证,一致的地方总是多于不一致的地方。一个诗人即使他的方言中有五个声调,他也会按照四个声调的韵书写出诗来,即使他根本不知道"支脂之"的读音有何种区别,他写起诗来照样能把它们区别得非常清楚。所以,有人甚至拿唐朝何超的《晋书音义》来证明《切韵》为洛阳音,更是劳而无功。因为《晋书音义》基本上是根据《切韵》系有关韵书做出来的⑨,这不等于以《切韵》证《切韵》吗!能说明什么问题呢?

迄今为止,有的文章总是强调:《切韵》韵部的划分的确有实际语音作为基础，以此来反对综合说。我认为，有实际语音作为基础与综合说并不矛盾，因为二者不是同一个层面上的问题。持综合说者并不是说《切韵》没有实际语音作为依据，只是说它不是以一时一地之音作为基础。封演说："陆法言与颜、魏诸公定南北音，撰为《切韵》。"南音、北音，当然都是实际语音，所谓"定"者就是综合。"我辈数人，定则定矣。"这不仅因为"数人"学术地位高，也因为"数人"中南人有三（刘、萧、颜），北人有五（卢、魏、李、辛、薛），他们自身的口语（雅音）就可以作为依据。江东雅言以金陵为代表，河北雅言以邺下为代表。按之《切韵》，南音成分显然可考。如一等重韵东冬、咍泰、覃谈，代表初唐（距离法言时代不过二三十年）长安音的《一切经音义》不分，而南朝齐梁陈的诗文分用；二等重韵佳皆夬、删山、庚$_二$耕、咸衔，《一切经音义》不分，齐梁陈诗文大体上分用；三等韵的东$_三$钟，北音多无分别，而南音有别；真殷、鱼虞、脂之、支脂，北音不分南音分；与四等相配的三等韵，如盐—添、仙—先、清—青、祭—霁、宵—萧，《一切经音义》均混用，南朝韵文有的也通押，《切韵》据吕静、杜台卿等人的韵书加以区别。还有所谓重纽问题，至今没有定论，但《音辞篇》有一条材料说明某些重纽字南北音不同。颜之推说："岐山当音为奇，江南皆呼为神祇之祇。"查《切韵》[⑩]：

岐：巨支反　群母支韵开口四等　（上古）支部
祇：巨支反　群母支韵开口四等　（上古）支部
奇：渠羁反　群母支韵开口三等　（上古）歌部

岐奇为重纽，它们的切下字（支、羁）均属三等，北音不分，而江南"岐祇"与"奇"不同，似乎还保存上古支歌之别。南北方音不同，当是造成重纽的重要原因。

还有一个令人感兴趣的问题，元魂痕排在一起，而且同用，既不同于上古音（上古元在元部，魂痕在文部），又不同于《韵镜》（元山仙同图，痕魂与真谆同图）。《切韵》之所以不同于上古音，可证《切韵》并不是由代表北音的《诗经》音系直接演变的结果；《韵镜》之所以不同于《切韵》，因为《韵镜》以北音为据对《切韵》做了调整。《切韵》以元魂痕排在一起，是以南朝时代的实际语音作为根据的，反映了南音的特点。慧琳、李涪指出《切韵》有吴音，实非偶然。

关于《切韵》音系的性质，张琨教授发表过许多精彩的意见。他的《汉语音韵史论文集》（张贤豹译，台北：联经出版事业公司，1987年）很值得一读。上面这段文字的主要论点就参考了张氏的《论文集》。

注：

① 钱大昕：《唐宋韵同用独用不同》。见《十驾斋养新录》卷五，第95页。
② 2016为伯希和的编号，该序文为五代写本残页。（《唐五代韵书集存》第920、932页）盈按：有人根据这两句话语以为孙愐《唐韵》即按"五音"列字，这个看法是错误的。所谓孙愐序，其下半为后人续补。
③ 韩道昭：《改并五音集韵序》。盈按：据《五音集韵》平声寒韵"韩"字注，韩道昭之父韩孝彦"注《切韵指玄论》、撰《切韵澄鉴图》、……将《玉篇》改作五音篇，皆印行于世"。
④ 这里所说的"宣"、"栘（成欚切，shí）"、"雪"都是韵部名称。唐《切韵》以仙韵合口为宣韵，从齐韵分出栘。夏竦《古文四声韵》也有这两个韵目。
⑤ 韩道昇：《改并五音集韵序》。袁子让《字学元元》卷一："荆璞取司马之法添为《集韵》。"袁氏所谓《集韵》就是《五音集韵》。
⑥ 钱大昕：《跋平水新刊韵略》。见《潜研堂文集》卷二十七。

⑦ 何九盈：《切韵音系的性质及其他》。见《中国语文》1961年9期。收入《音韵丛稿》，商务印书馆，2002年，第200—219页。
⑧ 《切韵声原·字韵论》。见《方以智全书》第一册（下），上海古籍出版社，第1501页。
⑨ 《晋书音义》何超自序云："仍依陆氏《经典释文》注字……凡所训释，必求典据。"（《晋书》第3219页）并非以洛阳音为据。
⑩ 《唐写本切韵残卷》S2055，王国维摹本，第5页。又见周祖谟编：《唐五代韵书集存》上册，第163页，中华书局，2005年3月第二次印刷。

第十五节　字母之学

汉语音韵学中所说的"字母"就是声母的意思。隋唐之前，还没有产生"字母"这个名称，但人们已经懂得双声，把双声字加以类聚，字母之学就不难产生了。

现存元刊本《玉篇》卷首的《切字要法》，不知产生于何时①。但毫无疑问这是字母出现之前的产物。《切字要法》可以看作是由切上字类聚而产生的声类代表字，原文共分三十类，现照录于下：

  1. 因烟（影）   2. 人然（日）
  3. 新鲜（心）   4. 饧（xíng）涎（邪）
  5. 迎妍（疑）   6. 零连（来）
  7. 清千（清）   8. 宾边（帮）
  9. 经坚（见）   10. 神禅（禅）
  11. 秦前（从）   12. 宁年（泥）
  13. 寅延（喻四） 14. 真毡（照）

15. 娉偏（滂）　　　　16. 亭田（定）

17. 陈缠（澄）　　　　18. 平便（并）

19. 擎(qíng)虔（群）　20. 轻牵（溪）

21. 称燀(chǎn)（穿）　22. 丁颠（端）

23. 兴掀（晓）　　　　24. 汀天（透）

25. 精笺（精）　　　　26. 民眠（明）

27. 声羶（审）　　　　28. 刑贤（匣）

29. ——　　　　　　　30. ——

29、30，原标明"四字无文"，下有两条注。

　　第一条注："如上平一东韵风字，方中切。方——风。"

　　第二条注："如上平八微韵微字，无非切。无——微。"

从这两条注可知"四字无文"所代表的是两个声母。第一条注以"风"为例，属非母；第二条注以"微"为例，属微母。其余括号中注的字母是我添上去的。

任铭善、张世禄均认为非微二母为后人所加，原本只有二十八母[②]。与后来的三十六字母相比，缺"知彻娘床"与"非敷奉微"。轻唇尚未从重唇分化出来。吴稚晖（1865—1953，江苏武进人）在《国音沿革·序》中认为床母即澄母（陈缠代表床母）。这样，舌上音亦未分化出来。我认为当时床禅不分，第10类"神䄠"二字之"神"就代表床三。

任铭善认为："二十八字母和三十字母是（唐人）从口语中归纳出来的。"张世禄先生对二十八字母的来源有如下推断：" '四字无文'表明，《切字要法》可能是从藏文三十字母演化出二十八类和缺字的两类。藏文三十字母，是受梵文影响制订出来的。因此，可以认为《切字要法》的二十八类和缺字两类,是间接来源于梵文字母的。"③这仅仅是一种推断,藏文字母创始于7世纪,《切字要法》是什么时代的产物呢？是不是唐以前就已经有了呢？我以为可能性极大。曾运乾"考《续通志·七音略》,有古切字要法六十字,以谓'自魏秘书孙炎作反语后即有之,传之最古'④。此语虽不必信,然其字纽之采取,有舌头而无舌上,有重唇而无轻唇,则固与《广韵》类隔音和之例相合。所定之六十字,至迟亦当在陆法言撰集《切韵》以前也。今以《释文》所载之孙炎《尔雅音》证之,适相吻合。"(《音韵学讲义》,中华书局,1996年,第100—101页)曾运乾的意见值得重视。

现把全部字母按五音排列如下：

唇音　帮、滂、并、明
舌音　端、透、定、泥、来
　　　　　澄
齿音　精、清、从、心、邪
　　　照、穿、审、禅、日
牙音　见、溪、群、疑
喉音　影、晓、匣、喻四

《切字要法》所反映的声母系统有以下三个特点：

一、在排列方面,它不是有意按照五音来安排其次序的,有可能《切字要法》时代还没有出现以五音编排字母的方法。

二、《切字要法》不是选择一个字作为字母的标目,而是以双声字标目,这还是取反切的方式,但它又正好包括二十八字母在内,我推想很有可能这是某一实际方音声母系统的反映。

第五章 隋唐宋语言学

三、《切字要法》的字母系统既不同于上古音，又不同于《切韵》系统，也不同于唐代的三十字母。能否这样设想：它是六朝时候的产物。这当然还要进一步论证。我们用《切字要法》代表唐人三十字母产生之前的一个发展阶段，该不会有什么问题吧。

字母之学的正式产生是在唐代。敦煌发现的唐人《归三十字母例》⑤和守温韵学残卷的三十字母都是很好的证明材料。先看三十字母例：

端	丁当颠战(diān)	透	汀汤天添
定	亭唐田甜	泥	宁囊年拈
审	昇伤申深	穿	称昌嗔觇(充针切)
禅	乘常神谌	日	仍禳忎任
心	修相星宣	邪	囚详饧旋
照	周章征专	精	煎将尖津
清	千枪佥亲	从	前墙晋(qián)秦
喻	延羊盐寅	见	今京犍(居言切)居
溪	钦卿褰祛	群	琴擎蹇渠
疑	吟迎言鲛(同渔)	晓	馨呼欢袄
匣	形胡桓贤	影	缨乌剜烟
知	张衷贞珍	彻	怅忡柽(丑贞切chēng)缜
澄	长虫呈陈	来	良隆冷隣
不	边逋宾夫	芳	偏铺缤敷
並	便蒲频苻	明	绵模民无

上表中字下的圆点是我加上去的。这些有圆点的例字全都见

之于《切字要法》，这就给我们一点启发，三十字母可能是在《切字要法》的基础上发展起来的。尽管两个声母系统不一样（字母例有知、彻，《切字要法》没有），但唐人归字例有十九个声母的二十七个例字直接取材于《切字要法》，恐怕不是偶然的。设若我们把归字母例前的字母加到《切字要法》上，《切字要法》不也成了《归三十字母例》吗？这又证明把《切字要法》看作是三十字母的前身是很可信的[6]。

守温韵学残卷三十字母与唐人《归三十字母例》基本上一样，请看下表：

  唇音 不芳並明
  舌音 端透定泥是舌头音
      知彻澄日是舌上音
  牙音 见（君）溪群来疑等字是也
  齿音 精清从是齿头音
      审穿禅照是正齿音
  喉音 心邪晓是喉中音清
      匣喻影亦是喉中音浊[7]

(《唐五代韵书集存》下册，第803页)

这两种字母的不同点是：

一、排列次序不同。魏建功先生指出："三十字母系统已知的资料表现了两个阶段，主要反映等韵字母次序由舌头开头演变为唇音开头，再变为牙音开头就成了三十六字母的系统。"(《〈切韵〉韵目次第考源——敦煌唐写本〈归三十字母例〉的史料价值》)魏先生还发现:《归三十字母例》的排列次序与《切韵》韵目的排列次序存在高度的一致性。他说:"最近我有机会检用三十字母的资料,无意之念到'端透定泥'开头的次序,跟《广韵》韵目的'东、冬、钟、江……'开头的次序比对,发现都一样是舌头音。这引起了我的注意。我把《归三十字母例》分成下列几组,拿韵目排进去,结果像'东冬钟江'、'支脂之微'、'鱼虞模',都清清楚楚显现出顺序的系统。""字母系统的次序主要以'舌、齿、牙、喉、唇'为序。我们可以说:韵目次序依着音类顺舌齿牙喉唇的系统排列的。"(《魏建功文集》(贰),第655、657页。江苏教育出版社,2001年)由此也可以推断,《归三十字母例》虽为唐写本,其产生时代应在隋唐以前,应当早于《切韵》,这是个人近来的新认识。

二、守温字母已经明确对声母的发音部位进行了分析,分出了唇、舌(舌头、舌上)、牙、齿(齿头、正齿)、喉等五音。

三、守温字母已有发音方法的分析,即喉音有清浊之别。

守温字母也存在一些不应该出现的错误。从发音部位看,来母应归舌音,不应归入牙音,心、邪应归齿音,不应归入喉音;从发音方法看,影母应是喉之清,不应归入喉之浊。另外"见"与"君"同类,重复。这种错误不一定是制订字母表的人弄出来的,很可能是传抄之误。

到宋代又出现了三十六字母。郑樵的《通志·艺文略·小学类》和王应麟的《玉海》卷四十四都著录了《三十六字母图》一卷,称作者为僧守温。与三十字母比,三十六母增加了非、敷、奉、微、床、娘六母。

字母之学的产生,就其外因而言,也得助于佛学的传入。首先,"字母"这个词就是由佛门信徒从梵文翻译过来的。如《广大庄严经・示书品》说:"佛告诸比丘尼,尔时有十千童子,而与菩萨在师前同学字母。唱阿字时,出一切诸行无常声,唱长阿字时,出自利利他声。"⑧

其次,关于声母发音部位的名称也是佛教徒在佛经启发下提出来的。如《一切经音义》所引《大般涅槃经・文字品》就有"比声(表示梵语辅音)二十五字"⑨。分为舌根声、舌齿声、上腭声、舌头声、唇吻声等五类。这里所说的"舌根声"就是字母家所谓的牙音,"舌齿声"就是正齿音;"上腭声"就是舌上音;"舌头声"就是舌头音;"唇吻声"就是唇音。涅槃字母中没有齿头音。

陈澧在《切韵考外篇》中说:"《大般涅槃经》有舌根声、舌齿声、上腭声、舌头声、唇吻声,是此种名目出于西域。"(《切韵考》外篇卷三,第9页)钱大昕说:"窃意唐末作字母谱者,颇亦采取涅槃,而有取有弃,实以华音为本。"(《潜研堂文集》卷十五,第218页)这些意见都是对的。

最后,字母的制订人也是佛教徒。敦煌韵学残卷说三十字母为"南梁汉比丘守温述"("南梁"为地名,在今陕西南郑县;"汉"对"胡"而言,即汉族人。参周祖谟《唐五代韵书集存》第958页)。南宋祝泌《观物篇解》所附之《皇极经世解起数诀》说:"胡僧了义三十六字母,流传无恙。"韩国《三韵声汇・凡例》:"字母者,谓为字之母也。胡僧了义始撰三十六母。"明吕介孺《同文铎》说:"大唐舍利创字母三十,后温首座益以娘、床、帮、滂、微、奉六母,是为三十六母。"⑩

关于三十六母的制订人,诸说有矛盾,我们不必去细加考证,因为我们想说明的是字母制订者乃是和尚,无论守温还是了义,还是大唐舍利,他们都是和尚,他们都与字母之学有密切关系,这是不成问题的。可以说,字母之学、等韵之学,乃佛门弟子的传统学问,历代盛行不衰,从唐宋至元明,代有师承口授。刘献廷说:"当明代中叶,等韵之学盛行于世。北京衍法五台、西蜀峨眉、中州伏牛、南海普陀,皆有韵主和尚,纯以唱韵开悟学者,学者目参禅为大悟门,等韵为小悟门[11],而徽州黄山普门和尚,尤为诸方之推重。……为第二代韵主教授师。"(《广阳杂记》卷三,中华书局,1985年,第143页)关于和尚与音韵学尤其是等韵学的关系,还有待于深入发掘,应该有人进行全面研究。

注:

[1] 钱基博:《经学通志·小学志》:"纽字之图,亦创沈约;见引于唐僧神珙《四声五音九弄反纽图序》者可证也。初吴郡顾野王希冯造《玉篇》,中载古切字要法之……三十类,盖即沈约《纽字图》之所由本,而为后世言字母者之祖也。"(《中国现代学术经典·钱基博卷》第838页)

[2][3] 任说见《汉语语音史要略》第33、34页,又见任铭善著《无受室文存》,浙江大学出版社,2005年,第306页。张说见《等韵学讲话提纲》,李行杰教授整理,发表于《青岛师专学报》1990年第2期。

[4] 《续通志·七音略四》,浙江古籍出版社,2000年,第3837页。

[5] 姜亮夫《瀛涯敦煌韵集》卷九,编号为S0512。又见周祖谟《唐五代韵书集存》下册,中华书局,2005年,第795页。

[6] 参阅《瀛涯敦煌韵集》论部十九。

[7] 见《敦煌掇琐·守温音学残卷》。又见周祖谟《唐五代韵书集存》下册,第803页。

[8] 转引自赵荫棠:《等韵源流》,第16页。2011年商务版第32页。

[9] 比声二十五字:

迦 呿 伽 啩 俄	舌根声(凡五字,中第四字与第二字同,而轻重微异)
遮 车 阇 膳 若	舌齿声
吒 哶 茶(茶) 咤 拏	上腭声

多 他 陀　　驮 那　　　　舌头声
波 颇 婆　　婆 摩　　　　唇吻声

(《一切经音义》二,第 42 页。上海古籍出版社,2008 年。又,《切韵考·外篇》卷三,第 2 页。北京市中国书店,1984 年)

钱大昕说:"见溪群疑,即涅槃之迦呿嘔(其柯)俄也,而去其一;照穿状审禅,即涅槃之遮车阇膳(时柯)若也,而更其一;知彻澄娘,即涅槃之咤咃(丑加)荼咤(伫贾)拏也,而去其一;端透定泥,即涅槃之多他陀驮那也,而去其一;邦滂並明,即涅槃之波颇婆婆(去)摩也,而去其一。其余皆不与涅槃合。是僧守温定三十六母,虽亦参取梵音,而实以华音为正。"(《潜研堂文集》卷十五,第 219、220 页,万有文库本)

⑩ 其言据释真空《篇韵贯珠集·总述来源谱》。真空还有一首《字源歌》:"法言造韵野王篇,字母温公舍利传,等子观音斯置造,五音呼喻是轩辕,大唐舍利置斯纲,外有根源定不妨,后有梁山温首座,添成六母合宫商,轻中添出微于(与)奉,重内增加帮迬滂,正齿音中床字是,舌音舌上却添娘。"(转引自明袁子让《字学元元·溯字学源流辨》北京大学图书馆藏手抄本)温首座应该就是守温,但守温字母数只三十,而这个温首座却增母为三十六。真空乃明代人,他的《歌》可能是以讹传讹,不足深信。

⑪ 《七音略·七音序》:"释氏以参禅为大悟,通音为小悟。"台北:旭明彩艺印刷公司,1972 年。

第十六节　等韵学的兴起

等韵学也叫"七音之学",是汉语语音分析的一门学科,相当于现代语音学、音位学。它的内容包括汉语声、韵、调等方面的问题。吴宗济先生说:"等韵研究方面,早于西方的音系学区别特征理论数百年,更应受到语言学界的重视。"①

何谓"七音"?"七音"何时与等韵联系起来?《左传·昭公二十年》已有"七音",《释文·左氏音义》云:"宫商角徵羽变宫变徵也。"从先秦至六朝，无人将"七音"用于语言学。即使作为音乐术语，这一时期也罕用"七音"。"盖龟兹琵琶未入中国以前，魏晋以来相传之俗乐，……不用二变者也。"(凌廷堪《校礼堂文集》第170页)隋唐时所谓的"七音"正是来自龟兹音乐，并由音乐用之于等韵学。郑樵的《通志·七音略》已注意到这一点(盈按：陈澧《切韵考·外篇·后论》批评说："又以七音牵连于苏祇婆琵琶，渔仲之诞妄如此。"此评失之武断。陈氏对西域音乐与音韵的关系认识不足)，袁子让的《字学元元·溯字学源流辨》进一步明确肯定："宇文周时有龟兹国人来传七音之学于中国，有曰婆(娑)陀力、鸡识、沙识、沙候加监、沙腊、般瞻、俟利箠(篷)(盈按：《隋书·音乐中》、《通志·乐三》、《通志·七音略一》、《宋史·律历四》、《辽史·乐志》均载此"七音"，文字略有不同)，其别有七，于乐为七调，于字为七音。盖有耳学，天竺妙语，多由于音，中国人多未知也。"所谓龟兹国人，即苏祇婆，周武帝天和三年(568)"从突厥皇后入国，善胡琵琶。听其所奏，一均之中间有七声"。(《隋书·音乐中》)从天和三年至隋开国，中间不过十余年，隋王朝不满40年，将"七音"用于音韵学，用于等韵学，不会超过唐代，也不会晚于唐代。"七音之学"有广、狭二义。郑樵的《七音略》用的是广义，指整个等韵学。狭义仅指声母的分类，并与《释文》所谓的"七音"联系起来。如《宋史·律历四》说："合口通音谓之宫，……西域言'婆陁力'。开口吐声谓之商，……西域言'稽识'。声出齿间谓之角……西域言'沙识'。齿合而唇启谓之徵，……西域言'沙腊'。齿开唇聚谓之羽，西域言'般瞻'。变宫，西域言'侯利箠'。变徵西域言'沙侯加滥'。"苏祇婆的七音之说在中国音乐史是一件大事，影响及于等韵学，而现代语言学研究者，对此几乎一无所知，故在此略述其原委。

一、等韵学的意义

1. 等韵学的出现表明我国古代的汉语音系学已经发展到相当成熟的阶段。古人有关声类的区别,发音部位、方法的分析,韵类的分析,声调的辨别等方面的知识,在等韵学中得到全面反映。等韵图实际上就是以声韵调相配合的拼音表,把每一个字(以韵书小韵的领头字为代表)的音节结构用图表的方式全面展示出来。本来,反切已暗含着一个字的声韵调诸要素,但反切并不能具体指明是什么声母,什么韵母,什么调类,而在等韵图中,一个音节的各种要素都明白地显示出来了。潘耒说:"等韵者,以各母贯各韵之字而等次之也。字之在韵,散乱无统,得等韵而始有条理,为功甚大。"[②]可以说,等韵图的出现标志着古人对汉语语音的分析已达到了相当精密的程度。

2. 等韵学是汉语音韵学的一个分支,但这个分支却具有整体上的指导作用。人们都知道,无论是研究上古音还是研究中古音,都要求具备等韵方面的知识。不懂等韵,何以审音?江永批评陈第:"盖陈氏但长于言古音,若今韵之所以分,喉牙齿舌唇之所以异,字母清浊之所以辨,概乎未究心焉。"[③]陈第于等韵之学未得其门,对他的古音研究显然很不利。

3. 等韵图作为一种音节表,在古代也是帮助人们查检字音的工具,对普及汉字语音知识以及文化的发展都产生过好的作用。张麟之《韵镜》序开篇就说:"'读书难字过'[④],不知音切之病也。诚能依切以求音,即音而知字,故无载酒问人之劳。"[⑤]

4. 等韵学与现代方言调查、汉语语音史的研究,乃至辞书注音、审音,均有直接关系。

二、等韵学的萌芽

据鲁国尧考证:"等韵"一名始于明代(《鲁国尧语言学论文集》第640页)但等韵学的兴起与"悉昙"⑥的传入有关。唐代和尚智广的《悉昙字记》就是一本讲梵文拼音知识的教材。其中讲到:"对声呼而发韵,声合韵而字生焉。"还谈到韵有"长呼"、"短呼"之别,声有"轻音"、"重音"之分。和尚们在"悉昙"的启发下创造了反映汉语特点的韵图。所以郑樵说:"七音之韵,起自西域,流入诸夏,梵僧欲以其教传之天下,故为此书。"⑦又说:"臣初得《七音韵鉴》(《古今韵会举要》平声上案语引作《七音韵镜》第23页),一唱而三叹,胡僧有此妙义,而儒者未之闻。"⑧《康熙字典》前面的《字母切韵要法·切字样法》也说:"夫等韵者,梵语悉昙,此云字母,乃是一切文字之母。"

悉昙的构成是以元音为经,辅音为纬,一个一个元音轮流跟辅音相拼,组成拼音字表,故中国和尚就以"悉昙"二字来称呼梵文拼音表。悉昙何时传入中国,说法不一。梁释僧祐《出三藏记集》卷三引东晋释道安(314—385)所撰经录已有《悉昙慕》二卷(中华书局,1995年,第108页),后秦僧人、翻译家鸠摩罗什(344—413,生于西域龟兹国——今新疆库车县)所撰《通韵》,是研究早期悉昙学的重要文献。《通韵》为敦煌写卷,饶宗颐有《鸠摩罗什〈通韵〉笺》。

等韵依照悉昙而成为专门之学,应该有一个漫长的过程,大概经过了几百年的摸索、研究。下面四种材料都属于萌芽时期的产物。

1. 本书第十一节所介绍的"调四声谱",即沈约的纽字图,"已经具备了纵横交贯的等韵图的雏形"。⑨此图竖则双声,横则叠韵,以入为纽,四声相承,为韵图的构思迈出了第一步。

2.张麟之说:"有沙门神珙(原注:恭拱二音),号知音韵,尝著《切韵图》,载《玉篇》卷末。"神珙为西域人,唐代和尚(魏了翁《鹤山先生大全文集·师友雅言》引李肩吾云:"自元魏胡僧神珙入中国,方有四声反切。"以神珙为元魏时人)。所谓《切韵图》当即《四声五音九弄反纽图》。这个《图》的序言中提到《元和韵谱》,可证神珙大概生活在唐宪宗元和年间以后。殷孟伦撰有专文解释此图,并且认为"它是由采用双声叠韵法过渡到后来兴起等韵之学这一阶段里面的必然产物"⑩。《玉篇》末还有《五音声论》,钱大昕定为神珙作⑪,戴震认为珙《序》未涉及《五音声论》,"殆唐末宋初,或杂取以附《玉篇》末,非珙之为"⑫。《五音声论》的内容是:

东方喉声　　何我刚鄂䚋可康各
西方舌声　　丁的定泥宁亭听历
南方齿声　　诗失之食止示胜识
北方唇声　　邦龙剥雹北墨朋邈
中央牙声　　更硬牙格行幸亨客

(《宋本玉篇》第540页,北京市中国书店,1983年)

列举的例字有四十个,与后来的三十六字母不合。但将声母分为喉、舌、齿、唇、牙五类,而且又有类似后来字母的例字,这也是等韵学正式产生之前的过渡产物。

3.所谓"等韵"原本是以等分韵的意思。以等分韵始于唐代。敦煌韵学残卷中有南梁汉比丘守温述"四等重轻例",例分平上去入。现举例如下：

平声：高古豪反　交肴　娇宵　浇萧
　　　观古桓反　关删　勬宣　涓先
上声：满莫伴反　䜌清　免选　缅狝
　　　杲古老反　姣巧　矫小　皎筱
去声：旰古案反　谏韵　建願　见霰
入声：特徒德反　宅陌　直职　狄锡

（《唐五代韵书集存》下册，第803、804页，中华书局，2005年）

每行的四个正文，分别表示一二三四等。注文有两种：一种是反切，一种为韵目。如高，豪韵，一等；交，肴韵，二等；娇，宵韵，三等；浇，萧韵，四等。观，桓韵，一等；关，删韵，二等；勬（juān），宣（仙）韵，三等；涓，先韵，四等。"谏"字下注一"韵"字，乃说明"谏"为韵目名称。为什么只在一等字下注明反切呢？因为知道了一等字的反切，再加上等的不同，二、三、四等字的音就可以推知了。

这些例字的等第与《韵镜》相符，有可能是从某种韵图摘录出来的，也有可能是完整韵图出现之前的一种图式。后来韵图中的"重轻"指的是开合，这里的重轻似乎是指洪细，指等第元音的差别。三等韵目中有"宣"、"选"，说明此例所据韵书为《唐切韵》。

4. 俞敏指出："到武周时代，《韵诠》出现了，这就是等韵的萌芽。"[13]《韵诠》已经失传，作者武玄之对陆法言《切韵》颇为不满。孙光宪说："曾见《韵诠》，鄙驳《切韵》，改正吴音，亦甚核当。"[14]《韵诠》平声分五十韵，韵目见日僧安然《悉昙藏》卷二。安然说："又如真旦《韵诠》五十韵头,今于天竺悉昙十六韵头,皆悉摄尽,更无遗余。"⑮后来韵图分摄,滥觞于此。下面是五十韵与悉昙十二元音(参阅饶宗颐《通韵》笺)对照,也就是十二摄。

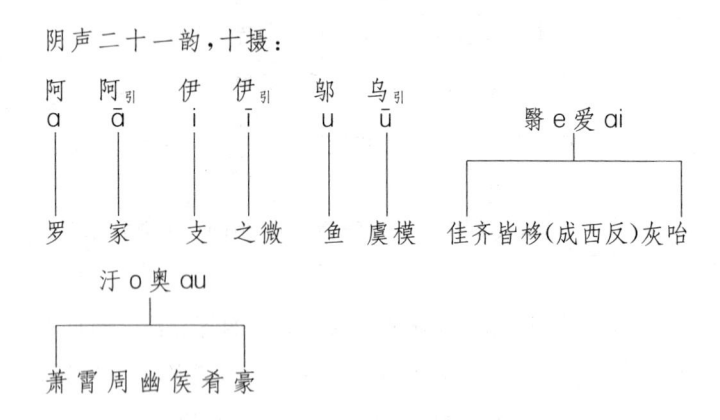

阴声二十一韵,十摄:

阿 阿引 伊 伊引 邬 乌引　　　　　翳 e 爱 ai
a ā   i ī   u ū

罗 家　支 之微　鱼 虞模　佳齐皆栘(成西反)灰咍

汙 o 奥 au

萧霄周幽侯肴豪

阳声二十九韵(入配阳),二摄:

暗 am 恶 ah

东冬江钟阳唐京争青清蒸登/春臻文魂元先仙山寒/琴岑覃谈咸严添盐(入声字)

《韵诠》有四条"明义例",也与韵图结构相关:

凡为韵之例四也:
一则四声有定位,平上去入之例是也;
二则正纽以相证,令上下自明,"人忍仞日"之例是也;
三则旁通以取韵,使声不误,"春真人伦"之例是也;
四则虽有其声而无其字,则缺而不书,"辰蜃昣"之例是也。

（转引自赵荫棠《等韵源流》第28页，2011年商务版第44页）

"四声定位"，这是韵图构成的基本原则之一。所谓"正纽"即神珙《九弄》之"正纽"，指同声母同韵母而四声相承，顺呼取读；所谓"旁通"指同韵同调不同母，横读取韵；所谓"有声无字"，"缺而不书"，即后世韵图之"列围"。

竖读为纽，横读为韵，这正是张麟之《调韵指微》所强调的："经纬者，声音之脉络也；声音者，经纬之机杼也。纵为经，横为纬，经疏四声，纬贯七音。"（《韵镜》第5页，古籍出版社，1957年）

从东晋悉昙学传入中国，从鸠摩罗什、谢灵运等人研究悉昙，"条列梵汉"，到唐代韵图正式产生，经历了三四百年的时间，所谓"萌芽"也者，的确是一个非常缓慢的渐进过程。

三、《韵镜》和《七音略》

这两部韵图的名称几乎就是《七音韵鉴》图名的切分。"韵鉴"就是"韵镜"，"旧以翼祖（宋太祖追封其祖父之庙号）讳'敬'，故为'韵鉴'。"（《韵镜·序》原注）《通志·六书略·论华梵中》说："观今《七音韵鉴》出自西域，应琴七弦，天籁所作，故从横正倒，展转成图，无非自然之文，极是精微，不比韵书但平上去入而已。七音之学，学者不可不究。"（350页）可惜，郑樵没有介绍《七音韵鉴》的作者、时代、具体内容，但两部韵图受其影响则是肯定的，受西域七音之学的影响也是肯定的。

我们现在所能见到的最早的韵图是《韵镜》。多数研究者认为，在《韵镜》之前应当已有别的韵图出现了，因为像《韵镜》这么精密的韵图是不可能一下子就得以产生的。它的具体年代已有不少推测。张麟之推测为神珙所作⑯；罗常培和葛毅卿都主张《韵镜》为唐人所作⑰；俞敏认为成书可能在五代⑱，不可能比守温三十字母更早，因为在《韵镜》中已用三十六字母；李新魁主张"作于1007年至1037年这三十年之间"⑲。我比较倾向于"为唐人所作"的说法。

《韵镜》将206韵分列于四十三张图内，每图横列七音（暗含三十六母），纵列四声。四十三张图又分内转、外转两大类。内转二十图，外转有二十三图。张麟之说："反切之要，莫妙于此，不出四十三转，而天下无遗音。"（《韵镜·识语》）"四十三转"就是四十三图。什么叫"转"？分内外转的根据是什么？

"转"这个概念也是从梵文中学习过来的，是辅音与元音相拼的意思。韵图的作用就是让人们能根据切上字查声母，根据切下字查韵母，韵与声的结合点就是被切字的读音。这和拼音的方式有所不同，而原理则是一样的。

关于内外转的解释，《四声等子》和《切韵指掌图》都有"辨内外转例"，文字完全一样：

> 内转者，取唇舌牙喉四音更无第二等字，唯齿音方具足；外转者，五音四等都具足。

这段话的意思是：内转有两种情况，一种是唇舌牙喉四音没有二等字，一种是齿音一二三四等具备。外转则是唇舌牙喉齿五音，四等具备。这个释义说明内外转的划分与"等"有关。内转除齿音之外无二等字，外转则是有二等字的。可是，齿音既有二等，为何还要放在内转之中呢？我们分析一下《韵镜》中那些内转齿音二等

字的情形就明白了(以平声为例):

内转一东:崇

内转四支:齜差齹㩙

内转六脂:师

内转七脂:衰

内转八之:葘茬

内转十一鱼:菹初鉏疏

内转十二虞:刍㑳雏㝄

内转二十九麻:巴萣爬麻……叉楂鲨

内转三十一阳:庄疮床霜

内转三十七尤:邹挡愁搜

内转三十八侵:簪㜽岑森

以上十一个内转图的齿音有二等字,除二十九图之外,一共二十九个字,分属东、支、脂、之、鱼、虞、阳、尤、侵等九个韵。这九个韵原本是没有二等字的,而这二十九个字的声类又都属于正齿音的庄组,照等韵门法规定,庄组字又必须排在二等,于是这些本属三等韵的字排在二等的音位来了,音韵学家给这类字取了一个名字叫"假二等"。这样,内外转的分界就很明白了:内转无真二等,外转有真二等。以真二等的有无作为区分内外转的标准,从韵图看完全解释通了,不存在什么问题。但内外转的对立是否仅止于此,仍有不同的看法,在这里不必细述[20]。

有一个问题是:二十九麻的"巴萣麻"等字都是真二等,为什么也列入内转之中呢? 这可能是传写过程中所造成的谬误。郑樵

(1104—1162,字渔仲,福建莆田人)的《七音略》把麻韵列为外转,那是正确的。

《韵镜》还有一对基本概念是开合。开合二呼这个术语最早见之于此。四十三张图基本上分为两大类:韵图一、六、八、九、十一、十三、十五、十七、十九、二十一、二十三、二十五、二十九、三十一、三十三、三十五、三十七、三十九、四十二等十九图为"开";韵图五、七、十、十四、十六、十八、二十、二十二、二十四、二十六、二十七、二十八、三十、三十二、三十四、三十六、三十八、四十、四十一、四十三等二十图为"合";另有四图(二、三、四、十二)标明为"开合"。"开"、"合"分指开口呼、合口呼。另四图以"开合"并称的,有人认为与图旨不合,可能是后人加上去的;也有人认为可能是这四韵的元音介乎开合之间;还有人认为可能是方言问题,即这些韵的字有的方言属开口,有的方言属合口。我们没有充分的论据可以证明,这些韵图的"开合"并称是后人加上去的。有可能韵图制订者的方音中,这些韵的字在有的声母下读开口,在有的声母下读合口,这也只不过是一种看法而已。韵图对"开"、"合"的划分不见得都很合理,但也不宜拿一个标准去衡量它。不论怎么说,韵图明确分出开口呼、合口呼,比之韵书对韵部的分析又算是进了一步。《广韵》中有些韵已经开合分立,如真谆、寒桓、歌戈等,有的韵则是开合混而为一,如支、脂、微、佳、山、元、仙等,韵图将这些韵按开合分之为二,各自的特点就显得更为明确了。

开合之下又各分四等,这是韵图的基本内容。四等,就是把韵字分为四个类别。这四个类别是根据什么条件来划分的呢?

首先是根据韵母中的介音和元音。如东韵有一等和三等之别,其差别不在于元音,而在于介音;豪肴宵萧四韵,正好分为一二三四等,则是由于主要元音不同。

但是,韵图上所表现出来的"等"与声母有密切关系。所以等韵学家们也有主张以声辨等的。如江永《四声切韵表》就以三十六字母与四等配合。"等"既与韵类有关,又与声类有关,这是很可以理解的。因为不论任何一个"等"里的字音,总要合声韵两要素才能构成,其中自有严密对应规律,有的声母与各等都发生联系,有的声母则只与某些等发生关系,或只与某一个等发生关系,韵图本身就已揭示了这些规律。如果只承认"等"和韵的关系,而忽视"等"和声的关系,就会"经纬不明,所以失立韵之源"[21]。在理解"等"和"声"的关系时,要注意假二等、假四等并不是声韵配合规律的真实反映,只是韵图结构规律的反映。

在宋代还有一部与《韵镜》相同的韵图,这就是郑樵的《七音略》(见中华书局《通志二十略》,王树民点校)。这两部韵图所依据的都是《切韵》系韵书,但从韵目排列顺序考察,《韵镜》跟李舟《切韵》相近,把覃谈等韵排在侵韵之后,《七音略》把覃谈列于阳唐之前,跟法言韵书相近。二书把登、蒸(曾摄)列于最后。

对内外转的划分,两书略有不同。如十三图咍皆齐祭夬,《韵镜》为外转,《七音略》为内转,二十九图麻韵,《韵镜》为内转,《七音略》归外转,《韵镜》三十四图庚青为外转,《七音略》三十七图庚青归内转。

《七音略》无开合之名,而以重轻为别,重轻大致上相当于开合。对这个问题还有待于进一步研究。二书所标开(重)、合(轻)略有不同,可对读。

《七音略》入声铎药二韵,既与内转34图的阳唐相承,又与外转25图的豪肴宵(霄)萧相承。以入声兼承阴阳,和《韵镜》入声韵只承阳声韵不同。有人认为这是偶然出现的错误,与音理无关。

四、《四声等子》和《切韵指掌图》

韵图的编制也是随着实际语音的发展而发展的。《韵镜》之后,又出现了《四声等子》、《切韵指掌图》。这两种韵图的作者和写作年代都不可考。孙奕《示儿编》已引用《指掌图》。前人和时贤已有不少研究,但时代与作者问题,目前尚无公认的结论。尤其是《切韵指掌图》,是否与司马光毫无关系,在全面研究司马光时代的语音之前,还无法得出可靠的结论。我绝不相信,温公的"四世从孙"会误认他人的著作为自己的祖宗产业。邹特夫据孙觌《切韵类例序》,认为《指掌图》乃南宋杨中修所作。龙宇纯在《上古阴声字具辅音韵尾说检讨》中说:"《切韵指掌图》题司马光作,虽有疑为后人伪托,但全由误会,在《指掌图》本身,包括序文,并没有任何可疑之隙。《四声等子》一书不题撰人,潘重规先生《韵学碎金》以为即智公之《指玄论图》(见《幼狮学志》第十四卷第二期),赵荫棠《等韵源流》以智公即为《龙龛手鉴》作序的智光,时代在五代宋初,则此书时代固与所谓早期韵图者相近。"(《史语所集刊》第50本4分,1979年)龙宇纯的意见值得重视,不过有待于深入论证。

两图有不少共同之处,如:

都有二十个图。《等子》还出现了十六摄的名称:

1. 通摄内一重少轻多韵
2. 效摄外五全重无轻韵
3. 宕摄内五阳唐重多轻少韵　　江全重,开口呼
4. 宕摄内五

5. 遇摄内三重少轻多韵
6. 流摄内六全重无轻韵
7. 蟹摄外二轻重俱等，开口呼
8. 蟹摄外二轻重俱等韵，合口呼
9. 止摄内二重少轻多韵，开口呼
10. 止摄内二重少轻多韵，合口呼
11. 臻摄外三轻重俱等韵，开口呼
12. 臻摄外三轻重俱等韵，合口呼
13. 山摄外四轻重俱等韵，开口呼
14. 山摄外四轻重俱等韵，合口呼
15. 果摄内四重多轻少韵，开口呼
16. 果摄内四重多轻少韵，合口呼
    麻外六
17. 曾摄内八重多轻少韵，开口呼
    梗摄外八
18. 曾摄内八重多轻少韵，合口呼
    梗摄外二
19. 咸摄外八重轻俱等韵
20. 深摄内七全重无轻韵

江摄包括在宕摄之中，假摄（麻外六）包括在果摄之中，梗摄包括在曾摄之中，实际上只有十三摄。

与《韵镜》相比，少了二十三个图，这是韵部归并的结果。《等子》有"摄"名而无"转"名，但保留了内外的分别。《等子》采用了《韵镜》开合的名称，又采取了《七音略》重轻的名称。重轻又有多少之分,说明了一个摄内的字已不能完全用"开"、"合"来作简单的概括。如通摄、遇摄都注明"重少轻多",说明这两个合口(轻)摄内已经产生了少量的开口(重)字。《等子》的图次与摄次有矛盾,所标的"内一"、"外五"、"内五"等数字是摄的次序,这些摄名当来自他书,而次序又打乱了,所以与图次不相应。

《等子》在宕、果、曾三摄都注明了"内外混等",说明内外转、十六摄的划分,并不怎么科学。江在《韵镜》属外转,阳唐属内转,《等子》时代它们的主要元音已混同,再绳之以内外,岂不是用旧瓶装新酒!《韵镜》蒸登属内转,庚耕清青属外转,麻归外转,歌戈归内转,曾与梗、假与果的主要元音并不完全一样。《等子》让它们"混等",这"就是典型的削足适屦了"!(俞敏语)

本来,十六摄、十二摄的分法,"其实皆由梵文之十六韵而来"。悉昙章有十二章、十六章,所以等韵家也"千方百计凑十二、十六的数"。(俞敏《等韵溯源》)

《等子》仍采用传统的三十六字母。根据唐作藩教授的研究,其"韵母系统,除入声韵,它的阳声韵阴声韵可以归纳为十九部49个韵母,已经十分接近《中原音韵》了"[22]。

《指掌图》前面有"二十图总目",但无"摄"名,一至六为"独",七至二十或"开"或"合"。所谓"独"是指效、通、遇、流、咸、深摄为独立图,其间无开合对立。它和《等子》一样,实际也只有十三摄(江归宕,假归果,梗归曾),有的两摄共一图。

《指掌图》的语音系统,我在《古汉语音韵学述要》(浙江古籍出版社,1988年。又中华书局2010年修订本)中已有详细分析。它有71个韵母,其中入声韵母24个,阴声、阳声韵母计47个。与《四声等子》的韵母系统相比,主要有以下四点不同:

1.《等子》江韵唇牙喉音归开口,照、知组和一个来母字排在合口。这样,江韵就有 aŋ、uaŋ 两个韵母。《指掌图》江韵全归合口,只有 uaŋ 一个韵母。

2.《等子》登韵有开合两个韵母:əŋ、uəŋ。《指掌图》登韵合口与庚耕二等合口已混而为一。

3.《等子》的止摄只有 i、uei 两个韵母,而《指掌图》的止摄有四个韵母:ɿ、uei、i、iuei。因为"兹雌慈思词"等字,《等子》归四等,《指掌图》归到了一等;《等子》蟹摄开口齐韵系字,在《指掌图》里已与止摄三等(支之脂)合流,主要元音已变为 i;《等子》蟹摄合口灰韵(一等)及合口齐韵系字,在《指掌图》里也并入止摄。这样,《指掌图》的止摄就多出了两个韵母。

4.《等子》的蟹摄有 ɑi、ai、iɛi、uɑi、uai、iuɛi 等六个韵母,而《指掌图》只有 ɑi、ai、iɛi、uai 四个韵母。其原因就是第三条已经讲过的,蟹摄一部分韵字归到了止摄。

《指掌图》和《等子》均以入声兼承阴阳,这是和《韵镜》大不相同的。这说明"当时入声已经逐渐消失,与《中原音韵》的韵母系统很相近似"[㉓]。

《指掌图》和《等子》都采用三十六字母,并标举字母名称,但《等子》列表仍为二十三行,《指掌图》则为三十六行,字母排列次序也不完全一样。这两种不同的字母排列法,张麟之已有论述。他说:"旧体以一纸列二十三字母为行,以纬行于其上,其下间附一十三字母(盈按:指唇音"非敷奉微",舌音"知彻澄娘",齿音"照穿床审禅"等),尽于三十六,一目无遗。"这就是《韵镜》及《等子》的排列法。又说:"杨变三十六,分二纸,肩行而绳引。"杨指南宋孝宗时的杨倓(tán),杨氏所撰《韵谱》久已失传。戴震于《永乐大典》内曾发现此书,"校正一过。其书亦即呼等之说,于旧有入者不改,旧无入者悉以入隶之"㉔,《指掌图》与之类似。三十六字母一字排开,也与杨倓《韵谱》同。这种改变是类隔变音和的必然结果,在一定程度上反映了声母的变化。

《等子》与《指掌图》的音系有差异,不完全是时代先后的问题,二者所反映的基础方音可能不一样。章太炎说:"司马温公作《指掌图》,亦非今之北音也。"(《菿汉三言》第57页,辽宁教育出版社,2000年)与今北音有不同这不错,但其基础方言应为宋代北音。

门法是等韵学的重要内容之一,在韵学残卷中已有"类隔"之辨。"门法"究竟始于何时,《四声等子》序文说"肇自智公",智公是谁?不得而知。可参阅聂鸿音《智公、忍公和等韵门法的创立》(《中国语文》2005年2期,第180页)。《韵镜》的七条叙例也具有门法性质,发展到《等子》、《指掌图》,门法已颇为烦琐。《等子》的门法有九类之多,说明这些韵图与实际语音已存在不少矛盾。

五、《皇极经世·声音唱和图》

在本节最后,介绍一下邵雍的《皇极经世·声音唱和图》。《皇极经世》是一部研究象数的哲理著作,其中的卷三十五至卷五十为"声音唱和"图。这个《图》不同于一般等韵学,我称之为"象数等韵学"。

邵雍(1011—1077),字尧夫,谥康节,祖籍范阳(今河北涿州市大邵村),8岁随父迁居衡漳(今河南林州市康节村),12岁随父迁共城苏门山百源湖(今河南辉州市),后来长期寓居洛阳,北宋中叶理学家,与司马光、程颢、程颐友善。他以象数之学为理论基础分析语音系统。他说:"物有性情形体,则有声音,有声音则有律吕,有唱和。律吕者,天地之变化交;唱和者,阴阳之感应合也。"(卷三十五原注)律指声,即韵类;吕指音,即声类。用律唱吕,以吕和律,表示声与音相拼切,他认为这也是"天地变化"、"阴阳感应"的理数交合。所以他的"声音唱和图"又叫"天声地音图"。邵雍的"声音"理论源于其父邵古(988—1067)。《困学纪闻·小学》云:"康节之父古,定律吕声音,以正天下音及古今文。谓:'天有阴阳,地有刚柔,律有辟翕,吕有唱和。一阴一阳交,而日月星辰备焉;一刚一柔交,而金木水火备焉;一辟一翕而平上去入备焉;一唱一和而开发收闭备焉;律感吕而声生焉;吕应律而音生焉。'《观物》之书本于此。"什么天地阴阳,对于语音系统而言,无疑是牵强附会,但是这套理论影响深远。宋代的祝泌,明代的袁子让、吕坤、方以智,清代的熊士伯、李光地、江永、庞大堃都研究过邵雍的韵图[25],今人赵荫棠、陆志韦、周祖谟等先生也有专文论述[26]。

邵氏分天声(正声)为十,地音(正音)为十二。天声为韵摄表,地音为声类表。下面这两个表是从庞大堃的《等韵辑略》转录来的(与原书图形在结构上有变化),袁子让、庞大堃的解释也附录其中。这并不表示笔者完全同意他们的看法,限于篇幅,也不能展开讨论。庞喜欢说"疑误",是因为他自己对邵图的创新成分欠理解。但他们的解说对理解邵氏原文还是有作用的。

庞大堃说:"八声至十声,即所去地之体数四十八,故不列。"

八声、九声、十声三图无字,只有四十八个黑圈。为什么要设立这些无字黑圈,这是数有必然。太阳(日)之数十,少阳(星)之数十,太阴(月)之数十,少阴(辰)之数十,故声必有十。

天声(正声)图

		平上去入	袁子让说	庞大堃说
一声	辟日 翕月 辟星 翕辰	多可个舌 禾火化八 开宰爱〇 回每退〇	果开 果假合 蟹开 蟹合	此以歌麻与佳灰为一部,《古韵谱》则以歌麻与鱼虞为一部,《韵统》则以歌麻与支微齐之齐齿呼字及鱼虞为一部。
二声	辟日 翕月 辟星 翕辰	良两向〇 光广况〇 丁井亘〇 兄永莹〇	宕开 宕合 曾梗开 曾梗合	此以江阳庚青蒸为一部,《古韵谱》则合东冬为一部,《韵统》东冬并于庚青蒸之合口撮口二呼。
三声	辟日 翕月 辟星 翕辰	千典旦〇 元犬半〇 臣引艮〇 君允巽〇	山开 山合 臻开 臻合	此以真文元寒删先为一部,《古韵谱》及《韵统》同。
四声	辟日 翕月 辟星 翕辰	刀早孝岳 毛宝报霍 牛斗奏六 〇〇〇玉	效开 效合 流开 流合	此以萧肴豪尤为一部,《古韵谱》及《韵统》同,惟"毛宝报"皆开口呼字,而此以为翕,疑误。下"北、十、妾"三字同。
五声	辟日 翕月 辟星 翕辰	妻子四日 衰〇帅骨 〇〇〇德 龟水贵北	止齐开 止齐合 止齐开 止齐合	此以支微齐为一部,误也。《古韵谱》则合佳灰为一部,《韵统》以哈佳为阳,支微齐灰为阴,而开口呼补入"碑披陪眉"四纽,据《正音》及《指掌图》则当补入"咨雌慈思祠"五纽。
六声	辟日 翕月 辟星 翕辰	宫孔众〇 龙甬用〇 鱼鼠去〇 乌虎兔〇	通开 通合 遇开 遇合	此以东钟与鱼虞为一部,误也。说二声及一声。又分东钟鱼虞为辟翕,与《七音略》分重轻同。
七声	辟日 翕月 辟星 翕辰	心审禁〇 〇〇〇十 男坎欠〇 〇〇〇妾	深开 深合 咸开 咸合	此以侵覃盐咸为一部,《古韵谱》同。《韵统》云:覃盐咸与寒元删先近,侵与真文近,则覃为阳,侵为阴也。

每声都有"日月星辰"四类,一二类(太阳,太阴)为洪音,三四类(少阳,少阴)为细音。洪音与细音又各分辟翕(开合)。

此图不言摄,而每一声多包括两摄。陆志韦说:"所谓七声,代表七类大同小异的主元音而已。"[27]

一声。日月两类相当于果假二摄,包括歌戈麻三韵,果与假合,与《等子》、《指掌图》同。入声与阴声相配,可证北宋中期(11世纪)入声已接近阴声。其中"八"字《广韵》属开口,《指掌图》"八"字三见。一见于果摄合口,与此同,又见于蟹摄开口、合口。

星辰两类相当于蟹摄洪音,包括佳皆灰咍泰夬等韵。与《指掌图》的蟹摄近似,只不过灰韵《指掌图》归止摄。

二声。日月两类为宕摄,包括阳唐韵,庞大堃以为江韵亦在其中,这是对的。星辰两类为曾梗二摄之合并,与《等子》、《指掌图》同。此摄包括庚耕清青蒸登等韵。

三声。日月两类为山摄,包括寒桓删山先仙元等韵,元韵不与魂痕类,而与仙同,后来的《指掌图》亦如此。

星辰两类为臻摄,包括真谆臻文欣魂痕等韵。

四声。日月两类为效摄,包括萧宵肴豪等韵。《等子》及《指掌图》的效摄为独韵,而此图分辟翕两类。庞大堃已指出:"毛宝报"皆开口呼,而此以为翕。周祖谟的解释是:"今列为合口者,以其为唇音字故也。"[28]陆志韦说:"这一声的平上去全用唇音字作代表。邵氏方言的唇音字(一二等)看来全是作噘口势的,并不是真的合口。"[29]这样解释比较可信。效摄和流摄都有入声相配。

星辰两类为流摄,包括尤侯幽三韵。流摄亦为独韵,所以"牛斗奏"没有与之相应的合口。

五声。相当于止摄支脂之微及蟹摄齐祭废等韵。蟹摄细音归并止摄，与《指掌图》同。精组的"子四"都排在日类，与《指掌图》的"兹雌慈思词"排在一等，性质一样，可证ɿ音已经产生，"妻"的元音也应该是ɿ，今合肥话"妻"读 ts'ɿ。五声内都有相配的入声。

六声。日月类为通摄，包括东冬钟三韵。《指掌图》通摄不分开合，《等子》"重少轻多"，说明已经有开口呼。陆志韦说："从这第六声的分配看来，邵氏方言的东冬韵系的主要元音是 o，像现代吴音似的，而鱼韵系的主要元音也还得从《切韵》作 o，所以都是'辟'音。钟韵系也许是合口的 ɪwoŋ。"㉚

星辰类为遇摄。《指掌图》为独韵，《等子》"重少轻多"，有少量开口呼字。此摄包括鱼虞模三韵。没有入声相配。

七声。日月为深摄。只有侵韵系字。《等子》"全重无轻"，即没有合口呼字。《指掌图》为独韵。本图合口也只有入声"十"字为合口，与"心审禁"相配的位置均为〇，袁子让标为"深合"是不对的。

星辰为咸摄，包括覃谈咸衔凡盐严添等。《等子》"轻重俱等"，《指掌图》为独韵。

邵雍的韵摄与《指掌图》相当接近。陆志韦说："司马光跟邵雍是同时代的洛阳人。后人把《切韵指掌图》归在司马光名下，未始没有一点蛛丝马迹。"㉛ 这是值得深入研究的一个问题。

"七声"的排列以果假摄居首，以歌韵开头，与此前或此后的《韵镜》、《等子》、《七音略》的序列不同，这也是一大创新。清人说的"有以歌韵为声音之元者"㉜，也就是以 a 元音列于首位，其法始于邵氏。《切韵指掌图》也不以通摄开头，而以效摄居首，理据不明，影响也不大。

下面介绍声母部分。

十二音图,太柔(水)之数十二,少柔(土)之数十二,太刚(火)之数十二,少刚(石)之数十二,共计四十八位。较之三十六字母,多出十二,而实际声母不足三十六。

邵雍的"开发收闭"与等韵的一二三四等不完全相同。一、二、三、五、十、十一、十二等七个音图之开为一等,发为二等,收为三等,闭为四等。四、六、七、八、九等五个音图的开发收闭并不相当于一二三四等。

全浊声母已消失,其仄声与相对之清音相配,如"兑大弟"与"东丹帝"相配,"近揆"与"九癸"相配,其平声与相对之次清音相配,如"旁排平瓶"与"普朴品匹"相配,"同覃田"与"土贪天"相配。仄声归不送气清音,平声归送气清音。次浊之鼻音边音各母中的平去入归浊,如"吾牙月尧"、"鹿荤离"等;上声归清,如"五瓦仰"、"老冷吕"等。

另外,非敷合一,泥娘合一。

地音(正音)图

		开发收闭	袁子让说	庞大堃说
一音	清水 浊火	古甲九癸 □□近揆	见清 群浊 (疑亦作见)	此牙音见溪郡三母,见母无浊,以浊音之去声补之。帮端精照知五母同,或以入声补之。
	清土 浊石	坤巧丘弃 □□乾虬	溪清 群浊	
二音	清水 浊火	黑花香血 黄华雄贤	晓清 匣浊	此浅喉音晓匣与牙音疑母。疑母无清,以上声补之,明微泥来日五母同。雄,《唐韵》羽弓切,喻母;此入匣母,盖从《集韵》作胡弓切。
	清土 浊石	五瓦仰□ 吾牙月尧	疑半清 疑半浊	

(续表)

三音	清水 浊火	安亚乙一 □爻王寅	影清 喻浊 （爻借匣）	此深喉音影喻，与重唇音明母。爻，《唐韵》胡茅切，匣母，此入喻母，疑误。按伿《唐韵》夷在切，可补喻母有音无位之字。
	清土 浊石	母马美米 目貌眉民	明半清 明半浊	
四音	清水 浊火	夫法□飞 父凡□吠	非敷清 奉浊	此轻唇音非奉微三母，按奉为敷之浊，而此以为非之浊者，敷并于非也。又轻唇音向列三等，此分列开发闭，而收反有音无字，疑误。
	清土 浊石	武晚□尾 文万□未	微半清 微半浊	
五音	清水 浊火	卜百丙必 步白备鼻	帮清 並浊 （疑亦作帮）	此重唇音，帮滂並三母。
	清土 浊石	普朴品匹 旁排平瓶	滂清 並浊	
六音	清水 浊火	东丹帝□ 兑大弟□	端清 定浊 （疑亦作端）	此舌头音端透定三母。按舌头音向列一四等，此以丹大贪覃列发，帝弟天田列收，而闭为虚位，疑误。
	清土 浊石	土贪天□ 同覃田□	透清 定浊	
七音	清水 浊火	乃妳女□ 内南年□	娘清 泥浊	此舌头音泥母与半舌音来母。妳，《广韵》奴蟹切；女，《唐韵》尼吕切，娘母，此入泥母，并娘于泥也。按南列发，年列收，而闭为虚位，误与端透定同。
	清土 浊石	老冷吕□ 鹿莘离□	来半清 来半浊	
八音	清水 浊火	走哉足□ 自在匠□	精清 从浊 （疑亦作精）	此齿头音精清从三母。按齿头音向列一四等，此以哉在采才列发，足匠七全列收，而闭为虚位，疑误。
	清土 浊石	草采七□ 曹才全□	清清 从浊	

(续表)

九音	清水 浊火 清土 浊石	思三星□ 寺□象□ □□□□ □□□□	心清 邪浊	此齿头音心邪二母。按此以三列发，星象列收，而闭为虚位，误与精清从同。
十音	清水 浊火 清土 浊石	□山手□ □士石□ □□耳□ □□二□	审清 禅浊 （士借床） 日半清 日半浊	此正齿音审禅与半齿音日母。士，《唐韵》锄里切，床母，此入禅母，盖从《集韵》作上史切。按半齿音向列三等，此以二等为有音无字，疑误。
十一音	清水 浊火 清土 浊石	□庄震□ □乍□□ □叉赤□ □崇辰□	照清 床浊 （疑亦作照） 穿清 床浊 辰借禅	此正齿音照穿床三母。辰，《唐韵》植邻切，禅母，此入床母，疑误。按此当列于审禅日之前，今列此者，欲其与知彻澄近也。
十二音	清水 浊火 清土 浊石	□卓中□ □宅直□ □坼丑□ □茶呈□	知清 澄浊 （疑亦作知） 彻清 澄浊	此舌上音知彻澄三母。按此当列于泥来之后，今列此者，古音近端透定，后世音变，近照穿床也。

现在将邵雍的声母构拟如下：

一音：k, k'。二音：x, ŋ。三音：ø, m。

四音：f, v。五音：p, p'。六音：t, t'。

七音：n, l。八音：ts, ts'。九音：s。

十音：ʂ, ʐ。十一音：tʂ, tʂ'。十二音：tɕ, tɕ'。

（以上构拟基本上采取了赵荫棠的方案，《等韵源流》2011年商务版第105页。）

《声音唱和图》的语音系统已与《中原音韵》相当接近,这两种资料是我们研究11—14世纪北方官话发展史的重要根据。

　　近十余年来,有多家出版社出版了《皇极经世书》,由于校理者疏于音韵,错谬太多,不便于一般读者使用。

　　上世纪90年代,鲁国尧在日本发现卢宗迈的《切韵法》,"这个《切韵法》是宋代切韵学的某个派系的资料的汇辑,这个派系是以《集韵》为宗的,这套切韵法的匹配物是某种集韵系切韵图,惜乎此图至今尚未发现,但是我们仍能依据《卢宗迈切韵法》考证出这种集韵系韵图的若干情况。"③《卢宗迈切韵图》的发现,是等韵学史上的一件大事,鲁国尧的考证很成功,可参阅他的《述论》。

注：

① 《补听缺斋语音杂记》,《中国语文》1989年第6期。又见《吴宗济语言学论文集》,商务印书馆,2004年,第518页。
② 《类音》卷二。
③ 《古韵标准·例言》。
④ 杜甫:《漫成二首》之二:"读书难字过,对酒满壶频。"
⑤ 《汉书·扬雄传赞》:"家素贫,耆酒,人希至其门,时有好事者载酒肴从游学。"
⑥ 悉昙:(siddham)是梵文"成就"的意思。古印度幼童学习拼音的缀字表前面,一定要写上这么一句吉祥的话。中国僧人取"悉昙"两字作为梵文拼音表的名称。可参阅周一良《中国梵文研究》,见《思想与时代》35期,1944年。
⑦⑧ 《通志·七音略·七音序》。见《等韵名著五种》,台北:旭明彩艺印刷公司,1972年。
⑨ 张世禄:《等韵学讲话提纲》,李行杰整理。见《青岛师专学报》1990年第2期。

⑩ 《子云乡人类稿》,齐鲁书社,1985年,第300页。
⑪ 《十驾斋养新录》卷五,商务印书馆,第98页。
⑫ 《戴东原集·书玉篇卷末声论反纽图后》。
⑬⑮ 《等韵溯源》,见《音韵学研究》第一辑,中华书局,1984年,第403、409页。
⑭ 《北梦琐言》卷九,中华书局,1960年,第77页。
⑯ 张说见《韵镜·序例》,古籍出版社,1957年,第5页。
⑰ 《〈通志·七音略〉研究——景印元至治本〈通志·七音略〉序》。原载《史语所集刊》第五本第四分,1935年。现收入《罗常培语言学论文集》,商务印书馆,2004年。葛文题目是《韵镜音所代表的时间和区域》。见《学术月刊》1957年8月。
⑱ 《中国大百科全书》语言文字卷第504页《韵镜》条。
⑲ 《韵镜研究》。见《语言研究》1981年第1期。
⑳ 罗常培《释内外转》(1933),薛凤生不赞同罗说,见《语言研究》1985年第1期。张世禄《等韵学讲话提纲》也谈到内外转问题。(《青岛师专学报》1990年第2期)王静如认为内外转是元音长短造成的。"短音＝内转,长音＝外转。"(《汉字文化》1990年第4期第17页)
㉑ 《韵镜·调韵指微》。
㉒ 《〈四声等子〉研究》。见《语言文字学术论文集》,知识出版社,1989年。收入唐作藩《汉语史学习与研究》,商务印书馆,2001年。
㉓ 王力:《汉语音韵》,中华书局,1963年,第134页。又见《王力文集》第五卷,山东教育出版社,1986年,第127页。
㉔ 《戴东原集·答段若膺论韵》(上),商务印书馆万有文库本,第58页。又见《戴震全集》(五),清华大学出版社,1997年,第2531页。
㉕ 熊士伯,康熙年间南昌人,著《等切元声》。庞大堃,常熟人,嘉庆二十四年(1819)举人,《等韵辑略》成书于1837年至1840年。《孙衣言孙诒让父子年谱》同治七年戊辰(1868)条载:"甲辰同年常熟庞宝生阁学钟璐,以其尊人子方先生大堃事状来,属表墓。子方以音韵之学名家,为撮其说之大旨,表而著之。"(81页)庞大堃(字子方)当卒于1868年之前。
㉖ 赵荫棠:《等韵源流》。陆志韦《记邵雍〈皇极经世〉的"天声地音"》。周祖谟《宋代汴洛语音考》,见《问学集》下册。
㉗ 《陆志韦近代汉语音韵论集》,商务印书馆,1988年,第37页。
㉘ 《问学集》下册,中华书局,1981年,第601页。

㉙㉚ 《陆志韦近代汉语音韵论集》,第37、38页。
㉛ 同上书,第43页。
㉜ 《答段若膺论韵》,见《戴震全书》第叁册,黄山书社,第360页。
㉝ 鲁国尧:《卢宗迈切韵法述论》。见《鲁国尧语言学论文集》,江苏教育出版社,2003年。

第十七节　古音学的萌芽

古音学是特指研究上古音的一门学科。这门学科也是经过古人不断摸索才逐步发展起来的。六朝人已开始觉察到先秦古音不同于"今音",他们用"叶音"、"协韵"的办法,临时改变音读,以求协韵,唐人注古书或称之为"合韵",与"叶音"意思一样。

"叶音"说并不科学,陆德明提出"古人韵缓,不烦改字"[①],已认识到古今韵不同,但这种认识还是不系统的,是很模糊的。直到南宋初年,吴棫才开始把上古音作为专门学科来进行研究,所谓"考古之功,实始于吴才老"[②]。

吴棫(1100—1154),字才老。据张民权考证,其祖籍福建建安,而实际籍贯为舒州(今安庆地区。王明清《挥麈录·第三录》卷三云:"吴棫才老,舒州人。饱经史而能文……晚始得臣太常……秦会之罢其新任,繇是废斥以终。有《毛诗叶韵》行于世。"(260页)),宣和六年进士,担任过太常丞、泉州通判等职。他的古音学著作有《毛诗叶韵补音》、《楚辞释音》、《韵补》等。前两种都已失传。2005年张民权发表《宋代古音学与吴棫〈诗补音〉研究》(商务印务馆),使《毛诗叶韵补音》的基本内容得以重新面世,这是宋代古音学研究的一项重要成果,《毛诗叶韵补音》的学术价值如何暂且不论,它在学术史上的影响则不可低估。我们读朱熹的《诗集传》就碰到大量的叶音问题,这些材料是怎么来的呢? 朱老夫子说:"叶韵多用吴才老本,或自以意补入。""《叶韵》乃吴才老所作,某又续添减之。"(《朱子语类》卷八十,中华书局,1999年,第2079、2081页)《叶韵补音》的排列次序也有创新。《古今韵会举要》"公"字注云:"近吴氏作《叶韵补音》,依《七音韵》用三十六母排列韵字,始有伦绪。"(中华书局,2002年,第23页)但以今音律古音,缺乏历史观念。

吴棫的古音研究,可以概括为三句话:取206韵的架子,用"通""转"的方法,集"叶音"说之大成。③"通""转"是在"叶韵"的基础上发展起来的。"叶韵"只讲个别字的协音,只临时改变个别字的音读。而"通"则发展为整个韵部之间相协了。一个韵部里的字如果跟好几个韵的字有"叶韵"关系,吴才老就说这个部跟好几个部相通,实在"通"不了的,他就说是"转声通"。其结果必然是无所不"通",无所不"转"。《四库全书》在陈第《毛诗古音考》的《提要》中批评说:"言古韵者自吴棫,然《韵补》一书,庞杂割裂,谬种流传,古韵乃以益乱。"这个批评当然相当苛刻,但也说明《韵补》的"通""转"的确十分不科学。下面请看《韵补》平声"通"、"转声通"的情况:

一东
  附注 二冬,古通东。
     三钟,古通东。
     四江,古通阳或转入东。

五支
  附注 六脂,古通支。

　　　　　　　七之，古通支。

　　　　　　　八微，古通支。

九鱼

　　附注　　十虞，古通鱼。

　　　　　　　十一模，古通鱼。

　　　　　　　十二齐，古通支。

　　　　　　　十三佳，古转声通支。

　　　　　　　十四皆，古转声通支。

　　　　　　　十五灰，古通支。

　　　　　　　十六咍，古转声通支。

十七真

　　附注　　十八谆，古通真。

　　　　　　　十九臻，古通真。

　　　　　　　二十文，古转声通真。

　　　　　　　二十一殷，古通真。

　　　　　　　二十二元，古转声通真。

　　　　　　　二十三魂，古转声通真。

　　　　　　　二十四痕，古通真。

　　　　　　　二十五寒，古转声通先。

　　　　　　　二十六桓，古转声通先。

　　　　　　　二十七删，古转声通先。

　　　　　　　二十八山，古转声通先。

一先

　　附注　　二仙，古通先。

三萧

附注　四宵,古通萧。

五肴,古通萧。

六豪,古通萧。

七歌

附注　八戈,古通歌。

九麻,古转声通歌。

十阳

附注　十一唐,古通阳。

十二庚,古通真或转入阳。

十三耕,古通真或转入阳。

十四清,古通真或转入阳。

十五青,古通真。

十六蒸,古通真。

十七登,古通真。

十八尤

附注　十九侯,古通尤。

二十幽,古通尤。

二十一侵,古通真。

二十二覃,古通删。

二十三谈,古通覃。

二十四盐,古通先。

二十五沾,古通盐。

二十六咸,古通删。

二十七衔,古通删。

二十八严,古通先。

二十九凡,古通严。

何谓"通"和"转声通"呢?清代许昂霄《词韵考略》说:"凡音响相协出入不拘者曰通;音响稍别,或因所通而兼及者曰转。"④许氏虽然论的是词韵,但与吴棫所说的"通"、"转"意思是一样的。顾炎武也说:"通""则全韵皆通。"⑤"转声者,改此之声以就彼之韵。如才老所注佳为坚奚切,来为陵之切之类是也。"⑥

究其源,"古通"来自陆德明的"古人韵缓";"古转声通"就是改字叶音。

从韵目上看,吴棫似乎是分古韵为九部:东、支、鱼、真、先、萧、歌、阳、尤。实则这九个部也是一团乱麻。戈载批评它:"其所注'通''转',颇多疏舛,如文曰古转真,是以'通'为'转'也;魂曰古转真,痕曰古通真,是同一类而一作'通',一作'转'也……"⑦问题实不止此。他连-m、-n、-ŋ三尾的大界限都打通了。如耕、清、青、蒸、登古通真,是混-ŋ尾于-n尾,侵通真,盐通先,覃、咸、衔通删,是混-m尾于-n尾。他的九部中根本就没有闭口韵。就归字来说,往往一个字归好几个部,如一东所收之"东"字、"登"字,均见于十阳;所收之"分"字又见于十七真,还见于一先。所以我说它是集"叶音"之大成。

吴棫的分部、归字,都有韵文材料为证,似乎是有根据的,实际上这些材料既无严格的时代界限,更谈不上具体的韵例了。他不惟疏于考古,也完全不懂得审音,怎么能建立起一个科学的古音系统呢!

这样说来,是不是吴棫的探索就完全失去了意义呢?不是的。对此,钱大昕有过公正的评说:

才老博考古音,以补今韵之缺,虽未能尽得六书谐声之原本，而后儒因是，知援《诗》、《易》、《楚辞》以求古音之正，其功已不细；古人依声寓义，唐宋久失其传，而才老独知之，可谓好学深思者矣。

(《潜研堂文集·跋吴棫韵补》)

钱氏赞扬了吴棫有两大功劳：一、后人用"六书谐声"、先秦韵文"以求古音"是吴棫启其先；二、独知"依声寓义"之法，是"好学深思"。我认为吴棫还有一条功劳，他所说的"或转入"已具有离析今音的倾向。书中提到"或转入"的只有"江或转入东"、"庚耕清古或转入阳"，这两条材料很值得留意。他把"江杠"等归入一东，"京庆卿行"等归到十阳，都符合上古语音特点。

他的《诗补音》已经失传。这部书是专讲《诗经》叶音的。如：

《补音》云："仪有牛河切，合音莪字。"

《诗补音》："明"字有谟郎切，如《鸡鸣》之诗"东方未明，颠倒衣裳"是也。

《诗补音》云："马字有某音，满补切。"引《左氏传》辛廖之占曰"震为土，车从马"(《左传·闵公元年》)为证，故《击鼓》之诗"爰居爰处，爰丧其马，于以求之，于林之下"，"马"字乃"某"音也。"野字有竖音，上与切。"引《左氏传》童谣云"鸜鹆之羽，公在外野"(《左传·昭公二十五年》)为证，故《东山》之诗"蜎蜎者蠋，烝在桑野，敦彼独宿，亦在车下"，"野"字乃"竖"音也。

以上三条材料全引自宋人袁文(1119—1190，浙江鄞县人)的

《瓮牖闲评》卷一。袁与吴棫差不多是同时代的人,袁所引《补音》材料已足以证明这是一部讲叶音的著作。

在这里,我们还要谈一下为《韵补》写序言的徐蒇(chǎn)。徐蒇,字子礼。由进士知饶州,乾道初,改知江阴军,迁转运副使。《苏州府志·人物》称赞"蒇有学,尤善汉隶书"。大约卒于宋孝宗乾道六年(1170)左右[8]。徐蒇与才老本是同里,又是好友。他在序言中,明确提出了谐声同韵的原则:

> 殊不知音韵之正,本诸字之谐声有不可易者,如"霾"为亡皆切,而当为陵之切者,由其以"貍"得声;"浼"为每罪切,而当为美辨切者,由其以"免"得声;"有"为云九切,而贿、痏、洧、鲔皆以"有"得声,则当为羽轨切矣;"皮"为蒲縻切,而波、坡、颇、跛皆以"皮"得声,则当为蒲禾切矣;又如"服"之为房六切,其见于《诗》者凡十有六,皆当为蒲北切,而无与房六叶者;"友"之为云九切,其见于《诗》者凡十有一,皆当作羽轨切,而无与云九叶者,以是类推之,虽毋以它书为证可也。

徐蒇已经提出了探求古韵的一个重要方法。清朝人搞的谐声表就导源于此,这是值得郑重提出来加以表彰的。

南宋时期在上古音研究方面做出一定贡献的还有项安世(?—1208)。安世字平甫,松阳(今属浙江丽水地区)人,淳熙二年(1175)进士。庆元(宋宁宗年号)中谪居江陵时,著有《项氏家说》,中有"诗音"、"诗音类例"两条。在"诗音"条中,他否定了"古人韵缓"说:"吴氏《诗补音》,学者多疑之,但据陆氏《释文》,谓'古人韵广',遂不究吴氏之说。然《释文》中称'协韵'处亦不为少,则虽陆氏,固不敢自信其'韵广'之说也。且杂用众韵,谓之'韵广'可也;今止用一韵,但与今韵不同,安得便以为广!"(《项氏家说》四,第48页,丛书集成初编本)项氏明确提出古韵"与今韵不同","古人呼字,其声之高下,与今不同"。他还提出字有"本声":"夫字之本声,不出于方俗之言,则出于制字者之说,舍是二者,无所得声矣。""求之方俗之故言,参之制字之初声,尚可考也。"他已明确认识到要据方言以考古音,据谐声以考古音,这是值得肯定的。他的"诗音类例"已具有韵脚系联的性质。他说:"《诗》韵皆用古音,不可胜举。今择众音之聚者,举之以为例。"他所说的"聚",有"三韵之聚为一者","四韵聚而为一者","六韵之聚而为一者"。当然,他对《诗经》押韵规律的认识还非常不够,非常粗疏,而且只列举了十四条例子,但这是"系联"的先声,值得一提。张佩纶在《涧于日记》中说:"项安世所著《项氏家说》,则亦开国朝经学之先……其说《诗》拈押韵疏密及变例重韵,即顾江段王与阮芸台论诗韵所本也。"⑨

南宋时的古音学著作还有程迥的《音式》和郑庠的《古音辨》。

程迥,字可久,祖籍河南宁陵县沙随人,人称沙随先生。靖康之乱,徙居浙江余姚,孝宗隆兴元年(1163)进士,历宰泰兴、德兴、进贤、上饶等县。《音式》今已不传。他总结《韵补》的义例"不过四声互用、切响同用二条"⑩,他的《音式》"以三声通用,双声互转为说"⑪。所谓"三声通用",当指平上去三声相承的字在古音中可以"通"为一韵;"双声互转"大概是指音转的根据主要以双声为条件。

《宋史》本传称其著有《四声韵》(12952页),亦不传。

郑庠的《古音辨》也早已失传,据熊明来的记载,他分古韵为六部：

> 真谆臻文欣元魂痕寒欢删山先仙十四韵，皆协先仙之音；
> 东冬钟江阳唐庚耕清青蒸登十二韵相通，皆协阳唐之音；
> 支脂之微齐佳皆灰咍九韵相通，皆协支微之音；(熊氏未谈及此条)
> 鱼虞模歌戈麻六韵相通，皆协鱼模之音；
> 萧宵爻豪尤侯幽七韵相通，皆协尤侯之音；
> 侵覃谈盐添严咸衔凡九韵相通，皆协侵音。⑫

郑庠也还是没有摆脱206韵的框架，还是讲部与部之间的"通""协"。事实上他只不过把《广韵》(韵目次序与今《广韵》略有不同，如严在咸衔之前)平声五十七韵合并为六个大类：

> 一、先仙　二、阳唐　三、支微
> 四、鱼模　五、尤侯　六、侵谈

这六大类已注意到韵尾的不同，比吴棫有进步。但郑庠的六部与顾炎武的十部在性质上是不一样的。与顾炎武同时的柴绍炳(字虎臣，杭州人)对郑庠的分部有过详细的批评，其中有些意见是很好的。⑬

注：

① 《经典释文·毛诗音义·邶风》"南"字注。

② 顾炎武《韵补正·序》。见音韵学丛书初编。
③ 孔广森说:"至吴才老大畅叶音之说,而作《韵补》。要其谬有三:一者若庆之读羌,皮之读婆,此今音讹,古音正,而不得谓之'叶';二者古人未有平声仄声之名,一东三钟之目,苟声相近,皆可同用,而不必谓之'叶';三者凡字必有一定之部类,岂容望文改读,漫无纪理! 以至《行露》'家'字,二章音谷,三章音公;'于嗟乎驺虞',首章五加反,次章五红反,抑重可嗤已。"(见《诗声类·序》)
④ 许昂霄,号蒿庐居士,浙江海宁人,生活于康乾时代,于乾隆初年著《词韵考略》。因执教于海盐望族张氏,其书作为附录收入张思岩《词林纪事》之后。1957年上海古典文学出版社重印此书。此处引文见该书第624页。
⑤ 《韵补正》五支注。《亭林先生遗书汇辑》第一册,564页。凤凰出版社,2011年。
⑥ 《韵补正》十三佳注。《亭林先生遗书汇辑》第一册,566页。
⑦ 戈载:《词林正韵·发凡》,上海古籍出版社,1981年,第25页。
⑧ 参阅于北山《范成大交游考略》,见《中华文史论丛》1983年第一辑,第189、190页。
⑨ 转引自张舜徽:《清人笔记条辨》(二),辽宁教育出版社,2001年,第355页。
⑩ 杨慎:《答李仁夫论转注书》。盈按,关于"切响"二字,朱熹已"不审义例如何"。其实就是为了协韵而临时改变音读。
⑪ 四库全书总目《韵补》提要。
⑫ 熊朋来:《熊先生经说·易诗书古韵》卷二。《通志堂经解》卷十六,江苏广陵古籍刻印社,第612页。盈按:熊朋来说:"吴棫材老作《协韵补音》,郑庠作《古音辨》。郑与项安世各立韵例,吴、郑同时,而朱文公《诗传》只采吴氏协音,间亦改其谬误,补其遗阙。郑韵出于《诗传》既成之后,吴、郑自不相识,故其说或未归一。愚以《易》《诗》《书》折衷二家之说字音不胜枚举,姑记其略。"(第613页)郑庠六部,熊氏只介绍了五个部。今据戴震《声韵考》卷三"古音"条及夏炘《古韵表集说》补出"支部"。熊朋来(1246—1323)为宋末元初学者,豫章人,字与可,学者称天慵先生。南宋度宗咸淳十年(1274)进士。
⑬ 见《柴氏古韵通》。柴氏说:"真文元寒删先皆当协先,东冬江阳庚青蒸皆

协阳。又云:鱼虞歌麻同协,侵覃盐咸同协。其说似优于吴,然亦知一昧二,不可为恒例也。按:古韵先部多叶入真,如《易》以'天'叶'人',《诗》以'田''年'叶'人'之类,何必定从先! 其真文互通于寒删先者,间亦有之,岂成法哉! 故两部自当区分,考之古制,断不能并。寒删先、真文绝不相杂,故断以真文为一部,寒删先为一部,元则半通两属焉。若东冬江自为一部,庚青蒸自为一部,阳则独用,而庚半通阳。至鱼虞歌麻,古韵间通,秦汉而后,不得不分两。然三百篇如'莫赤匪狐'、'羔裘如濡'之类,自从鱼虞;'有頍者弁'(《小雅·頍弁》首章以"何"(歌)、"嘉"(麻)、"他"(歌)为韵)、'鱼丽于罶'(《小雅·鱼丽》)之类,自从歌麻。亦不必混而一之也。若侵之与覃盐咸,同属闭口,似乎可通,然侵近真,覃盐咸近寒删先,故宜析而二之。考诸风雅骚赋,侵多独用。其覃盐咸可通者,只南、男、覃、耽、三、黔、潜、廉、咸、凡数字有本耳。"柴氏虽不精于古音,但他主张真文与寒删先分为两部,侵与覃盐咸分为两部,不唯超出郑庠,亦在顾炎武之上。又,他主张东冬江、庚青蒸、阳(庚之半)分为三部,鱼虞与歌麻各自为部,大体上是对的,当然还非常粗疏。

第十八节　唐宋文字学

唐宋文字学的主要内容有四:一、正字形之学;二、《说文》之学;三、右文说;四、金石之学。

关于正字形的著作,影响较大的有唐代颜元孙的《干禄字书》,张参的《五经文字》,唐玄度的《新加九经字样》,宋代郭忠恕的《佩觿(xī)》,张有的《复古编》。

颜元孙,学有渊源。他的祖先颜之推、颜师古都是著名学者。"字样"之学就起源于元孙之伯祖颜师古。贞观年间,唐太宗命师古"刊正经籍,因录字体数纸,以示雠校楷书,当代共传,号为《颜氏字样》。怀铅是赖,汗简攸资"(《干禄字书·序》)。《干禄字书》按四声韵部编排,列举同一个字的俗、通、正三种写法。

> 所谓俗者,例皆浅近,唯藉(籍)帐、文案、券契、药方,非涉雅言,用亦无爽,倘能改革,善不可加;所谓通者,相承久远,可以施表、奏、牋、尺牍、判状,固免诋诃。若须作文言及选曹诠试,兼择正体用之尤佳;所谓正者,并有凭据,可以施著述、文章、对策、碑碣,将为允当(原注:进士考试,理宜必遵正体;明经对策,贵合经注本)。
>
> (《干禄字书·序》)

现举例如下:

聡聰聪　　上、中通,下正。
功功　　　上俗,下正。
兹茲兹　　上俗,中通,下正。
囬回　　　上俗,下正。

书中所辨,并不全是异体字,有些是形体近似而意义不同的字。如:

辝辤辞　　上中并"辝让",下"辞说"。
俳俳　　　上"俳优"字,音排,下"俳徊"字,音裴。
盈按:　　《广韵》、《集韵》"俳"归皆韵,"俳"归灰韵。
勤憅　　　上"勤劳",下"慇憅"。
埸塲埸　　上音长,中音伤,下音亦。

瞑嗔　　　上"瞑目",下"嗔怒"。

磐盘　　　上"磐石",下"盘器"。

《干禄字书》曾于大历九年(774)由颜元孙的侄子、大书法家颜真卿书丹刊于石。

张参是唐大历年间的国子司业,于大历十一年(776)著《五经文字》。这部书是适应读经与科举的需要编写的。他说:"考功礼部,课试贡举,务于取人之急,许以所习为通,人苟趋便,不求当否,字失六书,犹为壹事,五经本文,荡而无守矣。"(序例)因此,他奉命根据《说文》、《字林》及石经残本等资料,考订字形,以存"本真"。

全书收字 3235 个。在编排方式上,"采《说文》、《字林》诸部,以类相从",但又"不必旧次,自非经典文义之所在,虽切于时,略不集录,以明为经,不为字也"(序例)。根据这些原则,他确定的部首只有一百六十部(卷上 36 部,卷中 58 部,卷下 66 部)。

《五经文字》主要收集经典中的异体字,有的还有简要的释义。如:

指指　　　上《说文》,下石经。(手部)

得得　　　上《说文》,下石经。(彳部)

遯遁　　　二同。上《易》卦,遯,逃也。下"迁"也。经典通用之。(辶部)

唐玄度于太和年间奉命覆定九经字体,为创立石九经审定字形。《新加九经字样》就是为配合刊刻"开成石经"而作,成书于唐文宗开成二年(837)。与《五经文字》一起刻石刊出,列于石经之后。

全书按76部排列，收字421。以辨字形为主，有时也分析意义。如：

> 笑笶，喜也。上案《字统》（北魏杨承庆撰，已失传）注云：从竹从夭。竹为乐器，君子乐然后笑。下经典相承。字义本非从犬。"笑、宾、莫、蓋、芉、靡、鼎、隶"等八字，旧字样已出，注解不同，此乃重见。
>
> （竹部）

所谓"旧字样"当指《干禄字书》及《五经文字》之类的书。《干禄字书》去声收有"咲笑"，注云"上通下正"。《五经文字》竹部也收了"笑"字，注云："喜也，从竹下犬。"二书都以"从竹下犬"为正体，《说文》无"笑"字（但《希麟音义》卷四"哑哑而笑"条云："《说文》：犬戴其竹，君子乐然笑也。"可证《说文》原本有"笑"字，后来失传），《玉篇》竹部有"笑"字，下亦从犬。当时的文化心理认为，人笑从犬，有失雅意，故唐玄度赞同笑字应当从夭，强调"字义本非从犬"。

《五经文字》注音，既有直音，也用反切。《新加九经字样》则"谨依《开元文字》，避以反言，但纽四声"（《新加九经字样·序》）。如手部："控：空去。引也，见《诗》。"亻部："侯：后平……"

《开元文字》即《开元文字音义》，凡三十卷，分三百二十部，唐玄宗开元年间徐坚等奉命编撰，书已不存。

郭忠恕，历仕后汉、后周、北宋三朝，卒于太平兴国二年（977）。工小篆，通小学，长于绘画。文字学著作有《汗简》、《佩觿》。

"觿"是古代解结的用具，也可以用作佩物。《诗·卫风》："童子佩觿。"郭忠恕以"佩觿"作为书名，表示此书乃童子之学。郭忠恕用"三段十科"一语概括了此书的全部内容。

"三段"是指汉字形、音、义三个方面的问题,这是卷上的内容,具有通论的性质。

"十科"是把形近义别的字按声调编为十类。如:

第一科:平声自相对。

僮僮　　上音童,僮仆;下昌容翻(chōng),行貌。

盲肓　　上木庚翻,目疾;下火光翻,膏肓。

偟徨　　并胡光翻。上暇也;下徬徨。

第六科:上声去声自相对。

罒(同网,wǎng)四　　上亡往翻,罒罗;下息利反,数名。

第八科:去声自相对。

兄况况　　并虚访翻。上发语之端,中寒冰也,下形况,亦修况,琴名。今多通用下字。

盈按:《广韵·漾韵》以况为况之俗体。《说文·水部》:"况,寒水也。"

第十科:入声自相对。

汨汩　　上莫的翻,汨罗江,又音骨,没也。从"曰",非。下于笔翻,流水。

《泽存堂五种·佩觿》所载《郭忠恕传》称:"《佩觿》三卷,论字所由,校定分毫,有补后人,亦奇书也。"这个评论是正确的。此书在历史上影响相当大。欧阳修《归田录》二:"宋丞相(庠)……晚年尤精字学,尝手校郭忠恕《佩觿》三篇,宝翫之。"(26页)

张有的《复古编》成书于大观、政和(宋徽宗年号,1107—1118)之间,书名"复古",就是要"复"《说文》之"古"。他的宗旨是:"字之

合于古者,皆所不论;惟俗书乱之者,必正其讹舛,毫厘不贷。"① 全书所正有三千余字。如:

原,别作源,非。

奔,别作犇,非。

曑,别作参,非。

恥,别作耻,非。

芦菔,别作萝蔔,非。

紬,隶作细,非。

张有,字谦仲,浙江湖州市吴兴人,著名词人张先之孙,精于文字学。当时学人对《复古编》评价甚高。认为:"其笔法实继(李)斯、冰(李阳冰),其辨形声、分点画、剖判真伪,计较毫厘,视楚金兄弟及郭忠恕尤精密,其有功于许氏甚大。"(李焘《新编许氏说文解字五音韵谱后序》,见魏了翁《鹤山渠阳经外杂抄》卷一,第16页)

以上五种正字书,以颜郭二书价值为高。颜元孙提倡正体,但也不是很反对俗体,他的思想比较通达。郭书以辨形似为主要任务,对后人研究古代词义与文字形体的关系,很有参考意义。张有的小篆写得很漂亮,不过他的确是一位复古主义者。被他判为"非"的,有的是区别字,如"源"是"原"的区别字;有的已成为通用字,如"参商"之作"参商"。汉字形体结构的演变是绝对的、一成不变的观点是错误的。颜元孙说得好:"若总据《说文》,便下笔多碍。"② 张有抱住《说文》的点画不放,说什么"《说文》所无,手可断,字不可易也"。这就是缺乏发展观点,泥古非今,不足为法。

我们认为,在正确思想指导下,对汉字进行整理规范,是一件很有意义的工作，不仅科举考试要求汉字标准化，就是作为记录语言的工具，也应该力求有统一的标准，才能更好地发挥文字的工具作用。

关于《说文》之学。

桂馥的《说文统系图》(叶德辉《广说文统系图说》："乾隆辛亥，罗两峰山人聘为桂未谷明经馥作《说文统系图》，凡八人：许慎以下，有元魏江式、北齐颜之推、唐李阳冰、南唐徐锴、北宋徐铉、南宋张有、元吾丘衍。")立唐赵郡李阳冰于江式之下，把他算作许慎的功臣，这是很公正的。李阳冰，字少温，李白从叔，唐肃宗宝应元年(762年)为当涂令，官至将作少监。魏了翁《鹤山渠阳经外杂抄》卷一录有《李阳冰上李大夫论古篆书》，云："阳冰志在古篆，殆三十年。见前人遗迹，美即美矣，惜其未有点画，但偏傍模刻而已。缅想圣达立制(卦)造书之意，乃复仰观俯察六合之际焉……常痛孔壁遗文，汲冢旧简，年代浸远，谬误滋多……鱼鲁一惑，泾渭同流，学者相承，靡所迁复，每一念至，未尝不废食雪泣，揽笔长叹焉！"(又见韩天衡编订《历代印学论文选》(上)，第3页，西泠印社，2005年)《宣和书谱》说李阳冰"留心小篆迨三十年……作《刊定说文》三十卷，以纪其学，人指以为苍颉后身。方时颜真卿以书名世，真卿书碑，必得阳冰题其额，欲以擅连璧之美，盖其篆法妙天下如此"(卷二)。徐铉等人也赞扬他"篆迹殊绝，独冠古今"。③孙承泽《庚子销夏记·李阳冰李氏三坟记》云："篆书自秦汉而后，推李阳冰为第一手。"(127页)阳冰对《说文》字义进行了不少新的解说，所以宋人著作中常有"阳冰新义"之类的说法。徐铉曾高度赞扬李阳冰在《说文》研究方面的贡献，说："往者李阳冰，天纵其能，中兴斯学，赞明许氏，奂然英发。"④楼钥也说："许叔重著《说文解字》，垂范千古，李阳冰中兴斯文于唐。"⑤可惜，李阳冰的《说文》论著已经见不到了。大概他的"新义"也有不少是标新而失据。从他的《论古篆书》就可以看出，他要根据自己的"仰观俯察"来修改古篆，肯定会有师心自用、自我作古的错误。徐锴常批评说"阳冰不了其义"，"阳冰妄矣"，"其谬甚矣"。李焘也批评阳冰"颇出私意，诋诃许氏，学者恨之"（《新编许氏说文解字五音韵谱序》，见魏了翁《鹤山渠阳经外杂抄》卷一，第 13 页）。现在有的人就根据这些批评，对阳冰进行全盘否定，那是只知其一，不知其二，是片面的。说到李阳冰，还有一桩公案，也可在此一提。元代学者吾邱衍认为：杜甫《李潮八分小篆歌》中的那位李潮就是李阳冰。钱谦益《钱注杜诗》卷七批评其说为"想象"之言。钱说："吾衍（即吾邱衍）《学古篇》云：阳冰名潮，杜甫之甥，后以字行，遂别少温，……初无引据，矫乱后学，斯亦妄人也已矣。"（226 页）但康有为在《广艺舟双楫》中说："吾邱衍谓潮即阳冰，人或疑之……其为一人无可疑也。"（卷二）

唐宋时期，还有《说文》偏旁之学，专门研究《说文》部首，也叫"字原"。如五代蜀林罕（字希古，河北安喜人，事蜀后主，官至太子洗马）著有《字原偏旁小说》，对 541 个偏旁进行说解。北宋初年释梦英（宣义大师）著《英公字源》一卷（《郡斋读书·后志·小学类》著录），解释了 539 个偏旁。二家篆体皆宗李阳冰。孙承泽《庚子销夏录》卷七说："宋僧梦英留心篆学，大要于李斯诸人皆加贬驳，而独推重阳冰。"明人何震《续学古编》云："林罕《字源偏旁小说》三卷……源流与《说文》悖，却合李阳冰变法。偏旁 540 部，林罕增一部，释梦英减一部，郭恕先（即郭忠恕）欲焚之。"（《历代印学论文选》（上）第 60 页）《宋史·句中正传》云："蜀人……林罕，亦善文字

之学,尝著《说文》20篇,目曰《林氏小说》,刻石蜀中。"(13050页)

阳冰之后,在《说文》研究方面做出了杰出贡献的是大小二徐。大徐即徐铉(917—991。盈按:徐铉卒年一般定为992年。今据苏辙《上洪州孔大夫论徐常侍坟书》云"徐公没于淳化辛卯",故改为991年。其坟在江西新建县西山鸾冈原),字鼎臣,扬州人。其弟徐锴,字楚金,后人称为小徐。小徐于宋太祖灭南唐时已去世。他著有《说文解字系传》四十篇,第一至三十为"通释",是对《说文》进行注释,三十一至四十为"部叙""通论""祛妄""类聚""错综""疑义""系述"等篇。其兄徐铉赞扬这部著作:"考先贤之微言,畅许氏之玄旨,正阳冰之新义,折流俗之异端,文字之学善矣尽矣。"⑥此书在宋代已"元本断烂,每行灭去数字,故尤难读。……今浙东所刊,得本于石林叶氏,苏魏公(颂)本也"(《困学纪闻》八)。

小徐所注之《说文》,当然比不上后来的段注,但段注未必不受到小徐的启发。如小徐已注重发明许书义例,注重引古书以证古义,注重词义的辨析,这些优点段玉裁都吸收了。张舜徽说:"学者苟能平心静气细读《系传》,自可知其胜义纷纶,所以启人途径、益人智虑者,为不浅也。"(《清人笔记条辨》五,第205页)

大徐在《说文》研究方面贡献有二:一是于宋太宗雍熙年间与句中正等校定《说文》;二是对《说文》的正文补充了十九个字(韶、志、件、借、魋、蒃、剔、髾、醆、赳、鰯、璵、䯢、樾、緻、笑、迅、睆、峰),正文之后还新附入402字(有人认为唐以前本已有"新附")。现在通行的《说文》就是大徐本。

大徐本与小徐本存在一些差异。

一、正文字数有多寡之别。如示部,小徐有六十五字,大徐本只有六十二字。

二、说解的文字有异。如玉部"球"字的释义,大徐本作"玉声也"(段注说:"铉作玉磬(磬)也。"与孙星衍覆刻宋本不同),小徐本作"玉也"(中华书局1987年据清代祁寯(jùn,常误作"寓")藻刻本影印)。小徐是而大徐非。

三、两书所用反切不同。大徐本用孙愐《唐韵》反切[7],小徐本用朱翱反切。

中华书局于1963年出版了以清代陈昌治(番禺人,陈澧学生)刻本为底本的大徐本,于1987年出版了清代祁寯藻(1793—1866。山西寿阳人,嘉庆进士,为咸丰、同治朝重臣,官至兵、户、工、礼诸部尚书,军机大臣。)校刻的小徐本。这两种本子都比较好。但这两种本子肯定与许书原貌有出入。我曾经用清代"发现"的唐写本木部残卷与大徐本相较[8],经近年研究,所谓"唐写本"乃伪造,不足为据,比较就完全失去了意义。

徐氏兄弟还用李舟《切韵》编了一本《说文解字(篆)韵谱》(徐锴编,徐铉校补),按205韵排列(郑樵《通志·校雠略》说:"李舟《切韵》乃取《说文》而分声。"),以供查检之用。南宋李焘(四川眉州人,1115—1184)受此启发,作《新编许氏说文解字五音韵谱》,始东终甲。此书虽无学术价值可言,却大行于世,以致世人不复知有始一终亥之本。李书有普及之功,也有使许氏原著湮没之过。

南宋的郑樵也写了两本文字学专著,即《象类书》、《六书证篇》。两书都已失传。据宋人陈振孙《直斋书录解题》卷三载,郑樵还著有《字始连环》二卷(魏了翁说此书是八卷):"大略谓六书惟谐声之生无穷,音切之学,自西域流入中国,而古人取音制字,乃与韵图吻合。"(商务印书馆国学基本丛书本,上册,民国二十八年,第88页)关于《象类书》,魏了翁《鹤山渠阳经外杂抄》卷一引作《象类经》，十二卷，八十五篇，"包括字书之要，而文章粲然可爱。又有《字始连环》八卷，今并藏秘书省。其说大抵以为八象行乎文，六类行乎字，假借行乎文之间，凡十有五书。"所谓"八象"，即象形、象貌、象气、象位、象数、象属、主象、托象。详说可参阅《经外杂抄》（商务印书馆丛书集成初编本第11—13页。盈按：此与《六书略》"象形"分类不同）。关于《六书证篇》与《六书略》是否性质一样，不可考。我们从《通志·六书略》还能了解他关于文字学的一些主张。如他批评许慎"犹不达六书之义"，"许氏惟得象形、谐声二书以成书，牵于会意，复为假借所扰，故所得者亦不能守焉。学者之患在于识有义之义，而不识无义之义。假借者，无义之义也。假借者，本非已有，因他所授，故于己为无义"。（《通志二十略·六书略》第319页，中华书局，2009年）许慎说："能，熊属。"又说："能兽坚中，故称贤能。"把"贤能"之"能"与"能兽"之"能"混为一谈，郑樵批评他是"惑象形于假借者也"（《通志二十略·六书略》第343页）。郑樵对假借的论述甚为精辟，明代杨慎赞扬说："郑渔仲《六书》考论假借，极有发明。"⑨

在《六书略·论子母》中，郑樵对《说文》五百四十部也有批评。他说：

> 许氏作《说文》定五百四十类为字之母，然母能生而子不能生。今《说文》误以子为母者二百十类。且如《说文》有句类，生"拘"、生"钩"；有卤（tiáo）类，生"桌"（栗）生"桌"（粟）；有半类，生"胖"、生"叛"；有羮类，生"僕"、生"暵"。据"拘"当入手类，"钩"当入金类，则"句"为虚设；"桌"当入木类，"桌"当入米类，则"卤"为虚设；"胖"当入肉类，"叛"当入反类，则"半"

为虚设；"僕"当入人类，"驜"当入臣类，则"羍"为虚设。盖句也，卤也，半也，羍也，皆子也，子不能生，是为虚设。此臣所以去其二百十，而取其三百三十也。

（《通志二十略》（上），第344页，中华书局，2009年）

他把许慎定的部首区分为"母""子"两类，根据"子不能生"的原则，砍掉了二百多个部首，定为三百三十部首，这也是一种大胆的尝试。郑樵不盲从许慎，"是者从之，非者违之"，这就是批判地继承。《六书略》在南宋时已很有影响。张世南说："建炎间，莆中郑樵字渔仲，作《六书略》，谓象形、谐声、指事、会意、转注、假借，从六者而生，总计二万四千二百三十五。其间惟谐声类最多，计二万一千八百一十。约以简易，而尽得作字之义矣。"（《游宦纪闻》卷九，第76页）可是，在后来的学术史上，郑樵的创新精神却颇受非议，甚至是"用了很冷酷的面目对他"（顾颉刚《郑樵传》。《通志二十略》附录四）。朱骏声《经史答问》二说："郑渔仲……傲睨一世、自命不凡……惜乎学未邃，养未醇也。……即如《六书》一略，浅陋乖舛，师心立说之处，如同呓语。未入门庭而反诋叔重，不亦妄乎！"究竟是朱氏保守还是郑氏"浅陋"，实不难辨别。清人的学术创新精神已远不如宋人，尤其是对待许郑，迷信得很，渔仲挨骂是不奇怪的。一个时代的学术风气往往左右学术评价，治学术史者宜当心。

关于"右文"说。

据《宣和书谱·正书》载：北宋王圣美（名子韶，太原人。据《宋史》本传载：神宗时曾"为资善堂修定《说文》官"）写过二十卷的《字

解》。他解字的一个重要方法即"右文"说。何谓"右文"?《梦溪笔谈》卷十四有一条记载:

> 王圣美治字学,演其义为右文。古之字书,皆从左文。凡字,其类在左,其义在右。如木类,其左皆从"木"。所谓"右文"者,如戋(jiān)小也,水之小者曰"浅",金之小者曰"钱",歹(niè)而小者曰"残",贝之小者曰"贱"。如此之类,皆以"戋"为义也[⑩]。

"左文"和"右文"就是汉字的形符与声符。形符常居左,故称"左文";声符常在右,故称"右文"。左文表事类,这是不成问题的;"右文"是否都能表义呢,要具体问题具体分析,把右文表义作为普遍规律来看待,是不科学的。右文说与声训不同,声训过于宽泛,只顾声音,不顾意义,右文毕竟有声符作为根据,而声符中有一些的确有表义的作用,所以后来有人认为王圣美的"右文"说是"是训诂学里一个很重要的法则"[⑪]。

王观国,湖南长沙人,宋徽宗政和九年进士,当过祠部郎中,或说为祠部员外郎。他的《学林》卷五提出了类似右文说的"字母"说:"卢者,字母也。加金则为鑪,加火则为炉,加瓦则为瓴,加目则为䁖,加黑则为黸。凡省文者,省其所加之偏旁,但用字母,则众义该矣。亦如田者,字母也。或为畋猎之畋,或为佃田之田。若用省文,惟以田字该之,他皆类此。"[⑫]观国所说的"字母",即具有构形能力的声符,不以"右文"为限,从他举的例子来看,带有"字族"的性质。

张世南,江西鄱阳人,生活于南宋宁宗、理宗年间。他的《游宦纪闻》卷九也谈到"右文"问题。他说:"自《说文》以字画左旁为类,而《玉篇》从之,不知右旁亦多以类相从。如'戋'有浅小之义,故水之可涉者为'浅',疾而有所不足者为'残',货而不足贵重者为'贱',木而轻薄者为'栈'。'青'字有精明之义,故日之无障蔽者为'晴',水之无溷浊者为'清',目之能明见者为'睛',米之去粗皮者为'精'。凡此皆可类求。聊述两端,以见其凡。"[13] 张氏说"青"有"精明"义,无据。

一般认为,"右文"说滥觞于晋代杨泉《物理论》。杨氏说:"在金曰坚,在草木曰紧,在人曰贤。"(转引自《艺文类聚·人部》)但是,从杨泉到王子韶、张世南,都只略举个别例证,既无理论,又无系统性可言,所以这个学说在当时还很不成熟。而宋人敢于创新,不为汉学所囿,汉"左"宋"右",各有千秋。

关于金石之学。

宋人又开钟鼎文字研究的先河。欧阳修《集古录》、赵明诚《金石录》等均颇有影响,以薛尚功的《历代钟鼎款识》影响较大。

郭忠恕的《汗简》对宋代金石之学的兴起有一定的作用。《汗简》是一部收集古文字的资料书。全书分七卷,收字 2962 个,除去重复,还有 2400 余字。《汗简》引用的文字资料计 71 家,所收古文多为战国时文字,形体与《说文》、《石经》颇不同,其中也有些字体属后人伪托。此书历来受到非议,认为书中的古文"大抵好奇之辈影附诡托,务为僻怪,以炫末俗"[14]。近几十年来,由于大批战国文字从地下发掘出来,古文字学家对《汗简》有了新的认识。如李学勤就多次强调此书的重要性。他说:"《汗简》和《古文四声韵》对于东周特别是战国文字的研究,有很重要的意义。有学者认为,近年不少东周文字的发现,其中不少字形均能从《汗简》中获得印证,因之今天对《汗简》有重加估价的必要。"⑮

《古文四声韵》也是一部古文字资料书。作者夏竦(985—1051),字子乔,江州德安人。于宋仁宗庆历四年(1044)编著此书。全书收古文约九千字,按《唐切韵》210 韵列字(206 韵加上栘、宣、选、聿四韵),先出楷体,后出古文。此书对研究战国文字也有参考价值。何琳仪的《战国文字通论》第二章第五节专论《汗简》与《古文四声韵》,可参阅。1983 年中华书局出版了李零、刘新光整理的《汗简》和《古文四声韵》,2002 年贵州人民出版社出版了袁本良点校的清代郑珍的《汗简笺正》。

注:

① 楼钥:《攻媿集·复古编序》。
② 《干禄字书·序》。
③ 《说文解字》,中华书局影印本,1963 年,第 320 页。《崇文总目》载李阳冰《刊定说文》二十卷。书已佚。
④ 《说文解字篆韵谱序》。
⑤ 《攻媿集·复古编序》。
⑥ 徐铉:《说文解字篆韵谱序》,商务印书馆丛书集成初编本,民国二十五年,第 3 页。
⑦ 清初学者刘献廷《广阳杂记》云:"大历中,李阳冰崇尚《说文》,以其无翻切,乃取孙愐切韵附益之。"(中华书局,1985 年,卷一,第 36 页)
⑧ 唐写本《说文》木部残卷从同治三年甲子(1864)在曾国藩安庆幕府公开出版,至今已有 140 余年,在已发表的研究文字中,从未有人怀疑其真实性。近阅孙延钊撰、徐和雍及周立人整理的《孙衣言孙诒让父子年谱》,在同治三年甲子这一年中,有两条材料使我产生了极大的兴趣。原来残

卷问世的当年,17岁的孙诒让就对其真实性表示怀疑,而且获知作伪者为谁。现以注文的形式引出孙说,供好事者作考证之资。材料之一:"时莫子偲得唐写残本《说文》木部之半,自撰《笺异》,曾国藩命刊行世,杨见山、张啸山为之校勘。诒让览而疑之,有书一篇以著其说:'独山莫氏友芝得写本《说文》木部残帙于皖中。仪征刘氏毓崧考定为元和时人书……世之治小学者诧为秘笈,而余窃有疑焉……然则唐本之真赝未可定也。'"材料之二:"又识于戴侗《六书故》册尾云:友人歙汪茂才宗沂语余曰:此乃其乡一通小学者所伪作,其人彼尚识之。莫号能鉴别古书,乃为所欺,可笑也。近人得莫本,多信为真。虑世之为雠校之学者将据以羼改许书,故附识之。"(《孙衣言孙诒让父子年谱》,上海社会科学院出版社,2003年,第59、60页)又,笔者已于《中国语文》2006年第5期发表《唐写本〈说文·木部〉残帙的真伪问题》,肯定其为伪作。有人不赞同本人的观点,我又写了《再谈〈说文·木部〉残帙的真伪问题》,刊于《民俗典籍文字研究》第六辑,2009年11月。

⑨ 杨慎:《古音后语》。
⑩ 胡道静:《新校正梦溪笔谈》,中华书局,1958年,第153页。
⑪ 唐兰:《中国文字学》,第19页。
⑫ 《学林》卷五,中华书局,1988年,第177页。
⑬ 《游宦纪闻》卷九,中华书局,1981年,第77页。
⑭ 郑知同:《汗简笺正·题记》,见《郑珍集·小学》,贵州人民出版社,2002年,第465页。
⑮ 李学勤:《东周与秦代文明》,第365页。又,李学勤《郭店楚简与儒家经籍》:"郭店简的文字多同于郭忠恕《汉简》,夏竦《古文四声韵》所引古文。"(《郭店楚简研究》第20页)

第十九节　唐宋辞书

在谈唐宋辞书时,首先要评述佛典音义书。佛教经典的翻译到唐宋已达极盛阶段。佛典中涉及许多音译、意译过来的梵文名词术语,需要有专门的音义书来加以解释,而从事这种音义工具书的编纂者又必须精通语言文字之学,所以佛典音义书是传统语言学的一份宝贵遗产。

唐代和尚玄应编写的《一切经音义》价值较高,此书共二十五卷。与玄应同时的道宣《大唐内典录》及《新唐书·艺文志》均称为《大唐众经音义》,《开元释教录》始改名为《一切经音义》,通常也叫《玄应音义》。玄应大概与玄奘同时,于贞观末年开始"捃拾藏经,为之音义"[①]。所谓"一切经",即佛教典籍丛书。

玄应之后,慧琳(737—820)也撰有《一切经音义》,此书又名《大藏音义》,也叫《慧琳音义》,共一百卷。慧琳本是西域疏勒国(今新疆喀什)人。他对"印度声明(即语文学),支那诂训,靡不精奥"[②]。慧琳于唐德宗建中四年(783,一说撰《音义》始于贞元四年,公元788年)开始编著《音义》,至唐宪宗元和二年(807)完稿,历时达二十五年之久,所释之佛经达五千七百多卷。书稿问世之后,"京邑之间,一皆宗仰"[③]。《慧琳音义》曾流传至高丽、日本,在国内反而久已失传。光绪初年杨守敬至日本,日人岛田蕃根赠送此书。"惊喜无似",叹为"小学之渊薮,艺林之鸿宝"。"又属书估印数十部,故上海亦有此书出售"。[④]关于《慧琳音义》的流传情况,可参阅日人高田时雄《敦煌·民族·语言》[⑤]。

北宋初年,辽国僧人希麟编著《续一切经音义》十卷,补《慧琳音义》之所未备。其成书年代和版本情况,可参阅虞万里《黑城文书辽希麟〈音义〉残叶考释与复原》[⑥]。

僧人们为佛典作音义书,原本是为了"正名",为了"显教"。从语言文字学的角度来看,这些音义书有以下一些意义:

一、可以帮助我们了解译名的原意。如音译词"和尚"的原意是什么呢？请看玄应《一切经音义》和《慧琳音义》的释义。

和尚：《菩萨内戒经》作"和阇(shé)"，皆于阗国等讹也。应言"郁波涕耶夜"，此云近诵，以弟子年小，不离于师，常逐常近，受经而诵也。又言"邬波陀耶"，此云亲教。旧译云：知罪知无罪，名为和尚也。邬，音於古反，陀，音徒我反。

(《一切经音义》卷十四)

和上：案五天雅言，和上谓之坞波地耶。然其彼土流俗，谓和上殖社，于阗、疏勒乃云"鹘社"，今此方讹音谓之"和上"。虽诸方舛异，今依正释。言"坞波"者，此云近也；"地耶"者，读也。言此尊师为弟子亲近习读之者，旧云"亲教"是也。

(《慧琳音义》卷二十二。见大藏经五十四卷，第441页)

窣堵波：上苏骨反。梵语也。或云苏偷婆，或云塔婆，皆梵言楚夏耳。此译云高胜方坟也，即安如来舍利砖石铁木等塔是也，俗语或云浮图也。

(《续一切经音义》(即《希麟音义》)卷一。

见大藏经五十四卷，第937页)

天竺：相承音竹，准梵声合音笃。古云身毒，或云贤豆，新云印度，皆讹转也。正云印特伽罗，此翻为月也。月有千名，斯乃一称。《西域记》云：良以彼土佛日既隐，贤圣诞生，相继开悟，导利群生，如月临照，故以为名也。

(《续一切经音义》卷三。见大藏经五十四卷，第946页)

二、保存了不少文字资料，如古今字、俗体字、异体字等。如：

嘲戏：又作"啁"，音竹包反。《苍颉篇》云："啁，调也，谓相调戏也。"盈按：《说文》有"啁"无"嘲"。啁、嘲古今字。

(《一切经音义》卷一)

贪惏：字书或作"啉"，今亦作"婪"，同力南反。惏亦贪也。盈按：啉惏，异体字，与婪为古今字。

(《一切经音义》卷一)

懊恼：今皆作"恼"，同奴道反。懊恼，忧痛也。盈按：恼、恼异体字。

(《一切经音义》卷四)

褴褛：谓衣败也。凡人衣破丑弊，皆谓之褴褛。经文(指佛经)从草，作"蓝草"之"蓝"，"丝缕"之"缕"，非体也。盈按：褴蓝、褛缕，皆正俗之别。

(《一切经音义》卷十二)

三、保存了丰富的训诂资料。如：

姑：妇称夫之母曰"姑"，姑在则曰"君姑"，没则曰"先姑"。

(《一切经音义》卷十二)

鹫峰：上音就。西国山，此山高峻，鹫鸟所居，或名灵鹫山，或云鹫岭，皆一山而异名也。如来于此山中得转法轮，甚多圣迹，在中天界。

(《慧琳音义》卷一)

腊沓子：沓，徒合反。《考声》：合也。……案，腊沓子者，以五谷杂合一处，用以加持，如今俗言腊杂子也。

(《续一切经音义》卷四)

勉励：劝奖也。勉：强，谓自劝强也。励：相劝励也。亦勉力为励。强，音巨两反。

（《一切经音义》卷二十三）

四、在校勘、辑佚方面也有很价值。《玄应音义》和《慧琳音义》引用了相当丰富的唐以前的音义资料，这些音义书有不少已失传。因此，校勘家和辑佚古书的人对这些音义资料都颇为重视。清人任大椿辑《字林考逸》，孙星衍辑《仓颉篇》，都从《玄应音义》中采取了大量的资料。武进庄炘"闻而美之。顷宰咸宁，至（西安）大兴善寺，求其卷帙，善本犹存，乃施五百金刊而行之"（乾隆五十一年丙午庄氏刊本序）。此书重刊问世，对清代语言文字学的研究起了很好的促进作用。

在校勘方面同样有用处。如《玄应音义》卷二十三"怏"字下引《说文》云："心不服也。"今本《说文》作"怏，不服怼也"。段玉裁说："当做不服也，怼也。夺一也字，遂不可解矣。"[⑦] 段说有一定道理，但"怼"字有可能是后人据《仓颉篇》添上去的，玄应引作"心不服也"才真正符合"怏"的原意。《史记·淮阴侯列传》说韩信"居常鞅鞅，羞与绛灌等列"，正是"心不服"的意思。"鞅"为"怏"之假借。

五、《慧琳音义》为研究唐代秦音提供了有价值的资料。景审《一切经音义序》说："古来音反，多以傍纽而为双声，始自服虔，元无定旨，吴音与秦音莫辨，清韵与浊韵难明，至如'武'与'绵'为双声，'企'以'智'为叠韵，若斯之类，盖所不取。近有元庭坚《韵英》及张戬《考声切韵》，今之所音，则取于此。"[⑧] 由此可知，《慧琳音义》用的是元庭坚和张戬的反切，今人黄淬伯据此写了《慧琳一切经音义反切考》，他说："今欲上窥千百年前之关中音系，探其涯略，

则《经音义》实为之奥藏。"(卷一《慧琳经音义所据之韵书说》)

除佛经音义外,还有为儒家经典服务的《群经音辨》,这是宋代贾昌朝编的。他说:"《音辨》之作,欲使学者知训故之言咸有所自,聊资稽古之论,少助同文之化。"⑨

书中包括"辨字同音异"、"辨字音清浊"、"辨彼此异音"、"辨字音疑混"、"辨字训得失"等内容,对于考订古音古义,都有一定的参考价值。

贾昌朝(998—1065),真定获鹿人,天禧进士。历仕真宗、仁宗、英宗朝。庆历三年拜参知政事,后以工部侍郎充枢密使,拜同中书门下平章事,集贤殿大学士,兼枢密使。嘉祐元年进封许国公。英宗治平元年进封魏国公。卒后谥曰文元。王观国《群经音辨后序》云:"文元贾魏公,总角邃晓群经,章解句达,累官国子监,誉望甚休,迁崇政殿说书,天章阁侍讲……其在经筵尝进所著书曰《群经音辨》。"

宋代的雅学著作有陆佃的《埤(pí)雅》,罗愿的《尔雅翼》。

陆佃,字农师,宋越州山阴人。神宗时"同王子韶修订《说文》"。"徽宗即位,召为礼部侍郎","迁吏部尚书","拜尚书右丞","转左丞"。(《宋史》本传)佃为陆游祖父。其子陆宰在《埤雅序》中说:

《埤雅》言为《尔雅》之辅也。《埤雅》比之《物生(性)门类》,愈益精详,文亦简要。先公作此书,自初迨终仅四十年,不独博极群书,而严父牧夫,百工技艺,下至舆台皂隶,莫不谘询,苟有所闻,必加试验,然后纪录,则其深微渊懿,宜穷天下之理矣。

陆佃在写《埤雅》之前,原来还写过《物生门类》。《周礼·大司徒》:"辨五土之物生。"可见,《物生门类》也是一部研究自然科学词语的名物训诂书,《埤雅》在其基础上增益而成。⑩

《埤雅》释词296条。其释词方式跟《尔雅》大不相同。书中的大多数条目都像一篇小论文,在写法上大抵是旁征博引,加上考辨、议论。如卷十一《释虫》中的"释鼠",写了一千多字,引有《说文》、《诗》、《毛传》、《广雅》、《兵法》、《博物志》、《庄子》、《易》、《燕山录》、东方朔、《尔雅》、《禽经》、《荀子》、马融、《韩非子》、杜甫诗等十六种资料。另外还有描写议论。如说:"今一种鼠,见人则交其前足而拱,谓之礼鼠,亦或谓之拱鼠。《诗》曰:相鼠有体,人而无礼。其或取诸此乎?"又说:"鼩鼠,兔首,似鼠而大,能人立,交前两足而舞,害稼者,一名雀鼠。"

陆佃对名物释义不见得都正确。如他对"老鼠"的释义是:

又鼠类最寿,俗谓之"老鼠"是也。若"老鹳"、"老鸱"、"老乌"之类以"老"称,亦如此。

(卷十一释虫)

他不知道"老"是名词词头,因而犯了"缘词生训"的错误。清人李慈铭指出:《埤雅》"有数病:引书不指出处,一也;多主王氏《字说》,往往穿凿无理,二也;即物说诗,每失之迂曲,三也。"⑪ 这三条意见都是对的。

《尔雅翼》也是解释百科名词的书。"翼,谓编次此书,所以羽翼《尔雅》并行于世也。"罗愿(1136—1184),字端良,号存斋,徽州歙县人,绍兴中以荫补承务郎,监临安府新城县税,乾道元年进士,知鄂州。罗

愿著此书,也对自然界的动植物进行过一番考察研究。他说:

> 乃探其原,因《尔雅》为资,略其训诂、山川、星辰,研究动植,不为因循;观实于秋,玩华于春,俯瞰渊鱼,仰察鸟云,山川皋壤,遇物而欣;有不解者,谋及刍薪,农圃以为师,钓弋则亲。

由于作者注意对实物进行多方面的研究考察,获得了第一手材料,故有的条目写得很生动,且有科学根据。如他关于"猫"、"鼠"的描写就是很好的例证。唐段成式《酉阳杂俎·续集·支动》也有关于"猫"、"鼠"的描写,可参阅。

> 猫,小畜之猛者,性阴而畏寒,虽盛暑卧日中,不惮,鼻端四时冷湿,惟夏至即温,目睛早晚员(圆),日中如线,就阴则复员。其耳经捕鼠之后,则有缺如锯,如虎食人而锯耳也。
>
> (卷五释兽。丛书集成本第236页)
>
> 鼠,盗窃小虫,夜出,昼匿穴,虫之黠者,其种类至多……好自扬弄其须。禾稼成时,辄相率窃取覆藏之,以为冬储。人或掘之,得数斗许……今河东有大鼠,能人立,交两脚于颈上,或谓之雀鼠。韩退之所谓"礼鼠拱而立"者也。
>
> (丛书集成本第259页)

《尔雅翼》的某些条目具有珍贵的科学史料价值。如:"一种曰籼,比于粳小,而尤不黏,其种甚早。"(《尔雅翼·释草一·稻》)美籍华人史学家何炳棣就很看重"其种甚早"这句话。他说:"宋真宗1012年占城早熟稻并始传至江淮162年之后,南宋中期徽州博物学家罗愿在他的《尔雅翼》(原序1174年)里才初度给予'籼'字以早熟之义。"⑫"籼"即"籼"。占城,国名,其地在今越南中南部。籼稻由占城传入闽地。宋真宗派人赴闽取三万斛,分给各地当种籽。(参阅《本草纲目·谷部·稻》)何炳棣称罗愿为"博物学家",对我们也颇有启发。语言学家不能只是死抠书本,只守着文献上那点知识。

罗氏释名物时,也涉及某些历史知识,可供参考。如《释鱼》关于"鲤"的典故:

鲤者,鱼之主。《唐律》:取鲤鱼即宜放,号赤鲜公,卖者杖六十。以国氏"李",讳其同音也。故用鱼符,盖取象于鲤,至武后革李氏,则代之以龟。

(丛书集成本第298页)

跟《埤雅》一样,书中也有一些糟粕,甚至同一条目中,也是菁芜并存。《埤雅》和《尔雅翼》的作者,在大多数士人只顾埋头书本、不辨五谷的情况下,能联系实际考订名物,这种精神还是值得肯定的。

辽、宋、金时期还有四部各具特色的辞书,即《龙龛手鉴》、《类篇》、《字说》、《篇海》。辽代和尚行均(字广济)编的《龙龛手鉴》(原名《龙龛手镜》,因避赵匡胤祖父赵敬讳,改镜为鉴),"观其字音韵次序,皆有理法"⑬。这部字典收字有26430余,释义有163170余字,共计189610余字。有以下几个特点:

一、它将《说文》部首归并为242部,这些部首的排列以平上去入四声为序。如第一卷平声共九十七个部首:金部第一,人部第二,言部第三,心部第四……知部第九十七。

二、各部内所收之字又按平上去入排列。

三、唐五代盛行俗字,写本经卷俗字更多,故编者很注意收集俗体字。如第四卷(入声)舌部中的"甜"字共有七种写法,有五种是俗体,一种是或体,只有"甜"是正体。此书对研究敦煌出土文献的文字有一定作用。

四、字条中有一定数量的双音词。如:

卷一衣部:裋褕
卷二手部:抖搂
第三草部:芭蕉
卷四足部:踌躇

五、字的释义都没有书证,这是很大的一个缺点。

2004年,湖南师范大学出版社出版了郑贤章的《龙龛手镜研究》,可参阅。

《类篇》是继《玉篇》之后的一部大型字典。这部字典是与《集韵》相配的。宋仁宗宝元二年(1039)翰林学士丁度等奏:

今修《集韵》,添字既多,与顾野王《玉篇》不相参协,欲乞委修韵官将新韵添入,别为《类篇》,与《集韵》相副施行。

(《类篇》卷十五)

李焘《新编许氏说文解字五音韵谱·后序》说:"既修《集韵》,必修《类篇》,盖补《集韵》之不足处也。《集韵》、《类篇》两者相须,则字之形声乃无所逃。"[14]《类篇》以《说文》为本,也分十四篇,每篇之内又分上中下,收字31319,重音(一字多音)21846,共544部

(实际部首为540)。

它的每一个正文之下,都注明正文字数和"重音"数。如:

万:无贩切,数也。又密北切,虏复姓,北齐特进万俟(mòqí)普(盈按:《北齐书》卷二十七有传)。文一,重音一。

(卷一上)

迹遗速:资昔切。《说文》,步处也。或作遗、速。遗,又士革切,走貌。文三,重音一。

(卷二中)

脸:千廉切。《埤苍》,膔也。又居奄切,颊也。又两减切,脸臁,羹属。文一,重音三。

(卷四下)

《类篇》的编撰历时达二十七年之久,曾四易其编纂负责人(王洙—胡宿—范镇—司马光),质量颇高,但创造性似嫌不足。

《类篇》前面有一叙文,未标明作者是谁。苏辙《栾城集》卷二五,收录《类篇叙》一文,题下自注云:"范景仁侍读托撰。"景仁乃范镇之字。此《叙》与载于《类篇》首页之《序》,内容完全一样,文字小有出入。苏《叙》说"凡受诏若干年而后成。"可证丁度等奏云"司马光代之,时已成书,缮写未毕"云云,与《叙》说相符。今《类篇》标为司马光等撰,很不符合事实。

提起王安石的《字说》,人们很自然地就会想起与此有关的戏谑。下面举三则为例:

1. 东坡闻荆公《字说》新成,戏曰:"以竹鞭马为'笃';以竹鞭犬,有何可'笑'?"又曰:"鸠字从九从鸟,亦有证据。《诗》曰:'鸤鸠在桑,其子七兮。'和爹和娘,恰是九个。"

2. 东坡尝举"坡"字问荆公何文?公曰:"坡者土之皮。"东坡曰:"然则,滑者水之骨乎?"荆公默然。

(以上二则转引自沈宗元编《东坡逸事》)

3. 王荆公晚喜说字。客曰:"霸字何以从西?荆公以西在方域主杀伐,累言数百不休。"或曰:"霸从雨,不从西也。"荆公随辄曰:"如时雨化之耳。"其学务凿,无定论类此。

(邵博《邵氏闻见后录》卷二十)

这些笑柄恐怕并不全是因王安石变法失败"旧党"故意捏造出来的。张世南说:"王金陵《字说》之作,率多牵合,固不免坡公之讥。"(《游宦纪闻》卷九)朱熹说:"《字说》自不须辩,只看《说文》字类(原注:字类有六,会意居其一),便见王(指王安石)字无意思。"(《朱子语类》卷一百四十,第3336页)王辟之说:"荆国王文公,以多闻博学为世宗师,当世学者得出其门下者,自以为荣,一被称与,往往名重天下。公之治经,尤尚解字,末流务多新奇,浸成穿凿。朝廷患之,治学者兼用旧传注,不专治新经,禁援引《字解》。于是学者皆变所学,至有著书以诋公之学者,且讳称公门人。故芸叟(即张舜民,有《画墁集》)为挽词云:'今日江湖从学者,人人讳道是门生。'"(《渑水燕谈录》卷十)陆游《老学庵笔记》卷二、卷四都有条目谈到《字说》盛衰的情况,谈到有人靠吹捧《字说》起家,得势后,趁王氏之危,"反攻王氏"。从古以来,中国学术界就不乏跟风之徒,他们赢得了功名禄位,却丢掉了真理良知。

《字说》久佚失传,全部内容如何,不得而知(胡双宝有《王安石〈字说〉辑佚》)。从《周官新义》、《尔雅新义》、《埤雅》、杨时《王氏字说辨》、《瓮牖闲评》等书所引用的《字说》材料来看,王安石解字的方法并不全是"右文"说,也有声训、形训、义训、描写等,其目的就是要追溯字的本原,"以天地万物之理著为此书"。(晁公武《郡斋读书志》卷一下,第 90 页)王安石研究过许慎的《说文》:"自百家诸子之书,至于《难经》⑮、《素问》、《本草》诸小说,无所不读,农夫女工,无所不问。"(《王临川集·答曾子固书》)他的这些知识在《字说》中也有反映。《字说》并不是一无是处。明人谢肇淛《五杂组》卷十三说:"以介甫之聪明自用,其破碎穿凿之病固所不免,而因之尽废其书,亦非也。"18 世纪的全祖望(1705—1755)见过此书。他在《重和〈五经字样〉板本题词》中说:"荆公之《字说》,予尝得见之吴下,其中盖有卓然足以正前人之失者,未可尽指为穿凿。故当时虽以山谷(黄庭坚)之不相苟合,亦谓其妙处足以不朽,是非雷同之徒所能知也。然则是编也,不亦可宝乎哉!"⑯下面从《辑佚》举数例,如:

役:戍则操戈,役则执殳。

(《瓮牖闲评》卷四)

楳:楳用作羹,和异味而合之如媒也。

(同上)

母:方为女时,未有所乳;为母,则两乳垂矣。

(范公偁《过庭录》)

社:社者,土示也。

(《周官新义》卷十二)

艾:艾可□疾,久而弥善,故字从乂。

(《本草纲目》卷十五)

行:道也。

(《诗·鹿鸣》注)

《字说》成书于宋神宗熙宁年间(1068—1077),时为二十卷。元丰五年(1082)《进〈字说〉表》称此书为二十四卷。大概元丰本为增订本。王安石《成〈字说〉后与曲江谭君、丹阳蔡君同游齐安院》云:"据梧杖策事如毛,久苦诸君共此劳。"[17]说明《字说》并非安石一人所作。所谓"末流务多新奇,浸成穿凿"。恐怕撰《字说》"诸君"也在"末流"之列吧。刘铭恕《王安石字说源流考》(收入刘盼遂《文字音韵学论丛》),可参考。

在金代出现了一部按音序检字的字典叫《五音篇海》,简称《篇海》。

《篇海》的最初编者是王与秘,到金章宗丙辰年(1196)韩孝彦又加以改编,办法是"改《玉篇》归于五音,逐三十六母之中,取字最为绝妙。此法新行,惊儒动众"[18]。泰和戊辰(1208)韩道昭又加以改编[19],把部首改并为四百四十部,增加字数计12345,共收字54595,分为十五卷,书名叫做《五音增改并类聚四声篇海》。

《篇海》与《龙龛手鉴》都用音序检字法,但具体编排并不一样。《篇海》按三十六字母排列,字母之下再分平上去入四声。如第一卷见母,内分平声金部第一……上声己部第十八……去声见部第三十二……入声珏部第三十八。

音序检字法一般人并不习惯。所以《字汇》作者梅膺祚说:

"《篇海》以字音为序,每苦检阅之烦。"[20]周国光《〈四声篇海〉琐论》(信阳师范学院学报 1986 年第 1 期),可参考。

注:

[1] 《大唐众经音义·序》。
[2][3] 《宋高僧传·唐京师西明寺慧琳传》卷五,中华书局,2006 年,第 108 页。
[4] 《日本访书志》卷四,辽宁教育出版社,2003 年,第 54 页。
[5] 钟翀等译,中华书局,2005 年,第 390 页。
[6] 《榆枋斋学术论集》,江苏古籍出版社,2001 年。
[7] 《说文解字注》,上海古籍出版社,1981 年,第 512 页。
[8] 见《大藏经》五十四卷,第 311 页。
[9] 《群经音辨·序》,商务印书馆四部丛刊续编本,民国二十五年四月三版,第 4 页。
[10] 《直斋书录解题》卷二《诗物性门类》条:"不著名氏,多取《说文》。今考之,盖陆农师所作《埤雅》稿也。"《文献通考》卷一百七十九:"(物生门类)盖陆农师所作《埤雅》稿也。"
[11] 《越缦堂读书记》(一),辽宁教育出版社,2001 年,第 142 页。
[12] 《读史阅世六十年》,广西师范大学出版社,2005 年,第 287 页。
[13] 《梦溪笔谈》,第 160 页。
[14] 魏了翁辑《鹤山渠阳经外杂抄》,商务印书馆丛书集成初编,1985 年,第 15 页。
[15] 此书据载为扁鹊撰。可参阅阮元《揅经室外集》卷三"难经集注五卷提要",中华书局,2006 年,第 1234 页。
[16] 《鲒埼亭集外篇》卷二十二,上海古籍出版社,2008 年,第 1185 页。
[17] 《王临川集》卷二十九,世界书局,民国二十五年,第 160 页。
[18] 韩道昇:《篇海·序》。
[19] 《辞源》作韩道昇(2365 页),误。
[20] 《字汇·凡例》。

第六章　元明语言学

（公元 13 世纪中叶—公元 17 世纪初）

概　　况

我把元明二代定为中国古代语言学史的一个阶段，是基于以下一些考虑。

这一时期，汉语音韵学展开了新的一页。以周德清的《中原音韵》为代表，产生了一批以研究当时实际语音为目标的韵书；《韵法直图》、《等韵图经》的出现，标志着等韵学的发展也进入了一个新的阶段；在古音学方面，陈第、焦竑、赵宧光等人的研究成就也超越了前人。

在文字学方面，元明出现了一批研究六书的著作，其中以戴侗的《六书故》水平较高；明朝人在文字学方面没有什么建树，而《字汇》、《正字通》这两本字典还是很有影响的。

在元代还出现了我国第一本研究文言虚字的专著，这就是卢以纬的《语助》。

在这将近四百年的历史时期内，音韵学成就颇高，最具特色。如果把南北朝时代算作汉语音韵研究的第一次高峰，元代的音韵研究可以称得上是第二次高峰。这次高峰的出现，首先是由于近代汉语语音的发展给音韵学家们提出了新的任务；其次是由于戏曲文学的空前繁荣，这时期产生的一些有价值的韵书，都跟戏曲这种文学形式有着极为密切的关系；第三是元朝初年，推行蒙古新字（八思巴文），后来又产生了《蒙古韵》之类的著作，这对旧的韵书是一个有力的冲击，同时也启发人们对汉语语音进行新的分析。

我认为元明时代的重要语言学家都表现了一种值得赞扬的创新的精神。周德清在"中原音韵正语作词起例"中，对那些"泥古非今，不达时变"，"呼吸之间，动引《广韵》为证"的人，进行了尖锐的批判，讥讽他们为"鸩舌"，为"迂阔庸腐之儒"，要"转其喉舌，换其齿牙"。他批评"自隋至宋"的韵书，只不过"年年依样画葫芦耳"。其他如戴侗、焦竑、陈第，以及方以智、梅膺祚这些人，都敢于批评旧传统，敢于探索新事物，敢于提出新的观点和新的方法，他们在语言研究方面能取得新的成就，跟这种创新精神是分不开的。

大概元代的最高统治集团，长于军事统治，思想统治相对要薄弱些，他们轻视汉民族的传统文化，歧视知识分子，知识分子地位低了，传统的包袱、压力也少了，所以他们也敢于破旧说，出新意；明朝的情形则不同，统治者很注意思想统治，扼杀人才的"八股文"就是那个时候发明的，但从整个帝王专制社会发展的进程来看，此时已接近没落阶段，尤其明代后期，徐光启从利玛窦译出了《几何原本》，在学术界引起很大震动，人们于"高头讲章"之外，看到了新的科学园地，语言学作为一门科学也受到不少人的重视，传教士们有的也从事汉语研究，利玛窦著有《西字奇迹》，金尼阁著有《西儒耳目资》，这些书对中国的语言学家无疑是有影响的。

应该指出，清朝人对元明二代语言学的评价并不是很公平的。钱大昕骂周德清的《中原音韵》是"无知妄作"[①]，《四库全书总目》

骂《洪武正韵》的编者之一宋濂是"曲学阿世,强为舞文"[2],朱彝尊讥讽《字汇》、《正字通》是"兔园册"[3],这都是偏见,不是科学的论断。

注:

① 《十驾斋养新录》卷五,第 101 页。
② 《四库全书总目·小学类·洪武正韵》,中华书局,1983 年北京第三次印刷,第 363 页。
③ 朱彝尊:《字鉴·后记》。《字鉴》收入张士俊刊《泽存堂五种》。

第二十节 《中原音韵》系韵书

元代周德清的《中原音韵》是一部具有划时代意义的韵书。就影响而言,它小于《切韵》系韵书;若论价值,则并不比《切韵》系韵书小。

《中原音韵》的产生绝对不是偶然的。戈载说:"宋时已有《中州韵》之书,载《啸余谱》中,不著撰人姓氏,而凡例谓为宋太祖时所编。毛驰黄亦从其说,是高安(指周德清,周为江西高安人)已有所本。"[1]明代程明善《啸余谱》中的《中州音韵》为明之王文璧撰,所谓宋太祖时已有《中州韵》的话是不可信的。

但是,在《中原音韵》之前,反映北音系的韵书已有《古今韵会举要》和载于《举要》卷首的《七音》(明吕维祺《音韵日月灯》所列书目有《中原七音》一书)。在《举要》产生之前,还有分为十五个韵部的《蒙古字韵》;另外,近年蒋希文、杨耐思、龙晦等先生又考证出

《中原雅音》一书,其时代也可能早于《中原音韵》。蒋希文说:"这部书有可能出于两宋遗民之手,是1292—1375年间的产物。"②我也有论证文章,赞同他的意见。

《古今韵会举要》成书于元成宗大德元年(1297),比《中原音韵》早27年。这部韵书是熊忠据黄公绍(福建邵武人,咸淳元年举进士)《古今韵会》改编而成。(章学诚《乙卯劄记》:"或云熊忠即黄直翁门客,《韵会》繁重,而《举要》节之,体制本无异也。")它表面上还是用107韵的框架,而实际上对"旧韵"提出了尖锐的批评。他批评"旧韵"是"吴音",分韵很不合理,"有一韵之字而分入数韵者,有数韵之字而并为一韵者"③,"今以七音韵母通考韵字之序,惟以雅音求之,无不谐叶"④。《举要》批评旧韵是"吴音",拿元代的语音来衡量旧韵,这是不妥当的,而作者提出以"雅音"作为标准,这就决定了这部韵书的性质是《中原》系的,而不是《切韵》系的。

既然作者明确提出要"以雅音求之",为什么还要采取"吴音"的107韵这个框架呢?这是因为"旧韵"的影响非常深远,《举要》的作者又缺乏周德清那种勇于跟"旧韵"决裂的精神,下面这段话就很能说明问题:

> 旧韵所收,有一韵之字而分入数韵不相通用者,有数韵之字而混为一韵不相谐叶者,不但如前诸儒所论而已。且如东韵:公东是一音,弓䨥是一音,此二韵混为一韵者也;冬韵:攻冬与公东同,恭銎与弓䨥同,此一韵分为二韵者也。若一以《七音》正之,不胜纷纭;又兼《礼部韵略》承用既久,学者童习白纷(意思是:童而习之,白首纷纭),难以遽变。令但于逐韵各以类聚,注云:"已上属某字母韵。"若贡举文字,事干条制,

须俟申明;至于泛作诗文,无妨通押,以取谐叶之便。

(《举要》一东"拢"字注,第 30 页)

"逐韵各以类聚",注明"某字母韵",是这本韵书表现"雅音"的基本方式。如一东和二冬就有"公字母韵"、"弓字母韵"、"雄字母韵",下平声八庚、九青、十蒸三韵里也有"公"、"弓"、"雄"字母韵。又如六鱼、七虞虽分为两韵,而字母韵都是"居"、"孤"。如果把《举要》的"字母韵"(不等于韵部)归纳起来,就能跟《中原音韵》十九韵部中的韵类找到对应关系。当然,拿《举要》和《中原音韵》相比,后者更能反映当时实际的语音面貌。

《中原音韵》是一部具有划时代意义的韵学名著,成书于元泰定甲子年(1324),至正元年(1341)刊行于江西吉安。作者周德清(1277—1365),字日湛,号挺斋,江西高安人,音韵学家、文学家。《中原音韵》的独创性表现为:平分阴阳,入派三声,韵分十九部:

一东锺	二江阳	三支思	四齐微
五鱼模	六皆来	七真文	八寒山
九桓欢	十先天	十一萧豪	十二歌戈
十三家麻	十四车遮	十五庚青	十六尤侯
十七侵寻	十八监咸	十九廉纤	

《中原音韵》一反传统韵书的模式,书中收字 5866 个(有的本子为 5869 个),既不注反切,也不标字母,更没有释义。它在十九韵部之下分阴平、阳平、上、去四个声调,凡同音字类聚在一起,各同音字组之间用圆圈隔开。关于它的音系,目前还有些不同的看

法：

一、关于声母的分歧是：罗常培认为有二十声类，赵荫棠认为有二十五声类，陆志韦认为是二十四声类，杨耐思订为二十一声类。分歧的由来是"知章庄"三组字要不要拟为两套声母，见组要不要分两套，疑母要不要独立。⑤

二、入声是否消失的问题。本来，根据入派三声和其他一些资料看来，周德清所描写的这个音系，入声已经消失，是不应该有异议的。可是，陆志韦先生提出了相反的意见。他说："近来研究音韵的人老是肯定《中原音韵》之后，北方官话早已失去入声，那是无稽之谈。"⑥他断言"国语完全失去入声，至多不过二百年的事。到现在还有许多官话方言保存入声"，"入声的派入三声并不跟三声同音"。⑦

陆先生这样看待入声问题不是没有原因的。因为周德清本人就说了一些语意含混的话。如说："入声派入平上去三声者，以广其押韵，为作词而设耳，然呼吸言语之间，还有入声之别。"⑧这就是说，入派三声完全是为了押韵，口语中入声并未消失。而在"起例"中周德清又说了这样的话："平上去入四声，《音韵》无入声，派入平、上、去三声。前辈佳作中间，备载明白，但未有以集之者，今撮其同声，或未有当，与我同志改而正诸！"这说明周德清在《音韵》中取消入声韵，将其派入三声，是以"前辈佳作"为根据的，在那些佳作中已经"备载"着入声应派入何声，周德清只不过"集之"而已。可是，前辈为什么要注明入声应派入另外三声之中呢？我们知道，曲文是要上口的，是要演唱给观众听的，必须要考虑艺术效果，假若当时任何一种方言都还保存入声的话，入派三声就完全失去了根据，曲韵也就谈不上"共守自然之音"了，只能是没有群众基础的、是由"前辈"们主观臆造出来的曲艺语言。这样的舞台语言,不仅观众接受不了,而且一定是无规律的,不成系统的,周德清又怎么能"集之"起来派入到三声中去呢?问题只能这样解释,周德清所说的"呼吸言语之间还有入声之别",不是指的全国各个地区,而是指有些地区。周德清是一位江西老表,他的"呼吸言语之间"无疑就"有入声之别";另外,正如陆志韦所指出的:"到现在还有许多官话方言保存入声",更何况元代呢!只是别的官话方言还保存入声,完全不能拿来证明《中原音韵》也保存入声;同样,我们也不能因为周德清的书名为《中原音韵》,就以为广大中原地区入声都已经消失了。

入声的消失必然有一个漫长的过程,就地区而论必然是不平衡的。大概唐末北宋时代,入声已经开始起变化了,戈载《词林正韵》指出:"惟入声作三声,词家亦多承用。如晏几道、柳永、晁补之、黄庭坚……此皆以入声作三声而押韵也。"(《词林正韵·发凡》第7页)夏承焘《"阳上作去""入派三声"说》[9],认为唐宋词中已有"入派三声"之例,透露了入派三声的一点消息。元代韵书《中原雅音》也提供了入声已经消失的旁证材料(见李实《蜀语》引文),元末明初浙江人陶宗仪也说:"今中州之韵,入声似平,又可作去声。"[10]明末清初的李实,在谈到四川方言中一些入声字的变化时,也追溯到《中原音韵》。他说:"玉读若遇,蜀人皆读为去声。"[11]"十读若诗,杨升庵曰:十,寔执切,入声,亦可作平声。""《历代小史》录虞集(1272—1348)一诗,以术、蜀同鱼字押韵,《中原音韵》驳沈约(盈按:他以为《广韵》即沈约《四声谱》)颇多,然则今俗之声亦有所本矣。"[12]李实的话,可证西南官话入声的消失是受中原北音影响的结果,他提到的这位虞集(字伯生,号道园,江西崇仁人,文宗时官奎章阁侍书学士),正是给《中原音韵》写序的人,他的诗中以"术""蜀"同鱼部字押韵,跟《中原》的归字完全一样,当不是偶然的。明代万历、天启间,福建人姚旅曾客居京师,且"卒于燕"。他在《露书》卷九中说:"北人多读入声作平声。燕中有谚云:'马快船进东进西,光禄寺宰鹅宰鸡,翰林院作文作诗,中书科写诰写勅,这都是天下有名的,谁知道有名无实。'勅、的、实三字皆入声,今与西一韵,其一验也。"(221页)在《中原音韵》里,西、鸡、勅、的、实均归齐微韵,诗归支思,音近。陆先生所谓的"无稽之谈",其实是有史可稽的。

三、《中原音韵》究竟是代表中原地区的哪个地方的音系呢,它与现代普通话的音系是什么关系呢?一种意见认为《中原音韵》音系是元代的大都音系,现在的普通话音系就是由此演变而来,陆志韦先生不赞成这样的看法。他说:"中原音韵不能代表今国语的祖语","北平话跟周氏、樊氏(指樊腾凤)所记的方音十分相近,可是出于另一个邻近的方言。"[13]邻近的哪个方言,陆先生没有细说。

我赞同第一种意见。《中原音韵》根源于元曲的实际押韵,大都是元曲发展的胜地,是政治、经济、文化中心(这一点,只要读一读《马可波罗游记》就可获得鲜明的印象),元曲的杰出作家关汉卿[14]、马致远(号东篱,大都人。据《北京青年报》2008年6月13日报道:马致远故居位于门头沟王平镇韭园村)以及当时的著名杂剧演员珠帘秀、天然秀等人,和大都有着密切关系,他们不用大都音押韵,不用大都音演唱,而用中原地区别的什么方言来写曲、来唱曲,这恐怕于情理上说不过去吧。

大都,即后来的北平、北京,元明清三朝都是全国政治中心,从大都音到北京音,一脉相承,如果我们能从大处着眼,而不去纠缠个别语音演变上的问题,这种性质的讨论几乎就是多余的了。周德清把清入声派入上声,而现代汉语这类字却分别归入四声,这种不一致并不能证明北京音的来源非大都音。一则周德清的归字不见得都很正确;再则当时入声字的消失可能只是基本定局,口语还不统一,或变平、或变上、或变去,很不稳定,这是极为正常的,一变就定位了,反而不可能;另外,也不能排斥这类字的归类是以北方另一种方言作为依据的,但这种可能性极小。总之,这个问题不影响《中原音韵》是大都音的根本结论。

我在本节开篇时说,《中原音韵》的影响小于《切韵》,这是就官方和广大士人的态度来说的。士人作诗,官方取士,总以《切韵》系韵书为正宗,他们对《中原音韵》系韵书很不以为然。可是,《中原音韵》在戏曲界的影响则是相当深远的。自从有了《中原音韵》之后,"作北曲者守之,兢兢无敢出入"[15]。就是南曲作家,如果在不应该违背《中原音韵》的地方离开了它,"辄笑为不识中州之音矣"[16]。

《中原音韵》在古代韵书史上开创了一个新的派别。周德清稍后,燕山卓从之著有《中州乐府音韵类编》,这部书刊在元代杨朝英的《朝野新声太平乐府》中,1958年中华书局出版了隋树森的校订本,质量较高。大概因为卓从之的书名太长吧,所以它的简称有四种之多。如杨朝英称之为《北腔韵类》,《也是园书目》称之为《中州韵》,还有的记载简称之为《中原音韵类编》或《音韵类编》。这部书收字只有四千多一点,比《中原音韵》少一千多字。韵部的划分与各韵的结构跟《中原音韵》相同,只是平声调类除阴平、阳平之外,多出了一个"阴阳"类。如二江阳(每一同音组只举一字为例):

〔阴阳〕膀○床/香○降○/雾○傍○/腔○强○/莺○阳

〇/方〇房〇/昌〇长〇/汤〇唐〇/湘〇详〇/枪〇墙〇/匡〇狂〇/汪〇王〇/仓〇藏〇/荒〇黄

"阴阳"调的意义在于说明阴调与阳调两两相配的关系。如"牎床"、"香降"、"雱傍"、"腔强"、"鸯阳"、"方房",都是两两相配。在这一点上,似乎卓从之与周德清不同,其实,传抄的周氏"墨本"也是这么办的。

距《中原音韵》52年之后,即明太祖洪武八年(1375),乐韶凤等人奉命编《洪武正韵》。王力先生说:"这是古今南北杂糅的一部韵书。"[17]这个意见很对。但是,在主张《中原音韵》保持了入声系统的先生们看来,"它的语音系统与《中原音韵》是基本相合的,它的分立入声,是当时实际语音的反映。《中原音韵》对原来入声字的处理,只是按照词曲作品惯于将入声字派入三声的做法加以归纳而已,当时实际语言中还有入声韵存在"。[18]我不赞同《中原音韵》还有入声的看法,却赞同把这部"南北杂糅"的韵书与《中原音韵》联系起来考察。我以为这部韵书在两点上接受了《中原音韵》的影响,作为一本官韵来说,已经是十分难能可贵的了。

一、它跟《中原音韵》一样,对传统旧韵持批评态度。此书之所以名曰《正韵》,要"正"的就是旧韵。"凡例"表示:"沈约以区区吴音,欲一天下之音,难矣,今并正之。"他们敢于这样谈问题,是有朱元璋给他们撑腰的。朱元璋出身于大老粗,旧韵在他心目中没有什么地位。他也跟元朝人一样打官腔,说"韵学起于江左,殊失正音"(《正韵·序》)。

二、《正韵》正音的标准是什么呢?编者在"凡例"中讲得很明确:"以中原雅声正之。"朱元璋是安徽人,《正韵》的编者也有不少

南方人,当时的首都又在南京,为什么要推崇"中原雅声"呢?这个问题他们从理论上做出了回答:

> 天地生人,即有声音,五方殊习,人人不同,鲜有能一之者……欲知何者为正声,五方之人皆能通解者,斯为正音也。
>
> (《正韵·凡例》)

这段话很重要,它证明编者们认识到中国的方言相当复杂,而这些复杂的方言在当时的历史条件下是无法统一的;另外,当时全国已存在一种"五方之人皆能通解"的"正音",这个"正音"就是"中原雅声","五方之人皆能通解"的话不见得就是单一音系,但也够得上是"普通话"了,韵书的编者们要以"普通话"作为标准音,这种思想、主张是值得肯定的。由此也可以断言:今之普通话在元明时代已逐渐形成。

遗憾的是理论与实践的脱节,降低了这部韵书的价值。它平声不分阴阳,又设立十个入声韵部,有三十一个声母,保存全浊,这都不符合"中原雅声",而韵分二十二(若算上、去二声,则为六十六),又继承了《中原》特色,这就是"杂糅"。它的"杂糅"与《切韵》的"杂糅"不同,它是在保存元以来北音的基础上"杂糅"了当时的南音,从基本点上看,它还是《中原音韵》系韵书,正因为如此,这部韵书的命运就跟《中原音韵》一样,不要说清朝人瞧它不上眼,就是在大明王朝,"亦鲜有从者",他们"从"什么呢?"独斤斤沈韵(指旧韵),尺寸不敢逾,即有疑其非者,亦固曰姑尔尔。"⑲据朱彝尊《静志居诗话》卷三载:明初著名学者赵㧑谦于"洪武初,征修《正韵》",因反对朱元璋的语音标准,"见黜""罢归"。朱氏说:"明祖《正韵》

一书,出自独断。天子考文,诸臣敢不敬应。扬谦于六书四声最精,焉肯尽弃其学而'顺帝之则'?其见黜也,必因不苟附和而然,不在年少也。既归,筑考古台,述《声音文字通》……当知台名'考古',心非《正韵》为今矣。"(人民文学出版社,1998年,第64页)明人陆容(1436—1494)《菽园杂记》卷十说:"国初惩元之弊,用重典以新天下,故令行禁止,若风草然。然有面从于一时,而心违于身后者数事。如洪武钱,大明宝钞,《大诰》(即《大明律诰》,发布于洪武十八年)、《洪武韵》是已。……《洪武韵》分并《唐韵》,最近人情,然今惟奏本内依其笔画而已,至于作诗,无间朝野,仍用《唐韵》。"(第122、123页)钱谦益也说:"至于《洪武正韵》,高皇帝命儒臣纂修,一变沈约、毛晃之书,实于正音之中,招揭同文之义。而今惟章奏试院,稍用正字,馆选一取叶韵而已。"(《初学集》卷二九,第881页)《正韵》成了正笔画的字书,它规定的韵部除了"馆选"却无人理会,原因何在,只能说千百万人的传统势力的确是难以改变的。

《正韵》本身也是有缺点的,连朱元璋都不甚满意。据刘献廷《广阳杂记》说:"洪武二十三年(1390),《洪武正韵》颁行已久,上以字义音切尚多未当,命词臣再校之。学士刘三吾言:前后韵书,惟元国子监生孙吾与所纂《韵会订正》,音韵归一,应可流传,遂以其书进。上览而善之,更名《洪武通韵》,命刊行焉。今其书不传,仍行《正韵》。"(卷一,中华书局,1985年,第25页)可是,此书在韩国却颇受欢迎。韩国檀国大学裴银汉教授说:"《洪武正韵》之于韩国,其流传及影响力远远超过中国境内所用。韩国朝鲜时代世宗大王重视韵学,尤其欣赏当时权威韵书《洪武正韵》,陆续有仿效《洪武正韵》的著作……并且屡次翻刻《洪武正韵》。"(《〈洪武正韵〉两种版本以及〈四声通解〉之韵部体系》,见《韩国的中国语言学资

料研究》,2005年)

在中国,《洪武正韵》虽不受士人欢迎,却是"南曲协律的规范"[20]。明王骥德说:"余之反周(德清),盖为南词设也。而中多取声《洪武正韵》。"[21]说明戏曲家对此书是颇感兴趣的,这也是我们把它视为《中原音韵》系韵书的一个理由。

《洪武正韵》毕竟不是曲韵书,为了适应南曲发展的需要,朱权在洪武三十一年(1398)编写了《琼林雅韵》。此书平声不分阴阳,但跟《中原音韵》一样,也分十九个韵部。王骥德说:"涵虚子(朱权)有《琼林雅韵》一编,又与周韵略似,则亦五十步之走也。"[22]朱权的《太和正音谱》"採撷当代群英词章,及元之老儒所作,依声定调,按名分谱"(自《序》)。所收例曲,各字旁边均注明声调,入声字均派入三声,也是根据"元之老儒所作""定调"的,可证入派三声并非周德清的主观规定。明末广东人张萱在《疑耀》卷一"北音无入声"条说:"周德清在元时自谓知音者,故尝著《中原音韵》,今所行《洪武正韵》多宗之。余故有侍儿,工琵琶,尝谱太和正音,止有平上去三声,而无入声,余窃疑之,不知其与周德清之音韵实暗合也。……故余所梓《太和正音谱》曰《北雅》,以此。"(上海古籍出版社,《四库笔记小说丛书》,第二辑,第856—180页)《疑耀》作于万历末年。《中国古典戏曲论著集成》(三)收了《太和正音谱》,《提要》说:崇祯间有一种黛玉轩刻本,将书名改为《北雅》。我判断所谓"黛玉轩"应是张萱的轩名。他那位"工琵琶"的"侍儿""无入声","与周德清之音韵实暗合",应是实际语音的真实反映。

继《琼林雅韵》之后,又有《词林韵释》,也是平声不分阴阳,入派三声,韵分十九。关于此书的作者,旧题"菉斐轩刊",它跟《词林要韵》是一书二名呢,还是本各有别,说法不一。嘉庆庚午(1810)

秦恩复在《词林韵释》跋语中说："吾乡阮中丞家藏有《词林韵释》一卷,一名《词林要韵》,不知何人所撰。"③据此记载,《韵释》与《要韵》乃一书二名,而《词林要韵》的作者为明代的陈铎(约1454—1507)。江苏邳县人,世袭济州卫指挥。万历年间顾起元《客座赘语》卷三:"陈铎为指挥,善词也,又善谑。常居京师(南京)……"),成书于1483年。元明时代,"曲"亦被称为"词",此书名为词韵,也就是曲韵书。

王文璧的《中州音韵》是曲韵书南化的一部重要著作。大约刻于弘治十六年(1503)。王骥德《曲律》说:"吴兴王文璧,尝字为厘别,近携李卜氏复增校以行于世,于是南音渐正。"关于《中州音韵》的底本、作者,现在还有一些疑问没有彻底解决②,但王文璧对此书进行过校正,进行过加工整理,这是不成问题的。我们感兴趣的是这部书所表现的语音系统。

《中州音韵》有29个声母,跟三十六字母相比,少了知彻澄娘疑喻敷等七个声母,跟《洪武正韵》相比,只少疑喻二母,可证它的声母系统跟《洪武正韵》非常接近,二书都保存了浊声母系统。也就是在这个主要点上,《中州音韵》不同于《中原雅音》(据邵荣芬研究,《雅音》有20个声母),也不同于《中原音韵》,因为北曲韵书浊声母已消失。

《中州》保存九个浊声母(並定奉从群床禅邪匣),大概就是王文璧以北曲韵书为底本进行"厘别"的结果,所谓"南音渐正",这是标志之一。《中州》全浊系以"南音"为据,所以与《广韵》的全浊系有别,我在《〈中州音韵〉述评》(《中国语文》1988年5月)中有论述,这里不细说。

《中州音韵》有44个韵母,与《中原音韵》很接近。按杨耐思

《中原音韵》有46个韵母计,《中州》只少[iɛu]、[io]两个韵母。

《中州音韵》只有三个声调(平、上、去),平声不分阴阳,与《中原雅音》《词林要韵》一致。但三个声调不一定是实际语音的反映。

《中州音韵》有日本内阁文库本,有"啸余谱"本。现代戏曲家吴梅(1884—1939,吴县人)任教北京大学时,将康熙时西吴张汉校本交北大出版部印出,也属于啸余谱本,另一种啸余谱本为万历年间古歙赵善达校。

南曲的发展、盛行,主要在江浙地区,南曲韵书的编者也多系江浙人。继吴兴(今湖州境内)王文璧之后,万历年间檇李(今嘉兴境内)卜氏又据王本《中州》改编为《中原音韵问奇集》,嘉定(今属上海市)人范善臻(字昆白)编《中州全韵》,依《中原音韵》体系,韵分十九部,所不同者,不唯平声分阴阳,去声亦分阴阳。

明代还有两部值得叙述的韵书是《韵略易通》和《韵略汇通》。

《韵略易通》作者兰茂,字廷秀,号止庵,云南杨林人。此书成于明正统七年(1442),它在汉语语音研究中之所以特别受到重视,是因为在《中原音韵》系韵书中,它第一次用一首《早梅诗》标明了云南官话的声母系统。"凡二十字,每字下注反切。"(指反切上字,即表声母的字):

东 丁颠	风 分番	破 平偏	早 精笺	梅 民绵
向 欣轩	暖 宁年	一 因年	枝 真占	开 轻牵
冰 宾边	雪 新先	无 文晚	人 仁然	见 京坚
春 陈耀	从 清千	天 汀田	上 申禅	来 零连

与《中原音韵》一样,全浊已经消失。不同的是卷舌声母(枝春上)

已最后形成,疑母已经消失。在韵部方面,此书分为二十部,将《中原》的"鱼模"韵析为"居鱼"、"呼模"二韵,证明[y]韵于此时已经产生。二十部的名称是:东洪、江阳、真文、山寒、端桓、先全、庚晴、侵寻、缄咸、廉纤(原注:此为前十韵,四声全者)支辞、西微、居鱼、呼模、皆来、萧豪、戈何、家麻、遮蛇、幽楼(原注:此为后十韵,皆无入声)。《凡例》第6条将20韵分为阴阳两大类。所谓"阴阳"非关韵尾,乃等呼之别。"各韵二十,如东、端、侵、廉、咸、居、胡、萧、戈、幽十韵,呼之皆隐齿或合唇,及至江、真、山、先、庚、支、齐、来、遮、麻十韵,呼之或露齿或开口。此即韵有阴阳之异而两分之。"所谓"隐齿"、"露齿"、"合唇"、"开口"即开、齐、合、撮四呼。《易通》平声也不分阴阳,入声分为十部,与阳声韵相配。

《易通》是一本便于查检的普及性工具书,"惟以应用便俗字样收入,其音义同而字形异者,止用其一,故曰《韵略》"(《凡例》)。此编问世后,颇受欢迎。清山西高平人李堂馥(赐进士出身,通议大夫,兵部右侍郎)在康熙二年(1663)刻本叙中说:"沈休文创始声韵,自谓发前人所未发,唐人业诗者,奉为三尺,而后儒或以吴音议之(这位侍郎大人跟许多人一样,误以《切韵》为约《谱》)。《洪武正韵》多所更订,合五方之殊音而归于一,可谓盛矣。然浩翰无极,博而寡要,后生小子,徒切望洋之叹。惟《韵略易通》取裁于《正韵》,而删繁撮要,四韵咸备,俾学者因韵以寻形,因形以考义,溯源知流,由端竟委,洵迷津之宝筏,词坛之捷径也。忆余未入小学时,先通议即以是书口授;泊稍长,能搦管为文,遂谐声调。盖得力于庭训居多。"(台北广文书局1962年印本)士大夫家用《易通》作为声律启蒙读物,因为它有"删繁撮要"的优点。李堂馥说《洪武正韵》"合五方之殊音而归于一",这不正是"杂糅"吗?

这里附带提一笔,明代还有一种《韵略易通》,作者为云南僧人本悟,成书于万历丙戌年(1586)。此书用传统三十六字母,显然与当时当地的实际语音不符。㉕

《韵略汇通》成书于明崇祯十五年(1642),是在《韵略易通》的基础上改编而成。改编者毕拱辰,山东莱州人。天主教教友,圣名斐理伯。万历四十四年(1616)进士,历仕至河南按察司佥事,崇祯十五年壬午(1642)秋分巡冀宁(太原府)兵备道,编定《汇通》。"汇者,取水回而复合之义。兹编虽分流别派,疏瀹惟勤,然总合于元韵之渊源者近是矣。"(自序)崇祯十七年甲申(1644)李自成部攻太原,城破,毕拱辰被杀(《石匮书后集》卷二十三、《明季北略》卷二十有毕氏小传、方豪《中国天主教史人物传》第一编153页)。《汇通》有一个重要特点是分为十六个韵部:

东洪　江阳　真寻　庚晴　先全
山寒　支辞　灰微　居鱼　呼模
皆来　萧豪　戈何　家麻　遮蛇
幽楼

毕拱辰把三个收-m尾的闭口韵取消了,他说:"《韵略》旧编止为求蒙而设……较诸韵书致为简便,然真文之于侵寻,先全之于廉纤,山寒之于缄咸,有何判别而更分立一韵乎!"(凡例)这证明到了17世纪,北方官话的-m尾已经不存在了。另外,此书坚持平分阴阳,却又保存入声,或许是受了《易通》的影响。

崇祯年间还有一部韵书叫《音韵日月灯》。此书既有等韵的内容,又有韵书的作用。它所表现的音系"以《正韵》为主",但并非严格意义上的中原系韵书。因此书在历史上有一定影响,下面简单介绍一下。

作者吕维祺(？—1641),字介孺,号豫石,河南新安人。万历四十一年(1613)进士。其书成于明崇祯六年(1633),吕氏时任南京兵部尚书。崇祯十四年辛巳(1641)李自成陷洛阳,吕维祺不屈被杀。(参阅《明季北略》卷十七"李自成陷河南府")

《日月灯》分三部分,即《韵母》、《同文铎》、《韵钥》。《韵母》是同音字表,分上平、下平、上、去、入五卷,各韵所收之字按字母排列,母下分等。"每一母先画一圈,注'见一'等字,以定七音。旁注切脚,各字旁仍注'众''独'字。众者,一字数音也,独者,独音也。""盖以七音生切,切生字,字复生字,生生不穷,故曰《韵母》。"

他以四等与开发收闭相配。《同文铎》卷首:"四等说:按见一系牙音第一等字,属开;见二系牙音第二等字,属发;见三属收;见四属闭。上二等其声粗而洪,下二等其声细而敛。其溪、群、端、知以下诸母俱仿此。"

《同文铎》的内容是对所收韵字注音释义。"引言"说:"'同文'云者,谓点画、形象、音切、意义皆有王制,班班可考。"如卷三七虞:

株,陟输切。木根也。徐锴"入土曰根,在土上曰株。"又:株檽,短柱。

《韵钥》"则仍以《同文铎》所收之字,删其细注,但互注其字共几音几叶,以便检寻,故名曰钥"(《四库全书总目提要·经部·小学存目二》第386页)。

《日月灯》仍用三十六字母,一〇六韵,但音系则以《洪武正韵》

为宗,"其以五声七音分开合,核清浊,次开发收闭,而以母定等,以等定切,以切定音,以音定义,或析其形,或汇其义,或附以古韵古叶,或引《易》《诗》古传词赋,则以羽翼《正韵》而振其宣铎云尔"(《同文铎·引言》)。

注:

① 《词林正韵》,上海古籍出版社,1981年,第6页。
② 蒋希文:《中原雅音记略》,《中国语文》1978年第4期。何九盈:《中原雅音的年代》,《中国语文》1986年第3期。收入拙著《音韵丛稿》,商务印书馆,2002年。
③ 《古今韵会举要·凡例》,中华书局,2000年,第6页。
④ 《古今韵会举要》,第10页。
⑤ 请参阅杨耐思:《中原音韵音系》第22—23页;李新魁:《中原音韵音系研究》第三章。
⑥ 陆志韦:《记五方元音》。《燕京学报》第34期。
⑦ 陆志韦:《释中原音韵》。《燕京学报》第31期。
⑧ 《中原音韵·正语作词起例》。《中国古典戏曲论著集成》(一),第211页。
⑨ 《唐宋词论丛》,中华书局,1962年,第8—13页。
⑩ 《南村辍耕录》卷四,第14页:"虞邵庵先生集在翰苑时……偶谈蜀汉事,因命纸笔,亦赋一曲,曰:'鸾舆三顾茅庐,汉祚难扶,日莫桑榆,深渡南泸,长驱西蜀,力拒东吴,美乎周瑜妙术,悲夫关羽云殂,天数盈虚,造物乘除,问汝何如,早赋《归与》。'盖两字一韵,比之一句两韵者为尤难。先生之学问该博,虽一时娱戏,亦过人远矣……今中州之韵,入声似平声,又可作去声,所以蜀末等与鱼虞相近。"(武进陶氏本)又:《辍耕录》卷十七,第12页:"乐府中押逐赎菊字韵者,盖中州之音轻,与尤字韵相近故也。"所谓"音轻"实指入声尾脱落。
⑪ 《中原雅音》玉音芋,也是入变为去。
⑫ 李实:《蜀语》。《历代小史》为丛书,其中收有《辍耕录》一书。

⑬ 《燕京学报》第31期,第67页。
⑭ 关于关汉卿的籍贯有四种不同的说法。元末明初的朱右在《元史补遗》中说关是解州(今山西运城地区)人;乾隆二十一年修的《祁州志》说关是祁之伍仁村(今河北安国县)人;元钟嗣成《录鬼簿》说关是大都人;元江西人熊梦祥,曾任大都路儒学提举,翰林国史院崇文监丞,著有北京地方志《析津志》,在该书"名宦"篇中说:"关一斋(或作关已斋),字汉卿,燕人。生而倜傥,博学能文,滑稽多智,蕴藉风流,为一时之冠。是时文翰晦盲,不能独振,淹于辞章者久矣。"(《析津志辑佚》,北京古籍出版社,2001年,第147页)我认为"燕"与"大都"均指今北京,金人称燕京,元人称大都,关汉卿生于金代,由金入元,称他为燕人、大都人,性质一样。钟嗣成、熊梦祥的记载是可信的,故定关汉卿为大都人。
⑮⑯ 明王骥德:《曲律》,《中国古典戏曲论著集成》(四),第112页。
⑰ 《中国语言学史》,第82页。
⑱ 李新魁:《古音概说》,第103页。
⑲ 吕维祺:《音韵日月灯·序》。
⑳ 项远村:《曲韵易通》,第2页。
㉑ 《中国古典戏曲论著集成》(四),第113页。
㉒ 同上书,第112页。
㉓ 丛书集成初编本。盈按:《挈经室集》"新增词林要韵一卷提要"云:"此影宋钞录"(1247页)。叶德辉《书林清话》云"其书出于南宋无疑"(87页)。王易认为《词林韵释》乃元人所作。他说"元人《菉斐轩词林韵释》,为北曲而设,乃谓之词韵,则曲亦词也。"(《词曲史》第10页。江苏教育出版社,2005年)吴梅《词学通论》说:"绍兴间,刻菉斐轩《词林要韵》一册,樊榭(厉鹗之号,1692—1752)曾见之。其论词绝句,有'欲呼南渡诸公起,韵本重雕菉斐轩'之句,后果为江都秦氏刻入《词学全书》中,即今通行之本。词韵之书,此为最古矣。惟近人皆疑此书为北曲而设,又有谓元明之季伪托者,今不备论。"(13页)潘景郑《著砚楼读书记·跋顾复初校刻菉斐轩词韵》云:"偶与先师霜厓吴先生(梅)论及其事……谓词韵自宋元以来固无专书流传。至南宋绍兴时,高宗命词臣审定《词林要韵》于菉斐轩,当时未及刊布。周草窗得传抄本,秘relevant授受。元明之际,已成若存若亡之况。明末沈谦创为《词韵》二卷……有清中叶,秦敦甫辑《词学全书》,有新增《词林要韵》一种,而题为菉斐轩者,实仍沈(谦)书而非真本

也。……大兴胡薇元偶得旧抄本,经顾复初校勘,为之付雕。取较秦刻,已不相同……因知书久失传,数百年迻写之后,难免有所出入耳。"(637页)还可参阅王兆鹏《词学史料学》第17、18页。

㉔ 关于《中州音韵》的参考文献有:赵荫棠:《〈中原音韵〉研究》;日本佐佐木猛:《〈中州音韵〉的性质》,《均社论丛》四卷1期;许德宝:《〈中州音韵〉的作者、年代以及同〈中原雅音〉的关系》,《中国语文》1989年第4期。

㉕ 关于《韵略易通》的参考文献有陆志韦:《记兰茂〈韵略易通〉》。见《陆志韦近代汉语音韵论集》。另有群一和慧生的文章,分见于《中国语文》1986年第2期及1988年第5期。

第二十一节 元明等韵学

在这一节里,要评介十一种等韵学著作。其中《经史正音切韵指南》是元朝人刘鉴写的,成书于元顺帝至元二年(1336)。其余十种都是明代的作品。明代的等韵学著作当然不只这十种,当时的等韵学有儒生和佛门弟子积极传授认真钻研,等韵图以及各种门法,相当发达,我们只不过谈几种有代表性的著作,足以说明当时等韵学的一些特点就行了。

刘鉴说:他的"《经史正音切韵指南》与韩氏《五音集韵》互为体用,诸韵字音,皆由此韵而出也"(自序)。《五音集韵》比刘鉴的《指南》要早一百多年,后者既是以前者为依据,它当然就不可能如实反映元末的语音系统了。

《切韵指南》分十六摄,二十四图。与《四声等子》相比多出了四个图,就是将江摄从宕摄中独立出来,立为"江摄外一";将梗摄从曾摄中独立出来,立为"梗摄外七开口呼,梗摄外七合口呼"两图;咸摄《等子》只有一图,《指南》分为两个图。

《指南》的语音系统虽说是以《五音集韵》为依据，实际上更接近于《四声等子》，如咍泰、鱼虞等韵，《五音集韵》并未合并，而《指南》跟《等子》一样合并了，元魂二韵，《五音集韵》同用，刘鉴不赞同，他说："及乎元魂二韵，声相背戾，而反通押，是何其若此之不伦也。"因此，《指南》跟《等子》一样，把元韵并入仙韵；只有江阳二韵，《指南》不从《等子》合并，而从《五音集韵》分立，但"分开合与《等子》同"①。

在声母方面，《指南》仍用三十六字母，但卷首的"交互音"说："知照非敷递互通，泥娘穿彻用时同，澄床疑喻相连属，六母交参一处融。"这个"交互音"如果为刘鉴本人所作，说明实际上只有三十个字母了。因为知彻澄已与照穿床合一，非敷合一，疑喻合一，减少了六个声母。

在声调方面，刘鉴还谈到了浊上变去的问题。他说："时忍切肾字，时掌切上字，同是浊音，皆当呼如去声，却将上字呼如清音赏字；其搴切件字，其两切强字，亦如去声，又以强字呼如清音硗（丘仰切）字；然而亦以时忍切如哂字，其搴切如遣字，可乎！"（自序）他的意思是：浊上变去是通例，如"肾"为古禅母上声，"件"为古群母上声，到刘鉴时皆"呼如去声"了。按通例，"上"字、"强"字也应当读为去声，可是，"上"可读成"赏"，清音，上声；"强"读成"硗"，也是清音，上声，这正好是两个变例。"上"字在现代汉语中还有上去两读，"强"字作为"其两切"也有上去两读。

《切韵指南》对入声的配置，和《等子》、《指掌图》一样，也是与阴阳相配。这一点遭到明代陆容的严厉指责。陆氏根据中古韵书阴声韵"无入声"相配的特点批评《指南》。"近有《切韵指南》一书，乃元人关中刘鉴所编。其书调四声，如云'脂、旨、至、质'、'非、斐、费、拂'、'戈、果、过、郭'、'钩、苟、遘、谷'之类,皆不知音韵而妄为牵合者也。盖质本真之转,拂本分之转,郭本光之转,谷本公之转耳。脂转真,非转拂,未为不可,但韵中他字,多转不去,况戈、果、过若转入声,当是谷,不当为郭。钩、苟、遘若转入声,当是革,不当为谷也。"(《菽园杂记》卷十三,第165页)首先要纠正陆容的一个错误,"非斐费拂"的"非"字应改为"霏",此例见图4止摄合口呼。还有,质配真、郭配光、谷配公,刘鉴也是这么安排的,查图便知。至于"拂本分之转"、"非转拂"二语,恰恰说明陆容不精于等韵。从《韵镜》到《切韵指掌图》都是"弗"与"分"配(二字属非)、"拂"与"芬"配(二字属敷)。刘鉴以"拂"与"砏"配,性质是一样的,因为"砏"与"芬"在《广韵》同一小韵(抚文切)。刘鉴以"郭"配"戈、果、过",陆容主张改"郭"为"谷",其实这是入声字在各方言有不同演变的问题,《指掌图》就以"括"与"戈、果、过"相配。刘鉴以"谷"配"钩、苟、遘",陆主张改"谷"为"革",也是方音问题,《指掌图》与"钩"配的应是"諴"(《广韵》作古得切,音 gé),今错为"諴(古哀切,音 gāi)",二字形音义均不同。《康熙字典》前面的《明显四声等韵图》"钩摄"以"革"(外加圆圈)与"钩苟垢"配,这都是取音标准问题。陆容乃江苏太仓人,取韵标准与刘鉴有别。

谈到明代等韵学著作,首先要介绍《青郊杂著》。作者桑绍良,据耿振生考证,为今山东范县人,大约生于明正德末年,卒于万历年间。桑氏的语音系统无疑为北方官话音系。有声母二十,用一首《圣世诗》作为代表字:

国开王向德　　天乃赉祯昌

仁寿增千岁　　　苞磐民弗忘

诗,的确不敢恭维。桑绍良自己也承认:"音序虽得,而诗意牵强不畅。"不过,自我欣赏之情又溢于言表。他说:"精思所致,自与古人契合。若兰君者,岂非先得我心之所同然者邪?"他在读到兰茂《韵略易通》之前,已得出二十母的结论。这种"契合",说明二十母符合一定地区的实际语音。桑绍良这首诗约写于万历九年(1581),上距兰茂《早梅诗》(1442)已有一百三十多年。《圣世诗》与旧声母对应关系是:

见溪喻晓/端　　　透泥来/知彻
日审/精清心/　　　帮滂明非微

《青郊杂著》有十八个韵部,四十六个韵母,六个声调,"两平、上、去、两入是也"。入声的设立可能是存古。因为"去入二声,俗呼相似"。口语中可能已不存在入声。下面是《青郊杂著》的韵母表:

	开	齐	合	撮
东部			uŋ	yŋ(iuŋ)
江部	ɔŋ	iɔŋ	uɔŋ	
侵部	əm	iəm		
覃部	am	iam	uam	
庚部	əŋ	iəŋ	uəŋ	yəŋ(iuəŋ)
阳部	aŋ	iaŋ	uaŋ	
真部	ən	iən	uən	yən
元部	an	ian	uan	yan

歌部	o		uo
麻部	ɑ	iɑ	uɑ
遮部		iɛ	yɛ
皆部	ai	iai	uai
灰部			uei
支部	ï	i	
模部			u
鱼部			y
尤部	əu	iəu	uəu
萧部	ɑu	iɑu	uɑu

桑绍良的重要贡献就是明确提出了"四科"。他说："四科者,音有四等：重,次重,轻,极轻是也。如元部官、捐、干、坚同为宫音,而重轻不同,他韵准此。然每部内有四科全具者,有三科、二科、一科者,不可一律论。"他的《一十八部七十四母纵横图》,共有四张图。第一图为重科,第二图为次重科,第三图为轻科,第四图为极轻科。"四科"就是后来的四呼。重科相当于合口呼,次重科相当于撮口呼,轻科相当于开口呼,极轻科相当于齐齿呼。桑绍良在朴隐子、潘耒之前,于16世纪下半期就能明确划分四呼,这是值得郑重表彰的。

明万历三十年(1602),金台(即北京)布衣徐孝编了一本《司马温公等韵图经》,这个《图经》附于张元善编的《合并字学篇韵便览》中。陆志韦先生在《燕京学报》32期对《等韵图经》作了详细介绍,还有郭力女士的《〈重订司马温公等韵图经〉研究》(见《古汉语研究论稿》,北京语言文化大学出版社,2003年)可以参阅。

此书与司马光没有任何关系。之所以要标出"司马温公",是他们误以为司马光乃韵图的开创者。张元善《合并字学篇韵便览序》说:"如许慎著《说文》而下至《玉篇》诸书,而形有类;如沈约作四声而至《唐韵》《广韵》诸书,而声有类。大抵类形者主母统子,而不类声;类声者主子该母,而不类形,虽美而未尽也。宋司马光创为指掌清浊二十图谱,而立为三十六母以取切,而字有摄。"其实,《图经》是在归并《切韵指南》韵摄的基础上写成的,所反映的语音系统跟《切韵指南》大不一样。它分十三韵摄,共二十五个图。

每图横列十五行,分列二十二字母。其中非敷微列在帮滂明之下,照穿稔审四母列在精清心心四母之下。其实直接分列22行,更为明确。

这二十二母之中,那个心母"见居吴楚之方",微母在韵图中只有一个带方框的"纹"字(见臻摄),敷母在韵图中只有带方框的"菲"字(见垒摄)和"紑"字(见流摄),在当时的北方官话中,这三个声母事实上已经不存在了。所以,《司马温公等韵图经》有效的声母只有十九个,与《早梅诗》相比,少了一微母,微母已由[v]变为[w],并入影母,即零声母。下面是十九母的拟音:

k(见)   k'(溪)   x(晓)   o(影)
t(端)   t'(透)   n(泥)   l(来)
ts(精) ts'(清) s(心)
tʂ(照) tʂ'(穿) ʂ(审)   ʐ(稔)
p(帮)   p'(滂)   m(明)   f(非)

影母下面列有日母"尔二而"等字,这也是值得注意的。李思敬说:"万历时代的《等韵图经》把儿系列字列入影母,而且那时已经有了

'儿化音',所以明代晚期儿系列字也肯定已经是[ɚ]音值了。"(《汉语"儿"[ɚ]音史研究》,商务印书馆,1986年,第33页)

各图均分上中下三等。上等列洪音字,中等只列照系字(卷舌声母),下等为细音字。如止摄开口图,上等列"雌此次慈",中等列"蚩齿尺池",下等列"妻泚砌齐"。上等读[ɿ],中等读[ʅ],下等读[i]。下等字一般为腭化音,非母字列在下等,则不伦不类。

徐孝的十三摄是:通、止、祝、蟹、垒、效、果、假、拙、臻、山、宕、流。除祝摄为独韵,其余十二摄均分开合,所以有二十五个图。与刘鉴的十六摄相比,有并有分。并江于宕,并曾梗于通,并深于臻,并咸于山,共合并五摄。-m尾已消失。徐孝又从止摄分出垒摄,从假摄分出拙摄(以入声字为主)。祝摄相当于遇摄。徐孝的十三摄与后来清代早期就流行的十三辙相当。

1. 通——中东辙　　2. 止——一七辙
3. 祝——姑苏辙　　4. 蟹——怀来辙
5. 垒——灰堆辙　　6. 效——遥条辙
7. 果——梭坡辙　　8. 假——发花辙
9. 拙——乜斜辙　　10. 臻——人辰辙
11. 山——言前辙　　12. 宕——江阳辙
13. 流——油求辙

在声调方面,分平声、上声、去声、如声,"如声"就是阳平。"凡例"说:"设如声者,犹如平声也。"

万历三十一年(1603)出现了两部颇有影响的等韵学著作,这就是《交泰韵》、《字学元元》。两书的语音体系大不相同。

先说《交泰韵》。此书作者吕坤(1536—1618),别号新吾、心吾,晚年又号抱独居士,河南宁陵人,明末思想家。曾任山西巡抚、刑部左侍郎。万历三十一年(1603)撰《交泰韵》凡例与总目,并自序其研治音韵学之历程。"全书虽不具,而无一体不括凡例中,无一字出于总目外。观者持此以衡诸家,而心目自豁然矣。韵名'交泰',以上下相呼应也。"(自序)

所谓"上下相呼应",这是他改良旧反切的理论基础。具体办法是:平声切下字分阴阳;上去二声以本声为母;平入共用切上字,"平韵用入为子(指切上字),地气上交,入韵用平为子,天气下交,地天泰。母(指切下字)是平上去入,顺而下行;子是入上去平,逆而上行,亦地天泰"。平与入互为终始,故"上下相呼应"。下面举几个反切为例:

同:徒红切。改为他红切。
通:他红切。改为他翁切。
宠:丑陇切。改为楚陇切。
送:苏弄切。改为素瓮切。
空:苦红切。改为酷翁切。
酷:苦沃切。改为空尾切。

从他对切上字的改动,可以看出浊声母已消失,知照已合流,实际声母只有十九类:

k　k'　x　o
t　t'　n　l

```
ts    ts'    s
tʂ    tʂ'    ʂ    ʐ
p     p'     m    f
```

这个声母系统与《等韵图经》一样。

《交泰韵》有 21 个韵部：东、真、文、寒、删、先、阳、庚、青、支、齐、鱼、模、皆、灰、萧、豪、歌、麻、遮、尤。

《交泰韵》反映了当时中州地方的实际口音。万历十四年(1586)吕坤在北京任吏部郎中时，曾与天宁寺上座慕渤讨论音韵。慕渤和尚是守旧派。他说："平生苦心三十年，自谓深得七音三十六母之精，十三门十六摄之妙，而公更简径明切，我学非耶？"吕坤因为以口语为据，所以宣称："我无法门，信口便是法门……夫声出于天而字从之，率然自然，人无毫与。我天声，汝人声也。我求近而汝求诸远，我取易而汝取诸难也。我索一而汝索诸万，我得之不思而汝得之熟诵也。我重阴阳而汝不论阴阳，我反切平上去入而汝不问平上去入也。"所谓"天声"即存在口头的天然的活语音，所谓"人声"在这里是指脱离口语的靠死记硬背的旧读。

《交泰韵》在明末清初影响较大。方以智的《切韵声原》、林本裕的《声位》、彝族诗人高奣映的《马氏〈等音〉序》都肯定《交泰韵》"废门法"。清初朴隐子作《反切定谱》更得益于《交泰韵》。他说："……而于用母之法，终难考其定理。及得吕坤《交泰韵》，乃以其法参之，三年豁然有悟。"《四库全书总目》由于立场保守，认为"其分部纯用河南土音，并盐于先，并侵于真，并覃于山，支微齐佳灰五部俱割裂分隶，则太趋简易。于无入之部强配入声，复以强配之入声转而离合平声之字，则太涉纠缠，未免变乱古法，不足立训矣"。

(385页)盐侵覃之归并于先真山,说明-m尾巴变为-n尾,无入之部配入声,说明入声已经消失或是与阴声音近。

1927年,王力先生根据吕氏父子所写的《小儿语》、《续小儿语》写了一篇《三百年前河南宁陵方音考》,对于我们研究《交泰韵》音系有参考价值。

再说《字学元元》。此书作者袁子让,湖南郴州人,万历辛丑(1601)进士,授四川嘉定(今乐山一带)知州,后入京,官兵部职方司员外郎。袁子让将此书命名为"字学",因其中不单是论等韵,也讨论"六书"(卷七),之所以叫"元元",是作者认为"天有元声(指韵),地有元音(指声)",以往的韵图多音声不正,他要"扶其元"、"溯其元"、"清其元","是集调'元'者也"。从这样的目的出发,此书不只是有等韵图表,还有大量分析音理、议论诸家得失的文字。资料相当丰富。

《字学元元》所反映的语音系统跟《交泰韵》不同。它在声母方面拘守三十六字母,在韵摄方面取舍于《四声等子》和《洪武正韵》之间,分为二十二个韵摄。

1. 从遇摄分出模摄。从《正韵》而不从《等子》;
2. 从蟹摄分出齐摄。从《正韵》而不从《等子》;
3. 从效摄分出宵摄。从《正韵》而不从《等子》;
4. 从山摄分出天摄。从《正韵》而不从《等子》;
5. 曾摄与梗摄分立。从《等子》而不从《正韵》;
6. 假摄《正韵》分为麻、遮两韵,袁子让合而为一。

赵荫棠批评它是"非驴非马的东西"[②],不无道理。袁子让既

要存旧,又想标新,结果就弄得不旧不新。在四等的划分上,也表现了同样的态度。此书存四等之名,行上下两等之实。"凡例"说:

> 字有开、发、收、闭(即一二三四等),开、发为上等,收、闭为下等。切脚(即反切)下字逢上等切上字,逢下等切下字,所谓上下从等也。

上下等又分开合,相当于后来的"四呼",这足以表明旧等韵图的四等说已经不能表现当时的实际语音了。关于《字学元元》,我在《古汉语音韵学述要》(中华书局,2010 年)中有长篇(共计 18 页)评说,可参阅。

万历三十三年(1605),叶秉敬(浙江衢州人)写了《韵表》一书。这部书依平水韵列表。如第一韵表:东一韵要;第二韵表:冬一韵要;第三韵表:江一韵要,江二韵要;第四韵表:阳一韵要……

这样的韵表共有三十。每一韵表之内又分上下二等。

叶秉敬主张韵分二等。他说:"每韵依四派祖宗,当有二表。前表庚干、经坚,后表觥官、肩涓。"实际上叶氏所说的"四派"乃是"四呼"的问题。新的概念往往孕育在旧的名称之中,这是常有的现象。在这里,叶秉敬用"庚干"代表开口呼,"庚"在中古属开口二等,"干"在中古属开口一等,到这时变为开口呼了;"经坚"代表齐齿呼,"经坚"在中古都是开口四等字,这时变为齐齿呼了;"觥官"代表合口呼,"官"在中古是合口一等,"觥"在中古是合口二等,这时变为合口呼了;"肩涓"代表撮口呼,"肩涓"在中古都是合口四等,这时变为撮口呼了。可见,叶氏所说的"韵依四派祖宗",实指开齐合撮四呼,"二表"是指开、齐一类,合、撮一类。

新的语言现象要求用新的概念来表达。现代汉语中四呼的名称在《韵法直图》中已经出现了。

《韵法直图》是万历四十年(1612)梅膺祚从新安(安徽歙县)得到的[③]。共有四十四图。每一图就是一韵，以起头第一个字作为韵名，如公韵、庚韵……图中分开、齐、合、撮等十呼。今按呼将四十四图分列于下：

开口呼

7. 庚梗更格　　　　8. 根颔艮〇
23. 该改盖〇　　　31. 歌哿箇〇
34. 干秆幹葛　　　41. 高杲诰〇
43. 钩苟构〇

齐齿呼

3. 骄矫叫〇　　　　4. 基己寄吉
9. 京景敬戟　　　　10. 巾紧劤〇
24. 皆解戒〇　　　26. 嘉贾驾〇
28. 迦〇〇〇　　　35. 坚茧见结
42. 交绞教〇　　　44. 鸠九救〇

合口呼

1. 公鞚贡谷　　　　15. 裩衮睔骨
16. 光广诳郭　　　71. 觥矿〇国
19. 规诡贵〇　　　20. 姑古顾〇
22. 乖拐怪〇　　　25. 瓜寡卦〇
30. 戈果过〇　　　32. 官管贯括

37. 关〇惯刮

　　　　　撮口呼

5. 居举据〇　　　　7. 弓拱供匊

13. 钧窘郡橘　　　29. 淞〇〇〇

33. 涓卷绢厥

以上开口呼七图,齐齿呼十图,合口呼十一图,撮口呼五图。另有：

混呼两图：14.扃烱褧鶪,18.江襁绛觉。所谓"混呼",指一图兼两呼,对十四图来说,可能是合撮混,对十八图来说,可能是开齐混。

还有九个图的名称是：

2. 冈朊扛各　　　　　平入开口呼,上去混呼。
21. 赀子恣〇　　　　 咬齿呼。
27. 拏絮胗(乃亚切)〇 舌向上呼。
38. 艰简谏戛　　　　　齐齿卷舌呼。
40. 监减鉴夹　　　　　齐齿卷舌而闭。
11. 金锦禁急 ⎫
12. 簪〇譖戢 ⎬ 闭口呼。
36. 兼检剑颊 ⎪
39. 甘感绀阁 ⎭

所谓闭口呼是指收-m尾的韵。-m尾此时已脱落。

《直图》的呼既不同于宋元时代的开合二呼,又不同于清初出现的四呼。《直图》分呼的标准比较乱,它在以介音有无作为分呼标准的同时,又运用了其他标准,如闭口韵称之为"闭口呼";庚青、江阳二部都有"混呼"(图14、18),实则庚青混呼应归撮口,江阳混呼应归齐齿;所谓"咬齿呼"仅见支思韵,只有一个韵母[ï],韵母制定者认为与开口呼不同,就设立了"咬齿"这个名目;"齐齿卷舌"也只有一个韵母,即寒山部的[ian];"齐齿卷舌而闭"只有监咸部的[iam],所谓"卷舌"当指知照日等之类的声母而言;"舌向上"只有家麻部的[a]韵母。这些呼的设立,恐怕主要是韵图的设计者音理不清,对于南方人来说,要区别呼的不同,比北方的桑绍良、徐孝要困难得多。南方复杂的方言土语为废等分呼带来了困难,明末的等韵学家还处在摸索阶段。

《韵法直图》有四十四个韵母,按原十呼分列:

	开	齐	合	撮	混	咬齿	舌上	齐卷	齐卷闭	闭
1. 东锺			uŋ	iuŋ						
2. 江阳	aŋ		uaŋ		iaŋ					
3. 萧豪	au	iau,iɛu								
4. 齐微		i	ui							
5. 鱼模			u	y						
6. 庚青	əŋ	iŋ	uəŋ		iuəŋ					
7. 真文	ən	in	un	yn						
8. 侵寻										im,əm
9. 支思						ï				
10. 皆来	ai	iai	uai							
11. 家麻		ia	ua				a			
12. 车遮		ie		ye						
13. 歌戈	o		uo							
14. 桓欢			uon							
15. 先天		iɛn		yan						
16. 寒山	an		uan					ian		

17. 监咸						iɑm	ɑm
18. 尤侯	ou	iou					
19. 廉纤							iɛm

与《中原音韵》相比,《直图》少[ei]、[io]两个韵母,与《中州音韵》相比,韵母数目一样,但少一个[ei],多一个[iɛu]。《中州》萧豪的[iɑu]已与[iɛu]合流,而《直图》齐齿呼有"骄矫叫"(第三图)与"交绞教"(第四十二图)的对立,说明三四等(宵萧)与二等(肴)的主元音不同。

《直图》保存入声,与阳声相配。

《韵法横图》又名为《切韵射标》。作者李世铎(即李嘉绍,南京上元人)。《横图》与《直图》在排列方式上不一样,音系也有些差异,如《横图》仍保留三十六母,《直图》只有三十二母(知彻澄娘并入照穿床泥),呼的名称取消了咬齿呼、舌向上呼。李世铎的父亲李登(字士龙,号如真)也是音韵学家,著有《书文音义便考私编》。

上述七种等韵著作都出现在万历年间,说明万历年间的等韵学颇为发达;同时,也说明语音变了,等韵学的内容也跟着发生了变化。所以仅就等韵学分期的话,明清等韵学应放在一起来叙述,因为它与宋元等韵学颇为不同。明末崇祯年间还有两部值得叙述的等韵学专著,就是陈荩谟的《皇极图韵》和方以智的《切韵声原》。

陈荩谟,字献可,又字益谦,号碣庵,浙江槜李(今嘉兴)人,黄道周(1585—1646)弟子。他的《皇极图韵》成于明崇祯五年(1632),其中包括《四声经纬图》和《转音经纬图》。

陈氏在明末清初是一位相当有影响的等韵学家。刘献廷《广阳杂记》卷三说:"槜李陈啸(碣)庵先生著有《皇极统韵》一书,亦精唱韵,余虽得一晤,而不及久作盘桓。其后访之缁流,竟无一人矣。"(144页)

第六章 元明语言学

方以智《切韵声原》说:"陈荩庵《皇极纵横图》横列三十切母,纵约为三十六韵。"方氏的"内外八转,以《洪武正韵》酌陈荩庵三十六旋",对闭口韵的处理也是"酌之荩庵而主《正韵》者也"。

明末著名戏曲家沈宠绥(？—约 1645)在《度曲须知》中对陈氏的《经纬图》有详细评介。他的儿子沈标说:"先君子读书赏音,雅有神解,尝得槜李陈子《四声经纬图》,为之反复绅绎,以韵俪母,适得翻切天然谐合之妙,虽为此图者,亦未能洞晓本末至此也。"④沈宠绥本人也说:"近得槜李陈献可所著《皇极图韵》,中有《四声经纬》及《转音经纬》之图,盖体释氏等韵诸编,翻为简径捷法。凡切脚转音,不烦口调,按图历历可稽。"⑤

下面将陈氏三十六韵按他的十呼分列,并拟测其韵母音读。

合口: 东　　模　　乖　　灰　　桓　　还　　戈　　光
　　　uŋ　　u　　uai　　ui　　uon　　uan　　uo　　uɑŋ

撮口: 冬　　鱼　　文　　元
　　　yŋ　　y　　yn　　yan

齐齿: 青　　支　　皆　　齐　　真　　先　　萧　　尤
　　　iŋ　　ï　　iai　　i　　in　　iɛn　　iau　　iou

开口: 庚　　哈　　寒　　歌　　唐　　豪　　侯
　　　əŋ　　ai　　an　　o　　ɑŋ　　au　　ou

闭口: 侵　　覃　　盐
　　　im　　am　　iɛm
　　　əm

合　口　　　　　　齐　齿
　　　:魂　　　　　　　:麻
附开口　　　　　附合口

```
                un                      iɑ
                ən                      uɑ
齐齿              齐齿
卷舌:删         附撮口:遮
        iɑn                     ie
                                ye

混呼:肱    阳
        uəŋ    iɑŋ
        iuəŋ
```

陈氏有四十一个韵母,与《直图》相比,麻韵无[ɑ],萧韵无[iɛu]与[iɑu]对立,覃韵无[iam]。

沈宠绥对陈献可的《经纬图》在大力肯定的同时,也有批评:

但按此图繇来,原不过仍唐韵以叶梵者,未尝为填词度曲作地,细举图中之字与图位之音,律以《洪武》《中州》声韵,率多牵强未谐。即如庞、傍、东、冬,本属同音,今则开、齐、合、撮,各标一韵(盈按:陈氏傍字归唐韵,属开口,庞字归阳韵,属混呼,实为齐齿;东合冬撮),江阳通韵口法开张,今则光合、唐开、与阳混,派钤三等(盈按:所谓"三等"即合、开、混三呼)。况疑娘禅床四母,字音先与图音不肖,故下边三十六子(原注:"三十六母,创自司马温公,添于梁山首座,故四母字音,止宗《唐韵》,与今韵不叶。"盈按:司马温公创三十六字母之说,错),如敖、昂、尼、狞、船、垂等字,亦并涉东南土语。其他铿、梗、恒、庚之犹宗沈约讹音,而与两韵书相悖者,又何堪一一枚指哉！然图位之字虽有讹填，而图位之音天然常正，五方无殊响，千古无异音，譬知张公头错带（戴）李公帽，讹在帽不在头也。

（《度曲须知·经纬图说》第 249 页）

沈氏的批评大多是对的。但"铿、梗、恒、庚"四字《广韵》属开口，明代北音也归开口（如《等韵图经》），陈献可归开口并不是"宗沈约讹音"。沈氏一定要依《中原》庚叶京、铿叶轻、恒叶刑、梗叶景，拿《中原》来要求陈氏，这是不恰当的。《经纬图》原本不是为曲韵而作。

陈荩谟的分呼受到潘耒的批评。潘氏说："陈氏《统韵》之图，但取纵横三十六（盈按：即纵列三十六韵，横列三十六字母），以根之开口附于昆之合口（盈按：即魂韵合口附开口），家之齐齿附于瓜之合口（盈按：即麻韵齐齿附合口），又别立混之一呼，以姜阳之齐齿，肱肩之合口，撮口当之（盈按：即混呼之肱与阳韵），谬误滋甚。"（《类音》卷一）又说："后之明音韵者，多苦等韵之烦碎，而别为图谱，如《字汇》之末，有《横》《直》二图，陈氏《皇极统韵》有《经纬图》，皆不用门法，直捷明了，贤于等韵数倍。所遗憾者，不知每类之各有四呼，不可增减，而仅就有字之呼叙次之。《直图》则各类各呼，隔别不贯。《横图》贯矣，而每类或二呼，或三呼，则减于四。又附金于昆君根巾之下，附兼于官捐干坚之下，又以肱肩姜为混呼，而别立卷舌之名，则增于四。《经纬图》大概与之雷同，不去知彻澄娘，而并昆根为一格，家瓜为一格，迦靴为一格（盈按：即齐齿附撮口），肱绹为一格，以凑纵横三十六之数，牵合补苴，亦多可议。"（《类音》卷二）潘氏对《直图》、《横图》、《经纬图》分呼的批评相当正确，但各类四呼"不可增减"一语欠妥，桑绍良的"四科""不可一律论"是正确的。另外,《横图》"附金于昆君根巾之下,附兼于官捐干坚之下",也无可非议。"金"(侵寻)、"兼"(廉纤)均收-m尾,附于-n尾,这是语音变化的结果。

方以智(1611—1671),字密之,安徽桐城人,崇祯十三年进士。明亡后,于清顺治七年(1650)在梧州云盖寺出家为僧。于康熙三年(1664)驻锡江西庐陵(吉安)青原山净居寺。(可参阅方氏编定的《青原志略》)据余英时《方以智晚节考》言:"暮年卒招大祸,几至灭门。"(5页)康熙十年(1671)被捕,押赴岭南,途经江西万安县惶恐滩,殉难死节(参阅《方以智晚节考》增订版,三联书店,2004年)。方以智是明末的风云人物,17世纪著名的哲学家,又是一位很有影响的等韵学家和词汇学家。他的《切韵声原》作于明崇祯十四年(1641)⑥。但《浮山文集后编》收有《等切声原·序》,则此书又名《等切声原》,该序文末尾云:"始于甲戌,成于壬辰。"则此书始作于崇祯七年(1634),完稿于顺治九年(1652)。

有声母二十,按发音方法分为初发、送气、忍收三类:

帮(发)　滂(送)　明(收)
见(发)　溪(送)　疑(收深发)　晓(浅发送)
　　　　夫(送)　微(收)
端(发)　透(送)　泥(收)
精(发)　清(送)　心(收)
知(发)　穿(送)　审(收)
　　　　　　　　来(收余)　日(收余)

方以智将声母分为发送收,他说是受到《西儒耳目资》的启发,

"愚初因邵入，又于'波梵摩'得发送收三声，后见金尼（阁）有甚次中三等，故定发送收为横三，吽噇上去入为直五，天然妙叶也"⑦。实际上金尼阁所说的"甚次中"是韵母问题，与声母无关。方氏大概并未弄懂"甚次中"是什么意思。

所谓"吽噇上去入"是五个声调。以"吽"代表阴平，"噇"代表阳平，"不以混开合之阴阳，清浊之阴阳也"。

《切韵声原》分十六摄，每摄一图，每图上端横列二十母，二十母又分"宫倡"、"商和"两类。"凡音在唇腭中谓之宫，音穿齿外皆谓之商。"⑧（帮滂明见溪疑晓夫微为宫倡，端透泥来精清心知穿审日为商和）声母之下按四呼（翕辟穿撮）、五声列字。

翁雍	uŋ	iuŋ		
乌于	u	y		
噫支	uei	i	ï	ər
隈挨	uai	ai	iai	
昷恩	un	ən	in	yn
欢安	uon	(ɑn)		
弯闲	uan	an	ian	
渊烟	iɛn	yan		
呵阿	uo	(io)	o(今苏州、江阴、吴兴"靴"读-io)	
呀挪	ua	ia	ie	ye
央汪	uaŋ	iaŋ	ɑŋ	
亨青	əŋ	iŋ	uəŋ	iuəŋ
爊夭	au	iau		
讴幽	ou	iou		

音唵　əm　im　am

淹咸　iɛm　iɑm　(ɑm)

方以智的韵母系统与《经纬图》的系统基本相同。他的"翁雍"相当于《经纬图》的"东""冬"。"乌于"相当于"模""鱼"。"噫支"相当于"灰""齐""支",不同之处是方以智"儿为独字,姑以人谁切附此",[rə]韵已经产生,《经纬图》无儿韵。"隈挨"相当于"乖""皆""咍"。"昷恩"相当于"魂""真""文"。"欢安"相当于"桓""寒","弯闲"相当于"还""删",不同之处是《经纬图》以"寒还删"同一主元音,桓韵相当于《中原》的"桓欢",方以智既以"安"配"欢","弯闲"中又重出"安"韵字,并在"欢安"韵中注明:"干读叶班,则入删韵;丹餐叶删韵",删韵在弯闲韵中,可见"欢安"中的[ɑn]实无存在的必要,这种纠葛说明欢安与弯闲的区别已经很勉强,可能带有存古的主观色彩。"呵阿"相当于"戈""歌",不同之处是方以智的晓母下有一个"靴"字。这个字《中原》、《中州》、《经纬图》都归车遮部。前二书读[iuɛ],《经纬图》读[ye],方以智的"呀揶"韵又以"靴"为"穴"之阴平,所以呵阿韵的[io]实际上可以取消。"呀揶"相当于"麻""遮",也就是家麻、车遮二部,方以智合为一摄。"央汪"相当于"光""阳""唐"。"亨青"相当于"庚""青""胘"。"爊夭"相当于"萧""豪"。"讴幽"相当于"侯""尤"。"音唵"相当于"侵""覃"。"淹咸"相当于"盐"。不同之处有二:《经纬图》的覃韵只有一个韵母,而这些韵字在《切韵声原》里有[am][iam]两个韵母,而且[iam]归淹咸韵;另外,[am]既见于音唵,又见于淹咸。

《切韵声原》还收录了所谓《徽州传朱子谱》。方以智说:"扚谦门人柴广进云：'朱子定本，此黎美周所藏者。'后见∴庵许邃所抄，即此《谱》也。"⑨

扨谦即赵古则，元末明初浙江人。这个《谱》分十二韵摄：

1. 绷　　东冬
2. 逋　　模鱼
3. 陂　　齐微　　知迟　　支痴　　赀差
　　　　　　　　（舌上）　（正齿）
4. 牌　　灰皆
5. 宾崩　青真　　盆文　　庚侵
6. 波　　（独韵）
7. 巴　　（独韵）
8. 邦　　阳方忘　　光匡
9. 包　　豪宵
10. 豪　　侯尤
11. 鞭　　仙元　　廉纤
12. 班　　寒山（寒叶桓）　监咸

此谱可能是托朱熹大名以重其说。罗常培认为是"后人由新安而联想到朱熹，于是牵强附会的认为这是'徽州所传朱子谱'"（《罗常培语言学论文集》，商务印书馆，2004 年，第 283 页）。不过，这个《谱》对研究明代徽州方言应该有意义。如"宾崩"（真登）不分，-m 尾消失，寒山与桓欢合流，都是实际语音的反映。

在本节的结尾，我们介绍一下明末西洋传教士对汉语语音的研究，主要是介绍金尼阁的《西儒耳目资》。

1.《西儒耳目资》成书过程

这是一本用罗马字注音供西洋人学习汉语、汉字用的音韵学著作。作者为法国天主教耶稣会传教士金尼阁（Nicolas Trigault，1577—1628）。

金尼阁，字四表，出生于比利时的杜埃。法国荣振华著《在华耶稣会士列传及书目补编》称他为弗拉芒（在比利时西北部）人（耿昇译本，中华书局，1995年，第680页）。明万历三十八年（1610）来华，曾在澳门、肇庆、南京、北京等地从事教务活动。1624年（天启四年）应山西绛州韩云之请，往山西传教。半年后，去陕西传教，途经新安县（今属洛阳市），结识音韵学家吕维祺，讨论音韵。不久，来到陕西三原，结识王徵（1571—1645，字良甫，号葵心，又号了一道人。天启进士，天主教徒，闻李自成攻陷北京，绝食而死。明张岱《石匮书后集》卷二十三、方豪《中国天主教史人物传》均有王徵传记），《耳目资》最后定稿，此时为天启五年。王徵请求张问达父子（陕西泾阳人，问达为万历进士，天启初任吏部尚书）出资刊刻，后来杭州也有刻本问世。王徵《西儒耳目资释疑》说："是书也，创之者四表金先生，赞成之者豫石（吕维祺的号）吕铨部、景伯（韩云的字）韩孝廉、子建卫文学，而冢宰诚宇张先生（即问达）与其季子敬一（名缄芳）则所为捐赀刻传之者，余小子徵特周旋终其役耳。至于一字一音，一点一画，细加校雠，而毫不致有差遗者，则金先生之门人鼎卿陈子之功为最。书作于乙丑年（天启五年，1625年）夏月，于丙寅年（1626）春月告竣。"三年后，也就是1628年（崇祯元年）11月14日，金尼阁卒于杭州。

金尼阁编著《耳目资》，不仅得到中国学者的直接帮助，也吸取了利玛窦等人的研究成果。《耳目资》集中地体现了明末西洋传教士研究汉语音韵的光辉成就,是中西两种文化相结合的典型。

2.《耳目资》的内容

我们现在所见到的《耳目资》分上、中、下三册。上册名叫"译引首谱","译者资耳,引者资目……'首谱'有二:图局,问答"。所谓"图局",包括"万国音韵活图"、"中原音韵活图"、"音韵经纬总局"、"音韵经纬全局"等。"总局"是汉语声韵拼音表,"全局"是汉语声韵调配合表。所谓"问答"是用"中士"问、作者答的形式讲解拼音知识,是有关理论问题和技术问题的说明,作者对用西洋字给汉语注音中的种种问题都有非常详细的解说。今天读来,仍会感觉到金尼阁的一般语音知识和汉语音韵方面的修养都是相当杰出的。

中册名叫"列音韵谱"。"音韵谱"是按摄排列的同音字表,将本书所收汉字全依音序排列,从拼音查汉字,"是为耳资"。

下册名叫"列边正谱"。何谓"边正"?作者在《列边正谱问答》中说:"字体多双,则有边有正。边者在字之傍者是,边字之外,或在左右、上下、四方者俱曰正。"(《西儒耳目资》上册,244页,文字改革出版社1957年影印)"边"就是偏旁,也是部首,一个字除去偏旁的部分就是"正"。如"炮"字,火是边,包是正。此谱将汉字按笔画、部首排列,便于从汉字查拼音,"是为目资"。

金尼阁的罗马注音字母有声母二十,叫作"同鸣字父"。分"轻""重"两类。送气的为重,不送气的为轻。他选用了二十个汉字作为"字父"代表字,并用罗马字注音(这里改用国际音标)。

百　　魄　　麦　　弗　　物
p　　p'　　m　　f　　v

德	忒	搦	勒
t	t'	n	l
则	测	色	
ts	ts'	s	
者	扯	石	日
tʃ	tʃ'	ʃ	ʒ
格	克	黑	额
k	k'	x	ŋ

额的标音金氏原作 g，各家多以[ŋ]代之，这是对的。通观金氏的论述和归字，g 是舌根音，有人当作零声母来处理，不恰当。

元音有五个，叫作"自鸣字母"。

丫	额	衣	阿	午
a	e	i	o	u

金氏以"自鸣"、"同鸣"作为元音与辅音的区别是有道理的。"开口之际，自能琅琅成声，而不藉他音之助，曰自鸣；喉舌之间若有他物厄之，不能尽吐，如口吃者期期之状，曰同鸣。夫同鸣者既不能尽，以自鸣之音配之，或于其先，或于其后，方能成同声焉。"(《译引首谱·问答》，上册，第 120 页)

《耳目资》有五个声调。"平声有二，曰清曰浊；仄声有三，曰上、曰去、曰入。五者有上下之别，清平无低无昂，在四声之中，其上其下每有二，最高曰去，次高曰入，最低曰浊，次低曰上。"(上册，148 页)清平、浊平，就是阴平、阳平。他说："余曾见有一书，分称阴阳者，则与清浊之义相合也。"(《译引首谱·问答》，第149页)他的五声有两种排列法。一是以清平居中，则为：去、入、清、上、浊。一是以清平开头，则是"曰清、曰去、曰上、曰入、曰浊，不高不低在其中，两高与两低相形，如泰山与丘垤之悬绝，凡有耳者，谁不哲之乎！"(《问答》第151页)他认为："中国五音之序，曰清浊上去入，但极高与次高相对(即去与入相邻)，极低与次低相对(即上与浊相邻)，辨在针芒，耳鼓易惛。"(151页)所以他不赞同这种顺序。五声有五种调号：

清　　去　　上　　入　　浊
ā　　á　　à　　ǎ　　â

韵母分四类五十摄。第一类叫"一字元母"，即单元音韵母；第二类叫"二字子母"，即二合音；第三类叫"三字孙母"，即三合音；第四类叫"四字曾孙母"，即四合音。各摄韵母都用直音或反切作为代表。"字同摄者俱同韵，韵同者父异母同，字同切者俱同音，音同者父母俱同。"下面是"列音韵谱"中五十摄的目录(并列举例字)：

第一摄丫(土音)　　a　　巴麻马骂八
第二摄额(土音)　　e　　车蛇者射泽/质
　　　　　　　　　　　　(斜线前一字为甚入
　　　　　　　　　　　　例，后一字为次入例)
第三摄衣　　　　　i　　伊齐彼易〇
第四摄阿　　　　　o　　歌婆果佐昨/竹

第五摄午	u	租赀诸锄词除楚此主助恣恕卒帅入(例字中有甚、次、中)
第六摄爱(土音)	ai	哈来宰在〇
第七摄澳(土音)	ao	高豪早造〇
第八摄盦(土音)	am	昌唐党抗〇(m 等于-ŋ,下同)
第九摄安(土音)	an	甘寒产暗〇
第十摄欧(土音)	eu	周侯苟宙〇
第十一摄硬(土音)	em	庚朋猛赠〇
第十二摄恩(土音)	en	臻文展战〇
第十三摄鸦	ia	家牙雅亚甲
第十四摄叶	ie	爹爷野夜列/一
第十五摄药	io	〇〇〇〇爵/育
第十六摄鱼	iu	居鱼语御聿
第十七摄应	im	英盈影映〇
第十八摄音	in	真辰品浸〇
第十九摄阿化切	oa	花华耍化刷
第二十摄阿惑切	oe	〇〇〇〇或
第廿一摄瓦	ua	蛙〇瓦卦刖
第廿二摄五石切	ue	〇〇〇〇国
第廿三摄尾	ui	虽微尾未〇
第廿四摄屋	uo	戈禾火货郭/沃
第廿五摄而	ul	〇而尔二〇
第廿六摄翁	um	东同董冻〇
第廿七摄无切	un	谆纯蠢闰〇

第廿八摄无切	eao	○聊了料○
第廿九摄无切	eam	○良两谅○
第三十摄隘	iai	街厓矮界○
第三十一摄尧	iao	交乔巧叫○
第三十二摄阳	iam	江阳讲降○
第三十三摄有	ieu	幽尤有右○
第三十四摄烟	ien	先前衍谚○
第三十五摄月	iue	靴瘸○○月
第三十六摄用	ium	扃穷拥用○
第三十七摄云	iun	君群陨韵○
第三十八摄阿盖切	oai	哀怀夥坏○
第三十九摄无切	oei	悲为美背○
第四十摄阿刚切	oam	庄黄晃创○
第四十一摄阿干切	oan	槾还缓患○
第四十二摄阿根切	oen	昏魂混恩○
第四十三摄歪	uai	乖○㧟快○
第四十四摄威	uei	归葵轨畏○
第四十五摄王	uam	光狂广旺○
第四十六摄弯	uan	关顽碗惯○
第四十七摄五庚切	uem	肱○矿○○
第四十八摄温	uen	昆门粉粪○
第四十九摄碗	uon	欢桓短换○
第五十摄远	iuen	冤元远院○

(以上摄名见中册《列音韵谱·韵母目录》)

《耳目资》并不只五十个韵母,某些摄有"甚"、"次"或"甚"、"次"、"中"之别。

① 第二摄入声分甚、次。

入声甚有下列反切:自黑、此黑、主黑、处黑、古黑、苦黑、布黑、普黑、都黑、土黑、儒黑、梧黑、路黑、母黑、怒黑、数黑、书黑、湖则等切。

入声次有主十、处十、儒十、书尺等切(质尺日实等)。

② 第四摄入声分甚、次。

入声甚有则恶、测恶、者恶、扯恶、格恶、克恶、百恶、魄恶、德恶、忒恶、日恶、弗恶、额恶、勒恶、麦恶、搦恶、色恶、石恶、黑恶等切。

入声次有则熟、测熟、者熟、扯熟、格熟、克熟、百熟、魄熟、德熟、忒熟、日熟、物熟、弗熟、勒熟、麦熟、搦热、色熟、石速、黑熟等反切。

③ 第五摄清平、浊平、上、去、入都有甚次中之别。以清平和入声为例:

清平甚有则乌、测乌、扯乌、格乌、克乌、百乌、魄乌、德乌、忒乌、弗乌、色乌、黑乌等切。

清平次有则私、测私、色姿等切(赀、雌、私等字)。

清平中有者书、扯书、石诸等切(诸、樗、书等字)。

入声甚有则悛、测卒等切(崒、焌(qū)等字)。

入声次有色帅切(率、帅等字)。

入声中有者述、扯述、日述、色述、石人等切(术、黜、人、怵、述等字)。

④ 第十四摄入声分甚、次。

入声甚有衣黑、则叶、测叶、格叶、克叶、百叶、魄叶、德叶等切。
入声次有衣十、则一、测一、格一、克一、百一、魄一、德一等切。

⑤第十五摄入声分甚、次。

入声甚有衣恶、则药、测药、格药、克药、勒药等切。

入声次有衣熟、格欲、克欲、黑欲等切。

⑥第廿四摄入声分甚、次。

入声甚有午恶、格斡、克斡、额斡、黑斡等切。

入声次有午熟、格屋、黑屋等切。

区别甚次中有两种符号。"凡元母首上有一小点则次,其下有点则中,无点则甚。"(上册,第156—157页)

类\摄调	二摄	四摄	十四摄	十五摄	廿四摄	五 摄
	入	入	入	入	入	清浊上去入
甚	ĕ 热舌	ŏ 弱落	iĕ 灭叶	iŏ 药脚	uŏ 郭斡	ū ū ù ú ŭ 租锄阻助窣
次	ě 日实	ǒ 肉禄	iě 蜜一	iǒ 欲菊	uǒ 国屋	ū ū ù ú ŭ 赀词此刺率
中						ū ū ù ú ŭ 书殊暑处入

五十摄"加'次'在入声者另有五"(《译引首谱·音韵经纬全局说》),再加"次""中"在第五摄者另有二(不计声调的区别),共计五十七摄。

所谓甚次中究竟是一种什么性质的区别呢?

王徵在《释疑》中说:"平仄清浊甚次中,在字母而不在父。"(上册,第40页)甚次中与辅音无关,是韵母问题。

《音韵经纬全局说》指出:"母音分平仄,平仄分清浊,平仄又分甚次中。"(上册,第106页)这是说无论平声韵还是仄声韵都可分为甚次中三类。事实上五声都有三类之别的,只出现在第五摄午u中,其余二、四、十四、十五、二十四等摄只入声有甚次之别。

《译引首谱·问答》:"问曰:甚次何如?答曰:中华具其理,未具其名。甚者,自鸣字之完声也;次者,自鸣字之半声也;减甚之完则成次之半。如'药'甚'欲'次,同本一音,而有甚次之殊;又如'叶'甚'一'次,同本一音,而亦有甚次之殊。"(上册,第153页)同一个元音,"完声"为甚,"半声"为次,这是一种区别。

又:"问曰:甚次之别綦难矣,辨之有巧乎?答曰:减元母全声之半,何有于甚次!且以出人口,开唇而出者为甚,略闭唇而出者为次,是甚次者开闭之别名也。"(上册,第157页)

根据金氏所说的"完声"、"半声"和"开闭"两种音理,我认为入声甚次中之别是表示《西儒耳目资》中的入声可以分为三类:一类有[-ʔ]尾,声调短促,具有"半声"、"略闭唇"的特点,这就是"次"入,如[-eʔ]日实,[-ioʔ]欲菊,[-uoʔ]国(又读 kuě)屋;另一类已经失去[-ʔ]尾,自成调类,其元音与平上去已无不同,这就是"甚"入,正因为其元音与平上去同,所以是"完声";至于"中"入,只见于第五摄,共计五个反切,二十一个字,这类字大概喉塞音尾已经弱化,但元音略短,还未接近"完声",所以自成一类。就全书入声而言,绝大部分属于甚类,次类不多,中类特少。

至于非入声之甚次中,为数极少,它们的区别也是元音问题。《译引首谱·问答》有一条讨论这个问题。

> 问曰:"有甚有次矣,但'全局'又有中何?"
>
> 答曰:"中者,甚于次、次于甚之谓也。假如'数',甚也;'事',次也;其中有音不甚不次,如'胥'、'诸'、'书'是也。盖

'数'sú,午u在末者,粗也;'事'sú,午u在末者,细也;'书'xū[ʃū],午u在末者,比于甚略细,比于次略粗,故日中耳。"

(上册,第153—154页)

这里提出了"粗"、"细"、"略细"三种元音,陆志韦用u、ï、ʉ三个音来表示。[⑩]次类只有则、测、色(ts、ts'、s)三母[ɿ]韵字。

罗常培先生认为,甚次中的区别"只是金氏对于不能用罗马字母标注的中国语音想出来的补救办法"[⑪]。此话非常有理。[-ʔ]、[ï][ʉ](或ʮ)这些音罗马字母无法标注,故用"甚次中"以济其穷。

《西儒耳目资》第二十五摄而,用u加l表示[ɚ]音。"而ûl字母,五声俱无子,故同母者俱无,故而ûl字能借午u首字以代其父,不能觅同鸣之勒l以代其母耳。"(上册,第177页)金氏"所记录的儿化音节确实忠实地反映了那个时代群众口语中的儿化韵。这就是我们今天所能见到的汉语音韵学史籍中最早的儿化音记录"(李思敬《汉语"儿"[ɚ]音史研究》第55页)。

3.《耳目资》的音系基础

1930年,罗常培在《耶稣会士在音韵学上的贡献》中认为,《耳目资》的音系是明末官话北平音,陆志韦的《金尼阁〈西儒耳目资〉所记的音》认为:"这书所代表的语音可是他在二年以前在山西记下来的……广义地说,这山西方言是一种近古的官话。"1990年8月,在北京大学举行的王力先生九十诞辰语言学研讨会上,张卫东提交了一篇《论〈西儒耳目资〉的记音性质》,对山西方音说、明末官话北平音说都进行了否定。他认为:"《耳目资》所记当是明代官话,而明代官话的标准音是南京音,不是北平音。"[12]张卫东的主张是可信的,只是把明代官话标准音定为南京音,"不是北平音",这个观点不尽恰当。这本是两个不同的问题,应当分开来谈。我们知道:"官话"、"正音",有的书也叫"中原音",这都是一些外延非常宽泛的概念,我在本书已经指出:"正音……不见得就是单一音系。"就是在今天,官话还可以分为北方官话、西北官话、上江官话(西南官话)、下江官话(江淮方言),明末的官话大致上也应如此,只是各官话区之间,同一官话内部之间,分歧会更多些。把一种方言定为全国的标准"官话",这是辛亥革命前后才有的事情。至于明朝末年,或更早更晚的各个王朝,都没有明确法定某一种方言作为官话"标准"。至于朝廷命官、文人学士的口语,以今例古,无疑是"五花八门",法定标准无有,自然形成的传统标准是有的,地区差异是有的。所以明朝末年的北平音是官话,南京音也是官话,二者的主要共同点是全浊声母已经消失,平声均分阴阳,-m尾也已经消失。在入声问题上,南北二京各不相同,北平无入声,南京有入声。也就是根据这些相同点和不同点,以及《耳目资》的成书过程,利玛窦、金尼阁等人在华的生活经历,我赞同张的南京音说。足以证成南京音说的理由、材料,张卫东已列举不少,我在这里略作补充、引申。

金尼阁天启六年丙寅(1626)写的《自序》说:"五阅月始成此书,书分二谱首。"这里说的"二谱"很容易误解为"列音韵谱"、"列边正谱"。可是《译引首谱》的"小序"说:"译者资耳,引者资目,俱先传行,用救不聪不明之癖。旅人聋瞽,故作此首。首谱有二:图局,问答。"(上册第53页)很显然,金尼阁用五个月时间写成的"二谱首",就是因"景伯韩君之固请"而写成的、包括"图局"、"问答"在内的"二谱首"。至于"资耳"的"列音韵谱","资目"的"列边正谱","俱先传行"。他在韩云家所"一开旅人字学音韵之编,则能察音察字,随手可得"(《问答小序》上册第110页)就是后来定名为"音韵谱"和"边正谱"的手稿。前者用来"察音"(即查音),后者用来"察字"(即查字)。如果认为全书三册,都是这五个月之内写成的,这是任何人都难以办到的。而金尼阁赴山西之前,长住南方,中册、下册的写作显然是在南方就早已完成了的。韩云、吕维祺、王徵等人的参订,对此书的音系会有一定影响(如照顾传统韵书、存古等),但不可能以山西音或别的方音从根本上改变其音系。

拿《耳目资》的韵母系统与同时代的《等韵图经》相比,正好看出万历年间南京官话与北京官话有别,《耳目资》也不可能代表北平音。

先说阳声韵。《等韵图经》有十五个韵母,《耳目资》有二十二个韵母:

aŋ	uaŋ	oaŋ	iaŋ	eaŋ	əŋ	ueŋ	iŋ	uŋ	yŋ
唐	光	黄	阳	良	庚	肱	英	东	肩
an	uan	oan	uon	iɛn	yɛn	ən	uən	oən	in	un	yn
寒	关	还	欢	先	元	文	昆	魂	真	谆	群

陆志韦将光黄合并、阳良合并、关还合并、昆魂合并,也还有十八个阳声韵。比《等韵图经》多出肱、欢、谆三韵。陆先生合并的原则是 e 介母韵并于 i 介母韵,o 介母韵并于 u 介母韵,将介音简化合并,我以为这是以北音官话来衡量南京官话,从而抹杀了明末南京官话的特点。如:

良韵只有为数不多的来母字,阳韵正好缺来母,似乎可以构成互补,合而为一。但 16 世纪末 17 世纪前期,良、阳是否存在差别呢?现在难以确证。不过,现在的福州话良阳韵母不同:

良 ₅luoŋ　　阳 ₅yoŋ

我无意拿闽方言来证明末的下江官话,只是想说明这种区别的可能性是存在的。

至于光黄,二者并不存在互补关系,都有 tʃ,tʃ',ʃ 三母,但一字两收的情况不少,如"庄妆装、怱摐疮、双霜泷"等。这种相混的情况,只能证明这些字有两读,oaŋ 正在向 uaŋ 靠拢、过渡。

阳声韵还有一个重要特点是保存欢韵。我们知道,明末北京官话桓欢已与寒山合流,而反映南音的《韵法直图》、《皇极图韵》(陈献可)都保存桓欢韵,方以智的《切韵声原》也保存[uon]韵,这也是南京音说的有力证据。

再说阴声韵。据陆志韦构拟的《等韵图经》有二十五个韵母,构拟的《耳目资》有二十三个韵母。我认为《耳目资》有三十个韵母:

a　ai　ao

e　eu　eao

i　ï　ia　ie　io　iai　iao　ieu

o　oa　oe　oai　oei

u　ua　ue　ui　uo　uai　uei

y　ye　ʉ　ɚ(ʉ 采取陆志韦的构拟,罗常培认为是 ɥ 或 ʑ)

按五十韵母计,除去阳声二十二韵,本来只有二十八个阴声韵,因为第五摄又分甚次中三类,所以要加上[i]、[ʉ]两个韵母,才得出阴声韵母三十的结论。陆志韦根据上文谈到的介音合并原则,将 oa 并入 ua,oai 并入 uai,oei 并入 uei,eao 并入 iao,减少了四个韵母。这样,两种韵图的阴声韵母从数量上看就很接近了。但是,这种合并也没有根据。如 eao 韵只有来母字,iao 韵来母无字,而 eao 所收字多为四等萧韵系从尞得声的字,金尼阁将这类字专门立一个韵母,应当是有实际语音作为根据的。

《耳目资》并非一般韵书,完全是从查寻字音的目的出发而分韵的。他说:"诗家同韵于未相通者,并用之,故中原音韵诸卷多有,助作诗者之便用耳。"有人问曰:"先生不用为何?"他说:"愚意不在诗文,总从寻字之便而已。"(《译引首谱·三韵兑考问答》,上册,第 235 页)根据这个实用原则,我们相信他分出的这些韵母反映了明末的下江官话,如果我们加以合并,就会抹杀这个韵母系统所固有的特色(罗常培先生认为这些韵母的分立是"韵随声变的现象")。

再说入声韵。保存入声,这是《耳目资》非北平音系的重要证据。《耳目资》既有入声调,又有入声韵。入声调的韵母只是调值不同于其他阴声韵母,io、oe、ue 三个摄的字全来自中古入声调,但已阴声化了。《耳目资》只有七个带[-ʔ]尾的入声韵。这些入声韵的分布,上文讲甚次中时已有介绍,这里用国际音标拟测其音值。

eʔ oʔ ieʔ ioʔ uoʔ ʉʔ iʔ

将阴声韵、入声韵、阳声韵加起来,共计五十九个韵母。张卫东说:

"这样一个庞大的韵母系统,今官话区里,只有江淮官话才跟它较为接近。韵母超过 40 的方言,集中在江淮地区:合肥 41 个,扬州 47 个,南京 53 个。"⑬这个意见值得重视。

《耳目资》的声母系统也与同时代的《等韵图经》不同。如果算上零声母,《耳目资》实际上比《等韵图经》多出[v][ŋ]两个声母。

微母字已经分化,"微未味"等变为零声母,金尼阁归"自鸣字母","武舞侮务雾物"等则读[v](陆志韦拟为[w])。

[ŋ]母以"额"字代表,包括疑母字,如"俄鹅讹我"等;也包括喻母字,如"为伟"等;也包括影母字,如"恩哀爱"等。金尼阁在第二、六、七、八、九、十、十一、十二等摄中,用"额、爱、澳、益、安、欧、硬、恩"等字作母音代表字,全都注明是"土音"。说明"土音"中这些字已归零声母,所以借用来作母音,而"正音"中这些字都有"字父",读[ŋ],这是疑、喻、影合流之后新产生的辅音。在《三韵兑考问答》中对"额"作字父、字母的问题专门有一道问答题。

问曰:"额字同鸣之第九也(指在声母中居第九位,如果连送气音一起计算,则是第十四位),今自鸣之二(指第二摄),一字何亦如是?"

答曰:"额中字,字子也,实不能为同鸣之父,亦不能为自鸣之母,彼此俱借之耳。盖额中字,用西号有二:首号额 g,同鸣之九,末号自鸣之二,曰额 e……盖多省'额'字风气曰 e 字,则减同鸣之首,故所剩于末者,足以代自鸣之二矣。"(上册,第 225—226 页)

总之,明末北京音,[ŋ]母已经消失,而下江官话还保存。

4. 利玛窦等人的拼音方案

金尼阁之前,利玛窦等人已经用罗马字母拼写汉字。金尼阁说自己是"述而不作,敝会利西泰、郭仰凤、庞顺阳实始之,愚窃比于我老朋而已"(《自序》上册,第 50 页)。

西泰(Sithai)是利玛窦(Mathew Ricci,1552—1610)的字,意大利人,在葡萄牙殖民势力的支持下,万历十年(1582)来华传教。"初来即寓香山嶴(澳门),学华言读华书者凡 20 年。比至京,已斑白矣。入都时在今上(万历)庚子年(1600)。"(《万历野获编》卷三十,第 783 页)

仰凤是郭居静(Cattaneo,Lazzaro,1560—1640)的字,也是意大利传教士,万历二十一年(1593)来华。卒于杭州。

顺阳即庞迪我(Pantoja Diego,1571—1618),西班牙人。1597 年到达澳门,曾在南京、北京等地活动,卒于澳门。

利玛窦等人的拼音资料主要有两种:

一种是:利玛窦与罗明坚(Ruggieri,Michele,1543—1607)在万历十二年至十六年(1584—1588)之间,与华人钟鸣仁合作,撰写了一部《葡华字典》,《字典》手写原稿现存罗马耶稣会档案中,有 189 页。卷首《平常问答词义》,是用拉丁字拼写的汉语会话书,为罗明坚著。《字典》正文每页分三栏:第一栏为葡语,第二栏为拉丁字母拼写的汉语,第三栏为汉字。开头四页有第四栏,为意语。这是第一部用西方语言和汉语对照的双语词典,也是第一部用拉丁字母拼写汉语的系统著作,是研究明末官话的宝贵材料。(以上材料转引自张永言《读〈西字奇迹〉考》,见《语文导报》1986(12))罗明坚为意大利神父,1579 年到达澳门,曾在广州、肇庆、桂林等地传教,1588年11月被召回罗马,1607年卒于那不勒斯。(参阅法国荣振华著、耿昇译《在华耶稣会士列传及书目补编》第583、584页)

另一种是:利玛窦曾为四篇文章用罗马字注音,即在直排的每行汉字旁边,注上罗马字母的拼音。这四篇注音文章写于万历三十三年(1606年1月),共用了387个不同音的汉字,罗常培曾根据各字的注音,归纳出传教士的拼音方案。这四篇文章就是人们熟知的《西字奇迹》,保存在明末徽州人程君房(名大约,字幼博)编的《程氏墨苑》中,1957年文字改革出版社以《明末罗马字注音文章》为题印出。(可参阅尹斌庸《〈西字奇迹〉考》,《中国语文天地》1986年2期;罗常培《耶稣会士在音韵学上的贡献》,载《历史语言研究所集刊》第一本第三分,1930年)

何高济等译的《利玛窦中国札记》谈到郭居静对汉语的研究,现摘录于此。"在观察中他们注意到整个中国语言都是由单音节组成,中国人用声韵和音调来变化字义……他们采用五种记号来区别所用的声韵,使学者可以决定特别的声韵而赋予它各种意义,因为他们共有五声。郭居静神父对这个工作做了很大贡献。他是一个优秀的音乐家,善于分辨各种细微的声韵变化,能很快辨明声调的不同。善于聆听音乐对学习语言是个很大的帮助。这种以音韵书写的方法,是由我们两个最早的耶稣会传教士所创作的,现在仍被步他们后尘的人们所使用。"[14]

金尼阁在《西儒耳目资》里也赞扬了郭居静的辨音审音能力。"平仄、清浊、甚次,敝友利西泰首至贵国,每以为苦。惟郭仰凤精于乐法,颇能觉之,因而发我之蒙耳。"(上册,144—145页)这些材料充分证明,《西儒耳目资》包含利玛窦、郭居静的研究成果在内。而且金尼阁在《自序》中称利、郭为"老朋",这里又称之为"敝友",

肯定郭仰凤"发我之蒙",说明金尼阁去山西、陕西之前,对汉语拼音问题早已有研究。

《西儒耳目资》是一部具有划时代意义的著作,它首次运用"西字"标注汉语音节,并进行音素分析。所有汉字,一个音节之内"有单,有双,有三,有四,有五,不能再多"(王徵《西儒耳目资释疑》)。就是说,一个音节,可以只有一个音素,也可有两个、三个、四个音素,最多不超五个音素,如 kiuen。韵母部分分解为:"首元母,二子母,三孙母,四曾孙母。"(王徵语)最多不超过四个音素。明朝末年,旧的"等韵切法,有无数之乱,至若门法,是犹启钥而反扃镝之也"(上册第 161 页,《问答》)。金尼阁的音素分析法,对旧等韵无疑是有力的冲击:"此一文典式之工作,颇引起中国人之惊奇。""极为学者所称道。"[15]方以智、杨选杞还由此提出了汉字应当实行拼音化的主张。不过,金尼阁本人并不赞同汉字西化。《问答》讨论过这个问题。

问曰:"果尔,用西之切法,不大过于敝国之法乎?"

答曰:"否!中华之字,同音极多,如衣、医、依,一音也,而有多字,西字止有衣 i 之一字,用之,岂不乱哉!"

(《西儒耳目资·问答》,上册,第 160 页)

一个西方人有这样精辟的见解,是因为他善于比较,对汉语的特点有深刻认识。

注:

① 陈澧:《切韵考外篇》卷二,北京中国书店,1984 年,第 6 页。

② 《等韵源流》,第152页,2011年商务版第168页。盈按:我在《古汉语音韵学述要》第六节中对《字学元元》有较为详细的评述。
③ 梅膺祚说:"壬子春(万历四十年)从新安得是图……图有经有纬,经以切韵,纬以调声,一切一调,彼此合凑……图各三十二音,上下直贯,因为《韵法直图》。"《直图》附于《字汇》。
④ 《度曲须知·续序》,见《中国古典戏曲论著集成》(五),中国戏剧出版社,1959年,第318页。
⑤ 《度曲须知·经纬图说》,见《中国古典戏曲论著集成》(五),第246页。
⑥ 《切韵声原》,见《通雅》卷五十。《方以智全书》第一册(下),上海古籍出版社,1988年,第1471页。
⑦ 《方以智全书》第一册,第1478页。
⑧ 同上书,第1481页。
⑨ 《方以智全书》第一册,1504页注:"∴,《四库全书》作'下',然'下'当做'∴',未知孰是。"盈按:《正字通》收有∴字,云:"旧注:佛书'伊'字,如草书'下'字"。庞朴《一分为三论》141页:"其∴图,盖取象于梵语字母摩多十二音之第三音,读如伊。"方以智《东西均》、《王船山诗文集》172页均有∴字。唐代苑咸答王维诗:"三点成伊犹有想,一观如幻自忘筌。"(《王右丞集笺注》第183页)
⑩ 《陆志韦近代汉语音韵论集》,商务印书馆,1988年,第103页。
⑪ 《耶稣会士在音韵学上的贡献》,见《罗常培语言学论文集》,商务印书馆,2004年,第268页。
⑫ 《纪念王力先生九十诞辰文集》,山东教育出版社,1992年,第225页。
⑬ 《纪念王力先生九十诞辰文集》,第236页。
⑭ 何高济等译《利玛窦中国札记》第四卷第三章,中华书局,1990年第2次印刷,第336页。
⑮ 转引自任道斌编著《方以智年谱》,安徽教育出版社,1983年,第90页。

第二十二节　明代古音学

明代古音学的代表人物是陈第。在陈第之前,杨慎(1488—

1559)也有关于古音学的论著。杨慎，字用修，号升庵，四川新都人，正德六年24岁中状元，嘉靖四年38岁，谪戍云南，废黜终身。他的《转注古音略》和《答李仁夫论转注书》影响较大。

杨慎对《切韵》系韵书与上古音不同是有一定认识的。他说："自沈约之韵一出，作诗者据以为定，若法家之玉条金科，而古学遂失传矣。故凡见于经传子集与今韵殊者，悉谓之'古音转注'也。"①

什么叫作"古音转注"呢？就是程可久说的："四声互用，切响通用。"不过，杨慎特别强调：

> 原古人转注之法，义可互则互，理可通则通，未必皆"互"皆"通"也。如"天"之为字，为"天、忝、舔、铁"，是其四声也；他年切之外有铁因切，是其切响也。其音"忝、舔、铁"三音皆无义，而不可转，"铁因"之切则与方言叶，故止有"切响"可通，而四声不互也。

(《答李仁夫论转注书》)

杨慎所说的"义"与"理"，实际上是指有无证据，如果有语言文字资料为证，就符合"义理"，否则就不能"互"，不能"通"。他这个话是针对宋人"四声皆可转，切响皆可通"的理论而发的。

尽管杨慎强调"古音转注"要以"义理"为据，但他的"转注"论也还是字无定韵，可以随上下文临时改变音读，跟宋人的"叶音"说没有本质上的差异。甚至可以说，他的指导思想仍然是"叶音"说。他认为：

> 《诗》十五国不同言语，而叶音无异也。楚远在江汉数千

里外,而叶音无异于《诗》也。汉人赋颂,《史》《汉》叙传,扬雄《太玄》,焦赣《易林》,其取韵又何异于《易》、《诗》、《楚辞》哉!

(《答李仁夫论转注书》)

杨慎还不懂得上古语音也字有定韵,不存在什么"叶音"问题。所以,他谈古音,还是执今音部分妄以通转古音,离不开平水韵的框架。他的《转注古音略》就是按平水韵编排的。凡今音与古音不同的,他就说是"音之讹尔",是"沈约偏方之音",韵字的归部更是杂乱无章,如"鞠"归一东,"遇"归二冬,"冰"归十三职,从本部"转"到了另外一个完全无关的部,这就是他所谓的"转注"。"转注"论的根本错误还是立足于从今音去看古音,不了解古音有自己的系统性,有自己的严密的韵部系统,不能临时"转"来"转"去。

在当时的情况下,要建立起科学的古音系统,第一件要做的事就是破除"叶音"说,也就是要破除"转注"论。担负起这个批判任务的是万历年间的焦竑(1540—1620)和陈第(1541—1617)。焦竑说:

诗有古韵今韵,古韵久不传,学者于《毛诗》、《离骚》皆以今韵读之,其有不合,则强为之音,曰:此"叶"也。予意不然,如《驺虞》一"虞"也,既音"牙"而叶"葭"与"豝",又音"五红反"而叶"蓬"与"豵";"好仇"一"仇"也,既音"求"而叶"鸠"与"洲",又音"渠之反"而叶"逑"。如此,则"东"亦可音"西","南"亦可音"北","上"亦可音"下","前"亦可音"后",凡字皆无正呼,凡诗皆无正字,岂理也哉!

(《焦氏笔乘》卷三,商务印书馆国学基本丛书本,民国二十六年,第63页)

陈第,字季立,号一斋,福建连江人。曾投笔从戎,为俞大猷、戚继光部将,屡立战功。他是将军,又是诗人(钱谦益《列朝诗集小传》丁集中有《陈将军第》(542页),其诗集曰《寄心集》、《五岳两粤游草》),也是学者,"登坛为名将,卒为名儒以终"。(见《陈将军第》)年五十绝意仕进,从事学术研究。据朱彝尊《静志居诗话》卷十四载:陈第还是藏书家,"一斋储书最富……多平生所未见"。陈第在少年时代就接受了叶音之说不可信的教育。他说:

余少受《诗》家庭,先人木山公尝曰:"叶音之说,吾终不信。以近世律绝之诗叶者且寡,乃举三百篇尽谓之'叶',岂理也哉!然所从来远,未易遽明尔。竖子他日有悟,毋忘吾所欲论著矣。"余于时默识教言,若介于胸臆。故上综往古篇籍,更相触证,久之豁然自信也。

(《屈宋古音义·跋》)

后来他读了焦竑的《笔乘》,对于"古诗无叶音"的主张,深表赞同,认为"此前人未道语也"[②]。万历三十二年(1604)春他来到南京,这年秋末,造访焦竑,"谈及古音,欣然相契"[③]。《毛诗古音考》就是在这里正式定稿的。在写作过程中,焦竑"又为补其未备,正其音切,于是书成"[④]。这时,焦、陈二人都已是六十多岁的老人了。又过了十年,也就是万历四十一年,陈第又写了《屈宋古音义》,这两部著作都有焦竑写的序言,二人的观点完全一致。所以,我们在叙述这段历史时,若只讲陈第,根本置焦竑于不顾,那是不公正的。

陈第在古音研究方面的贡献主要有两条:

一、彻底与"叶音"说决裂,建立明确的历史观点。他有一段名言:

> 盖时有古今,地有南北,字有更革,音有转移,亦势所必至。故以今之音读古之作,不免乖剌而不入,于是悉委之"叶"。夫其果出于"叶"也?作之非一人,采之非一国,何"母"必读"米",非韵"杞"、韵"止",则韵"祉"、韵"喜"矣;"马"必读"姥",非韵"组"、韵"黼",则韵"旅"、韵"土"矣……厥类实繁,难以殚举。其矩律之严,即《唐韵》不啻,此其故何耶?又《左》、《国》、《易·象》、《离骚》、《楚辞》、秦碑、汉赋,以至上古歌谣、箴铭赞诵,往往韵与《诗》合,寔古音之证也。
>
> (《毛诗古音考·自序》)

陈第知道了音有古今之别,古韵"矩律之严,即《唐韵》不啻",这是一个重大发现。他根据押韵的规律,确定了一些字的古读,其具体音值是否妥当,这是另外一个问题。从此以后,人们懂得了古诗自有其韵,自有其读音,不宜执今音以概古,"叶音"说也就彻底地被否定了。

二、确定研究范围,发明新的研究方法。焦竑指出,吴才老、杨用修的失败,就在于他们"未尝合《诗》、《骚》古赋参读之,犹溺于近世叶音之说"[⑤],就是说,他们谈古音,没有以《诗》、《骚》为根据。陈第才明确划定研究范围,选定研究材料,因为他已经有了明确的历史观点。他的研究方法也与吴、杨等人迥异。他的《毛诗古音考》"列本证、旁证二条。本证者，《诗》自相证也，旁证者，采之他书也，二者俱无，则宛转以审其音，参错以谐其韵"⑥。如：

服，音逼。徐蒇曰：服"见于《诗》者凡十有六，皆当为蒲北切，而无与房六叶者"。愚按：不特《诗》，凡《易》、古辞皆此音。

本证：《关雎》得、服、侧。《有狐》侧、服。《葛屦》襋、服。《蜉蝣》翼、服、息。《候人》翼、服。《采薇》翼、服、棘。《六月》饬、服。（下略）

旁证：《易·谦》得、服。《豫》忒、服。《成王冠颂》（见《孔子家语·冠颂》。盈按：《说苑·修文》略有不同。末句不是"服衮职"，而是"顺尔成德"）服、职。《仪礼》服、德。《离骚》服、则、息、服。秦《泰山刻石》饬、服。汉《天马歌》极、德、国、服。（下略）

（《毛诗古音考》卷一）

考证一个"服"字的上古读法，他就汇集了本证、旁证二十余条。这个方法实际上就是归纳汇证法。他用这个方法，考证《诗》中"其音合于古而异于今者，凡五百字"。后来他又"检屈宋音与《毛诗》同者八十余字，则提其本音，直注云：详见《毛诗古音考》，其《毛诗》所无者一百五十余字，辄旁引他书以相质证"⑦。陈第总共对六百多个古今读音不同的字，一一予以注音。有了这样的归纳工作，注音工作，距离上古韵部的建立就为期不远了。所以钱大昕说："顾亭林言古音，实本于此。"（《竹汀先生日记钞》卷一，辽宁教育出版社，1998年，第2页，新世纪万有文库本）但陈第也有以今律古的错误。清初的柴绍炳批评说:"季立刻于只字,昧于通部,每就本通之韵,别求转叶,过费推寻,不悟其赘。又生产闽中,读音不正,如'南'叶'心'而云音宁,'天'叶'人'而云音汀之类,俱吐属讹谬,未足谐声。"⑧这个批评基本上是正确的。南(-m)宁(-ŋ)不同尾,天(-n)汀(-ŋ)亦不同尾,自不可互音,说他"昧于通部"也符合事实。

注:

① 《答李仁夫论转注书》。见《转注古音略》,丛书集成初编本,第5页。
②③④ 陈第:《毛诗古音考·跋》。《静志居诗话》卷十四《陈第》"附录"引愚山云:"季立不得志,继俞、戚之后,登坛为名将,拂袖归里。寻闻焦状元弱侯,老而好学,裹粮白门,离经析疑,扣击累年,卒为名儒。论兵论文,皆凿凿有根据。"(416页)
⑤ 万历甲寅(1614)焦竑《题屈宋古音义》。
⑥ 《毛诗古音考·自序》。
⑦ 《屈宋古音义·凡例》。
⑧ 柴绍炳:《古韵通·杂说》。南音宁,天音汀,均见《毛诗古音考》卷一。

第二十三节 元明文字学

元明二代的文字学著作,数量并不算少,质量高的却不多。其中影响较大的,有戴侗的《六书故》,周伯琦的《六书正讹》,李文仲的《字鉴》,赵撝(huī)谦的《六书本义》,赵宧(yí)光的《说文长笺》。

戴侗(1200—1284),字仲达,浙江永嘉(今属温州市)人,理宗淳祐元年(1241)进士。他的《六书故》刊行于元延祐七年(1320),"是编大旨主于以六书明字义,谓字义明则贯通群籍,理无不明"

(《四库全书总目·六书故》,第351页)。

全书三十三卷,按事类编排,共分七个大类。如果从查检的角度考虑,这样的分类并不能给读者带来什么方便。

七个大类是:数(卷一)、天文(卷二、三)、地理(卷四至七)、人(卷八至十六)、动物(卷十七至二十)、植物(卷二十一至二十四)、工事(卷二十五至三十一)。除此七类外,卷三十二为"杂",卷三十三为"疑"。不能归于前七类的字则归"杂"类,字形疑而未定的则归"疑"类。

全书分四百七十九个细目。其中一百八十八为文,四十五为疑文,文,母也,皆大书;还有二百四十五个为字,字,子也,皆细书。

书的前面有《六书通释》一卷,其中有不少意见都值得称道。如对语言和文字之间的关系,看法比较正确。他说:

> 夫文生于声者也,有声而后形之以文,义与声俱立,非生于文也。

(《六书通释》)

先有语言而后才有文字。词的意义和语音形式并存,意义并不是由文字所产生的。这些观点都很正确。所以,他主张在探求字义的时候,不仅要"因文以求义",还要"因声以求义"。戴侗批评当时的"训诂之士,知因文以求义矣,未知因声以求义也。夫文之用莫博于谐声,莫变于假借。因文以求义而不知因声以求义,吾未见其能尽文字之情也"。(《六书通释》)戴侗提出的"因声以求义",到清代发展为训诂学中的一大法宝。

关于文字起源问题,他也有很好的见解:

> 文字未兴也，其类滋，其治繁，而不可以，莫之征也，然后结绳之治兴焉；治益繁，巧益生，故有刻画竹木以为识者，今蛮夷与俚俗不识文字者，犹或用之，所谓"契"也；契不足以尽变，于是象物形、指事之状而刻画之，以配事物之名，而简牍刀笔兴焉。
>
> 　　　　　　　　　　　　　　　　　　　　　(《六书通释》)

在文字（书）产生之前，经过了结绳记事的阶段，经过了刻画竹木以为"契"的阶段，宋元之际，有的少数民族（蛮夷）和俚俗不识字的人，还用这个办法记事。戴侗认为文字是随着社会的发展，随着"契"的发展创造出来的。他不相信圣人造字的传统说法，"六书不必圣人作也"(《六书通释》)，这样的论断是科学的。

　　文字学和古书注释的关系是很密切的。戴侗揭露注疏的弊端也很中肯。他说：

> 注疏未兴，经义常明；注疏日繁，经义日晦。非经有明晦，学者不知六书故也。
>
> 　　　　　　　　　　　　　　　　　　　　　(《六书通释》)

戴侗所说的"不知六书"，不是说不懂六书的理论，而是指人们分不清字的本义、引申、假借等，以致"缘词生训，析言破义"(《六书通释》)。他虽然没有像后来的段玉裁、朱骏声那样，系统地考察"本义""引申""假借"，但是，他对这三个概念是分别得很明确的。他在《六书故》中对所收的字，用六书的原则进行了一次系统的分类，以期达到"贯通群籍"的目的。这样的用心是好的，但由于他所掌握的文字资料有限,再加上他还不了解古音系统,结果只能像方以智所批评的:"永嘉戴侗起而训定,是非相半。"①

《六书通释》对"本义"、"引申"、"假借"也有具体的论述。如说:"道从辵,本为人之行路;理从玉,本为玉之文理。引而申之,则道之广大、理之精微者无不通,此充类之术也。"这里以"道""理"二字为例,说明本文和引申义的关系。

关于"假借"。他说:"假借多而义难求,古人谓令长为假借,盖已不知假借之本义矣。所谓假借者,谓本无而借于他也。合卩为令,本为号令、命令之令(去声),令之则为令(平声)。长之本文虽未可晓,本为长短之长(平声),自稺而浸高则为长(上声),有长有短,弟之则长者为长(上声),长者有余也,则又谓其余为长(去声。盈按:即"身无长物"之"长"。音 zhàng)。二者皆由本义而生,所谓引而申之,触类而长之,非外假也。所谓假借者,义无所因,特借其声,然后谓之假借。"《六书通释》这里以"令""长"为例,说明假借与本义、引申义有何不同,他对许慎的批评是正确的。

唐兰说:戴侗"对于文字的见解,是许慎以后,唯一的值得在文字学史上推举的"。(《中国文字学》第22页)

在文字材料方面,他大胆采用钟鼎文,不拘守小篆。

《六书故》"为以金文参校《说文》之始"。

(《沈兼士学术论文集》第67页)

这是值得肯定的。如:

射,《说文》古文从矢从身。篆文从身从寸。戴侗说:"射之从身绝无义,考之古器铭识,然后得正其字之正,盖左文之弓矢讹而为身,右偏之又讹而为寸也。""手弓加矢,射之义也。"(《六书故·工事五》)甲金文都证明戴侗的分析完全正确。

在字义的训释方面,有时不够精审,往往标新而失据。如卷二《天文上》对"景"字的释义:

景:居皿切。日光所照物之阴为景。俗作影。颜之推曰:葛洪始加"彡",读於景切。且以景为光景,非也。

颜之推根据许慎的意见认为"景"的本义是"光"(颜说见《颜氏家训·书证》),本来不错,戴侗把"影"当作"景"的本义,反而欠妥。

他对字形的分析也不尽可信。如认为"元"是形声字,"从一,兀声",徐锴已指出:"俗本有'声'字,人妄加之也。"(《说文系传》卷一)其实,"元"应该是象形字。

前人对《六书故》的评价往往多贬词。元代吾邱衍批评其"杂乱无法","仓颉之法到此书为一厄矣"(《闲居录》第10页,中华书局丛书集成初编本,1991年)。近代学人胡朴安批评其"非今非古,殊无根据"(《中国文字学史》第248页)。直到唐兰,才对《六书故》做出高度评价。

周伯琦(1298—1369),字伯温,元末江西鄱阳人。至正年间任元政府高官。他的《六书正讹》成于元至正十一年(1351),比《六书故》晚出三十多年。这部书的目的是为了"正其形体、音、义之讹者"。全书所正之字两千多,按四声分卷排列。如上平一东:

公,沽红切。背厶为公,从八从厶,八犹背也,厶即私字,会意。别作"仌",非。仌,音冰。

上声十六铣:

兖,以转切。此即兖州之兖,从口,像山门也,八,半水也。隶作"兖"。按兖字、沿字从此,与"公"字不同,俗作"兖",非。

这部书对于普及汉字形体结构知识以及字体规范,都有一定的积极意义,但学术水平不高。以上举的两个例子都有问题。在金文中"公"字并不从厶,而是从○、ȣ;兖、沇、兖原本一字,古文作兖,小篆作沇,隶变作兖,楷体作兖。《正字通》的作者批评说:"元鄱阳周伯琦《六书正讹》,非讹者概以为讹,非俗者概以为俗,此病在不通者也。"(《凡例》)"不通"实有之,那两个"概"字未免言过其实[2]。陈澧《跋〈群经音辨〉》说:"又如段氏《说文注》,以为'家'字本义乃豕之居也,引申为人之居;'牢',牛之居也,引申为拘罪之审。周伯琦《六书正讹》正如此说。段氏非勦袭前人之说者,殆暗合耳。"(《陈澧集》(壹),第 145 页。上海古籍出版社,2008 年)是否"暗合",可以置而不论,《正讹》确有自己的某些独创,应充分肯定。明代初年杨士奇(1365—1444)有《书〈说文字原〉后》、《书〈六书正讹〉后》二文,对周氏二著均有很好评说。文中有"元之士大夫以篆书名者,皆推伯琦"、"周伯温篆书今世无过之者"等语。(《东里文集》第 145 页,中华书局,1998 年)

《字鉴》的性质也是为了"辨正点画,刊除俗谬"。其辨正字形的根据则"本之《说文》"。作者李文仲,元末吴郡人。

此书按韵编排,一般是先出反切,再引《说文》,后正俗字。

如：

奇，渠宜切。《说文》：异也。从大从可。俗作奇。

(五支)

冃，莫报切。《说文》：头衣也。从冂从二。冂，音觅，凡冒帽曼漫冔(xū)冕胄㝡㝡(tà)㝡之类，从冃，中从二，左右俱不连，与"日""曰"二字不同，偏旁俗混作"曰"，误。

(三十七号)

元末明初浙江余姚赵㧑谦(名古则，更名谦，1351—1395)著有《六书本义》。此书亦按《六书故》的方法，依事类分篇，共分数位、天文、地理、人物等十类。作者又受郑樵的影响，将《说文》部首并为三百六十。在注释方面，除了注明这个字的本义，分析其形体之外，如有用作假借义时，则一律另加解释。如：

天，它年切。得易气成象运，地外无不覆，主物者。从一大为意(即会意)○借刑名，凿额也。《易》：其人天且劓(yì)。

(一部)

元，愚袁切。头也，人页(xié)在上，故从人二为意○借始也，大也。

皮，蒲糜切。剥取兽革，生曰皮，理之曰革，柔之曰韦。从又指(指事)所剥皮○借肌表肤。

(又部)

赵古则的释义颇有可取之处。他认为"元"的本义是"头也"，不取许慎"始也",戴侗"生物之本始也"这些说法,是很正确的。但是,他把本义之外的引申义全归之为假借,这就大成问题了,如"天"的"刑名"义,是由"头顶"义引申而来,"皮"的"肌表肤"义是由兽皮引申而来,都不应列入假借。后来朱骏声在本义、假借之外,又列"转注"(即引申)一项,就克服了这个缺点。

赵㧑谦之后,昆山人魏校(1483—1543,弘治十八年进士)著《六书精蕴》,万历中歙县布衣吴元满(字敬甫)著《六书正义》、《六书总要》、《谐声指南》等,在当时都有一定影响。吴氏"指摘许慎而推崇戴侗、杨桓(1234—1299)",故《四库总目》批评其"根本先已颠倒"③。

明末万历年间用毕生精力从事《说文》研究的有赵宧光。叶德辉《书林清话》卷七说:"有明一代,为《说文》之学者,仅有赵宧光一人。所为《长笺》,犹多臆说。"赵宧光,字水臣,号广平,别号凡夫,苏州人。隐居于寒山,人称"高士"。赵宧光这个名字对于今天的读者来说已经很陌生了,其实他的巨著《说文长笺》常被明末清初人提起。方以智、顾炎武都读过此书,印象却都不好。顾炎武批评说:

> 将自古相传之五经肆意刊改,好行小慧,以求异于先儒……其实《四书》尚未能成诵……乃适当喜新尚异之时,此书乃盛行于世,及今不辩,恐他日习非胜是,为后学之害不浅矣。
>
> (《日知录》卷二十一)

说公道话的也有。刘献廷说:

> 寒山赵凡夫先生六书之学,近代人无出其右者,其《说文

长笺》虽未尽合于理,然亦弘博可观矣。先生以谐声之故更求之等字。

(《广阳杂记》卷一,中华书局,1985年,第25页)

俞樾也说:

赵宦光作《说文长笺》,引《孟子》"虎兕出于柙",《日知录》讥其未读《论语》(盈按:见卷二十一"说文长笺"条)。然《文苑英华》所载杜牧《请追尊号表》以"高宗伐鬼方"为出《尚书》,岂其未读《周易》欤?一时笔误,恐未足深讥。

(《九九销夏录》卷三,中华书局,1995年,第28页)

《四库全书总目》卷一九五《沧浪诗话》提要说:"钱曾《读书敏求记》又摘其《九章》不如《九歌》、《九歌》《哀郢》尤妙之语,以为《九歌》之内无《哀郢》,诋羽(严羽)未读《离骚》。然此或一时笔误,或传写有讹,均未可定。曾遽加轻诋,未免佻薄。如赵宦光于六书之学固为鄙陋,然《说文长笺》引'虎兕出于柙'句误称《孟子》,其过当在抄胥,顾炎武作《日知录》遽谓其未读《论语》,岂足以服其心乎!"(1788页)学术评价一定要公正全面,现在某些"佻薄"之徒,往往摭拾一二疏漏,就故意夸张,就否定全书,于学术发展甚为有害。

《说文长笺》结构宏伟。从"长笺总目"所揭示的内容看,全书有本部一百二十卷,述部二十四卷,作部分前四十六卷,后一十六卷,体部一十八卷,用部四卷,末部四卷。内容包括说文长笺、等韵、书法、音训刊误等。现在,北京大学图书馆所藏的崇祯四年(1631)、崇祯六年(1633)两种刊本,都只有"木部"这一部分。宦光生前，此书并未付梓。据曹学佺崇祯六年为《长笺》所作序云："余友赵凡夫篆文书法，究心有素，而复息影于寒山，断绝人事，精思博采，以致力于此者又若干年而始成《长笺》一书，尚未付之剞劂也。凡夫谢世后，厥嗣灵均惧没父志，殚力镌之，而问叙于余。"钱谦益亦应灵均之请，在《说文长笺》"镂版行世"之时为之作序。钱氏称赞："凡夫声音文字，得之天授。梵音字母，经涉辄了。宫商清浊，部居于齿龈之间。其于书多所渔猎，勇于自信，而敢于作古。"(《初学集》卷二十九，第879页)这些话肯定中包含了否定。入清后，他在《赖古堂文选序》中就直言不讳地说："《说文长笺》行而字学缪。"(《有学集》卷十七，第768页)据宦光的儿子赵灵均说："述、作、体、用等部，则详之解题条目中行于世矣，诸书尚存家塾，未能俱事梨枣，姑再以俟之岁月云。"(《序言》)这说明"述、作、体用等部"当时并未刊行问世，这些原稿大概早已散佚。从"长笺解题"中，我们知道"作部"有《谐声韵表》二卷。这个"表"的内容是什么呢，与段玉裁的《谐声表》有无关系呢，这是语言学史上很值得注意的一个问题。可是，关于这个《谐声韵表》似乎从未有人提起过。此事不唯关系到对赵宦光的评价，也可以帮助人们开阔眼界，看看谐声表的发展过程。所以，在这里将整段文字抄录出来：

　　谐声表者，以声统字，推而上之，极于自出声字(即原始声符)，立为韵之始祖；所从出字，谐其声即同某韵，皆其子孙也。常按古今韵书，互相出入，无有同者，求其根源，略无的据。此表，统于谐声，立不破之地，欲破此表，先破谐声，既不破慎(盈按："慎"，当指许慎。《说文》收字以谐声为主)，表亦不破矣。常十手稿，始得阁笔。尚借吴氏(指吴元满)谐声之便，便可作稿本而以；必取汉人正音，参之三百篇成协，始可杀青，十一稿其庶几乎！

（《说文长笺·解题》第 27 页）

赵宧光的《谐声韵表》虽然无法见到了，这个"题解"却已经给我们提供了这样一些重要内容：1."以声统字"，就是把所有的字都归到有关的声符之下，这些最早的声符，就是"韵之始祖"；2."谐其声即同某韵"，在万历末年，也就是早于段玉裁一百六七十年，赵宧光已有这样精辟的见解，他的名字在中国语言学史上是不应该被埋没的；3.这个谐声表要"取汉人正音，参之三百篇成协"，说明赵宧光已懂得要拿《说文》谐声材料与《诗》韵互证"成协"，按照这个路子搞下去，他就有可能弄出一个上古韵部的科学体系；4.赵宧光为作此表，已经写了十次手稿，还准备写十一稿，可见他对这个问题的钻研是煞费苦心、日趋精密的，有可能十一稿尚未完成他就去世了。他的《长笺》是在去世之后才刊行的。

赵宧光的《谐声表》，上承徐蔵、吴元满，下启段玉裁。徐蔵只谈到"殊不知音韵之正，本诸字之谐声有不可易者"[④]，还没有提到"表"的问题。段玉裁对上面所引的赵宧光的话不可能没有读过，《长笺》"盛行于世"，段氏会于此书全然不知吗？

明代研究谐声系列的还有万历年间贡生杭州人田艺蘅（田汝成之子）。他的《大明同文集》就是研究谐声系列的。俞樾《九九销夏录》卷十一说："明田艺蘅著《大明同文集》五十卷，变改《说文》部分而以其谐声之字为部母。如东字为部，即栋冻之类从之，工字为部，则红江之类从之。按：此即近时姚氏《声系》、朱氏《通训定声》诸书所从出也。"（中华书局，1995 年，第 127 页）谐声表、谐声系列,始于明代,赵凡夫、田艺蘅都起过重要作用。《四库全书总目》批评田艺蘅"颠倒本末,务与古人相反"、"殆剿袭其说(盈按:指《梦溪笔谈》介绍王圣美的右文说)而讳所自来,不知王圣美之说,先不可通也"(375页)。此评未免苛刻。

赵宧光在文字学方面的确发表了一些迂腐的意见。如认为"反切"应写作"翻窃"。"反"写作"翻"不难理解,古书中本有作"翻"的,"切"为何要改为"窃"呢?他说:"窃,盗也,借取也,言取声也。"又说:"瓜分"这个词错了,应该说"瓪(pài)分"。《玉篇》错了,应该写作《王篇》。"现在"应该写作"晛在"。"许慎"只能写作"鄦慎"。"周伯琦"应写作"周伯奇"。《长笺》也确有粗疏不严谨之处,如杭世骏《订讹类骗·续补》有《说文长笺误字》条,这类"误字"当然是质量问题。

从上述这些著作可以看出元明文字学的共同特点:1.不遵《说文》旧部,大胆归并部首;2.在编排方式上除部首检字法之外,有按事类编排的,近乎雅书,有按韵编排的,近乎韵书;3.重视六书理论的研究,并注意用六书的原则对汉字进行具体分析,后人称之为"六书学";4.在文字资料方面不拘泥于《说文》小篆,对钟鼎文也比较重视;5.对字形结构的规范,正俗体的区分,都做了大量工作。他们的研究成就不算高,这是因为:1.古音学还没有真正建立起一个科学的体系;2.当时的训诂学水平不高,名物制度的考订工作成就不大;3.他们没有把文字学与音韵学、训诂学结合起来;4.学风不朴实,欠谨严。

注:

① 《通雅》卷首之二,上海古籍出版社,1988年,第51页。

② 关于《六书正讹》的评价,还可参阅胡秉虔《说文管见》卷中第 47—50 页。丛书集成初编本。
③ 《四库全书总目·六书正义》条,卷四十三,中华书局,1983 年,第 377 页。
④ 徐蒇:《韵补序》。吴棫《韵补》,商务印书馆丛书集成初编本,民国二十五年,第 2 页。又,元代吾衍《闲居录》说:"韵书之作,实本于《说文》之谐声……若能依《说文》谐声之法,别为通韵,则毛诗、楚辞、古赋、选诗之韵,了然可知。"(第 8 页)

第二十四节　明代辞书

明代产生了两部影响很大的字典,这就是《字汇》和《正字通》。

《字汇》成于明神宗万历四十三年(1615)。作者梅膺祚,字诞生,安徽宣城人。这部字典吸收了 17 世纪以前字典编纂的经验,比以往的字典有很大进步。

一、检字方便。在此以前的字典有的按《说文》部首检字,有的按音序(或四声,或三十六母)检字,都不灵便。《字汇》改为按笔画多少,循序建立部首,从一画至十七画,列 214 部①,深受社会欢迎。一个掌握了汉字的人,只要知道一个字的笔画,纵使不知道它的读音,大致上也能把字查出来。所以三百多年来,梅氏所创立的部首检字法,一直为辞书编纂工作者所遵循(至于部首多少不等,也只是改良而已)。

《字汇》为了方便读者,在每一卷之前"各具一图,图每行分十格,卷若干篇,图若干格,按图索之,开卷即得"(凡例)。其法就是在格内标明部首在卷内的页码。这看来只是一个技术性的问题,实则也反映了编者处处为读者着想的态度。

二、收字适中。以往的字典有的收字太少,有的收字太多,《字汇》收了33179个字,对"《篇海》所辑怪僻之字,悉芟不录"。对经史所有文字和通俗用字,都加以收录。

三、注音详明。"经史诸书,有音者(指直音)无切,有切者无音,今切矣,复加直音,直音中有有声无字者(即没有同音字),又以平上去入四声互证之,如曰某平声……至四声中又无字者则阙之……音相近而未确者则加一'近'字。"(凡例)《字汇》使用了四种注音方法:1.直音;2.反切;3.纽四声法(即所谓四声互证);4.音近某。这四种办法都不灵,则阙之。

四、字的释义较为全面,而且尽量列举书证。

《字汇》因为有以上这些优点,所以在17世纪非常流行,如年希尧在《五方元音·序》中说:"字学一书,书不一家,近世之所流传而人人奉为拱璧者,莫如《字汇》。盖以笔画之可分类而求,悉数(指计算笔画)而得也。于是老师宿孺,蒙童小子,莫不群而习之。"

当然,它和任何一部字书一样,也存在缺点,也有常识性的错误。清代的一些学者抓住这些缺点而极力贬低其价值,那是不正确的。关于《字汇》的全面评价,可参阅张涌泉《论梅膺祚的〈字汇〉》(《旧学新知》,浙江大学出版社,1999年,第128页)。

《正字通》是《字汇》之后《康熙字典》之前的一部重要字书。它的作者是谁,存在争议。

《四库全书总目·经部·小学类存目》说:"《正字通》十二卷,旧本或题明张自烈撰,或题国朝廖文英撰,或题自烈、文英同撰。考钮琇《觚賸·粤觚》下篇载此书本自烈作,文英以金购得之,因掩为己有,叙其始末甚详。然其前列国书(盈按:指满文)十二字母,则自烈之时所未有(此说不确)，殆文英续加也。裘君宏《妙贯堂余谈》又称文英殁后，其子售版于连帅刘炳，有海幢寺僧阿字知本为自烈书，为炳言之，炳乃改刻自烈之名。诸本互异，盖以此也。"②参以其他材料，《正字通》的原作者应为张自烈。

张自烈(1598—1673)，字尔公，号芑山，江西宜春人，崇祯末年南京国子监生。在当年学术界颇有知名度，王船山说："张尔公以好辨(指考辨)名。"(《王船山诗文集》下册，第 519 页。中华书局，1962年)明亡不仕，隐居庐山。张与方以智为好友。方以智的儿子方中通(1634—?)说："芑山先生初辑《字汇辩》，时过竹关，取老父《通雅》商榷。"又说："时先君天界圆具后，闭关建初寺之竹轩(盈按：天界，即天界寺。竹轩即天界寺之看竹轩，又名竹关，在南京雨花台)，芑山先生居止数武，朝夕叩关，商略可否，日辑七字为度，殆二十年而成。成，易名《正字通》。"可证《正字通》始名《字汇辩》，写了二十年才完稿，崇祯十五年(1642)方以智为此书作序时，尚未易名。《浮山文集前编》卷五《曼寓草》卷中有《字汇辩序》云："予友张芑山，宗格致之学……中有余暇，复取《字汇》是正其伪，属智序之。"(以上所引方以智、方中通的材料都转引自任道斌编著《方以智年谱》，安徽教育出版社，1983 年，第 188 页、112 页。)

廖文英，字百子，号崑湖，广东连州人，贡生。明末任江西南康府推官。降清，顺治十五年任衡州府同知，康熙中官至江西南康府知府。(《衡州府志》卷九)而张自烈"穷困特甚"，甚至连日绝粮断炊，"有时贵馈金求文，斥之不受"(方中通《呈父执张芑山先生》)。但后来还是把《正字通》卖给廖文英，大概不如此，则非饿死不可。关于张、廖的私人关系，日本学者古屋昭弘有新的说法："约在康熙八九年时，大型字典《字汇辩》的作者张自烈应其友廖文英的邀请，移居庐山白鹿洞书院讲学,将增订后的《字汇辩》赠与(或售予)廖文英,允许以廖氏的名义出版,书名改称《正字通》。当时张氏在书院有一段时间跟廖文英父子住在一起,经常讨论学问。"(《白鹿洞书院本〈正字通〉中最早期的注音》)1996年中国工人出版社刊印《正字通》,董琨写了《影印前言》,对《正字通》著作权问题,有很公正的评说。无论如何,这位廖公在序言中只字不提张公,于学德、学风而言,都难以原谅吧!《正字通》跟许多字书一样,也存在各种各样的不足。康乾年间的评论,臧否不一。誉之者与《日知录》、《广东新语》相提并论;贬之者"谓其学术不能通经,而好为新异可喜之说"。"毛翁斧季(扆),精于小学,亦谓《正字通》之误更甚于梅氏《字汇》。"(清王应奎《柳南续笔》卷四,第199、200页。中华书局,1997年)安徽人徐文靖(1667—?)《管城硕记》卷二十一至二十四对《正字通》有详细补订,可参阅。关于《正字通》反切所反映的语音系统,可参阅古屋昭弘《〈正字通〉和十七世纪的赣方音》(《中国语文》1992年5期)。

《正字通》为纠正《字汇》错误而作,但"部画次第一仍梅氏之旧",与《字汇》不同的地方是:

《字汇》对一个字的古体、籀体、篆体、隶体、俗体、讹体都分列各部,《正字通》把"散见各部者,并归本部大字后,详为考定"(凡例)。

《字汇》中有不是古文当作了古文的,有不是俗体当作了俗体的,有字同训异、字异训同的,有前后重复自相矛盾的,有引证错误的,有书证文意不周的,《正字通》则加以改正。在释义方面,也有一些新的见解。

明代最有特色的雅书是方以智编著的《通雅》,其次是《骈雅》。杨慎的《古音复字》、《古音骈字》收集了不少叠音字、双音节名词、联绵字,虽无"雅"书之名,实则跟《骈雅》差不多。

《骈雅》,朱谋㙔(字郁仪)作,成书于万历十五年(1587),分七卷十三门,有释诂、释训、释名称、释宫、释服食、释器、释天、释地、释草、释木、释虫鱼、释鸟、释兽。这部书为什么叫作《骈雅》呢?余长祚在序言中说:"骈之为言并马也,联也,谓字与说俱耦者也。"(丛书集成初编本,第2页)所谓"字与说俱耦",就是此书所收的词条是双音节的,担任解说的词也是双音节的。如:

仿佛、放悲、豈费(见左思《吴都赋》)、偓佺、髣髴、依稀:疑似也。

(释诂)

郁悠,思念也;惆怅,悲哀也;憭慄,凄怆也。

(释训)

附娄、培塿、坴敦(见班固《答宾戏》)、魁父:小土山也。

(释地)

这部书对我们研究古代联绵字有一定的作用,但由于作者不懂上古音,对许多联绵字不能从语音上进行分析,对词条的排列和词的释义,也很不理想。

明代雅书水平较高的是方以智的《通雅》。他于崇祯年间开始编著《通雅》,崇祯己卯年已有初稿,崇祯十四年辛巳又开始增修,直到清康熙五年(1666)刊行,"要其三十年心血尽在此一书"(钱澄之《通雅序》)。全书五十二卷,约七十万字。③梁启超《中国近三百年学术史》说:"《通雅》这部书,总算近代声音训诂学第一流作品。清代学者除高邮王氏父子以外,像没有那位赶得上他。"(东方出版社，1996年，第187页）乾嘉时代法式善（1753—1813）《陶庐杂录》也高度评价《通雅》。"近人著书，当以邵学士晋涵《尔雅正义》、王观察念孙《广雅疏证》，阮巡抚元《经籍籑诂》为最典洽。余见桐城方密之所辑《通雅》，其该博亦不在三家下。"（卷二，中华书局，1997年，第35页）

《通雅》开篇有三卷概论性质的文章：一、"音义杂论"；二、"读书类略""小学大略"；三、"诗说""文章薪火"。"音义杂论"和"小学大略"是研究语文的，"读书类略"中论到读书方法等问题，"诗说"及"文章薪火"相当于"诗话"、"文话"。这三类文章与后面的正文在内容上有密切关系，作者在这里谈到了他关于语言文字的一些根本看法。正文五十二卷的内容是：

卷一至卷二疑始，讨论古篆古音；卷三至卷十释诂；卷十一、十二天文；卷十三至十七地舆；卷十八身体；卷十九称谓；卷二十、二十一姓名；卷二十二至二十五官制；卷二十六、二十七事制；卷二十八礼仪；卷二十九乐曲；卷三十乐舞、乐器；卷三十一至三十五器用；卷三十六、三十七衣服；卷三十八宫室；卷三十九饮食；卷四十算数；卷四十一至四十四植物；卷四十五至四十七动物；卷四十八金石；卷四十九谚原；卷五十切韵声原；卷五十一脉考；卷五十二古方解。

我不厌其烦地把这个细目抄录于此，是为了让读者明了此书为什么叫《通雅》。作者生当末世，又是一个思想敏锐的哲学家，对中国传统的音韵、文字、训诂之学，很有修养，所以他能站在一定的历史高度，贯通各种学科，出之以雅书的形式，冶为一炉。

关于这部书在中国语言学史上的地位和作用，现在还缺乏有分量的评论。我认为起码有以下三点是值得肯定的。

一、方以智在研究古汉语词义时,发展了戴侗的"因声以求义"的理论,明确提出了"欲通古义,先通古音"(卷首"音义杂论",第22页),"因声求义,知义而得声"(卷六,第241页)的正确主张。方以智是一个懂得音韵学的人,他认识到研究古义要以研究古音作为前提,仅此一点,就大大地超越了以前的各种雅书。说实在的,"欲通古义,先通古音"这八个字,作为一种理论,对清代的语言文字学也产生了巨大影响。这个问题我在第七章中还要专作分析。

从方以智个人来说,他的《通雅》在词义解释方面多所发现,在很大程度上也是得力于这八个字。如《史记·三王家》:"毋偝德。"《索隐》引苏林云:"菲,废也。本亦作'偝'。偝,败也。"(中华书局版,第2112页)《通雅》卷四释诂:"偝德:犹偝德也。偝与背、倍、北、悖皆通。《史记·三王世家》'毋偝德'。注:'偝,败也。'其实与'背'字通。"(197页)方以智按照"因声求义"的原则正确地批评了苏林的释义。又如在释诂卷五中他谈到:"霝始霝终,即令始令终也。""令命即令名,令闻即令问。""古盖'令'、'靈'、'霝'并通。"(231页)这些意见都很好。他还认识到"命"和"名""本一字而平去二音","令"字是"平去声通用",这是用中古声调来分析上古声调,在时代上有问题,但我们是赞同古无去声说的,所谓"一字平去二音","平去通用",如改为"古读平声"就对了。

二、《通雅》以前的雅书,在释义时一般都不出书证,更没有驳议。《埤雅》和《尔雅翼》虽备举书证,但他们的目的不在于释词义,而是要"格物致知"。《通雅》则着重于解释词义,而且作者在收集词条时,就立意要解决一些词义疑难问题。疑难问题往往聚讼纷纭,就不得不产生驳议。所以,《通雅》有些词条,很像是词义札记。方以智说:"凡属文所常用,而历代忽略之者,为折衷其音义云尔。"

（卷三释诂，第157页）对音、义方面的是非进行"折衷"，是此书的又一特色。如黄山谷送定公诗："引绳痛排掁。"自注：掁音病。黄山谷以为"排掁"就是"排摈"，所以"掁"字的读音是"病"。方以智说："愚按从艮，当以痕、狠、艮为声者近，山谷之音未敢信。"（卷五释诂，第224页）又如：

以胹合欢，言调和也。《庄子》："宋钘、尹文，以胹合欢，以调海内。"注："胹和万物，（物）合则欢矣。"（见郭庆藩《庄子集释》第1082、1083页）此字从肉，而丁度遂收作"聏"，公绍收作"眲"，一从耳，一从目，今《字汇》耳部、目部并载之，并引《庄子》。即以二者言之，必有一讹矣。论其义，则胹和正调和也。又有《唐韵》足证，三家（指丁度等人编的《集韵》，黄公绍的《古今韵会举要》以及《字汇》）之讹，更何疑乎！胹：熟煮也。《方言》"秦晋之郊谓熟曰胹"（参阅钱绎《方言物疏》卷七，第10、11页）。《左传》"胹熊蹯"。《史记》"臑熊蹯"。《内则》"濡豚"。注："濡读为而"。《集韵》作䎶、䎰、臑；《广韵》亦作臑、䪼；《龙龛》亦作䪼。

（《通雅·释诂》，见《方以智全书》第一册，
上海古籍出版社，1988年，第219页）

三、研究先秦词汇要读《尔雅》，研究汉魏词汇要读《广雅》，如果要研究唐宋元明词汇，则不可不读《通雅》。中国的雅书，最为重要的就是这三部。《通雅》解释了不少从唐至明的词汇，这是一大贡献。如：

古曰"堂老"，今曰"阁老"〇唐以政事堂，故宰相称堂老，

两省(指门下省,中书省)相谓曰阁老。今则尊宰相为阁老矣④。

(卷十九称谓,第648页)

今吴下称父多曰"老相"。自江北至北方曰"老子"。其曰"爷"、曰"爹"者,通称也。

(卷十九称谓,第649页)

禅襂(dān shān),中单也。今吴人谓之衫,北人谓之褂。禅襂,正今兜袖单衣无禊者也。《会典》:朝服、祭服,内单衣,皆曰中禅,本古名也。唐侍御史六人,衣朱繡裳,白纱中禅,宋人通称内衣曰中禅,则中禅即汗衫矣……按汗衫谓其近身,中单谓其在中,理本可通。今以中单为公服,而汗衫为亵称,安知古不通称乎!

(卷三十六衣服,第1111页)

《通雅》的缺点是内容比较庞杂,不够精粹,连药方也收进去了,似可不必。另外,书中有些意见并不都是发前人之所未发,一些雷同文字,大可删汰。清人徐文靖《管城硕记》卷二十九专论《通雅》,可参阅。

1988年上海古籍出版社重印《通雅》,为《方以智全书》第一册,分上下两卷。

扬雄以后,已很少有人再从事大规模的方言词汇研究,一些笔记文中偶然有一些零散的方言资料,也没有受到人们的重视。直到明朝,又出现了几种方言词汇著作,如杨慎的《俗言解字》、岳元声的《方言据》、李实的《蜀语》等。

《俗言解字》条目不多,一共才五十二条,其目的也是探求俗语的本源。

　　莲子，京师俚语目形容短矮曰莲。《文选》有莲脆（盈按：见左思《魏都赋》）之语。《唐书·王伍传》：形容莲陋。《通鉴音义》作七禾切。

　　跳出，《魏晋仪注》：写表章别起行头者谓之跳出，今曰台头。

　　縰线，《集韵》：缝衣曰縰。今俗云：穿针縰线是也。杜诗：褥縰绣芙蓉。（《李监宅》二首之一）而字借"隐"。

岳元声，字之初，号石帆，嘉兴人，万历十一年进士，官至南京兵部左侍郎。朱彝尊称其"立朝侃侃不阿，里居有不平事，弗避嫌怨，力排众议，以归于正，所谓乡先生没而可祭于社者。"（《静志居诗话》十五，第459页。人民文学出版社，1998年）他的《方言据》成书于万历乙卯（1615），分上下两卷及"续录"，共收词条261。书以"据"为名，就带有考据的意思，证明方言口语"多有来历者"（《方言据·小引》）。

　　它的释词一般都包括三个方面的内容：注音、释义、书证。如：

　　雾淞，音梦送。混混不明了，谓之淞雾。冬月寒甚，夜气塞空如雾，著于林木，凝结如珠玉，见晛乃消，因风飘落，齐鲁之间谓之雾淞。按《元命包》：阴阳乱，为雾气蒙冒之象。因以为不明了之称。又吴歌云：霜淞打雪淞，贫儿备饭瓮（乃丰年之兆）。（盈按：雾淞也叫"树挂"，雾或水汽结成的冰花。吉林雾凇、桂林山水、云南石林、长江三峡,曾被列为中国四大奇特自然景观。)

(卷上)

挑达,轻跳不受制束,谓之挑达。《诗》:挑兮达兮,在城阙兮。挑,他刁切。达:他末切。轻儇跳跃貌。(盈按:"挑达"一词,在湖南安仁方言中还存在,用于形容幼儿聪明伶俐。)

(卷上)

罢(入声),父谓之罢,入声。唐人诗:不如长在郎罢前。闽人谓父曰"郎罢"。《随隐漫录》(盈按:据《四库总目》考证,随隐为陈世崇号,宋末元初临川人)吴一斋诗:新诗却要多拈出,突过郎罢张我军。江右人亦有此说,不独闽矣。

(卷上)

盻睩,目四顾审视曰盻睩。盻,古禄切。睩,卢谷切。《玉篇》:"目开也。"《九辨》:"娥眉曼睩目腾光。"

(卷上)

齼,有所畏谓之齼(楚去声)。京师亦有是语。此字原谓"齿怯",今借通用。曾茶山《和人赠柑诗》云:"莫向君家樊素口,瓠犀微齼远山颦。"⑤

盈按:齼(chù)《说文·齿部》写作"龃",许慎解释说:"齿伤酢也。"段玉裁注:"亦作齼。凡言痛憷、憷涩意皆同。"(二篇下,第80页)什么叫"齿伤酢"呢? 段注:"酢者,今之醋字,酸涩也。"由牙齿怕醋酸引申为怕其他酸物(齿怯),再引申为对事物害怕、畏缩。《新华字典》"憷"字注:"害怕,畏缩:他遇到任何难事,也不发~。""憷"就是"齼",也就是"龃"。"憷"的今义在明代已经产生了。

李实，字如石，四川遂宁人，崇祯癸未（1643）进士，明亡后，寓居苏州，著有《蜀语》、《吴语》。

《蜀语》是一本记载四川方言词汇的著作，全书收词564条，对了解明代四川方言和研究现代汉语词汇都有意义。此书不分卷，也不分类。下面分四个方面作一介绍：

一、人物称谓

呼母曰姐。姐，读作平声。如呼女兄，作上声。

母之父母曰外公、外婆。外，音位。盈按：今成都"外"字有两读，wài, wèi。⑥

亲家。亲，读去声，音浸。

谓子曰崽。崽，子改切，音宰……又自高侮人，则称人曰崽。郦道元《水经注》曰：弱年崽子。盈按："文革"中常有侮人为"狗崽子"者，亦"自高侮人"之意也。

小儿女曰幺。幺，音腰。俗作么，误。

自谓曰我每，谓人曰你每。俗用"们"，误。考字书：们，音闷。们浑，肥满貌（盈按：《集韵·恨韵》"们"字条："们浑，肥满皃。"又《方言》"浑"字郭璞注："们浑，肥满也。"）宜用"每"字为是。

称人曰汉。年长者曰老汉，少壮者曰汉子。

二、一般称谓

村市曰场。入市交易曰赶场，三六九为期，辰（七八点）集午（十一二点）散。犹河北之谓"集"，岭南之谓"墟"，中原之谓

"务"。

干肉及饼曰巴。牛肉曰牛干巴,荞饼曰荞巴,盐块曰盐巴,土块曰土巴之类。

蒸糯米粉揉为饼曰餈巴,凡饼块为"巴",蜀之通称也。

馄饨曰匾食。射洪县绝品。

米砻曰磑。磑音内,以木为齿,公输般作。盈按:湖南安仁方言也把脱谷壳的工具叫作"磑"。但既不音五对切,也不音可海切(《正字通》),清代王鵻《音韵辑要·归回》阳去声崙对切有"磑"字(95页),与安仁方音同。安仁话"内""磑"均读 luèi。

驿递曰站,充徒曰摆站。站音战(zǎn/zàn)。

三、人物动作

谓看曰渚。渚,桑何切,锁平声。

谓看曰瞧。瞧音樵。

手承物曰拓。盈按:即托。

手掬曰抔。抔音掊。《唐书》:一抔之土未干。

手挽曰撵。俗作"扯",非。

笑曰哑哑。哑音格。《易》曰:笑言哑哑。

赶曰碾。赶上前人曰碾上,赶鸡曰碾鸡。以转动行易及也。盈按:"碾"今作"撵"。

拾物曰搴。搴,音简。

唾人曰啡。啡、坏、配二音。

呼人曰嗗。嗗,音胃,轻之之词也。盈按:嗗今作"喂"。

以篾束物曰箍。箍,音孤。

人死曰过世。

凡戏玩曰耍。耍，音洒。

四、形容词

老曰老革革。盈按：蜀人扬雄《方言》卷十："革，老也。"《三国志·蜀书·彭羕传》：羕骂刘备为"老革"。蒋宗福《四川方言词语考释》第416页："老革犹谓老家伙。""尊称之曰老人家，鄙之曰老革革。"（巴蜀书社，2001年）又，王远明《语文辞书补正》第152页："其实，革也是老，同义连文。……'老革'指老人，略含不大尊重之意。今四川方言简阳河西话对男性尤其是独身的男性老人称'老革'；思想守旧或者脾气固执的人也被讥称为'老革'。"（巴蜀书社，2002年）

不精彩曰骊骟。骊骟，音腊塔。

谓人形短曰矮矬矬。矬，七禾切，音搓，《唐书》：王伾形容逯陋。逯，行貌。当用矬字为是。

小曰蔑蔑。凡言人物小谓之蔑蔑。

少曰丁丁。又曰点点，又曰些些。

香气盛曰馩。馩，音蓬去声。

凡颜色鲜明曰翠。骆宾王文：缛翠尊于词林，综鲜花于笔苑。东坡诗：两朵妖红翠欲流。以"翠"对"鲜"，既曰"红"，又曰"翠"，皆谓鲜明之貌。

注：

① 张元善：《合并字学篇韵便览》自序说："又删昔之444部，改为201部。"比《字汇》的部首少13个。
② 《四库全书总目》，中华书局，1983年，第378页。盈按：裘君宏应作裘若

宏。《总目》1110页有《妙贯堂余谭》提要，可参阅。
③ 刘叶秋：《中国古代的字典》第102页说，《通雅》"这部书是方以智在万历己卯年（1579）以前完成的。"此说显然有误。方以智生于万历辛亥（1611），不可能在未出生之前的三十多年就完成了《通雅》。所谓"万历己卯"应改为"崇祯己卯（1639）"。这是初稿本（参校冒怀辛《通雅校点说明》，见《方以智全书》）。
④ 李肇："宰相相呼为元老，或曰堂老。两省相呼为阁老。"《唐国史补》卷下，古典文学出版社，1957年，第49页。
⑤ 曾茶山，即曾幾（1084—1166），赣州人，自号茶山居士，有《茶山集》。樊素，白居易的歌伎。所谓"樱桃樊素口"。瓠犀：《诗·卫风·硕人》："齿如瓠犀。"
⑥ 戈载《词林正韵》"外"字收入第三部，五会切；又收入第五部，五泰切。《切韵指掌图》"外"由蟹摄变入止摄。范仲淹《苏幕遮》以"地、翠、水、外"押韵。

第二十五节　元代语法研究

中国古代有无语法学，学术界的看法还不一致。我认为既然虚词是汉语语法的重要内容，那么，古人在这方面已经自觉地进行了大量的研究工作，而且已有专著问世，我们就应该承认这种研究具有语法学的性质。

古代的语法研究是在训诂学、修辞学、音韵学的推动下发展起来的。汉代的《毛传》、《说文》以及郑玄的注、笺都从训诂的角度对"名"（或字，即实词）和"辞"（或词，即虚词）进行了区别，他们已经使用了"叹词"、"禁词"、"语已词"、"别事词"这样一些分析虚词的术语，唐代的孔颖达也从训诂的角度提出了很多语法见解[①]；南朝梁刘勰、唐柳宗元等又从文章修辞的角度研究了一些常见虚词的运用问题;《史记正义·论音例》以及宋代贾昌朝《群经音辨》的有关篇还对词性问题做了某些有意义的探讨。但是,这些研究都还是零碎的,很难说已具有学科的性质。直到元代才产生了一部研究文言虚字的专著,这就是卢以纬的《语助》。

卢以纬,字允武,浙江东嘉(永嘉)人。《语助》成书于元泰定甲子年(1324),国家图书馆的《奚囊广要丛书》收有此书,承刘燕文同志将全书抄录出来,于漫漶残缺之处,又用胡文焕《格致丛书》本加以校补,我才获睹全书内容。

"奚囊"本与"格致"本有几个重要不同之处。

一、"奚囊"本前有泰定甲子胡长孺的序言;"格致"本没有此序,而加上了胡文焕的一篇序文。

二、"奚囊"本书名《语助》,这是卢氏原书的本名,"格致"本将书名改为"助语辞"。

三、"奚囊"本首尾俱全,但中有残字、缺字,是重新裱装本,中有两页次序先后颠倒;"格致"本原为郑振铎氏藏书,是万历年间的刻本,比"奚囊"本晚出,但结尾少了六个条目,这是胡文焕在翻刻此书时有意删掉的。胡为明代万历间杭州人,字德甫,号全庵。其生平事迹可参阅王宝平《明代刻书家胡文焕考》(《中日文化交流史论集》,中华书局,2002年,第239页)。

《语助》篇幅不长,全书共计66个条目,对135个词(包括复音虚词)或固定结构进行了解释。

古代的虚词著作,大体上可分为两个流派。一是修辞派,一是训诂派。卢以纬的《语助》和清代袁仁林的《虚字说》属于修辞派;刘淇的《助字辨略》和王引之的《经传释词》属于训诂派。

修辞派着重研究文言虚词的运用规律,研究文言虚词所表现的语气精神。胡长孺,字汲仲,婺州永康(今浙江金华)人。"宋亡,退栖永康山中。至元二十五年,诏下求贤,有司强起之,至京师,待诏集贤院。"(《元史》本传)元仁宗延祐间隐居杭州虎林山。其《语助序》说:

> "乎欤耶哉夫者,疑词也;矣耳焉也者,决辞也。"②昔人是言,为用字"不当律令"发,惜概而弗详。予友卢子允武以文诲人,患来学者抱疢犹彼若,爰撼诸语助字释而详说之……文岂易言!庄左马班,手段固殊;韩柳欧苏,家数亦别,然资助于余声接字,同一律令。作文者不于此乎参,其能句耶?浑浑噩噩,杰然蔚然,"法语"直遂,"巽与"婉曲③,阖辟变化,宾主抑扬,个中妙用无穷,只在一二虚字为之机括,昧者未达也。
>
> (刘燕文《语助校注》,中州古籍出版社,1986年,第1页)

所谓"律令"指的就是虚词运用的规律。卢以纬教学生的时候,发现自己的学生不能掌握这些规律,于是就编了这本《语助》。正如序言所说:"是编也,匪语助之与明,迺文法之与授。"④"文法"就是作文之法。胡长孺认为古代的大散文家,从庄子到司马迁、韩愈、苏轼这些人,都懂得"余声"、"接字"的"律令",都善于妙用虚字。要学会写文章,就应学会运用虚字。后来胡文焕在《助语辞·序》中也特别强调这一条。他说:

> 助语之在文也,多固不可,少固不可,而其间误用更不可,则其当熟审也明矣。苟非熟审之,是未勉(免)为文之累,虽琬琰锦绣,奚益哉!故谚有之云:"之乎者也已焉哉,用得来的好

秀才。"盖谓此易晓而不易用也。

（刘燕文《语助校注》，第1页）

柳宗元批评杜温夫"用助字不当律令"，是针对杜文存在的缺点而发的。不能由此引出结论：文章写得好，"只在一二虚字之机括"。所以卢以纬们的"文法"观点具有片面性。但是，从语言学的观点来看，卢以纬对许多文言虚字的语法意义、功能的研究是有价值的，其中有不少结论是正确的。在方法上他特别注重比较研究。

一、从位置不同比较一个虚字的用法。如：

而。是句中转折带此声以成文见意。句首有"而"字，亦是承上文转说下意；句末有"而"字，却是咏歌之助声，与"兮"字相类。"偏其反而"⑤，"俟我于著乎而"⑥。（刘燕文《校注》本，第10页）

夫。"夫"字在句首者，为〔发语之端，虽与"盖"字颇相近〕⑦，但此"夫"字是为将指此事物而发语为不同。有在句中者，如"学夫诗"⑧之类，与"乎"字似相近，但"夫"字意婉而声衍；在句末者，为句绝之余声，亦意婉而声衍。（刘燕文《校注》本，第33页）

二、从意义不同比较一个虚字的用法。如：

或。有带疑辞者；有带未定之意者；有不指名其人、指名其事，但以或字代之者；有未有此事，预度其事物设若如此者；

有言其事之多端,连称几"或"字以指陈之者。(《校注》本,第24页)

且。有宽缓说来之意;或有谩尔如此之意;或有苟且之意;或有将次之意。(《校注》本,第18页)

三、对同类义近虚字进行比较研究。如:

于。是指那事物或地名之类而言,故着一"于"字以指定之,与"於"字相类,微有轻重之别。"于"比"於"意略重。(《校注》本,第21页)

所。亦指事物而言,如"所能"、"所学"之类。比"于"字所指之义绝不同。"所"字活,"于"字死。"于"是死字,故所指之事亦不活,如"志于学"⑨之类,但指其事耳。"所"是活字,若曰"所学",是明指其习学之而为其事也。(《校注》本,第22页)盈按:卢氏将"于""所"相提并论,全当指事词看待,欠妥。

四、将文言虚字与俗语进行比较研究。这部分材料很值得重视。如:

亦。是俗语"也"字之意。"不亦说乎"谓"莫不也有喜悦处么"。(原注:平。盈按:即读平声)但"也"意缓,"亦"意颇切。(《校注》本,第17页)

尔。"尔"字有带"此"字意处,俗言"恁地"。(《校注》本,第79页)

尝谓。俗语"不特而今说,也曾每每说道"。(《校注》本,

第43页）

未尝。俗语"未曾"之意。"尝"即是"曾"，喻如曾经口食之而知其味也。（《校注》本，第44页）

甚矣，甚哉。"甚"字犹吴人俗语"曷"字。凡此二字在句首者，欲扬言下文事物太煞（原注：去）之意，故先以此发语。（《校注》本，第39页）（盈按："曷"字应相当于叹词"呵"）

者。或有俗语"嬭"（nǐ，原注：宜夜切，本宜止切）字意……或有俗语"底"（原注：平）字意……（《校注》本，第6页）

之，指也。"大成之殿"指此殿为大成之殿也；"圣人之言"，指此言为圣人言也。凡"之"字有"底"（原注：平）字意。（《校注》本，第8页）

卢以纬明确讲到"者"字或有俗语"底"字意，又说：凡"之"字有"底"字意，且特意注明，"底"在这里读平声。这两条材料为"底"来源于"之""者"的说法提供了有力的证据。很明显，"底"在这里是假借字，"之"和"底"不仅声近韵近，而且按俗语"底"读平声的话，调亦相同了。王力先生说："一向大家都认为'底'字是从'之'字来的。这是可以相信的。"⑩章炳麟在《新方言》中主张"底"不唯源于"之"，也源于"者"。王力先生认为"底"从"者"来的说法解释起来有"困难"。我以为这种演变是在"俗语"（方言）中实现的，当然就很难从《广韵》的读音来寻找演变的根据了。

《语助》作为第一部研究文言虚字的专著，能达到这样的水平，已经很不错了。它当然也有缺点和不足之处，这些就不细述了。关于《语助》，还可以参阅刘长桂、郑涛点校本《助语辞》，黄山书社，1985年；王克仲《助语辞集注》，中华书局，1988年。

元代刘鉴的《经史动静字音》,也涉及语法研究中的一些问题。刘鉴说:"凡字之动者,在诸经史当以朱笔圈之,静者不当圈也。"刘鉴所谓的"圈",前人叫作"点"、"发"。如《史记正义·发字例》:"古书字少,假借盖多,字或数音,观义点发,皆依平上去入。"[11]又如《唐语林》说:"稷下有谚曰:'学识何如观点书。'书之难,不唯句度义理,兼在知字之正音、借音。若某字以朱发平声,即为某字,发上声变为某字,去入又改为某字。转平上去入易耳,知合发不发为难。"[12]

"圈点"之例盖起于"齐梁人分别四声"[13]之后,它跟语音、词义有关,也跟语法有关。刘鉴就是以"圈"或"不当圈"来区别字之动静的。

他所说的"静字"并不就是名词,而是指不须圈点的本音,即张守节说的"如字初音者皆为正字,不须点发"[14],也就是《唐语林》所说的"正音";他所说的"动字"并不就是动词,而是指"借音",即圈点后的读音。如:

王平声,君也。　　　君有天下曰王。去声。

冠平声,首服也。　　加诸首曰冠。去声。

空平声,虚也。　　　虚之曰空。去声。

数上声,计之也。　　计之有多少曰数。去声。

"王"、"冠"读平声时,是静字,在这里静字等于名词;读去声时,是动字,在这里动字等于动词。

"空"读平声时,是静字,在这里静字又等于形容词;读去声时,是动字,在这里动字等于动词。

"数"读上声时,是静字,在这里静字又指的是动词;读去声时,是动字,在这里动字指的是名词。

可见,静字可以指名词,也可以指动词、形容词;动字可以指动词,也可以指名词。要之,动静之别的语法作用就在于改变词性而已。这种情形,清人称之为"两声各义"或"一字两读"[15],现在通行的说法叫"读破"、"破字"。"读破"究竟产生于何时,如何看待"读破"问题,看法不一样。这不是本书所要讨论的问题,在此就不叙述了。

注:

① 许慎还给"词"下了一个定义。《说文·司部》:"词,意内而言外也。"段玉裁解释说:"意者,文字之义也;言者,文字之声也;词者,文字形声合也。凡许之说字义,皆意内也;凡许之说形声,皆言外也。"(段注第 430 页)段说显然误解了许慎原意,段是把"词"当作实词来理解的。王筠说:"意内言外者,谓不直说其意,而于词露之也。"(《说文句读》卷十七)王说较段说为优,但亦不甚了然。

傅东华说:"余谓词虽不为义,而非无意。不为义者,谓不如名之有实可以界画,言之有实可以直指耳,而其'向背疑信'之意则固在,此其所以为'意内而言外',谓意在于言外也。"(《文法稽古篇》,《中国文法革新论丛》第 148 页)

我以为"意内"即意在词之内,词虽不为义(实义),而非无"意"(指语法意义)。"言外"即在言之外,"言"指实词、句子等。虚词是在实词之外来表达其语法意义、功能的。语气词、连词、介词都不能独立作为句子成分,这也是"言外"。一句话,"词"是"言外之意"。

孔颖达称实词为"义类",虚词为"语助类"。详说可参阅刘世儒《孔颖达词类说和实词说》,见《训诂研究》第一辑。

② 语出柳宗元:《复杜温夫书》,《河东先生集》第五册,第三十四卷。
③ 《论语·子罕篇》:"法语之言,能无从乎?改之为贵。巽与之言,能无说乎?绎之为贵。"
④ 胡长孺:《语助·序》。
⑤ 《论语·子罕》引诗。
⑥ 《诗·齐风》。

⑦ 〔　〕内"发语"等十一字,原书残缺,据"格致"本补。
⑧ 《论语·阳货》:"小子何莫学夫诗?"
⑨ 《论语·为政》:"吾十有五而志于学。"
⑩ 《汉语史稿》中册,第 320 页。
⑪⑭ 《史记》第十册,《史记正义·发字例》,第 16 页。
⑫ 《唐语林》,古典文学出版社,1957 年,第 62 页。
⑬ 《十驾斋养新录》卷五,第 91 页。
⑮ 顾炎武有"先儒两声各义之说不尽然"的主张,见《音论》卷下。钱大昕也有专文论及"一字两读",见《十驾斋养新录》卷五,第 92 页。至于王筠《说文释例》卷五说的"静字"、"动字"乃名词、动词之分,与诸说不同。见商务印书馆,万有文库本,第 477 页。

第七章 清代语言学

（公元 17 世纪中叶—公元 19 世纪）

概　　况

中国古代语言学发展到清代,进入了全面总结提高阶段。在二百六十多年的时间内,产生了一大批著名的音韵学家、文字学家、训诂学家,传统语言学的各个领域都取得了丰硕成果。

清代语言学的发展有三个阶段。顺、康、雍为第一阶段,乾、嘉为第二阶段,道、咸至清末为第三阶段。第一阶段是开创风气的时期,顾炎武、毛奇龄、黄扶孟、刘献廷、潘耒等是代表人物；第二阶段是清代语言学的高峰,也是中国古代语言学最为竦桀的一个高峰,江永和戴、段、二王以及钱大昕是杰出代表；第三阶段是衰落时期,但也有陈澧、俞樾、孙诒让这样的代表人物。

清代语言学是在批判宋明理学的基础上发展起来的。清代语言学的奠基人顾炎武首先冲锋陷阵,对明代的学术思想、学风开展了尖锐的批判。他批判明人空谈"心""性","置四海困穷不言"（《与友人论学书》）。又说:"有明一代之人,其所著书,无非盗窃而已。"[①]"万历间人,看书不看首尾,只看中间两三行。"[②] 全祖望曾将顾氏的学术主张概括为:

古今安得别有所谓理学者,经学即理学也。自有舍经学以言理学者,而邪说以起。不知舍经学则其所谓理学者,禅学也。

(全祖望:《鲒埼亭集卷十二·亭林先生神道表》,见《全祖望集彙校集注》(上),上海古籍出版社,2008年,第227页)③

"经学即理学",这是清儒实行学术变革的指导思想。对于"理学"的批判,就意味着经学的发展要以"小学"为基础,要把"经"的研究建立在古音古义研究的基础上。顾炎武说:"故愚以为读九经自考文始,考文自知音始,以至诸子百家之书,亦莫不然。"④

到了乾嘉时代,皖派的领袖人物戴震进一步阐述了语言文字之学与经学的关系。他说:

仆自十七岁时(乾隆四年,1739),有志闻道,谓非求之六经、孔、孟不可得,非从事于字义、制度、名物,无由以通其语言。⑤

由文字以通乎语言,由语言以通乎古圣贤之心志。⑥

宋已来儒者以己之见,硬坐为古贤圣立言之意,而语言文字实未之知。⑦

戴震这些观点在当时的学术界产生了深远的影响,不仅皖派学者赞同他的看法,吴派中的某些学者也深受其影响。如钱大昕说:

夫穷经者,必通训诂,训诂明而后知义理之趣。后儒不知训诂，欲以乡壁虚造之说求义理所在，夫是以支离而失其宗。⑧

训诂者，义理之所由出，非别有义理出乎训诂之外者也。⑨

谓诂训之外，别有义理，如桑门以"不立文字"为最上乘者，非吾儒之学也。⑩

通经必先通古人的语言，通古人的语言就必先通古代的字义、名物、制度，这是乾、嘉语言学家的指导思想。这一指导思想决定了清代语言学的内容以研究古音古义为主⑪。

离开"训诂"而大谈"义理"，这样的"义理"是靠不住的，但这又是古今"义理"家的通病。今之号称"新儒学"、"国学家"者，他们讲的那些"义理"，靠得住的、信得过的，有多少？

顾炎武的《音学五书》是研究古音的奠基之作⑫，他的《日知录》和黄扶孟的《字诂》、《义府》是研究古义的奠基之作，阎若璩的《古文尚书疏证》是辨伪书的奠基之作。17世纪后半期出现的这几部著作，开一代学风，影响了整个18、19世纪的学术方向。清代第一流的语言学家，如江永、戴震、段玉裁、王念孙、王引之、江有诰等人，都以毕生精力从事汉语古音古义的研究。

清代语言学之所以如此发达，主要有以下几个方面的原因。

第一，音韵、文字、训诂，是传统语言学的三大部门。这三个部门的发展是互相联系、互相制约的。对清代语言学发展起制约作用的是上古音系统的确立。由于顾、江、段、戴等人在上古音研究方面取得了重大突破，建立了一个完整的、科学的古音系统，这就引发了整个清代语言学的变革。也就是说，古音学所取得的成就不仅使音韵学得到了发展,这一成果被直接运用到文字学、训诂学,使得文字学、训诂学中一大批疑难问题,有了新的答案,获得了满意的解决。清以前的文字学家、训诂学家,由于"不达古音,往往舍声而求义,穿凿附会,即二徐尚不能免,至介甫益甚矣"[13]。所以我认为,清代语言学得以繁荣的一个主要原因,是顾炎武、戴震等人,紧紧地抓住了上古音这个中心环节。

第二,学术事业的繁荣,要靠学术队伍的整齐、强大。清代的语言学队伍比以往任何时候都要强大,都要整齐。他们有顾炎武、戴震这样的见高识远、头脑细密、造诣很深的学术带头人。他们从事一个研究项目,都舍得把毕生的精力投进去。顾炎武积三十余年反复修改而成《日知录》,桂馥花了四十年时间、段玉裁花了三十多年时间从事《说文》研究,朱骏声写《说文通训定声》,也是"其平生之心得在是矣"。王念孙用十年时间写《广雅疏证》,邵晋涵用十年时间作《尔雅正义》,郝懿行用十四年时间著《尔雅义疏》,江有诰一辈子都在研究上古音。一般来说,他们的写作态度也比较严肃,他们中的多数人遵循了顾炎武提出的著书原则:"其必古人之所未及就,后世之所不可无,而后为之。"[14]他们的学风也比较好,"实事求是","好学深思",这是他们在学风方面的根本特征。他们既反对"凿空",又反对"墨守","好古敏求,各造其域,不立门户,不相党伐"。[15]当然,这不是说当时的学术界没有"小人",没有妒才害贤的是非之徒。

第三,一种学术事业的繁荣,没有一定的社会条件也是不行的。清代语言学的发展,从社会条件来看主要有以下四点:一、官方的文教政策;二、图书资料;三、学术交流;四、社会经济。

关于清代的文化政策,过去只讲文字狱,只讲镇压的一面,其至认为清代语言文字学的兴起,是清廷实行高压政策的产物,这样的看法不能说毫无道理,但具有一定的片面性,与实际情形不完全相符。清代顺、康、雍、乾四朝,的确不断大兴文字狱,也禁毁了一批书,后果极为严重。但在恢复和整理汉民族的传统文化方面也做了不少工作。康熙开博学鸿词科,开明史馆,乾隆接受朱筠的建议,纂辑四库全书,不论他们的动机如何,在客观上促进了学术事业的发展。尤其是开四库馆,从全国各地征集图书资料,这就使一些学者能有机会接触到大量的古典文献,并有机会交流学术思想,作为政治中心的北京,也成了语言文字学的研究中心。清代一些著名的语言学家,都跟北京有直接关系,乾隆十九年(依《钱辛楣先生年谱》说)32岁的戴震在来到北京之后,被钱大昕发现,誉为"天下奇才",秦蕙田、王安国(王念孙之父)、纪昀、王鸣盛、王昶、朱筠等名流,"先后与先生订交,于是,海内皆知有戴先生矣"[16]。邵晋涵、孔广森、王念孙、王引之、郝懿行、段玉裁、桂馥等人,有的长住北京,一面做官,一面从事著述;有的是在北京接受了戴震的学术思想,确立了自己的专业研究方向。

以籍贯而论,清代的语言文字学家绝大多数出生在苏皖地区,因为这里靠近运河,靠近长江下游,经济比较发达,文化教育较为普及,像《尔雅》、《说文》、《广韵》这样的著作,明末清初的士人已很难见到,而到了乾隆时代,东南地区有的乡塾就以这些书作为教科书。"许郑之学",风靡一时。正因为有广泛的群众基础,才能造就出一批专业人才来。

关于南北学术发展不平衡的问题,山东人王筠也有自己的解释。道光八年(1828)他在《复翟文泉先生书》中说:"窃惟南方,山川绵亘萦带,故其人好标榜;北方山皆特起,水皆孤流,故其人亦独行而好攻击。然而南人成就多而北人少,心窃愤之。"(《清诒堂文集》第 123 页,齐鲁书社,1987 年)文化与山形水势也可能有联系,但真正的学术成就怎能靠"标榜"呢!"愤"亦无益,学术要以经济为前提,贫穷必然落后,落后就是文化水平低下,这是规律。

清代语言学的成就很突出,问题也很突出。首先,他们有严重的复古主义倾向。具体表现在:对汉以后的语言文字学没有采取分析态度。顾炎武就开了这个不好的风气。但是,顾炎武的批判主要是针对明末的士人,他心怀亡国之痛,对明朝的士人很有情绪,认为这般人不务实学,空谈性命,把国家也给"谈"没了。这样的认识显然不完全正确。我在上一章已经讲了,明万历年间的语言学取得了很好的成就,不可一概否定。到了戴震、钱大昕,不仅批判明朝人,对明朝语言学的成就否定过多,就是对晋唐宋的语言学成就也否定过多。戴震说:

> 晋人附会凿空益多,宋人则恃胸臆为断,故其袭取者多谬,而不谬者在其所弃。[17]

钱大昕说:

> 汉儒说经,遵守家法,诂训传笺,不失先民之旨,自晋代尚空虚,宋贤(盈按:主要指陆九渊)喜"顿悟",笑问学为"支离",弃注疏为糟粕,谈经之家,师心自用,乃以俚俗之言,诠释经典。[18]

晋宋两代的训诂学,各自有其特色,他们有"师心自用"的缺点,但也敢于创新。朱熹也"常教人看注疏,不可轻议汉儒"[19]。朱熹称赞"汉魏诸儒,正音读,通训诂,考制度,辨名物,其功博矣"[20]。何曾"弃注疏为糟粕"!至于以"俚俗之言,诠释经典",有何不可!宋人的疑古精神、开创精神,在中国学术史上有不可磨灭的意义。

理论上的片面性,实启门户之争。江藩的《汉学师承记》把顾、江、戴、段、二王等列入"汉学家"的行列,本是不伦不类,但宋学家正好瞄准这个靶子,大肆攻击。顾、江、戴、段等人根本不能用"汉学家"来范围之[21],章太炎《检论·学隐》说:"惠栋殁,吴材衰,学者皆拥树戴氏为大师,而固不执汉学。"(《訄书·学隐》这段文字与此不同)高邮王氏父子也是"孰(熟)于汉学之门户,而不囿于汉学之藩篱者也"[22]。但有清一代的汉宋之争,顾与戴是有责任的。

清代语言学的复古主义倾向,还表现在他们对现实语言问题漠不关心。多数语言学家在故纸堆中讨生活,甚至对汉以后清以前一些研究活语言的著作,评价也非常之低。他们在活语言研究方面成绩最差,远不如元明二代的语言学家。

在研究方法上,有的人过分强调考据,甚至为考据而考据。乾嘉以后的语言学家,统观全局的能力,分析的能力,越来越差。有的人终其身只会爬梳材料,堆砌材料,引不出科学的结论。这说明传统语言学已经走向终点,必须要有新的观点,新的方法,对之进行新的改造,传统语言学才能走出困境,别开新面。

注:

① 《日知录》(上)第六册卷十八,商务印书馆国学基本丛书本,民国二十四年四月四版,第125页。
② 《日知录》(下)第七册,第21、79页。

③ 张舜徽先生在《清儒学记》中认为:全祖望把顾氏"古之所谓理学,经学也"概括为"经学即理学","和顾氏原意,大有距离。这是由于误解了顾氏的话……"。(华中师范大学出版社,2005年,第15页)可备一说。但我个人以为,全祖望对顾氏的话不存在什么"误解"。
④ 《答李子德书》。见《音学五书》前附,上海鸿章书局石印本,第4页。
⑤ 《戴东原集》(下),万有文库本,段玉裁《先生年谱》,第107页。
⑥ 同上书,《古经解钩沉序》,第36页。
⑦ 同上书,《与某书》,第33页。
⑧ 《潜研堂文集》卷二十四,万有文库本,第344页。
⑨ 同上书,第349页。
⑩ 同上书,第348页。
⑪ 可参阅何九盈《乾嘉时代的语言学》,见何著《语言丛稿》,商务印书馆,2006年。
⑫ 此书原名《音统》,后改名为《音学五书》。康熙十八年(?)顾氏《与汤圣弘书》云:"拙著《音统》已改名《音学五书》,以鬻产之资,付力臣(张弨)兄刻之淮上。尚需改定,故未印出,先以序目请正。"汤为江苏六合州人。(参阅华忱之《顾亭林文选》,四川人民出版社,1998年,第369、370页)有关《音学五书》的刻印过程,还可参阅《何子贞:张力臣与顾亭林十一札卷跋》(缪荃孙《艺风堂杂钞》卷六,中华书局,2010年,第279页)。
⑬ 《潜研堂文集》卷二十四,万有文库本,第351页。
⑭ 《日知录》卷十九。
⑮ 阮元:《揅经室集·拟国史儒林传序》卷三,中华书局,2006年,第37页。
⑯ 《潜研堂文集·戴先生震传》卷三十九,万有文库本,第620页。
⑰ 《戴东原集》(下),万有文库本,《与某书》,第33页。
⑱ 《潜研堂文集》卷二十四,万有文库本,第349页。
⑲⑳ 皮锡瑞:《经学历史》,第299页。
㉑ 可参阅龚自珍:《与江子屏笺》,《定庵全集》卷六;梁启超《清代学术概论》。另外,可参阅拙文:《乾嘉时代的语言学》。北京大学学报1984年1期,已收入《语言丛稿》。
㉒ 王引之:《经义述闻·序》。又见《高邮王氏遗书》,江苏古籍出版社,2000年,第196页。

第二十六节　清代古音学

学术史上常有这样的情形,旧观点、旧体系受到批判之后,并不是马上就会消失的;新观点、新体系提出之后,也并不可能一下子就会获得普遍的赞同。新旧之间总要经过一番较量、争斗,新的体系才能取代旧的体系,并胜利地向前发展。清代初年古音学领域也展开了一场新旧之间的斗争。新体系的代表人物是顾炎武,旧体系的维护者是毛奇龄。

顾炎武(1613—1682),初名绛,字宁人,人称亭林先生,江苏昆山人。明清之际的思想家、著名学者。中年以后,告别故乡,以游为隐,行走于晋、冀、鲁、豫、陕等地,最后定居陕西华阳。他"潜心声韵几五十年,作《音学五书》,而古音乃大明于天下"。[①]《五书》以《诗本音》和《古音表》最为重要,《诗本音》是《古音表》的根据,《古音表》是《诗本音》的归纳。顾炎武将上古韵划分为十类:

东冬锺江第一
支之半脂之微齐佳皆灰咍尤之半第二
鱼虞模麻之半侯第三
真谆臻文殷元魂痕寒桓删山先仙第四
萧宵肴豪尤之半幽第五
歌戈麻之半支之半第六
阳唐庚之半第七
庚之半耕清青第八

蒸登第九

侵覃谈盐添咸衔严凡第十

顾炎武还没有给韵部立专有名称，只是用《广韵》平声五十七个韵目分别给各类命名。十部之中，六、七、八、九等四个部为江永以后的古韵学家所接受，其他六个部虽说比较粗疏，也不过是进一步离析的问题。咸丰七年杨传第在《重刊李氏古今韵考序》中说，江、段二人的分部"益密于顾氏，然皆自顾氏之十部导之，故通乎十部之说，则于求古人之音，思过半矣"②。陈澧也说："有《音学五书》而今人识三代以上之音。夫居今日而著书使人恍若于二千余年之上，岂非亘古奇作乎！后来江、段诸家因而加密，然皆谓之顾氏之学可矣。"（《东塾读书论学札记》，《陈澧集》（贰），第407、408页）

《古今韵考》的作者是顾炎武的友人李因笃（1633—1692），字天生，一字子德，陕西富平人。他"于顾氏《音学五书》尝预参订，深明顾书之蕴"③。所以顾炎武曾说："深知吾书，海内惟李生一人。"④李因笃的《古今韵考》成书于康熙二十八年（1689），也遵顾说分古音为十部，并高度评价了《音学五书》，这在当时是很有意义的。因为顾炎武已于康熙二十一年去世，到康熙二十四年（1685）毛奇龄抛出了《古今通韵》，坚持古音"转叶"的观点，对陈第、顾炎武大加非议。李因笃一向反对毛奇龄的"转叶"论，据说他们曾在一起论古韵，意见不合，"奇龄强辩，因笃气愤填膺，不能答，遂拔剑斫之，奇龄骇走，当时相传为快事"⑤。在《古今韵考》中，李因笃又指出："固陋自安，妄言转叶，虽当代通儒不免焉。"所谓"通儒"，就包括毛奇龄在内。

毛奇龄（1623—1716），字大可，浙江萧山人，人称西河先生。

明亡,曾短期入军抗清,后因"怨家屡陷之,乃变姓名为王士方,亡命浪游"。(《清史稿》本传)康熙十八年己未(1679)举博学鸿词,授翰林院检讨。他对清代学风的转变起过重要作用。著述甚多,《四库全书》录其所著书目多至四十余部。在《易小帖》提要中肯定毛氏的贡献:"自明以来申明汉儒之学,使儒者不敢以空言说经,实奇龄开其先路。"(38页)阮元也说:"有明三百年,以时文相尚,其弊庸陋谫僿,至有不能举经史名目者。国朝经学盛兴,检讨首出于东林、蕺山(晚明顾宪成等人曾在东林书院讲学,称为东林党。晚明刘宗周因讲学于蕺山,学者称蕺山先生。黄宗羲是他的学生)空文讲学之余,以经学自任,大声疾呼,而一时之实学顿起……迄今学者日益昌明,大江南北,著书授徒之家数十,视检讨而精核者固多,谓非检讨开始之功则不可。"[⑥]但毛奇龄是一个"巧于颠倒"的人,"好为驳辨以求胜,凡他人所已言者,必力反其辞"(《四库全书总目》卷十二,第102页)。他的《古今通韵》一书,也是"巧于颠倒",是大倒退,无"开始之功"可言。写此书时,毛奇龄正在翰林院任检讨,纂修明史,他把自己的韵书进呈康熙,康熙"特召阁臣使传谕称善"。此书的正式名称为《康熙甲子史馆新刊古今通韵》。题上"康熙",有与《洪武正韵》相提并论之意,"甲子史馆新刊"则是取《壬子新刊礼部韵略》之意。这部韵书一经康熙御览,算是通了天,一般人只能说是,顾炎武的外甥徐乾学(1631—1694,康熙九年探花,时任内阁学士兼礼部侍郎)为此书作序,也只说了一些模棱两可的话。什么"乾学无似,不能为说以通两家(指顾与毛)之邮,惟是二书(指《音学五书》和《古今通韵》)各有归趣,要皆积数十年精力为之,其必传于后无疑者。先舅藏书名山,以俟后人,而此书遂达御前,宣付史馆刊行于世"。毛奇龄在书中大批顾炎武,说"顾亭林作

《音学五书》,遵陈第古无叶音之说"是"大无理",是"偏执",是"不识古韵,而欲以讲韵学,虽读书多年,犹多误处",是"明知故犯","岂有此理"。对此,徐乾学一句反驳的话也没有。其实,毛奇龄完全是开倒车,他不仅要倒回到吴棫、郑庠的老路上去,而且比吴、郑还要荒谬。他把自己的古韵体系概括为一句话,叫作:五部三声两界两合。

五部:

东冬江阳庚青蒸第一部
支微齐佳灰鱼虞歌麻尤第二部
鱼虞歌麻萧肴豪尤第三部
真文元寒删先第四部
侵覃盐咸第五部

跟郑庠的六部相比,一、四、五三部完全一样,鱼虞歌麻萧肴豪尤,郑庠分为两部,毛奇龄合而为一,又将鱼虞歌麻尤五韵与支微齐佳灰混为一部。

三声:就是主张上古声调平上去三声合用。

两界:就是阴声十三韵(无入声相配)为一通,阳声十七韵(有入声相配)为一通。阳声十七韵的具体通转界限是:第一部(收-ŋ)与第四部(收-n)通,第四部又与第五部(收-m)通,叫作"连环通转"。

两合:就是阴声韵的去声和跟阳声韵相配的入声相合("以去之无入十三部与入十七部互合,而平上不与焉")。阴声韵的去声与阳声韵的入声"互合",有一定的根据,后来段玉裁主张古无去声,与毛奇龄的"两合"说有相似之处,二人都注意到去入关系密切。

毛奇龄的古韵体系,从表面上看,比之吴棫、郑庠要严密得多,实际上这个体系是无意义的。因为部虽有五,而界只有二。结果是阴声韵等于只有一个部,阳声韵经"连环通转",也等于只有一个部了。整个上古韵就只有两个大韵部了。其中阳韵之入又与阴韵之去"互合",两大韵部的界限也突破了,这才是真正的"岂有此理"!

错误的体系源于错误的指导思想。毛奇龄主张"字有本音,有转音。本音为韵,转音为叶"。"转是转注,所谓一字数音,必转释其音而后可知者","叶即古协字……调剂谐协之义,凡古文旧注所称'叶韵'者皆是。大抵今韵押例,律诗同用,古诗通用,通用而不用本音谓之转用,转其一二字而不与全部通转者,则谓之叶"。⑦

古音通转是有条件的,通转之所以产生,是方音或历史演变的缘故,并不是像毛奇龄所说的这样,在同一时间同一空间的范围内,同一个字有什么"本音"、"转音"之别。从宋之吴棫到明之杨慎,一直到清之毛奇龄,他们都还不懂什么是真正的"古本音";不懂得研究上古音,只能选取上古时代的韵文材料;他们也不研究韵例,当然也就不懂得本韵、合韵的区别了。他们花费很多时间搞出来的体系,只不过是一团乱麻。我们充分了解这些失败的教训,就更可以深刻认识顾炎武的古音体系有多么重要的意义。钱大昕说:"此顾氏讲求古音,其识高出于毛奇龄辈万倍,而大有功于艺林者也。""若毛奇龄辈,不知而作,哓哓謷謷,置勿与辩可也。"(《潜研堂文集》卷十五,万有文库本,209页)他的古韵学说不可取,而《通韵》全书也有可称道之处。黄侃指出:"毛奇龄主五部三声两界两合之说,言虽唐大,而音之区分音、声、韵三者则自毛氏始。"⑧

毛奇龄之后,康熙年间还有一位持"叶音"说的人是邵长蘅(1637—1704),字子湘,号青门山人,江苏武进(常州)人。康熙间,宋荦为江苏巡抚,"而长蘅实长洲(苏州府治)人,又荦之门客"。(《四库总目》1775页)称荦为"老夫子老大人"(荦长蘅三岁),自称"受业门人"(见《一士谈荟》204页)。长蘅于康熙三十四年(1696)写成《古今韵略》五卷,其书"古韵依才老《韵补》,省其复字,而仅益以杨氏《古音》(指杨慎的《转注古音略》),及今增三百四十余字"⑨。他不赞同陈第古无叶音的学说。邵长蘅将古韵分为十类,每一类就是一部。内分"古韵通"与"古韵叶"两部分。所谓"通者,如东冬江相通,支微齐佳灰相通之类是也;叶则音韵俱非,而切响通之。《毛诗》、《离骚》谓之叶(指朱熹注文的叶音),杨氏(指杨慎)谓之转注,义则一耳"⑩。如一东类,"古韵通"就是一东通二冬、三江,"古韵叶"所收的字有虞、牙、家、国等,这些就是与东部"音韵俱非"而"切响"可"通之"的字。他的分部与吴棫、毛奇龄都不同,吸收了顾炎武、柴绍炳等人的长处,如阳韵独立成部,不与江通,从顾;庚青蒸三韵相通,而不通真,从柴。这部书谈不上有什么发明独创,它是立足于叶音通转而又想向顾氏靠拢的过渡产物。

　　康熙年间的古音学基本上还处在草创阶段。到了乾、嘉时代,清代古音学达到了高峰,这时,叶音通转说被完全抛弃了,毛奇龄的红极一时的《康熙甲子史馆新刊古今通韵》已被束之高阁,顾炎武的《音学五书》越来越受到人们的重视。所谓"重视",也只是少数精英人物。乾隆年间的汪中曾深有感慨:"著书以传后,果可必乎?……即如顾亭林者,其《音学五书》,求之江浙之市已不可得,而其版之漫漶也已甚。足下度有人能覆刻以传后乎?"⑪汪氏此言告诉我们,著作的传承也是极其不容易的。顾氏《五书》终于传下来了,值得庆幸! 在清代,沿着顾炎武所开辟的研究道路往前进的有江永、戴震、段玉裁、王念孙、孔广森、姚文田、张惠言、严可均、刘逢禄、江有诰、夏炘、朱骏声、龙启瑞等人，他们都有专著问世，成就的大小，自不可一概而论。

顾炎武去世的前一年，江永诞生了。江永(1681—1762)，字慎修，安徽徽州府婺源(今属江西省)人。一生以教书为业，以学术为生命。他精通三礼、天文、乐律，"最深晰算术"，(《四库全书总目》第325页)又是著名音韵学家。《古韵标准》是他研究上古音的代表作。在此书的"例言"中，他批评顾氏"考古之功多，审音之功浅"。长于"审音"，正是江永的特色。所谓"审音"就是运用等韵学、今音学的原理来研究上古韵部的分合，就是从语音的系统性来考察古韵，而不只是局限于韵文材料的考订。在实际研究中，江永是把考古与审音这两种方法结合起来运用的，所以他能对顾炎武的三、四、五、十等部重新进行分析，得出了古韵十三部的结论。

顾炎武的第三部包括鱼虞模侯及麻之半。江永将侯韵划归幽部，将虞韵一分为二，一部分还留在鱼部，一部分归入幽部。这样，鱼部的内容就相当于《广韵》的鱼模两韵及虞、麻之半。

顾炎武的第四部包括从真谆至先仙十四个韵(也就是平水韵的真文元寒删先六韵)，这是继承郑庠的分法，柴绍炳在《古韵通》中已经批评了郑庠。他说："真文互通于寒删先者，间亦有之，岂成法哉！故两部自当区分，考之古制，断不能并……寒删先、真文，绝不相杂。故断以真文为一部，寒删先为一部，元则半通两属焉。"[12]江永也将这十四个韵分为两部，具体分法与柴氏有所不同。他把真谆臻文殷魂痕七韵定为真部(第四部)，把元寒桓删山仙六个韵定为元部(第五部)，剩下一个先韵析分为二，一部分字归真部，一部分字归元部。

顾炎武的第五部包括萧宵肴豪幽及尤之半。江永也析之为二:幽部(第十一部)包括幽韵和从顾氏第三部划出来的侯韵及虞尤之半(尤韵的另一半,顾氏归第二部),还包括萧肴豪三韵的部分字(口弇而声细者);宵部(第六部)以宵韵为基础,另收萧肴豪的部分字(口开而声大者)。

顾炎武的第十部包括从侵到凡九韵。江永说:"愚谓此九韵与真至仙十四韵相似,当以音之侈弇分为两部。神珙等韵分深摄为内转,咸摄为外转是也。"[13]这就是侵谈分立。侵部(第十二部)以侵韵为主,兼收覃谈盐以及东韵一些字;谈部(第十三部)收添严咸衔凡及覃谈盐的部分字。

江永将顾炎武的四、五、十部都析分为二,其音理根据就是侈弇(敛)对立。用现代术语来解释,大致上是舌面元音高低的问题。弇或敛是指舌面元音较高,侈是指舌面元音低。江永认为真幽侵三部属弇音,元宵谈三部属侈音。我们现在对这几个部的主要元音的构拟也体现了这个特点。

乾隆年间古音学的重要人物有戴、段、王、孔。

戴震上承江永,下启段、王。但按成书年代而论,段先于戴。

段玉裁(1735—1815),字若膺,号茂堂,江苏金坛人,晚年侨居苏州,曾在贵州、四川等地当过知县。他于29岁那年在北京请业于比他大12岁的戴震,从此时开始,直到戴震去世,他们师生相与论韵达十五年之久。

段玉裁分古韵为十七部,是在乾隆三十二年至三十五年之间。起初,戴震认为"支脂之分为三者,恐不其然"(段玉裁:《声类表序》)。过了五年,也就是乾隆三十八年,戴震才肯定段氏分支脂之为三部是正确的。乾隆四十一年(1776)段玉裁在四川刻印《六书音均表》,四十二年正月戴震为此书作序。序文说:"若夫五支异于六脂……七之又异于支脂……寔千有余年莫之或省者,一旦理解,按诸三百篇划然,岂非稽古大快事欤!"⑭

段玉裁在古韵分部方面的另外两个成就是从江永的真部又析出一个文部,从江永的幽部析出一个侯部。他还第一次按照音理将古韵十七部分为六大类:

第一部(之)为一类;
二、三、四、五部(宵幽侯鱼)为一类;
六、七、八部(蒸侵谈)为一类;
九、十、十一部(东阳耕)为一类;
十二、十三、十四部(真文元)为一类;
十五、十六、十七部(脂支歌)为一类。

邻韵以类相从,对"古合韵"的解释就较为可信了。"如母字古在之咍部,《诗》凡十七见,而《蝃蝀》协雨;兴字古在蒸登部,《诗》且五见,而《大明》协林、心。是也。知其分而后知其合,知其合而后愈知其分,凡三百篇及三代秦汉之音,研求其所合,又因所合之多寡远近及异平同入之处,而得其次第,此十七部先后所由定。"⑮研究合韵的分布状况,是排列十七部次第的重要依据。"同类为近,异类为远,非同类而次弟相附为近,次弟相隔为远。"⑯这些意见对于我们拟测上古韵部系统不无参考价值。段氏的分部也有错误,如质配真,侯无入,宵部只有平声,入声药亦读平声,都不可从。

戴震(1724—1777),字慎修(这是戴震早年的字,因与老师江永的字相同,故后来不再使用),又字东原,安徽徽州府休宁(今屯溪市隆阜村)人。他是乾隆中期学术界的领袖人物,著名思想家,数学家,语言学家。他出身贫寒,青年时代常靠教书维持生活。40岁(1762)才考中举人,考了六次进士都没有考中。乾隆三十八年(51岁),经四库馆正总裁裘曰修、总纂官纪昀的推荐,以举人特召充纂修官,因所校《水经注》受到乾隆赞扬,直到53岁时,才奉命与乙未(乾隆四十年)贡士一体殿试,赐同进士出身,授翰林院庶吉士。乾隆四十二年五月卒于京邸。(寓北官园范宅,在海岱门之西,前门之东)由于他对当时的统治思想(理学)大加批判,触犯了顽固的卫道者,致使生前身后,遭受各种攻击。人所共知的《水经注》一案,恐怕至今还未彻底了结吧。从来的学术界都不是风平浪静的,兴风作浪者,代有其人,这是学术史研究者不可不用心体察的大问题。不如此,则会大上其当,被人牵着鼻子走。

戴震于青年时代就钻研音韵学,与其师江永"商定《古韵标准》四卷……于韵学不无小补"[17]。乾隆三十八年癸巳(1773),他主张分古韵为七类二十部(平上去十三部,入声七部),去世前一年(乾隆四十一年丙申,1776)写的《答段若膺论韵》,最后将古韵定为九类二十五部,若入声附而不列,则为十六部。各韵部以影母字命名,具有用汉字标注音值的性质,请看下表:

第一类	喉音	一 二 三	阿(歌)阳 乌(鱼)阴 垩(铎)入	第二类	鼻音	四 五 六	膺(蒸)阳 噫(之)阴 亿(职)入
第三类	鼻音	七 八 九	翁(东)阳 讴(侯)阴 屋(屋)入	第四类	鼻音	十 十一 十二	央(阳)阳 夭(宵)阴 约(药)入
第五类	鼻音	十三 十四 十五	婴(耕)阳 娃(支)阴 厄(锡)入	第六类	舌齿音	十六 十七 十八	殷(真)阳 衣(脂)阴 乙(质)入

(续表)

第七类	舌齿音	十九 二十 二一	安（元）阳 霭（祭）阴 遏（月）入	第八类	唇音	二二 二三	音（侵）阳 邑（缉）入
第九类	唇音	二四 二五	醃（谈）阳 謀（叶）入(yè)				

（此表据《答段若膺论韵》所言排定，见《声类表》卷首，《戴震全书》第叁册，第360页）

戴震这个韵部系统的特点是：

一、入声独立。这一点与江永有一致之处，江氏入声分八部，戴氏分为九部，就是从药部中析出了一个铎部，但铎部本应跟药部一样，归入鼻音类，戴震却归入了喉音类，配置不当。至于以宵配阳，也嫌证据不足。

二、第七类将祭部独立出来，这是他的新发现，但把祭部放在阴声韵的位置上，不合理。按祭部的性质应归入声。对此，清末张文虎(1808—1885)有很中肯的批评。他说："休宁戴氏创为阴阳相配，同入互转之论，曲阜孔㧑轩氏，归安严铁桥氏皆祖述之，而各有同有异……窃谓戴以祭、泰、夬、废配元，不若二家以歌配元之确，而疑祭、泰、夬、废古音皆入声，当并入月、曷、末、黠、鎋、薛，以为元、歌二部之入（段及二家以祭、泰、夬、废并入脂部去声，非）。"[18]

三、最为重要的是戴震进一步确立了阳阴入三分法的上古韵部系统。在这个完整的体系中，最为人所不满的是他把歌部列入第一类的阳声韵。曾运乾批评其"大乖音理"。（《音韵学讲义》第176页）但我认为也可能是我们误解了戴震的本意。戴震说："歌戈本与旧有入之韵近。"[19]"旧有入之韵"就是阳声韵，戴震只是说歌戈与之相"近"而已,相近不等于相同。而他之所以将歌韵列为全表的第一部,因为他认为"凡音声皆起于喉,故有以歌韵为声音之元者,其同于旧有入之韵,不同于旧无入之韵,明矣"[20]。很显然,这里所说的"同",是指搭配位置,而不是指具体音值;所谓"凡音声"是包括阴声韵和阳声韵都在内的。戴震把歌部置于诸韵部之首,正体现了"声音之元者"的思想,其性质与一般阴声韵不同,与一般阳声韵也不同[21]。我以为戴震不至于糊涂到连歌部不是阳声韵也不知道。以"阿"音居首,实乃受梵文"阿字门"的影响。方以智《东西均·译诸名》说:"考《藏》中'阿'与'唵'、'遏'同声,乃黄钟之本,所谓阿字门一切法不生而实具一切法,故人下地得此一声,此万国风气之所同也,本于脐轮之喉音。"庞朴注云:"阿字门,梵文五十字门之一。《大日经·疏七》:阿字是一切法教之本。凡最初开口之音,皆有阿声,若离阿声,则无一切言说;故为众声之母。阿字既为元初根本之声,故为本来本有者,无生之者;此所谓阿字本不生。"(《东西均注释》第169、170页)当然,无论怎么说,戴震这样搭配是不对的。

阳阴入三分法确立于戴氏,导源于江永。戴震说,江永已知阳声韵、阴声韵"皆有入声","江以屋质月药锡职缉盍隶东真元阳耕蒸侵谈,又以屋隶侯,质月锡职隶支,药隶鱼,缉盍隶侵谈"[22]。用表排列起来,这就是阳阴入三声相配。

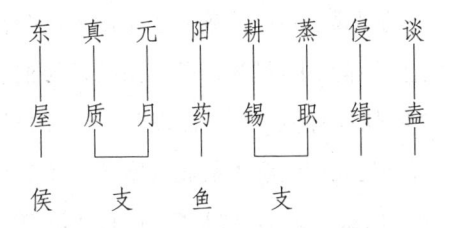

```
东    真    元    阳    耕    蒸    侵    谈
│     │     │     │     │     │     │     │
屋    质    月    药    锡    职    缉    盍
│     │     │     │
侯    支    鱼    支
```

江永并没有彻底解决三分法的问题,这跟分部不彻底也有一定的关系。所以戴震说:"盖江君未知音声相配,故分合犹未当。"(《答段若膺论韵》)直到段玉裁分出支脂之三部,戴震又分出祭部、铎部,入声与阴声的搭配就大为改观。

若仅就阳声韵和阴声韵而论,戴、段不同之点是:"今书内列十七部,仆之意第三(幽)第四(侯)当并,第十二(真)第十三(文)亦当并。"㉓幽侯并,真文并,十七部减为十五部,再加上戴氏自己分出的祭部,就成为十六部了。

孔广森(1752—1786),字众仲,一字㧑约,号顨(xùn)轩,山东曲阜人,17岁中举人,20岁中进士。他英年早逝,因遭家难所致。其父孔继汾为孔氏六十九代孙,曾任户部主事,因撰《孔氏家仪》一书而遭文字狱,经乾隆御批,革职拿交刑部,发往伊犁,死于乾隆五十一年(1786)8月,同年11月孔广森亦去世。㉔他虽是戴震的弟子(又是亲戚,孔继涵(1739—1784)之次子孔广根为戴震之女婿),却是个今文经学家,姚鼐称赞他"博学工为词章"。㉕

孔广森的古韵学著作有《诗声类》和《诗声分例》。分古韵为十八类,阳声九类,阴声九类。

阳声

1. 原类(元)

2. 丁类(耕)

3. 辰类(真文)

4. 阳类(阳)

5. 东类(东)

6. 冬类(冬)

阴声

10. 歌类

11. 支类

12. 脂类

13. 鱼类

14. 侯类

15. 幽类

7. 侵类（侵）　　16. 宵类

8. 蒸类（蒸）　　17. 之类

9. 谈类（谈）　　18. 合类（缉叶）

孔广森的分部与段玉裁基本上一样，不同的是从东部分出冬部（冬众宗中虫戎宫农夆宋等），又从侵谈二部分出一个合部，这个合部他是当作阴声韵来看待的，显然不妥。另外，真文合一，不从段而从戴。

孔广森还明确提出了"此九部者，各以阴阳相配，而可以对转"的理论。[26]他说："入声者，阴阳互转之枢纽，而古今迁变之原委也。举之咍一部而言之，之上为止，止之去为志，志音稍短则为职，由职而转则为证、为拯、为蒸矣；咍之上为海，海之去为代，代音稍短则为德，由德而转则为嶝、为等、为登矣。推诸他部，耕与佳相配，阳与鱼相配，东与侯相配，冬与幽相配，侵与宵相配，真与脂相配，元与歌相配，其间七音递转，莫不如是。"[27]他的"转声"论源于《说文》中的"读若某"。他说："鄙学以谐声说字，源于许叔重。而叔重书间有文下云：'读若某'。今人不达，疑与所从声相错者，……皆古转声也。"（《诗声类》第 44 页）这一发现是可贵的，但他用宵类配侵类，跟他把合类当作阴类一样，都是不合理的。严可均批评说："孔以宵配侵，既不顺口，又左验绝稀。"[28]

阴阳对转的理论为上古韵部的构拟提供了重要的依据，因为阴阳之所以能对转，证明其主要元音是一样的。对转论与吴、郑、杨、毛的通转论在性质上完全不同。阴阳对转是以上古韵部的科学划分作为基础的，没有严密的古韵部的划分，只就《广韵》音系去谈对转，就会转成一团乱麻，通转论的不科学就在于此。

对转论实始于戴震。戴震在《答段若膺论韵》中说：

> 其正转之法有三：一为转而不出其类，脂转皆，之转咍，支转佳是也；一为相配互转，真文魂先转脂微灰齐，换转泰，咍海转登等，侯转东，厚转讲，模转歌是也；一为联贯递转，蒸登转东，之咍转尤，职德转屋，东冬转江，尤幽转萧，屋烛转觉，阳唐转庚，药转锡，真转先，侵转覃是也。以正转知其相配及次序，而不以旁转惑之，以正转之同入相配，定其分合，而不徒恃古人用韵为证。

（《戴震全集》（五），清华大学出版社，第 2530 页）

戴氏所说的正转还是从《广韵》的角度来谈古韵的。他所说的"转而不出其类"、"联贯递转"是属于古韵分部和邻韵相通的音理根据，"相配互转"则属于阴阳韵的关系问题，"相配"是指阴阳相配，"互转"是指阴阳互转，其中的"模转歌"，是把歌韵当作阳声韵来对待的。戴震的"正转"法概念还比较模糊，搭配也不成系统。所以，阴阳对转理论的完整的运用还是要归功于孔广森。

王念孙（1744—1832），字怀祖，人称石臞先生，江苏高邮人。其父王安国雍正二年榜眼，担任过礼部尚书、工部尚书等职。其子王引之嘉庆四年探花，官至工部尚书。王念孙 3 岁随父进京，4 岁读《尔雅》，13 岁从戴东原学习。乾隆四十年中进士，晚年任永定河道，因河水暴溢，造成灾害，"自请治罪。得旨：以六品休致（罢官），应赔河工堵筑漫口例银一万七千二百五十九两"（刘盼遂《高邮王氏父子年谱》，见《高邮王氏遗书·附录》，江苏古籍出版社，2000 年）。[24]他跟段玉裁同时进行古韵研究，得到的结论大多不谋而合,但因"羞为雷同,后竟不出己作"(《高邮王氏父子年谱》)。他分古韵为二十一部:东、蒸、侵、谈、阳、耕、真、谆、元、歌等十部为一类,皆有平上去而无入;支、至、脂、祭、盍、缉、之、鱼、侯、幽、宵等十一部为一类,或四声皆备(支脂之鱼侯幽宵),或有去入而无平上(至祭),或有入而无平上去(盍缉),而入声则十一部皆有之,正与前十类之无入者相反。"此皆以九经、楚辞用韵之文为准,而不从切韵之例。"[30]

研究上古音的人都承认:江、戴是审音派,段、王是考古派。王念孙对古音系统的看法的确跟戴震有所不同。他强调"不从切韵之例",若从戴震的观点看来,正是"考古之功多,辨声之功少也"[31]。他们对入声的配置也很不一样。王念孙自东至歌之十部(戴氏真谆合一,故只有九部)都无入声与之相配,戴则全配之以入声。

段、王之间也有不同:一、王氏将收-p尾的入声缉盍二部独立出来,段则附于侵谈;二、王氏将收-t尾的至祭二部独立,段则将至部的一部分字归入他的第十二部(真部),这是很不恰当的,王氏独立出一个至部,这是他对古韵分部的独特发现。关于这个问题,他于乾隆五十四年秋在北京和段玉裁当面讨论过,但段玉裁没有接受他的意见。[32]

王念孙与孔广森的不同是:东冬不分立。晚年著《合韵谱》时,才增立冬部,定古韵为二十二部。王念孙的古韵分部,生前虽未正式刻印出版,但在学术界已有相当影响。晚年在与陈奂、李许斋、江有诰通信中,已将其研究结论公布。其古韵表收入《经义述闻》卷三十一,其《古韵谱》罗振玉得之于北平,收入《高邮王氏遗书》,另有《合韵谱》20余册,未能收入。

继孔广森之后,严可均(1762—1843)分古韵为十六部。严氏号铁桥,浙江乌程人,精于《说文》之学,他的《说文声类》是按古音系统研究《说文》谐声关系的,阴声、阳声相配,各分八部。阴声有之、支、脂、歌、鱼、侯、幽、宵八类;阳声有蒸、耕、真、元、阳、东、侵、谈八类。阴声分部全同于孔广森,阳声类与孔略有不同,并冬于侵(王力先生亦主张《诗经》时代冬侵合用,均收-m 尾,《楚辞》时代冬由-m 尾变-ŋ 尾)。另外,孔氏的合类,严附于谈类之下。他认为"侵声长,谈声短,二类截然分界,犹幽宵截然分界也"(《说文声类·侵类》)。故"幽侵对转",宵谈对转。

姚文田(1758—1827),字秋农,浙江归安(吴兴)人,嘉庆四年状元,官至礼部尚书。他的《古音谐》完稿于道光初年,道光二十五年(1845)正式刊印。这时姚氏谢世已近二十年。如果从姚氏于乾隆五十五年(1790)以《说文》成为《声系》算起,到《古音谐》完稿(1827),到道光二十五年其子"晏等始得刊成,请沈丈(沈维镛)补校之,盖先后五十五年"。《古音谐》分古韵为八类二十六部(不计入声,则为七类十七部)。

第一类:东 侵 登
第二类:之 齐 支
第三类:文 真 寒 青
第四类:麻
第五类:鱼 侯 丝 爻
第六类:庚
第七类:炎
第八类:九个入声韵部。姚文田说:"戠、月、易、卩、昔、

屋、芍、乐、合九部，其平声皆有别，然四声惟入音最短，故各部皆相近，诸书亦彼此互通，今定以为第八类。"(《古音谐》卷八)

拿他的八类与段玉裁的六类相比，姚氏的分类系统性不强，将"青部"(即耕部)归到第三类，侵部不与炎部(即谈部)同类，反而与东同类，都不妥。他主张入声"不能与三声(平上去)为例，今别釐之为九部"，却不知道入声与三声相配。故主张"异平同入"、"同平异入"，以至将所有入声统归一类，尤为不妥。

江有诰(？—1851)，字晋三，号古愚。徽州府歙县人，一生"惟好音韵之学"[③]，王力先生在《清代古音学》中赞扬他是"清代古音学的巨星"(《王力文集》卷十二，第562页)。著有《诗经韵读》、《群经韵读》、《楚辞韵读》、《唐韵四声正》、《谐声表》、《入声表》、《等韵丛说》。分古韵为二十一部，在十七部的基础上，将祭部独立，他是在不了解戴震已分出祭部的情况下得出这一结论的。他在给段玉裁的信中说："去之祭泰夬废，入之月曷末锗薛，《表》中并入脂部，有诰考此九韵，古人每独用……则此九韵当别为一部无疑也。"又"以缉合为一部，盍叶以下为一部，如此，增立三部，合先生之所分，共二十部"。后来，他读了孔广森的《诗声类》，又吸收孔氏东冬(江有诰将冬部改名为中部)分部的意见，定古韵为二十一部。这就是：

之、幽、宵、侯、鱼、歌、支、脂、祭、元、文、真、耕、阳、东、中、蒸、侵、谈、叶、缉。

各部次序的排列，较之段玉裁更为合理，至今仍有不少古韵学家采取这种排列法。江氏的独特贡献在于对入声各部的离析及与阴声的搭配关系,处理较好。这是顾炎武、江永、段玉裁都未能解决的问题。江氏关于幽、侯入声的划定,段氏也叹为"精确之极"㉞。

段玉裁于嘉庆十七年(1812)为江有诰的《音学十书》作序时,称赞此书"集音学之成,于前此五家(指顾、江、戴、孔、段)皆有匡补之功",还赞扬他在审音、考古两个方面都"深造自得"。"盖顾氏及余皆考古功多,审音功浅;江氏、戴氏二者皆深;而晋三于二者尤深。"(《江氏音学·序》,《经韵楼集》第124页)这时,段玉裁78岁,他说"晋三富于春秋",当时的江有诰还不到40岁。段玉裁去世之后,江有诰又与王念孙讨论韵学。王念孙给江有诰写信说:《诗经韵读》"与鄙见如趋一轨,不觉狂喜"。段、王二人,奖掖后学,不遗余力,这种品质是很可贵的。

朱骏声在《说文通训定声》中分古韵为十八部,用《易》卦作为部名:

丰部(东)　升部(蒸)　临部(侵)
谦部(谈)　颐部(之)　孚部(幽)
小部(宵)　需部(侯)　豫部(鱼)
随部(歌)　解部(支)　履部(脂)
泰部(祭)　乾部(元)　屯部(文)
坤部(真)　鼎部(耕)　壮部(阳)

朱氏分部"大抵从懋堂先生为多。若别霁质于真而为泰部,入声以屋烛承侯为需部,又参酌于怀祖先生之说"。(罗惇衍《说文通

训定声序》)

朱骏声的十个入声韵具有半独立的性质,他称之为"分部"。各分部的字附在有关阴声韵下,但可以与相应的阳声韵相配。请看下表：

阴声	入声	阳声
颐	革	升
孚	复	丰㉟
需	剥	丰
小	莘	壮
豫	泽	
随	泽	
解	益	鼎
履	日	坤
	日	屯㊱
泰	月	屯
	月	乾
	习	临
	嗑	谦

朱氏也注意韵"转"的问题,可阅《说文通训定声总目》各部目小注。

龙启瑞(1814—1858),字辑五,号翰臣,广西桂林府临桂县人。道光二十一年状元。曾任湖南学政,江西布政使。著《古韵通说》二十卷。(光绪癸未四川尊经书局刻本)

龙氏分古韵为二十部:冬、东、支、脂、质、之、歌、鱼、侯、幽、宵、真、谆、元、阳、耕、蒸、侵、谈、缉。二十部中有两个独立的入声韵,即质(相当于王念孙的至部)、缉部。他说:"大抵古时入声字绝少,其偏旁皆从彼三声(盈按:指平上去)递转而来。"(卷二十)又说:"然则质之不入脂,缉之不入侵谈,何也?曰:古入声之为用,与三声异,必如《广韵》之分配则凿矣。善言韵者,于此皆听其自为一部可也。"(卷二十)他对入声的看法不符合《诗经》时代的实际情况。

关于冬部独立,他坚决维护孔广森、张惠言的结论。"意以《唐韵》冬为都宗切,东为德红切,一宽博而平缓,一峻上而高亮,即音分韵,必有深意存乎其间。三百篇中用蒸侵之字,多与此部(冬)相合,鲜有搀入东钟江韵者,此其所以别乎东而自成一部,后之谈古韵者,莫能易之也。"(卷一)

他将二十部通而为十:冬东钟江通,支脂之质歌通,鱼不与他部通,幽侯通,幽宵通,真谆元三部通,真又自通耕,阳不与他部通,蒸不与他部通,侵谈缉三部通。

每一部之内有下列内容:诗韵、经韵、本音、通韵、转音、论曰、赞曰。

诗韵、经韵取裁于段氏《六书音均表》,本音取裁于姚文田《说文声系》,张惠言《说文谐声谱》,苗夔《说文声读表》,"参互折衷,断以己意"。所谓"本音",即各部之"谐声表"。"通韵",指"邻韵之字相通"。所谓"转音",属于异读问题。龙氏说:"骖、阴、饮、谌、临(原注:俱侵部韵)、宏(原注:蒸部韵),以上六字,诗韵俱转入此部(冬部),侵蒸部中字与此部为双声也。后凡言转声之字,仿此。"(卷一,冬部转音条)又说:"转音,即双声之异名,天地间自有是不可磨灭者,今时方音及儿童学语,往往有之,乃振古之元音也。古经中用韵,及字书偏旁有不合者,苟求之于是,无不可通,必谓古一字只有一音,非确论也。兹故设为此条,所以济本音、通韵之穷,而

读古书及《说文》者,愈释然而无疑矣。"(《凡例》第四条)

咸丰九年,刘禧延(1810—1863,字辰孙,江苏元和人)《古韵通说跋》云:"桂林龙翰臣方伯纂《古韵通说》,荟萃诸家,衷于一是,义例精详,严其所以分,而终表其所以合,不为附会,亦不涉拘墟,自谓古韵之学之大成,非过论也。"㊿其实,龙氏的古韵学说瑕瑜互见,根本谈不上集"大成"。

夏炘(1789—1871)的《诗古韵表二十二部集说》,是一本综合性质的史料书,书中着重介绍了顾、江(永)、段、江(有诰)、王等五家分部情况。他认为五家分部已成定论,"增之无可复增,减之亦不能复减,凡自别乎五先生之说者,皆异说也"。(卷上)他肯定五家分部,这是对的,但将异乎此者斥之为"异说",未免武断。

一门学科的发展兴盛,总要具备两个条件才行。一条是要有先进的理论作为指导;一条是要有解决具体问题的科学方法。

清代的古音学者之所以能取得空前的成就,在理论上受到明代陈第、焦竑的"古诗无叶音"的启迪,在实践中,又经过几辈人的努力,总结出了一套行之有效的方法。这就是:一、诗韵系联法;二、谐声类推法;三、古今(今,指广韵)韵比较法,即唐韵离析法。

诗韵系联法就是把《诗经》(后来也推广到先秦所有的韵文)中互相押韵的字系联在一起,组成韵部。顾炎武的《诗本音》、《易音》,对押韵的字一一注明。如"关关雎鸠","鸠"字下注云:"十八尤。言十八尤者,此字在《唐韵》之十八尤也。余做此。"下面的"洲"、"逑"、"流"、"求",都注明"十八尤"。《邶风·柏舟》首章的"舟"、"流"、"忧"、"游",也注明"十八尤"。《鄘风·载驰》首章"悠"字下注"十八尤","漕"字下注"六豪","忧"字注"十八尤"。这样,他就把鸠、洲、逑、流、求、休、舟、忧、游、悠、漕等字都联在一起了,然后归入他的《古音表》第五部,证明它们同一韵部。这种做法比陈第只注直音且不分部的方法进步多了。它的好处就是通过归纳,可以上升为系统。

诗韵系联法,张惠言(1761—1802,字皋文,江苏武进人,清代常州词派创始人,官翰林院编修)称之为"丝联绳引"法。他的《说文谐声谱》卷二说:"余既以诗韵丝联绳引,较其部分。"其子张成孙注释说:"丝联绳引者,意谓由'中'而得'宫躬降',复由'宫'而得'虫宗',复由'降'而得'螽忡'等字是也。故今表诗韵,即以名之。"王显先生说:"大概从顾炎武起,就都是使用这个方法。不过他们既然没明白地说了出来,那么总结出这个方法,自然只能归功于张惠言。"(《清代学者在古韵分部研究上的贡献》,见《古汉语研究论文集》二,第12页)王显同志还指出:"顾炎武、段玉裁他们又还使用了统计法。除此以外,是否还使用了别的方法,对这个问题过去很少研究,此刻还回答不上来。"

"同谐声者必同部",这是段玉裁归纳古韵部的一个重要方法。他在《六书音均表二·古十七部谐声表》中说:

> 考周秦有韵之文,某声必在某部,至赜而不可乱。故视其偏旁以何字为声,而知其音在某部,易简而天下之理得也。许叔重作《说文解字》时未有反语,但云某声某声,即以为韵书可也。自音有变转,同一声而分散于各部各韵。如一"某声",而"某"在厚韵,"媒腜"在灰韵;一"每声",而"悔晦"在队韵,"敏"在轸韵,"晦瑁"在厚韵之类,参差不齐,承学多疑之。要其始则同谐声者必同部也。

(《说文解字注》第818页)

《表》内共分十七部,把他认为是音同或音近的声符分别归在各部之下,全《表》共有声符 1521 个。后来江有诰又对此《表》进行了一番改造,该归并的归并,该增补的增补,并按照他的分部,又做了一个《谐声表》,共列声符 1139 个,比段玉裁的《谐声表》少了 380 多个声符。清代的古音学家也有仅仅根据《诗经》中出现的偏旁作谐声表的,如孔广森在《诗声类》中列举了 770 声符,夏炘的《诗古韵表二十二部集说》列举了 769 声符。

谐声表有两个好处。一是能把上古一万多字都分归在各部之下,这是只按诗韵分部所难以办到的。《诗经》入韵的字,总共才 1870 多,而《说文》有字九千多,还有《说文》不录之字,加起来有一万多。这一万多字除掉《诗经》入韵的字,还剩下八千多,这是很大的一个数目,这些字应当归到哪些部中去呢,有了谐声表就可以类推了。如《诗》韵中仅有"作"、"酢"、"柞"三字,按谐声类推,我们就知道凡是从"乍"得声的字如迮、昨、笮、诈、怍等,都应归到同一韵部中去。严可均的《说文声类》、朱骏声的《说文通训定声》都是按照这个办法,把《说文》所有的字分别归到各韵部中去了。段玉裁说:"一声可谐万字,万字而必同部。"⑧这个论断基本上是可信的。

谐声表的第二个好处是它有很高的实用价值。一个初学古音学的人,对一万多字的归部是很难一一记住的,若掌握了谐声表,就可按谐声类推了。如知道了"台声"在之部,从台得声的治、枲、怠、怡、始、笞、胎、邰、绐、苔、鲐等,无疑也是之部字了。例外也是有的。如"鐵"字本是从"𦥑"(他鼎切,tǐng)得声,朱骏声据此把"鐵"归到鼎部(即耕部),从谐声系统看是对的,从语音系统看就乱套了,"鐵"是入声字,本应归质部,依𦥑声归耕是不妥的。有时,谐声会与诗韵发生矛盾。如："那"本从"冄"（而琰切，rǎn）得声，在诗韵中"那"却和歌部字押韵，"那"应归歌部，朱骏声归谦部（即谈部），欠妥；又如"斯"字，许慎的分析是"从斤，其声"（《说文》十四篇上，斤部），而从诗韵看，"斯"押韵三次，不与之部字相押，应归支部。段玉裁说："其声，未闻。'斯'字自三百篇及唐韵在支部无误，而'其声'在之部，断非声也。"㊴朱骏声认为"斯"字是"从斤，从其，会意"。㊵段、朱二人都在支部立了一个"斯声"，以与之部"其声"相别，这是正确的，这些例子说明，按谐声归部也是一件复杂的工作，谐声产生的时代不一，谐声的可信程度如何，同一个字的偏旁，有人认为是谐声，有人认为不是谐声，这些都涉及归字的问题。一般说来，谐声偏旁与诗韵发生矛盾时，原则上应以诗韵为准。诗韵比谐声产生的时代要晚，它更符合春秋战国时代的实际语音。我在《古韵三十部归字总论》（收入《音韵丛稿》，商务印书馆，2002年）中有讨论，可参阅。

　　据谐声、诗韵建立上古韵部，只能描写出上古韵的横切面，必须拿中古音进行对比分析，才能使上古韵部真正建立在语音发展的系统性的基础之上。这种对比分析的有效方法就是从离析唐韵入手，以观察古今音的变化，进而确立"古本音"。离析唐韵以推求上古音的方法，首创之功应归于顾炎武。顾炎武以前的郑庠，"专就唐韵求其合，不能析唐韵求其分"，"虽分部至少，而仍有出韵"㊶。顾炎武已经认识到，古韵与今韵之间有分有合。如上古的第六部（即歌部）分化为中古的歌戈麻支，第七部（即阳部）分化为中古的阳唐庚。也有上古几个韵部的某些字到中古时合流为一韵的，即中古一个韵的字来自上古几个不同的韵。顾炎武离析唐韵的方法是科学的，但观点却不正确。他在古今音对比过程中，发现今音与古音不一致的地方,就认为"乃韵谱相传之误"(见《唐韵正》上平声卷之一),以至于写《唐韵正》来"正"唐韵,据古以"正"今,实属荒谬。

清人对古韵的研究结论比较一致,成绩也很可观。但对上古声调的看法则颇有分歧。江有诰道光初年给王念孙写信说:"古韵一事,至今日几如日丽中天矣,然四声一说,尚无定论。"[42]

顾炎武主张古有四声,但又认为"古人四声一贯","上或转为平,去或转为平上,入或转为平上去,则在歌者之抑扬高下而已,故四声可以并用","一字之中,自有平上去入"。[43]顾炎武的"一贯"论就是认为一个字的声调是随着具体的语言环境而变的,他虽然肯定古有四声,实际上是认为字无定调。

江永不赞成顾炎武的主张。他说:"平自韵平,上去入自韵上去入者,恒也。亦有一章两声或三四声者,随其声讽诵咏歌,亦自谐适,不必皆出一声,如后人诗余歌曲,正以杂用四声为节奏,诗韵何独不然?"[44]"顾氏于入声皆转为平、为上、为去,大谬。"[45]

段玉裁认为:"考周秦汉初之文,有平上入而无去……古平上为一类,去入为一类;上与平一也,去与入一也。上声备于三百篇,去声备于魏晋。"[46]

孔广森认为古有平上去而无入。"至于入声,则自缉合等闭口音外,悉当分隶自支至之七部而转为去声。盖入声创自江左,非中原旧读。"[47]

他对去声的看法也与众不同。他说:"去声之中,自有长言短言两种读法,每同用而稍别畛域,后世韵书遂取诸阴部去声之短言者,壹改为诸阳部之入声。"[48]

段、孔二人的意见正好相反:前者认为古无去声,后者认为古无入声。但二者都把去入合为一类来考察,这是有原因的。因为这两个调类的字在上古韵文和谐声系统中,关系非常密切。我们认为:古无入声的说法是不可信的,孔是山东曲阜人,在他的口语中入声已经消失,就误以为上古也根本不存在入声。不过,他承认上古去声有长短之别,还是注意到了中古的去入二类在上古是有别的。

江有诰"初见亦谓古无四声……至今反复绅绎,始知古人实有四声,特古人所读之声与后人不同,陆氏编韵时不能审明古训,特就当时之声误为分析"[49]。于是他就写了一本《唐韵四声正》,拿上古声调来"正"中古声调,这跟顾炎武"正"唐韵一样,缺乏历史发展观点。

清人关于上古声调的意见,最可注意的有两点:

一是入声问题。顾炎武、段玉裁是考古派,他们只不过把入声当作一个调类看待。顾炎武分入声为四部,却不独立,分别附于第二(脂)、第三(鱼)、第五(萧)、第十(侵)部。王念孙称赞顾氏前三部阴入相承,"可称卓识",而"以缉承侵,以乏承凡,此两歧之见"[50]。这个评论是对的。后来,王念孙、江有诰把缉、叶两部独立出来,正式确立了收-p尾的两个部,把至部、祭部独立出来,确立了收-t尾的两个部,但收-k尾的几个入声部仍然依附于阴声韵,未之独立。只有戴震将全部入声韵独立成部,姚文田在《古音谐》中也将九个入声部全部独立。与戴震不同的是:他虽阴阳入三分,却不是阴阳入相配。

总之,入声问题看起来是个调类问题,实际上关系到韵部的问题,即对上古韵部采取阴阳两分法,还是阴阳入三分法。这也是考古派与审音派的一大分歧。在当前来说,这个问题还牵涉到如何拟测上古音，也就是阴声韵和入声韵的韵尾究竟有何不同。

二是古无去声说。王力先生说："段氏这一个发现是非常重要的，它不但解决了上古的调类问题，同时也解决了阴声韵和入声韵的分野问题。"[51]所谓解决了调类问题，就是肯定了去入为一类；所谓解决了分野问题，就是确定了阴声韵属于开口音节，去入一类都收-k、-t。

清代还有一位被历史遗忘的重要古音学家万光泰（1712—1750），近年才被张民权从尘封了二百多年的故纸堆中翻了出来。他的《古韵原本》(1744)、《四声谱考正》(1746)、《古音表考正》、《经韵谐声》等，张民权在《清代前期古音学研究》、《清代古音学的重新认识——万光泰古韵十九部及其著述问题》中已有详细介绍，我在这里不再重复其辞。万光泰，字循初，一字柘坡，清嘉兴秀水县人，著作甚富。"梁少师芗林（即梁诗正）续修《通考》，延循初以董其事"，馆于杨梅竹斜街，（全祖望《鲒埼亭集》卷二十《万循初墓志铭》）乾隆十五年卒于京寓。万氏少年成材，中年早逝，有关音学著作未能及时出版，故湮没无闻，在清代音韵学界未能产生应有的社会影响。万氏是一位多面手，年二十五就名列乾隆元年丙辰鸿词科征士，与他同征的有272人，其中有不少名流，如徐文靖、全祖望、刘大櫆、马曰璐、沈德潜、胡鸣玉、顾栋高、厉鹗、杭世骏、袁枚等。万光泰名列第198，他是"浙江秀水人，生员"（清代福格《听雨丛谈》，中华书局，1997年，第94—113页）。万光泰颇有诗名。袁枚《随园诗话》卷一说："同征友万柘坡（光泰），精于五、七古，程鱼门（程晋芳之字，1718—1784）读之，五体投地。"（王英志校点本，凤凰出版社，2004年，第18页）所谓"同征友"，即指乾隆元年丙辰，袁、万均被举为征士，那年袁枚才21岁。丙辰博学鸿词科所征举之士人,有小伙子,也有老年人,如徐文靖(1667—?)被保举时,已是70岁的老头了。唯才是举,岂论老少!乾嘉诗人法式善《梧门诗话》卷七对柘坡诗也有好评。《清史稿·文苑》二称王又曾、万光泰等"为诗不异指趣,亦不同体格,时目为秀水派"。(13384页)

关于上古声母问题,没有引起清儒的普遍注意。有的人认为上古汉语也只有三十六个声母。如江永说:"昔人传三十六母,总括一切有字之音,不可增减,不可移易。凡欲增减移易者,皆妄作也。"[52]这段话主要是对明清等韵学而言的,但也反映了他对古声母问题的一个总的看法。

清代语言学家在声母研究中做出了重大贡献的,只有钱大昕一人。

钱大昕(1728—1804),字晓徵,号辛楣,又号竹汀居士。江苏嘉定人。他在上古声母研究中解决了两个问题。

一、古无轻唇音。"凡轻唇之音,古读皆为重唇。"[53]

二、"古无舌头舌上之分,知彻澄三母,以今音读之,与照穿床无别也,求之古音,则与端透定无异。"[54]

轻重唇不分,知组(舌上)与端组(舌头)不分,这两条都已为音韵学家所接受。

钱大昕之后,夏燮(1799—1875)的《述均》、邹汉勋的《五均论》都讨论过声母问题。《述均》有"齿头、正齿、半齿合用证",主张精庄合一;又有"舌齿出入证",主张知照合并。邹汉勋也主张照$_2$与照$_3$分开,又主张照$_2$应与端知合并。关于邹氏的古声母学说,李葆嘉在《清代上古声纽研究史论》中有详细介绍,可参阅。

邹汉勋(1805—1854),字叔绩,又称叔子,湖南新化人,咸丰元年举人。咸丰三年十二月与太平军战于庐州,城破身亡。(可参阅

蔡梦麒校点《邹叔子遗书七种·前言》)

　　关于上古声母的研究,我们向来忽略了江永的重大成果。张舜徽先生指出了这一点。他说:"黄氏(侃)自言19纽之说,本之邹汉勋,而汉勋又实从江慎修《四声切韵表》中得其启示。"㊺此言甚确。江永《表·凡例》第6条所言"通得19位",黄氏19纽与之一"位"不差。

注:

① 李因笃:《古今韵考·序》。音学五书包括音论、诗本音、易音、唐韵正、古音表等五种。顾炎武康熙十九年(1680)在《音学五书后叙》中说:"予纂辑此书三十余年。"李因笃说是"几五十年"。二说似有矛盾,但曹学佺(1574—1646)于崇祯十六年癸未(1643)已为《诗本音》作序,可证顾氏在青年时代已开始古音研究,直至晚年,犹"潜心声韵","几五十年"之说也是有根据的。

②③ 《古今韵考》。丛书集成初编本,编号为1259。

④ 李因笃:《古今韵考·序》。

⑤ 江藩:《宋学渊源记》卷上,万有文库本,第8页。

⑥ 阮元:《揅经室集·毛西河检讨全集后序》卷七,中华书局,2006年,第543页。

⑦ 以上关于《古今通韵》的引文,均见该书"论例"。北大图书馆藏本。

⑧ 转引自殷孟伦《黄侃先生在古汉语研究方面的贡献》,见《子云乡人类稿》,齐鲁书社,1985,第238页。

⑨ 宋荦:《古今韵略·序》。北大图书馆藏本。

⑩ 《古今韵略·例言》。

⑪ 《新编汪中集·致刘端临书之五》,广陵书社,2005年,第438页。

⑫ 柴绍炳:《古韵通·凡例》。柴氏用的是平水韵的韵目。北大图书馆藏本。

⑬ 《古韵标准》平声第十二部总论,中华书局,1982年,第46页。

⑭ 《戴震全集》(五),清华大学出版社,1997年,第2582页。又见《戴震全

第七章 清代语言学

⑮ 书》(修订本)第陆册,黄山书社,2010年,第381、382页。
⑯ 《说文解字注》吴省钦序,上海古籍出版社,第802页。此序实为段氏本人所作,拙文《侨吴老人三章》有详细论说。(《书山拾梦》,商务印书馆,2010年,第294页)
⑯ 同上书,第831页。
⑰ 《古韵标准·例言》,中华书局,1982年,第3页。
⑱ 《舒艺室续笔》,辽宁教育出版社,2003年,第184页。
⑲⑳㉒ 《戴东原集》(上),《答段若膺论韵》,第61页。又见清华版《戴震全集》(五),第2535页。
㉑ 刘师培《正名隅论》说:"试即中国之古韵考之,各韵之音未有不由歌韵出者,歌韵当为中国韵部之首,夫何疑哉!歌字既为中国韵部之首,则阿字为中国之元音,又何疑哉!近世李光地、王兰生诸人,均以阿字为元音之首,附会满文,而不知实出于梵文,即中国古代之音,亦大抵若此。"刘氏此言,正符合戴氏的配置原则。
㉓ 《戴东原集》(上),《答段若膺论韵》,第58页。又见清华版《戴震全集》(五),第2531页。
㉔ 可参阅黄立振《关于〈孔氏家仪〉的禁毁及治罪作者的经过》,见《古籍论丛》,福建人民出版社,1982年。
㉕ 《惜抱轩文集·仪郑堂记》卷十四,万有文库本,第184页。
㉖ 《诗声类·序》,中华书局,1983年,第1页。
㉗ 《诗声类》卷十二,第44页。
㉘ 《说文声类》侵类第十五,第43页。见音韵学丛书。
㉙ 王引之《奏请扣廉完缴永定河分赔银两摺》作"一万七千五百二十九两"。(《高邮王氏遗书》第189页)应以引之说为据。王寿昌等《伯申府君行状》作"先大父分赔,二万七千两有奇"。(《高邮王氏遗书》第36页)
㉚ 《经义述闻》卷三十一。《高邮王氏遗书》收入《古韵谱》。
㉛ 《戴东原集》(上),第68页。
㉜ 参看王念孙:《与江晋三书》。见《高邮王氏遗书》。
㉝ 江有诰:《寄段茂堂先生书》,见《音学十书》,第2页。
㉞ 《答江晋三论韵》,《经韵楼集》,上海古籍出版社,2008年,第128页。
㉟ 丰之"分部同孚需"。即与孚之分部、需之分部相配。
㊱ 屯之"分部同履泰"。即与履之分部、泰之分部相配。

㊲ 《刘氏遗著》,商务印书馆丛书集成初编本,民国二十八年,第 2 页。
㊳ 《说文解字注》,第 817 页。
㊴ 同上书,第 717 页。
㊵ 《说文通训定声》解部,万有文库本,第 2048 页。
㊶ 江有诰:《音学十书·序例》。
㊷ 《再寄王石臞先生书》。见《音学十书·唐韵四声正》,中华书局,1993 年,第 277 页。
㊸ 《音论》卷中。
㊹ 《古韵标准·例言》,中华书局,1982 年,第 5 页。
㊺ 《古韵标准》入声第一部总论,第 73 页。
㊻ 《说文解字注》,上海古籍出版社,第 815 页。
㊼ 《诗声类·序》。孔氏又在《诗声类》卷十二说:"夫六朝审音,于古去声之中别出入声。"
㊽ 《诗声类》卷十二。
㊾ 《再寄王石臞先生书》。见《音学十书·唐韵四声正》,第 277 页。
㊿ 王念孙:《与李方伯书》。见《经义述闻》卷三十一。李方伯指李许斋,即李赓芸(1754—1817),江苏嘉定人。乾隆五十五年进士,官至福建布政使,蒙冤自缢而死。
㉛ 《上古汉语入声和阴声的分野及其收音》,《龙虫并雕斋文集》,第一册第 183 页。又见《王力文集》第十七卷,山东教育出版社,1989 年,第 231 页。
㉜ 《四声切韵表·凡例》。
㉝ 《十驾斋养新录》卷五,第 101 页。
㉞ 同上书,第 111 页。
㉟ 《张舜徽集·爱晚庐随笔》,华中师范大学出版社,2005 年,第 32 页。

第二十七节　清代今音学

今音学是特指研究《切韵》系韵书的学科。清朝初年,今音研究没有做出什么成绩来。除顾炎武等少数人而外,有些颇有影响的音韵学家连《切韵》系韵书的基本情况都搞不清楚。如有人以为《广韵》206韵是沈约《四声谱》旧目,有人把明朝人潘恩(1496—1582。字子仁,上海人,嘉靖二年进士,累官南京工部尚书,改都察院左都御史)编的《诗韵辑略》说成是"唐礼部韵略",有人以为206韵的同用、独用是沈约注的,有人认为以四声分字,全起于陆法言。当时流行的韵书是阴时夫、中夫编的《韵府群玉》,有的人连《广韵》是什么样都不知道。以上所言为顺治、康熙两朝的情形。

乾嘉时代,音韵学家们的主要注意力都集中于古音学,今音研究比较有成就的唯江永与戴震二人;直到清末才出现一个陈澧,对切韵音系进行了全面深入的探讨,做出了重要贡献。

江永的《四声切韵表》是一部用等韵原理研究切韵音系兼及上古音的著作。他说:

此《表》为音学设,凡有字之音,悉备于此。审音定位,分类辨等。　(序)

此《表》依古二百六韵,条分缕析,四声相从,各统以母,别其音呼等列,字之切即注本字下,开卷了然,学者由此研思,音学庶无差舛。　(凡例第一条)

(《四声切韵表》,民国十九年,北平富晋书社)

《表》的前面有凡例62条,其中有些很好的看法。如第21条说:"凡分韵之类有三:一以开口合口分;一以等分;一以古今音分。"所以他这个音表,不仅标明等、呼,还注明古今音,这种做法虽然受到某些人的非议,但对我们了解古今音的流变以及《切韵》音系的性质,还是有参考价值的。

据今人任铭善说①:1948 年有人曾在上海书肆发现一种未曾刻印的抄本《四声切韵表》,内容与各刻本都有所不同。其中论反切上字义例有这样一段文字:

三四等之重唇不可混也,照穿床审之二等三等不相假也,喻母三等四等亦必有别也。

(盈按:这段话又见之于《音学辨微》)

约在陈澧一百多年前,江永已经发现照二照三"不相假",喻三喻四"必有别",这是应当受到称赞的。

戴震关于今音学的重要著作有《考定广韵独用同用四声表》②。这个表的作用有五:

一、用表的形式把 206 韵依四声排定,便于人们掌握《广韵》四声相承的全面情况。读者从表上立即可以了解到哪些韵有入声,哪些韵没有入声,哪些韵没有平上声,哪些字少的韵没有韵目而附入了其他韵。

二、《广韵》上去二声最后几个韵目,排列次序有误。戴震据徐锴《说文解字篆韵谱》和吴棫《韵补》做了订正。

	广韵原韵次	戴震订正韵次
上声	俨第五十二	赚第五十二
	赚第五十三	槛第五十三
	槛第五十四	俨第五十四
去声	酽第五十七	陷第五十七

陷第五十八　　鉴第五十八
鉴第五十九　　酽第五十九
（戴氏订正的韵次正好与《钜宋广韵》契合）

三、对同用、独用的考订。

1. 平声。《广韵》文第二十注"欣（殷）同用"。顾炎武《音论》卷上指出："唐时二十一殷……绝无通文者，而二十文独用，则又绝无通殷者，合为一韵，始自景祐。"戴氏据以订正。《钜宋广韵》（上海古籍出版社，1983年）正好作"独用"。

2. 上声。《广韵》吻第十八注"隐同用"。戴震亦根据顾炎武、李因笃的考察（见《音论》卷上），把吻、隐二韵都改为"独用"。他断定这是"景祐《礼部韵略》颁行后涂改之本，非《广韵》旧注也"。《钜宋广韵》"吻"、"隐"二韵正好均作"独用"。

又《广韵》上声琰第五十注"忝俨同用"。戴震据别本将"俨"字删掉，而在俨第五十二下注："范同用。"豏韵原注："槛范同用。"戴将"范"字删去。这三处订正均与《钜宋广韵》相契合。

3. 去声。卦第十五注"怪夬同用"。而怪第十六注："独用。"与上注矛盾。戴震将"独用"二字删去。艳第五十五注："栝酽同用。"戴将"酽"字删去，改为"酽梵同用"。陷韵下注："鉴梵同用。"戴将"梵"字删去。

四、对各韵的等呼进行分析。戴震认为，韵分四等，各等又分开合，"其说虽后人新立，而二百六韵之谱，实以此审定部分。然则呼等亦隋唐旧法，后人窃其意以名专学耳"[③]。根据这一认识，他对《广韵》的等呼情况进行了系统的考察。

盖昔人论韵，审其洪细为一二三四等列。如：平声二冬、十一模、十五灰、二十三魂、二十六桓，全韵皆内声（合口）一等。十六咍、二十四痕、二十五寒、六豪、七歌、二十二覃、二十三谈，全韵皆外声（开口）一等。十九臻、五肴、二十六咸、二十七衔，全韵皆外声二等。二十文，全韵皆内声三等。二十八严、二十九凡，全韵皆外声三等。三萧、二十幽、二十五添，全韵皆外声四等。上去入大致准此。

馀韵或主辨等兼内声、外声为一韵。如十一唐、十七登及十四泰，一等。三江、十三佳、十四皆、二十七删、二十八山、十三耕及十七夬，二等。八微、十二齐、二十二元，三等。一先、十五青，四等。并兼内声外声。上去入准此。

或因字少，不烦别出，则兼数等为一韵：钟韵兼三等、四等，肿韵之三等四等字为钟之上声，惟㳁𪄮二字属一等，为冬之上声，以字少不别立部目。又臻栉二韵无上去声字者，其上去声字在隐焮二韵内。臻韵、栉韵并二等，欣韵、迄韵并三等，惟上声隐韵，去声焮韵兼二等、三等，其二等䇞、龀等字，即臻栉二韵之上去也，亦以字少不别立部目。

（清华版《戴震全集》（五），第2268页。内有错别字多处，已改正。
可参阅黄山书社2010年版《戴震全书》（修订本）第叁册第301、302页）

五、考订"声类异同"。戴震所谓的"声类"，并不是指声母系统，而是指大的韵类，也就是"摄"。"今音十五类"，相当于十五个摄。所谓"异同"，不仅指今韵之间的"异"和"同"，还有"今音"与"古音"的"异同"。

> 所谓声类异同者,就二百六韵之次第考之,亦不甚远。东冬钟一类也;江则古音同东冬一类,今音同阳唐一类;支佳一类也;脂微及祭泰夬废一类也;之咍一类也;齐韵半属脂微,半属支佳,而皆灰二韵,则半属脂微,半属之咍;鱼虞模一类也;真谆臻文殷元魂痕寒桓删山先仙一类也;萧宵肴豪一类也;歌戈一类也;麻一类也,古音半同歌戈一类,半同鱼虞一类,元以来麻韵又歧而二;阳唐一类也;庚耕清青一类也;蒸登一类也;尤侯幽一类也;侵覃谈盐添咸衔严凡一类也。古音盖十有三类,今音十五类。上去入统乎此。
>
> (《声韵考》卷二,第5—6页;又《戴震全集》(五),第2269页)

戴震和江永一样,在研究《广韵》音系时,着重于"分类辨等"。往往上联古音,考察韵部的分合流变。他们都还没有深入到《广韵》内部,揭示其实际包含的声类和韵类。因为他们都没有对《广韵》一大堆反切资料进行独立的考察,所以陈澧说:"隋以前之音异于唐季以后,又钱(大昕)戴二君所未及详也。"(《切韵考·序》)对《广韵》声类韵类的考察这个任务,是由陈澧来完成的。

陈澧(1810—1882),字兰甫,号东塾,广东番禺人。23岁(道光十二年)中举,会试七次不第,他终于明白了:"天下人才败坏,大半由于举业。"(《东塾集·与胡伯蓟书》,见《陈澧集》(壹),上海古籍出版社,2008年,第175页)道光三十年(1850)任河源县训导,仅二月余即"告病而归"。他的《切韵考》六卷成书于道光二十二年(1842),《切韵考外篇》成书于光绪五年(1879)。二书是清代今音学等韵学的代表作。

陈澧著《切韵考》的目的是要通过《广韵》考出陆法言《切韵》

的本来面貌。他认为"《切韵》虽亡,而存于《广韵》"(《切韵考·序》),《广韵》的反切就是陆氏"旧法"。因此,他的全部考证就是着眼于分析《广韵》中的反切。《切韵考》也有实用目的。他说:"仆所以必著此书者,小学本为识字,然目睹其字而口不能读其音,谓之识字,可乎?若但讲'读若'、'读如',而不识切语,是犹识篆书而不识楷书也。"(《东塾集·与赵子韶书》,《陈澧集》(壹),第176、177页)

陈澧考证反切的基本原则是:反切上字与所切之字一定是双声,反切下字与所切之字一定是叠韵;凡是两个反切上字同类的,其反切下字必不同类;凡是两个反切下字同类的,反切上字必不同类。

他分析反切的方法就是系联法。所谓系联法也就是归纳法。归纳的具体条例有三:同用,互用,递用。如:

声类

一、同用例。冬,都宗切。
　　　　　　当,都郎切。
冬当的切上字均用"都",无疑同类。

二、互用例。当,都郎切。
　　　　　　都,当孤切。
当都互用为切上字,无疑同类。

三、递用例。冬,都宗切。
　　　　　　都,当孤切。
冬都当递用,无疑同类。

韵类

　　一、同用例。东,德红切。
　　　　　　　公,古红切。
　　　东公的切下字都用"红",无疑同类。
　　二、互用例。公,古红切。
　　　　　　　红,户公切。
　　　红公二字互用为切下字,无疑同类。
　　三、递用例。东,德红切。
　　　　　　　红,户公切。
　　　东以红为切下字,红又以公为切下字,无疑同类。

此外,陈澧还制定了两个补充条例。
一、有的切上字明明同类,可是系联不起来,就据又音系联。如:

　　一东:冻,德红切,又都贡切。
　　一送:冻,多贡切。

"都贡"、"多贡"同音,则"都"、"多"二字实同一类也。
"今于切语上字不系联而实同类者,据此以定之。"(《切韵考·序录·条例》卷一)
二、切下字也有实同类而不能系联的,则据四声相承的情况以定其分合。
他说:

今考平上去入四韵相承者,其每韵分类亦多相承,切语下字既不系联,而相承之韵又分类,乃据以定其分类;否则,虽不系联,实同类耳。(《条例》)

陈澧用系联法将《广韵》452个切上字分别为四十个声类。这四十个声类没有立下专一名称,与三十六母相比较,其分合情形如下:

唇音

 1. 帮——边等八字

 2. 滂——滂等四字

 3. 並——蒲等七字

 4. 明微——文明等十八字

 5. 非——方等十四字

 6. 敷——敷等九字

 7. 奉——房等十六字

舌音

 8. 端——多等七字

 9. 透——他等八字

 10. 定——徒等十字

 11. 泥——奴等六字

 12. 来——卢等十五字

 13. 知——张等九字

14. 彻——抽等七字

15. 澄——除等十一字

16. 娘——尼等三字

齿音

17. 精——将等十三字

18. 清——仓等十四字

19. 从——才等十四字

20. 心——苏等十七字

21. 邪——徐等十字

22. 照$_二$——庄等七字

23. 穿$_二$——初等八字

24. 床$_二$——锄等十二字

25. 审$_二$——山等十字

26. 禅——时等十六字

27. 日——如等八字

28. 照$_三$——之等十二字

29. 穿$_三$——昌等七字

30. 床$_三$——神等四字

31. 审$_三$——书等十四字

牙音

32. 见——居等十七字

33. 溪——康等二十四字
34. 群——渠等十字
35. 疑——鱼等十五字

喉音

36. 影——於等十九字
37. 晓——呼等十六字
38. 匣——胡等七字
39. 喻三——于羽云等十四字
40. 喻四——余以等十二字

陈澧将照二照三分为两类,喻母分为两类,比三十六字母多出了五类。因他将明微二母合而为一,故实际只多了四类。江永指出:"凡三等唇音轻重不兼,有轻唇而复有重唇之明母者,间有数韵,三等之变例也。"(《音学辨微》)陈澧将明微合而为一,对此"变例"认识不清。

陈澧又把《广韵》1200 来个反切下字系联为 311 个韵类,与 206 韵相比,其分类情形如下:

一韵只有一类的,计 125 韵:

平声 32 韵:冬钟江之鱼虞模灰咍谆臻文殷魂痕寒桓萧肴豪歌蒸尤侯幽覃谈添咸衔严凡。

上声 36 韵:董肿讲止语麌姥荠骇贿海准吻隐混很早缓篠巧皓哿果耿拯等有厚黝感敢忝赚槛俨范。

去声39韵:宋用绛志御遇暮队代废震稕问焮恩恨翰换啸效号箇过诤劲径证嶝宥候幼沁勘阚橋陷鉴酽梵。

入声18韵:沃烛觉术栉物迄没曷末职合盍帖洽狎业乏。

一韵分两类的,计63韵:

平声19韵:东微齐佳皆元删山先宵戈阳唐耕清青登侵盐。

上声15韵:尾蟹轸阮潸产铣狝小养荡静迥寝琰。

去声16韵:送未霁祭泰卦怪夬愿谏襇霰笑漾宕艳。

入声13韵:屋月黠鎋屑药铎麦昔锡德缉叶。

一韵分三类的,计12韵:

平声4韵:脂真仙麻

上声2韵:旨马

去声3韵:至线祃

入声3韵:质薛陌

一韵分四类的,计6韵:

平声:支庚

上声:纸梗

去声:寘敬

《广韵》有的韵部之所以能分出二类或三类以至四类,其中有的是开合有别,有的是等列不同,还有"重纽"问题。

陈澧的系联基本上是成功的。他第一次揭示出:《广韵》的声母系统与通行的三十六字母并不完全一样。他把照系分为二组,喻母分二组,都很正确。江永也发现了这些区别,由于他泥于三十六母,未能根据事实做出相应的结论。陈澧对切下字的分析,也是有意义的。它使人们对《广韵》的韵母系统有了一个崭新的认识。陈澧的分析结果,与韵图的音素分析大体上一致,这就是对此书精确性的最好检验。

《切韵考》也还存在一些问题。如反切上字的分类,见系可分为二(有人主张精清从心亦应分为二,这些问题应留到中国现代语言学史中讨论),帮系应合而为一(他只合了一个微母)。

反切下字的分类也有些问题。如漾韵是阳韵的去声,在漾韵中"放防妄"等字归合口一类,阳韵的"方房亡",也应归合口才对,陈澧却把这些字归到开口一类去了,这是自乱其例。

《切韵考》产生一些缺点,主要有两个原因:

一、陈澧给自己规定了这样一条不正确的原则:"惟以考据为准,不以口耳为凭。"④就是说,他只管分析材料,不管音理是否相合。他把"方房亡"等字归到开口的错误就是这么造成的。他说:"此韵狂字巨王切,强字巨良切,则'王'与'良'韵不同类。方字府良切,'王'既与'良'韵不同类,则亦与'方'韵不同类。"⑤说"王与良韵不同类",这是对的,因为两切上字都是"巨",下字必不同类;说"王"与"方"亦不同类,从而把"方"与"良"系联为一类,这就错了。从反切材料看,方,府良切。"良"是开口字,"方"亦应归开口。但是,《广韵》中唇音字开合难分,唇音合口字可以用开口字作切下字,陈澧不懂得这一音理,以致归类失误。

二、陈澧所依据的反切材料并不全可靠。《广韵》的反切、又音,时代不一,错误不少,陈澧已尽力作了一些校正。不过,切一、切二、切三、王一、王二、王三这些材料,他当时都不可能见到,甚至连《韵镜》他也没有可能见到,这些都给他的工作造成了很大的不利。如现代考订《广韵》声类的人,知道把疑母分为五、鱼两类,这是因为切三、王三中的"五"字都作吾古反,与鱼类字区别得很清楚。而陈澧所见到的材料(广韵)"五"字作疑古切,据此他将五、鱼系联为一类,这不能不说与所见材料的局限有关。关于《切韵考》所存在的问题,可参阅周祖谟先生《陈澧切韵考辨误》(《问学集》下册,中华书局,1966年)。

陈澧的《切韵考外篇》是用等韵图的形式展示《广韵》声韵调的配合关系。《外篇》分三卷。卷一为《切语上字分并为三十六类考》,卷二为《二百六韵分并为四等开合图摄考》,卷三为《后论》。重点是卷二。陈氏分为十四摄,与十六摄相比,果、假二摄并,曾、梗二摄并。

关于《切韵考》,有北京市中国书店1984年版(据成都书局1929年版影印);有广东高等教育出版社2004年出版的罗伟豪点校本,横排,眉目不清;2008年上海古籍出版社《陈澧集》第三册收入《切韵考》及《外篇》。

梁僧宝的《切韵求蒙》也是用韵图形式来研究《广韵》的,本来应该在"清代等韵学"中介绍,但因为与《广韵》直接有关,故放在这里一块来谈。

梁僧宝,广东顺德人,咸丰九年(1859)进士。《求蒙》成书于光绪三年(1877)。其表"经之以二百六韵,纬之以三十六母",分十六摄:通、江、宕、梗、曾、深、咸、臻、山、止、蟹、果、假、遇、流、效。韵图收字,以《广韵》为主,也酌量收了《玉篇》、《集韵》中一些字。

梁氏还著有《四声韵谱》。《求蒙》是音节表,《韵谱》是同音字表,其编次是"每摄以韵为序,同韵以开口呼、合口呼为序,同呼以等为序,同等以母为序"。

陈澧的《外篇》和梁僧宝的这两部著作,都是研究《广韵》的最方便的参考书。

清代还有一些研究中古韵书的著作。如纪容舒(纪昀之父,康熙癸巳举人,官姚安府知府)的《孙氏唐韵考》,据徐铉《说文》反切以考校孙愐《唐韵》分合之例与《广韵》改并之迹,纪昀(字晓岚)的《沈氏四声考》据沈约韵文以考证沈约《四声谱》的面貌。这类著作都不可与陈澧的《切韵考》相提并论。李荣认为"《沈氏四声考》一书,于音韵之学,贡献甚多"⑥。他列举了三条,可参阅。陈澧《书纪文达〈沈氏四声考〉后》指出:"后世称沈约作韵书,乃流俗无稽之语,而文达亦复不考,遽谓陆氏《切韵》窃据约书,不亦诬乎!……顾亭林《音论》谓约之前已有韵书……戴东原云:'……顾君殊失详审。'戴氏之言,不特可以正亭林之误,且可以正文达之误矣。"(《东塾集》卷二)

注:

① 任铭善:《旧钞定本四声切韵表跋尾》,见《浙江学报》,二卷二期。又见《无受室文存》,浙江大学出版社,2005年,第 270 页。
② 此文见《声韵考》卷二,《戴震全集》(五),清华大学出版社,1997年,第 2264 页。
③ 《声韵考》卷二,第 5 页,《戴震全集》(五),第 2269 页。

④ 《切韵考·序》,北京市中国书店,1984年,第1页。
⑤ 《切韵考》卷五,第21页。
⑥ 李荣:《论李涪对〈切韵〉的批评及其相关问题》,《中国语文》,1985年第1期。

第二十八节　清代等韵学

清代康熙年间,等韵学较为发达。这时距明末还不算远,明末研究等韵的盛况得到继承发扬。马自援的《等音》(全称为《马氏等音内外集》,北大图书馆藏本),林本裕的《声位》,潘耒的《类音》,以及附于《康熙字典》前面的《等韵》,都颇具特色。

康熙之后到清朝末年,等韵学较为有影响的作品,有江永的《音学辨微》,贾存仁的《等韵精要》,李汝珍的《音鉴》,庞大堃的《等韵辑略》,刘熙载的《四音定切》,劳乃宣的《等韵一得》等。

马自援,名槃什,其父马三宝依附吴三桂在云南为官,马自援的《马氏等音内外集》就写于云南,可能成书于吴三桂叛清期间。据《广阳杂记》卷三记载:吴氏兵败,马亦被杀。

《等音》所反映的语音基本上是北方音。但声调有五:平上去入全。"平"与"全"两个调,马氏又叫作上平、下平(与《广韵》的上平下平不同),其实就是阴平和阳平。他为什么把阳平称之为"全"呢,因为"平上去入四声下,新增以全声,而五声始全"。五声例字如下:

平	上	去	入	全
耶	也	夜	谒(本声)	爷
烟	衍	晏	谒(借声)	延
身	审	圣	食	神

马氏分声调为五,多出一个阳平,乃实际语音的反映。固守四声的人很不理解。俞樾就严加批评,说:

> 三十六字母本有异同之论,删并尚无不可。至平上去入,则自六朝以来相沿至今,从无异论。岂马氏所能擅加,只见其妄矣!

(《九九销夏录》卷十一,中华书局,1995年,第125页)

马氏废"等"名"呼"。呼分为五,叫作"大五音"。

宫音合口呼
商音开口呼
角音闭口卷舌混呼
徵音启口齐齿呼
羽音撮口呼

韵分十三,以见母字命名:光、官、公、裩、高、乖、钩、规、锅、国、孤、骨、瓜。

声母二十一:见、溪、疑、端、透、泥、邦、滂、明、精、清、心、照、穿、审、晓、影、非、微、来、日。二十一字母又分属喉舌唇齿牙,叫作"小五音"。与《韵略易通》的《早梅诗》相比,多一个疑母。与三十六字母相比删掉了十五个声母。因为:一、浊音清化,群定並奉从邪澄床禅匣十个浊母分别并入清声母;二、知照合流,泥娘合流,非敷合流,影喻合流。这个声母系统并非《等音》独创。林本裕说:"至马槃什《等音》字母,一遵如真所定。"[①]

林本裕,字益长,辽宁盖平人,随兄居云南,与马自援同时,继《等音》而作《声位》。这两本著作性质相同,内容大同小异。刘继庄说:"益长之学得之盘(槃)石为多。"②《声位》声母系统与《等音》有两点不一样。一、影疑合而为一。林本裕说:"愚常再三审度:疑、影二母下字,实无丝毫之异,不敢附会古人,尤恐有误来者。"林氏取消疑母是对的,在北音系统中,疑母早已消失。二、《声位》将疑影合一之后,本来只剩下二十个声母了,但林氏又另外增加了四个声母:

〇、咃瑟、诃婆、曷罗多。

这四个声母等于画蛇添足。第一个声母有音无字,后三母为梵音而设,即所谓的二合母、三合母。

这两部等韵学著作都不能说是单一音系的反映。马自援说:"是集惟用正音。按《正韵》(指洪武正韵)谓'天地生人即有声音,五方殊习,人人不同,鲜有能一之者……欲知何为正音,五方之人皆能通解者,斯为正音也',今遵之。"③《洪武正韵》是一部杂凑性质的韵书,它标榜的"五方之人皆能通解"的"正音",其中就有入声,《等音》《声位》也保存入声,就是"遵"的《正韵》。

潘耒的《类音》也是企图搞出一个"欲使五方之人……归于大中至正"的音系来,它的音系也不是单一的。

潘耒(1646—1708),字次耕,号稼堂,江苏吴江人。受业于顾炎武,康熙十八年(1679)与朱彝尊、毛奇龄、李因笃、徐釚、阎若璩(与试未中)等应己未宏词科征士考试,取二等二名,授翰林院检讨,与修《明史》。《类音》的最大特点是用"四呼"分析韵类。

何谓四呼？曰：开口也，齐齿也，合口也，撮口也。凡音皆自内而外，初出于喉，平舌舒唇，谓之开口；举舌对齿，声在舌腭之间，谓之齐齿；敛唇而蓄之，声满颐辅之间，谓之合口；蹙唇而成声，谓之撮口。撮口与齐齿相应，合口与开口相应。此四呼者本一音展转而成……无如各韵之字，全者少，缺者多。惟真文一类、元先一类，四呼之字皆全，规阕则缺开齐（撮），尤侯、萧豪则缺合撮；遮车则缺开合，灰回则缺开齐撮，其他或缺一，或缺二，参差不等，然第缺其字耳，非缺其音也。

（卷一，北大图书馆藏本）

潘耒从发音时舌位的高低和嘴唇形状的不同来说明"四呼"的特点，很得要领。他把四呼的分析看得非常重要。他说："欲明音韵者，先明四呼，其余自迎刃而解矣……神珙（唐代和尚）以来，未论及此。"（卷二）又说："一母之音，分而成四呼，四呼之音比而成一类，有呼有类，而韵生焉。"（卷二）所谓"四呼之音比而成一类"，反过来说，就是一个韵类之内包含着四呼。《类音》分 24 个韵类，乘以四呼，应有 96 个韵（实际上不足此数，因为并非每一韵类都四呼俱备）。

二十四韵类表

韵类	开	齐	合	撮	韵目	全	分
第一类	○	衣	○	於	支微	全	
第二类	○	○	威	○	规阕	全	
第三类	○	○	○	胒(yuē)	遮车	全	
第四类	○	○			遮车		分
第五类	○	○	限	○	灰回	全	
第六类	哀	挨	娃	○	皆哈		分

(续表)

第七类	○	○	乌	纡	敷模	全
第八类	○	○	○	○	敷模	分
第九类	沤	忧	○	○	尤侯	全
第十类	○	幽	○	○	尤侯	分
第十一类	阿正音	○	倭	○	歌戈	全
第十二类	阿北音	鸦	窊	○	家麻	分
第十三类	坳	幺	○	○	肴萧	全
第十四类	鏖	要	○	○	豪宵	分
第十五类	恩	因	温	氲	真文	全
第十六类	安	烟	蜿	鸳	元先	全
第十七类	○	殷	弯	○	删山	分
第十八类	○	邕	翁	硱(yōng)	东冬	全
第十九类	罂	英	泓	萦	庚青	分
第二十类	佚	胦	汪	○	江唐	全
第二十一类	○	央	○	○	阳姜	分
第二十二类	○	音	○	○	侵寻	全
第二十三类	谙	淹	○	○	覃盐	全
第二十四类	蹈	○	○	○	咸凡	分

以上二十四类有全音分音之别。潘耒解释说：

> 何谓全？凡出于口而浑然噩然，含蓄有余者，是谓全音。何谓分？凡出于口而发越嘹亮，若剖若裂者，是为分音。二者犹一干也，枝则歧而为二，既已为二，不可得合矣……
>
> （卷一）
>
> 南人读麻如磨，读瓜如戈，口启而半含；北人读麻为马退切，瓜为古窊切，唇敞而尽放。含者，全也；放者，分也。北人读湍如滩，读潘如攀，读肱如公，读倾如穹，读江如姜，读腔如羌，读嫌如咸，读兼如缄，南音则判然为二。其读傀如乖，读恢如勋(kuài)，则南北音皆然。湍潘也，公穹也，江腔也，嫌兼

也,傀恢也,全音也,启而半含者也;滩攀也,肱倾也,姜羌也,咸缄也,乖勳也,分音也,敞而尽放者也。是二者,欲以为一,则各有四呼,各有阴、阳、平仄,不容相混;欲以为二,则气分相似,声吻相似,非如支微与真文之迥别悬殊,故命之全、分。平上去皆然,而入声尤为明显。昔人惟不明全、分之故,或欲并两类为一类,或以删山添捲舌一呼,或以阳姜肱肩为混呼,离合之间,苦难位置,岂知其从奇生偶,各成一类哉!

(卷一)

潘氏所言全与分的对立是元音发音部位的区别。发言部位较前的是分音,发音部位较后的是全音。如:

麻	磨。全音	南人
	马遐切。分音	北人
瓜	戈。全音	南人
	古漥切。分音	北人
湍	湍。全音	南人
	滩。分音	北人
潘	潘。全音	南人
	攀。分音	北人
肱	肱。分音	南人
	公。全音	北人
倾	倾。分音	南人
	穹。全音	北人
江	江。全音	南人
	姜。分音	北人

腔 { 腔。全音　　　　　南人
　　羌。分音　　　　　北人

嫌 { 嫌。全音　　　　　南人
　　咸。分音　　　　　北人

兼 { 兼。全音　　　　　南人
　　缄。分音　　　　　北人

全音与分音的区别,是以南北方言的不同作为根据的。同一个字,南人读为全音,则北人读为分音,或者相反。这些资料,对我们研究清初南北方音的区别有一定的意义,若作为单一音系来要求,就与潘耒的原意大相乖违了。潘耒说:"二十四类……有全分之类二十,无全分之类四(指一、二、十五、二十二等四类)。全、分者,自一而二,可相通也,如通之则少其十。"(卷二)他的意思是,如果不顾全、分的对立,合起来就只有 14 个韵类了。

《类音》的声母有 50 个,"略如邵子(指邵雍)之四十八,而加详焉"。与三十六字母相比,删去五个声母(知彻澄娘敷。因为彻与穿、澄与床,异呼而同母;知与照、娘与泥则一呼,故删之;非与敷亦异呼而同母,故去敷字),增加 19 个声母:舅语老杜乃绕朕巳在武辇美些而耳〇〇〇〇。这 19 个声母是根据什么理由增加的呢? 它的模式是:五音之内分出阴阳两类。"轻者为阳为浊,重者为阴为清"。如影、晓、见、耳、端、审、照、心、精、非、邦等为阴,喻、匣、溪、而、透、禅、穿、些、清、奉、滂等为阳。群、疑、来、定、泥、日、床、邪、从、微、並、明十二母有阳无阴,则增舅、语、老、杜、乃、绕、朕、巳、在、武、辇、美十二母为阴声以配之。这种阴阳相配的主张,就是本书第二节所批评的"象数等韵学",潘耒也研究过易象数。

这个声母图(见下表)也是脱离实际的,不能代表任何一个方言的声母系统。

潘耒从小"留心音学"(卷一),对燕齐晋豫湖湘广海之间的方音都进行过一番考察,但他还根本不懂得要搞一个单一的方言音系。相反,他真心实意追求的是要搞出一个无所不包的汉语音系来,这几乎是明清等韵学家的共同观念。潘耒已经表白得很明确:"《类音》之音,非南音,非北音,乃人人本有之音也。"④ 非南非北,这是事实。什么"人人本有之音",这个说法就很糊涂。

五十声母表

喉音	阴 阳	影 喻	晓 匣	见	溪	舅 群	语 疑
舌音	阴 阳	老 来	耳 而	端	透	杜 定	乃 泥
腭音	阴 阳	审 禅	绕 日	照	穿	朕 床	○ ○
齿音	阴 阳	心 些	巳 邪	精	清	在 从	○ ○
唇音	阴 阳	非 奉	武 微	邦	滂	莑 並	美 明

清代影响较大的等韵图是附在《康熙字典》前面的《等韵》,其中包括两种性质不同的韵图。《字典》成于康熙五十五年(1716),这两种图理应早于《字典》⑤。

第一个附图叫《字母切韵要法》,它还是用传统的三十六字母,只不过"群床"二字被改为"郡状",匣喻的次序被改为喻匣。它的

分韵与《等音》差不多,有十二个韵摄,即:

迦、结、冈、庚、祴、高、该、傀(guī)、根、干、钩、歌。

《要法》的韵图有两部分:一是《内含四声音韵图》,这是一个声韵配合图,包括四张图表。第一张叫"开口正韵",即开口呼;第二张"开口副韵",即齐齿呼;第三张"合口正韵",即合口呼;第四张"合口副韵",即撮口呼。

这四张图的内部结构一样,都是顶端横列三十六母,但三十六母并不是在每一张表中都同时出现。如第一表只有二十七个声母,没有非敷奉微,照穿状审禅;第二表只有二十八个声母,没有知彻澄娘,非敷奉微;第三表只有二十七个声母,没有帮滂并明,照穿状审禅;第四表只有二十个声母,没有端透定泥,知彻澄娘,帮滂并明,非敷奉微。

表内各声母之下,也就是第二个横列,是用符号标明各声的清或浊。以○代表清,⊙代表次清,●代表浊,◐◐◑◐代表次浊。在这些符号之下,共有十四个横列,每同一横列的字就属于同一个韵摄,同一竖行的字就同一个声纽。如表一"见○"之下,有:

迦　冈庚庚祴高该祴根干根干钩　歌

这十四个字就代表十四个韵摄,同属见母。这里有几个问题要解释一下:

一、《要法》本来只有十二摄,而表内却多出了庚根干三摄,这就有了十五个摄,这种矛盾现象,反映此图作者有存古思想。事实上在表内这三个摄都是虚有其目,并无韵字,全部用○表示。其中的庚摄相当于旧等韵图的曾摄(蒸韵),根摄相当于深摄(侵韵),

㊀摄相当于咸摄（覃盐咸）。曾摄已并入梗摄,深摄、咸摄早已消失,《要法》都还保存其目,这就是对旧等韵图的留恋。

二、㊃摄就是傀摄,而要在祴字外面加一圆圈,这是表明傀摄的开口字,其主要元音与祴摄开口字一致,所以寄入祴摄。

三、《要法》本来有一个结摄,而图内未出现,因为韵图作者把结摄归到了迦摄。迦摄相当于《中原音韵》的家麻部,结摄相当于《中原》的车遮部,这两个部在明清时代的韵书和等韵图中,从古音的就合而为假摄(如《字学元元》),从时音的就分别为二。《要法》本来从时音,分出了结摄,但图内又合在一块,这也是骑墙之见。

四、图内于迦韵之下,歌韵之上,各空一行,表示这两个韵摄有特殊重要的地位。迦摄的元音为 a,歌摄的元音为 ə,始于 a,终于 ə,其余各韵的元音都由此而产生。清末劳乃宣对此有详细论述。他说:"各摄皆生于阿厄。"⑥劳氏的阿厄两摄,即《要法》的迦歌两摄。

《要法》的另一部分是《明显四声等韵图》。这是个声韵调配合表,其音系与前图一样。全图按十二摄分为十二章,每一章横列三十六母,纵列开齐合撮四呼。每呼一大格,每一大格之内(也就是每一呼之内)又纵列平上去入四声。此图用四呼代替四等,与宋元时代的韵图根本不同,反映了实际语音的变化。

《字典》前面还附设一种韵图,叫作《等韵切音指南》。全图分八类十六摄,各摄的名称与《四声等子》及《切韵指南》相同,分二呼四等,保存-m 尾、入声韵。很明显,它所反映的是宋元时代的语音面貌。

乾隆二十四年(1759),江永以 79 岁高龄写了《音学辨微》,这是一本研究宋元等韵学原理的普及读物,是为"有志审音不得其门庭者"而作。

全书主要内容有十一辨:一、辨平仄;二、辨四声;三、辨字母;四、辨七音;五、辨清浊;六、辨疑似;七、辨开口合口;八、辨等列;九、辨翻切;十、辨无字之音;十一、辨婴童之音。除了一、二、七辨之外,剩下的八辨都跟三十六字母有关。

"辨婴童之音"是借婴童之音以辨字母。江永企图把字母之学通俗化,联系婴儿的发音说明字母之学并不神秘。"能呼'妈',唇音明母出矣;能呼'爹',舌音端母出矣;能呼'哥',牙音见母出矣;能呼'姐',齿音精母出矣。"这当然算不上是科学的表述,但在当时还没有音标的情况下,也很难找到更为理想的表述法了。

"辨疑似"是辨"有字无音"的。"疑似"是指"字母之疑似"。如有的方言疑母喻母不分,呼"颙"如"容",呼"鱼"如"余",呼"银"如"寅",呼"尧"如"遥",呼"牛"如"由";有的泥、娘、来三母不分,呼"泥"似"犁",呼"娘"似"良",呼"尼"似"泥"(尼为娘母,泥为泥母);还有的端透定与知彻澄不分,知彻澄与照穿床不分,心邪不分,匣喻不分等等。江永主张都要用"正音""以矫其偏",不能反过来因"疑似"而增减字母。江永所谓的"正音"并不是指"官话",也不是指任何一种单一的活语音,而是指与三十六字母读音相同的字母。他举了一个例子:

吾五二字,举世呼之似喻母,一若"吾"为"乌"之浊,"五"为"邬"之浊者,然婺源西北乡有数处呼之,独得其正。天下何地无正音,人自溺于方隅,不能以类推矣。

"吾"、"五"原本是疑母字,明清时代疑母和喻母相混,早已变为零声母。至于婺源西北乡有的地方还保存疑母(ŋ-)，这是古音残存现象，江永却认为这才是"正音"，并要用这样的"正音"去"矫偏"，去改变"有字无音"（即有的字母在方言中已经消失，如上面说的疑母）的情形，这是缺乏历史发展的观点。因此，他对明清等韵学家根据实际语音增减三十六字母，一再加以反对。乾隆四年春，他在给汪绂（号双池，婺源人）的信中表示：

> 弟之所主张者……《切韵》三十六母，一字不可增损，亦一字不可模糊，当细辨其腭舌唇齿喉与半舌半齿，而天下之正音当参合五方之音，盖官音亦有俗，乡音亦有正也……昔与崔兄论字母，不合。弟主三十六，渠主二十四，临别相视而笑曰：此事两人终身不能相合矣。⑦

在这封信里，"正音"、"官音"、"乡音"是三个不同的概念，要"参合五方之音"才能找出三十六"正音"，这是他"终身"没有改变的一个观点。

"辨无字之音"（即有其音但不见于三十六字母）是指字母之外的音，江永称之"为俚俗不典之音"，这样的字母共计十四个，三十六加十四，共五十字母。这五十个字母是怎么搞出来的呢？也是按照清浊相配的原则制订的，和潘耒的声母系统，在原理上是一样的。可参阅江氏《河洛精蕴》卷七《五十音应大衍之数图》。

自来谈等韵的人都没有对四等的区别做出合理的解释。江永首先用洪细区分四等："一等洪大，二等次大，三四皆细，而四尤细。"洪细之别，用今天的术语来表达，是介音和主要元音的不同。

江永还主张"辨等之法，须于字母辨之"。他总结了三十六字母与四等相结合的规律。我们知道了各等中有哪些字母,自然也就可以知道各等中没有哪些字母。依字母辨等,也是分析中古语音结构的一个办法。

贾存仁,山西人,其《等韵精要》出版于乾隆四十年。全书精华在"总论"与"图说"。分五调(中(阴平)、平(阳平)、上、去、入)、四呼,将音节分为头、项(介音)、腹、尾,分十二韵类,其韵尾"为六部"(喉声、收声一、收声二、鼻声、舌齿声、唇声),实有声母二十一。此书简明扼要,很有实用价值。

《李氏音鉴》是一部基本上反映北音面貌的等韵学著作。《音鉴》的作者李汝珍(约1763—约1830),字松石,直隶大兴(今属北京市)人,小说家,音韵学家。李氏青年时代离开大兴,随兄宦游于江南,长住海州板浦(今江苏连云港市灌云县板浦镇),《音鉴》即成于海州。李氏生平,可参阅孙佳讯《〈镜花缘〉作者的疑案》。(《中华文史论丛》1980年第三辑)

《音鉴》成于嘉庆十年(1805)。全书六卷,前五卷用问答体形式讨论了三十三个关于音韵方面的问题,卷六为"字母五声图",是声韵调相配的字表。这个图不同于一般的等韵图,它先按三十三个字母分为三十三个图,每图之内纵列五个声调,横列二十二韵(同母二十二音),也就是每一个图有二十二条同母音,全书计七百二十余条,以此数乘以声调五,知全书有反切三千六百多。

《音鉴》与一般韵图还有一个不同之点是,它不用等、呼之类的术语,却提出了语音有粗细之别。他说:"母中所收各音,以翻切论之,必使母韵相等,粗细相同,苟失其当,则声因之而讹。"(卷二:问切分粗细论)又:"粗细二音,各归一母。"(卷二:问字母粗细论)粗细,是李汝珍划分声母、韵部的一条重要原则。

声母三十三,有二十八个是按粗细分立的。他的声母标目是一首《行香子》词。

1.春	2.满(粗)	3.尧(细)
4.天(细)	5.溪(细)	6.水
7.清(细)	8.涟(细)	9.嫩(粗)
10.红(粗)	11.飘(细)	12.粉
13.蝶(细)	14.惊(细)	15.眠(细)
16.松(粗)	17.峦(粗)	18.空(粗)
19.翠(粗)	20.鸥(粗)	21.鸟(细)
22.盘(粗)	23.翩(细)	24.对(粗)
25.酒(细)	26.陶(粗)	27.然
28.便(细)	29.博(粗)	30.箇(粗)
31.醉(粗)	32.中	33.仙(细)

其中"博便"、"盘飘"、"对蝶"、"陶天"、"醉酒"、"翠清"、"松仙"、"峦涟"、"满眠"、"嫩鸟"都可以合并,如果再把"鸥尧"(零声母)合并,三十三个声母就只剩下二十二个了。如果再把"箇惊"、"空溪"、"红翩"合并,就只有十九个声母了。

李汝珍将声母分为粗细,实际上是把介音与声母混为一谈了。"便、飘、蝶、天、酒、清、仙、涟、眠、鸟"等"细音",都有一个 i 介音。李汝珍既不讲开合,又不讲四呼,只在声母上做文章,这是不可取的。

《音鉴》有二十二个韵,没有立名称。有十八个韵因粗细对立而分,如果合并,就只有九个韵,另有三韵有细无粗,一个韵有粗无细。九加三加一,共十三个韵。

{第一韵:江阳。	(细)
第二十二韵:江阳。	(粗)
{第二韵:真文元侵。	(细)
第十六韵:真文元。	(粗)
{第三韵:东冬。	(细)
第十七韵:庚青蒸。	(粗)
第四韵:鱼虞。	(细)
第五韵:萧肴豪。	(细)
{第六韵:支佳灰。	(细)
第二十一韵:支佳灰。	(粗)
{第七韵:支微齐。	(细)
第十五韵:支微齐佳灰。	(粗)
第八韵:麻。	(粗)
{第九韵:元寒删覃咸。	(细)
第十八韵:删咸。	(粗)
{第十韵:先盐。	(细)
第十一韵:元寒先。	(粗)
第十二韵:尤	(细)
{第十三韵:歌。	(细)
第十九韵:歌。	(粗)
{第十四韵:麻。	(细)
第二十韵:麻。	(粗)

韵分粗细，也是介音问题。如第一韵细，为 aŋ, iaŋ，即开口呼和齐齿呼；与之对立的第二十二韵粗，为 uaŋ, yaŋ，即合口呼和撮口呼。

《音鉴》缺点有二：一是掉书袋的习气严重。这跟作者在《镜花缘》里所犯的毛病是一样的。《音鉴》引书达四百多种，有不少引文与所要说明的问题毫无关系。劳乃宣批评说："其书文辞辩博，征引浩繁，类有学者所为，故浅人多为所震，其实未窥等韵门径。"⑧二是"南北方音兼列"。如以声母而论，"北音不分香厢、姜将、羌枪六母"（凡例），李汝珍知道得很清楚。但他却根据南音加以分别："香"归翻母，"厢"归仙母；"姜"归惊母，"将"归酒母，"羌"归溪母，"枪"归清母。余集(1738—?，字蓉裳，号秋室，仁和人，乾隆三十一年进士，官翰林院编修，画家）在序言中赞扬这种做法"非囿于一隅之见"。此乃当时人的一种见解，对今人而言就不妥了。

庞大堃(1787—1858)，字子方，亦字厚甫，江苏常熟人，嘉庆二十四年举人，官国子监学录。著《等韵辑略》三卷，"属稿于道光丁丑(1837)，成书于庚子(1840)"（大堃之子庞钟璐《等韵辑略跋》）。庞大堃认为："不明等韵不可以读书。"他是从读书的角度来研究等韵的，目光必然局限于古代。《等韵辑略》分上中下三卷。中下两卷带有通论性质，上卷有《韵摄总图》，以十六摄统二百六部，分开合口，内外转，通广、侷狭门。还有《门法总图》，为辨呼、辨等之"捷诀"。还有《十六摄图》，"以陆法言《切韵》为次，先以《广韵》反切，按纽排纂，附以《唐韵》、《集韵》、《五音集韵》及《玉篇》、《类篇》、《篇海》之切，一韵兼开合者，分为两图。入声有正纽，有反纽⑨，今音多从正纽，古音多从反纽，今于平上去之下，并列其部目，韵字则从正纽。……凡图六十有一，纽凡四千四百四十五，按韵收声，莫

备于此"。(庞钟璐《跋》)

庞氏将《广韵》二〇六韵分为六十一图,对于我们了解《广韵》音系很有帮助。但由于庞氏"博采诸书",六十一图中有些音、有些字不见于《广韵》,内容显得杂而不纯。

《等韵辑略》是研究中古音韵的重要参考书。

刘熙载(1813—1881),号融斋,江苏兴化人。道光二十四年进士。他的文学批评名著《艺概》颇受重视,而《四音定切》[①]虽非名著,但内容颇有值得称道之处。所谓"四音"实指开、齐、合、撮四呼,用"欸、意、乌、于"表示。此书分"图说"、"韵释"两大部分。"图说"讲"定切"知识,"韵释"乃字表,按一〇六韵排列,每韵之内,以四呼统字,各呼又按三十六字母(分清浊)列字。著者特别注意反切用字。"是编以合声统切音。"(《凡例》)所谓"合声法:切开口字,用开口韵,并用开口母;切合口字,用合口韵,并用合口母。切清声字,不惟母清,韵亦用清;切浊声字,不惟母浊,韵亦用浊。且字母必取字头,字头亦名出口音,如'萧'出于'西','尤'出于'移'之类。取韵必取收声之字,如必以'翁'切'东'字,以'焉'切'先'字之类。此合声法也"。此书为等韵入门之作,有普及传统音韵知识的作用。

清代最后一个有成就的等韵学家是劳乃宣(1843—1921)。劳氏为浙江桐乡人,清末任京师大学堂总监督。他从幼年就留心等韵学,经过三十多年的钻研,于光绪九年(1883)写成《等韵一得》。

这是一部结构谨严的科学著作。作者一开篇就抓住了等韵学的实质:"凡音之生,发于母,收于韵,分属于四声。母也,韵也,四声也,是为三大纲。"

劳乃宣在三十六字母的基础上分出了五十八个声母,比旧字母多出二十二个。五十八字母跟江永的五十字母一样,也是按音理推出来的。

他按发音部位将声母分为八类:喉声(即影喻),鼻音(牙音),重舌音(舌头音),轻舌音(舌上音),重齿音(正齿音),轻齿音[11],重唇音(双唇音),轻唇音(唇齿音)。又按发音方法将八类声母各分为清浊二类,共计十六类,其中有十四类都乘以四(即戛透轹捺),共得五十六母,加上喉音二母,即五十八母。江永只按清浊分类,所以才五十母,劳氏在分清浊的基础上又分以戛透轹捺,故声母比江氏还要多。但清声、浊声各有十一个声母为虚设,有音无字,除去这二十二个声母,还是三十六。

劳氏所谓的戛透轹捺也是发音方法问题。戛透是送气或不送气的区别,如见群为戛类,不送气,溪透为透类,送气;轹为摩擦音,如非心等;捺为鼻音,如疑泥等,见本节附表一。

关于韵部的划分,劳氏按照收音不同,分为六个韵部:

1. 喉音一部(即直喉,收元音尾。阿鸦漥)
2. 喉音二部(即展辅,收-i尾。埃厓歪)
3. 喉音三部(即敛唇,收-u尾。敖幺)
4. 鼻音部(即穿鼻,收-ŋ尾。昂央汪)
5. 舌齿部(即抵腭,收-n尾。安焉弯)
6. 唇音部(即闭口韵,收-m尾。谙奄)

六部之中,又各分阴阳两类。阳声即开元音韵类(a),阴声即闭元音韵类(ə),喉音一部还有"下声",即ï,i,u,y。共得十三韵摄。十三韵摄之内又各分开齐合撮四呼,共得五十二韵类。

《等韵一得》的十三韵摄是参照《字母切韵要法》十二摄和《切韵指南》十六摄写成的,见本节附表二。

在声调方面,劳氏分平上去入四声,入声与-m、-n、-ŋ尾相配。

《等韵一得》析音精细,但声母仍分三十六,声调存入,韵部存-m尾,杂采南北方音,这些都证明它不是单一音系。劳乃宣说:"古人所定母韵,乃参考诸方之音而为之,故讲求音韵者,必集南北之长乃能完备,即口吻不能全得其音,亦当心知其意,乃不为方音所囿也。"[12]

在本节结束时,我们还要提到刘献廷(1648—1695)的《新韵谱》。

刘献廷,字继庄,别号广阳子,直隶大兴(今属北京市)人,长期生活在南方,客死苏州。"其生平自谓于声音之道,别有所窥,足穷造化之奥,百世而不惑。尝作《新韵谱》,其悟自华严字母入,而参之以天竺陀罗尼,泰西蜡顶[13]话,小西天梵书,暨天方、蒙古、女真等音,又证之以辽人林益长之说,而益自信。"(全祖望《鲒埼亭集·刘继庄传》,《全祖望集汇校集注》卷二十八,第 523 页)

《新韵谱》早已失传。由弟子黄宗夏编定的《广阳杂记》(1957年中华书局出版了标点本)第三卷第 152、153 页记载了此书的梗概:

壬申(康熙三十一年)之夏,于衡州署中,初定《韵谱》。先立鼻音二。鼻音声韵之元,有开有合,各转阴、阳、上、去、入之五音,共十声,而不历喉腭舌唇齿之七位,故有横转而无直送。横转为平上去入,而平声则有阴阳,故五。等韵惟不达此,故多重叠。

次定喉音四,为诸韵之宗,太西蜡等话以□阿咿呜午之五音为韵父[14],然午即呜之横转上声。女直国书则有六音,而第六字实即第五字也。盖外国皆不知有横转之五音,故有此惑。惟梵音十二字恰合此式,然喉鼻不分,则父子无别矣。今定□为喉之喉,开之开;阿为喉之腭,开之合;伊为喉之齿,合之开;呜为喉之唇,合之合。四音定而万有一千五百二十之声,举不出其范围矣。是之谓正喉音。

又从□字追出□字,为□之半音;从阿字转出而字,为阿之转音;从咿字想出□音,而见之于齿之□、思、兹、雌、故□〔为咿〕(二字原脱,以意增补)之伏音;从乌字究至于字,于为乌之送音。□、而、□、于,四字为变喉音。

又以合口鼻音为韵,分配□阿咿乌,则为鸯、鞥、英、翁,此四音为东北韵宗。又以开口鼻音为韵,配以□阿咿乌,则为〔安、恩、因、温,此四音为〕(以上八字原脱,以意增补)西南韵宗。此八韵立,而四海之音可齐矣。

次以喉自互交合,凡得音一十有七;喉鼻相互交合,得音一十。又哀、爊二音,有余不尽,三合而成五音。共三十二音,为韵父。韵历二十二位,则韵母也。横转各有五子,子凡若干,万有不齐之声,无不可资母以及父,随父而归宗,因宗以归祖,由祖而归元,天地之秘藏,一朝启之,归山后次第成书也。
(中华标点本,文字标点均有误,夺文亦未增补。这里所引参照了罗常培的考释)

刘氏所说的二鼻音指辅音韵尾 n、ng。四喉音指 a、e、i、u 四个元音,这是"正喉音"。"从□字追出□字",指从 a 分化出 ê;"从阿字转出而字",指从 e 分化出 er;"从咿字想出□音",指从 i 分化出 ï;"从乌字究至于字",指从 u 分化出 ü。ê,er,ï,ü,这是"变喉音"。

"合口鼻音"指后鼻音,与 a、e、i、u 相结合,为 ang(莺)、eng(鞥)、ing(英)、ung(翁)。"开口鼻音",指前鼻音,与四个正喉音结合,为 an(安)、en(恩)、in(因)、un(温)。

"喉自互交合",指两个元音结合为双元音韵母,这样的二合韵母有十七个。

"喉鼻相互交合",指鼻音韵母,有十个。

"哀"(ai)、"爊"(au)又分别跟别的元音结合成三合韵母,计五个,这就是"三合而成五音"。

十七加十又加五,等于三十二个韵父(即我们今天所说的韵母),刘氏所说的二十二韵母,即二十二个声母。刘献廷还打算用他的《新韵谱》进行方言调查。他说:"于途中思得谱土音之法,宇宙音韵之变迁,无不可纪,其法即用余《新韵谱》,以诸方土音填之,各郡自为一本,逢人即可印证。以此法授诸门人子弟,随地可谱。不三四年,九州之音毕矣,思得之不觉狂喜。"(《广阳杂记》卷三,第 150 页)

梁启超、钱玄同、罗常培等都对刘继庄有高度评价。钱玄同在《以公历一六四八年岁在戊子为国语纪元议(与黎锦熙罗常培书)》(《钱玄同文集》(三),第 452 页)中主张用刘氏的生年作为国语运动的纪元,钱氏还把自己的号由"德潜"改为"掇献",欲"掇拾刘献廷之坠绪也"。

罗常培《刘继庄的音韵学》(《国语周刊》1932 年,32、33、34 期),倪海曙《中国最早的两个拼音化者——刘继庄和龚自珍》(《语文杂谈》,新知识出版社,1957),周有光《刘献廷和他的〈新韵谱〉》

(《语言论文集》,商务印书馆,1985),1957年文字改革出版社出版的《刘献廷》,均可参阅。

附表一　劳乃宣《等韵一得》声母分类表

发音方法 \ 发音部位、声源	鼻、腭(舌根)	舌(舌头)	齿(舌叶)	唇(双唇)
	腭形平,音如杖之平末者,遇物而成	舌形圆,音如弹丸之圆者,遇物而成	气达于齿,其形锐,音如矛之锐末者,遇物而成	唇形扁,音如掌之扁者,遇物而成
戛　稍重,气作戛击之势,如剑戟相撞。(不送气塞,塞擦)	嘎[k]如杖筑地	答[t]如弹掷地	查入[tʂ]如矛卓地	巴入[p]如掌击地
透　最重,气作透出之势,如弹丸穿壁而过。(送气塞,塞擦)	咯[kʻ]如杖穿壁	嗒[tʻ]如弹洞壁	叉入[tʂʻ]如矛刺壁	葩[pʻ]如掌破壁
轹　稍轻,气作轹过之势,如轻车曳柴行于道。(擦,边)	哈[h]如杖曳于地	拉[l]如弹辊于地	沙入[ʂ]如矛画于地	夫[f]阿入如掌摩于物
捺　最轻,气作按之势,如蜻蜓点水,一即而仍离。(鼻)	迎[ŋ]阿入如杖略挂于柔物	纳[n]如弹略抵于柔物	髯[ṇ]⑩如矛略点于柔物	嘛入[m]如掌略按于柔物

此表转引自吴宗济先生《补听缺斋语音杂记》,见《中国语文》1989年6期,第434页。现收入《吴宗济语言学论文集》,商务印书馆,2004年,第519页。

附表二

平水韵韵目	指南十六摄	要法十二摄	等韵一得十三摄	拟音
麻	假摄	迦摄结摄	阿(喉一阳)	a e

(续表)

歌	果摄	歌摄	厄(喉一阴)	ə
庚青	梗摄	庚摄	鞥(鼻音阴)	əŋ
蒸	曾摄	庚摄		
东冬	通摄	庚摄合口	鞥摄合口	uŋ
支微齐	止摄	祴摄	佁(下声)	ï
鱼虞	遇摄			iuy
佳	蟹摄	该摄	埃(喉二阳)	ai
灰		傀摄	额(喉二阴)	əi
元寒删先	山摄	干摄	安(舌齿音阳)	an
覃盐咸	咸摄	干摄	谙(唇音阳)	am
侵	深摄	根摄	音(唇音阴)	əm
真文	臻摄	根摄	恩(舌齿音阴)	ən
江	江摄	冈摄	昂(鼻音阳)	aŋ
阳	宕摄			
萧肴豪	效摄	高摄	敖(喉三阳)	au
尤	流摄	钩摄	欧(喉三阴)	əu

注：

① 如真，即明代的李登(字士龙)，著有《书文音义便考私编》，定声母为二十一。林说见《声位·疑影喻三母说》。
② 《广阳杂记》卷三，中华书局，1985 年，第 118 页。
③ 《马氏等音·叙略》。
④ 《类音》卷一。
⑤ 关于这两种韵图的详细介绍，可参阅李新魁《康熙字典的两种韵图》，见《辞书研究》，1980 年第一辑第 174 页，又见《李新魁音韵学论集》，汕头大学出版社，1999 年，第 280 页。
⑥ 《等韵一得·外篇》。

⑦ 《汪双池先生年谱·江永答汪绂书》。
⑧ 《等韵一得·外篇》。
⑨ 庞钟璐《等韵辑略跋》:"由平上去而入,则为正纽;由入而去上平,则为反纽。"北大图书馆藏本。
⑩ 见《刘熙载文集》,江苏古籍出版社,2001年。
⑪ 虚设,有音无字,为劳氏按音理推得。
⑫ 《等韵一得·外篇》。
⑬ 蜡顶,即拉丁。
⑭ 太西也写作"泰西",犹言极西。中国古代称中亚诸国为"西域",故以远于西域之西方欧美各国为"泰西"。"蜡等"即拉丁(Latin),泛指西方的拉丁字母。
⑮ 齾 rà,《广韵·辖韵》而辖切。

第二十九节 清代韵书

清代较为重要的韵书,有《五方元音》,《音韵阐微》。从音系性质看,《五方元音》是中原系韵书,《音韵阐微》是切韵系韵书。清代还有几种南曲韵书。如:《诗词通韵》、《中州音韵辑要》、《曲韵骊珠》、《新订中州全韵》等。词韵书有《词林正韵》,归纳宋人词韵而成,基本上也是切韵系韵书。

《五方元音》作者樊腾凤,字凌虚,河北尧山(今邢台市隆尧县)人。樊氏生活在明末清初,其书可能成于清顺治十一年(1654)到康熙十二年(1673)之间。康熙四十九年(1710)和雍正五年(1727),年希尧(1671—1738)先后两次对此书进行修改,故有两种不同版本,但内容没有什么实质性的变化。①

何谓"五方元音"? 年希尧在序言中说:"阴阳五行之理,而在天为五行,在地为五方","直欲以天地自然之律和天地自然之声谓之曰元音。""律"是指十二律,《五方元音》分韵部为十二,就是与十二律相应和,表示这是"天地自然之声",也就是"元音"。

《五方元音》属于北音系统,这是没有问题的。但它的声调有五,阴阳平、上、去之外,还有入声(与阴声韵相配),这个入声到底是北方某一方音的反映呢,还是作者因此书要体现"五方"(而不是一方)的"元音"而故意存古呢?对此,目前有不同的看法。

《五方元音》有二十个声母:

梆、匏、木、风
斗、土、鸟、雷
竹、虫、石、日
剪、鹊、丝、云
金、桥、火、蛙

韵部十二:

天、人、龙、羊
牛、獒、虎、驼
蛇、马、豺、地

它的声母系统与兰茂的《早梅诗》相近,不同的地方只有一点,早梅诗有微母(无),樊腾凤将微母归入蛙母,他的蛙母与云母其实都应看作零声母,区别只在于韵头。

《五方元音》是一部韵书,但书前附有十二韵的等韵图,叫作

《韵略》。每图横列二十字母,纵列开齐合撮四呼,每呼又依五个声调排列。看来樊腾凤不精于等韵,四呼的排列杂乱无章。

正文分上下两卷。一天至六葵为上卷,七虎至十二地为下卷。每卷按声母、声调归字,字下一律不注反切,有时注直音,每字下都有简要的释义。如:

一天:〔剪〕〔上平〕煎,油煮……〔去〕煎,蜜浸果物。
(据北大图书馆藏本。有的本子去声无"煎",可证此书内容为人改动)

"天",代表韵;"剪",代表声母;"上平"、"去"代表声调。"煎"字有两个读音,两个义项。读去声的"煎"字,就是现代汉语中"蜜饯"的"饯"字。

《五方元音》在清初颇有影响,跟它具有音义兼备、通俗简要的特色,不无关系。关于此书与河北方言的关系,与十三辙的关系(灰堆与一七不分,故为十二韵),可参阅齐如山的《十三道辙》(《国剧艺术汇考·附录》,辽宁教育出版社,1998年,第488页)。

历史上多数统治者对于编字典和韵书这两件事总还是比较关心的。康熙曾指示张玉书等人编纂《字典》,就在《字典》完稿的前一年,又命文渊阁大学士李光地编纂韵书。

李光地(1642—1718),字晋卿,号厚庵,福建安溪人。他和翰林院侍讲王兰生(字振兴,一字坦斋,河北交河人)一起奉命编纂《音韵阐微》,至雍正四年(1726)由王氏完稿,历时十一年之久。

《音韵阐微》按平水韵排列,只有并入文吻问物的殷隐焮迄四韵,以及并入迥韵的拯韵,并入径韵的证韵,都按"独用"的原则分别列出。每韵内部先分开齐合撮四呼,再按三十六字母及四等编成同音字群。凡领头字都注明旧反切、今读,所收各字都有释义,这些释义都抄自旧的字书,不如《五方元音》通俗。如去声十七霰"鶣"字引《集韵》注:"跃而乘马也。"《五方元音》注:"跳上马。"(按:有的本子作"跃上马也")后者完全用口语释义。《音韵阐微》也附有等韵图,叫作《韵谱》。每一图横列三十六母,纵列开齐合撮四呼,每呼又分平上去入四声列字。

《音韵阐微》所反映的实际语音跟《切韵》系韵书已有很大的不同,因为它对旧的反切进行了大规模的改良。这种改良是受了满文的启发。康熙认为"国书(即满文)合声之法出于自然,足以尽括汉文翻切之要妙也"②。于是指示李光地等人用合声法改良反切。

所谓"合声法"就是满文拼音法。运用于汉文反切,"其为法也,缓读则成二字,急读则读一音"③,为了便于二字急读成一音,编纂者确定用支、微、鱼、虞、歌、麻等韵的字作切上字,这些韵属于开音节,韵尾没有鼻音,与下字相拼时,中间没有多余成分。如:

姑翁—公　　姑威—归
姑弯—关　　姑汪—光
基因—巾　　基烟—坚
基腰—骄　　基优—鸠

"姑",虞韵,见母合口呼;"基",支韵,见母齐齿呼,都与被切字同母同呼。

切下字要求清声用影母字,浊声用喻母字。这些字以元音或半元音开头,拼读时没有辅音声母从中阻隔。如:

基烟—坚　欺烟—牵
梯烟—天　卑烟—边
奇延—虔　池延—缠
弥延—绵　齐延—钱

"烟",清声影母;"延",浊声喻母。

切上字没有尾巴,切下字没有头部,二者急读便可成一音,这是合声切字法的优越性。

但是,反切毕竟不就是拼音,无论怎么改良,它的局限性也难以彻底避免。在整个《音韵阐微》中,共3884个音纽,用合声作反切的不过485个,才占总数12.5%。①因为多数字不能从支微等韵中找到本母本呼的切上字,或不能从本韵中找出影喻两母的字作为切下字。于是编纂者就想出了一些变例以济其穷,最常用的变例有今用、协用、借用三种。

今用。"因本母本呼于支微鱼虞数韵中无字者,则借仄声或别部之字以代之,但开齐合撮之类不使相淆;遇本韵影喻二母无字者,则借本韵旁近之字以代之,其清母浊母之分,不使或紊,其取音比旧稍近也。"(凡例)如:

通〔广韵〕他红切。〔集韵〕他东切。〔今用〕秃翁切。盈按:"秃",入声屋韵合口,比之旧切上字用"他"(开口)有改进。
江〔广韵〕〔集韵〕古双切。〔今用〕基腔切。盈按:"基"属支韵,与"江"同为齐齿呼;"腔",溪母,与"江"同为清声。

书中以"今用"注音的占绝大多数。

协用。协助"今用"的一种方法。假如"今用"切下字不属于本韵中影喻二母的字,于是"再借邻韵影喻二母字中以协其声"。(凡例)如:

奸〔广韵〕古颜切。〔集韵〕居颜切。〔今用〕皆删切,〔协用〕基烟切。盈按:奸、删,都属删韵清声,比之用"颜"(浊声)作切下字算是已有改进,但"删"非影母字,故借邻近先韵影"烟"字作为切下字。

借用。"借邻韵并非影喻二母中字,其声为近,而亦不甚协者。"(凡例)如:

迦〔广韵〕〔集韵〕居伽切。〔借用〕基遮切。盈按:迦,歌韵清声,伽,浊声,不相合,故从麻韵借用照母清声字"遮"。

上述例证已足以说明:《音韵阐微》的反切,跟现代汉语的语音已经很相近,所以旧的《辞源》和《辞海》,都用此书的反切注音。还有一点也值得肯定,《音韵阐微》对历史上一些重要韵书的反切、分韵和等呼情况,都有较为详细的说明,为我们研究字音的演变提供了有价值的参考资料。罗常培的《王兰生与〈音韵阐微〉》,可供参考。

康熙、乾隆年间出现了四部南曲韵书。

第一本是朴隐子(江苏人)著的《诗词通韵》。全书正文五卷,按上平、下平、上、去、入排列,另附《反切定谱》一卷。康熙二十四年(1685)问世。这部书名曰《通韵》,就是将诗韵与词(指曲)韵进行对比研究,以曲韵为基础,分二十个韵部。

通 音	诗　　韵
翁音	东冬　庚二　青二　蒸二
映音	江　阳
而音	支一
伊音	支二　微齐　灰二
纡音	鱼一　虞二
乌音	鱼二　虞一
鸦音	佳一　麻一
欸音	佳二　灰一
恩音	真　文　元一
安音	元二　寒二　删
嫣音	元三　先
剜音	寒一
麀音	萧　肴　豪
阿音	歌
耶音	麻二
英音	庚一　庚二　青一　青二　蒸一　蒸二
讴音	尤
阴音	侵
谙音	覃　咸
淹音	盐

三个闭口韵实际上已经消失。《反切定谱》明确指出:"侵韵与真文同反,覃咸韵与寒删同反,盐韵与先韵同反。"(13页)

就我们现在所见到的材料而言,清代明确以"开齐合撮"为"四呼"之名，并按四呼列字的，恐怕以《诗词通韵》为最早。《诗词通韵·例说》："韵有四呼七音三十一等。呼分开合，音辨宫商，等叙清浊。"所谓"七音"，指宫商角徵羽变徵变商，"三十一等"就是三十一个声母，"等叙清浊"就是声母有清浊之别，这是南曲韵书声母方面的主要特点之一。其清浊关系如下：

凡宫角徵羽之一等为正清（包括影见端邦），二等为次清（晓溪透滂），三等为正浊（匣群定並），四等为次浊（喻疑泥明）。

变徵变商皆次浊音（来日）。

商及次商之一二等与宫角同，三等为次清次音，四等为正浊，五等为次浊（商之一、二等指精清，次商之一二等指照穿，三等次清次指商音的心母及次商的审母，四等指从母和床母，五等指邪禅）。

次羽之一等为正清（非），二等为正浊（奉），三等为次浊（微）。

关于声调。平声不分阴阳，有十七个入声韵部，为了适应唱曲的需要，朴隐子将其分别派入齐微、居鱼、苏模、家麻、歌罗、车遮等部。

何九盈以及日本学人花登正宏都有专文讨论《诗词通韵》。何的文章发表在《中国语文》1985年第4期上，后收入《音韵丛稿》；花登的文章发表在《语言学论丛》第十五辑上。

《中州音韵辑要》成书于乾隆辛丑（1781），上距《诗词通韵》将近一百年。编者王鵕，字履青，江苏昆山人。《辑要》认为：《中原音韵》注切未明，阴阳互混；明末范善臻《中州全韵》虽远胜于彼，"惟纂缉（jié）过繁，……字画多讹，重复舛误之处亦不少"，故"斟酌两本，删其僻而辑其要，并辨正字体"；反切方面则"参证《诗词通韵》"；注释方面，"虽半为参易，无不本诸《字典》也"（序言）。《辑要》分二十一部：

东同　　　　　　　　江阳
支时（有入作上声）　机微（入作三声全）
归回（入作三声全）　居鱼（入作三声全）
苏模（入作三声全）　皆来（入作三声全）
真文　　　　　　　　干寒
欢桓　　　　　　　　天田
萧豪（入作三声全）　歌罗（入作三声全）
家麻（入作三声全）　车蛇（入作三声全）
庚亭　　　　　　　　鸠由（入作三声全）
侵寻　　　　　　　　监咸
纤廉

这个分部与范善臻（字昆白，明末嘉定人）略有不同。从机微析出归回，从居鱼析出苏模，多了两个部。

此书去声依范善臻，亦分阴阳。《例言》说："周德清去声不分阴阳，遂致互混，如沈君徵（盈按：沈宠绥的字，沈为明万历时江苏吴江人）《度曲须知》之精详，音律亦尚宗周本，得范昆白分列二门，而心目豁然，洵为词坛首功也。"其实，南曲韵书调分阴阳，其性质与《中原音韵》平分阴阳不同。《中原》的阴阳纯属声调问题，南曲韵书分阴阳是把声母的清浊与声调的阴阳混而为一。这个问题，早在20世纪30年代张世禄先生就已经指出（《中国音韵学史》下册，第232页）。前些年，我在《〈中州音韵〉述评》中又一次论证了这一点。

对入声的处理，遵循《中原》而又照顾到南音。《例言》说："清入声正次俱作上，正浊入声作平，次浊入声作去，随意转叶，前本皆然。间有歧收而未当者，俱推敲归整。惟入声分叶三声，专归北调,四声中阙一声,宜不免訾议。兹先将入声正音切准,而后注北音,而叶各韵,前本之混不分门者,并为派清,则四声皆全,而南北中州俱明矣。"

2010年文化艺术出版社出版的《音韵辑要》有分部《检字表》及《笔画索引》,使用方便。

《韵学骊珠》的作者沈乘麐,字苑宾,江苏太仓人。书前有乾隆十一年芥舟写的"弁辞",又有乾隆五十七年(1792)周昂写的序言。据周序说,此书早已定稿,但未正式刻印。沈氏本人在"凡例"中说,这本书写了整五十年,七次易稿。

《韵学骊珠》"专为歌曲者而作","向来曲韵,必南从《洪武》,北问《中原》,今合南北为一书。"⑤因为它有"合南北为一"的特点,故昆曲、京戏界都颇为重视。解放后项远村写了《曲韵易通》,用现代语音学知识,对《韵学骊珠》进行了通俗解说。2006年商务印书馆出版的游汝杰主编的《地方戏曲音韵研究》第42—46页对《韵学骊珠》的音系有详细研究,可参阅。中华书局于2006年重新影印了《韵学骊珠》,并附有《检字表》、《笔画索引》。

《韵学骊珠》的分韵基本上取舍于《洪武》和《中原》。《洪武》将《中原》的寒山、鱼模、齐微各分为二,定为二十二韵。《骊珠》依《洪武》分鱼模为姑模、居鱼;分齐微为机微、灰回;寒山则依《中原》,不分为二。定为二十一韵。《洪武》有入声十韵,《骊珠》合为八韵。值得注意的是,入声各小韵都注明了南音、北音。

《中原音韵》始平分阴阳,范善臻《中州全韵》于平去二声都分阴阳,《骊珠》则进而将平上去入四声都分阴阳,有八个声调。沈氏所说的"阴阳"跟声母有关,阴是清音(指不带音),阳是浊音(指带音),他所说的"清浊"则专指送气和不送气的区别,不送气的叫

"清"，如东、冬、宗；送气的叫"浊"，如通、充、冲。作者在"凡例"中说："音分清浊，本于《五车韵瑞》而参酌之。"⑥

《骊珠》不用三十六字母，直接用宫商角徵羽变宫变徵七音代表声母。

《新订中州全韵》作者周昂，字少霞，江苏虞山（今常熟市）人，"以拔贡生得宣州司训"，乾隆三十五年举人，"六上春官，不第"。（袁枚《小仓山房诗文集·周君少霞墓志铭》卷三十一，第1825页）他的《全韵》于乾隆年间问世。

这部韵书有二十二个部，比沈乘麐多一个知如部，这个部的字来自齐微、居鱼两部，如"知痴池"、"如诸书"等。知如部的设立应有实际方音作为根据，它的韵母应是舌尖元音[ʯ]，今苏州话这类字还保存这个韵母。

周昂韵书的另一个特点是上声也分阴阳。刘禧延说："去入声阴阳，呼之俱易分明，独上声阴阳，最难显分界限，即了然于心，亦未必了然于口。其阳声清者（原注：指次浊言），呼之似近阴声浊音（原注：指全浊言），又似近乎阳去……近虞山周少霞始分定阴阳，而字音仍多蒙混。"（《刘氏遗著·中州切音谱赘论》）道理很简单，浊上字早已开始变去，即使吴语的浊上字，系统也不完整，故难以"显分界限"。

上面提到刘禧延的《中州切音谱赘论》，是一篇研究中州音的论文，目的"为度曲家正讹"，大概写于道光末年。文中以《中原》系韵书传统的十九部为结体，结合明清曲韵书，并联系吴中方言，逐部进行讨论。无论见解还是资料，都有一定的学术价值。刘禧延是江苏吴县的一个贡生，"工诗词，善画，喜谈金石，而尤精于音韵之学"（雷浚《刘氏遗著·叙》）。

中国古代诗和曲都有韵书,词则没有。清道光元年(1821),江苏吴县戈载(1786—?)在前人研究的基础上写成《词林正韵》三卷。作者在"发凡"中说:"是书列平上去为十四部,入声为五部,共十九部,皆取古人之名词参配而审定之。"

十九韵没有立名称,只是将《集韵》韵目分别排列成部,并按韵尾的不同,将十四部(入声不计)分为穿鼻(-ŋ)、抵腭(-n)、闭口(-m)展辅(-i)、敛唇(-u)、直喉(-e,-a)等六大类。

《词林正韵》对韵部的归并与平水韵不相同。一、灰咍二韵,平水合而为灰,戈载将灰韵归到他的第三部,咍韵归到第五部;二、元魂痕三韵,平水韵合为"该死的十三元",戈载将元韵归到第七部,魂痕归到第六部;三、佳韵一分为二,一部分开口字归到第五部,一部分归到第十部。

戈载批评平水韵"妄为删并,纷纭淆乱,而填词者亦不知宗矣"(发凡)。但他的分部也不是尽善尽美,鲁国尧指出"《词林正韵》入声分部的失当"就可以为证[7]。但戈载将入声分两类:一类归有关的阴声韵,一类保持独立。这是按用韵实际情况归纳出来的,从中可以考察入声演变的历史。(可参阅拙著《汉语三论》第186—189页,语文出版社,2007年。)

戈载之父戈小莲与钱大昕、顾千里友好,有音学著作多种,如《韵表互考》、《并韵表》、《韵类表》、《字母汇考》、《字母会韵纪要》,盖已失传。

注:

① 关于《五方元音》,可参阅赵荫棠的《等韵源流》,第226页,以及陆志韦的

①　《记五方元音》,见《燕京学报》34 期。
②③　《音韵阐微·序》。
④　可参阅《罗常培语言学论文选集》。又见《罗常培语言学论文集》,商务印书馆,2004 年,第 404 页。
⑤　《韵学骊珠·凡例》。
⑥　《五车韵瑞》,明代凌稚隆著,在元代阴时夫《韵府群玉》的基础上增补而成。
⑦　《语言学论丛》第八辑,第 110 页。

第三十节　清代词源学

我国古代有三种不同类型的探求词源的方式。刘熙的"声训"法是一种类型,王圣美的"右文"说是一种类型,戴震的"转语"又是一种类型。转语既不像刘熙的"声训"那么泛滥无边,又不像右文说那样仅局限于文字的声旁。戴震企图通过语音内部的对转规律说明词义之间的联系,他这个办法较之前两者都进步,可惜,戴震只是在青年时代(乾隆十二年丁卯,时年 25)写过一篇《转语二十章序》,二十章全书却未之见。我们只能通过这篇序言和他的《声类表》,了解关于"转语"的一些基本原则①。

第一,他认为:"古今言音声之书,纷然淆杂,大致去其穿凿,自然符合者近是。昔人既作《尔雅》、《方言》、《释名》,余以谓犹缺一卷书,创为是篇,用补其缺。俾疑于义者,以声求之;疑于声者,以义正之。"看来,戴震是接受了刘熙的教训,所以他强调要"去其穿凿,自然符合"。刘熙的声训,处处穿凿,谈不上"自然符合"。为了避免"穿凿",戴震注意到声和义之间的辩证关系,不仅要以声"求"义,也要以义"正"声。从声义两方面探求词源,这样才可以"去其穿凿"。戴震这个声义互求的理论,实际上就是以古音证古义,以古义证古声,在清代语言学史上发挥了极为重要的作用,堪称戴段二王之学的精华所在。

第二,戴震把声母按发音部位分为五个大类,各类之中又按发音方法分成四个声位。《转语二十章》正好是每一个声位一章。见下表。

确定了声类与声位,"转语"就有了一定的基础。先不论这个基础是否合理,是否完善,它毕竟搞出了一个语音系统,严格按此系统去谈"语"之"转",就是遵循了一定的准则,比之漫无边际的声训,又是一大进步。

《转语二十章》声母表

章数	声类	声位	发音方法	三十六声母
1		一	清	见　○
2	喉	二	次清　浊	溪　群
3		三	清　次浊	影　喻微
4		四	清　　浊	晓　匣
5		一	清	端　○
6	舌	二	次清　浊	透　定
7		三	次浊	○　泥
8		四	浊	○　来 (实为次浊)
9		一	清	知照　○
10	腭	二	次清　浊	彻穿　澄床
11		三	次浊	○　娘日
12		四	清　　浊	审　禅
13		一	清	精　○
14	齿	二	次清　浊	清　从
15		三	次浊	○　疑
16		四	清　　浊	心　邪

(续表)

17	唇	一	清		邦	○
18		二	次清	浊	滂	并
19		三	次浊		○	明
20		四	清	浊	非敷	奉

第三,戴震的"转语"法有"正转"和"变转"之别。正变转的区分原则是:"凡同位为正转,位同为变转",因为"凡同位则同声,同声则可以通乎其义;位同则声变而同,声变而同则其义亦可以比之而通"。

所谓"同位"与"位同"的区别,是指声母发音部位与发音方法的区别。"同位"这个概念在江永的《四声切韵表·凡例》中已经出现了:"切字者,上一字取同位……同位不论四声。"同位就是同一母位,也就是声母相同。后来钱大昕也使用过这个概念。他说:"喉腭舌齿唇之声,同位者皆可相转。"[②]钱氏所说的"同位"与戴震一样,都是指的发音部位相同。

"位同"这个概念似乎为戴震所独创。什么叫"位同"呢?他说:

> 台、余、予、阳,自称之词,在次三章(喻);吾、卬、言、我,亦自称之词,在次十有五章(疑)。截四章为一类,类有四位。三与十有五,数其位皆至三而得之,位同也。

"台余予阳"在第三章喉音第三位,属次浊音;"吾卬言我"在第十五章齿音第三位,也是次浊音。两项都属第三位,声变义通,这就是"位同"。他还举了一个例子:

尔、女、而、戎、若，谓人之词，而如、若、然，义又交通，并在次十有一章（娘曰）。《周语》："若能有济也。"注云："若，乃也。"《檀弓》："而曰然。"注云："而，乃也。"《鲁论》："吾末如之何。"即"奈之何"。郑康成读"如"为"那"。曰"乃"、曰"奈"、曰"那"，在次七章（泥）。七与十有一，数其位亦至三而得之。

这是说："尔女而戎若如然"在第十一章第三位，"乃奈那"在第七章第三位，都是次浊，属于"位同"，故称为"变转"。

戴震不仅运用"转语"法以求古音古义，还运用它来考察方言。本来，"转语"这个词最早见于扬雄《方言》[③]，扬雄已运用"转语"这个概念去解释某些方音现象，戴震也继承了这个传统。他说："用是听五方之音，及少儿学语未清者，其展转讹溷，必各如其位。"

戴震的"转语"之所以没有写成书，大概是在写作过程中遇到了难以克服的困难。因为"位同"、"同位"只是转语的条件之一，谈"转语"而置韵部于不顾，势必难以行得通。就同位与位同而言，同位正转的可信程度要高一些，而位同变转却没有什么说服力。从戴震所举的两个例子来看，都不必用"位同"的条例来解释。因为疑喻本属牙喉音（戴震将疑母归在齿类，将微母归在喉类，不可信），无关乎"三位"，泥曰在上古可以视为同母，也与"三位"无关。清代的语言学家讲"位同"的只有戴氏一人，他的弟子们没有谁这么讲的。但段注《说文》讲双声时，实际上运用了"位同"分析法。

与戴震同时的程瑶田也探求过词源。程瑶田（1725—1814），字易田，又字易畴，安徽徽州府歙县人，与戴震同乡，又同师江永。46岁中举，64岁"得部选江苏嘉定县教谕"，79岁《通艺录》刻成。他的《通艺录》"解字小记"有《果蠃转语记》四篇，但有目无书，只存

《果蠃通义说》一文。1931年有人发现稿本一篇,并有王念孙跋语。此稿已收入《安徽全书》。2008年黄山书社出版《程瑶田全集》四册,《转语记》收入第三册。

《果蠃转语记》是一篇词源学论文。程瑶田通过"果蠃"一词的考察,罗列了一大批与"果蠃"音义相关的同源词。他说:"里谚所称,虽妇人孺子,见物之果蠃然者,皆知以果蠃呼之,虽微(非)草木之实,苟类是,即无不可与之以是名也。"(《果蠃通义说》,见《全集》第二册,第528页)程氏所谓的"果蠃然者",即像"果蠃"那样的圆形的东西,都可以从"果蠃"之声得名。如:

　　栝楼("瓜"之合声)
　　蜾(螺)蠃(细腰土蜂)
　　锅镬(温器)
　　蛞蝼(即蝼蛄)
　　痀偻、岣嵝
　　毂辘
　　离娄、连嵝

程瑶田从声音和意义两方面去追溯同源词,这个原则是正确的。他说:

　　声随形命,字依声立。屡变其物而不易其名,屡易其文而弗离其声。物不相类也,而名或不得不类;形不相似,而天下之人皆得以是声形之,亦遂靡或弗似也。

《程瑶田全集·果蠃转语记》第三册,第491页)

"声随形命",是说按事物的形状而命之以一定的语音形式,如"果蓏"之形圆,则凡圆形之"锅钀"、"毂辘"等都以此声命名;"屡变其物而不易其名",是说物各不同而名称则不变;"屡易其文而弗离其声",是说书写形式不同而其音不变。

程瑶田讲"转语"未免有些滥。他认为"岣嵝"又转为《匈奴传》之"拘留",又转为《东夷传》之"高句骊",又转为"俱卢","苻离"转之为"梵言菩提"(492页),都不可信。

王念孙的《释大》(见《高邮王氏遗书》,江苏古籍出版社,2000年)也是研究词源的著作。此书没有写完,现存稿只有八篇,每篇一个声母(见、溪、群、疑、影、喻、晓、匣),各母下所收之字都与"大"有关。如:

> 冈,山脊也;亢,人颈也。二者皆有大义。故山脊谓之冈,亦谓之岭,人颈谓之领,亦谓之亢。强谓之刚,大绳谓之纲,特牛谓之㹌,大贝谓之魧(音冈。《尔雅·释鱼》:贝大者魧。《说文》读若冈)。大瓮谓之瓨(音冈),其义一也。
>
> 大赤谓之绛,大水谓之洚。
>
> (《高邮王氏遗书·释大》卷一,第67页)
>
> 空、孔、康,声之转,故虚谓之空,亦谓之孔,亦谓之康。
>
> (卷二,第69页)
>
> 牙,牡齿也。故大旗谓之牙旗,建大旗于门谓之牙门。
>
> (卷四,第72页)

王念孙的《释大》比较严谨,虽不是句句精粹,但多数条目言之成理。

与王念孙同时的阮元(1764—1849)也研究过词源学。他的

《释门》就写得不错。他认为:

> 凡事物有间可进,进而靡已者,其音皆读若"门"。或转若"免"、若"每"、若"敏"、若"孟",而其义皆同,其字则展转相假,或假之于同部之叠韵,或假之于同纽之双声。试论之,凡物中有间隙可进者,莫首于门矣。古人特造二户象形之字,而未显其声音,其声音为何?则与"虋(mén)"同也。虋从釁得音,虋、门同部也(都是文部字),因而釁又变为璺、为亹、为璊……璊,玉之圻也。《方言》亦云:器破而未离谓之璺。《释文》注:亹,本作璺。是璺与亹同音义也。玉中破未有不赤者,故釁为以血涂物之间隙。音转为盟……若夫进而靡已之义之音则为"勉","勉"转音为"每"。"亹亹文王",当读若"每每文王"。亹字或作斖,再转为"敏"、为"黾",双其声则为"黾勉",收其声则为"蠠没",又为"密勿"。

(《揅经室集》卷一,中华书局,2006年,第31、32页)

清代倡右文说的有黄承吉(1771—1842)。黄氏字春谷,为黄扶孟族孙,祖籍歙县,生长于扬州,嘉庆十年进士。他的《字义起于右旁之声说》④颇有影响。

黄氏将谐声字分为左右二部,称右旁之声为纲、为母,左旁之形为目、为子。声符何以为纲、为母?因为"谐声之字,其右旁之声必兼有义,而义皆起于声,凡字之以某为声者,皆原起于右旁之声义以制字,是为诸字所起之纲"。

事实上,黄承吉的声同则义同的理论不局限于右旁,他认为:"并有不必举其右旁为声之本字,而任举其同声之字即可用为同义者。盖凡字之同声者,皆为同义。"的确,同源字并不一定声符都相同,突破右文偏旁的局限,同源字有更为广阔的天地。黄氏的错误是把话说绝了,什么"任举"、"凡",都不科学。

黄氏还说什么"且凡同一韵之字,其义皆不甚相远,不必一读而后为同声"。只要同一个韵部意义就相近,这就更不科学了。后来刘师培继承了这个理论,把同源词的研究引向了邪路。

为什么义起于声,黄承吉想从理论上来回答这个问题。他说:"盖语原自性生,而字本从言起。婴儿甫通人语,未识字而已解言,而所解之言即是字,可见字从言制也。呼鸡为䎹,使犬为㖖,鸡犬何知有字,而闻之皆应,而呼使之声即是字,可见字从言制也。从言制即是从声制,可见字义皆起于右旁之声也。"所谓"字本从言起",只能说明文字和语言之间的关系极为密切,文字是记录语言的符号,并不能证明所有的同音字都有同义关系。如果所有的同音字意义都一样,则汉语的语义系统就会贫乏到非常可怜的地步,在交际中必然造成混乱。至于呼鸡使狗,这类象声字为数不多,而且也不能拿来证明音同则义同。右文说的目的是要建立汉字的族属关系。黄氏企图寻找字之"鼻祖"以明"其制字之所以然"。他曾"穷溯招、標、构三字之源。招字则起于刀之上指,標字则起于火之上飞,构字则起于勺之曲出。则刀、火、勺三字乃招、標、构三字之鼻祖,而上指、上飞、曲出乃三字从出之所以然。是以召字、票字、勺字以及凡从召、票、勺之字,其训义无不究竟归于为末、为锐、为纤,总不离乎上指、上飞、曲出之义。而招、標、构三字皆为同声,是以同义"。

黄氏大概不懂上古音,"火"为晓母微部字,"標"为帮母宵部字,它们并不同音。召字从口刀声,招字从手召声,实在看不出招与"刀之上指"有何关系。杓是枓柄,取义于勺,所谓"曲出"义也是缺乏理据的臆想。总之,黄氏所举三例,都不可信。

注:

① 《转语二十章序》。见《戴东原集》(上),万有文库本,第 73 页,又见清华版《戴震全集》(五),第 2523 页,黄山版《戴震全书》(六),第 302 页。可参考马裕藻的《戴东原对于古音学的贡献》,见《国学季刊》二卷一期,另有曾广源《戴东原转语释补》(1929 年)。曾氏认为《声类表》与《转语序》合,即为《转语》二十章。
② 《潜研堂文集》卷三十三,第 520 页。
③ 《方言》卷三、卷十,请参阅本书第七节。
④ 此文收于《梦陔堂文集》卷二,又附录于《字诂义府合按》,中华书局,1984 年,第 75 页。

第三十一节　清代语义学

清代语言学成绩最为突出的,第一是古音研究,第二是古义研究。所谓清代语义学,主要内容是古汉语词义的研究。

清代古汉语词义研究的名著有:

一、《字诂》、《义府》。作者黄生(1662—1696),字扶孟,号白山,明末诸生,安徽徽州府歙县潭渡人。

二、《尔雅正义》。作者邵晋涵(1743—1796),字二云,浙江余姚人。乾隆三十六年(1771)会元、进士。与戴震、余集、周永年等同为四库全书馆纂修。

三、《广雅疏证》、《读书杂志》。作者王念孙。

四、《尔雅义疏》。作者郝懿行(1757—1825),号兰皋,山东栖霞人。与姚文田、王引之、张惠言、陈寿祺、许宗彦、胡秉虔、莫与俦(莫友芝之父)、欧阳厚均(主持岳麓书院27年,弟子三千余人)等同为嘉庆四年(1799)进士。嘉庆四年己未榜,在清代科举史上最负盛名。此事对于研究乾嘉学术及当时的科举制度有一定意义,故听听历史的回音,当有启发。龚自珍《己亥杂诗》之115自注云:"少时所交多苍老。于乾隆庚辰榜(盈按:毕沅乃是榜状元)过从最亲厚,次则嘉庆己未,多谈艺之士。两科皆大兴朱文正(朱珪,卒谥文正)为总裁官。"陈澧说:"嘉庆四年己未会试,朱文正公、阮文达公为总裁,一榜进士多名儒,可谓极盛。"(《陈兰甫先生遗稿》,见《岭南学报》第二卷第二期)桂文灿《经学博采录》卷一云:"嘉庆己未……是科中式如王文简尚书、张皋文编修、郝兰皋户部……皆湛深经学之士,论者比之康熙己未、乾隆丙辰焉。"李慈铭《越缦堂读书记·戴氏遗书》条:"稍得志者惟嘉庆己未一科,仪征主试,大兴听从,幸逢翩翩,多班玉笋,论者谓此科得人,逾于乾隆鸿博。"叶德辉《郋(xí)园读书志》卷四《雷塘庵主弟子记》、卷十四《鉴止水斋集》两条都高度评价嘉庆己未会榜,"得人最甚"。可是,我们要介绍的这位郝先生,虽然学问很大,著作很多(其妻王照圆亦为学问家,有著作多种),可官运极不亨通,当了25年穷京官,贫病而死。有人曾对俞樾说:"学问是一事,科名是一事,禄位是一事,三者分而不合。有学问者不必有科名也,有科名者不必有禄位也。"俞樾听了之后说:"余深韪其言。"他又把这个话告诉何绍基。何绍基又推进一层,说:"传不传,又是一事。"(《春在堂随笔》,江苏古籍出版社,2000年,第35页)

五、《经义述闻》。作者王引之(1766—1834)。

六、《群经平议》、《诸子平议》。作者俞樾(1821—1907),字荫甫,浙江德清人。道光三十年(1850)进士,与李鸿章(道光二十七年进士)同为曾国藩门生。曾国藩戏之曰:"李少荃(李鸿章之号)拼命做官,俞荫甫拼命著书。"(《春在堂随笔》第 9 页)俞氏为清末学术大家,著书百余卷。

清人在古词义研究方面所取得的成就,超越了以往任何一个时代。主要原因是他们掌握了三个法宝。

以声求义,这是第一个法宝。清代研究词义的人对此莫不津津乐道。

早在清朝初年,黄生在研究古汉语词义时,就已经知道"因声以知意"(《义府》卷上第 6 页)、"古音近通用"(《义府》卷上第 4 页)、"一音之转"(《义府》卷上第 1 页。又 2009 年安徽大学出版社《黄生全集》(壹),第 87 页)这样一些原则。清人刘文淇说:"夫声音训诂之学,于今日称极盛,而先生实先发之。"刘氏还称赞《字诂》、《义府》"博大精深,所解释者皆实事求是,不为凿空之谈。"(《字诂、义府跋》。《黄生全集》(壹),第 27 页)不过,黄生并不精于古音,对某些字之间的音义关系,解释亦不尽当。如说"以,语词也。凡训由、训用、训与、训因,皆以声近而借"(《字诂》"以"字条)。这五个字的语音关系有的相差较远,且同义不一定都是声近借用。"后"、"厚"同音,不错,但黄生说"后……疑即古文厚字"(《字诂》"后"字条。《黄生全集》(壹),第 71 页)也毫无根据。但他所倡导的原则是正确的,后来的戴、段、二王等人都抓住这些条条不放。

戴震说:"凡故训之失传者,于此亦可因声而知义矣。"[①]在给《六书音均表》作序时又强调:"今乐睹是书之成也,不唯字得其古人音读,抑又多通其古义……夫六经字多假借,音声失而假借之意何以得？"②

段玉裁说："圣人之制字，有义而后有音，有音而后有形，学者之考字，因形以得其音，因音以得其义……治经莫重乎得义，得义莫切于得音。"③

王念孙说："训诂之旨，本于声音。故有声同字异，声近义同，虽或类聚群分，实亦同条共贯。譬如振裘必提其领，举网必挈其纲，故曰'本立而道生'，'知天下之至赜而不可乱也'。此之不寤，则有字别为音，音别为义，或望文虚造而违古义，或墨守成训而鲜会通。易简之理既失，而大道多歧矣。今则就古音以求古义，引申触类，不限形体，苟可以发明前训，斯凌杂之讥，亦所不辞。"④

王引之说："大人（指其父王念孙）曰：诂训之旨，存乎声音。字之声同声近者，经传往往假借，学者以声求义，破其假借之字而读以本字，则涣然冰释，如其假借之字而强为之解，则诘籓为病矣。"⑤

本来，以声求义，作为一种研究古词义的主张来说，并不是清朝人的独创。元初的戴侗，明末的方以智都已经谈到了。但是，只有段、王等人才成功地运用了这个原则，这是因为只有在段、王那个时代才真正建立起一个科学的上古音系统。古音系统一天建立不起来，以声求义就一天不能彻底实现。戴震高度评价段玉裁的《六书音均表》，认为这部著作问世，不仅得其古音，"又多通其古义"，道理也就在于此。段玉裁批评有的人"言假借而昧古音，是皆无与于小学者也"⑥，道理还在于此。

以声求义这个法宝能破"缘词生训"。所谓"缘词生训"也就是"望文生训"，这是古词义研究中的一大弊端。戴震说："是故凿空之弊有二：其一缘词生训也，其一守讹传谬也。缘词生训者，所释之义非其本义。"⑦"所释之义非其本义"主要表现在两点上:一是把假借字当作本字来解释;二是把双声叠韵联绵字拆开来加以解释。王念孙说:"夫双声之字,本因声以见义,不求诸声而求诸字,固宜其说之多凿也。"⑧又说:"大抵双声叠韵之字,其义即存乎声,求诸其声则得,求诸其文(字)则惑矣。"⑨下面我们摘录《经义述闻》关于"犹豫"一词的释义,就可以看出"求诸声"和"求诸字"的区别:

家大人曰:犹豫,双声字也,字或作"犹与",分言之则曰"犹",曰"豫"……合言之则曰"犹豫",转之则曰"夷犹",曰"容与"。《楚辞·九歌》:"君不行兮夷犹。"王注曰:"夷犹,犹豫也。"《九章》曰:"然容与而狐疑。""容与"亦犹豫也。案《曲礼》曰:"卜筮者,先圣王之所以使民、决嫌疑、定犹与也。"《离骚》曰:"心犹豫而狐疑兮。"《史记·李斯传》曰:"狐疑犹豫,后必有悔。"《淮阴侯传》曰:"猛虎之犹豫,不若蜂虿之致螫;骐骥之踟躅,不如驽马之安步。""嫌疑"、"狐疑"、"犹豫"、"踟躅",皆双声字。"狐疑"与"嫌疑"一声之转耳。后人误读"狐疑"二字,以为狐性多疑,故曰"狐疑"。又因《离骚》犹豫、犹疑相对为文,而谓"犹"是犬名,犬随人行,每豫在前,待人不得,又来迎候,故曰"犹豫"。或又以豫字从象,而谓犹豫俱是多疑之兽。

在王念孙之前,黄生也讲到了"犹豫"这个例子。他说:

犹豫犹容与也。容与者,闲适之貌;犹豫者,迟疑之情。

字本无义,以声取之尔。俗人妄生解说,谓兽性多疑,此何异以蹲鸱为怪鸟哉!(盈按:蹲鸱,大芋头)……盖以声状意,初无一定之字,妄解兽名,有眼缝自未开尔。⑩

在黄生之后,王念孙之前,吴玉搢在《别雅》卷二也讲到"夷由",卷四讲到"犹与、冘豫、由与、犹豫"。由于吴玉搢不明古音,他还是相信"犹,兽名也,性多疑虑"这样的"缘词生训"。他也不懂得"尤"(yóu,以周切)与"犹"、"由"音近相通(三字都属喻四,尤在上古属侵部(余针切,yín),犹、由属幽部),以为尤"是尢字之讹,因犹声同尤,尤形似尢……而后人传写作'尤'"。这就是黄生所说的"眼缝未开尔"。而不明古音,正是"眼缝未开"的原由。"眼缝未开"的不只是吴玉搢一人。《后汉书·马援传》有"计冘豫未决"。章怀太子李贤不知"冘"在这里当读以周切,乃注云:"冘,音以林反。"宋人袁文说:"恐当时只是'犹'字,借用'尤'字耳,传写之错,致章怀误音也。"(《瓮牖闲评》卷二,第19页)

以例求义,这是第二个法宝。阮元说:"稽古之学,必确得古人之义例,执其正,穷其变,而后其说之也不诬。"⑪"义例"也就是"例",即规律性的东西。"执其正"是指掌握一般规律,"穷其变"是指掌握特殊规律。在古汉语词义研究方面,段玉裁是最善于创通条例的一个人。

一、他正确地揭示了汉人注经的义例。他在《周礼汉读考》自序中说:

汉人作注,于字发疑正读,其例有三:一曰读如、读若;二曰读为、读曰;三曰当为。

读如、读若者,拟其音也。古无反语,故为比方之词;读为、读曰者,易其字也。易之以音相近之字,故为变化之词。

比方主乎同,音同而义可推也;变化主乎异,字异而义憭然也。比方主乎音,变化主乎义;比方不易字,故下文仍举经之本字;变化字已易,故下文辄举所易之字。注经必兼兹二者,故有读如,有读为。字书不言变化,故有读如,无读为,有言读如某、读为某,而某仍本字者。"如"以别其音,"为"以别其义。

当为者,定为字之误、声之误而改其字也,为救正之词。形近而讹,谓之字之误;声近而讹,谓之声之误。字误、声误而正之,皆谓之"当为"。

(《经韵楼集》卷二,上海古籍出版社,2008年,第24页)

读如、读若是注音问题,读为、读曰是以本字破假借字的问题,当为是纠正形误、声误的问题。三者都有可能涉及词义问题,如果弄不清这些义例,就必然要产生穿凿附会、望文生训的毛病。所以阮元说:"自先生(指段玉裁)此言出,学者凡读汉儒经、子、《汉书》之注,如梦得觉,如醉得醒,不至如冥行摘埴,此先生之功三也。"[12]

此义例也可能与贾昌朝有关。贾氏《群经音辨序》云:"先儒称'当作'、'当为'者,皆谓字误,则所不取;其'读曰'、'读为'、'读如'之类,则是借音,固当具载。"陈澧指出:"是段氏所言之例,贾已言之矣。惟'读如'、'读为',段分二例,而贾不分。"陈澧也指出:"段氏非勤袭前人之说者,殆暗合耳。"(《东塾集·跋群经音辨》)

二、段玉裁明确提出了词义的系统性以及掌握这个系统的基本方法。他说:"凡字有本义,有引申之义,有假借之义。"⑬如"亯"的本义是祭祀,引申之凡下献其上亦曰"亯",又同音假借为"飨"。怎么确定本义、引申义、假借义呢?段玉裁说:

> 《说文解字》全书,其篆文下必举篆之本义,不及其引申之义。其他篆下说解用此篆本义者,则此彼互注,所谓考老为转注是也;有用此篆引申之义者,则与本义训说可相通。如"初"为"衣之始","始"为"女之初",而凡"始"凡"初"可用是也。断无有说解中所用与本篆义绝不相蒙者,此许氏之例也。⑭

段玉裁揭示的《说文》释词义例,对我们掌握词的本义、引申义以及确定词的同义关系都大有用处。

区别假借字与本字是一个很复杂的问题,段玉裁区分二者的办法是:

> 凡治经,经典多用假借字,其本字多见于《说文》。学者必于《尔雅》、传、注得经义,必于《说文》得字义。既读经注,复求之《说文》,则可知若为假借字,若为本字,此治经之法也。⑮

这个办法就是拿经义与《说文》相印证,二者相符,无疑是本字,如果不符,就可判断经文系假借字。段玉裁是研究《说文》的,所以他确立本义,区分假借义,一以《说文》为准,这个原则在多数情形下是行得通的。问题在于《说文》的释义并非全都是本字本义,有以引申义释篆字的,甚至有以假借字释本字的,有什么也不是,纯属臆造的。如果全依《说文》,就必然要出错。

三、依文例推求词义。古书注释甚至正文中往往有各种各样的讹误，亦可于文例推求其谬误而正之。段玉裁的《密州说》和《春秋经杀弑二字辨别考》等论文⑯，就运用以文例推求词义的方法。

> 襄三十一年《经》："莒人弑其君密州。"《左氏传》："书曰，莒人弑其君买朱鉏。"杜曰："买朱鉏，密州之字。"（《春秋左传正义》，《十三经注疏》本，第2015页）按：此语必误。"买""密"双声，"朱""州"叠韵。"州"为"朱鉏"，犹"邾"为"邾娄"也，断非一名一字。未有弑君书君字者，亦未有圣《经》书其名，《传》易之以字而冠以"书曰"者。
>
> 《公羊》曰：地物从中国，邑、人名从主人。《穀梁》曰：号从中国，名从主人。盖买朱鉏者从主人，密州者从中国欤？此左《经》曰密州，《左传》以买朱鉏释之，岂非通夷夏之语互训之欤？
>
> （《经韵楼集·密州说》卷四，第71、72页）

段玉裁判断杜注"买朱鉏，密州之字"必误，并无其他证明材料，而是拿三条文例推求出来的。1.弑君没有书君之字的；2.也没有《经》上写的是名，而《传》却把名换成字的；3.按"名从主人"之例，推断出"买朱鉏"是莒语，"密州"是夏语，并证之以双声叠韵。有此三例，问题就得到了合情合理的解释。

另外，他断言"凡三经三传之用'杀'为'弑'者，皆讹字也"，也是从文例推求出来的。他说：

> 凡《春秋》传于弑君或云"杀"者，述其事也；《春秋》经必云

"弑"者,正其名也。弑者,臣杀君也。杀声于音在脂部(收-t尾),式声于音在之部(收-k尾。杀、弑均入声字,段玉裁入声部不独立,故云在脂、之部),脂、之者古音之大判,彼此不相假借者也。凡六书假借必其音同部,是故"杀"与"弑",音殊义殊。汉《公羊》经、传假"试"为"弑",断无有假"杀"为"弑"者也。凡三经三传之用"杀"为"弑"者,皆讹字也。

(《经韵楼集·春秋经杀弑二字辨别考》卷四,第65页)

按臣杀君必曰"弑"之通例,又"杀"、"弑"古音不通假之例,因此,凡理应作"弑"的地方如写成了"杀"字,那就是错字。依汉人注经之例,就应这样说:"杀"当为"弑",而不能说"杀"亦有"弑"义。

创通条例就是从大处着眼。汪中的《释三九》[17],俞樾《古书疑义举例》中的"上下文异字同义例"、"上下文同字异义例"、"参见互义例"等,都是以例求义的具体运用。

归纳汇证,这是第三个法宝。王氏父子最长于此道。王念孙的《读书杂志》,"一字之征,博及万卷,其精核如此"。王引之的《经义述闻》于"凡古儒所误解者,无不旁征曲喻,而得其本义之所在"[18]。"博及万卷"、"旁征曲喻"就是归纳汇证,就是详细占有材料,引出科学的结论。

有人认为:归纳汇证并不难,把各种有关的例证汇集起来就行了。这是外行说的话。事情果然如此简单,为什么宋儒、元儒、明儒同样也见到了这些材料,而他们却没有做出清儒这样的成绩呢?清儒熟读经史子集的人也不在少数,为什么只有段、王等人才能做出这么好的成绩,而有的人却"手披万卷,不能识一字之声义"[19]呢?

要有证明问题的本领,首先就要有发现问题的本领。没有发现问题的本领,也就谈不上运用广泛的知识来论证问题了。《诗·小雅·斯干》有一句诗:"如竹苞矣。"毛传:"苞,本也。""苞"为什么会有"本"的意思呢?"本"又是什么意思呢?陈奂《诗毛氏传疏》说:"《传》云'苞,本'者,竹本以喻本根深固也。"陈奂将"本"字释为"根本"的"本",这是否符合毛传的本意呢?

王念孙原来也不理解毛传为什么要解"苞"为"本",后来他在给邵晋涵的信中说:

囊注《广雅》"葆,本也",而不解其义;又读《诗》传:"苞,本也",亦不解其义。昨偶阅《玉篇·草部》:藭(zǔn)字注云:"本藭,草丛生。"(字或作苯。《西京赋》:"苯藭蓬茸。")始知《传》训苞为本者,乃丛生之义,非根本之义也。《斯干》笺云:"言时民殷众,如竹之本生。""本生"犹言丛生,故以比民之殷众。故孙炎云"物丛生",非根本之义明矣。[20]

王念孙能发现问题,也能解决问题。陈奂在王念孙之后,连王念孙已经解决了的问题他都不能吸收其成果,二家识见之高下就可见一斑了。

应该承认:归纳汇证,包括发现问题与解决问题的全过程,是破疑义的重要法宝。从这个意义来说,证据就是学问,证据就是水平,证据就是力量。王引之说:"经之有说,触类旁通。不通全书,不能说一句;不通诸经,亦不能说一经。"[21]只有"触类旁通",才谈得上科学的归纳汇证,随意抓几个例子就妄加解释一番,算不得什么"汇证"。据说,西方某些治学严谨的学者,把"绝对不引证自己没有从头到尾读过的一本书"(转引自孟留喜《引证小议》,《北京晚报》1987年8月11日)奉为金科玉律。要求这样严格,也是为了避免断章取义,曲解原文,为我所用。

以上谈的是方法问题。就研究内容而言,清人对同词相反为义、二字同义连用的研究也值得称道。

同词相反为义就是一般训诂著作中所谓的"反训词"。齐佩瑢曾经指出:"反训只是语义的变迁现象而非训诂之法则。"[22]我很赞同这个说法,所以我主张不用"反训"这个术语,改为"同词相反为义"。

同词相反为义是由语义内部结构对向演变所造成的。最早发现这种现象并从理论上加以概括的是东晋时候的郭璞。

郭璞(276—324),字景纯,文学家,训诂学家。山西闻喜县人。西晋末年惠怀间避乱过江,后为王导参军。明帝初,因反对王敦谋反,于太宁二年被杀。郭璞在《尔雅·释诂》注中说:"肆既为故,又为今,今亦为故,故亦为今,此义相反而兼通者。"(《十三经注疏》第2575页)又:"以徂为存,犹以乱为治,以曩为曏,以故为今,此皆诂训义有反覆旁通,美恶不嫌同名。"(《十三经注疏》第2577页)他在《方言》卷二注中说:"苦而为快者,犹以臭为香,乱为治,徂为存,此训义之反覆用之是(应作"者"字)也。"郭璞举的这些例子是否都属于"义相反而兼通者",后人有不同看法,有人还以此为理由来否定语义中有"相反而兼通"的事实,这也是徒腾口说,自以为是。我以为即使郭璞举的这些例子均不确,他提出的"义相反而兼通"、"义有反覆旁通,美恶不嫌同名",也是一个颇为重要的发现。清代语言学家如王念孙、段玉裁、钱绎等都列举了许多语义材料证实了这个理论的正确性。

《广雅·释诂》王念孙《疏证》指出:"敛为欲而又为与,乞丐为求而又为与,贷为借而又为与,禀为受而又为与,义有相反而实相因者,皆此类也。"(卷三下,江苏古籍出版社,第98页)

"相反而实相因",揭示了同词相反为义的哲学基础。王念孙虽然不懂唯物辩证法,但由于他掌握了大量的语义材料,又能融会贯通,又有一个实事求是的态度,他自然就会用朴素辩证法的观点进行概括、总结。我们说"他掌握了大量的语义材料",也有他自己的话为证。《广雅疏证》卷二下:"凡一字两训而反覆旁通者,若乱之为治,故之为今,扰之为安,臭之为香,不可悉数。"(65页)

段玉裁的《说文解字注》多次指出同词相反为义的问题,这里不一一列举。其中"貣"字的注释很值得注意。他说:"古无貣(tè)、贷之分,由貣字或作贷,因分其义,又分其声。如求人曰乞,给人之求亦曰乞,今分去讫、去既二音。又如假、借二字,皆为求者、予者之通名,唐人亦有求读上入,予读两去之说,古皆未必有是。"(280页)段玉裁把同词相反为义的研究进一步引向深入,提出了字形分化问题,由貣分化出贷,声音也发生相应的变化。"假借"二字又涉及四声别义问题。据贾昌朝的《群经音辨》卷六载:"取于人曰假,古雅切;与之曰假,古讶切。取于人曰借,子亦切;与之曰借,子夜切。"段玉裁说的"求读上入",即指假借二字在"求"这个意义上分别读作古雅切(上声)、子亦切(入声);"予读两去",即指在给予这个意义上读古讶切(去声)、子夜切(去声)。这种字形分别、语音分别,说明同词相反为义这种语义现象虽然是客观存在,但毕竟是语义不精密的表现,所以要用文字形体和读音等办法加以规范。

钱绎对同词相反为义的论述都在《方言笺疏》一书中,材料相当丰富。另外，俞樾《古书疑义举例》有"美恶同辞例"，可参阅。

清代之前，郭璞之后，谈到同词相反为义的，还有元朝的李冶（1192—1279），亦作李治，号敬斋，河北栾城人。他的《敬斋古今黈》卷一列举了不少例证。明代焦竑称这种现象为"倒语"，《焦氏笔乘》卷六有"古文多倒语"条，列举了一些"美恶相对之字"。（140页）

二字同义连用是古汉语中一种重要语言现象。唐代李贤等注《后汉书》时已注意到此。如《南匈奴列传》："况种类繁炽，不可单尽。"注："单亦尽也。犹《书》云'谟谋'。即是古书之重语。"（2961页）这里的"重语"即王引之所说的"平列两字上下同义"和俞樾说的"两字一义"。

王引之写过《经传平列两字上下同义》，收在《经义述闻》中。王氏说："古人训诂，不避重复，往往有平列两字上下同义者，解者分为两义，反失其指。"该文从《周易》、《尚书》、《毛诗》、《周礼》、《左传》、《国语》等书中列举了六十多条同义连文材料，进行分析辨证。今人周斌武的《中国古代语言学文选》选了这篇文章，有详细注释和说明，可参阅。

俞樾说："古书中两字一义者，往往有之。"他的《古书疑义举例》有"两字一义而误解例"。如：

《襄三十一年传》："寇盗充斥。"按：充、斥二字同义。充，大也，见《淮南·说山篇》、《吕氏春秋·必己篇》高诱注。斥亦大也，见《文选·魏都赋》李善注。凡有大义者皆有多义，如"殷"训"大"，亦训"盛"，"丰"训"大"，亦训"满"，皆是也。充、斥并为大，故并为多。"充斥"，言多也。杜注曰："充满斥见"

(《十三经注疏》第 2014 页),失之。

(卷七,第 141 页)

了解同义连文的用词规律,对注释、阅读古书,研究古汉语词义,都有用处。至于同义连文的类别、性质、语法关系,还需要进一步研究。

清代词义研究的主要缺点有两条:在范围方面仅局限于汉魏以前。"非先秦两汉之书不敢观",这是他们的通病。另外,滥用"以声求义"这个法宝。郝懿行的《尔雅义疏》就已肆意于"以声近、声转为义",到了俞樾更是常常祭起这个法宝以逞私臆。他那两本《平议》,从精审、谨严而言,就远不如高邮王氏父子了。

注:

① 《戴东原集》(上),万有文库本,第 38 页。
② 《戴东原集》(下),第 41 页。
③⑥ 《广雅注序》。见《经韵楼集》卷八。
④ 《广雅疏证·序》。
⑤ 《经义述闻·序》。
⑦ 《戴东原集》(下),第 36 页。
⑧ 《广雅疏证》卷六,万有文库本,第 723 页。
⑨ 《广雅疏证》卷六,第 748 页。
⑩ 《字诂义府合按》,中华书局,1984 年,第 193 页。
⑪ 《周礼汉读考·序》,见《揅经室集》。2006 年中华本作《汉读考周礼六卷序》卷十一,第 241、242 页。
⑫ 《周礼汉读考·序》,见《揅经室集》。2006 年中华本作《汉读考周礼六卷序》卷十一,第 242 页。
⑬ 见《言響二字释例》。《经韵楼集》卷十一。

⑭ 见《说文饗字解》。《经韵楼集》卷十一。
⑮ 《经韵楼集·聘礼辞曰非礼也敢对曰非礼也敢》卷二,第30页。
⑯ 这两篇论文都见于《经韵楼集》卷四。
⑰ 《释三九》一文见《述学内篇》。又见《新编汪中集》,第347—349页。
⑱ 阮元:《经义述闻·序》。
⑲ 阮元:《晚学集·序》。
⑳ 《与邵二云书》,《高邮王氏遗书·王石臞文集补编》,江苏古籍出版社,2000年,第13页。又可参阅《广雅疏证》卷三,第354页"葆,本也"条,万有文库本。
㉑ 王引之:《中州试牍序》,见《王文简公文集》卷三,又见《高邮王氏遗书》,第203页。
㉒ 《训诂学概论》,中华书局,2004年,第188页。

第三十二节　清代文字学

清代文字学的主要内容乃《说文》之学。清初,《说文》之学犹未兴起,一般学者甚至连始一终亥本《说文》都没有见过。如顾炎武说:"《说文》原本次第不可见,今以四声列者,徐铉等所定也。"① 可证他把李焘的《说文解字五音韵谱》误以为大徐本了。纪昀于乾隆二十四年(1759)在《书毛氏重刊说文后》中说:"自李焘《说文五音韵谱》行于世,而《说文》旧本遂微。流俗不考,或误称为徐铉所校许慎书,琴川毛氏始得旧本重刊之②,世病其不便检阅,亦不甚行,其板近日遂散失。然好古之士,固宝贵不置也。"③ 纪昀所说"琴川毛氏",即常熟毛晋(1599—1659),琴川乃常熟之别名。《四库全书总目·说文解字》提要云:"即今所行毛晋刊本是也。明万历中,宫氏刻李焘《说文五音韵谱》,陈大科序之,误以为即铉校本。

陈启源……顾炎武并沿其谬,岂毛氏所刊国初犹未盛行欤?"(卷四十一,第344页)《总目》所言极是。只比顾炎武大一岁的周亮工(1612—1672)乃著名藏书家,顺治十六年己亥在狱中写《书影》时,把毛家藏有宋本《说文》当作学术大事记载于书。他说:"毛子晋家有宋板许氏《说文》,与今世所传大异。许叔重旧本,乃以字画分部者,始于子,终于亥,全书系十五卷。今乃从沈韵编次,而又以部分类入者,乃宋李焘更定徐骑省(盈按:徐铉曾官散骑常侍,有《骑省集》)本也。汤圣弘有元刻许慎原本,惜毁于火。"④从所谓"字画分部,始于子",可证周氏未见原书,以讹传讹耳。段玉裁《汲古阁说文订序》云:"前明一代,多有刊刻《五音韵谱》者,而刊铉书者绝无……当明之末年,常熟毛晋子晋及其子毛扆斧季得宋始一终亥小字本,以大字开雕,是亭林时非无铉本也。毛氏所刊版入本朝归祁门马氏,在扬州者近年又归苏之书贾钱姓。"(《经韵楼集·补编》卷上,第372页)又据郑德懋(清常熟嘉道年间人)《汲古阁书版存亡考》载,毛刻《说文解字》乾隆时板在苏州钱景开萃古斋书肆(《书林清话》卷七,第196页)。

整个清代研究《说文》的著作有二百多种,著名的有十几家,中叶以后,大徐本《说文》,小学家几乎人手一册,可以说得上是盛况空前。清代研究《说文》的风气始于乾隆中期,这和当时古音学、训诂学的兴旺发达有密切关系。此学倡导者有惠栋、戴震、钱大昕、朱筠等人。朱筠于乾隆三十六年(1771)任安徽学政。"乃教士曰:读书不可不识字。为刻旧本许氏《说文解字》。"⑤"广布江左右,其学由是大行。"⑥他的《重刻说文解字序》就是一篇重要学术论文⑦。到了嘉庆年间,许慎在士人心目中已成为偶像,阮元在杭州西子湖畔创建的诂经精舍,就设立许慎的牌位,让士人顶礼膜拜。

嘉庆、道光两朝，《说文》之学达到了高峰，说文四大家（段玉裁、桂馥、王筠、朱骏声）都出现在这一时期。

四大家各有特色，以段《注》地位最高，最见重于学林。嘉庆二十二年（1817）王念孙"以段氏《说文解字注》赠汪喜孙（汪中之子，时年三十二）云：是为宝剑，赠于烈士"（刘盼遂《高邮王氏父子年谱》）。这柄段氏用毕生精血铸就的"宝剑"，至今犹闪烁着耀眼的光芒。诗曰："张杜西京说外家，斯文吾述段金沙，导河积石归东海，一字源流奠万哗。"（段氏外孙龚自珍《己亥杂诗》之58）清人《说文》研究的成就主要有以下四点：

一、王筠说："《说文》屡经窜易，不知原文之存者，尚有几何？"⑧恢复许书原貌，这是《说文》学家们要做的第一件事。钮树玉、严可均、段玉裁都在校勘方面狠下了一番工夫。钮树玉著《说文考异》（后改为《说文解字校录》），段注多有采录；严可均肆力十年，著《说文校议》，专正徐铉之失，举正三千四百四十条；段注在校勘方面也细密精审。清末学者朱一新（1846—1894）对段注是极为推崇的。他说："段氏《说文注》、王氏《说文释例》，学者不可不读。诸书皆小学之功臣，小疵不害大醇……段注包孕闳富，钮匪石订其误（其书为《段氏说文注订》），有段不误，而钮反误者（水部尤多）。惟勇于删改，是段《注》之大失。"（《无邪堂答问》卷四，第143、144页）

段玉裁有时甚至连篆文都给删掉了，未免武断。如二徐本皆分"樛"、"朻"为二，"樛"本"朻"之重文。段玉裁把"樛"字篆文删去，释"朻"为"高木下曲也"。钮树玉批评说："今删去'樛'篆，又依《韵会》'朻'下改作'高木下曲'，不知朻自来不训高木也。"⑨

钮树玉（1760—1827），号非（匪）石，苏州人，钱大昕弟子。不仅精于《说文》之学,且精于曲律,龚自珍的《书金铃》对之有生动记述,不可不读,并可参阅陆萼庭的《钮树玉与金德辉》(《清代戏曲家丛考》)。

提到大徐本的校刊,不能忘记陈昌治。现在通行的大徐本,从格式到内容都是陈昌治定下来的。陈昌治,字绳斋,广东番禺人,陈澧的学生。他于同治十二年(1873)"重刊《说文》,以阳湖孙氏(星衍)所刊北宋本为底本⑩,然孙氏欲传古本,故悉依旧式,今欲寻求简便,改为一篆一行,不能复拘旧式……孙刻篆文及解说之字,小有讹误……今则参校各本,凡讹误之显然者,皆已更正,别为《校字记》,附于卷末,昭其慎也"。(1963年,中华书局影印《说文解字》,第328页)

二、发明许书义例。许慎作《说文》本有一定的义例,但他并没有把这些义例明确地集中地列举出来,后来的研究者如大徐"犹未能悉通叔重之义例"⑪。清代《说文》学家们在探求许书义例方面做出了很好的成绩,尤以段玉裁、王筠为突出。段玉裁揭示的义例甚多,如:

> 凡部之先后,以形之相近为次;凡每部中字之先后,以义之相引为次。

(段注第一篇上,第1页)

> 小篆之于古籀,或仍之,或省改之。仍者十之八九,省改者十之一二而已。仍则小篆皆古籀也,故不更出古籀,省改则古籀非小篆也,故更出之。

(段注第一篇上,第1页)

> 凡云古文以为某字者,此明六书之假借。"以",用也。本

非某字,古人用之为某字也。如古文以"洒"为"灑埽"字,以"疋"为《诗·大雅》字,以"丂"为"巧"字,以"䀠"为"贤"字……籀文以"爱"为车"轙"字,皆因古时字少,依声托事。至于以"屮"(chè)为"艸"字,以"疋"为"足"字,以"丂"为"亏"字……此则非属依声,或因形近相借,无容后人效尤者也。

(段注第一篇上,第21页)

《说文》言"一曰"者有二例:一是兼采别说,一是同物二名。

(段注第一篇下,第26页)

段玉裁所说的"义例",不见得条条都正确。诚如王筠所言:"段氏书体大思精,所谓通例,又前人所未知,惟是武断支离,时或不免,则其蔽也。"[12]又说:"茂堂细则极细,粗则极粗,能见人之所不能见,亦误人之所不肯误。分别观之,取益多矣。"[13]不过,王筠"与段氏分道扬镳,且时露攻击之处"(郑时《王菉友年谱》。见《清诒堂文集》第234页)。这一点我们应有所了解。丁山《王菉友先生年谱后序》说:"《说文》则金坛段氏以形义条理雄,曲阜桂氏以征引广博胜,而段注尤精核,攻诘者亦最烈。论者尝诿为吴皖学派之争。大抵吴派多主宋刊大徐本《说文》,坚守陈说,不轻改字,嘉定钱氏为之领袖。皖派则主博证宋前载记所引,刊二徐本传写之误,此议发于严可均而集大成于段氏。"(《清诒堂文集》第213页)研究学术批评,一定要了解当时的背景,了解当时的学派,丁山所言极为重要。

王筠的《说文释例》是一部"能启汔长未传奥旨"[14],"补茂堂所未备"[15]的著作。王筠(1784—1854),字贯山,号菉友,山东安邱人。道光元年举人,道光二十四年61岁官山西乡宁(今属临汾市)知县。他研究《说文》三十余年,除《说文释例》之外,还有《说文解字句读》和《说文系传校录》以及《文字蒙求》。《释例》成书于道光丁酉(1837),是经过二十多年准备写成的。它独具体例,不愧为"一家之言"。在六书体例和《说文》说解体例方面,创获良多。如关于"指事",他区分为正例一,变例八。"独体指事"为正例,"以会意定指事"、"省体指事"、"借象形以为指事"等为变例。"象形",他区分为正例一,变例十。"会意"有正例十,变例十二。他对"假借"和"转注"的看法也很值得重视:"假借者,一字而数义。何为其数义也,口中之声同也。转注者,数字而一义。何为其数字也,口中之声不同也。"⑩假借必须同声,转注必须同义,这是他的主张。

《释例》卷十是讨论"说解正例"、"说解变例"的。有些辨析非常精到。如:

> 许君说解,必先字义而后字形。其说形也,或此字形属会意,则先举本部首而后及别部之字,如"天"在一部,云"从一大",先"一"后"大"是也;如字义重"大",则必入大部,而说曰"从大从一"矣;然有以其词之顺而先言它部之字者,如"断"(折)在艸部,而说曰"从斤断草"是也。即其文不如是,亦必曰"从斤艸",而不曰"从斤从艸"。盖并峙为义,则先一义为主,字当入主义之部也。
>
> (《说文释例》卷十,第881页,万有文库本)

王筠有些义例的发明,也不过是曲为之说,如说:

字有不能直解者,则分情状说之。如"快"下云:"不服懑也。"不服,其情也;懑,其状也……"懑"下云:"怨也。"怨者不必有理,而快之懑则由无以服之也。

(《说文释例》卷十,第892页)

"不服懑"一语根本不通(参阅段《注》第512页),王筠硬要从体例上强作解说,欠妥。

三、对《说文》字义进行疏证。《说文》一书释义简奥,不要说今天的读者不凭借注释已难读懂了,就是古人要读懂它也是困难重重。清代对《说文》全书进行注释而质量又较高的,首推段《注》,其次是桂馥的《说文解字义证》,再其次是朱骏声的《说文通训定声》。

桂馥(1736—1805),字未谷,山东曲阜人。他比段玉裁只小一岁,两人几乎是同时进行《说文》研究的。他于55岁(乾隆五十五年,1790)时才考中进士,于嘉庆元年派到云南永平(今属大理白族自治州)当知县,年70卒于任。在这偏僻之乡,"求友无人,借书不得"[17],五十卷《义证》书稿,未及最后修订就与世长辞了。关于桂书的优缺点,王筠有很公正的评说:

今天下之治《说文》者多矣,莫不穷思毕精,以求为不可加矣。就吾所见论之,桂氏未谷《说文义证》,段氏茂堂《说文解字注》,其最盛也。桂氏书征引虽富,脉络贯通。前说未尽,则以后说补苴之,前说有误,则以后说辨正之。凡所称引,皆有次第,取足达许说而止,故专胪古籍,不下己意也。读者乃视为类书,不已眯乎!惟是引据之典,时代失于限断,且泛及藻缋之词，而又未尽加校改，不皆如其初恉，则其蔽也。

（《说文释例·序》，第7页）

段氏在字义注释方面的最大特点是阐明许慎的原义，他特别注意区别本义、引申义，注意辨析"浑言"与"析言"。他的经验是：

> 弟以注此书为读郑之阶级，读此注而知许郑之异，亦知许郑之同，而知天下之字无不异，而知天下之字无不同。其要在以经注许，以郑注许，而尤要在以许注许。

（《与刘端临第二十三书》，见《经韵楼文集补编》第409页）

> 以许注许，一经拈出，无人不称快。

（《与刘端临第二十四书》）

段玉裁因为能"以经注许，以郑注许"，"以许注许"，就避免了"时代失于限断"的缺点，科学性、精确性都相当高。可以说，研究先秦两汉词义，段注是必读之书。段注在嘉庆年间问世之后，"缀学之家，几于户置一册，而桂书多未及见"[⑱]。

"桂书多未及见"的原因，是此书长期未能刻印流布，桂馥去世后40多年，即道光己酉至咸丰辛亥年间，由许印林（瀚）负责校雠，刻入山西灵石人杨墨林（杨尚文之号，道光年间由河东盐务官议叙知府）的《连筠簃丛书》，印数不多，板亦旋即毁于兵燹。至同治九年，经张之洞倡议才重刻此书。桂注的优点是材料相当丰富。他的注释基本上分为两部分。先引书证解说篆文，然后引书证证明许慎的说解。如对一部"吏"字的注释，先引《书》、《孟子》、《曲礼》、《左传》、《周礼》、《韩诗外传》、《物理论》、《九经字样》、《汉书·百官公卿表》等10种材料证明"吏"的常用意义,然后再证许慎的说解"治人者也",用了《周礼》、《管子·明法解》、《鹖子》、《韩非子·外储说》、贾谊《大政篇》、《潜夫论·衰制篇》、《艺文类聚》引《风俗通》、《论衡·量知篇》等8种材料。桂馥对许书的体例也进行过研究。如"史"字"从史,史亦声"。桂馥说:"当言'史声'。后人加'亦'字。凡言'亦声',皆从部首之字得声,既为偏旁,又为声音,故加'亦'字,不从部首得声,何言'亦声'。"但是,桂书基本上是一部资料书,他在形、音、义方面,的确不如段注能融会贯通。段注是一部真正的语言学著作,桂书则是训诂资料书。王筠也说:"桂距段甚远,能夺段席者惟严铁桥,次之则我。"积微翁评之曰:"此可见菉友倾倒铁桥及其自待之不薄也。由今观之,桂固不逮段,严、王之业信能超过段君乎?《说文》形书,实义书也;因形以说义耳。段桂同用经籍证许,然桂为死证,段则活证,故桂不及段。段用《说文》字义勘合经传,而求其同异;注中所举经传通假及《诗经小学》(盈按:原标点作'《诗经》小学',似非杨氏本意,今改正)所述皆是也。此段把握许书命脉之所在,故最胜也。菉友于《说文》,毛举细故而已;自许能夺段席,不免于妄矣!"[19]杨氏此言,大体上当以定论视之。至于王筠,"妄"则有之,但也不只"毛举细故而已"。

朱骏声的《说文通训定声》于字义疏证也有自己的特色。朱骏声(1788—1858),字丰芑,号允倩,江苏吴县人。嘉庆二十三年(1818)举人,道光六年(1826)39岁任徽州府黟县训导。训导乃从八品,直至咸丰元年(1851),也就是25年之后,他将《说文通训定声》一书,缮写成帙,进呈御览时,其官衔仍是"江苏举人截取知县现任安徽黟县训导加一级"。所谓"截取",只不过是资深举人赴部候选的一种例规,并不一定就能实授知县。他"因截取来京",乞礼部代为转奏进呈《说文通训定声》一书。呈文中对书名有如下解释：

> 题曰"说文"，表所宗也；曰"通训"，发明转注假借之例也；曰"定声"，证《广韵》今韵之非古而导其源也。
>
> （《说文通训定声·奏呈》）

此书最精彩的部分是"通训"，即朱氏对转注、假借之例的发明。他对"转注"的看法全然不同于戴、段等人。他说：

> 转注者，体不改造，引意相受，令长是也；假借者，本无其意，依声托字，朋来是也。凡一意之贯注，因其可通而通之为转注；一声之近似，非其所有而有之为假借。就本字本训而因以展转引申为他训者曰转注，无展转引申而别有本字本训可指名者曰假借。依形作字，睹其体而申其义者，转注也；连缀成文，读其音而知其意者，假借也。假借不易声，而役异形之字，可以悟古人之音语；转注不易字，而有无形之字，可以省后世之俗书。假借，数字供一字之用，而必有本字；转注，一字具数字之用，而不烦造字。
>
> （《说文通训定声》，第44—45页，万有文库本）

原来他所谓"转注"，就是引申，这当然不失为一家之言；所谓"假借"，是音语近似而意义又无联系，这也是对的。但他说"必有本字"，这就大错。朱书讲假借常常讲错，就在于他硬要去找什么"本字"。

朱书在释义方面有一个很大的优点,就是创立了一个较好的释义体例。如:

> 僮　未冠也。从人童声。按十九以下、八岁以上也。字亦作"僮"。经传多以"童"为之。《广雅·释言》:僮,稚也……〔转注〕《广雅·释诂》三:童,痴也。《释训》:僮,昏疾也。《晋语》:僮昏不可使谋。注,无知也。字亦作"瞳"……〔假借〕为童。《汉书·贾谊传》:今民卖僮者。注,谓隶妾也……〔声训〕……〔古韵〕……
>
> 　　　　　　　　　　(豊部第一,第128页,万有文库本)

他把本义、转注(即引申义)、假借加以区分,这是对的,至于就具体的一个字来说,区分得是否正确,这就要靠读者进行具体分析了。蔡元培在《我青年时代的读书生活》中说:"朱氏以引申为转注,当然不合,但每一个字,都从本义、引申、假借三方面举出例证;又设'托名标帜'(原作"识",zhì),与各类'连语'等词类,不但可以纠正唐李阳冰、宋王安石等只知会意不知谐声的错误,而且于许慎氏所采的阴阳家言如对于大十地支与数目的解说,悉加以合理的更正;而字的排列,以所从的声相联;字的分部以古韵为准;检阅最为方便,我所不很满意的,是他的某段为某,大半以臆见定之。"[20]

朱书还有一个优点是材料相当丰富。此书晚出,利用了段注和《经籍籑诂》等书的资料,这也是理所当然的。

四、以声统字。清代学者对于《说文》的研究,不仅仅局限于字形字义的范围之内,他们特别重视声音的研究。这个问题我在"清代语义学"这一节中已经谈到了,这里主要谈一下以声为纲对《说

文》重新进行编排的问题。首先提出这个问题的是戴震。戴震在《答段若膺论韵》(写于 1776 年)中说:

> 谐声字,半主义,半主声,《说文》九千余字,以义相统;今作《谐声表》,若尽取而列之,使以声相统,条贯而下如谱系,则亦必传之绝作也。

(《戴东原集》卷四,第 62 页)

这个任务段玉裁没有完成,段玉裁的弟子江沅(1767—1838,江声的孙子,优贡生)实现了。江沅的《说文解字音均表》就是以段玉裁《六书音均表》"弟二表之列某声某声者为纲而件系之,声复生声,则依其次弟"[21]。但"某部某声某声,不尽与段表同"[22]。各部所收之字也有简单的释义,这些释义也并不是跟段注都一样,如十五部"费"字注云:

> 费　六篇下贝部,散财用也,从贝弗声。"散"当做"㪔"。引申之过用曰费。

(见《皇清经解》续编本,卷一零五)

"散当做㪔"等内容为段注所无。江书的主要意义当然不在于此,此书和《说文通训定声》一样,对于研究字族、探求词源,都有参考价值。严可均的《说文声类》也有类似的作用,但该书为古音而作,全无释义。陈澧青年时代编著的《说文声表》生前未能出版,现已编入《陈澧集》第肆册(上海古籍出版社,2008 年)。此书按古韵十七部编排,以声首统字,字下列《说文》释义,学术价值不高。

清代《说文》学的兴盛，主要原因有三：一是古音学的系统已基本确立，为古文字研究大开方便之门（段玉裁说："音均明而六书明。"见段注第805页）；二是造成了社会风气，不少人十几岁就学习《说文》，一个读书人根本不读《说文》，被视为学无根底；三是进行持久的深入的专题研究，像段、桂、朱、王四大家都是用毕生精力钻研《说文》，所以都能有新的发现，有新的创获。流弊也是有的，像惠栋的弟子江声(1721—1799，江苏吴县人)，连写信、记账都要用小篆，有人将《说文》不录之字一律斥之为俗体，这都不足为训。

清代末年，金文、甲骨文的研究也取得了一定的成就。吴大澂的《说文古籀补》，孙诒让的《古籀拾遗》、《古籀余论》、《契文举例》、《名原》都是研究甲金文的代表作。

吴大澂(1835—1902)，字清卿，江苏吴县人。同治七年(1868)进士。历任广东巡抚、河道总督、湖南巡抚等职。他于光绪癸未(1883)成《说文古籀补》，收有三千五百余字。"是编所集，多许氏所未收，有可以正俗书之谬误者，间有一二与许书重复之字，并存之以资考证。不分古文、籀文，阙其所不知也；某字必详某器，不敢向壁虚造也；辨释未当，概不羼入，昭其信也；索解不获者，存其字不绎其义，不敢以巧说衺辞使天下学者疑也。石鼓残字，皆史籀之遗，有与金文相发明者，古币、古鉨、古陶器文，亦皆在小篆以前，为秦燔所不及，因并录之，有抱残守阙之义焉。"㉓

《说文古籀补》所收的字"多许氏所未收"，这是因为"郡国所出鼎彝，许氏实未之见，而鲁恭王所得壁经，又皆战国时诡更变乱之字，以至文考、文王、文人读为宁考、宁王、宁人，宜许氏之不获见古籀真迹也"㉔．所以"甲作十，丁作口……皆许氏古文所无"㉕。

吴氏对古籀的释义相当谨慎，而且有不少见解高出许氏之上。

如：

> 王 《说文》的释义是：天下所归往也。董仲舒曰：古之造文者，三画而连其中谓之王。三者：天、地、人也，而参通之者，王也。孔子曰：一贯三为王。
>
> 《说文古籀补》的释义是：王，大也，盛也。从＝从山，山古火字。地中有火，其气盛也。火盛曰王，德盛亦曰王。
>
> （《说文古籀补》，第1、2页）

"王"字构形的理据究竟是什么，难以定论。但许慎对"王"字的释义纯属穿凿附会，吴氏的释义有字形为据，比较科学。

孙诒让（1848—1908），字仲容，号籀庼，浙江瑞安人。其父孙衣言（1815—1894）道光三十年（1850）进士，与俞樾为同年友。孙诒让20岁（同治六年）中举，"八试礼部不第，自是以后不复入都"[26]。孙氏也可算是现代语言学家，但他生于清，卒于清，讲清代语言学不能不讲他。孙诒让"治古文大篆之学四十年、所见彝器款识逾二千种"[27]。甲骨文出土之后，于1904年就写出了《契文举例》一书。这是第一部全面地研究甲骨文的著作，全书分月日、贞卜、卜事、鬼神、卜人、官氏、方国、典礼、文字、杂例等10篇。孙氏辨认了100多个甲骨文，对于甲骨文的辨认做出了重要贡献。由于当时对甲骨文的研究还处在草创阶段，书中有不少误释，这是很可以理解的。1905年，孙诒让又写了《名原》，对《说文》中的错误多所纠正。

甲金文的研究使人们关于古文字的观念发生了许多重大变化。如怎么看待《说文》未甄录之字，孙诒让的看法就和前人大不一样了。他说：

> 许书九千字，为字书鼻祖，小学家奉为职志，凡经典文字《说文》所无者，概斥为俗书。自金文发现，古文繁出，如"裹"、"妥"、"愈"、"孀"之类，皆相承习见之字，而《说文》咸未甄录。然三代彝器固塙有其文，则非后世增益造作，昭较可知。至于诡形异体，日出不穷，宋以来考释家所说，凿空耆奇，或不可凭，然古文正字，多杂出其间，精思博考，辄得塙证，而许书阙如，亦其疏也。推寻厥由，或小篆本无此字，许君不能尽见古文，遂不免漏略；或《说文》本有，而传写挩佚，皆未能决定。
>
> （《名原·说文补阙》第七）

有了金文、甲骨文，人们对许书某些形体方面的谬误也有更为清楚的认识了。孙诒让说：

> 古文为李斯所变乱，汉时已无完书，《籀篇》复阙于建武之际，故其形声义例，许君已不能尽释。《说文》所载汉人说，亦多皮傅之论（如"對"古文本从士，不从口，而许以为汉文帝所改，及"易"下引秘书日月为易，"秃"下引王育谓仓颉出见秃人伏禾中之类）……自屡经改窜，失其本恉，而后定象形字，强变诎曲为整齐，或依傅它字以易其原形，盖始于晚周，而秦篆为尤甚。许书古籀重文，传写舛互，后人不审所从，辄依形近字臆改之，以牵就篆法，此弊尤夥。如籀文"车"作𠦴（龟甲文作𠦴，此半象车双轮，半象軶持衡及两轭形），而《说文》讹作𠦴，则以其偏旁与戋相近也。古文"射"作𢎉（像手执弓注矢形），

而篆文改作"射",则以其偏旁与身寸相近也。"門"本从两戺(依段若膺说。甲文省作〔〕,足证段说之塙),而许君以为两士相对,则以戺从出,与士相近也……若兹之类,小学家多知之。今更以金文、龟甲文校核许书古籀,或舛误昭然,而沿袭莫辨;或义例两通,而意恉迥异;考释家未及详者,更仆难数。虽未必原始旧文,而较之秦篆,则犹近古。

(《名原·古籀撰异》第四)

孙诒让而后,甲骨文研究最有成就的应推罗振玉、王国维。但罗、王应算是民国时代的人,以放在中国现代语言学史中评述为当。

注:

① 《日知录》卷二十一,国学基本丛书本,第77页。
② 《说文》重刊,乃毛氏父子两代刻成。毛晋(字子晋)之五子毛扆(1640—1713,字斧季)《说文解字跋》云:"先君购得《说文》真本,系北宋板,嫌其字小,以大字开雕,未竟而先君谢世。扆……久欲继志而力有不逮,今桑榆之景,为日无多,乃鬻田而刻成之。"(《汲古阁书跋》第127页)
③ 《纪晓岚诗文集》卷三,江苏广陵古籍刻印社,1997年,第192、193页。
④ 《书影》卷二,上海:古典文学出版社,1957年,第53页。
⑤ 朱珪:《知足斋文集》卷三。又:洪亮吉《书朱学士遗事》云:"朱学士,名筠,大兴人。以乾隆辛卯视学安徽,延余及亡友黄君景仁襄校文役……先生以读书必先识字,病士子不习音训,购得汲古阁许氏《说文》初印本,延高邮王孝廉念孙等校正刊行。……许氏之学由此大行。"(《洪亮吉集》三,第1034页)
⑥ 孙星衍:重刊宋本《说文》序。
⑦ 这篇序文实为王念孙代撰,参阅刘盼遂:《高邮王氏父子年谱》乾隆三十

八年条。
⑧ 《说文释例·序》。
⑨ 钮树玉:《段氏说文注订》卷二,丛书集成初编本,第 71 页。
⑩ 孙星衍(1753—1818),字伯渊,又字渊如,阳湖(江苏武进)人,其所刊《说文》乃顾千里校勘。
⑪ 《潜研堂文集》卷二十七,万有文库本,第 413 页。
⑫ 《说文释例·序》。
⑬ 《校段氏〈汲古阁说文订〉后记》。《清诒堂文集》,齐鲁书社,1987 年,第 71 页。
⑭ 潘祖荫:《说文释例序》。
⑮ 王筠:《说文解字句读·序》。
⑯ 《说文释例》卷一,万有文库本,第 39 页。
⑰ 桂馥:《晚学集·寄颜运生书》。
⑱ 陈庆镛:《说文解字义证·叙》。关于《义证》书名及刻印情况,可参阅段玉裁的桂馥《札朴·序》、李详《魏生丛录》卷一(见《清人考订笔记(七种)》、徐康《前尘梦影录》卷下、叶德辉《郎园读书志》卷二,第 99 页)。
⑲ 杨树达《积微翁回忆录》,上海古籍出版社,2006 年,第 278 页。
⑳ 《蔡元培教育论著选》,人民教育出版社,1991 年,第 677 页。
㉑ 段玉裁:《说文解字音均表叙》。
㉒ 《说文解字音均表》,《皇清经解续编》卷一零五,第 81 页。
㉓ 吴大澂:《说文古籀补叙》。苏州振新书社影印,民国十九年,第 3 页。
㉔㉕ 吴大澂:《说文古籀补叙》。
㉖ 《孙衣言孙诒让父子年谱》,孙延钊撰,徐和雍、周立人整理,上海社会科学院出版社,2003 年,第 253 页。
㉗ 孙诒让:《契文举例叙》。

第三十三节　清代辞书

清代辞书数量颇为可观,但质量高的却不是太多。

在字典方面,整个清王朝只有一本《康熙字典》,此书是在《字汇》、《正字通》的基础上编纂而成,为张玉书、陈廷敬等人集体编著。始于康熙四十九年(1710),成书于五十五年(1716)。全书收47035个字,收集的音义资料比较齐全,查检也较为方便,这都是它的优点。书中所载《唐韵》音某,皆自《说文》采出,非真见孙愐书也(纪昀语,见《纪晓岚诗文集·书毛氏重刊说文后》)。

但这部由中央王朝组织力量编纂的字典,并没有反映出当时的学术水平。工作草率,质量低劣。字义字音疏于考证,引文也是错误百出。王引之在道光年间奉命作《字典考证》,王念孙"乃先校数册,以为法式",其余考订,亦经其父王念孙"覆阅乃定"(《高邮王氏父子年谱》第58页)查出错误达2588条。(《奏进字典考证摺》,见《高邮王氏遗书·王伯申文集补编》第19页)王引之给陈奂写信说[1]:

> 现有校刻《康熙字典》之役,错误太多,不可胜改,只能去其太甚者耳。

可见,王所揭举的错误只不过"太甚者耳",还有的错误一时改不胜改。

清代文字学这么发达,学者这么多,完全有条件编出一本高水平的字典来,为什么除《康熙字典》之外,再也没有第二部字典问世呢?这完全是政治上的原因所造成的。乾隆四十二年(1777)曾出现过一起《字贯》文字狱[2]。江西新昌县有一个举人王锡侯(1713—1777)以个人的力量编了一部字典,名叫《字贯》,乾隆四十年问世。书中纠正了《康熙字典》的一些谬误,又在"凡例"中,"将圣祖(康熙)、世宗(雍正)庙讳及朕(乾隆自称)御名字样开列",这就触犯了乾隆皇帝的淫威,乾隆狠狠地批示:"深堪发指,此实大逆不法,为从来未有之事,罪不容诛。"于是,两江总督、江西巡抚都因办案不力受到处分,王锡侯全家被诛,有关人员也受牵连。有了这次血的教训,清代学人谁也不敢谈字典之事了。王引之虽奉圣旨考证字典,也不过发其显误而已,至于音义方面的各种问题,一仍旧贯,不敢置一辞。

《康熙字典》之前,杭州人虞德升(明末清初人)编有《谐声品字笺》,康熙十六年问世。此书"取六书谐声之义品列字数,使学者可因声以检字……自来字书、韵书截然两途,德升必强合而一之,其破碎支离,固亦宜矣"(《四库全书总目》第390页)。但法国来华传教士马若瑟(Prémare, Joseph, 1666—1736, 1698年抵澳门)在他的《汉语札记》中对《谐声品字笺》却持肯定态度,认为:"在这部著作中,汉字以一种新的方法排序,即以读音排序,它非常便于阅读和查找,而且有一些很好的特点。不过,作者在采用一些例子来证明他的解释时,似乎是比较晦涩和困难的。"马若瑟对《康熙字典》取否定态度。他说:"《康熙字典》其实是康熙皇帝下令修改而改进《正字通》之后的版本。但就博学这一层次而言,它也是意义不大,也不太可信。"(张西平、李真等《西方人早期汉语学习史调查》(上),中国大百科全书出版社,2003年,第231页)

清代还有三部规模宏大的资料性质的辞书:《佩文韵府》、《骈字类编》、《经籍籑诂》。

《佩文韵府》是奉康熙之命编撰的。始于康熙四十三年(1704),于康熙五十年十月全书告成,共一百〇六卷。"佩文"是康熙的书斋名;所谓"韵府"就是将古诗文中的常见词语、典故,按

106韵编排。此书为集体编写,文华殿大学士兼户部尚书张玉书(1642—1711)、经筵讲官文渊阁大学士兼吏部尚书陈廷敬(1639—1712)、文渊阁大学士兼吏部尚书李光地等人主持其事,编写人员多为翰林院的官员。

此书所收词条均以最后一字归韵。如"会同"、"我马同"、"气与山同",都在一东"同"字下。每一字头之下差不多都有四个部分的内容。即"韵藻"、"增"、"对语"、"摘句"。"韵藻"与"增"只是材料来源不同。"韵藻"采自元代阴时夫编的《韵府群玉》和明代凌稚隆的《五车韵瑞》,"增"是不见于上述二书的增补材料。以卷二十四下、九青"汀"字条为例。

汀　他丁切。水际平沙也。又敬韵。

【韵藻】鹤汀、迥汀、云汀、晚汀、楚汀

【增】临汀、长汀、沙汀、还汀、连汀、循汀、江汀、巡汀、南汀、春汀……

　　　雁去汀、白蘋汀、柳悝汀、杜若汀、桥跨汀、白鸥汀、白鹭汀、夕阳汀……

【对语】鹿砦　岳麓　辛夷坞　青雀舫
　　　鹤汀　江汀　杜若汀　白鸥汀

【摘句】春溢绿阳汀　月冷芦花白满汀
　　　蘋香月满汀　一点渔灯落远汀
　　　杨柳春前水满汀
　　　酒船安坐蓼花汀

(《佩文韵府》,上海古籍书店,1983年,第1242页)

"韵藻"与"增"的语词下面,原书都引有古人的诗句或文句,因材料太多,此处从略。

在清代,《佩文韵府》对文人写诗作文,选择辞藻,查阅典故和某些词语的出处,都有一定的作用。对于今人来说,既可以作为词汇资料书来利用,也可以作为查寻古诗文词语的工具书来利用。譬如,我们要了解古诗中出现"异乡"这个词的诗句,就可以查卷二十二上、七阳"乡"字"异乡"条。下面有:

〔王勃诗〕独在异乡为异客,每逢佳节倍思亲。
〔许浑诗〕此身多在路,休诵异乡吟。
〔司空图诗〕蜗庐经岁客,蚕市异乡人。
〔欧阳修诗〕惟有寒梅旧相识,异乡每见心依然。

(《佩文韵府》(一),第 977 页)

这里有两个问题。一是《佩文韵府》的引文,只有作者姓名而无篇名;二是引文有误。头两句诗见于王维的《九月九日忆山东兄弟》,而编者安到王勃头上去了。我们利用《佩文韵府》中的材料时,应与原书核实。

《骈字类编》是一部专收双音节词语的资料书,张廷玉等编定于雍正年间。是书《凡例》第一条说:

是书义取骈字,必选字面确实、的然成类、不假牵合造作者,除虚字不采外,将天地、时令、山水、居处、珍宝、数目、方隅、采色、器物、草木、鸟兽、虫鱼分为十二门。至如字面虽实,而类聚不伦及不甚雅驯、或于对属无取者,概不泛及。

除《凡例》所言的十二门外,又增添人事门作为"补遗"。全书共计 240 卷。

作为一部词语方面的资料书,它有两个优点:一是收词比较齐全。如天地门的第一条是以"天"字领头的双音节词语,收录了 900 多个词条。二是各词条下列有丰富的引文,有的引文还包括注、疏文字。如:

天河 《诗》传见上。《左传》析木之津。注:箕斗之间有天汉,故谓之析木之津。疏:刘炫谓天汉即天河也⋯⋯

所谓"《诗》传见上",指上一条"天汉"的引文中有毛传的话:"汉,天河也。有光而无所明。"

这是一部资料书,所以各词条下都没有释义。另外,引《左传》不出某公某年,引书有的不出篇名,如《尔雅》、《庄子》、《吕览》、《素问》、《水经注》等都不出现篇名,于读者不便。

《经籍籑诂》是一部为训诂学服务的资料书。嘉庆初年,阮元任浙江学政,大力提倡经学。但"治经必先通诂训,庶免凿空逃虚之病。而倚古以来,未有汇辑成书者,因遴拔经生若干人,分籍籑训,依韵归字,授之凡例,示以指南,期年分籑成。更选其尤者十人,每二人汇编一声"(臧镛堂《经籍籑诂后序》)。嘉庆三年(1798),聘请常州臧镛堂(1767—1811)来杭州担任总编,"自孟夏始,至仲秋告竣,凡五阅月,共成书一百六卷,可谓经典之统宗,诂训之渊薮,取之不竭,用之无穷者也。盖非宗伯精心卓识,雄才大力,不足以兴创造之功;而非诸君子分籑之勤,亦不能汇其成也"(《后序》)。

在阮元之前,戴东原、朱筠都想"篹集传注,以示学者,未及成编"(王引之《序》)。阮元"雄才大力",终于组织人力,完成了这个任务。总编臧镛堂是《经义杂记》作者臧琳(1650—1713)的玄孙,乾隆中,受业于卢文弨,与钱大昕、段玉裁有学术上的交往。参加分篹工作的有30多人,其中周中孚(浙江乌程人)、赵坦(杭州人)、洪颐煊、洪震煊(临海人)、陈鳣(海宁人)等后来都成了有影响的学者。

《经籍籑诂》的内容就是网罗经传中的旧注和经传本文的诂训资料,其他字书、辞书(如《尔雅》、《方言》、《说文》、《释名》、《广雅》等)的释义也收入其中。"归字谨遵《佩文韵府》为主,一字数音,则各审其反切归之,如有重见,则详前略后。"(凡例)全稿完成之后,又"续为补遗若干卷","补遗采书,悉依旧例,前所失采,俱为增人。又许氏《说文》及孔氏《易》《书》《诗》《左传》《礼记》疏、贾氏《周礼》《仪礼》疏,旧皆未采,今悉补籑每字下。"(凡例)

这部书当然也有错误。阮元在《凡例》中已经明确指出:"此书采辑,杂出众手,传写亦已数过,讹舛之处,或亦不免。凡取用者,宜检查原书,以期确实。至于遗漏,谅亦不少。"

清代较为重要的"雅书"有7种,虽然多是纂集前人旧说,发明其少,但也各具特色。

《别雅》是一部研究别字(字别而音同)的书。这里所说的"别字"是特指经籍史传中的别字,也就是假借字或异文。如:

> 空同、空桐:崆峒也。《庄子·在宥篇》作空同;《尔雅·释地》、《史记·五帝本纪》作空桐;《唐书·地理志》作崆峒。

(卷一第1页)

示眯明:提弥明也。《左传》宣公二年有提弥明;《史记·晋世家》作示眯明;《索隐》作祈弥;《汉书·古今人表》作祁弥明。示,本音祈,故与"提"音相近,"眯"、"弥"亦以音近,故所传有此异本也。　　　　　　　　　　　　　　（卷一第15页）

　　（《别雅》,四库全书旧本,道光二十九年小蓬莱山馆重雕）

此书也收了少量口语词汇的异文。如:

　　拾没:什么也。《字典》云:"不知而问曰拾没。俗讹为什么。"（盈按:见《康熙字典》手部"拾"字释义）按:"么"即"没"之平声,南北语音有高下之不同,无定字也,不必谓之讹。（卷二第20页）

这一条是驳《康熙字典》的,此书作于《字贯》一案之前,所以有此驳议。

此书还收有译音词,如:

　　末利、抹厉、抹利、没利、末丽,茉莉也。……盖茉莉本外国语,无正字,随人会意而已。

　　　　　　　　　　　　　　　　　　　（卷四第7页）

　　本书作者吴玉搢(1699—1773),字集五,号山夫,江苏山阳（今淮安）人。吴氏并不懂得上古音,所以他不能就古音通假以说明别字的语音根据,但他所搜罗的异文假借资料,对我们研究上古音有一定的价值。

《比雅》是一部古汉语近义词的资料书。书名为"比",就是义近相比附的意思。本书取材以古书注释的资料为多,有毛传、郑注《周礼》、《礼记》、王逸《楚辞章句》、何休《公羊》注、高诱《淮南》注、杜注《左传》、《众经音义》的引文、《昭明文选》注等。如:

方曰筐,圆曰筥。　　　　　　　(毛传)
背文曰诵,以声节之曰讽。　　　(周礼注)
杂比曰音,单出曰声。　　　　　(礼记注)
背曰负,荷曰担。　　　　　　　(楚辞章句)
男曰覡(xí),女曰巫。　　　　　(公羊注)
攻击曰寇,杀人曰贼。　　　　　(伪孔传)
相与信为任,同是非为侠。　　　(汉书注)
诵其言谓之诗,咏其声谓之歌。(汉书·艺文志)

《比雅》从古注中搜罗了这些近义词的资料,对我们研究古汉语近义词不无参考价值。它的不足之处是缺乏必要的书证,且缺乏必要的分析。

本书作者洪亮吉(1746—1809),号稚存,江苏阳湖人,乾隆五十五年(1790)榜眼。嘉庆四年因上书言事,谪戍伊犁。洪氏还著有《六书转注录》,汇编《说文》中的互训词,有本部(同一部首)转注289条,别部转注(不同部的字互训)92条,共计381条。

《拾雅》是一部补遗性质的著作。"《拾雅》所补,大要有三:《尔雅》各部已释而未详,一也;《广雅》诂训已释而未详,二也;《尔雅》、《广雅》所遗释,三也。"(自叙)可见,《拾雅》就是"拾"雅书之遗。全书体例与《尔雅》一样。如:

靡、奢、汰：侈也。《礼·檀弓》："若是其靡也。"《论语》："礼与其奢也宁俭。"《荀子·仲尼》："般乐奢汰。"

(释言)

两山之间为峡。《淮南·原道》："仿洋于山峡之旁。"山穴为岩。楚辞《七谏·哀命》："穴岩石而窟伏。"

(释山)

大者犬，小者狗。

(犬)知人心可使者，獒。

(释畜)

凡应死而生曰幸，应生而死曰不幸，不以寿终曰鲜。《列子·汤问》："其长子生，则鲜而食之。"

(卷十六)

《拾雅》成书于嘉庆二十四年(1819)。作者夏味堂(1745—1825)，字鼎和，江苏高邮人。"昼考夕思，爰历八载"，乃成此书。嘉庆二十五年，其弟夏纪堂为之作注。《拾雅》资料丰富，是清代雅书中较为优秀的一种。但作者识见不高，择焉不精。如《诗·大雅·烝民》"爱莫助之"的"爱"字，既见于《释言》，解作"隐也"；又见于卷十一，解作"惜也"。前说取毛传，后说取郑笺，两说并收，殊乏裁断。

《叠雅》是一部纂辑叠字的材料书。作者史梦兰(1818—1898)，河北乐亭人，道光举人。自序说：

> 惟是形容之妙，每用重言，名物之称，尤多複字。《尔雅》、

《广雅》"释训"虽或及之,然止寥寥数则,未克详备。他若升庵(杨慎)辑《複字》,不免臆造之嫌;密之(方以智)诂《重言》,止明通转之义;索其于经史子集及诸家注疏之用叠字者,广为搜罗,详加疏证,至今未见专书,岂非艺林一大歉哉。余抱瓮之暇,流览往籍,辑成《叠雅》十三卷。

此书编排体例不见佳,大致上一至十卷为叠字形容词,卷十一为象声词,卷十二象声词和叠字形容词兼收,卷十三为叠字名词。如:

喓喓、蝨蝨:虫声也。

(卷十二)

兄兄、爸爸(八八、巴巴)、爷爷(耶耶)、爹爹:父也。《北齐书·南阳王绰传》:"绰兄弟皆呼父为兄兄。"《正字通》:"夷语称老者为八八或巴巴,后人因加'父'作'爸'字。"《玉篇》:"爷音耶,俗呼为父爷字。"《古木兰诗》:"军书三十卷(应是十二卷),卷卷有爷名。"通作耶。《南史·王彧传》:"彧长子绚年五六岁,读《论语》至'周监于二代'"(盈按:下一句为"郁郁乎文哉","郁"与其父名彧音同),外祖何尚之戏之曰:"可改'耶耶乎文哉'"。绚应声答曰:"尊者之名安可戏!宁可道'草翁之风必舅'?"(盈按:《论语·颜渊》的原文是:"草上之风必偃。""上"与"尚"音同)《广韵》:"爹,父也。屠可、陟邪二切。"宋孔平仲《代小子广孙寄翁翁》诗:"爹爹来密州,再岁得两子。"

(卷十三)

此书刊于同治四年(1865),资料丰富,对研究古汉语叠字有一定的作用。

《毛雅》本名《毛诗传义类》(丁福保《文选类诂序》亦称此书为《毛雅》)。陈奂(1786—1863),原名焕,后改为奂,字硕甫,长洲人,师事段玉裁。著《诗毛氏传疏》之后,复将毛氏传"依《尔雅》编作义类"③。

朱骏声的《说文通训定声》附有《说雅》,其书"循《尔雅》之条理,贯许书之说解"④。

程先甲(1871—1932),江苏江宁人,字鼎臣,又字一夔,曾任江南高等学校教授,于光绪末年编成《选雅》,乃"刺取李注(李善《昭明文选》注),用《尔雅》十九篇之例,以类比附"(俞樾序)。

《毛雅》、《说雅》、《选雅》性质相同,都是汇集一书的注释,依《尔雅》体例编成的资料书。这种资料汇编性质的书,虽说不上是学术专著,但对我们研究古汉语词汇也还是有参考价值的。

另有戴震《经雅》为未刊稿,所收词条均动植物名称,取材也有经书以外的资料,如《庄子》、《楚辞》、司马相如赋等。现收入《戴震全集》(五)。

清代方言俗语辞书的编撰是有成绩的,这些辞书可分为四类:

第一类,研究某一方言的辞书。如胡文英的《吴下方言考》。作者说:"予吴人也(江苏武进),习于吴音,故但注吴音,其燕齐楚粤,间有可以互相证明者,亦一并附入。"(凡例)作者的方法是:"尽取古来四部(经史子集)之藏,证诸吴音。"(钱人麟乾隆二十五年序)"方言之作,本缘人所未能通晓者,释之以开疑义,至于人所共知者,则不引入。"(凡例)研究的虽是活方言,却具有考古的性质。如:

看,音堪。少陵句"苏武看羊陷贼庭"。案:看,守也。吴中谓守物曰看。

(卷五)

嫪,音劳。《广韵》(盈按:见肴韵):"嫪,谜语云钱。"案:嫪。钱之别名也。吴谚谓钱曰嫪曹。

(卷五)

硙,音碍平声。《洛阳伽蓝记》:"䃺(音俨)硙舂簸。"案:硙,细擂研以为末也。吴中谓研末为"硙",缓磨亦曰"硙",故吴中称磨墨为硙墨。盈按:"硙"在"石磨"这个意义上,今读wèi。

(卷六)

第二类,续补扬雄《方言》的辞书。有杭世骏(1696—1772,字大宗,号堇浦,雍正、乾隆时学者,浙江仁和人。可参阅洪亮吉《书杭检讨遗事》)的《续方言》,程际盛(1739—1796,号东冶,江苏长洲人,乾隆进士)的《续方言补》,程先甲的《广续方言》。这三部著作的共同特点是,钩沉古书中所明确提到的方言资料,加以汇编。如:

古谓之娣姒,今关中俗呼为先后,吴楚俗呼为妯娌,音轴里。(颜师古注《汉书·郊祀志》)

江东俗,妇呼舅为钟。(《汉书·广川王传》注)郭庆藩(1844—1896,著《合校方言》四卷)按:《汉书》注作"呼舅姑为钟章,声之转也"。脱"姑"字。

河东以东西为阡,南北为陌。(《史记·秦本纪》索隐引

《风俗通》,第204页)

(以上引自《续方言》)

居,读为姬,齐鲁之间语助也。(《礼记·檀弓》注)

南方谓都为猪。(《礼·檀弓》注)郭庆藩按:又见《史记·夏本纪》注。

山东人谓关中为秦中。(《史记·高祖本纪》集解引如淳,第383页)

越人谓盐曰余。(《越绝书》)

(以上引自《续方言补》)

《广续方言》所收集的资料除方言词汇之外,还有纯属方音的资料。如:

打,德耿反。陆法言云:都挺反。吴音。

(《慧琳音义》八,又二十七云:今取秦音得耿反)

打,德冷反,今江外吴地见音为顶。

(《慧琳音义》十一,又卷十二,吴音为顶。两见)

《广续方言》已超出汉语方言的考证,辑录了不少汉以后的译音资料以及少数民族的语言资料。如:

佛陁与浮图,声相近,皆西方言。其来转为二音,华言译之则谓净觉。

(《魏书·释老志》)

服其道者谓之沙门,或谓桑门,亦声相近,总谓之僧,亦胡言也。

(同上)

鲜卑谓兄为阿干。

(《晋书·吐谷浑传》)

姐,羌人呼母。

(《广韵·马韵》)

第三类,专释诗词中所用之方言俗语。李调元(1734—1803,字羹堂,号雨村,四川罗江人,乾隆进士)的《方言藻》释诗词中所用之方言108条。作者很强调方言与文学的关系。他说:

> 方言不可以言文,而文非方言则又不能曲折以尽意。故不知方言者,不可以言文也……扬子《方言》炳于世矣,而兹复从诗词中求所谓"方言藻"者,何也?方者,鄙俗之谓,方言而适于文之用,则谓之藻也固宜。

(自序)

李雨村是个文学家,所以对诗词中的方言词语有这么大的兴趣。书中有些词语,近人张相《诗词曲语辞汇释》亦失收。如:

阿:南人称阿,犹北人称老。如白香山诗:"常被老元偷格律"是也。

准拟:准,犹定也,刘得仁诗:"曾缘玉貌君王宠,准拟人看似旧时。"[⑤]

尽教:柳永《卜算子》词:"尽无言、谁会凭高意。"周密《探春》词:"尽教宽尽春衫。"尽,犹任也。

赢得:杜牧之诗:"十年一觉扬州梦,赢得青楼薄倖名。"赢得,犹今云剩得也。

收将:李义山诗:"收将凤纸写相思。"收将,今方言犹云收得也。又庾子山《春赋》:"眉将柳而争绿,面共桃而竞红。""将"字犹"与"也。韦应物诗:"无将别来近,颜鬓已蹉跎。"又云:"无将一会易,岁月坐推迁。"无将,犹云莫以。又,程伯淳(程颢)诗:"将谓偷闲学少年。"邵尧夫云:"我将谓取却幽州也。"将谓,犹今云只道是也。(盈按:"将"字的四个义项,张相只收了一、二两项。"无将"、"将谓"均未收)

《方言藻》是一部学术著作,它着重研究唐宋词语,这在当时是难能可贵的。只是收词尚少,故不为人所注意。

第四类,研究俗语、谚语、成语的辞书。翟灏(1736—1788,浙江仁和人,乾隆十九年进士)的《通俗编》,钱大昕的《恒言录》,钱大昭(1744—1813)的《迩言》,梁同书(1725—1815,浙江钱塘人,梁诗正之子,乾隆十七年进士)的《直语补证》(载《频罗庵遗集》卷十四),郝懿行的《证俗文》(载《郝氏遗书》。又,2010年齐鲁书社出版的《郝懿行集》(三)),王有光(江苏青浦人)的《吴下谚联》(嘉庆二十五年刊刻),平步青(1832—1895,浙江山阴人)的《释谚》,胡式钰(上海人)的《语窦》(成书于道光二十一年),郑志鸿的《常语寻源》等九部辞书,都比较重视口语词汇的探源。如:

闼将:《白头闲话》,都人或十五结党,横行街市间,号为闼将。

(《通俗编》卷八)

破瓜：孙绰《情人碧玉歌》："碧玉破瓜时,郎为情颠倒。"宋谢幼槃词："破瓜年纪小腰身。"按：俗以女子破身为破瓜,非也。"瓜"字破之为二"八"字,言其二八十六岁耳。若吕严赠张泊诗："功成当在破瓜年。"则八八六十四岁。

(《通俗编》卷十八)

烟：淡巴菇也。其筒曰火器,一曰烟袋。明张介宾《景岳书》⑥云："烧烟吸之,大能醉人,前古未闻。近自我明万历,始出于闽广之间,自后吴楚皆种植之。"……今北方转盛,一家男妇,无虑数口,尽解吃烟。

(《证俗文》卷一)

马桶：《梦梁录》："杭城户口繁夥,街巷小民之家多无坑厕,只用马桶,每日自有出粪人寨去,谓之倾脚头。"张鉴注《通雅》："陈子南曰⑦,兽子者,亵器也。或以铜为马形,便于骑以溲也。俗曰马子,盖沿于此。"

(《恒言录》卷五)

糟醭：事多乖舛不济曰糟。京师又有"糟醭"之语。糟则空,醭则浮。金泰和四年定糟醭钱。醭,苦孝切,京师讹呼平声。

(《语窦》,见《窦存》,中国书店,1985年,第45页)

扒灰：翁私其媳,俗称扒灰,鲜知其义。按昔有神庙,香火特盛,锡箔镪焚炉中,灰积日多,淘出其锡,市得厚利。庙邻知之,扒取其灰,盗淘其锡以为常。扒灰,偷锡也。锡、媳同音,以为隐语。

(《吴下谚联》卷一)

这些俗语辞书对研究古典诗词、近代汉语和现代汉语词汇有参考价值。《恒言录》及《迩言》各词条下只有书证,而无释义。他们引用书证,有的只凭记忆,并未核对原文,所以往往出现错误。如平步青《释谚》"妆聋"条引"苏详聋而不知",本是《九章·抽思》中的句子,作者误以为出自《哀郢》。

注:

① 《王文简公文集》卷四,见《高邮王氏遗书》,江苏古籍出版社,2000年,第209页。
② 孟森:《字贯案》,见《明清史论著集刊》,第573页,又见《掌故丛编》。
③ 陈奂:《毛诗传义类·序》,见《诗毛氏传疏》卷八,万有文库本,第85页。胡朴安《中国训诂学史》:"(此书)实则可谓之毛传雅。"(第128页)
④ 朱骏声:《说雅·序》,见《说文通训定声》卷十七,万有文库本,第3975页。
⑤ 刘得仁,唐穆宗时即以诗名。这两句诗引自《悲老宫人》,见《全唐诗》卷五四五,中华书局,1985年,第6303页。
⑥ 张介宾,号景岳,明末浙江山阴人,医学家,有《景岳全书》。
⑦ 上海古籍出版社1988年出版的《方以智全书》第一册,第1042页作"陈水南"。

第三十四节　清代语法研究

清朝关于文言语法的研究越来越受到重视。康熙年间出现了两部研究虚词的著作,这就是袁仁林的《虚字说》(康熙四十九年成书)和刘淇的《助字辨略》(康熙五十年成书)。

袁仁林,字振千,陕西二原县人,雍正贡生。他的《虚字说》收的单音虚词不过六十多个,另外还收了一些复音虚词,篇幅不大。

袁仁林认为"虚字无义","凡书文发语、语助等字,皆属口吻。口吻者,神情声气也。当其言事言理,事理实处,自有本字写之;其随本字而运以长短、疾徐、死活、轻重之声,此无从以实字见也,则有虚字托之,而其声如闻,其意自见。故虚字者,所以传其声,声传而情见焉"。①

作者很重视对语气词所表示的语气情态的分析。如说"夫"字,"用为语已辞者,意有所见,而拖其气以盘旋之,有无限虚空唱叹意"。("莫我知也夫!""嗟夫!""悲夫!""善夫!")又如:乎字、与字、耶字之声,均属平拖长曳,疑活未定。""论其分界不同处:乎字气足,与字气嫩,耶字气更柔婉。"所谓"气足"就是语气重一些,"气嫩"就是语气轻一些,"柔婉"就是语气不那么强烈,不那么直接,口气比较缓和。在用法上又有三点不同:"一则实疑未定者(真正的疑问句);一则谦退带疑者(表委婉疑问语气,实际上是无疑而问);一则无疑拖语者(用于赞叹、感叹,有拟议之处)。"他对于"也、矣"二字的分析也很正确。"矣字,类俗间'了'字口吻","也字之气,专确无疑","也字有二用:一是结上(即句尾语气词,表判断),一为起下(即句中语气词,表停顿)。"

袁仁林是位教书先生,他的《虚字说》本是"为予小子辈说书而作也"(王德修乾隆十一年跋语)。从他对虚词声情口吻的深入分析,可以想见这位先生于讽诵吟哦、抑扬顿挫是很下过一番工夫的。

1989年中华书局出版了解惠全注释的《虚字说》,张清常先生为之作序,序文分析了袁著的特点,可参阅。

《虚字说》还只是描摹声态,分析用法,刘淇的《助字辨略》则不同。首先，刘淇注意虚字的分类，他把虚字分为 30 个类，但分类的标准不一。有的是从形式上分的，如"重言"类是两个虚字连用，"庸安"、"庸何"、"容或"等；有的是从意义上分的，如"专辞"（范围副词）、"仅词"（程度副词）、"几辞"（表将来式的时间副词）；有的是从语气来分的，如"断辞"（语气副词、语气词）、"疑词"（疑问代词、语气词）、"发语词"（句首语气词）、"语已辞"（句末语气词）。由于分类标准不一，就造成分类繁杂。而且，除了作者在序言中谈到的这 30 类之外，行文中还有一些临时设立的类别，如"寇深矣，若之何？"（《左传·僖公十五年》）这个"若之何"他称之为"计较之辞"；"季康子问：使民敬、忠以劝，如之何？"（《论语·为政》）他说这个"如之何"是"请教之辞"；"仍旧贯，如之何？"（《论语·先进》）他说这是"商量之辞"。其实所谓"计较之辞"、"请教之辞"都是询问事情怎么办，"商量之辞"是询问可否。

在清代的文言虚字著作中，《助字辨略》收字最多，计 470 多个。各字之下多详列书证，这些书证的内容有经传、诸子、诗词、小说等，上起先秦，下至宋元。书证中以原文为主，有时也引用旧注。如卷一"通"字下引《中庸》："其次致曲。""朱注云：'其次，通大贤以下而言。'愚案：此'通'字，总举之辞也。"

《助字辨略》的编排体例、释词方式都比《虚字说》要好，但体例还是不够严密。有的词条先出书证，后释词类；有的先释词类，后举书证；有的词条下只有孤证。而且有些书证与要证明的词类不符。如：

之：《广韵》云"语助辞"。《诗·国风》："葛之覃兮。"又云，"公侯之事。"《小雅》："之屏之翰。"《论语》："子路有闻，未之能行。"张曲江《岁初处分敕》:"天下黔黎,皆朕赤子,以诚告示,其或之归。"韩退之《进士策问》:"抑所指各殊而学者不之能察也?"以上之字,并语助辞。(卷一,第4页)

六个书证中只有《国风》两个"之"字是真正的"语助辞",其余四例中的"之"字均应看作代词。

刘淇,字武仲,一字龙田,号南泉,河南确山人。关于《助字辨略》的评价,可参阅杨树达为此书所作的跋语[②]。还有,清人钱泰吉(1791—1863)《曝书杂记》已有好评在先。钱氏原以为此书"乃乡学究启悟童蒙,俾免杜温夫之诮尔。及得其书而读之,则先秦两汉书籍,引据该洽,实为小学之创例。……近时王伯申尚书著《经传释词》十卷,其撰著之意,略同此书,诂训益精密。然创始之功,不能不推刘君也"(《曝书杂记》卷上,辽宁教育出版社,1998年,第9、10页)。

王引之的《经传释词》是采用训诂学的方法研究文言虚字的一部著作。全书十卷,按喉、牙、舌、齿、唇五音排列。收字160,以解释"经"、"传"中虚字为主要目的。

《经传释词》对虚词的分类,不是很明确,主要有以下几类:

一、常语,即古书中常用虚词的常用义。如:"而者,承上之词,或在句中,或在句首,其义一也。常语也。"(卷七)"与,郑注《礼记·檀弓》曰:'与,及也'。常语也。"(卷一)"常语"一般都先出现,而且不举例。

二、语助。如:"与:语助也。《左传·襄公二十九年》曰:'是盟也,其与几何?'言其几何也。"(卷一)又:"云:语中助词也。《诗·雄雉》曰:'道之云远,曷云能来?'言道之远,何能来也。《四月》曰:

'我曰构祸,曷云能谷?'言何能谷也。《瞻卬》曰:'人之云亡'。言人之亡也。'云'皆语助耳。"(卷三)"语助"在句中没有实际词汇意义,只起衬贴作用。词头也算是语助,如:"有,语助也。一字不成词,则加'有'字以配之。若虞、夏、殷、周皆国名,而曰有虞、有夏、有殷、有周是也。推之他类,亦多有此。故邦曰有邦,家曰有家……北曰有北……政曰有政……梅曰有梅……说经者未喻属词之例,往往训为有无之有,失之矣。"(卷三)盈按:有虞、有夏之类的"有",似非"语助",也不一定是"词头",有进一步探究的必要,在此不详说。

三、发声。如:"洪,发声也。《大诰》曰:'洪惟我幼冲人。'《多方》曰:'洪惟图天之命。'皆是也。解者皆训为'大',失之。"(卷三)"乃,发声也。《礼记·杂记》曰:'祝称卜葬虞,夫曰乃。'郑注曰:'乃某卜葬其妻某氏。'正义曰:'乃者,言之助也。'"(卷六)所谓发声,也是有声无义。(盈按:"洪"字,《词诠》作句首助词)

四、发语词。"惟,发语词也。《洪范》曰:'惟十有三祀。'哀六年《左传》引《夏书》曰:'惟彼陶唐。'是也。字或作'唯',或作'维'。"(卷三)"云,发语词也。《诗·卷耳》曰:'云何吁矣。'《简兮》曰:'云谁之思?'"(卷三)王氏所说的"发语词",相当于句首语气词。

上面已经谈到,《经传释词》是用训诂学的方法研究虚词,具体办法有:

一、从一声之转判断虚词的同义关系。如卷一"由"字条:"《广雅》曰:'由、以:用也。'由、以、用,一声之转,而语词之'用'亦然。""用"字条:"以、用一声之转,凡《春秋公羊传》之释经,皆言'何以',《谷梁》则或言'何用',其实一也。"

二、从互文判断虚词的同义关系。"《礼记·礼运》曰:'故谋用是作,而兵由此起。'用,亦由也。互文耳。"(卷一)又卷二:"《大戴礼·朝事》篇曰:'礼乐谓之益习,德行谓之益修,天子之命为之益行。'谓,亦为也。互文耳。"盈按:中华书局1983年本《大戴礼记解诂》第232页前两句"谓"均作"为"。

三、从异文判断虚词的同义关系。卷二"谓"字条:"谓,犹为也。庄二十二年《左传》:'是谓观国之光。'《史记·陈杞世家》作'是为',是其证也……《说苑·君道》篇:'则何为不具官乎?'《晏子春秋·问》篇'为'作'谓'。《吕氏春秋·精谕》篇:'胡为不可'?《淮南·道应》篇'为'作'谓'。《汉书·英布传》:'胡为废上计而出下计?'《史记》'为'作'谓'。'为''谓'一声之转,故'为'可训'谓','谓'亦可训'为'。"又卷一"与"字条:"《论语·阳货》篇曰:'鄙夫可与事君也与哉!'言不可以事君也。"自注:"孔《传》曰'言不可与事君。'皇《疏》曰:'言凡鄙之人,不可与之事君。'皆非也……颜师古《匡谬正俗》曰:'孔子曰:鄙夫可以事君也与哉!'(见该书卷八"鄙人"条)李善注《文选·东京赋》曰:'《论语》曰,鄙夫不可以事君。'变'与'言'以',正与经旨相合。"

四、列举大量书证归纳其义。如卷五"今"字条,根据孙炎注《尔雅·释诂》曰:"即,犹今也"这一条材料,王引之认为"今亦可训为即",接着举出了"今"可训为"即"的十一个例证。如:

> 《燕策》曰:"天下必以王为能市马,马今至矣。"《史记·项羽纪》曰:"吾属今为之虏矣。"《郑世家》曰:"晋兵今至矣。"《伍子胥传》曰:"不来,今杀奢也。""今"字并与"即"同义。

王引之对经传虚字的训释,无疑已达到精粹的地步,但错误也还是有的。如《荀子·非相篇》说卫灵公有一位臣子叫公孙吕的,生得"身长七尺,面长三尺,焉广三寸"。王引之将这个"焉"训为"乃","言面长三尺,乃其广仅三寸也。"(卷二)其实,这个"焉"是假借字,它的本字是"颜"(额头),"焉"、"颜"在上古同属影母元部,"焉广三寸",是说额宽才三寸,与三尺长的面部相比,乃畸形中之畸形[3]。

另外,王引之对虚词的分类也不得要领。看来,他还没有严格的分类标准。

继王引之之后,又有江西南丰人吴昌莹于同治年间著《经词衍释》十卷,《补遗》一卷。其目的有:一、《经传释词》"援引所未详",再为增补之;二、"又于其释之所未及,而实为义所应有者,博稽而推广之";三、"释之所可通,而本义实别有在者,征引而并存之"。至于《经传释词》"所略而未释之词,则补遗于卷末"。(自序)全书释词160,另有"补遗"23字。

王、吴二人所进行的虚词研究,基本上都是"就虚字以求实义"[4]。尤其是王书,"发先儒未发之覆,解后人不解之惑"[5],其功不小。

清朝末年俞樾著《古书疑义举例》七卷。此书并非语法专著,但却很注意从句子结构研究文言语法。

俞樾生平著作甚多,可是他的学生章太炎认为最有价值的就是《古书疑义举例》。书中举例88,其中与语法有关的,如:

"倒句例"指出:"古人多有以倒句成文者,顺读之则失其解矣。"(卷一)《左传·昭公十九年》:"谚所谓室于怒市于色者。"《墨子·非乐上》:"野于饮食。"二例中不仅介词"于"的宾语"室"、

"市"、"野"前置，而且动词"怒"、"色"、"饮食"都位于补语之后。

"错综成文例"指出："古人之文，有错综其辞以见文法者。"（卷一）如《论语》："迅雷风烈。"《楚辞》："吉日兮辰良。""迅雷"是偏正结构，"风烈"是主谓结构，"吉日"是偏正结构，"辰良"是主谓结构，错综成文。

"两人之辞而省曰字例"是讲省略的。如《论语·阳货》："子曰：'食夫稻，衣夫锦，于女安乎？'曰：'安。''女安，则为之。'""女安，则为之"，乃夫子之言，而即承"曰安"之下，无"子曰"字。（卷二）

"蒙上文而省例"，"探下文而省例"，也都是讲省略的。"实字活用例"是研究词类活用的。如宣公六年《公羊传》："勇士入其大门，则无人门焉者。"俞樾说："上门字，实字也，下门字则为守是门者也。"（卷三）"大门"的"门"是名词，"门焉者"的"门"活用为动词。

其他："语词复用例"，"句中用虚字例"，"上下文变换虚字例"，"反言省'乎'字例"，"助语用'不'字例"，"也、邪通用例"，"虽、唯通用例"，"句首用焉字例"，"古书发端之词例"，"古书连及之词例"等，都属于语法范围以内的问题。俞樾所列举的各种义例，有的已超出传统训诂学的范围，完全属于句法结构的分析，这对于准确地理解古人的文意，是大有好处的。

不过，俞樾所着眼的只是有"疑义"的词句，还不是系统的语法分析（请注意：我说的是"系统"。何谓系统？就是全面的词法、句法研究），所以完整的汉语语法学，应从《马氏文通》算起。

注：

① 《虚字说·虚字总说》。

② 章锡琛校注本《助字辨略》,中华书局,1983 年,第 306—315 页。
③ 邹汉勋:《读书偶识》卷十云:"《荀子》用安为颏,又转为焉,此音同假借也。"又"'焉广三寸',谓无颏也"(见《邹叔子遗书》,又蔡梦麒校点《邹叔子遗书七种》第 209 页,岳麓书社,2011 年)。邹氏以为"焉"乃"颏"(鼻茎)之借字,误。王绍兰《读书杂记》亦谓:"焉安古通,此焉则颏之借字也。"(中华书局,1988 年,第 135 页)
④ 张丙炎:《经词衍释·序》。
⑤ 吴昌莹:《经词衍释·自序》。

全书结语

两千多年的中国古代语言学史,内容相当丰富,成就不可低估。古人给我们留下了几百种汉语研究的专著(指流传至今且有相当影响的论著),这笔遗产在数量上就已经很为可观;至于古人在汉语研究中所走过的路子,所积累的宝贵经验,更值得我们认真加以总结。我们不可是古非今,但也不应"数典忘祖"。那种认为中国古代不存在语言学的观点,肯定是错误的。不能因为有了柏油马路,就不承认土路也是"路";不能因为有了电灯,就不承认油灯原本也是"灯"。事物总有一个由初级阶段向高级阶段发展的过程,语言学也不例外。如果有人坚持认为:中国古代的"语言学"不能叫"语言学",只能叫"语文学",那就叫"语文学"好了。我看没有必要在一个名称问题上决一是非,谁爱怎么叫就怎么叫吧,难道在这样一个称谓问题上,我们都不能多一点宽容精神吗?何况,这中间并不存在原则性的不可调和的矛盾,无非是"广义"与"狭义"之别而已。

中国古代语言学基本上还是处于初级阶段。它具有一些什么样的根本特色呢?

一、中国古代语言学的发生、发展,得助于五个朋友。这五个朋友是:一哲学,二文学,三经学,四佛学,五文字学。先秦时代的语言研究是在哲学的摇篮中孕育的;汉语语音的研究是在文学艺术与佛学的推动下进行的;汉语语义的研究是在经学的带动下进行的;至于文字学,它跟汉语研究几乎难以分家,无论是语音还是语义,这两种研究都未曾离开过文字学,在很长一段历史时期内,在相当数量的著作中,我们的古人是把语言和文字混同在一起的,甚至是把文字当作语言本身来加以研究的。所以我们这本语言学史,也包括汉字研究的历史在内。

二、中国古代语言学,在本质上是一门工具性的学科,它的实用性很强。戴震曾经打过一个比方。他说文字、音韵、训诂之类的学问好比抬轿子的,义理、文章是坐轿子的,他希望人们不要误认为他是抬轿子的(见段玉裁:《戴东原集序》)。在戴震看来,抬轿子的当然不如坐轿子的高贵、重要,如果把这一层意思去掉,仅就实用关系而言,轿中人怎么能离开轿夫呢!没有轿夫,轿中人就寸步难行,轿夫的重要性是一丝一毫也不可低估的。不过,语言文字之学长期处在轿夫的地位,它的独立性就不会不受到影响。首先,中国古代语言学缺乏发达的、完整的理论体系,抬轿子是不需要多少理论的,他的理论足够用来探索前进的道路就够用了,就满足了,陈第的语言理论,段、王等人关于词义研究的理论,仅止于此。先秦诸子的语言理论,后继无人,就因为对于"轿夫"来说,不存在理论探索的必要性。我认为,轻视理论的倾向,至今仍然有极大的市场,这是值得担心的。其次,中国古代出现了一大批语言文字学家,但很少有人是仅以语言文字学名家的,多数人不是哲学家就是文学家,或者是经学家,有的人则是佛教徒(不可低估他们对汉语音韵研究的贡献),专攻语言文字之学的人数量不是太多,也就是说,纯粹的"轿夫"是很少的,以戴震本人为例,他既是"轿夫",又是"轿中人"。

公平地说,轻视理论,理论思维贫乏,是中国各类传统学科的通病,不只传统语言学如此。英国著名数学家 A.N.怀特海(Alfred North Whitehead,1861—1947)说:"阿基米德死于一个罗马士兵之手,是一个世界发生头等重要变化的标志,爱好抽象科学、擅长推理的古希腊在欧洲的霸主地位,被重实用的罗马取代了。罗马是一个伟大的民族,但是他们却由于只重实用而导致了创造性的缺乏。他们并不是那种能够提出新观点的梦想家;这些新观点能给人以更好地主宰自然界的力量。"(转引自《数学与文化》第47页)在先秦以后的古代中国,理论思维、创造性思维和好发奇想、怪想的反常思维,被实用思维、自然思维所取代的"头等重要变化的标志"就是秦始皇的焚书坑儒;到汉武帝罢黜百家,独尊儒术,创造性思维已经完全失去了社会条件。从此,轿夫只能为孔夫子吹喇叭,抬轿子;轿中人也大多是儒家的偶像及其变种而已。秦皇汉武,岂止"略输文采",他们在文化学术问题上的宏观决策,实在是贻误千秋万代!

三、中国两千多年的古代语言学,始终只有音韵学和语义学、文字学三大部门。语法学极不发达,即使对具有语法意义和功能的虚词,也是把它当作训诂或修辞对象来研究的。佛经的翻译者也曾经把梵语的语法学引进过,但没有引起人们的兴趣,其中有一个重要原因是汉语属于词根——孤立语,是分析型语言,缺少形态变化,句法关系靠功能词(虚词)和词序来表示。另外,汉语语法的变化不是很明显,而语音、语义的演变迅速得多,复杂得多,不进行专门研究就满足不了社会文化发展的需要。

四、重古轻今,重通语轻方言,重书面语轻口语,这是古人在汉语研究中的主要倾向。把握了这一特点,我们就可以理解:古人始终没有出现过建立单一音系的思想(《中原音韵》是例外),不要说《切韵》是杂凑,就是《中原音韵》以后的北音系韵书、韵图,也大都有存古、有照顾南方方言的特点,在描写语言学还不发达的古代,这种兼包古今南北的思想被认为是理所当然的。读古人书,能观其大体,方可会通,若枝枝叶叶而雕之,则流于穿凿附会矣。

五、我们这个民族在历史上是善于吸收外来经验的,汉以后的汉语研究就深受梵文的影响。这种学习也有一个过程,最初是机械的模仿,像曹植、谢灵运大概都做过这种模仿性的研究工作。由模仿而进入独创,像反映汉语特点的字母之学,等韵学,都具有独创性。学习外来经验是非常重要的,是加深汉语研究的重要条件;但必须注意,如果古人不是对汉语本身的特点有深刻的了解,外来经验也是肯定学不好的。如何从汉语实际出发去学习外来经验,至今仍然是值得我们研究的一个大问题。学习不是"邯郸学步",不是人云亦云,不是跟风,更不能盲目照搬。学习是为了创新,是为了给国际语言学界提供新鲜经验。我们不能永远只有当学生的水平,我们同样可以当老师。树立学术自主意识、平等意识、学术多元化意识,极为重要。我深信,只要我们认真总结历史经验,虚心学习新的观点和方法,勇于走自己的路,勇于探索汉语的特点,认真开展百家争鸣,我们的语言学事业一定能超越古人,我们的语言学工作者一定能为祖国文化事业的发展做出新的贡献。

人名索引

A

a
阿基米德 5,6,585
阿字 408

an
安釐王 62
安然 138,193,212,267

B

bai
白香山 571

ban
班固 87,107,108,111,114,123,129,410

bao
保尔·拉法格 83

ben
本悟 344

bi
毕拱辰 344

bu
卜氏 341,342

C

cai
蔡邕 87,88,125

cang
仓颉 79—83,85,86,108,112,142,143,398,555
苍颉 79,80,83,304

cao
曹刿 221
曹学佺 403,466
曹植 18,30,178,203,586

chai
柴广进 369
柴绍炳 296,394,442,443,466

chang
常璩 90

chao
晁公武 325

chen
陈昌治 307,544
陈淳 231
陈第 264,289,328,329,388,390—394,438,440,442,458,459,584

陈铎 341
陈后主 226
陈奂 78,452,536,558,568,574
陈荩谟 362,365
陈抗生 120
陈澧 28,62,119,120,126,140,141,
 147,148,156,182—184,207,260,
 263,307,387,399,429,438,469,470,
 473—476,478,480—482,527,532,
 544,552
陈良 54
陈彭年 238
陈庆镛 557
陈碏庵 363
陈廷敬 558,560
陈献可 363—365,382
陈寅恪 3,30,148,200,203,204,206,
 209
陈鳣 563
陈振孙 93,142,146,223,307

cheng
程秉 126
程伯淳 572
程颢 278,572
程际盛 569
程迥 295
程君房 386
程可久 389
程明善 330
程树德 115
程先甲 568,569
程瑶田 223,224,521—523
程颐 278

chu
楚庄王 111

cui
崔偓 233

D

da
大矢透 144

dai
戴东原 451,482,563
戴侗 313,328,329,394—398,401,
 412,529
戴震 13,45,90,93,94,103,104,141,
 142,146,148,199,207,240,266,277,
 297,430—434,442,444—449,451,
 452,454,463,469—473,518—521,
 526,528,529,542,552,568,584

dao
道安 265

deng
邓退菴 83

ding
丁度 241,322,323,413
丁杰 104,224

dong
东方朔 319
东坡 323,324,419
董仲舒 111,114,123,127,554

du
杜甫 231,234,286,305,319
杜林 105,107,111
杜牧之 572
杜台卿 237,252
杜温夫 423,577
杜预 42,129,137

duan

段若膺 556
段玉裁 13,56,84,90,111,112,116,120,128,141,188－190,240,241,306,317,396,403,404,416,427,431－433,436,440,442,444,445,449－452,454,455,459－463,529,531－535,537,538,542－545,547,548,552,553,557,563,568,584

E

en
恩格斯 79
恩斯特·卡西尔 86

F

fan
樊素 420
樊腾凤 335,506－508
范公偁 325
范昆白 514
范善臻 342,513－515

fang
方以智 251,279,329,356,362,363,366,368,382,387,397,401,408－410,412,413,420,448,529,567
方中通 408

feng
封演 200,207,213,215,222,230,235,252

fu
服虔 88,141,145,317
傅东华 427
傅毅 111

G

gao
高翁(wěng)映 356
高诱 74,75,83,88,539,565
告子 53,57

ge
戈载 242,244,292,297,330,334,420,517
葛洪 136,211,398
葛毅卿 270

gong
公绍(即黄公绍) 413
公输般 418
公孙弘 63
公孙龙 45－47,51,53
龚自珍 436,503,527,543,544

gou
句中正 306

gu
古屋昭弘 408,409
顾广圻 241
顾亭林 393,439,442,482
顾宪成 439
顾炎武 14,29,30,140,142,143,156,239,292,296－298,401,402,428－432,434,437－439,441－444,455,458,459,461－463,466,469,471,485,541,542
顾野王 137,224,225,261,322

guan
关汉卿 335,347
管宁 126
管子 45

gui
桂馥 304,432,433,543,547－549,557

guo
郭居静　23,385,386
郭沫若　78,82
郭璞　72,104,137,417,537,539
郭庆藩　208,413,569,570
郭仰凤　385—387
郭在贻　78
郭忠恕　298,301—303,305,311,313

H

han
涵虚子　340
韩道昇　243,244,253,327
韩道昭　243,244,246,253,326
韩非　111
韩非子　45,51,53
韩退之　320,577
韩孝彦　244,253,326
韩愈　72,231,422
韩云　370,381

hang
杭世骏　405,464,569

hao
郝懿行　76,141,432,433,527,540,572

he
何超　251,254
何承天　136
何高济　26,31,386,388
何琳仪　312
何休　44,565
何晏　137,196

hong
洪诚　78
洪亮吉　231,556,565,569
洪迈　92,93,213
洪颐煊　563

洪震煊　563

hu
胡秉虔　406
胡长孺　421,422,427
胡朴安　398,574
胡式钰　572
胡文焕　421,422
胡文英　568
胡毋敬　85

hua
花登正宏　513

huai
怀特海　585

huan
桓谭　120,125

huang
黄承吉　524,525
黄泽伯　232,317
黄道周　362
黄帝　80—83,108
黄扶孟　429,431,524
黄公绍　331,413
黄侃　63,114,116,120,154,161,173,207,441
黄山谷　413
黄生　526,528,530,531
黄宗羲　439
黄宗夏　501

hui
惠栋　435,542,553
慧皎　30,139,212
慧琳　253,314
慧生　348

J

ji
纪容舒　482

人名索引

纪昀　142,147,433,446,482,541,558
季立　391,394
季孙　49
jia
贾昌朝　318,421,532,538
贾鲂　87
贾公彦　155,230
贾徽　111
贾逵　107,111,129
贾谊　88,156,208,549
jiang
江藩　224,435,466
江声　552,553
江式　120,215,216,221,304
江侠庵　64
江永　22,23,31,134,140,141,248,251,264,273,279,429,431,438,442－449,455,462,465,466,469,470,473,478,480,483,492－494,500,520,521
江有诰　248,249,431,432,443,452,454,455,460,462,463,467,468
江沅　552
姜亮夫　261
蒋斧　237
蒋希文　330,331,346
jiao
焦赣　390
焦竑　59,129,328,329,390－392,394,458,539
jie
芥舟　515
jin
金尼阁　24,27,329,367,369－371,380,381,383－387
jing
荆璞　244,253

景审　317
ju
沮诵　80,82

K

kang
康有为　67,305
kong
空海　197－200
孔鲋　89
孔广森　297,433,442,449－454,457,460,462
孔颖达　79,148,149,167,185,230,420,427
孔子　43,45,49－51,59,62,106,110,111,113,227,554,579

L

lan
兰茂　342,351,507
lao
劳乃宣　483,492,498,499,501,504
老子　45,47,56
lei
雷浚　516
li
黎锦熙　503
黎美周　369
黎庶昌　225
李长　87
李登　17,155－157,182,189,213－215,219,362,505
李涪　15,253
李概　192,237
李光地　279,467,508,509,560

李季节　179,182,214,216
李嘉绍　362
李节　214
李零　312
李汝珍　483,495,496,498
李若　232,233
李善　57,156,196,230,539,568,579
李实　334,346,414,417
李世锋　362
李思敬　353,379
李斯　85,92,305,555
李堂馥　343
李焘　303,305,307,322,541,542
李调元　571
李文仲　394,399
李贤　144,531,539
李新魁　270,346,347,505
李行杰　261,286
李许斋　452,468
李学勤　120,311,313
李阳冰　231,303—305,312,551
李冶　539
李义山　572
李因笃　438,466,471,485
李雨村　571
李肇　420
李舟　238,273,307
利玛窦　23,329,370,380,385,386
利西泰　385,386
郦道元　71,137,417

liang
梁启超　3,59,67,78,410,436,503
梁僧宝　481,482
梁同书　572
梁文　59
梁武帝　139,180,189,224,234

liao
了义　260

廖文英　407—409

lin
林本裕　356,483—485
林罕　305
林间翁孺　91

ling
凌稚隆　518,560

liu
刘备　419
刘炳　408
刘逢禄　442
刘鉴　348—350,354,426
刘铭恕　326
刘盼遂　326,451,543,556
刘淇　421,574—577
刘善经　181,196,201,204,208,211
刘师培　467,525
刘世儒　427
刘文淇　528
刘熙　6,57,62,63,65,89,126—130,132,133,235,518
刘熙载　483,499
刘熹　126
刘禧延　458,516
刘显　233
刘献廷　261,312,339,362,401,429,501,503
刘向　93,106,129
刘勰　18,137,159,162—167,169,170,174,420
刘新光　312
刘歆　42,59,60,65,67,85,91—95,103,106,111
刘炫　562
刘燕文　421—423
刘叶秋　420
刘渊　246

刘珍　126
刘臻　232,233
刘庄　93
刘宗周　439
柳永　334,571
柳宗元　420,423,427

long

龙翰臣　458
龙晦　330
龙启瑞　443,456

lou

楼钥　305,312

lu

卢思道　232—234
卢文弨　104,563
卢以纬　328,421—423,425
卢宗迈　19—22,286
鲁恭王　553
鲁国尧　19,265,286,288,517
陆德明　137,141,145,226—228,288,292
陆佃　318,319
陆法言　15,17,159,199,216,218,229,230,232,233,235,237,238,247,248,251,252,256,267,469,473,498,570
陆机　157,178,186,193,194,196,197,199
陆爽　232,233
陆宰　318
陆志韦　279,281,282,287,288,333—335,346,348,352,379,381—384,517
陆宗达　77

lü

吕忱　136,214,222,223
吕介孺　260
吕静　155—157,182,189,194,213,214,216,222,237,252

吕坤　279,355,356
吕维祺　330,345,347,370,381
吕严　573

luo

罗常培　27,132,270,287,333,369,379,382,383,386,502,503,511
罗惇衍　455
罗敷　133
罗明坚　385
罗愿　318,319,321
罗振玉　120,452,556
骆宾王　419
骆鸿凯　45,62

M

ma

马国翰　88,217
马礼什　484
马融　88,107,319
马学良　104
马裕藻　526
马援　106
马致远　335
马自援　483,485

mao

毛驰黄　330
毛晃　139,140,242,339
毛居正　242
毛奇龄　22,429,437—442,485
毛氏　112

mei

梅膺祚　326,329,359,388,406

meng

孟森　574
孟氏　112,120

孟子 44,45,49,52—55,57
梦英 305
miao
苗夔 457
mo
摩尔根 79,81
墨子 45,50—56
mou
牟默人(庭相) 141
mu
慕渤 356

N

nei
内藤虎次郎 64,68
ni
倪海曙 503
儿(倪)说 53
nian
年希尧 407,506
niu
钮树玉 156,543,544,557
钮琇 407

O

ou
欧阳厚均 527
欧阳修 21,59,60,69,231,302,311,561

P

pan
潘恩 469
潘徽 157,216
潘耒 264,352,365,429,483,485—487,489,490,494
潘祖荫 557
pang
庞大堃 279—281,283,287,483,498
庞迪我 385
庞顺阳 385
庞钟璐 498,499,506
pei
裴松之 137,141
裴银汉 339
pi
皮锡瑞 231,436
ping
平步青 572,574
pu
朴隐子 352,356,511,513

Q

qi
齐佩瑢 537
祁寯藻 307
qian
钱大昕 22,82,120,126,141,142,173,226,246,253,260,262,266,292,329,393,428—430,433,434,441,465,517,520,542,543,563,572
钱大昭 572
钱人麟 568
钱玄同 503
钱绎 413,537,538
qiao
乔世宁 69

qin
秦恩复 341
秦近君 107,120
秦始皇 105,108,115,135,585
秦延君 120
qiu
丘雍 238
裘君宏 408,419
quan
全祖望 325,429,430,436,464,501
qun
群一 348

R

rao
饶宗颐 112,138,201—203,208,265,268
ren
任大椿 223,224,317
任道斌 388,408
任铭善 210,255,261,470,482
ru
如来 203,315,316
如真 362,484,505
ruan
阮孝绪 137
阮元 77,156,190,192,196,327,436,439,466,523,531,532,541,542,562,563

S

sang
桑绍良 350—352,361,365
seng
僧祐 90,202,212,265

shang
商鞅 58
shao
邵博 324
邵长蘅 246,441,442
邵晋涵 69,432,433,526,536
邵荣芬 227,242,341
邵尧夫 572
邵雍 6,18—21,229,278,279,282,283,285,489
she
舍利 260,262
shen
申不害 51
申子 45
神珙 142,147,199,200,261,266,269,270,444,486
沈标 363
沈乘麐 515,516
沈宠绥 363,364,514
沈君徵 514
沈括 142,146,204,213
沈约 18,147,155,156,159,161—165,168—170,177—182,189,190,192,193,196—199,201,203,204,206,208,210,212,261,265,334,337,339,353,364,365,389,390,469,482
沈宗元 324
shi
尸佼 51,58
尸子 45,58
石建 105
史梦兰 566
史游 87,110
史籀 84,85,111,553
始皇帝 60,85

shou
守温 147,257—262,266,270
shu
叔孙通 59
叔向 60
si
司空图 561
司马光 19—21,197,274,278,282,323,352,353
司马迁 61,62,65,77,129,221,422
司马相如 87,110,111,154,211,231,568
song
宋濂 236,330
宋荦 442,466
su
苏林 412
苏轼 21,119,231,422
sui
隋树森 336
sun
孙绰 573
孙冯翼 125
孙光宪 267
孙佳讯 495
孙愐 182—186,191,200,237,253,307,312,482,558
孙叔言 141
孙星衍 77,78,307,317,556,557
孙炎 142,145—147,256,536,579
孙诒让 57,75,78,84,313,429,553—557

T

tan
谭长 111

tang
唐兰 83,139,148,206,219,236,313,397,398
唐玄度 298,300,301
唐玄宗 301
唐作藩 276,287
tao
陶方琦 104,224
陶宗仪 334
teng
滕霄 244
tian
天然秀 335
田穰苴 228

W

wan
万光泰 464,465
wang
汪绂 494
汪中 442,535,543
王安国 433,451
王安石 21,323—326,551
王弼 137
王辟之 324
王斌 136
王勃 561
王充 63,111
王德修 575
王观国 196,211,231,310,318
王国维 3,59,69,120,148,206,210,236,237,254,556
王骥德 340,341,347
王荆公 324
王静如 287
王鵉 513

王兰生 467,508
王力 8,128,134,162,173,176,188,189,199,209,210,212,227,287,337,357,379,425,453,454,464
王利器 88,176,180,181,186,187,192,199,208－213,219,250
王莽 78,84,91,93,103,104
王念孙 13,74,79,104,220,221,431－433,442,451,452,455,457,462,463,467,468,522,523,526,529－531,535－538,543,556,558
王仁昫 214,235－237
王融 18,189,203,206
王绍兰 582
王圣美 309,310,405,518
王维 388,561
王文璧 330,341,342
王文郁 246
王锡侯 558,559
王显 459
王逸 88,565
王引之 74,78,79,421,431,433,436,451,467,527,529,535,536,539,541,558,559,563,577,579,580
王应麟 141,185,192,211,231,259
王有光 572
王与秘 326
王育 111,112,555
王筠 196,427,428,433,543－547,549,557
王徵 370,377,381,387
王子韶 311,318
王子野 86

wei
威廉·汤姆逊 40,41,44,45
韦曜(韦昭) 126
韦应物 572
卫宏 77,111

魏襄王 62
魏校 401

wen
温首座 260,262

wu
吾邱衍 305,398
吴才老 288,289,297,392
吴昌莹 580,582
吴大澂 553,557
吴梅 342,347
吴一斋 416
吴元满 401,403,404
吴玉搢 531,564
吴棫 288,289,292－294,296,297,406,440－442,470
吴曾 205,213,231
吴稚晖 255
吴宗济 262,504
武玄之 267

X

xi
希麟 314

xia
夏承焘 334
夏侯 106
夏侯咏 237
夏纪堂 566
夏竦 253,312,313
夏味堂 566
夏燮 465
夏炘 297,443,458,460

xiang
项安世 294,295,297
项远村 347,515
项子京 236

xiao
萧该　232,234
xie
谢灵运　18,136,138,161,178,269,586
谢朓　179,189,204,206
谢幼槃　573
解惠全　575
xin
辛德源　232,234
xing
邢昺　230
行均　321
xiong
熊士伯　279,287
熊忠　331
xu
徐蒇　294,393,404,406
徐光启　329
徐坚　301
徐锴　148,304－307,345,398,470
徐邈　227
徐乾学　439,440
徐孝　352,354,361
徐铉　304,306,307,312,482,541－543
徐彦　230
许昂霄　292,297
许冲　110
许德宝　40,41,348
许古　246
许浑　561
许慎　13,80,82,83,85,86,88,89,107
　－116,118－120,125,126,128,130,
　136,144,148,219,222,235,304,308,
　309,325,353,397,398,401,403,405,
　416,427,461,541,542,544,548,549,
　551,554
许叔重　29,116,120,305,450,459,542
许遼　369

许印林　548
xuan
玄应　314,315,317
玄奘　37,314
xue
薛道衡　161,233,234
薛凤生　287
薛尚功　311
薛孝通　234
薛综　126
xun
荀子　45,47－49,52－56,121,123

Y

yan
严君平　91－93
严可均　45,126,209,212,442,450,
　453,460,543,545,552
阎若璩　431,485
颜师古　230,298,569,579
颜元孙　298,300,303
颜真卿　230,300,304
颜之推　15,110,119,144,145,199,
　216,230,232,234,235,247,248,252,
　298,304,398
yang
阳休之　218,237
扬雄　6,42,59,87,89－96,99,101－
　104,110－112,114,221,231,234,
　390,414,419,521,569
杨朝英　336
杨承庆　301
杨传第　438
杨东莼　85
杨桓　401
杨倞　56,80
杨墨林　548

杨耐思　330,333,341,346
杨泉　311
杨慎　297,308,313,388－390,409,
　414,441,442,567
杨升庵　334
杨士勋　230
杨守敬　226,314
杨树达　557,577
杨倓　277,278
杨选杞　387
杨用修　392
yao
姚鼐　142,449
姚文田　251,442,453,457,463,527
ye
野王　224－226,262
叶秉敬　358
叶大庆　231
yi
伊斯特林　81,82,86
yin
阴时夫　469,518,560
殷孟伦　102,266,466
尹斌庸　386
尹文　46,413
尹文子　45－47,52－54
ying
应劭　42,45,88,129,141,145
yu
于晓　86
余长祚　410
余集　498,526
俞敏　139,267,270,276
俞樾　402,404,429,484,527,528,535,
　539,540,554,568,580,581
俞正燮　140,143,146
虞集　334
庚子山　572

yuan
元庭坚　230,317
袁仁林　421,574,575
袁文　231,293,531
袁子让　253,262,263,279,280,282,
　283,357
yue
乐韶凤　337
岳元声　414,415
yun
芸叟　324

Z

zang
臧琳　563
臧镛堂　562,563
zeng
曾茶山　416,420
曾广源　526
曾朴　126
zhai
翟灏　572
zhan
詹剑峰　57
zhang
张丙炎　582
张伯松　104
张敞　104,105
张成孙　459
张汉　342
张惠言　442,457,459,527
张洎　573
张戬　210,317
张介宾　573,574
张琨　253
张林　111

张麟之 264,266,269,270,277
张清常 148,206,219,575
张曲江 577
张参 216,223,298,300
张世禄 30,146,166,209,255,286,287,514
张世南 309—311,324
张守节 75,141,230,426
张舜徽 88,297,306,436,466
张廷玉 561
张卫东 379,380,383
张问达 370
张相 571,572
张揖 59,66,136,220,221
张永言 385
张有 298,302—304
张玉书 508,558,560
张元善 352,353,419
张震泽 107,126
张之洞 548
张自烈 407,408
章炳麟 425
章太炎 80,132,141,278,435,580
长孙讷言 236

zhao
赵诚 215
赵凡夫 401,403,405
赵高 85
赵古则 369,400
赵㧑谦 338,400,401
赵灵均 403
赵明诚 311
赵岐 59,77,88,94
赵善达 342
赵坦 563
赵宧(yí)光 328,401—405
赵荫棠 261,269,274,279,285,287,333,348,357,517

zhen
真空 262

zheng
郑康成 126,129,521
郑樵 76,135,136,142,230,238,259,263,265,269,271,273,307—309,400
郑庠 295—298,440,441,443,461
郑玄 59,63,74,75,85,88,107,125,141,145,148,150,152,155,167,227,235,420
郑渔仲 147,308,309
郑珍 312
郑振铎 421
郑志鸿 572
郑众 108

zhi
智广 265

zhong
钟鸣仁 385
仲弓 227
仲尼 18,53,59

zhou
周昂 515,516
周斌武 539
周伯琦 394,398,399,405
周德清 15,29,328—334,336,337,340,514
周公 59
周国光 327
周密 571
周少霞 516
周一良 286
周颙 18,158,159,181,189,190,192,193,197,200,201,203,204,206,208
周有光 503
周云之 57
周中孚 563

周祖谟 104,132,134,166,171,219,
232,238,241,254,260,261,279,281,
287,481
zhu
朱翱 307
朱骏声 78,90,109,222,309,396,401,
432,443,455,456,460,461,543,547,
549,568,574
朱谋㙔 410
朱权 340
朱熹 22,60,77,230,231,289,297,
324,369,435,442
朱彝尊 330,338,391,415,485
朱元璋 337—339
朱筠 433,542,563
珠帘秀 335
祝泌 260,279

zhuang
庄君平 93
庄子 45,56,422
zhuo
卓从之 336,337
zi
子夏 59,225,227
子游 227
zou
邹汉勋 148,184,207,215,465,466,
582
zuo
左少兴 86
左氏 112,120
左思 250,410,415
佐佐木猛 348

参考文献

综合部分

《四库全书总目·小学类》,中华书局,1963年。
王　力:《中国语言学史》,山西人民出版社,1981年。
赵振铎:《中国语言学史》,河北教育出版社,2000年。
胡奇光:《中国小学史》,上海人民出版社,1987年。
李　开:《汉语语言研究史》,辽宁教育出版社,1993年。
徐　超:《中国传统语言文字学》,山东大学出版社,1996年。
王功龙:《中国古代语言学简史》,辽海出版社,2004年。
吉常宏、王佩增编:《中国古代语言学家评传》,山东教育出版社,1992年。
胡裕树、游汝杰、杨剑桥等编:《中国学术名著提要·语言文字卷》,复旦大学出版社,1992年。
张世禄:《中国音韵学史》,上海书店重印,1984年。
胡朴安:《中国文字学史》,北京市中国书店重印,1983年。
胡朴安:《中国训诂学史》,北京市中国书店重印,1983年。
周斌武:《汉语音韵学史略》,安徽教育出版社,1987年。
林焘主编:《中国语音学史》,语文出版社,2010年。

刘志成:《中国文字学书目考录》,巴蜀书社,1997年。

魏建功:《魏建功文集》(壹、贰),江苏教育出版社,2001年。

罗常培:《罗常培语言学论文集》,商务印书馆,2004年。

周祖谟:《周祖谟语言学论文集》,商务印书馆,2001年。

李　荣:《音韵存稿》,商务印书馆,1982年。

邵荣芬:《邵荣芬音韵学论集》,首都师范大学出版社,1997年。

唐作藩:《汉语史学习与研究》,商务印书馆,2001年。

唐作藩:《汉语语音史教程》,北京大学出版社,2011年。

李新魁:《李新魁音韵学论集》,汕头大学出版社,1997年。

李新魁、麦　耘:《韵学古籍述要》,陕西人民出版社,1993年。

何九盈:《音韵丛稿》,商务印书馆,2002年。

陈新雄:《声韵学》,台北:文史哲出版社,2005年。

何九盈:《古汉语音韵学述要》(修订本),中华书局,2010年。

张　斌、许威汉主编,顾汉松、邓少君等编:《中国古代语言学资料汇纂·音韵学分册》,福建人民出版社,1993年。

张　斌、许威汉主编,吴尚夫、李锡澜等编:《中国古代语言学资料汇纂·文字学分册》,福建人民出版社,1993年。

张　斌、许威汉主编,许威汉、陈五云等编:《中国古代语言学资料汇纂·训诂学分册》,福建人民出版社,1993年。

黄　侃述、黄　焯编:《文字声韵训诂笔记》,上海古籍出版社,1983年。

赵振铎:《辞书学论文集》,商务印书馆,2006年。

赵元任:《语言问题》,商务印书馆,1980年。

何九盈:《语言丛稿》,商务印书馆,2006年。

金岳霖:《知识论·第15章·语言》,商务印书馆,2003年。

马宗霍:《中国经学史》,商务印书馆,1998年。

第一章

岑麒祥:《语言学史概要》,北京大学出版社,1988年。
〔丹麦〕威廉·汤姆逊:《十九世纪末以前的语言学史》,黄振华译,科学出版社,1960年。
〔英〕罗宾斯:《简明语言学史》,许德宝等译,中国社会科学出版社,1997年。
赵世开:《美国语言学简史》,上海外语教育出版社,1989年。
〔德〕洪堡特:《洪堡特语言哲学文集》,姚小平译,湖南教育出版社,2001年。
〔德〕马丁·海德格尔:《在通向语言的途中》,孙周兴译,商务印书馆,2004年。
徐志民:《欧美语言学简史》(修订本),学林出版社,2005年。

第二章

〔美〕陈汉生:《中国古代的语言和逻辑》,周云之等译,社会科学文献出版社,1998年。
邢公畹:《荀子的"语言论"》,《邢公畹语言学论文集》,商务印书馆,2000年,第3页。
许国璋:《追寻中国古代的语言哲学》,《论语言和语言学》,商务印书馆,2001年,第234页。

林启屏:《中国古代"语言观"的一个侧面》,《经学今诠初编》(中国哲学第 22 辑),辽宁教育出版社,2000 年。

朱祖延主编:《尔雅诂林叙录》,湖北教育出版社,1998 年。

黄　侃:《尔雅略说》,《中国现代学术经典·黄侃卷》,河北教育出版社,1996 年。

骆鸿凯:《尔雅论略》,岳麓书社,1985 年。

管锡华:《尔雅研究》,安徽大学出版社,1996 年。

周有光:《世界文字发展史》,上海教育出版社,1997 年。

〔苏〕B. A. 伊斯特林:《文字的产生和发展》第二版,左少兴译,北京大学出版社,2002 年。

何　丹:《图画文字说与人类文字的起源》,中国社会科学出版社,2003 年。

唐　兰:《中国文字学》,上海古籍出版社,1981 年。

唐　兰:《中国有六千多年的文明史——论大汶口文化是少昊文化》,《香港大公报在港复刊卅周年纪念文集》,1977 年。

唐　兰:《从大汶口文化的陶器文字看我国最早文化的年代》,《光明日报》,1977 年 7 月 14 日。

裘锡圭:《文字学概要》,商务印书馆,1988 年。

第三章

华学诚:《周秦汉晋方言研究史》,复旦大学出版社,2003 年。

启　功:《古代字体论稿》,文物出版社,1999 年。

陆宗达:《说文解字通论》,北京出版社,1981 年。

蒋善国:《说文解字讲稿》,语文出版社,1988年。
张　标:《20世纪〈说文〉学流别考论》,中华书局,2003年。
孙德宣:《刘熙和他的〈释名〉》,《中国语文》,1956年第11期。
杨　琳:《小尔雅今注》,汉语大词典出版社,2002年。

第四章

曹道衡、刘跃进:《南北朝文学编年史》,人民文学出版社,2000年。
〔日〕弘法大师原撰,王利器校注《文镜秘府论》,中国社会科学出版社,1983年。
刘　勰:《文心雕龙·声律》。
王光祈:《中国音乐史》,广西师范大学出版社,2005年。
袁静芳:《中国汉传佛教音乐文化》,中央民族大学出版社,2003年。
周法高:《佛教东传对中国音韵学之影响》,《中国语文论丛》上编,台北:正中书局,1963年,第21—51页。
季羡林:《梵语佛典及汉译中四流音ṛṛḷḹ问题》,《书山屐痕——季羡林自选集》,山东教育出版社,1998年。
王邦维:《谢灵运〈十四音训叙〉辑考》,《北京大学百年国学文粹》(语言文献卷),1998年。
周广荣:《从史实论十四音与四声起源及诗文声律论的关系》,《中华文史论丛》74辑,上海古籍出版社,2004年。
殷孟伦:《〈四声五音九弄反纽图〉简释》,原载《山东大学学报》1957年第1期。收入《子云乡人类稿》,齐鲁书社,1985年。

陈寅恪:《四声三问》,原载《清华学报》第九卷第二期,1934 年 4 月。收入《金明馆丛稿初编》,三联书店,2001 年。

饶宗颐:《论四声说与悉昙之关系兼谈王斌、刘善经、沈约有关诸问题》,《古汉语研究》第一辑,中华书局,1996 年;《梵学集》,上海古籍出版社,1993 年。

龙宇纯:《李登声类考》,原载《台静农先生八十寿辰论文集》,台北:联经出版事业公司,1981 年。收入《中上古汉语音韵论文集》,台北:五四书店、利氏学社联合出版,2002 年,第 273—285 页。

詹　锳:《四声五音及其在汉魏六朝文学中之应用》,《中华文史论丛》第三辑,中华书局,1963 年。

缪　钺:《读史存稿·颜之推年谱》,三联书店,1963 年。

林家骊:《沈约研究》,杭州大学出版社,1999 年。

曹道衡:《从〈切韵序〉推论隋代文人的几个问题》,《中古文学史论文续集》,台北:文津出版社,1994 年。

饶宗颐:《鸠摩罗什〈通韵〉笺》,原载《敦煌语言文字学论文集》,浙江古籍出版社,1988 年。收入《梵学集》,上海古籍出版社,1993 年。

宋光生:《中国古代乐府音谱考源》,文化艺术出版社,2009 年。

杜景丽:《乐圣朱载堉》,中州古籍出版社,2006 年。

第五章

张琨著、张贤豹译:《汉语音韵史论文集》,台北:联经出版事业公司,1987 年。

葛毅卿:《隋唐音研究》,南京师范大学出版社,2003年。

黄典诚:《切韵综合研究》,厦门大学出版社,1994年。

李　荣:《切韵音系》,中国科学院印行,1952年。

邵荣芬:《切韵研究》,中国社会科学出版社,1982年。

王国维:《书巴黎国民图书馆所藏唐写本切韵后》,《观堂集林》(二)卷八,中华书局,1994年12月北京第6次印刷。

王国维:《天宝韵英陈廷坚韵英张戬考声切韵武玄之韵铨分部考》,《观堂集林》(二)卷八,中华书局,1994年12月北京第6次印刷。

黄淬伯:《慧琳一切经音义反切考》,中华书局,2010年。

周祖谟:《唐五代韵书集存》(上、下册),中华书局,2005年3月北京第二次印刷。

李　荣:《论李涪对〈切韵〉的批评及其相关问题》,《中国语文》,1985年1月。

丁邦新:《重建汉语中古音系的一些想法》,《中国语文》,1995年6月。

段玉裁:《手校〈集韵〉自跋》,蒋光煦《东湖丛记・卷六・集韵》,辽宁教育出版社,2001年。

〔日〕平山久雄:《日僧安然〈悉昙藏〉里关于唐代声调的记载》,《平山久雄语言学论文集》,商务印书馆,2005年。

〔加〕蒲立本:《〈切韵〉和〈韵镜〉:汉语历史语言学的主要依据》,刘爱菊译,《汉语史研究集刊》第五辑,巴蜀书社,2002年。

赵荫棠:《等韵源流》,商务印书馆,2011年。

李新魁:《汉语等韵学》,中华书局,1983年。

潘文国:《韵图考》,华东师范大学出版社,1997年。

孔仲温:《韵镜研究》,台北:学生书局印行,1987年。

杨军:《韵镜校笺》,浙江大学出版社,2007年。

方孝岳:《广韵韵图》,中华书局,1988年。

赵振铎:《集韵研究》,语文出版社,2006年。

鲁国尧:《〈卢宗迈切韵法〉论述》,原载《中国语文》1992年6期、1993年1期。收入《鲁国尧语言学论文集》,江苏教育出版社,2003年,第326—379页。

冯　蒸:《论〈四声等子〉和〈切韵指掌图〉的韵母系统及其构拟》,《汉语音韵学论文集》,首都师范大学出版社,1997年。

张民权:《宋代古音学与吴棫〈诗补音〉研究》,商务印书馆,2005年。

金周生:《吴棫与朱熹音韵新论》,台北:洪叶文化事业有限公司,2005年。

万献初:《〈经典释文〉音切类目研究》,商务印书馆,2004年。

范育可、王志方、丁方豪:《楷字规范史略》,华东师范大学出版社,2000年。

郑贤章:《龙龛手镜研究》,湖南师范大学出版社,2004年。

耿振生:《明清等韵学通论》,语文出版社,1992年。

张鸿魁:《明清山东韵书研究》,齐鲁书社,2005年。

郭　力:《古汉语研究论稿》,北京语言大学出版社,2003年。

张玉来:《韵略汇通音系研究》,山东教育出版社,1994年。

曾晓渝:《论〈西儒耳目资〉的语音基础及明代官话的标准音》,《曾晓渝自选集》,南开大学出版社,2004年。

党怀兴:《〈六书故〉研究》,陕西师范大学出版社,2000年。

〔日〕古屋昭弘:《〈字汇〉与明代吴方音》,《语言学论丛》第二十辑,商务印书馆,1998年。

〔日〕古屋昭弘:《正字通和十七世纪的赣方音》,《中国语文》,1992年5期。

第六章

罗常培、蔡美彪:《八思巴字与元代汉语》(增订本),中国社会科学出版社,2004年。

陆志韦:《陆志韦近代汉语音韵论集》,商务印书馆,1988年。

杨耐思:《近代汉语音论》,商务印书馆,1997年。

何九盈:《论普通话的发展历史》,《汉语三论》,语文出版社,2007年。

《中原音韵新论》编辑组:《中原音韵新论》,北京大学出版社,1991年。

杨耐思:《中原音韵音系》,中国社会科学出版社,1981年。

宁继福:《中原音韵表稿》,吉林文史出版社,1985年。

宁忌浮:《古今韵会举要及相关韵书》,中华书局,1997年。

甯忌浮:《洪武正韵研究》,上海辞书出版社,2003年。

甯忌浮:《汉语韵书史》(明代卷),上海人民出版社,2009年。

〔韩〕崔世珍:《四声通解》"洪武韵三十一字母之图"及"凡例"。

刘文锦:《洪武正韵声类考》,《史语所集刊》第三本第二分,1931年。

应裕康:《洪武正韵韵母音值之拟订》,《许诗英先生六秩诞辰论文集》,淡江文理学院研究室编,三文印书馆,1970年10月。

〔韩〕裴银汉:《〈洪武正韵〉两种版本以及〈四声通解〉之韵部体系》,《韩国的中国语言学资料研究》,2005年。

周维培:《曲谱研究》,江苏古籍出版社,1999年。

方豪:《中国天主教史人物传》,宗教文化出版社,2007年。

第七章

王　力:《清代古音学》,《王力文集》第十二卷,山东教育出版社,1990年。

陈新雄:《古音研究》,台北:五南图书出版公司,1999年。

张民权:《清代前期古音学研究》,北京广播学院出版社,2002年。

陆宗达:《王石臞先生〈韵谱〉〈合韵谱〉遗稿跋》。

陆宗达:《王石臞先生〈韵谱〉〈合韵谱〉遗稿后记》。

（以上二文均收入《陆宗达语言学论文集》,北京师范大学出版社,1996年）

李葆嘉:《清代上古声纽研究史论》,中华发展基金管理委员会、五南图书出版公司联合出版,1996年。

杨亦鸣:《李氏音鉴音系研究》,陕西人民教育出版社,1992年。

段玉裁:《先生（戴震）年谱》,《戴东原集·附录》,商务印书馆,万有文库本,1939年9月简编印行。

刘盼遂:《段王学五种》,北平来薰阁书店,1936年。

陈鸿森:《〈段玉裁年谱〉订补》,《史语所集刊》,1989年第60本第3分。

王章涛:《王念孙、王引之年谱》,广陵书社,2006年。

叶德辉:《广说文统系图说》,《叶德辉文集》,华东师范大学出版社,
  2010年。
张舜徽:《清儒学记》,《张舜徽集》,华中师范大学出版社,2005年。

2006年北大新增订版后记

"新增订本"新在哪里？

一、全书由原来的6章30节增加到了7章34节；由原来的347千字增加到40余万字。

二、"新增订版自序"指出：我写的是"中国语言学"，而不是"语言学在中国"，这是一种新的理念、新的视角、新的立场。

三、新增加的"绪论"，有个人经验总结，也有理论探索。关于"象数等韵学"、中西古代语言学异同的研究，虽说只是初步涉及，其前景却相当宽广。

四、"五音与四声"这一节，用力最勤，新意最多，也颇为自信。对古汉语研究、古文论研究均大有裨益。"清浊律"、"声响律"、"双叠律"、"四声律"（不等于"平仄律"）是对齐梁声律学说的最新概括。何谓"前有浮声，后须切响"，"商徵响高，宫羽声下"，"声有飞沉，响有双叠"，古今注释不是模糊不清，就是完全错误，本书第一次系统地解决了这类疑难问题。

五、个人对某些结论的看法有重大改变。如判定唐写本《说文·木部》残帙为伪书，如相信宋代《切韵指掌图》非伪书等。

六、对许多古代语言学家的背景材料有所增加。如介绍郝懿行时，顺便介绍了嘉庆四年进士榜的重大影响，还顺便介绍了俞樾对"学问"、"科名"、"禄位"三者关系的看法。对不少著者的学术历程、家庭出身、社会影响，以及后人的评说，也有简要介绍。与原版相比，显得充实、丰盈，信息量大大增加。

七、对今人的重要发现也努力吸收。如鲁国尧对卢宗迈的发现，张民权对万光泰的发现。

八、增加了不少脚注。如周颙的生卒年问题，关汉卿的籍贯问题，"不立诸部"问题。另外，对《尔雅》十七星名及九次与星宿分野的对应关系问题又做出了进一步的论证。

九、本书创制于上世纪80年代初期，当时许多古籍、旧著都没有新版问世，故所据原著多为北大图书馆藏之保存本、善本，多为明清线装书及民国年间版本，这类著作现已有一定数量的新印本，这次增订亦尽量注明，便于读者检阅。

十、原版引文出处不全，这次尽量补出，可能仍有疏漏。

十一、原版存在一些技术上的错误（特别是广东版），这次一一订正。

本书是按专著的要求撰写的，完全可以作为教材使用。教师可按课时长短，酌情选择。

我在北京大学已生活50年了，我的个人专著交北大出版社的，这是第一部。于我而言，颇有纪念意义。感谢母校出版社的支持，也感谢担任此书责编的杜若明、白雪两位编辑。尤其是白雪编辑，认真查阅原文，一丝不苟，并提出自己的修改意见，为本书质量提供了重要保证。书中也可能还有各种各样的问题，这要由我自己负责，敬请海内外专家，不吝赐教。

何九盈
于北京西郊蓝旗营抱冰庐
2006年5月8日

2013年第4版后记

这个第4版的问世,责编王玉女士付出了宝贵的时间和辛勤的劳动,商务其他几位先生(恕不一一称名道谢)也提供了道义上的支持,这是本后记首先要郑重记一笔的。

几十年来,我的妻子李学敏女士承担了全部家务,又是切磋商量的益友。如果没有她这个坚强后盾,我的事业和健康都要大打折扣。牛衣安卧不对泣,携手风烟过江湖。路,就是这么走过来的。若真有来世,我们还将披荆斩棘,握火抱冰,临风笛里,淡定从容,寒窗双照论古今。

顾炎武在《菰中随笔》(三卷本)里说:"立千载以上之人于前,而与之对谭;立千载以下之人于旁,而防其纠摘。"我也是抱着这种态度来研究学术史的。但此中难题有时无法解决。我们对"千载以上之人"的社会状况、学术环境、精神面貌等等,究竟能了解到什么程度?"对谭"能一一契合吗?至于"千载以下之人"的价值尺度、文化观念、话语体系,能跟我一样吗?他们对我的认识、了解又能入我心曲吗?并世之人都会有各种误解发生,何况"千载以下之人"呢。

我敢断言:与"千载以上之人""对谭",一定会有误判,还会有疏漏,有遗憾;对"千载以下之人"的"纠摘"也是"防"不胜防的。顾氏忽略了并世之人。我更看重并世之人,希望并世之人"纠摘"、批评、指正。这样说,完全是出于学术上的诚意,非客套也。

鉴于所处学术氛围如此,我又不能不赞同黑格尔的态度。他在1820年6月25日写的《法哲学原理·序言》中表示:"对著者的一切批评,如果采取对事情本身进行科学讨论以外的其他方式,将被视为纯粹的主观结论和任意专断,著者一概置之不理。"

在学术史上,一个山中无老虎的年代,往往耗子也要称霸称王。一言堂前,妒火烧心,气急败坏,挥拳舞棒,到处挑衅,好不威风!可惜,论目光,只有寸许;说斤两,上不了秤钩。如此而已,能成什么气候!

蒙文通先生(1894—1968)离开人世已有几十年了,他给学界留下了一句金玉良言:

一个心术不正的人,做学问不可能有什么大成就。

(《蒙文通学记·治学杂语》1页)

何九盈
于北京西郊蓝旗营抱冰庐
2013年5月11日